독자의 1초를
아껴주는 정성을
만나보세요!

세상이 아무리 바쁘게 돌아가더라도 책까지 아무렇게나 빨리 만들 수는 없습니다.
인스턴트 식품 같은 책보다 오래 익힌 술이나 장맛이 밴 책을 만들고 싶습니다.
땀 흘리며 일하는 당신을 위해 한 권 한 권 마음을 다해 만들겠습니다.
마지막 페이지에서 만날 새로운 당신을 위해 더 나은 길을 준비하겠습니다.

케라스 창시자에게 배우는 딥러닝 개정 2판

Deep Learning with Python 2nd Edition

초판 발행 • 2022년 8월 30일
초판 3쇄 발행 • 2023년 11월 30일

지은이 • 프랑소와 숄레
옮긴이 • 박해선
발행인 • 이종원
발행처 • (주)도서출판 길벗
출판사 등록일 • 1990년 12월 24일
주소 • 서울시 마포구 월드컵로 10길 56(서교동)
대표 전화 • 02)332-0931 | **팩스** • 02)323-0586
홈페이지 • www.gilbut.co.kr | **이메일** • gilbut@gilbut.co.kr

기획 및 책임편집 • 안윤경(yk78@gilbut.co.kr) | **디자인** • 박상희 | **제작** • 이준호, 손일순, 이진혁, 김우식
영업마케팅 • 임태호, 전선하, 차명환, 박민영, 지운집, 박성용 | **영업관리** • 김명자 | **독자지원** • 윤정아, 전희수

교정교열 • 김윤지 | **전산편집** • 박진희 | **출력·인쇄** • 상지사 | **제본** • 상지사

ISBN 979-11-407-0100-1 93000
(길벗 도서번호 080315)

정가 48,000원

DEEP LEARNING with Python

SECOND EDITION

케라스 창시자에게 배우는 딥러닝

개정 2판

프랑소와 숄레 지음
박해선 옮김

아들 실뱅(Sylvain)에게:

언젠가 네가 이 책을 읽게 되길 바라!

프랑소와 숄레(François Chollet)

가장 널리 사용되는 딥러닝 프레임워크인 케라스의 창시자다. 현재 구글의 소프트웨어 엔지니어로 케라스 팀을 이끌고 있으며, 추상화, 추론 그리고 인공 지능의 일반성을 높이기 위한 방법을 연구한다.

- https://fchollet.com
- https://twitter.com/fchollet
- https://github.com/fchollet

박해선(haesun.park@tensorflow.blog)

기계 공학을 전공했지만 졸업 후에는 줄곧 코드를 읽고 쓰는 일을 했다. 텐서 플로우 블로그(https://tensorflow.blog)를 운영하고 있고, 머신 러닝과 딥러닝에 관한 책을 집필하고 번역하면서 소프트웨어와 과학의 경계를 흥미롭게 탐험하는 중이다.

〈챗GPT로 대화하는 기술〉(한빛미디어, 2023), 〈혼자 공부하는 데이터 분석 with 파이썬〉(한빛미디어, 2023), 〈혼자 공부하는 머신러닝+딥러닝〉(한빛미디어, 2020), 〈Do it! 딥러닝 입문〉(이지스퍼블리싱, 2019)을 집필했고, 〈핸즈온 머신러닝 3판〉(한빛미디어, 2023), 〈만들면서 배우는 생성 AI〉(한빛미디어, 2023), 〈트랜스포머를 활용한 자연어 처리〉(한빛미디어, 2022), 〈머신 러닝 교과서 3판〉(길벗, 2021)을 포함하여 여러 권의 책을 우리말로 옮겼다.

이 책을 선택한 분이라면 최근 인공 지능(AI) 분야를 대표하는 딥러닝의 놀라운 발전에 대해 들어 보았을 것입니다. 그동안 사용하기 힘들었던 컴퓨터 비전과 자연어 처리 기술이 고성능 시스템이 되어 우리가 매일 사용하는 제품에 대규모로 배포되고 있습니다. 이런 딥러닝의 갑작스러운 발전이 거의 모든 산업에 영향을 미치고 있습니다. 의료 영상, 농업, 자율 주행 자동차, 교육, 재난 예방, 제조 등과 같이 다양한 분야에 걸쳐 많은 종류의 중요한 문제에 이미 딥러닝을 적용하고 있습니다.

하지만 딥러닝은 아직 초기 단계라고 생각합니다. 지금까지 딥러닝의 잠재력 중 작은 부분만 실현되었을 뿐입니다. 시간이 지나면서 도움이 될 수 있는 모든 문제에 적용되고 수십 년에 걸쳐 일어날 변화로 이어질 것입니다.

가능한 모든 문제에 딥러닝 기술을 적용하기 위해서는 되도록 많은 사람이 이 기술을 사용할 수 있어야 합니다. 여기에는 연구자나 대학원생이 아닌 비전문가도 포함됩니다. 딥러닝의 가능성을 최대로 이끌어 내려면 빠르게 이 기술을 민주화할 필요가 있습니다. 그리고 오늘날 우리는 역사적 전환의 정점에 있다고 믿습니다. 딥러닝은 학교 연구실과 거대 기술 회사의 R&D 부서 밖으로 나와 모든 개발자의 도구 상자에 들어갈 필수 요소가 되었습니다. 이는 1990년대 후반 웹 개발의 궤적과 다르지 않습니다. 지금은 거의 모든 사람이 비즈니스나 커뮤니티를 위한 웹 사이트나 웹 앱을 만들 수 있지만 1998년에는 전문 엔지니어로 구성된 소규모 팀이 필요했습니다. 그리 멀지 않은 미래에 아이디어와 기본적인 코딩 기술을 가진 사람이면 누구나 데이터로부터 학습하는 스마트한 애플리케이션을 만들 수 있을 것입니다.

필자는 2015년 3월 케라스 딥러닝 프레임워크의 첫 버전을 릴리스할 때 AI의 민주화를 생각하지 않았습니다. 수년 동안 머신 러닝 분야에서 연구해 왔고 케라스는 이 과정에서 필자 자신의 연구를 위해 만들었습니다. 2015년 이후에 수많은 사람이 딥러닝 분야로 들어왔고, 그중 많은 사람이 케라스를 도구로 선택했습니다. 똑똑한 많은 사람이 강력하고 예상하지 못한 방식으로 케라스를 사용하는 것을 보면서 AI의 접근성과 민주화에 관해 깊게 생각하게 되었습니다. 그리고 이 기술이 널리 퍼질수록 더 유용하고 가치 있다는 것을 깨달았습니다. 접근성은 곧 케라스 개발의 명확한 목표가 되었습니다. 최근 몇 년간 케라스 개발자 커뮤니티는 이런 면에서 환상적인 성공을 거두었습니다. 수많은 사람의 손에 딥러닝을 전해 주었고, 이를 사용하여 최근까지도 풀 수 없을 것이라고 생각했던 문제들을 해결하고 있습니다.

여러분이 손에 들고 있는 이 책은 가능한 많은 사람에게 딥러닝을 전달하는 또 다른 방법입니다. 케라스에는 항상 딥러닝 기초, 딥러닝 모범 사례, 케라스 사용 패턴을 함께 다룬 강좌가 필요했습니다.

2016년과 2017년에 이런 강좌를 만들기 위해 최선을 다했고 그 결과로 2017년 12월에 이 책의 초판이 출간되었습니다. 금방 머신 러닝 분야 베스트셀러가 되어 5만 부 이상 팔렸고 12개의 언어로 번역되었습니다.

하지만 딥러닝 분야는 빠르게 발전합니다. 초판이 출간된 후로 텐서플로 2가 출시되었고, 트랜스포머 구조의 인기가 상승하는 등 중요한 발전이 많이 일어났습니다. 그래서 2019년 말부터 이 책을 업데이트하기 시작했습니다. 원래는 순진하게도 50% 정도만 새로운 콘텐츠로 바뀌고 초판과 거의 같은 분량이 될 것이라고 생각했습니다. 실제로는 2년의 작업 끝에 3분의 1이 더 늘어나고 약 75%가 새로운 콘텐츠로 바뀌었습니다. 개정판이 아니라 완전히 새로운 책이 되었습니다.

딥러닝 이면의 개념과 구현을 가능하면 쉽게 이해할 수 있게 하는 데 중점을 두고 썼습니다. 그렇다고 무언가를 지나치게 단순화하지는 않았습니다. 사실 딥러닝은 어려운 개념이 하나도 없다고 생각합니다. 이 책이 지능적인 애플리케이션을 구축하고 중요한 문제를 해결하는 데 도움이 되길 기대합니다.

무엇보다도 케라스 커뮤니티가 없었다면 이 책은 나오지 못했을 것입니다. 지난 6년 동안 케라스는 수백 명의 오픈 소스 기여자와 100만 명이 넘는 사용자가 있는 프로젝트로 성장했습니다. 이런 기여와 피드백이 오늘날의 케라스를 만들었습니다.

개인적으로는 케라스를 개발하고 이 책을 쓰는 동안 끊임없이 지원해 준 아내에게 감사합니다.

케라스 프로젝트를 후원하는 구글에 감사합니다. 텐서플로 고수준 API에 케라스가 접목되는 순간은 정말 짜릿했습니다. 케라스와 텐서플로의 부드러운 통합은 텐서플로 사용자와 케라스 사용자 모두에게 이익이 되고 많은 사람이 딥러닝을 사용할 수 있게 도울 것입니다.

이 책을 만들도록 도와준 매닝의 직원들에게 감사합니다. 출판사의 Marjan Bace와 Michael Stephens, Jennifer Stout, Aleksandar Dragosavljević를 비롯하여 편집과 제작 팀의 모든 사람, 그리고 보이지 않는 곳에서 힘써 준 많은 분에게 감사합니다.

기술 리뷰를 해 준 Billy O'Callaghan, Christian Weisstanner, Conrad Taylor, Daniela Zapata Riesco, David Jacobs, Edmon Begoli, Edmund Ronald PhD, Hao Liu, Jared Duncan, Kee Nam, Ken Fricklas, Kjell Jansson, Milan Šarenac, Nguyen Cao, Nikos Kanakaris, Oliver Korten, Raushan Jha, Sayak Paul, Sergio Govoni, Shashank Polasa, Todd Cook, Viton Vitanis에게 감사합니다. 그리고 책의 초안에 대한 피드백을 보내 주신 모든 분에게 감사드립니다.

기술적인 측면으로 보면 기술 편집을 담당한 Frances Buontempo와 기술 교정을 담당한 Karsten Strøbæk에게 특히 감사합니다.

이 책의 1판을 처음 번역했을 때는 얼마나 좋은 책인지 잘 몰랐던 것 같습니다. 오랫동안 기다렸던 2판을 손에 들었을 때 마치 옛 친구를 다시 만난 것마냥 반가웠습니다. 2판은 1판의 철학을 유지하면서 내용이 크게 보강되었습니다. 특히 머신 러닝 워크플로, 이미지 분할, 트랜스포머, 실전 모범 사례와 같은 많은 내용이 새로 추가되었습니다. 지능과 일반화에 대한 깊은 고찰은 물론 프랑소와가 생각하는 인공 지능의 미래도 엿볼 수 있습니다.

책을 번역하면서 지난 4년간 나와 주변이 어떻게 달라졌는지 생각해 볼 수 있었습니다. 여러분은 어떻게 달라지셨나요? 그동안 무엇이 바뀌었나요? 길과 방향은 서로 다르겠지만 이 책이 다음 목적지까지 안전하게 여행하는 데 도움이 되어 주리라 믿습니다.

이번에도 좋은 책을 믿고 맡겨 주신 길벗출판사와 안윤경 팀장님에게 감사드립니다. 항상 격려해 주시는 니트머스 김용재 대표님께도 감사합니다. 언제나 명랑한 우리 가족 주연이와 진우에게 고맙고 사랑한다는 말을 전합니다.

이 책의 정오표는 블로그(https://bit.ly/kerasdl2)에 등록해 놓겠습니다. 책을 보기 전에 꼭 확인해 주세요. 번역서의 코드는 깃허브(https://bit.ly/kerasdl2-git)에서 주피터 노트북으로 제공됩니다. 이 책에 관한 이야기라면 무엇이든 환영합니다. 언제든지 블로그나 이메일로 알려 주세요.

2022년 8월

박해선

이 책은 딥러닝을 처음부터 배우거나 이해의 폭을 넓히고자 하는 모든 사람을 위해 썼습니다. 머신 러닝 기술자나 소프트웨어 엔지니어, 대학생에 상관없이 이 책에서 배울 점이 있을 것입니다.

처음에는 간단하게 시작해서 나중에 최신 기술까지 배우는 식으로 딥러닝을 탐구해 보겠습니다. 이 책은 직관, 이론, 실습 사이에 균형을 잡고 있습니다. 수학 표기를 피하고 그 대신 머신 러닝과 딥러닝의 핵심 아이디어를 자세한 코드와 직관적인 비유로 설명합니다. 자세한 주석과 실용적인 가이드라인이 포함된 많은 코드 예제가 있습니다. 구체적인 문제를 풀기 위해 딥러닝을 시작할 때 알아야 할 모든 것에 대한 간단 명료한 수준 높은 설명도 함께합니다.

예제 코드는 파이썬 딥러닝 프레임워크 케라스를 사용합니다. 케라스의 계산 엔진으로는 텐서플로 2를 사용합니다. 2021년 현재 케라스와 텐서플로 2의 최신 모범 사례를 보여 줄 것입니다.

이 책을 읽고 나면 딥러닝이 무엇인지, 언제 적용하는지, 한계는 무엇인지에 대한 개념을 확실히 이해할 수 있습니다. 머신 러닝 문제를 구성하고 해결하기 위한 표준적인 작업 흐름에 익숙해지고 자주 마주치는 이슈들을 다루는 방법을 배웁니다. 따라서 케라스를 사용하여 컴퓨터 비전에서 자연어 처리, 이미지 분류, 이미지 분할, 시계열 예측, 텍스트 분류, 기계 번역, 텍스트 생성까지 다양한 실전 문제를 다룰 수 있을 것입니다.

대상 독자

이 책은 머신 러닝과 딥러닝을 시작하려는 파이썬 프로그래밍 경험자를 위한 책입니다. 다른 독자들에게도 꽤 유용할 것입니다.

- 머신 러닝에 친숙한 데이터 과학자라면 가장 빠르게 성장하고 있으며, 가장 뛰어난 머신 러닝의 하위 분야인 딥러닝을 확실하고 실용적으로 접할 수 있습니다.
- 케라스 프레임워크를 배우기 시작하려는 딥러닝 연구자나 기술자라면 이 책이 이상적인 케라스 단기 특강이 될 것입니다.
- 이론적 배경을 가지고 딥러닝을 공부하는 대학원생이라면 실용적인 측면을 배우고, 심층 신경망에 대한 직관을 키우고, 핵심 모범 사례와 친숙해질 것입니다.

코딩을 하지 않더라도 기술에 대해 이해하고 있는 사람이라면 딥러닝에 대한 기초와 고급 개념을 배우는 데 도움이 될 것입니다.

코드 예제를 이해하려면 파이썬에 익숙해야 합니다. 필수는 아니지만 넘파이(NumPy) 라이브러리를 잘 다루면 도움이 됩니다. 머신 러닝이나 딥러닝을 경험한 적이 없어도 괜찮습니다. 이 책에서 필요한 기초를 모두 다룹니다. 수학에 대한 지식도 필요 없습니다. 고등학교 수준의 수학이면 책을 읽는 데 충분합니다.

소스 코드

이 책의 소스 코드는 길벗출판사의 깃허브(https://github.com/gilbutITbook/080315)와 역자의 깃허브(https://github.com/rickiepark/deep-learning-with-python-2nd)에서 주피터 노트북으로 내려받을 수 있습니다.

예제 파일 내려받기

책에서 사용하는 예제 파일은 길벗출판사 웹 사이트에서 도서 이름으로 검색하여 내려받거나 깃허브에서 내려받을 수 있습니다.

- **길벗출판사 웹 사이트**: http://www.gilbut.co.kr
- **길벗출판사 깃허브**: https://github.com/gilbutITbook/080315
- **역자 깃허브**: https://github.com/rickiepark/deep-learning-with-python-2nd

예제 파일 구조

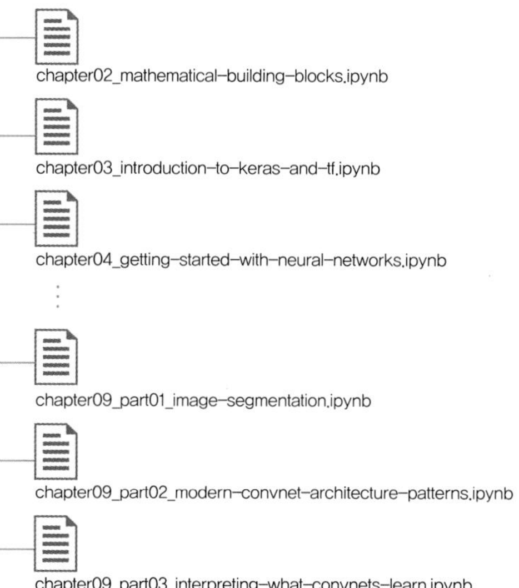

- 장별로 예제 파일이 제공됩니다.
- 일부 장은 파일이 여러 개로 나뉘어 있으며, 순서대로 사용하면 됩니다. chapter09_part01과 같은 형태로 표기되어 있으며, 이때 part01은 본문 안의 절 번호와 상관없이 그냥 순서만 나타냅니다.
- 원하는 장의 파일을 클릭하면 첫 페이지에 코랩에 연결할 수 있는 링크가 나옵니다.
- 책의 모든 예제는 코랩에서 실습하고 검증했습니다.

저에게 딥러닝은 말만 들어도 너무 어려워서 범접할 수 없는 분야 같았습니다. 〈케라스 창시자에게 배우는 딥러닝 1판〉을 읽으며 딥러닝에 대한 공포가 조금 사라졌었는데, 드디어 고대하던 2판을 보게 되었습니다. 1판에 비해 책의 내용이 많이 추가되었습니다. 그만큼 이 분야가 많은 사람의 관심과 연구로 발전하고 있다는 증거라고 생각합니다. 이 책은 머신 러닝과 딥러닝을 접하고 있는 중급자 이상에게 어울리는 책인 것 같습니다. 케라스를 활용한 딥러닝의 고급 기술까지 자세하게 설명하고 있으며, 다양한 실전 사례를 따라 하며 배울 수 있어 좋았습니다. 컴퓨터 비전의 이미지 분류와 합성곱 시각화 부분이 자세하게 설명되어 있고, 이 책을 통해 새로 접하게 된 용어와 내용도 많았습니다. 또한, 저자의 자세한 설명과 더불어 역자가 디테일한 부분들까지 친절하게 설명을 실어 주셔서 많은 도움이 되었습니다. 결론 부분에는 케라스 창시자인 저자의 딥러닝 및 인공 지능 분야의 인사이트까지 엿볼 수 있었습니다. 3회 이상 정독해야 이 책의 방대한 내용을 내 것으로 만들 수 있을 것 같습니다. 그리고 그럴 만한 가치가 충분한 책이라고 생각합니다.

실습 환경 Windows10, Google Colab

김미수_SW 개발자

딥러닝 핵심 개념을 학습한 후 이어서 실습을 하도록 구성되어 있는 점이 좋았습니다. 특히 2장 신경망의 수학적 구성 요소에서 시각 자료들을 사용하여 깊이 이해할 수 있게 설명하고 있어 머신 러닝과 딥러닝에 관심 있는 분들에게 추천해 드리고 싶은 책입니다. 책 전체적으로 코드를 실행해 보고 이를 하나씩 설명하기 때문에 내용을 좀 더 쉽게 이해할 수 있습니다. 주석 또한 자세한 설명을 담고 있어 학습하는 데 매우 유용합니다. 실제 업무에 적용 가능한 내용들이 많아서 유익했습니다.

실습 환경 Windows 10, Google Colab

박가단_프런트엔드 개발자

파이썬에 대한 깊은 지식이 없어도 부담 없이 학습할 수 있습니다. 어려울 수 있는 딥러닝에 대한 지식을 기초적인 개념과 함께 실습하면서 진행하므로 쉽게 책을 보며 흐름을 이해할 수 있습니다. 예제 파일과 더불어 '추가 실험'으로 개념들을 더 깊이 이해하고 응용해 볼 수 있었습니다. 5~6장에서 컨브넷과 이를 통해 시퀀스 데이터를 CNN, RNN으로 처리하는 챕터가 긴밀하게 이어지고 자연스럽게 심화되어 유용했습니다. 개인적으로 '요약'에서 다시 한 번 내용을 명료하게 정리하기 때문에 며칠에 걸쳐 책을 읽고 실습을 진행할 때 앞의 내용을 상기할 수 있어서 완독에 큰 도움이 되었습니다.

실습 환경 macOS(12.4, RAM 16GB), Google Colab

박서현_SW 개발자

딥러닝 종합선물세트 같은 책입니다. 케라스 창시자가 직접 집필해서 케라스를 어떻게 사용해야 하는지 핵심만 정말 잘 설명하고 있습니다. 많은 내용을 다루고 있으며, 목적에 따라 필요한 부분을 잘 사용하기 위해서는 어떤 방법을 이용해야 하는지 제대로 알려 줍니다. 또한, 실습 예제가 매력적이고, 역자가 코드에 상세한 주석을 실어 내용을 이해하는 데 도움이 많이 됩니다. 특히 책 도입부에는 딥러닝을 시작하는 데 필요한 딥러닝의 정의, 필요성, 기본적인 이론을 매우 자연스럽게 설명하고 있습니다. 책 후반부에서는 실전 사례 및 모범 사례 등 이론적인 부분을 설명하고 있는데, 현업에서 어떻게 적용해야 할지 생각할 거리를 많이 던져 줍니다. 딥러닝에 관심 있는 독자라면 이 책에서 많은 것을 얻어 갈 수 있을 것입니다.

실습 환경 macOS Monterey 12.1, Google Colab

박찬웅_SW 개발자

딥러닝 프레임워크인 케라스에 대한 기반을 단단하게 다질 수 있는 책입니다. 케라스 프레임워크에 대한 코드 구성과 방식에 대해 다양한 예제를 실습하면서 체화시킬 수 있었습니다. 특히 자연어 처리에서 제일 중요한 트랜스포머까지 다루고 있어서 케라스 프레임워크에 대한 코드 레벨을 올리는 데 굉장히 좋은 책이라고 생각합니다. 코랩에서 GPU(T4, P100, V100)를 할당받아서 모델 학습 시간을 줄이고 싶다면 Colab Pro를 이용하는 것도 원활한 실습을 위한 좋은 방법이 될 것 같습니다.

실습 환경 Google Colab(GPU-K80, RAM-16G)

장대혁 휴넷_AI 자연어 처리 개발자

파이썬으로 딥러닝을 처음 배울 때, 이 책의 1판 원서로 학습한 기억이 있습니다. 이 책은 텐서 연산과 같은 기초적인 내용부터 차근차근 설명해 주어 딥러닝을 처음 접하는 사람들에게 많은 도움이 되는 책입니다. 또한, 기본적인 딥러닝 모델에 관한 설명뿐만 아니라 모델을 구성할 때 어떻게 하면 더 효율적으로 만들 수 있는지 여러 예시를 들어 설명하고 있어 실제 모델 생성 시 유용하게 사용할 수 있을 것 같습니다. 더불어 이미지를 변경하는 여러 가지 최신 기법도 소개하고 있어 실무에 적용하는 데 많은 도움이 될 것 같습니다.

실습 환경 Google Colab

이혜민_LG 디스플레이 데이터 분석가

이론적인 설명부터 환경 설정, 딥러닝의 다양한 예제를 모두 담은 책이라고 볼 수 있습니다. 너무 수학적인 이론을 설명하는 다른 딥러닝 책들도 많은데 실습 위주로 챕터들이 진행되었고, 소스 코드에 설명이 자세하게 되어 있어 이해하기 좋았습니다. 다양한 예제에는 저자의 노하우가 담겨 있습니다. 데이터 전처리 과정부터 GAN을 활용하는 방법까지 실제 모델을 구현하는 예제는 충분히 실무에서도 활용할 수 있습니다. 코드로 딥러닝에 대한 지식을 빠르게 익히고 활용하고자 한다면 이 책을 추천합니다.

실습 환경 Google Colab, Python 3.7.13

배윤성_새한지앤아이 si사업부 차장

케라스를 배울 수 있는 가장 정리가 잘된 책 중 하나라고 생각합니다. 텐서플로부터 딥러닝을 시작하려면 복잡하고 막막한 것들이 많은데, 케라스를 이용하면 복잡하게 구현해야 할 것들을 간편하게 구현할 수 있어 접근 장벽이 낮아진다는 생각이 듭니다. 개인적으로 이 책의 이전 에디션을 읽어 보았고 이번 에디션도 읽었는데 딥러닝 초보자인 저에게는 딥러닝을 확실히 편안하게 배울 수 있다는 생각이 들었고 실습하기 좋았습니다. 한 번에 이해가 안 되는 파트는 반복해서 읽다 보면 이 책 하나로도 충분히 케라스를 통한 딥러닝에 익숙해질 수 있다는 생각이 듭니다.

실습 환경 Google Colab 2022/07/01 Release 버전, 텐서플로 2.8.2, 케라스 2.8.0

이승표_게임 서버 프로그래머

1장 딥러닝이란 무엇인가? ····· 027

2장 신경망의 수학적 구성 요소 ····· 059

1장

딥러닝이란 무엇인가?

이 장에서 다룰 핵심 내용

- 핵심 개념에 대한 고수준의 정의
- 머신 러닝의 발전 과정
- 딥러닝이 인기를 끈 주요 요인과 미래의 가능성

지난 몇 년간 인공 지능(Artificial Intelligence, AI)은 미디어에서 경쟁적으로 보도하는 주제였습니다. 머신 러닝(machine learning), 딥러닝(deep learning), AI에 대한 기사가 쏟아져 나왔으며, 기술적으로 이해가 부족한 글도 있었습니다. 우리는 지능적인 챗봇(chatbot), 자율 주행 자동차, 가상 비서가 있는 미래를 기대합니다. 직업이 줄고 대부분의 경제 활동을 로봇이나 AI 에이전트가 수행할 미래는 이따금 어둡게 그려질 때도 있고, 어떨 때는 유토피아처럼 그려지기도 합니다. 현재 그리고 미래의 머신 러닝 기술자들은 잡음 속에서 제대로 된 신호를 잡아내듯이 과장된 뉴스 기사 속에서 세상을 바꿀 기술 발전을 알아차릴 수 있어야 합니다. 우리의 미래가 달려 있으며, 이 미래는 여러분이 왕성하게 활동할 미래입니다. 이 책을 읽고 나면 여러분은 AI 에이전트를 개발할 수 있는 사람들 중 하나가 될 것입니다. "딥러닝이 지금까지 거둔 성과는 무엇인가요? 얼마나 중요한가요? 어디를 향해 가고 있나요? 과장된 선전을 믿어도 될까요?"에 대한 답을 찾아보겠습니다.

이 장에서 인공 지능과 머신 러닝, 딥러닝에 대한 필수적인 개념을 소개합니다.

1.1 인공 지능과 머신 러닝, 딥러닝

먼저 AI를 언급할 때 사용하는 용어에 대해 명확히 정의할 필요가 있습니다. 인공 지능, 머신 러닝, 딥러닝은 무엇일까요?(그림 1-1) 이들이 어떻게 서로 연관되어 있나요?

▼ 그림 1-1 인공 지능, 머신 러닝 그리고 딥러닝

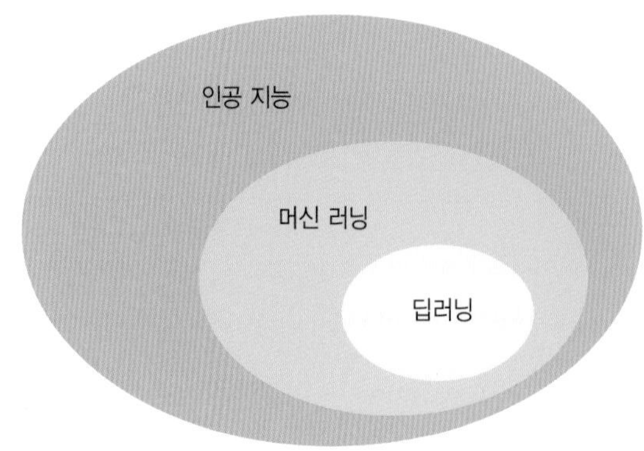

1.1.1 인공 지능

인공 지능은 1950년대 초기 컴퓨터 과학 분야의 일부 선각자들이 "컴퓨터가 '생각'할 수 있는가?" 라는 질문을 하면서 시작되었습니다. 이 질문의 답은 오늘날에도 여전히 찾고 있습니다.

많은 기본 아이디어가 몇 년 전에, 심지어 수십 년 전에 만들어졌지만 '인공 지능'은 마침내 1956년에 연구 분야로 결정되었습니다. 당시 다트머스 대학교(Dartmouth College)의 젊은 조교수였던 존 매카시(John McCarthy)는 다음과 같은 제안으로 여름 워크숍을 조직했습니다.

> 이 연구는 원칙적으로 학습의 모든 측면 또는 지능의 다른 모든 특징을 정확하게 기술하여 이를 시뮬레이션하는 기계를 만들 수 있다는 추측을 기반으로 진행됩니다. 기계가 언어를 사용하고, 추상화와 개념을 형성하고, 현재 인간에게만 국한된 문제를 해결하고, 스스로를 개선하는 방법을 찾으려고 노력할 것입니다. 신중하게 선택된 과학자 그룹이 여름 동안 함께 작업하면 이런 문제 중 하나 이상에서 상당한 발전을 이룰 수 있다고 생각합니다.

여름이 끝날 무렵, 이 워크숍은 조사하려고 했던 수수께끼를 완전히 풀지 못한 채 끝이 났습니다. 그럼에도 이 분야의 선구자가 될 많은 사람이 참석했고 오늘날에도 계속되고 있는 지적 혁명을 촉발시켰습니다.

이 분야에 대한 간결한 정의는 다음과 같습니다. **보통의 사람이 수행하는 지능적인 작업을 자동화하기 위한 연구 활동**입니다. 이처럼 AI는 머신 러닝과 딥러닝을 포괄하는 종합적인 분야입니다. 또 학습 과정이 전혀 없는 다른 방법도 많이 포함하고 있습니다. 1980년대까지 대부분의 AI 교과서에서는 '학습'에 대해 전혀 언급하지 않았습니다! 예를 들어 초기 체스 프로그램은 프로그래머가 만든 하드코딩된 규칙만 가지고 있었고 머신 러닝으로 인정받지 못했습니다. 사실 아주 오랜 기간 동안 많은 전문가는 프로그래머들이 명시적인 규칙을 충분하게 많이 만들어 데이터베이스에 저장된 지식을 다루면 인간 수준의 인공 지능을 만들 수 있다고 믿었습니다. 이런 접근 방법을 **심볼릭 AI**(symbolic AI)라고 하며 1950년대부터 1980년대까지 AI 분야의 지배적인 패러다임이었습니다. 1980년대 **전문가 시스템**(expert system)의 호황으로 그 인기가 절정에 다다랐습니다.

심볼릭 AI가 체스 게임처럼 잘 정의된 논리적인 문제를 푸는 데 적합하다는 것이 증명되었지만, 이미지 분류, 음성 인식, 언어 번역 같은 더 복잡하고 불분명한 문제를 해결하기 위한 명확한 규칙을 찾는 것은 아주 어려운 일입니다. 이런 심볼릭 AI를 대체하기 위한 새로운 방법이 등장했는데, 바로 **머신 러닝**입니다.

1.1.2 머신 러닝

영국 빅토리아 시대의 에이다 러브레이스(Ada Lovelace)[1]는 최초의 기계적 범용 컴퓨터인 **해석 기관**(Analytical Engine)을 발명한 찰스 배비지(Charles Babbage)의 친구이자 동료였습니다. 선견지명이 있어 시대를 많이 앞섰지만 1830년대와 1840년대부터 해석 기관이 범용 컴퓨터로 설계된 것은 아닙니다. 범용 컴퓨터란 개념이 아직 정의되지 않은 때였습니다. 단지 해석학(mathematical analysis) 분야의 계산을 자동화하기 위해 기계적인 연산을 사용하는 방법이었을 뿐입니다. 그래서 이름이 해석 기관입니다. 이것은 파스칼 계산기(Pascaline) 또는 파스칼 계산기의 개선 버전인 라이프니츠(Leibniz)의 계단 계산기(step reckoner)와 같이 기어 형태로 수학 연산을 인코딩하려는 초기 시도의 지적 후손이었습니다. 블레즈 파스칼(Blaise Pascal)이 (19세의 나이로!) 1642년에 설계한 파스칼 계산기는 세계 최초의 기계식 계산기였습니다. 숫자를 더하거나, 빼거나, 곱하거나, 나눌 수도 있습니다.

1843년 에이다 러브레이스는 이 발명에 대해 다음과 같이 언급했습니다.

> 해석 기관이 무언가를 새롭게 고안해 내는 것은 아닙니다. 우리가 어떤 것을 작동시키기 위해 어떻게 명령할지 알고 있다면 이 장치는 무엇이든 할 수 있습니다. …… 이런 능력은 우리가 이미 알고 있는 것을 유용하게 사용할 수 있도록 도와줄 것입니다.

178년 전의 관점이지만 에이다 러브레이스의 관찰은 여전히 매력적입니다. 범용 컴퓨터가 무엇이든 '새로운 것'을 만들 수 있을까요? 아니면 언제나 인간이 완전히 이해하는 프로세스를 단순하게 실행만 할까요? 어떤 독창적인 생각을 할 수 있을까요? 경험에서 배울 수 있을까요? 창의성을 보여 줄 수 있을까요?

AI 선구자인 앨런 튜링(Alan Turing)은 1950년에 **튜링 테스트**(Turing test)[2]와 AI의 주요 개념을 소개한 그의 기념비적인 논문 "Computing Machinery and Intelligence"[3]에서 '러브레이스의 반론(Lady Lovelace's objection)'[4]으로 이 논평을 인용했습니다. 튜링은 당시에 매우 도발적인 견해

---

1 역주 영국의 시인 조지 고든 바이런(George Gordon Byron)의 딸이며, 그녀가 해석 기관의 논문에 추가한 베르누이 수를 구하는 알고리즘이 최초의 프로그램으로 인정되어 최초의 프로그래머라고 불립니다. 1980년 미국 국방성은 기존 언어를 대체하려고 만든 새 프로그램 언어에 그녀의 이름을 따서 에이다(Ada)란 이름을 붙였습니다.

2 튜링 테스트는 때때로 문자 그대로의 테스트(AI 분야가 도달해야 하는 목표)로 해석되지만, 튜링은 단지 인지의 본질에 대한 철학적 논의에서 개념적 장치로 의미한 것입니다. 역주 이와 관련하여 조금 더 자세한 내용은 아마존의 수석 과학자인 로힛 프라사드(Rohit Prasad)의 글을 참고하세요(https://bit.ly/3KLTCI5).

3 A. M. Turing, "Computing Machinery and Intelligence," Mind 59, no. 236 (1950): 433–460. https://goo.gl/ZiXntw

4 역주 튜링은 이 논문에서 러브레이스의 반론을 포함하여 총 9개의 반론에 대한 답변을 기술했습니다.

를 가지고 있었는데 원론적으로 인간 지능의 모든 면을 모방하는 컴퓨터를 만들 수 있다고 생각했습니다.

▼ 그림 1-2 머신 러닝: 새로운 프로그래밍 패러다임

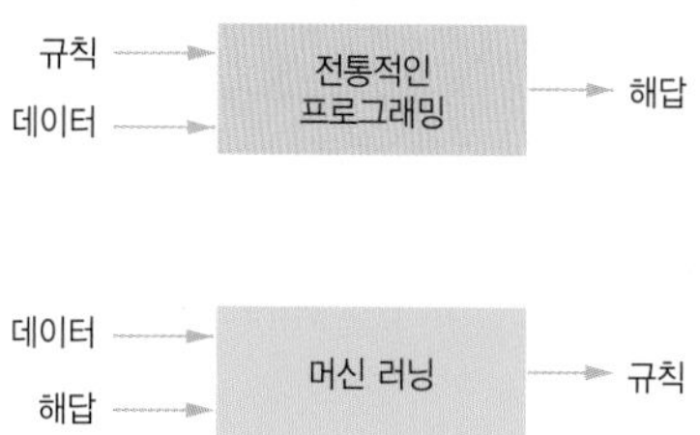

컴퓨터가 유용한 작업을 하도록 만드는 일반적인 방법은 프로그래머가 입력 데이터를 적절한 해답으로 바꾸기 위해 따라야 하는 규칙(컴퓨터 프로그램)을 작성하는 것입니다. 이 방법은 에이다 러브레이스가 해석 엔진이 수행할 단계별 명령을 작성하는 것과 같습니다. 하지만 머신 러닝은 이와 반대로 입력 데이터와 이에 상응하는 해답을 보고 규칙을 찾습니다(그림 1-2). 머신 러닝 시스템은 명시적으로 프로그램되는 것이 아니라 **훈련**(training)됩니다. 어떤 작업과 관련 있는 많은 샘플을 제공하면 이 데이터에서 통계적 구조를 찾아 그 작업을 자동화하기 위한 규칙을 만들어 냅니다. 예를 들어 여행 사진을 태깅하는 일을 자동화하고 싶다면, 사람이 이미 태그해 놓은 다수의 사진 샘플을 시스템에 제공해서 특정 사진에 태그를 연관시키기 위한 통계적 규칙을 학습할 수 있을 것입니다.

머신 러닝은 1990년대 들어와서야 각광을 받기 시작했지만, 고성능 하드웨어와 대량의 데이터셋이 가능해지면서 금방 AI에서 가장 인기 있고 성공적인 분야가 되었습니다. 머신 러닝은 수리 통계학과 밀접하게 관련되어 있지만 통계학과 다른 점이 몇 가지 있습니다. 의학이 화학과 관련 있지만 고유한 속성을 가진 독자적인 체계를 다루기 때문에 의학을 화학에 포함시킬 수 없는 것과 비슷합니다. 머신 러닝은 통계학과 달리 보통 대량의 복잡한 데이터셋(예를 들어 몇만 개의 픽셀로 구성된 이미지가 수백만 개가 있는 데이터셋)을 다루기 때문에 베이즈 분석(Bayesian analysis) 같은 전통적인 통계 분석 방법은 현실적으로 적용하기 힘듭니다. 이런 이유 때문에 머신 러닝, 특히 딥러닝은 수학적 이론이 비교적 부족하고(어쩌면 아주 부족하고) 근본적으로 엔지니어링 분야에 해당됩니다. 머신 러닝은 이론 물리학이나 수학과 달리 경험적 발견에 의해 주도되는 매우 실천적인 분야고 소프트웨어 및 하드웨어의 발전에 크게 의존합니다.

1.1.3 데이터에서 표현을 학습하기

딥러닝을 정의하고 다른 머신 러닝 방식과의 차이점을 이해하기 위해 먼저 머신 러닝 알고리즘이 하는 일이 무엇인지 알아야 합니다. 머신 러닝은 샘플과 기댓값이 주어졌을 때 데이터 처리 작업을 위한 실행 규칙을 찾는 것입니다. 머신 러닝을 하기 위해서는 세 가지가 필요합니다.

- **입력 데이터 포인트**: 예를 들어 주어진 문제가 음성 인식이라면, 이 데이터 포인트는 사람의 대화가 녹음된 사운드 파일입니다. 만약 이미지 태깅에 관한 작업이라면 데이터 포인트는 사진이 됩니다.
- **기대 출력**: 음성 인식 작업에서는 사람이 사운드 파일을 듣고 옮긴 글입니다. 이미지 작업에서 기대하는 출력은 '강아지', '고양이' 등과 같은 태그입니다.
- **알고리즘의 성능을 측정하는 방법**: 알고리즘의 현재 출력과 기대 출력 간의 차이를 결정하기 위해 필요합니다. 측정값은 알고리즘의 작동 방식을 교정하기 위한 신호로 다시 피드백됩니다. 이런 수정 단계를 **학습**(learning)이라고 합니다.

머신 러닝 모델은 입력 데이터를 의미 있는 출력으로 변환합니다. 이것이 입력과 출력으로 구성된 샘플로부터 학습하는 과정입니다. 그렇기 때문에 머신 러닝과 딥러닝의 핵심 문제는 의미 있게 데이터를 변환하는 것입니다. 다른 말로 하면 기대 출력에 가까워지도록 입력 데이터의 유용한 **표현**(representation)을 학습하는 것입니다.

여기에서 표현이란 무엇일까요? 핵심적으로 말하면 데이터를 인코딩(encoding)하거나 표현하기 위해 데이터를 바라보는 다른 방법입니다. 예를 들어 컬러 이미지는 RGB 포맷(빨간색-녹색-파란색)이나 HSV 포맷(색상-채도-명도)으로 인코딩될 수 있습니다. 이들은 같은 데이터의 두 가지 다른 표현입니다. 어떤 표현으로는 해결하기 힘든 문제가 다른 표현으로는 쉽게 해결될 수 있습니다. 예를 들어 '이미지에 있는 모든 빨간색 픽셀을 선택'하는 문제는 RGB 포맷에서는 쉽습니다. 반면 '이미지의 채도를 낮추는' 것은 HSV 포맷이 더 쉽습니다. 머신 러닝 모델은 입력 데이터에서 적절한 표현을 찾는 것이 전부입니다. 이런 데이터 변환은 당면한 문제를 더 쉽게 해결할 수 있도록 만들어 줍니다.

구체적으로 살펴보죠. x축, y축이 있고 이 (x, y) 좌표 시스템으로 표현된 데이터 포인트가 그림 1-3에 나타나 있습니다.

▼ 그림 1-3 간단한 예시 데이터

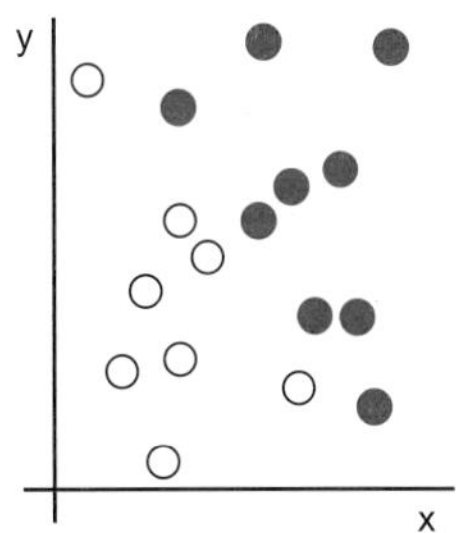

그림에서 볼 수 있듯이 흰색 포인트와 빨간색 포인트가 있습니다. 포인트의 좌표 (x, y)를 입력으로 받고 그 포인트가 빨간색인지 흰색인지를 출력하는 알고리즘을 개발하려고 합니다. 이 경우에는 다음과 같이 요약할 수 있습니다.

- 입력은 포인트의 좌표입니다.
- 기대 출력은 포인트의 색깔입니다.
- 알고리즘의 성능은 정확히 분류한 포인트의 비율을 사용하여 측정합니다.

여기에서 우리가 원하는 것은 흰색 포인트와 빨간색 포인트를 완벽하게 구분하는 새로운 데이터 표현입니다. 사용할 수 있는 변환 방법 중 하나는 그림 1-4와 같은 좌표 변환입니다.

▼ 그림 1-4 좌표 변환

1: 원본 데이터

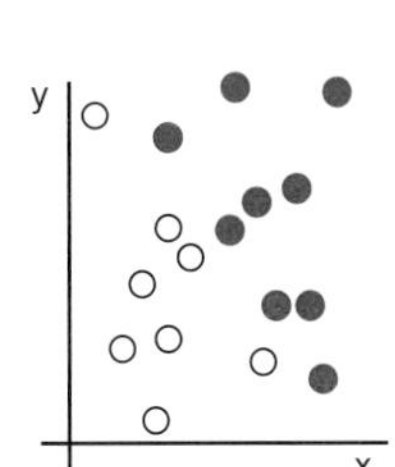

2: 좌표 변환

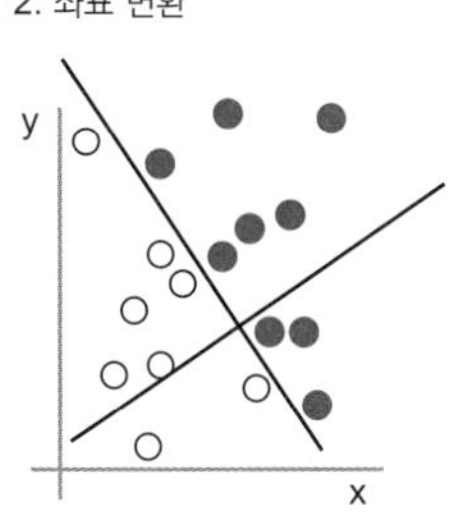

3: 더 나은 표현

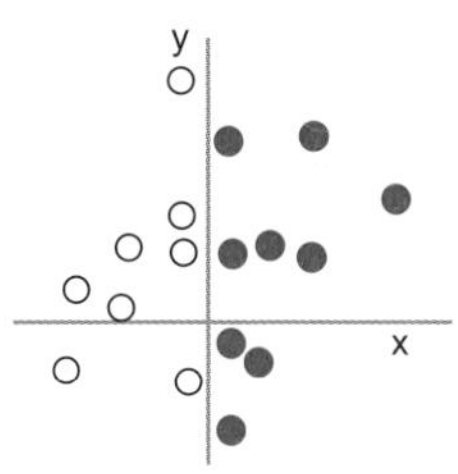

포인트에 대한 새로운 좌표는 새로운 데이터 표현이라고 할 수 있습니다. 그리고 이 표현은 좋은 표현입니다! 이 표현을 사용하면 색깔 분류 문제를 "x 〉 0인 것은 빨간색 포인트다." 또는 "x 〈 0인 것은 흰색 포인트다."라는 간단한 규칙으로 나타낼 수 있습니다. 간단한 규칙과 연결된 새로운 표현이 이 분류 문제를 깔끔하게 해결한 것입니다.

이 경우에는 우리가 직접 좌표 변환을 지정했습니다. 사람의 지능으로 이 데이터에 대한 적절한 표현을 생각해 냈습니다. 이런 매우 간단한 문제라면 괜찮지만 손으로 쓴 숫자 이미지를 분류하는 작업에서도 동일하게 할 수 있을까요? 모든 종류의 다양한 필체에 대해 6과 8의 차이점과 1과 7의 차이점을 설명하는 컴퓨터로 실행 가능한 명시적인 이미지 변환을 작성할 수 있을까요?

어느 정도는 가능합니다. '닫힌 동심원의 수'와 같이 숫자 표현 기반의 규칙이나 수직 또는 수평 픽셀의 히스토그램(histogram)은 손글씨 숫자를 적절하게 구분할 수 있습니다. 하지만 수동으로 이런 유용한 표현을 찾는 것은 어려운 일입니다. 예상할 수 있겠지만 이렇게 만들어진 규칙 기반 시스템은 망가지기 쉬우며 유지 보수하기 어렵습니다. 신중하게 생각해서 만든 규칙을 벗어나는 새로운 손글씨 숫자 샘플이 나타날 때마다 이전 규칙과의 상호 작용을 고려하면서 새로운 데이터 변환이나 새로운 규칙을 추가해야 할 것입니다.

이 과정이 매우 힘들다면 이를 자동화할 수 있을까 하고 생각할 것입니다. 자동으로 생성한 여러 가지 데이터 표현과 이를 기반으로 하는 규칙 중에서 약간의 개발 데이터셋으로 올바르게 분류된 숫자의 비율을 피드백받아 좋은 것을 체계적으로 찾는다면 어떨까요? 이렇게 하면 머신 러닝을 하고 있는 것입니다. 머신 러닝에서 **학습**(learning)은 유용한 데이터 표현을 만드는 데이터 변환을 피드백 신호를 바탕으로 자동으로 탐색하는 과정을 말합니다. 이 표현은 더 간단한 규칙으로 문제를 해결할 수 있을 것입니다.

이 변환은 (앞에 나온 2D 좌표 분류 예시와 같이) 좌표 변환이거나 (손글씨 숫자 분류 예시와 같이) 픽셀의 히스토그램이나 동심원을 헤아리는 것일 수 있습니다. 또는 선형 투영(linear projection), 이동(translation), 비선형 연산(예를 들어 x 〉 0인 모든 포인트를 선택하는 것) 등이 될 수도 있습니다. 머신 러닝 알고리즘은 일반적으로 이런 변환을 찾기 위한 창의력이 없습니다. **가설 공간**(hypothesis space)이라고 하는 미리 정의된 연산의 모음들을 자세히 조사하는 것뿐입니다. 예를 들어 2D 좌표 분류 예시에서 가능한 모든 좌표 변환이 가설 공간이 됩니다.

간략하게 말하면 머신 러닝은 가능성 있는 공간을 사전에 정의하고 피드백 신호의 도움을 받아 입력 데이터에 대한 유용한 변환과 규칙을 찾는 것입니다. 이 간단한 아이디어가 음성 인식에서부터 자율 주행 자동차까지 아주 다양한 분야에서 지능에 관한 문제를 해결합니다.

이제 **학습**이 의미하는 바를 이해했을 것입니다. 다음으로 무엇이 **딥러닝**을 특별하게 만드는지 살펴보겠습니다.

1.1.4 딥러닝에서 '딥'이란 무엇일까?

딥러닝은 머신 러닝의 특정한 한 분야로서 연속된 **층**(layer)에서 점진적으로 의미 있는 표현을 배우는 데 강점이 있으며, 데이터로부터 표현을 학습하는 새로운 방식입니다. **딥러닝**의 **딥**(deep)이란 단어가 어떤 깊은 통찰을 얻을 수 있다는 것을 의미하지는 않습니다. 그냥 연속된 층으로 표현을 학습한다는 개념을 나타냅니다. 데이터로부터 모델을 만드는 데 얼마나 많은 층을 사용했는지가 그 모델의 **깊이**가 됩니다. 이 분야에 대한 적절한 다른 이름은 **층 기반 표현 학습**(layered representations learning) 또는 **계층적 표현 학습**(hierarchical representations learning)이 될 수 있습니다. 최근의 딥러닝 모델은 표현 학습을 위해 수십 개, 수백 개의 연속된 층을 가지고 있습니다. 이 층들을 모두 훈련 데이터에 노출해서 자동으로 학습시킵니다. 한편 다른 머신 러닝 접근 방법은 1~2개의 데이터 표현 층을 학습하는 경향이 있습니다(예를 들어 픽셀 히스토그램에 어떤 분류 규칙을 적용하는 것). 그래서 이런 방식을 **얕은 학습**(shallow learning)이라고 합니다.

딥러닝에서는 말 그대로 층을 겹겹이 쌓아 올려 구성한 **신경망**(neural network)이라는 모델을 사용하여 층 기반 표현을 학습합니다. 신경망이란 단어는 신경 생물학의 용어입니다.[5] 딥러닝의 일부 핵심 개념이 뇌 구조(특히 시각 피질)를 이해하는 것에서부터 영감을 얻어 개발된 부분이 있지만, 딥러닝 모델이 뇌를 모델링한 것은 아닙니다. 최근의 딥러닝 모델이 사용하는 학습 메커니즘과 유사한 것을 뇌가 가지고 있다는 근거는 없습니다. 대중 과학 저널에서 딥러닝이 뇌처럼 작동한다거나 뇌를 모방하여 만들었다고 주장하는 글을 이따금 볼 수 있지만, 이는 사실이 아닙니다. 딥러닝이 신경 생물학과 어떤 관련이 있는 것처럼 생각하는 것이 오히려 이 분야를 처음 접하는 사람들을 혼란스럽게 해서 역효과를 냅니다. 인간의 정신 세계와 같은 신비하고 미스터리한 무언가를 떠올릴 필요가 없습니다. 이전에 읽었던 딥러닝과 생물학 사이를 연관 짓는 어떤 가설도 잊는 것이 좋습니다. 우리가 다루는 딥러닝은 그냥 데이터로부터 표현을 학습하는 수학 모델일 뿐입니다.

딥러닝 알고리즘으로 학습된 표현은 어떻게 나타날까요? 몇 개의 층으로 이루어진 네트워크(그림 1-5)가 이미지 안의 숫자를 인식하기 위해 이미지를 어떻게 변환하는지 살펴보겠습니다.

5 역주 종종 머신 러닝의 신경망을 인공 신경망(artificial neural network)으로, 생물학의 신경망을 생물학적 신경망(biological neural network)으로 구분하여 부르기도 합니다. 이 책에서는 신경망(neural network)과 네트워크(network), 모델을 혼용하여 사용하고 있습니다. 저자의 의도를 살리고 신경망이 진짜 '신경'과 관련 있다는 오해를 줄이기 위해 문맥상 어색하지 않다면 'network'는 그대로 '네트워크'라고 옮겼습니다.

▼ 그림 1-5 숫자 분류를 위한 심층 신경망(deep neural network)

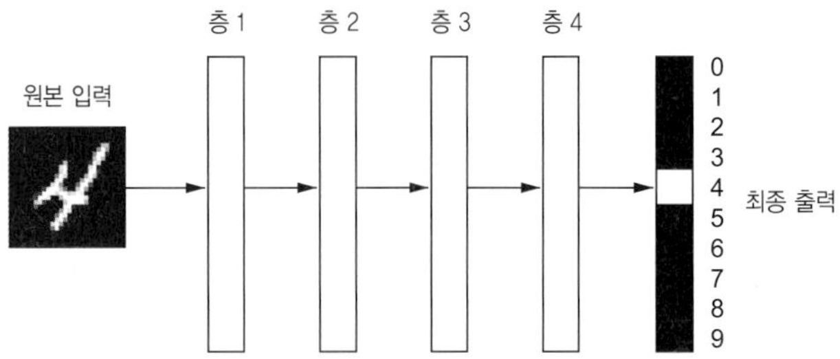

그림 1-6에서 볼 수 있듯이 최종 출력에 대해 점점 더 많은 정보를 가지지만 원본 이미지와는 점점 더 다른 표현으로 숫자 이미지가 변환됩니다. 심층 신경망을 정보가 연속된 필터(filter)를 통과하면서 순도 높게(즉, 어떤 작업에 대해 유용하게) 정제되는 다단계 정보 추출 과정으로 생각할 수 있습니다.

▼ 그림 1-6 숫자 분류 모델이 학습한 표현

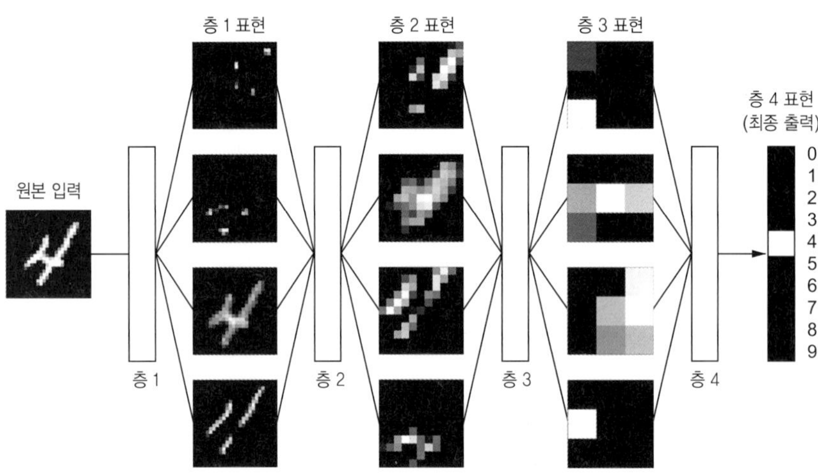

바로 이것이 딥러닝입니다. 기술적으로는 데이터 표현을 학습하기 위한 다단계 처리 방식을 말합니다. 간단한 아이디어이지만, 매우 단순한 이 구조를 충분한 규모로 확장하면 마치 마술 같은 일을 할 수 있습니다.

1.1.5 그림 3개로 딥러닝의 작동 원리 이해하기

이제 머신 러닝이 많은 입력과 타깃(target)의 샘플을 관찰하면서 입력(예 이미지)을 타깃(예 '고양이' 레이블)에 매핑(mapping)하는 것임을 알았습니다. 심층 신경망은 이런 입력-타깃 매핑을 간단한 데이터 변환기(층)를 많이 연결하여 수행한다는 것도 배웠습니다. 이런 데이터 변환은 샘플에 노출됨으로써 학습이 이루어집니다. 이제 어떻게 이런 학습이 일어나는지 자세히 살펴봅시다.

층이 입력 데이터를 처리하는 방식은 일련의 숫자로 이루어진 층의 **가중치**(weight)에 저장되어 있습니다. 기술적으로 말하면 어떤 층에서 일어나는 변환은 그 층의 가중치를 **파라미터**(parameter)로 가지는 함수로 표현됩니다(그림 1-7, 이따금 가중치를 그 층의 파라미터라고도 부릅니다[6]). 이런 맥락으로 보면 **학습**은 주어진 입력을 정확한 타깃에 매핑하기 위해 신경망의 모든 층에 있는 가중치 값을 찾는 것을 의미합니다. 하지만 어떤 심층 신경망은 수천만 개의 파라미터를 가지기도 합니다. 이런 경우에 모든 파라미터의 정확한 값을 찾는 것은 어려운 일로 보입니다. 파라미터 하나의 값을 바꾸면 다른 모든 파라미터에 영향을 끼치기 때문입니다!

▼ 그림 1-7 신경망은 가중치를 파라미터로 가진다

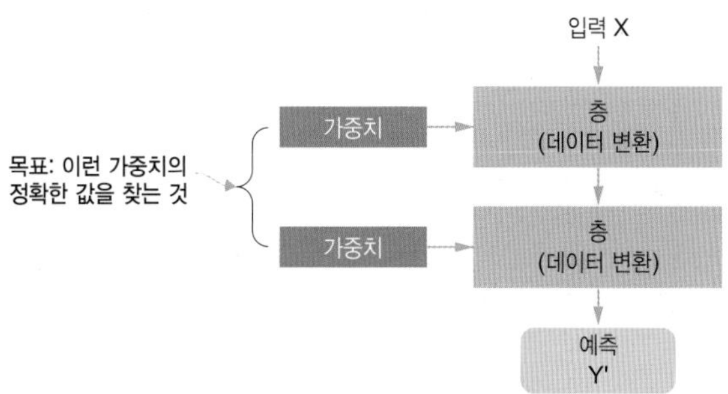

어떤 것을 조정하려면 먼저 관찰해야 합니다. 신경망의 출력을 제어하려면 출력이 기대하는 것보다 얼마나 벗어났는지 측정해야 합니다. 이는 신경망의 **손실 함수**(loss function)가 담당하는 일입니다. 손실 함수를 이따금 **목적 함수**(objective function) 또는 **비용 함수**(cost function)라고도 부릅니다.[7] 신경망이 한 샘플에 대해 얼마나 잘 예측했는지 측정하기 위해 손실 함수가 신경망의 예측과 진짜 타깃(신경망의 출력으로 기대하는 값)의 차이를 점수로 계산합니다(그림 1-8).

---

6 역주 이런 파라미터를 모델 파라미터라고도 합니다. 이 책에서는 혼동을 피하기 위해 파이썬 프로그램의 함수와 클래스에 전달할 때 사용하는 파라미터는 매개변수로 번역합니다.

7 역주 정확하게 말하면 비용 함수는 모든 훈련 데이터에 대한 손실 함수의 합을 나타내고 목적 함수는 더 일반적인 용어로 최적화하기 위한 대상 함수를 의미합니다. 보통 이 세 가지 용어를 크게 구분하지 않고 혼용하여 사용하는 경우가 많습니다.

▼ 그림 1-8 손실 함수가 신경망의 출력 품질을 측정

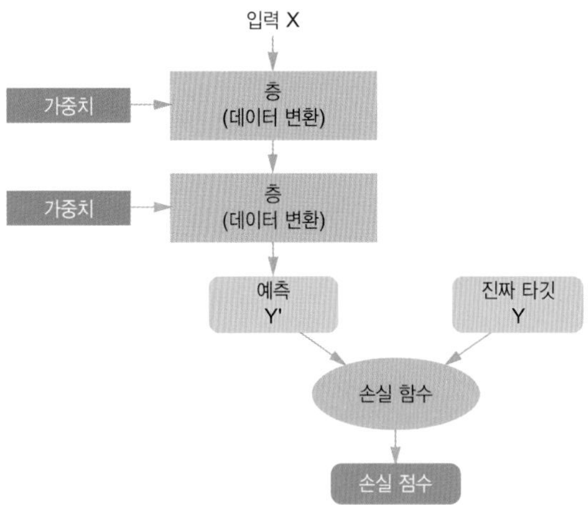

기본적인 딥러닝 방식은 이 점수를 피드백 신호로 사용하여 현재 샘플의 손실 점수가 감소되는 방향으로 가중치 값을 조금씩 수정하는 것입니다(그림 1-9). 이런 수정 과정은 딥러닝의 핵심 알고리즘인 **역전파**(backpropagation) 알고리즘을 구현한 **옵티마이저**(optimizer)가 담당합니다. 다음 장에서 역전파가 어떻게 작동하는지 상세하게 설명하겠습니다.

▼ 그림 1-9 손실 점수를 피드백 신호로 사용하여 가중치 조정

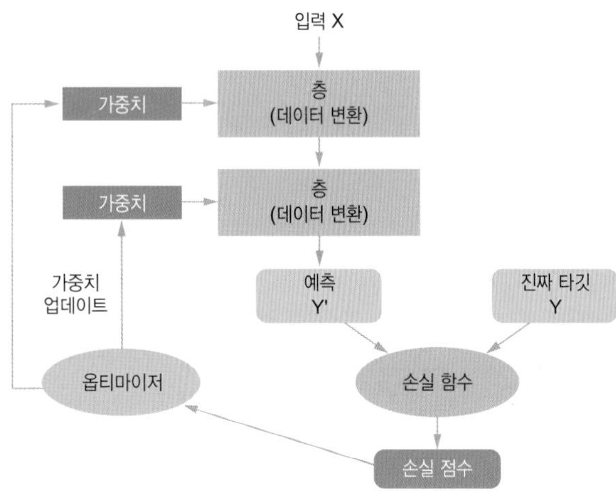

초기에는 네트워크의 가중치가 랜덤한 값으로 할당되므로 랜덤한 변환을 연속적으로 수행합니다. 자연스럽게 출력은 기대한 것과 멀어지고 손실 점수가 매우 높을 것입니다. 하지만 네트워크가 모든 샘플을 처리하면서 가중치가 조금씩 올바른 방향으로 조정되고 손실 점수가 감소합니다. 이를 **훈련 반복**(training loop)이라고 하며, 충분한 횟수만큼 반복하면(일반적으로 수천 개의 샘플에서 수

십 번 반복하면) 손실 함수를 최소화하는 가중치 값을 산출합니다. 최소한의 손실을 내는 네트워크가 타깃에 가능한 가장 가까운 출력을 만드는 모델이 됩니다. 다시 한 번 말하지만 이 간단한 메커니즘이 확장되면 마술 같은 결과를 만듭니다.

1.1.6 지금까지 딥러닝의 성과

딥러닝은 머신 러닝의 오래된 하위 분야이지만 2010년 초가 되어서야 유명해졌습니다. 이때부터 몇 년 동안 이 분야에서 일어난 혁신은 결코 작지 않습니다. 사람에게는 자연스럽고 직관적으로 보이지만 기계로는 오랫동안 해결하기 어려웠던 지각에 관련된 작업과 자연어 처리 작업에서 괄목할 만한 성과를 냈습니다.

특히 딥러닝은 다음과 같은 획기적인 발전을 가능하게 했습니다. 모두가 머신 러닝에서는 오랫동안 어려운 문제였습니다.

- 사람과 비슷한 수준의 이미지 분류
- 사람과 비슷한 수준의 음성 인식
- 사람과 비슷한 수준의 필기 인식
- 획기적으로 향상된 기계 번역
- 획기적으로 향상된 TTS(Text-To-Speech) 변환
- 구글 나우(Now)와 아마존 알렉사(Alexa) 같은 디지털 비서
- 사람과 비슷한 수준의 자율 주행 능력
- 구글, 바이두(Baidu), 빙(Bing)에서 사용하는 향상된 광고 타기팅(targeting)
- 향상된 웹 검색 엔진의 결과
- 자연어 질문에 대답하는 능력
- 사람을 능가하는 바둑 실력

우리는 여전히 딥러닝이 할 수 있는 일의 전체 크기를 알아 가는 중입니다. 몇 년 전만 해도 해결할 수 없다고 생각했던 다양한 문제에 딥러닝을 성공적으로 적용하기 시작했습니다. 예를 들어 바티칸의 사도문서고(Vatican Apostolic Archive)에 보관된 수만 개의 고대 사본을 자동으로 디지털화하고, 간단한 스마트폰을 사용하여 현장에서 식물 질병을 감지하고 분류하고, 의료 영상 데이터를 해석하는 종양 전문의 또는 방사선 전문의를 돕고, 홍수나 허리케인 또는 지진과 같은 자연재해를

예측하는 등입니다. 이런 중요한 이정표를 거치면서 딥러닝이 과학, 의학, 제조, 에너지, 운송, 소프트웨어 개발, 농업, 예술 창작 등 인간이 노력하는 모든 분야와 모든 활동을 지원하는 시대에 가까워지고 있습니다.

1.1.7 단기간의 과대 선전을 믿지 말자

딥러닝이 최근 몇 년간 놀라운 성과를 이끌어 냈지만, 사람들이 향후 10년 안에 기대하는 성과는 가능한 것보다 훨씬 높은 편입니다. 자율 주행 자동차 같은 세상을 바꿀 만한 몇 가지 애플리케이션은 이미 가까이 다가왔지만, 신뢰할 만한 대화 시스템이나 사람 수준의 기계 번역 그리고 사람 수준의 자연어 이해처럼 더 많은 것이 오랫동안 어려운 문제로 남아 있을 것 같습니다. 특히 사람 수준의 일반 지능(general intelligence)에 관한 이야기는 너무 심각하게 다루지 않는 것이 좋습니다. 단기간에 많이 성장하리라고 큰 기대를 하는 것은 위험합니다. 기술이 문제를 해결하지 못하면 연구에 대한 투자가 크게 줄어들고 발전은 오랫동안 정체될 것입니다.

예전에도 이런 일이 있었습니다. 과거에도 AI는 장밋빛 전망 뒤에 이어진 실망과 회의의 사이클을 두 번이나 경험했고, 결국 투자의 감소로 이어졌습니다. 1960년대 심볼릭 AI가 그 시작이었습니다. 초창기에 심볼릭 AI에 대한 기대는 매우 높았습니다. 심볼릭 AI 방법에 관한 가장 유명한 개척자이자 지지자 중 한 명인 마빈 민스키(Marvin Minsky)는 1967년에 "이번 세대 안에 …… '인공 지능'을 만드는 문제는 거의 해결될 것입니다."라고 주장했습니다. 3년 후인 1970년에는 더 정확하게 정량화된 예측을 했습니다. "3년에서 8년 이내에 평균적인 사람 수준의 일반 지능을 가진 기계가 나올 것입니다." 2021년에도 그런 성과는 여전히 먼 미래의 일로 보입니다. 아직까지 얼마나 오래 걸릴지 예측하는 방법조차 없습니다. 하지만 1960년대와 1970년대 초에는 몇몇 전문가들이 바로 근시일 안에 문제가 해결될 것이라고 믿었습니다(오늘날에도 많은 사람이 그렇습니다). 몇 년 후에 이런 높은 기대가 구체화되지 못하자 연구자들과 정부 자금은 이 분야에 대한 투자를 줄였고, 첫 번째 **AI 겨울**(AI winter)이 시작되었습니다(이는 냉전(Cold War)이 절정에 다다른 후에 나타나는 핵 겨울(nuclear winter)에 대한 비유입니다[8]).

이것이 마지막이 아니었습니다. 1980년대에 심볼릭 AI의 새로운 버전인 **전문가 시스템**(expert system)이 큰 기업들 사이에서 인기를 끌기 시작했습니다. 초창기 몇 개의 성공적인 스토리가 투자

8 역주 핵 겨울은 천문학자 칼 세이건(Carl Sagan) 등이 1983년에 주장한 것으로 핵 전쟁으로 대규모 환경 변화가 발생하여 지구에 빙하기가 온다는 가설입니다.

의 물결을 이끌었고, 전 세계 회사들이 전문가 시스템을 구축하기 위해 내부에 AI 부서를 꾸리기 시작했습니다. 1985년 즈음에 회사들은 이 기술에 연간 10억 달러 이상을 사용했습니다. 하지만 1990년대 초기에 이 시스템은 유지 비용이 비싸고, 확장하기 어려우며 제한된 범위를 가진다는 것이 증명되었고 관심은 사그라들었습니다. 이로 인해 두 번째 AI 겨울이 시작되었습니다.

우리는 현재 AI의 과대 선전과 실망의 세 번째 사이클을 목격하고 있는지도 모릅니다. 아직까지는 매우 낙관적인 단계입니다. 단기간의 기대를 조금 누그러뜨리고, 이 분야의 기술적 측면을 잘 모르는 사람들에게 딥러닝이 할 수 있는 것과 할 수 없는 것에 대해 명확히 이해시키는 것이 좋습니다.

1.1.8 AI에 대한 전망

AI에 대한 단기간의 기대는 비현실적일지도 모르지만, 장기적인 전망은 매우 밝습니다. 의료 진단에서부터 디지털 비서까지 확실히 이전과는 다른 여러 중요한 문제에 딥러닝을 적용하기 시작했습니다. AI 역사상 유례를 찾아볼 수 없는 수준의 투자에 크게 힘입어 AI 연구는 지난 10년간 놀라울 정도로 매우 빠르게 발전해 왔습니다. 하지만 이런 발전 중에서 비교적 아주 일부만이 현실 세계의 제품과 프로세스에 적용되었습니다. 딥러닝 연구 성과의 대부분은 아직 적용되지 않았거나, 적어도 전체 산업계를 통틀어서 딥러닝이 풀 수 있는 다양한 종류의 문제에는 적용되지 않았습니다. 일반 의사들은 아직 AI를 사용하지 않고, 회계사들도 마찬가지입니다. 아마 여러분도 일상생활에서 AI 기술을 자주 사용하지 않고 있을 것입니다. 물론 스마트폰에 간단한 질문을 해서 그럴싸한 대답을 얻거나 아마존닷컴(Amazon.com)에서 유용한 상품 추천을 받고, 구글 포토(Google Photos)에서 '생일'을 검색해서 지난달 딸아이 생일 파티 사진을 바로 찾을 수 있습니다. 이런 기술은 이전에 비해 많이 발전되었습니다. 하지만 이런 도구는 여전히 우리 일상생활의 액세서리일 뿐입니다. AI는 우리가 일하고 생각하고 생활하는 것의 중심에 들어오지 않았습니다.

AI가 아직 폭넓게 적용되지 못했기 때문에 지금 당장은 AI가 이 세상에 큰 영향을 줄 수 있으리라고 믿기 힘들지도 모릅니다. 비슷하게 1995년으로 돌아가 보면, 그때는 인터넷이 미래에 미칠 영향을 믿기 힘들었을 것입니다. 그 당시에 대부분의 사람들은 인터넷이 자신과 어떻게 연관이 있을지, 우리의 일상생활을 어떻게 바꿀지 이해하지 못했습니다. 오늘날 딥러닝과 AI도 동일합니다. 그러므로 실수를 범하지 말아야 합니다. 결국 AI의 시대는 도래할 것입니다. 그리 멀지 않은 미래에 AI가 우리의 비서가 되고, 심지어 친구가 될 것입니다. 우리의 질문에 대답하고 아이의 교육을 도와주고 건강을 보살펴 줄 것입니다. 식료품을 문 앞에 배달해 주고 A부터 B 지점까지 차를 운전해 줄 것입니다. 점점 더 복잡해지고 정보가 넘쳐 나는 세상에 대한 인터페이스(interface)가 될 것입니다. 더욱 중요한 것은 AI가 유전학부터 수학까지 모든 분야의 과학자들을 도와 새롭고 놀라운 발견을 이루어 냄으로써 인류 전체를 발전시킬 것이라는 점입니다.

이 와중에 몇 번의 난관을 만날 수 있고 새로운 AI 겨울이 올 수도 있습니다. 마치 인터넷 업계가 1998~1999년 사이에 매우 과열되었다가 2000년대 초에 몰락하면서 투자가 멈추어 고통을 받았던 것과 같습니다. 하지만 결국 AI 시대는 올 것입니다. 오늘날의 인터넷처럼 우리 사회와 일상생활을 구성하는 거의 모든 과정에 AI가 적용될 것입니다.

단기간의 과대 선전은 믿지 말고 장기 비전을 믿으세요. AI가 아직 아무도 감히 생각하지도 못했던 완전한 모습으로 진정한 잠재성을 발휘하려면 어느 정도의 시간이 걸릴지 아무도 모릅니다. 하지만 AI의 시대는 올 것이고 이 세상을 환상적인 방식으로 변모시킬 것입니다.

DEEP LEARNING

1.2 딥러닝 이전: 머신 러닝의 간략한 역사

딥러닝은 AI 역사에서 찾을 수 없을 만큼 대중에게 많은 관심과 업계의 투자를 받고 있습니다. 하지만 이것이 머신 러닝의 첫 번째 성공은 아닙니다. 오늘날 산업계에서 사용하는 대부분의 머신 러닝 알고리즘은 딥러닝 알고리즘이 아닙니다. 또 딥러닝이 모든 작업에 맞는 만능 도구는 아닙니다. 때로는 딥러닝을 적용하기에 데이터가 충분하지 않거나 다른 알고리즘이 문제를 더 잘 해결할 수도 있습니다. 만약 딥러닝이 처음 배우는 머신 러닝 알고리즘이라면, 딥러닝 해머를 들고서 모든 문제를 못처럼 보고 있는 자신을 발견할지도 모릅니다. 이런 함정에 빠지지 않기 위한 유일한 방법은 다른 방법들을 배우고 가능할 때 이 기술을 연습하는 것입니다.

전통적인 머신 러닝 방법에 대한 자세한 설명은 이 책의 범위를 넘어섭니다.[9] 하지만 이들을 간단하게 소개하고 지금까지의 역사적 배경을 설명하겠습니다. 이를 통해 딥러닝을 머신 러닝의 넓은 범주 안으로 인식하고 딥러닝이 어디서 왔는지 왜 중요한지 더 잘 이해하게 될 것입니다.

9 역주 다양한 머신 러닝 알고리즘에 대한 소개는 〈머신 러닝 교과서 with 파이썬, 사이킷런, 텐서플로(개정 3판)〉(길벗, 2021)를 참고하세요.

1.2.1 확률적 모델링

확률적 모델링(probabilistic modeling)은 통계학 이론을 데이터 분석에 응용한 것입니다. 초창기 머신 러닝 형태 중 하나고 요즘도 널리 사용됩니다. 가장 잘 알려진 알고리즘 중 하나는 나이브 베이즈(Naive Bayes) 알고리즘입니다.

나이브 베이즈는 입력 데이터의 특성이 모두 독립적이라고 가정하고 베이즈 정리(Bayes' theorem)를 적용하는 머신 러닝 분류 알고리즘입니다. (강한 또는 '순진한(naive)' 가정입니다. 여기에서 이름이 유래되었습니다.) 이런 형태의 데이터 분석은 컴퓨터보다 앞서 있었기 때문에 첫 번째 컴퓨터가 등장하기 수십 년 전에는 수작업으로 적용했습니다(거의 1950년대로 거슬러 올라갑니다). 베이즈 정리와 통계의 토대는 18세기까지 거슬러 올라갑니다. 이 정도가 나이브 베이즈 분류기를 사용하기 위해 알아야 할 전부입니다.

이와 밀접하게 연관된 모델이 **로지스틱 회귀**(logistic regression)입니다(줄여서 logreg라고 하겠습니다). 이 모델은 현대 머신 러닝의 "hello world"로 여겨집니다. 이름 때문에 혼동하지 마세요. logreg는 회귀(regression) 알고리즘이 아니라 분류(classification) 알고리즘입니다.[10] 나이브 베이즈와 매우 비슷하게 logreg는 컴퓨터보다 훨씬 오래전부터 있었습니다. 하지만 간단하고 다목적으로 활용할 수 있어서 오늘날에도 여전히 유용합니다.

데이터 과학자가 분류 작업에 대한 감을 빠르게 얻기 위해 데이터셋에 적용할 첫 번째 알고리즘으로 선택하는 경우가 많습니다.

1.2.2 초창기 신경망

초창기 버전의 신경망은 이 책에서 다루는 최신 구조로 완전히 대체되었습니다. 하지만 딥러닝의 기원을 아는 것은 유익합니다. 신경망의 핵심 아이디어는 아주 일찍 1950년대에 작으나마 연구되었지만 본격적으로 시작되기까지는 수십 년이 걸렸습니다. 대규모 신경망을 훈련시킬 수 있는 효과적인 방법을 오랜 기간 동안 찾지 못했기 때문입니다. 1980년대 중반에 여러 사람이 제각기 역전파 알고리즘을 재발견하고 신경망에 이를 적용하기 시작하면서 상황이 바뀌었습니다. 이 알고리즘은 경사 하강법 최적화를 사용하여 연쇄적으로 변수가 연결된 연산을 훈련하는 방법입니다(나중에 이 개념을 상세히 설명하겠습니다).

10 역주 회귀는 연속적인 숫자(실수)를 예측하는 것이고 분류는 여러 클래스(class) 중 하나를 예측하는 것입니다.

성공적인 첫 번째 신경망 애플리케이션은 1989년 벨 연구소(Bell Labs)에서 나왔습니다. 얀 르쿤(Yann LeCun)은 초창기 합성곱 신경망(convolution neural network)과 역전파를 연결하여 손글씨 숫자 이미지를 분류하는 문제에 적용했습니다. LeNet이라고 부르는 이 신경망은 우편 봉투의 우편번호 코드를 자동으로 읽기 위해 1990년대 미국 우편 서비스에 사용되었습니다.

1.2.3 커널 방법

초기 성공에 힘입어 1990년대에 신경망은 연구자들 사이에서 어느 정도 관심을 얻기 시작했지만, 머신 러닝의 새로운 접근 방법인 커널 방법이 인기를 얻자 신경망은 빠르게 잊혔습니다. **커널 방법**(kernel method)은 분류 알고리즘의 한 종류를 말하며 그중 **서포트 벡터 머신**(Support Vector Machine, SVM)이 가장 유명합니다.[11] 현대적인 SVM의 공식은 1990년대 초 벨 연구소의 블라드미르 바프닉(Vladimir Vapnik)과 코리나 코르테스(Corinna Cortes)에 의해 개발되었고 1995년에 공개되었습니다.[12] 바프닉과 알렉세이 체르보넨키스(Alexey Chervonenkis)가 만든 오래된 선형 공식은 1963년에 공개되었습니다.[13]

SVM은 두 클래스를 나누는 **결정 경계**(decision boundary)를 찾는 분류 알고리즘입니다. SVM이 결정 경계를 찾는 과정은 두 단계입니다.

1. 결정 경계가 하나의 초평면(hyperplane)으로 표현될 수 있는 새로운 고차원 표현으로 데이터를 매핑합니다(그림 1-10과 같은 2차원 데이터라면 초평면은 직선이 됩니다).

▼ 그림 1-10 결정 경계

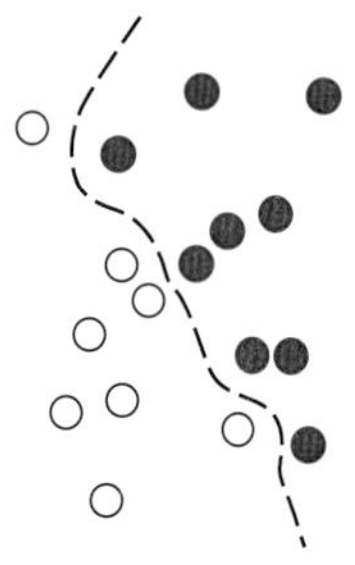

11 역주 SVM은 분류뿐만 아니라 회귀 문제에도 사용할 수 있습니다.

12 Vladimir Vapnik and Corinna Cortes, "Support-Vector Networks," Machine Learning 20, no. 3 (1995): 273-297.

13 Vladimir Vapnik and Alexey Chervonenkis, "A Note on One Class of Perceptrons," Automation and Remote Control 25 (1964).

2. 초평면과 각 클래스의 가장 가까운 데이터 포인트 사이의 거리가 최대가 되는 최선의 결정 경계(하나의 분할 초평면)를 찾습니다. 이 단계를 **마진 최대화**(margin maximization)라고 부릅니다. 이렇게 함으로써 결정 경계가 훈련 데이터셋 이외의 새로운 샘플에 잘 일반화되도록 도와줍니다.

분류 문제를 간단하게 만들어 주기 위해 데이터를 고차원 표현으로 매핑하는 기법이 이론상으로는 좋아 보이지만 실제로는 컴퓨터로 구현하기 어려운 경우가 많습니다. 그래서 **커널 기법**(kernel trick)이 등장했습니다(커널 방법의 핵심 아이디어로 여기에서 이름을 따왔습니다). 요지는 다음과 같습니다. 새롭게 표현된 공간에서 좋은 결정 초평면을 찾기 위해 새로운 공간에 대응하는 데이터 포인트의 좌표를 실제로 구할 필요가 없습니다. 새로운 공간에서의 두 데이터 포인트 사이의 거리를 계산할 수만 있으면 됩니다. **커널 함수**(kernel function)를 사용하면 이를 효율적으로 계산할 수 있습니다. 커널 함수는 원본 공간에 있는 두 데이터 포인트를 명시적으로 새로운 표현으로 변환하지 않고 타깃 표현 공간에 위치했을 때의 거리를 매핑해 주는 계산 가능한 연산입니다. 커널 함수는 일반적으로 데이터로부터 학습되지 않고 직접 만들어야 합니다. SVM에서 학습되는 것은 분할 초평면뿐입니다.

SVM이 개발되었을 때 간단한 분류 문제에 대해 최고 수준의 성능을 달성했고 광범위한 이론으로 무장된 몇 안 되는 머신 러닝 방법 중 하나가 되었습니다. 또 수학적으로 깊게 분석하기 용이하여 이론을 이해하고 설명하기 쉽습니다. 이런 유용한 특징 때문에 SVM이 오랫동안 머신 러닝 분야에서 매우 큰 인기를 끌었습니다.

하지만 SVM은 대용량의 데이터셋에 확장되기 어렵고 이미지 분류 같은 지각에 관련된 문제에서 좋은 성능을 내지 못했습니다. SVM은 얕은 학습 방법이기 때문에 지각에 관련된 문제에 SVM을 적용하려면 먼저 수동으로 유용한 표현을 추출해야 하는데(이런 단계를 **특성 공학**(feature engineering)이라고 합니다) 이는 매우 어렵고 불안정합니다. 예를 들어 SVM을 사용하여 손글씨 숫자를 분류한다면 원시 픽셀 값을 사용할 수 없습니다. 앞서 언급한 픽셀 히스토그램처럼 문제를 쉽게 만드는 유용한 표현을 수동으로 먼저 찾아야 합니다.

1.2.4 결정 트리, 랜덤 포레스트, 그레이디언트 부스팅 머신

결정 트리(decision tree)는 플로차트(flowchart) 같은 구조를 가지며 입력 데이터 포인트를 분류하거나 주어진 입력에 대해 출력 값을 예측합니다(그림 1-11). 결정 트리는 시각화하고 이해하기 쉽습니다. 데이터에서 학습되는 결정 트리는 2000년대부터 연구자들에게 크게 관심을 받기 시작했고 2010년까지는 커널 방법보다 선호되곤 했습니다.

▼ 그림 1-11 결정 트리: 학습된 파라미터는 데이터에 관한 질문으로, 예를 들어 "데이터에 있는 두 번째 특성이 3.5보다 큰가?" 같은 질문이 될 수 있다

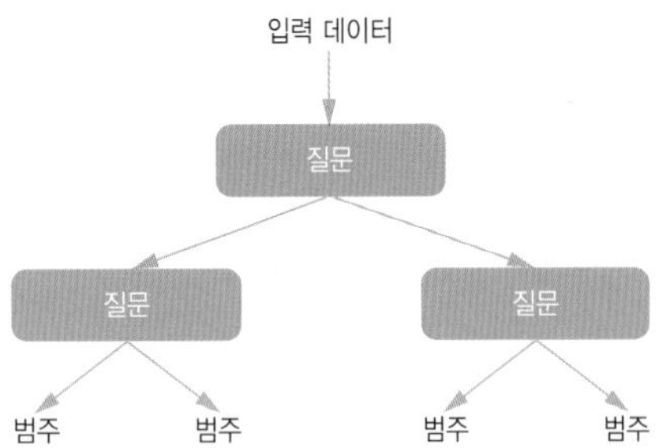

특히 **랜덤 포레스트**(Random Forest) 알고리즘은 결정 트리 학습에 기초한 것으로 안정적이고 실전에서 유용합니다. 서로 다른 결정 트리를 많이 만들고 그 출력을 앙상블하는 방법을 사용합니다. 랜덤 포레스트는 다양한 문제에 적용할 수 있습니다. 얕은 학습에 해당하는 어떤 작업에서도 거의 항상 두 번째로 가장 좋은 알고리즘입니다. 잘 알려진 머신 러닝 경연 웹 사이트인 캐글(Kaggle)(https://www.kaggle.com)이 2010년에 시작되었을 때부터 랜덤 포레스트가 가장 선호하는 알고리즘이 되었습니다. 2014년에 **그레이디언트 부스팅 머신**(gradient boosting machine)이 그 뒤를 이어받았습니다. 랜덤 포레스트와 아주 비슷하게 그레이디언트 부스팅 머신은 약한 예측 모델인 결정 트리를 앙상블하는 것을 기반으로 하는 머신 러닝 방법입니다. 이 알고리즘은 이전 모델에서 놓친 데이터 포인트를 보완하는 새로운 모델을 반복적으로 훈련함으로써 머신 러닝 모델을 향상하는 방법인 **그레이디언트 부스팅**(gradient boosting)을 사용합니다. 결정 트리에 그레이디언트 부스팅 방법을 적용하면 비슷한 성질을 가지면서도 대부분의 경우에 랜덤 포레스트의 성능을 능가하는 모델을 만듭니다. 이 알고리즘이 오늘날 지각에 관련되지 않은 데이터를 다루기 위한 알고리즘 중 최고는 아니지만 가장 뛰어난 것 중 하나입니다. 딥러닝을 제외하고 캐글 경연 대회에서 가장 많이 사용되는 방법입니다.

1.2.5 다시 신경망으로

2010년경에 신경망은 대부분 과학 커뮤니티에서 관심을 받지 못했지만, 여전히 신경망에 대해 연구하고 있던 일부 사람들이 중요한 성과를 내기 시작했습니다. 토론토 대학교의 제프리 힌튼

(Geoffrey Hinton), 몬트리올 대학교의 요슈아 벤지오(Yoshua Bengio), 뉴욕 대학교의 얀 르쿤, 스위스의 IDSIA입니다.

2011년에 IDSIA의 댄 크리슨(Dan Ciresan)이 GPU로 훈련된 심층 신경망(deep neural network)으로 학술 이미지 분류 대회에서 우승한 것이 시작이었습니다. 이것이 현대적인 딥러닝의 첫 번째 성공입니다. 그리고 이어서 2012년 대규모 이미지 분류 대회인 ImageNet(ImageNet Large Scale Visual Recognition Challenge 또는 짧게 줄여서 ILSVRC)에 힌튼 팀이 등장하면서 분수령이 되었습니다. ImageNet 대회는 그 당시 아주 어려운 문제였습니다. 1,400만 개의 이미지를 훈련시킨 후 고해상도 컬러 이미지를 1,000개의 범주로 분류해야 합니다. 2011년에 전통적인 컴퓨터 비전 방식을 사용한 우승 모델의 상위 5개 예측이 타깃 클래스를 맞출 정확도는 74.3%였습니다.[14] 그런데 2012년 제프리 힌튼이 조언자로 참여하고 알렉스 크리체브스키(Alex Krizhevsky)가 이끄는 팀이 상위 5개 예측에 대한 정확도 83.6%의 놀라운 성과를 달성했습니다. 이때부터 매년 이 대회는 심층 합성곱 신경망(deep convolutional neural network, ConvNet)이 우승을 차지했습니다. 2015년의 우승자는 96.4%의 정확도를 달성했고 ImageNet의 분류 문제는 완전히 해결된 것으로 간주되었습니다.

2012년부터 심층 합성곱 신경망이 모든 컴퓨터 비전 작업의 주력 알고리즘이 되었습니다. 더 일반적으로 지각에 관한 모든 문제에 적용할 수 있습니다. 2015년 이후에 열린 주요 컴퓨터 비전 콘퍼런스에서 어떤 형태로든 컨브넷(ConvNet)을 포함하지 않은 발표를 찾는 것은 거의 불가능할 정도입니다. 동시에 딥러닝은 자연어 처리(natural language processing) 같은 다른 종류의 문제에도 적용되었습니다. 다양한 애플리케이션에서 SVM과 결정 트리를 완전히 대체하고 있습니다. 예를 들어 지난 몇 년간 유럽 입자물리연구소(European Organization for Nuclear Research, CERN)는 대형 강입자 충돌기(Large Hadron Collider, LHC)에 있는 ATLAS 감지기에서 얻은 입자 데이터를 분석하기 위해 결정 트리 기반의 알고리즘을 사용했습니다. 하지만 높은 성능과 훈련 데이터셋에서의 손쉬운 훈련을 고려하여 CERN의 최근 연구는 케라스(Keras) 기반의 심층 신경망을 적용하기 시작했습니다.[15]

---

14 '상위 5개 정확도(top-five accuracy)'는 모델의 상위 5개 예측(ImageNet의 경우 1,000개의 가능한 답이 있습니다) 중에 정답이 포함된 빈도를 측정합니다.

15 역주 원문에서는 "CERN이 결국 케라스 기반의 심층 신경망으로 바꾸었다."라고 단정적으로 표현했지만, 원서의 포럼에 올린 실제 LHC 연구자의 의견을 참고하여 번역했습니다. LHC에서 머신 러닝을 사용하는 예를 엿볼 수 있는 제임스 비컴(James Beacham) 박사의 멋진 테드 강연(https://goo.gl/WQ6Hn5)과 CERN이 주최한 입자 탐지(Particle Tracking) 캐글 경연 대회(https://bit.ly/2w3ocuK)도 참고하세요.

1.2.6 딥러닝의 특징

딥러닝이 이렇게 빠르게 확산된 주된 이유는 많은 문제에서 더 좋은 성능을 내고 있기 때문입니다. 하지만 그것뿐만이 아닙니다. 딥러닝은 머신 러닝에서 가장 중요한 단계인 특성 공학을 완전히 자동화하기 때문에 문제를 더 해결하기 쉽게 만들어 줍니다.

얕은 학습인 이전의 머신 러닝 기법은 입력 데이터를 고차원 비선형 투영(SVM)이나 결정 트리 같은 간단한 변환을 통해 하나 또는 2개의 연속된 표현 공간으로만 변환합니다. 하지만 복잡한 문제에 필요한 잘 정제된 표현은 일반적으로 이런 방식으로 얻지 못합니다. 이런 머신 러닝 방법들로 처리하기 용이하게 사람이 초기 입력 데이터를 여러 방식으로 변환해야 합니다. 즉, 데이터의 좋은 표현을 수동으로 만들어야 합니다. 이를 **특성 공학**(feature engineering)이라고 합니다. 그에 반해 딥러닝은 이 단계를 완전히 자동화합니다. 딥러닝을 사용하면 특성을 직접 찾는 대신 한 번에 모든 특성을 학습할 수 있습니다. 머신 러닝 워크플로(workflow)를 매우 단순화시켜 주므로 고도의 다단계 작업 과정을 하나의 간단한 엔드-투-엔드(end-to-end) 딥러닝 모델로 대체할 수 있습니다.

이슈의 핵심이 여러 개의 연속된 표현 층을 가지는 것이라면, 얕은 학습 방법도 딥러닝의 효과를 모사하기 위해 반복적으로 적용할 수 있지 않을까요? 실제로 얕은 학습 방법을 연속적으로 적용하면 각 층의 효과는 빠르게 줄어듭니다. 3개의 층을 가진 모델에서 최적의 첫 번째 표현 층은 하나의 층이나 2개의 층을 가진 모델에서 최적의 첫 번째 층과는 달라야 합니다.[16] 딥러닝의 변환 능력은 모델이 모든 표현 층을 순차적이 아니라(즉, **탐욕적**(greedily) 방법이 아니라) 동시에 공동으로 학습하게 만듭니다. 이런 공동 특성 학습 능력 덕택에 모델이 내부 특성 하나를 조정할 때마다 이에 의존하는 다른 모든 특성이 사람이 개입하지 않아도 자동으로 변화에 적응하게 됩니다. 모든 학습은 하나의 피드백 신호에 의해 시작됩니다. 즉, 모델의 모든 변화는 최종 목표를 따라가게 됩니다. 이 방식은 모델을 많은 중간 영역(층)으로 나누어 복잡하고 추상화된 표현을 학습시킬 수 있기 때문에 얕은 학습 모델을 탐욕적으로 쌓은 것보다 훨씬 강력합니다. 여기에서 각 층은 이전 층에 의존하지 않는 단순한 변환을 수행합니다.

딥러닝이 데이터로부터 학습하는 방법에는 두 가지 중요한 특징이 있습니다. **층을 거치면서 점진적으로 더 복잡한 표현이 만들어진다**는 것과 **이런 점진적인 중간 표현이 공동으로 학습된다**는 사실입니다. 각 층은 상위 층과 하위 층의 표현이 변함에 따라서 함께 바뀝니다. 이 2개의 특징이 이전의 머신 러닝 접근 방법보다 딥러닝이 훨씬 성공하게 된 이유입니다.

16 역주 얕은 학습 방법은 연속된 표현 층을 독립적으로 학습하기 때문에 전체 층의 수와 상관없이 항상 동일하게 첫 번째 층이 동일한 양의 정보를 학습하므로 이후에 연속되는 층은 전체 모델에 기여하는 바가 점차 줄어듭니다.

1.2.7 머신 러닝의 최근 동향

요즘 머신 러닝 알고리즘과 도구의 동향에 대한 정보를 얻는 좋은 방법은 캐글의 머신 러닝 경연을 살펴보는 것입니다. 매우 치열하게 경쟁하고(어떤 대회는 수천 명이 참여하고 상금이 높습니다) 다양한 종류의 머신 러닝 문제를 다루고 있기 때문에 캐글은 좋은 것과 나쁜 것을 평가할 수 있는 현실적인 잣대가 됩니다. "어떤 종류의 알고리즘이 경연 대회에서 우승하는 데 도움이 되나요? 상위에 랭크되어 있는 참가자들은 어떤 도구를 사용하나요?"

2019년 초 캐글은 2017년부터 모든 대회의 상위 5위 안에 드는 팀에 경연 대회에서 주로 어떤 소프트웨어 도구를 사용하는지 설문 조사를 진행했습니다(그림 1-12). 최상위 팀은 딥러닝 모델(대부분 케라스)과 그레이디언트 부스티드 트리(gradient boosted tree)(대부분 LightGBM이나 XGBoost 라이브러리)를 사용하는 것으로 나타났습니다.

▼ 그림 1-12 캐글 최상위 팀이 사용하는 머신 러닝 도구

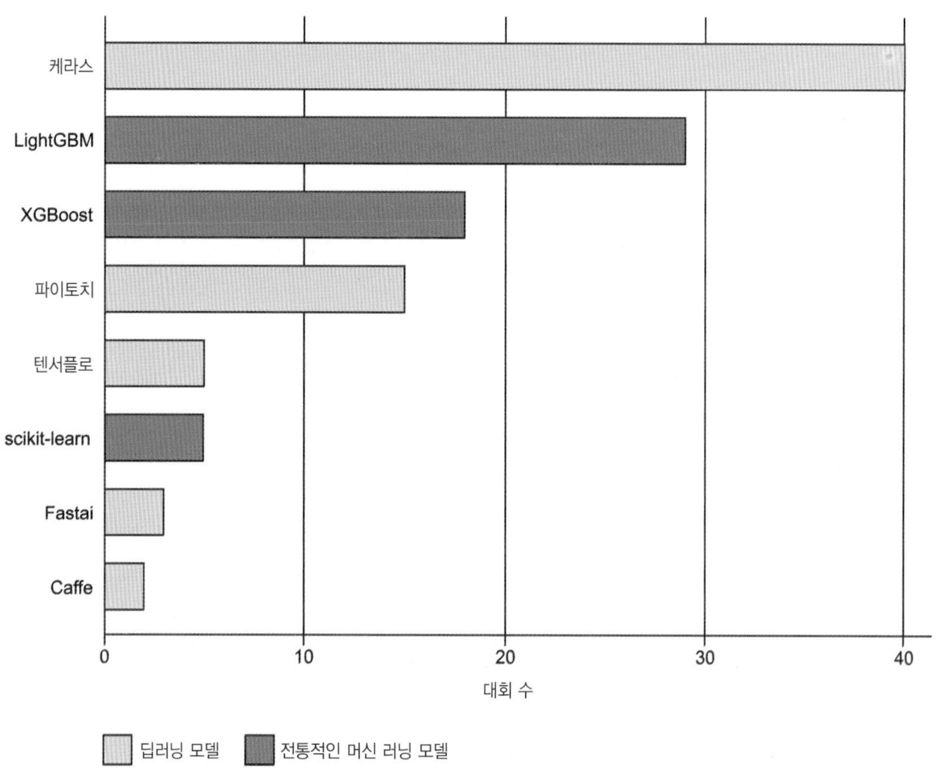

대회 우승자뿐만이 아닙니다. 캐글은 매년 전 세계 머신 러닝 전문가와 데이터 과학자를 대상으로 설문 조사를 합니다. 수만 명이 참여한 이 설문 조사는 업계 동향을 보여 주는 가장 믿을 수 있는

자료 중에 하나입니다. 그림 1-13은 다양한 머신 러닝 소프트웨어 프레임워크 사용 비율을 보여줍니다.

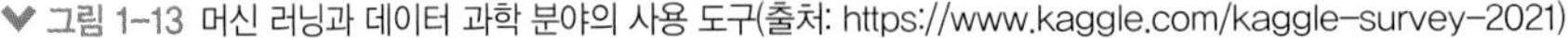

▼ 그림 1-13 머신 러닝과 데이터 과학 분야의 사용 도구(출처: https://www.kaggle.com/kaggle-survey-2021)

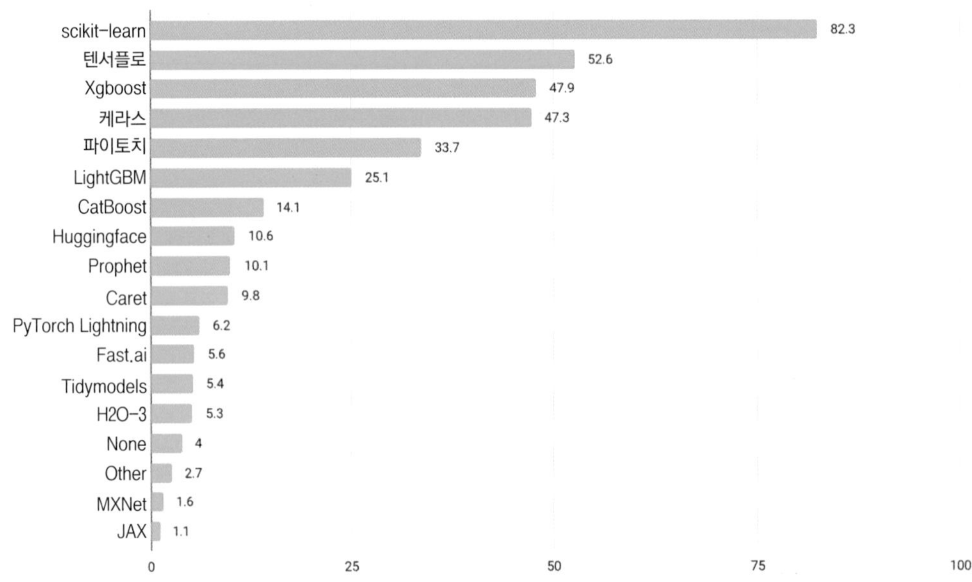

2016년에서 2021년까지 머신 러닝과 데이터 과학 업계 전체는 딥러닝과 그레이디언트 부스티드 트리 두 가지 방법을 압도적으로 많이 사용했습니다. 구체적으로 그레이디언트 부스티드 트리는 구조적인 데이터를 가진 문제에서 사용되고, 딥러닝은 이미지 분류 같은 지각에 관련된 문제에 사용됩니다.

그레이디언트 부스티드 트리 사용자는 사이킷런(scikit-learn), XGBoost, LightGBM을 많이 사용합니다. 반면 대부분의 딥러닝 사용자는 케라스와 케라스의 상위 프레임워크인 텐서플로를 사용합니다. 이런 도구의 공통점은 모두 파이썬(python) 라이브러리라는 것입니다. 파이썬은 머신 러닝과 데이터 과학 분야에서 가장 널리 사용되는 언어입니다.

오늘날 머신 러닝을 성공적으로 적용하기 위해 알아야 할 두 가지 기술은 얕은 학습 문제를 위한 그레이디언트 부스팅 머신과 지각에 관한 문제를 위한 딥러닝입니다. 기술적으로 보면 캐글 경연대회에서 주로 사용되는 3개의 라이브러리인 XGBoost, 사이킷런, 케라스를 배울 필요가 있다는 뜻입니다.[17] 이 책을 손에 들었으니 여러분은 이미 한 발 가까이 다가섰습니다.

17 역주 그레이디언트 부스팅 알고리즘과 XGBoost에 대해 자세히 알고 싶다면 〈XGBoost와 사이킷런을 활용한 그레이디언트 부스팅〉(한빛미디어, 2022)을 참고하세요.

1.3 왜 딥러닝일까? 왜 지금일까?

컴퓨터 비전에 대한 딥러닝의 두 가지 핵심 아이디어인 합성곱 신경망과 역전파는 이미 1989년에 소개되었습니다. 시계열을 위한 딥러닝의 기본인 LSTM(Long Short-Term Memory) 알고리즘은 1997년에 개발되었고 그 이후로는 변화가 거의 없습니다. 그러면 왜 2012년 이후에 딥러닝이 부상하게 되었을까요? 지난 20년간 어떤 변화가 있었던 것일까요?

일반적으로 세 가지 기술적인 힘이 머신 러닝의 진보를 이끌었습니다.

- 하드웨어
- 데이터셋과 벤치마크(benchmark)
- 알고리즘 향상

이 분야는 이론보다 실험을 통해 성장해 왔기 때문에 새로운 아이디어를 실험할 (또는 종종 기존 아이디어를 확장하기 위해) 적절한 데이터와 하드웨어가 준비되어 있어야만 알고리즘이 발전할 수 있습니다. 머신 러닝은 주로 연필과 종이로 발전되는 수학이나 물리학이 아닙니다. 머신 러닝은 하나의 공학(engineering science)입니다.

1990년대와 2000년대에 걸친 진짜 병목은 데이터와 하드웨어였습니다. 하지만 이 기간 동안 인터넷이 시작되었고, 게임 시장이 커지면서 고성능 그래픽 칩이 개발되었습니다.

1.3.1 하드웨어

시중에 판매되는 CPU는 1990년과 2010년 사이에 거의 5,000배가 빨라졌습니다. 그 덕에 요즘에는 노트북에서도 작은 딥러닝 모델을 실행시킬 수 있습니다. 25년 전이라면 현실적으로 불가능했던 일입니다.

하지만 컴퓨터 비전이나 음성 인식에서 사용되는 일반적인 딥러닝 모델들은 노트북보다 10배의 계산 능력이 필요합니다. 2000년대에 NVIDIA와 AMD 같은 회사들이 실사와 같은 비디오 게임의 그래픽 성능을 높이기 위해 대용량 고속 병렬 칩(그래픽 처리 장치(GPU))을 개발하는 데 수십억 달러를 투자해 왔습니다. 이런 칩은 복잡한 3D 장면을 실시간으로 화면에 그리려는 목적으로만 설계된 저렴한 슈퍼컴퓨터와 같습니다. 2007년 NVIDIA가 자사의 GPU 제품을 위한 프로그래밍 인터페이스인 CUDA(https://developer.nvidia.com/about-cuda)를 출시하면서 과학 커뮤니티가 이런 투자의 혜택을 보게 되었습니다. 물리 모델링을 시작으로 다양한 병렬 애플리케이션의 대형 CPU 클러스터가 소량의 GPU로 대체되기 시작했습니다. 대부분 많은 수의 간단한 행렬 곱셈으로 구성된 심층 신경망도 높은 수준으로 병렬화가 가능합니다. 2011년 즈음에 댄 크리슨[18]과 알렉스 크리체브스키[19] 등 일부 연구자들이 CUDA를 사용한 신경망 구현을 만들기 시작했습니다.

게임 시장이 차세대 인공 지능 애플리케이션을 위한 슈퍼컴퓨팅에 투자를 한 셈입니다. 이처럼 이따금 엄청난 일들이 게임에서 시작되곤 합니다. 2019년 말 시세로 2,500달러짜리 게임용 GPU인 NVIDIA TITAN RTX는 16테라플롭스(teraFLOPS)의 단정도 연산 성능을 제공합니다(초당 16조 개의 float32 연산). 이는 1990년 가장 빠른 슈퍼컴퓨터인 인텔(Intel)의 터치스톤 델타(Touchstone Delta)보다 500배 높은 컴퓨터 성능입니다. TITAN RTX를 사용하면 2012년이나 2013년경에 ILSVRC 대회에서 우승했던 ImageNet 모델을 몇 시간 만에 훈련시킬 수 있습니다. 한편 큰 회사들은 GPU 수백 개로 구성된 클러스터에서 딥러닝 모델을 훈련시킵니다.

이에 더해 딥러닝 산업은 GPU를 넘어서 더 효율적이고 특화된 딥러닝 칩에 투자하기 시작했습니다. 구글은 2016년 I/O 연례 행사에서 텐서 처리 장치(Tensor Processing Unit, TPU) 프로젝트를 공개했습니다. 이 칩은 심층 신경망을 실행하기 위해 완전히 새롭게 설계한 것으로 최고 성능을 가진 GPU보다 훨씬 빠르고 에너지 소비도 더 효율적입니다. 2020년에 나온 3세대 TPU 카드는 420테라플롭의 컴퓨팅 성능을 냅니다. 이는 1990년 인텔 터치스톤 델타보다 1만 배나 높은 성능입니다.

이런 TPU 카드는 '포드(pod)'라는 대규모 환경 구성에 맞게 설계되었습니다. 하나의 포드(1,024개 TPU 카드)는 최대 100페타플롭스(petaFLOPS)의 성능을 냅니다. 세계에서 가장 큰 슈퍼컴퓨터는 오크리지 국립연구소(Oak Ridge National Lab)에 있는 IBM 서밋(Summit)으로 2만 7,000개 NVIDIA GPU로 구성되어 있으며 최대 약 1.1엑사플롭스(exaFLOPS)의 성능을 냅니다. 규모로 보면 100페타플롭스는 IBM 서밋 성능의 약 10%에 해당합니다.[20]

---

18 "Flexible, High Performance Convolutional Neural Networks for Image Classification," Proceedings of the 22nd International Joint Conference on Artificial Intelligence (2011), http://www.ijcai.org/Proceedings/11/Papers/210.pdf

19 "ImageNet Classification with Deep Convolutional Neural Networks," Advances in Neural Information Processing Systems 25 (2012), http://mng.bz/2286

20 역주 테라플롭스는 1×10^{12}플롭스고, 페타플롭스는 1×10^{15}플롭스고, 엑사플롭스는 1×10^{18}플롭스입니다.

1.3.2 데이터

이따금 AI는 새로운 산업 혁명으로 불립니다. 딥러닝이 이 혁명의 증기 기관이라면 데이터는 이 기관에 필요한 연료입니다. 인공 지능이란 기관을 움직이는 원료가 없다면 어떤 것도 불가능합니다. 데이터에 관해서라면 지난 20년간 (무어의 법칙(Moore's law)에 따라) 저장 장치의 급격한 발전과 더불어, 머신 러닝을 위한 대량의 데이터셋을 수집하고 배포할 수 있는 인터넷 성장이 시장의 판도를 바꾸었습니다. 요즘 큰 규모의 회사들이 사용하는 이미지 데이터셋, 비디오 데이터셋, 자연어 데이터셋은 인터넷 없이는 수집할 수 없습니다. 예를 들어 플리커(Flickr)에서 사용자가 붙인 이미지 태그는 컴퓨터 비전의 입장에서는 보물 같은 데이터입니다. 유튜브(YouTube) 비디오도 마찬가지입니다. 위키피디아(Wikipedia)는 자연어 처리 분야에 필요한 핵심 데이터셋입니다.

딥러닝의 성장을 이끈 촉매제와 같은 데이터셋 하나를 꼽는다면, 바로 1,400만 개의 이미지를 1,000개의 범주로 구분해 놓은 ImageNet 데이터셋입니다(하나의 이미지는 하나의 범주에 속합니다). ImageNet이 특별한 것은 크기만이 아니라 이와 연계되어 매년 열린 경연 대회입니다.[21]

캐글이 2010년에 선보인 후 공개 경연 대회는 연구자들과 기술자들이 한계를 뛰어넘도록 만드는 아주 훌륭한 도구가 되었습니다. 연구자들이 경쟁하기 위한 공통의 벤치마크가 있다는 것은 딥러닝의 성장에 큰 도움을 주었습니다. 전통적인 머신 러닝에 비해서 이런 대회에서 우승하는 것은 크게 부각되었기 때문입니다.

1.3.3 알고리즘

하드웨어와 데이터에 이어 2000년대 후반까지는 매우 깊은 심층 신경망을 훈련시킬 수 있는 안정적인 방법을 찾지 못했습니다. 이런 이유로 하나 또는 2개의 층만 사용하는 매우 얕은 신경망만 가능했습니다. SVM과 랜덤 포레스트처럼 잘 훈련된 얕은 학습 방법에 비해 크게 빛을 보지 못했습니다. 깊게 쌓은 층을 통과해서 그레이디언트(gradient)[22]를 전파하는 것이 가장 문제였습니다. 신경망을 훈련하기 위한 피드백 신호가 층이 늘어남에 따라 희미해지기 때문입니다.

2009~2010년경에 몇 가지 간단하지만 중요한 알고리즘이 개선되면서 그레이디언트를 더 잘 전파되게 만들어 주었고 상황이 바뀌었습니다.

21 The ImageNet Large Scale Visual Recognition Challenge(ILSVRC), http://www.image-net.org/challenges/LSVRC

22 역주 그레이디언트와 경사 하강법에 대해서는 2.4절에서 자세히 설명합니다.

- 신경망의 층에 더 잘 맞는 **활성화 함수**(activation function)[23]
- 층별 사전 훈련(pretraining)을 불필요하게 만든 **가중치 초기화**(weight initialization) 방법[24]
- RMSProp과 Adam 같은 더 좋은 **최적화 방법**

이런 기술의 향상으로 10개 이상의 층을 가진 모델을 훈련시킬 수 있게 되었을 때 비로소 딥러닝이 빛을 발하기 시작했습니다.

2014~2016년 사이에 그레이디언트를 더욱 잘 전파할 수 있는 배치 정규화(batch normalization), 잔차 연결(residual connection), 깊이별 분리 합성곱(depthwise separable convolution) 같은 고급 기술들이 개발되었습니다.

오늘날에는 어떤 깊이의 모델이라도 밑바닥부터 훈련할 수 있습니다. 이로 인해 매우 큰 모델의 사용이 가능해졌습니다. 이런 모델은 상당한 표현 능력, 즉 매우 풍부한 가설 공간을 가집니다. 이런 극도의 확장성은 현대 딥러닝의 특징 중 하나입니다. 수십 개의 층과 수천만 개의 파라미터를 가진 모델 구조가 컴퓨터 비전(예를 들어 ResNet, Inception, Xception)과 자연어 처리(예를 들어 BERT, GPT-3, XLNet 같은 트랜스포머(transformer) 기반의 대규모 모델) 분야에 중요한 발전을 가져왔습니다.

1.3.4 새로운 투자의 바람

딥러닝이 2012~2013년에 컴퓨터 비전과 지각에 관련된 모든 문제에서 최고의 성능을 내자 업계의 리더들이 주목하기 시작했습니다. 과거 AI의 역사에서 보았던 것을 뛰어넘는 투자가 서서히 이루어지고 있습니다(그림 1-14).

---

23 역주 세이비어 글로럿(Xavier Glorot), 앙투안 보르드(Antoine Bordes)와 요슈아 벤지오(Yoshua Bengio)가 "Deep Sparse Rectifier Neural Networks"(2011, https://goo.gl/vyV7QC)에서 심층 신경망을 훈련하기 위해 적용했던 ReLU(Rectified Linear Unit) 함수를 말합니다. ReLU 함수는 3.4.3절에서 자세히 설명합니다.

24 역주 심층 신경망을 만들기 위해 사전 훈련을 사용하기보다 근본적인 원인을 분석했던 세이비어 글로럿과 요슈아 벤지오의 "Understanding the Difficulty of Training Deep Feedforward Neural Networks"(2010, http://bit.ly/3PWXdoB)를 말하며, 저자의 이름을 따서 Xavier 초기화 또는 Glorot 초기화라고 부릅니다.

▼ 그림 1-14 AI 스타트업의 총 투자 금액에 대한 OECD 추정치(출처: http://mng.bz/zGN6)

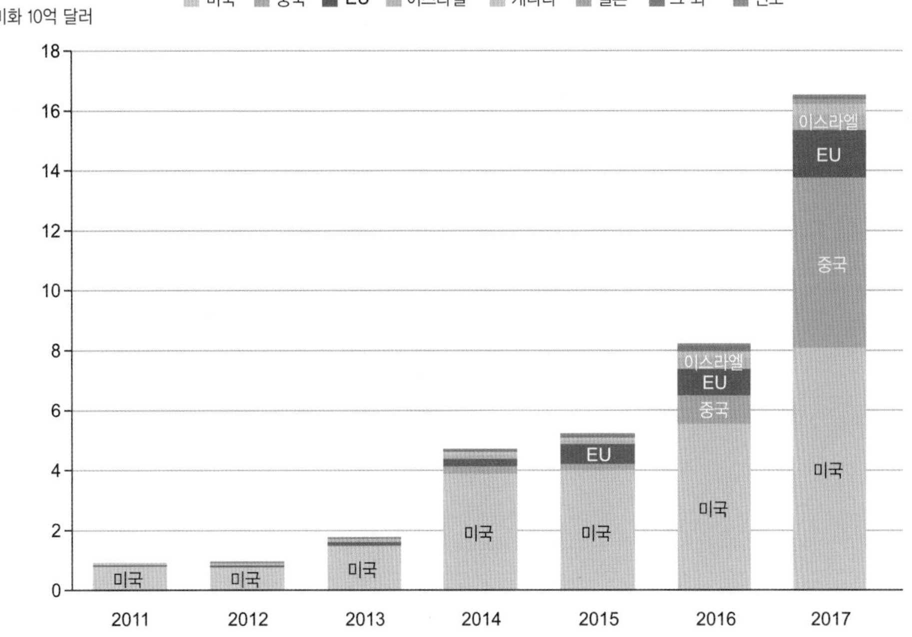

딥러닝이 주목을 받기 직전인 2011년에 전체 벤처 캐피털이 전 세계적으로 AI에 투자한 금액은 10억 달러보다 적었고 대부분은 얕은 학습 방식의 머신 러닝 애플리케이션이었습니다. 2015년에는 50억 달러로 증가했고 2017년에는 믿기 힘들지만 160억 달러로 늘었습니다. 이 몇 년 동안 딥러닝의 인기에 힘입어 수백 개의 스타트업을 런칭했습니다. 한편 구글, 아마존, 마이크로소프트 같은 테크 공룡들은 벤처 캐피털의 투자를 무색하게 만들 정도로 많은 금액을 내부 연구 부문에 투자했습니다.

머신 러닝(특히 딥러닝)은 테크 공룡들의 핵심 상품 전략이 되었습니다. 2015년 후반에 구글의 CEO 선다 피차이(Sundar Pichai)는 "머신 러닝은 우리가 일을 하는 모든 방법을 다시 생각하게 만드는 중요하고 혁신적인 도구입니다. 우리는 머신 러닝을 검색, 광고, 유튜브, 구글 플레이 같은 전체 제품에 신중하게 적용하고 있습니다. 아직은 초기이지만 체계적으로 모든 분야에 머신 러닝을 적용할 것입니다."[25]라고 말했습니다.

25 선다 피차이, 알파벳(Alphabet) 실적 발표, 2015년 10월 22일

이런 투자의 물결로 인해 딥러닝 분야에서 일하고 있는 사람들의 수가 지난 10년간 몇백 명에서 몇만 명으로 늘어났고 연구는 엄청난 속도로 진전되고 있습니다.

1.3.5 딥러닝의 대중화

딥러닝에 새로운 사람들이 참여할 수 있도록 만드는 핵심 요소 중 하나는 이 분야에서 사용하는 도구들의 대중화입니다. 초창기에 딥러닝을 하려면 흔치 않은 C++와 CUDA의 전문가가 되어야 했습니다.

요즘에는 기본 파이썬 스크립트 기술만 있으면 고수준의 딥러닝을 연구하는 데 충분합니다. 대부분 씨아노(Theano)(현재는 개발이 중지되었습니다)와 텐서플로(TensorFlow)가 개발된 덕분이었습니다. 심볼릭 텐서(tensor) 조작 프레임워크인 이 두 프레임워크는 파이썬과 자동 미분을 지원하여 새로운 모델을 아주 간단하게 구현할 수 있게 만들었습니다. 그리고 레고(LEGO) 블록을 만들듯 딥러닝 모델을 쉽게 만들 수 있는 케라스 같은 사용자 편의 도구들이 등장했습니다. 케라스가 2015년에 처음 공개된 이후 이 분야의 많은 스타트업과 학생, 연구자들에게 새로운 딥러닝의 주력 솔루션으로 금방 자리 잡았습니다.

1.3.6 지속될까?

회사가 투자를 하고 연구자들이 모이는 것이 당연한 어떤 특별한 점이 심층 신경망에 있는 것일까요? 아니면 딥러닝은 그저 유행이라 사라지게 될까요? 20년 후에도 심층 신경망을 사용하고 있을까요?

딥러닝의 현재 상태를 AI의 혁명이라고 정의할 수 있는 몇 가지 특징이 있습니다. 지금부터 20년 후에는 신경망을 사용하지 않을지도 모르지만, 딥러닝과 딥러닝의 핵심 개념에서 직접 파생된 무엇인가를 사용할 것입니다. 이 중요한 특징은 크게 세 가지 범주로 나눌 수 있습니다.

- **단순함**: 딥러닝은 특성 공학이 필요하지 않아 복잡하고 불안정한 많은 엔지니어링 과정을 엔드-투-엔드로 훈련시킬 수 있는 모델로 바꾸어 줍니다. 이 모델은 일반적으로 5~6개의 텐서 연산만 사용하여 만들 수 있습니다.
- **확장성**: 딥러닝은 GPU 또는 TPU에서 쉽게 병렬화할 수 있기 때문에 무어의 법칙 혜택을 크게 볼 수 있습니다. 또 딥러닝 모델은 작은 배치(batch) 데이터에서 반복적으로 훈련되기 때문에 어떤 크기의 데이터셋에서도 훈련될 수 있습니다(유일한 병목은 가능한 병렬 계산 능력이지만 무어의 법칙 덕택에 빠르게 그 장벽이 사라지고 있습니다).

- **다용도와 재사용성**: 이전의 많은 머신 러닝 방법과는 다르게 딥러닝 모델은 처음부터 다시 시작하지 않고 추가되는 데이터로도 훈련할 수 있습니다. 대규모 제품에 사용되는 모델에서 아주 중요한 기능인 연속적인 온라인 학습(online learning)을 가능하게 합니다. 더불어 훈련된 딥러닝 모델은 다른 용도로 쓰일 수 있어 재사용이 가능합니다. 예를 들어 이미지 분류를 위해 훈련된 딥러닝 모델을 비디오 처리 작업 과정에 투입할 수 있습니다. 더 복잡하고 강력한 모델을 만들기 위해 이전의 작업을 재활용할 수 있습니다. 또 아주 작은 데이터셋에도 딥러닝 모델을 적용할 수 있습니다.[26]

딥러닝이 스포트라이트를 받은 지 겨우 몇 년밖에 되지 않았고 할 수 있는 모든 영역에 접목해 보지 못했습니다. 매년 새로운 사례와 이전의 제약을 허무는 향상된 기술이 등장합니다. 과학 혁명 뒤에는 일반적으로 시그모이드(sigmoid) 곡선[27] 형태로 진행됩니다. 초창기에는 매우 빠르게 진행되고 연구자들이 험난한 난관에 부딪히면서 점차 안정되어 나중에는 조금씩 향상됩니다.

2016년 이 책의 초판을 쓸 때 딥러닝이 아직 시그모이드 곡선의 첫 번째 절반 안쪽에 있어 다음 몇 년 안에 더 혁신적인 발전이 있을 것이라고 예상했습니다. 이는 실제로 입증되었습니다. 2017년과 2018년에 자연어 처리 분야를 혁신한 트랜스포머 기반의 딥러닝 모델이 탄생했고, 컴퓨터 비전과 음성 인식 분야에서도 딥러닝은 꾸준한 발전을 지속했습니다. 2021년 현재 딥러닝은 시그모이드 곡선의 두 번째 절반에 들어선 것처럼 보입니다. 다가올 몇 년 동안 상당한 발전을 기대하지만 아마도 초기의 폭발적인 발전 단계는 지난 것 같습니다.

필자는 오늘날 딥러닝 기술을 해결 가능한 모든 문제에 적용할 수 있다는 것에 매우 흥분됩니다. 이 목록은 끝이 없습니다. 딥러닝 혁명은 여전히 진행 중이며 그 잠재력을 완전히 발휘하려면 수년이 걸릴 것입니다.

26 역주 이미 학습된 모델의 층을 재사용하여 대부분을 구성하고 1~2개의 층만 새롭게 추가한다면 적은 수의 데이터셋으로도 규모의 모델을 만들 수 있습니다. 이런 경우 재사용되는 층의 가중치가 더 이상 학습되지 않게 동결시킬 수 있습니다. 8장에서 이에 대해 자세히 소개합니다.

27 역주 시그모이드 함수는 S 형태를 띤 곡선입니다. 그림 4-3을 참고하세요.

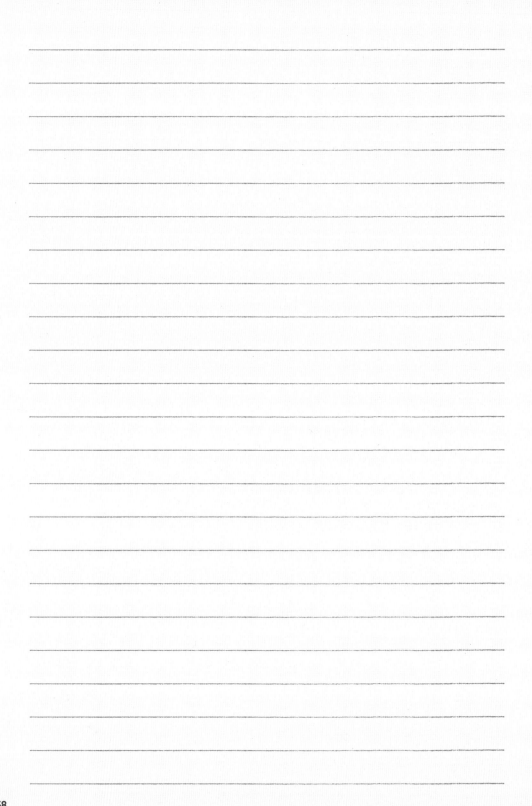

2장

신경망의 수학적 구성 요소

이 장에서 다룰 핵심 내용

- 첫 번째 신경망 예제 만들기
- 텐서와 텐서 연산의 개념
- 역전파와 경사 하강법을 사용하여 신경망이 학습되는 방법

딥러닝을 이해하려면 여러 가지 수학 개념과 친숙해져야 합니다. 텐서, 텐서 연산, 미분, 경사 하강법(gradient descent) 등입니다. 이 장의 목표는 너무 기술적으로 깊게 들어가지 않고 이 개념들을 이해하는 것입니다. 특히 수학에 익숙하지 않은 사람들에게 없어도 될 진입 장벽을 세울 수 있고 설명을 잘하기 위해 필요하지도 않기 때문에 수학 기호는 사용하지 않습니다. 수학 연산에 대한 가장 정확하고 명확한 설명은 실행 가능한 코드입니다.

텐서와 경사 하강법을 소개하는 데 충분한 배경을 제공하기 위해 실제 신경망 예제로 이 장을 시작하겠습니다. 그리고 새로운 개념을 하나씩 소개합니다. 이 개념들은 이어진 장에 포함된 예제들을 이해하려면 꼭 알고 넘어가야 합니다!

이 장을 읽고 나면 신경망 이면의 수학 이론을 이해할 수 있고, 3장에서 케라스와 텐서플로에 대해 자세히 알아볼 준비를 마치게 될 것입니다.

2.1 신경망과의 첫 만남

케라스 파이썬 라이브러리를 사용하여 손글씨 숫자 분류를 학습하는 구체적인 신경망 예제를 살펴보겠습니다. 케라스나 비슷한 라이브러리를 사용한 경험이 없다면 당장은 이 첫 번째 예제를 모두 이해하지 못할 것입니다. 괜찮습니다. 다음 장에서 이 예제를 하나하나 자세히 설명합니다. 코드가 좀 이상하거나 요술처럼 보이더라도 너무 걱정하지 마세요. 일단 시작해 보겠습니다.

지금 풀려는 문제는 흑백 손글씨 숫자 이미지(28×28 픽셀)를 10개의 범주(0에서 9까지)로 분류하는 것입니다. 머신 러닝 커뮤니티에서 고전으로 취급받는 데이터셋인 MNIST를 사용하겠습니다. 이 데이터셋은 머신 러닝의 역사만큼 오래되었고 많은 연구에 사용되었습니다. 이 데이터셋은 1980년대 미국 국립표준기술연구소(National Institute of Standards and Technology, NIST)에서 수집한 6만 개의 훈련 이미지와 1만 개의 테스트 이미지로 구성되어 있습니다. MNIST 문제를 알고리즘이 제대로 작동하는지 확인하기 위한 딥러닝계의 "hello world"라고 생각해도 됩니다. 머신 러닝 기술자가 되기까지 연구 논문이나 블로그 포스트 등에서 MNIST를 보고 또 보게 될 것입니다. 그림 2-1에 몇 개의 MNIST 샘플이 있습니다.

▼ 그림 2-1 MNIST 샘플 이미지

> **Note ≡ 클래스와 레이블에 관한 노트**
>
> 머신 러닝에서 분류 문제의 **범주**(category)를 **클래스**(class)[1]라고 합니다. 데이터 포인트는 **샘플**(sample)이라고 합니다. 특정 샘플의 클래스는 **레이블**(label)이라고 합니다.

이 예제를 당장 실습할 필요는 없습니다. 하고 싶다면 3장에 나와 있는 대로 딥러닝 작업 환경을 먼저 설정해 주어야 합니다.

MNIST 데이터셋은 넘파이(NumPy)[2] 배열 형태로 케라스에 이미 포함되어 있습니다.

코드 2-1 케라스에서 MNIST 데이터셋 적재하기

```
from tensorflow.keras.datasets import mnist
(train_images, train_labels), (test_images, test_labels) = mnist.load_data()
```

train_images와 train_labels가 모델이 학습해야 할 **훈련 세트**(training set)[3]를 구성합니다. 모델은 test_images와 test_labels로 구성된 **테스트 세트**(test set)에서 테스트될 것입니다. 이미지는 넘파이 배열로 인코딩되어 있고 레이블은 0부터 9까지의 숫자 배열입니다. 이미지와 레이블은 일대일 관계입니다.

훈련 데이터를 살펴봅시다.[4]

```
>>> train_images.shape
(60000, 28, 28)
>>> len(train_labels)
60000
```

1 역주 혼동을 피하기 위해 프로그래밍 언어의 클래스를 의미하는 경우에는 '파이썬 클래스'나 'Sequential 클래스'처럼 명확하게 구분하여 부르겠습니다.

2 역주 넘파이(http://www.numpy.org/)는 파이썬의 대표적인 다차원 배열 라이브러리입니다. 케라스, 텐서플로, 사이킷런 등 많은 머신 러닝 라이브러리가 데이터 구조로 넘파이 배열을 지원합니다.

3 역주 전체 데이터셋(dataset)에서 훈련과 테스트 용도로 나눈 것을 훈련 세트(training set), 테스트 세트(test set)라고 부릅니다. 번역서에서는 전체 set과 나눈 set를 구분하기 쉽도록 '셋'과 '세트'로 나누어 부르겠습니다.

4 역주 이 책에서 '>>>'로 표시되어 있는 코드는 출력과 구분하기 위해서 사용되었습니다. 파이썬이나 IPython의 셀 프롬프트처럼 보이지만 주피터 노트북이나 코랩에서 실습해도 무관합니다.

```
>>> train_labels
array([5, 0, 4, ..., 5, 6, 8], dtype=uint8)
```

다음은 테스트 데이터입니다.

```
>>> test_images.shape
(10000, 28, 28)
>>> len(test_labels)
10000
>>> test_labels
array([7, 2, 1, ..., 4, 5, 6], dtype=uint8)
```

작업 순서는 다음과 같습니다. 먼저 훈련 데이터 train_images와 train_labels를 네트워크에 주입합니다. 그러면 네트워크는 이미지와 레이블을 연관시킬 수 있도록 학습됩니다. 마지막으로 test_images에 대한 예측을 네트워크에 요청합니다. 그리고 이 예측이 test_labels와 맞는지 확인할 것입니다.

신경망을 만들어 보겠습니다. 여기에서도 다음 코드를 완전히 이해하지 않아도 괜찮습니다.

코드 2-2 신경망 구조

```
from tensorflow import keras
from tensorflow.keras import layers

model = keras.Sequential([
    layers.Dense(512, activation="relu"),
    layers.Dense(10, activation="softmax")
])
```

신경망의 핵심 구성 요소는 **층**(layer)입니다. 층은 데이터를 위한 필터(filter)로 생각할 수 있습니다. 어떤 데이터가 들어가면 더 유용한 형태로 출력됩니다. 조금 더 구체적으로 층은 주어진 문제에 더 의미 있는 **표현**(representation)을 입력된 데이터로부터 추출합니다. 대부분의 딥러닝은 간단한 층을 연결하여 구성되어 있고, 점진적으로 데이터를 정제하는 형태를 띠고 있습니다. 딥러닝 모델은 데이터 정제 필터(층)가 연속되어 있는 데이터 프로세싱을 위한 여과기와 같습니다.

이 예에서는 조밀하게 연결된 (또는 **완전 연결**(fully connected)된) 신경망 층인 Dense 층 2개가 연속되어 있습니다. 두 번째(즉, 마지막) 층은 10개의 확률 점수가 들어 있는 배열(모두 더하면 1입니다)을 반환하는 **소프트맥스**(softmax) 분류 층입니다. 각 점수는 현재 숫자 이미지가 10개의 숫자 클래스 중 하나에 속할 확률입니다.

신경망이 훈련 준비를 마치기 위해서 컴파일 단계에 포함될 세 가지가 더 필요합니다.

- **옵티마이저**(optimizer): 성능을 향상시키기 위해 입력된 데이터를 기반으로 모델을 업데이트하는 메커니즘입니다.
- **손실 함수**(loss function): 훈련 데이터에서 모델의 성능을 측정하는 방법으로 모델이 옳은 방향으로 학습될 수 있도록 도와줍니다.
- **훈련과 테스트 과정을 모니터링할 지표**: 여기에서는 정확도(정확히 분류된 이미지의 비율)만 고려하겠습니다.

손실 함수와 옵티마이저의 정확한 목적은 이어지는 2개의 장에서 자세히 설명합니다.

코드 2-3 컴파일 단계

```
model.compile(optimizer="rmsprop",
              loss="sparse_categorical_crossentropy",
              metrics=["accuracy"])
```

훈련을 시작하기 전에 데이터를 모델에 맞는 크기로 바꾸고 모든 값을 0과 1 사이로 스케일을 조정합니다.[5] 앞서 우리의 훈련 이미지는 `[0, 255]` 사이의 값인 `uint8` 타입의 `(60000, 28, 28)` 크기를 가진 배열로 저장되어 있습니다. 이 데이터를 0과 1 사이의 값을 가지는 `float32` 타입의 `(60000, 28 * 28)` 크기인 배열로 바꿉니다.

코드 2-4 이미지 데이터 준비하기

```
train_images = train_images.reshape((60000, 28 * 28))
train_images = train_images.astype("float32") / 255
test_images = test_images.reshape((10000, 28 * 28))
test_images = test_images.astype("float32") / 255
```

이제 모델을 훈련시킬 준비가 되었습니다. 케라스에서는 모델의 `fit()` 메서드를 호출하여 훈련 데이터에 모델을 학습시킵니다.

5 역주 신경망은 입력 데이터의 스케일에 민감하여 적절한 데이터 전처리 과정이 필요합니다. 이미지의 경우 보통 픽셀의 최댓값인 255로 나누어 사용합니다.

코드 2-5 모델 훈련하기

```
>>> model.fit(train_images, train_labels, epochs=5, batch_size=128)
Epoch 1/5
60000/60000 [===========================] - 5s - loss: 0.2524 - acc: 0.9273
Epoch 2/5
51328/60000 [=====================>.....] - ETA: 1s - loss: 0.1035 - acc: 0.9692
```

훈련하는 동안 2개의 정보가 출력되고 있습니다. 훈련 데이터에 대한 모델의 손실과 정확도입니다. 훈련 데이터에 대해 0.989(98.9%)의 정확도를 금방 달성합니다.

이제 훈련된 모델이 있으므로 이를 사용하여 새로운 숫자 이미지에 대한 클래스 확률을 예측할 수 있습니다. 새로운 이미지는 테스트 세트처럼 훈련 데이터가 아닌 이미지를 말합니다.

코드 2-6 모델을 사용하여 예측 만들기

```
>>> test_digits = test_images[0:10]
>>> predictions = model.predict(test_digits)
>>> predictions[0]
array([1.0726176e-10, 1.6918376e-10, 6.1314843e-08, 8.4106023e-06,
       2.9967067e-11, 3.0331331e-09, 8.3651971e-14, 9.9999106e-01,
       2.6657624e-08, 3.8127661e-07], dtype=float32)
```

출력된 배열의 인덱스 i에 있는 숫자는 숫자 이미지 test_digits[0]이 클래스 i에 속할 확률에 해당합니다.

첫 번째 테스트 숫자는 인덱스 7에서 가장 높은 확률 값을 얻었습니다(0.99999106으로 거의 1입니다). 따라서 모델의 예측 결과는 7이 됩니다.

```
>>> predictions[0].argmax()
7
>>> predictions[0][7]
0.99999106
```

이 테스트 데이터의 레이블과 맞는지 확인해 보죠.

```
>>> test_labels[0]
7
```

모델이 평균적으로 이전에 본 적 없는 숫자를 얼마나 잘 분류할까요? 전체 테스트 세트에 대해 평균적인 정확도를 계산해 보겠습니다.

코드 2-7 새로운 데이터에서 모델 평가하기

```
>>> test_loss, test_acc = model.evaluate(test_images, test_labels)
>>> print(f"테스트 정확도: {test_acc}")
테스트 정확도: 0.9785
```


테스트 세트의 정확도는 97.8%로 나왔습니다. 훈련 세트 정확도(98.9%)보다는 약간 낮습니다. 훈련 정확도와 테스트 정확도 사이의 차이는 **과대적합**(overfitting) 때문입니다. 이는 머신 러닝 모델이 훈련 데이터보다 새로운 데이터에서 성능이 낮아지는 경향을 말합니다. 과대적합은 3장에서 자세하게 논의합니다.

이것으로 첫 번째 예제가 마무리되었습니다. 15줄 미만의 파이썬 코드로 손글씨 숫자를 분류하는 신경망을 만들고 훈련시켰습니다. 이 장과 다음 장에서 여기에서 보았던 코드 하나하나를 상세하게 설명하고 이들이 의미하는 바를 명확하게 알아보겠습니다. 이제 텐서, 모델에 주입하는 데이터의 저장 형태, 층을 만들어 주는 텐서 연산, 모델을 훈련 샘플로부터 학습시키는 경사 하강법에 대해 알아보겠습니다.

DEEP LEARNING

2.2 신경망을 위한 데이터 표현

이전 예제에서 **텐서**(tensor)라고 부르는 다차원 넘파이 배열에 데이터를 저장하는 것부터 시작했습니다.[6] 최근의 모든 머신 러닝 시스템은 일반적으로 텐서를 기본 데이터 구조로 사용합니다. 텐서는 머신 러닝의 기본 구성 요소입니다. 텐서플로 이름을 여기에서 따왔습니다. 그럼 텐서는 무엇일까요?

핵심적으로 텐서는 데이터를 위한 컨테이너(container)입니다. 일반적으로 수치형 데이터를 다루므로 숫자를 위한 컨테이너입니다. 아마 랭크(rank)-2 텐서인 행렬에 대해 이미 알고 있을 것입니다. 텐서는 임의의 차원 개수를 가지는 행렬의 일반화된 모습입니다(텐서에서는 **차원**(dimension)을 종종 **축**(axis)이라고 부릅니다).

6 역주 텐서플로를 비롯하여 딥러닝 라이브러리들은 종종 다차원 배열을 텐서라고 부릅니다. 이 책에서는 넘파이 배열도 텐서라고 하지만 사실 파이썬 커뮤니티에서 넘파이 배열을 텐서라고 부르지는 않습니다. 번역서에서는 문맥에 잘 어울리도록 적절하게 단어를 선택했습니다.

2.2.1 스칼라(랭크-0 텐서)

하나의 숫자만 담고 있는 텐서를 **스칼라**(scalar)(또는 스칼라 텐서, 랭크-0 텐서, 0D 텐서)라고 부릅니다. 넘파이에서 float32나 float64 타입의 숫자는 스칼라 텐서(또는 배열 스칼라(array scalar)[7])입니다. ndim 속성을 사용하면 넘파이 배열의 축 개수를 확인할 수 있습니다. 스칼라 텐서의 축 개수는 0입니다(ndim == 0). 텐서의 축 개수를 **랭크**(rank)라고도 부릅니다.[8] 다음이 스칼라 텐서입니다.

```
>>> import numpy as np
>>> x = np.array(12)
>>> x
array(12)
>>> x.ndim
0
```

2.2.2 벡터(랭크-1 텐서)

숫자의 배열을 **벡터**(vector) 또는 랭크-1 텐서나 1D 텐서라고 부릅니다. 랭크-1 텐서는 딱 하나의 축을 가집니다. 넘파이에서 벡터를 나타내면 다음과 같습니다.

```
>>> x = np.array([12, 3, 6, 14, 7])
>>> x
array([12, 3, 6, 14, 7])
>>> x.ndim
1
```

이 벡터는 5개의 원소를 가지고 있으므로 5차원 벡터라고 부릅니다. 5D 벡터와 5D 텐서를 혼동하지 마세요! 5D 벡터는 하나의 축을 따라 5개의 차원을 가진 것이고 5D 텐서는 5개의 축을 가진 것입니다(텐서의 각 축을 따라 여러 개의 차원을 가진 벡터가 놓일 수 있습니다). **차원 수**(dimensionality)는 특정 축을 따라 놓인 원소의 개수(5D 벡터와 같은 경우)이거나 텐서의 축 개수(5D 텐서와 같은 경우)를 의미하므로 가끔 혼동하기 쉽습니다. 후자의 경우 랭크가 5인 텐서라고 말하는 것이 기술적으로 좀 더 정확합니다(텐서의 랭크가 축의 개수입니다). 그럼에도 5D 텐서처럼 모호한 표기가 통용됩니다.

---

7 역주 넘파이의 배열 스칼라(array scalar)는 수정할 수 없는 0차원의 넘파이 배열이며 프로그래밍 언어의 스칼라 변수와는 다릅니다.

8 역주 여기에서 랭크는 선형대수에서 행렬의 선형 독립 행이나 열을 나타내는 계수(rank)와는 다릅니다.

2.2.3 행렬(랭크-2 텐서)

벡터의 배열은 **행렬**(matrix) 또는 랭크-2 텐서나 2D 텐서입니다. 행렬에는 2개의 축이 있습니다(보통 **행**(row)과 **열**(column)이라고 부릅니다). 행렬은 숫자가 채워진 사각 격자라고 생각할 수 있습니다. 넘파이에서 행렬을 나타내면 다음과 같습니다.

```
>>> x = np.array([[5, 78, 2, 34, 0],
                  [6, 79, 3, 35, 1],
                  [7, 80, 4, 36, 2]])
>>> x.ndim
2
```

첫 번째 축에 놓여 있는 원소를 **행**, 두 번째 축에 놓여 있는 원소를 **열**이라고 부릅니다. 앞의 예에서는 x의 첫 번째 행은 [5, 78, 2, 34, 0]이고, 첫 번째 열은 [5, 6, 7]입니다.

2.2.4 랭크-3 텐서와 더 높은 랭크의 텐서

이런 행렬들을 하나의 새로운 배열로 합치면 숫자가 채워진 직육면체 형태로 해석할 수 있는 랭크-3 텐서(또는 3D 텐서)가 만들어집니다. 넘파이에서 랭크-3 텐서를 나타내면 다음과 같습니다.

```
>>> x = np.array([[[5, 78, 2, 34, 0],
                   [6, 79, 3, 35, 1],
                   [7, 80, 4, 36, 2]],
                  [[5, 78, 2, 34, 0],
                   [6, 79, 3, 35, 1],
                   [7, 80, 4, 36, 2]],
                  [[5, 78, 2, 34, 0],
                   [6, 79, 3, 35, 1],
                   [7, 80, 4, 36, 2]]])
>>> x.ndim
3
```

랭크-3 텐서들을 하나의 배열로 합치면 랭크-4 텐서를 만드는 식으로 이어집니다. 딥러닝에서는 보통 랭크 0에서 4까지의 텐서를 다룹니다. 동영상 데이터를 다룰 경우에는 랭크-5 텐서까지 가기도 합니다.

2.2.5 핵심 속성

텐서는 3개의 핵심 속성으로 정의됩니다.

- **축의 개수(랭크)**: 예를 들어 랭크-3 텐서에는 3개의 축이 있고, 행렬에는 2개의 축이 있습니다. 넘파이나 텐서플로 같은 파이썬 라이브러리에서는 ndim 속성에 저장되어 있습니다.
- **크기**(shape): 텐서의 각 축을 따라 얼마나 많은 차원이 있는지를 나타낸 파이썬의 튜플(tuple)입니다. 예를 들어 앞에 나온 행렬의 크기는 (3, 5)이고 랭크-3 텐서의 크기는 (3, 3, 5)입니다. 벡터의 크기는 (5,)처럼 1개의 원소로 이루어진 튜플입니다. 배열 스칼라는 ()처럼 크기가 없습니다.
- **데이터 타입(파이썬 라이브러리에서는 보통 dtype이라고 부릅니다)**: 텐서에 포함된 데이터의 타입입니다. 예를 들어 텐서의 타입은 float16, float32, float64, uint8 등이 될 수 있습니다. 텐서플로에서는 string 텐서를 사용하기도 합니다.

이를 구체적으로 확인해 보기 위해 MNIST 예제에서 사용했던 데이터를 다시 들여다봅시다. 먼저 MNIST 데이터셋을 불러들입니다.

```
from tensorflow.keras.datasets import mnist
(train_images, train_labels), (test_images, test_labels) = mnist.load_data()
```

그다음 train_images 배열의 ndim 속성으로 축의 개수를 확인합니다.

```
>>> train_images.ndim
3
```

다음은 배열의 크기입니다.

```
>>> train_images.shape
(60000, 28, 28)
```

dtype 속성으로 데이터 타입을 확인합니다.

```
>>> train_images.dtype
uint8
```

이 배열은 8비트 정수형 랭크-3 텐서입니다. 좀 더 정확하게는 28×28 크기의 정수 행렬 6만 개가 있는 배열입니다. 각 행렬은 하나의 흑백 이미지고, 행렬의 각 원소는 0에서 255 사이의 값을 가집니다.

이 랭크-3 텐서에서 다섯 번째 샘플을 (구글 코랩(Colab)[9]에 이미 설치되어 있고 인기 있는 파이썬 데이터 시각화 라이브러리인) 맷플롯립(Matplotlib) 라이브러리를 사용해서 확인해 봅시다[10](그림 2-2).

코드 2-8 다섯 번째 이미지 출력하기

```
import matplotlib.pyplot as plt

digit = train_images[4]
plt.imshow(digit, cmap=plt.cm.binary)
plt.show()
```

▼ 그림 2-2 데이터셋에 있는 다섯 번째 샘플

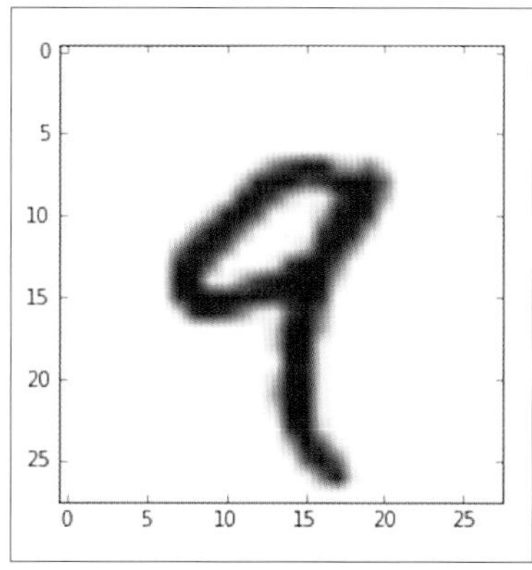

당연하지만 이 이미지에 해당하는 레이블은 정수 9입니다.

```
>>> train_labels[4]
9
```

2.2.6 넘파이로 텐서 조작하기

이전 예제에서 train_images[i] 같은 형식으로 첫 번째 축을 따라 특정 숫자 이미지를 선택했습니다. 배열에 있는 특정 원소들을 선택하는 것을 **슬라이싱**(slicing)이라고 합니다. 넘파이 배열에서 할 수 있는 슬라이싱 연산을 살펴보겠습니다.

9 역주 코랩에 대한 자세한 설명은 3장을 참고하세요.

10 역주 배열의 인덱스는 0부터 시작하므로 다섯 번째 이미지의 인덱스가 4입니다.

다음 예는 11번째에서 101번째까지(101번째는 포함하지 않고) 숫자를 선택하여 (90, 28, 28) 크기의 배열을 만듭니다.

```
>>> my_slice = train_images[10:100]
>>> my_slice.shape
(90, 28, 28)
```

동일하지만 조금 더 자세한 표기법은 각 배열의 축을 따라 슬라이싱의 시작 인덱스와 마지막 인덱스를 지정하는 것입니다. :(콜론)은 전체 인덱스를 선택합니다.

```
>>> my_slice = train_images[10:100, :, :] -------- 이전 예와 동일합니다.
>>> my_slice.shape
(90, 28, 28)
>>> my_slice = train_images[10:100, 0:28, 0:28] -------- 역시 이전과 동일합니다.
>>> my_slice.shape
(90, 28, 28)
```

일반적으로 각 배열의 축을 따라 어떤 인덱스 사이도 선택할 수 있습니다. 예를 들어 이미지의 오른쪽 아래 14×14 픽셀을 선택하려면 다음과 같이 합니다.

```
my_slice = train_images[:, 14:, 14:]
```

음수 인덱스도 사용할 수 있습니다. 파이썬 리스트의 음수 인덱스와 마찬가지로 현재 축의 끝에서 상대적인 위치를 나타냅니다. 정중앙에 위치한 14×14 픽셀 조각을 이미지에서 잘라 내려면 다음과 같이 합니다.

```
my_slice = train_images[:, 7:-7, 7:-7]
```

2.2.7 배치 데이터

일반적으로 딥러닝에서 사용하는 모든 데이터 텐서의 첫 번째 축(인덱스가 0부터 시작하므로 0번째 축)은 **샘플 축**(sample axis)입니다(이따금 샘플 차원(sample dimension)이라고도 부릅니다). MNIST 예제에서는 숫자 이미지가 샘플입니다.

딥러닝 모델은 한 번에 전체 데이터셋을 처리하지 않습니다. 그 대신 데이터를 작은 배치(batch)로 나눕니다. 구체적으로 말하면 MNIST 숫자 데이터에서 크기가 128인 배치 하나는 다음과 같습니다.

```
batch = train_images[:128]
```

그다음 배치는 다음과 같습니다.

```
batch = train_images[128:256]
```

그리고 n번째 배치는 다음과 같습니다.

```
n = 3
batch = train_images[128 * n:128 * (n + 1)]
```

이런 배치 데이터를 다룰 때 첫 번째 축(0번 축)을 **배치 축**(batch axis) 또는 **배치 차원**(batch dimension)이라고 부릅니다. 케라스나 다른 딥러닝 라이브러리를 사용할 때 이런 용어를 자주 만날 것입니다.

2.2.8 텐서의 실제 사례

앞으로 보게 될 텐서의 몇 가지 예를 통해 좀 더 확실하게 알아보겠습니다. 우리가 사용할 데이터는 대부분 다음 중 하나에 속할 것입니다.

- **벡터 데이터**: (samples, features) 크기의 랭크-2 텐서. 각 샘플은 수치 속성(특성(feature))으로 구성된 벡터입니다.
- **시계열 데이터 또는 시퀀스**(sequence) **데이터**: (samples, timesteps, features) 크기의 랭크-3 텐서. 각 샘플은 특성 벡터의 (길이가 timesteps인) 시퀀스입니다.
- **이미지**: (samples, height, width, channels) 또는 (samples, channels, height, width) 크기의 랭크-4 텐서. 각 샘플은 픽셀의 2D 격자고 각 픽셀은 수치 값(채널(channel))의 벡터입니다.
- **동영상**: (samples, frames, height, width, channels) 또는 (samples, frames, channels, height, width) 크기의 랭크-5 텐서. 각 샘플은 이미지의 (길이가 frames인) 시퀀스입니다.

2.2.9 벡터 데이터

대부분의 경우에 해당됩니다. 이런 데이터셋에서는 하나의 데이터 포인트가 벡터로 인코딩될 수 있으므로 배치 데이터는 랭크-2 텐서로 인코딩될 것입니다(즉, 벡터의 배열입니다). 여기에서 첫 번째 축은 **샘플 축**이고, 두 번째 축은 **특성 축**(feature axis)입니다.

2개의 예를 살펴보겠습니다.

- 사람의 나이, 성별, 소득으로 구성된 인구 통계 데이터. 각 사람은 3개의 값을 가진 벡터로 구성되고 10만 명이 포함된 전체 데이터셋은 `(100000, 3)` 크기의 랭크-2 텐서에 저장될 수 있습니다.
- (공통 단어 2만 개로 만든 사전에서) 각 단어가 등장한 횟수로 표현된 텍스트 문서 데이터셋. 각 문서는 2만 개의 원소(사전에 있는 단어마다 하나의 원소에 대응)를 가진 벡터로 인코딩될 수 있습니다. 500개의 문서로 이루어진 전체 데이터셋은 `(500, 20000)` 크기의 텐서로 저장됩니다.

2.2.10 시계열 데이터 또는 시퀀스 데이터

데이터에서 시간이 (또는 연속된 순서가) 중요할 때는 시간 축을 포함하여 랭크-3 텐서로 저장됩니다. 각 샘플은 벡터의 시퀀스(랭크-2 텐서)로 인코딩되므로 배치 데이터는 랭크-3 텐서로 인코딩될 것입니다(그림 2-3).

▼ 그림 2-3 랭크-3 시계열 데이터 텐서

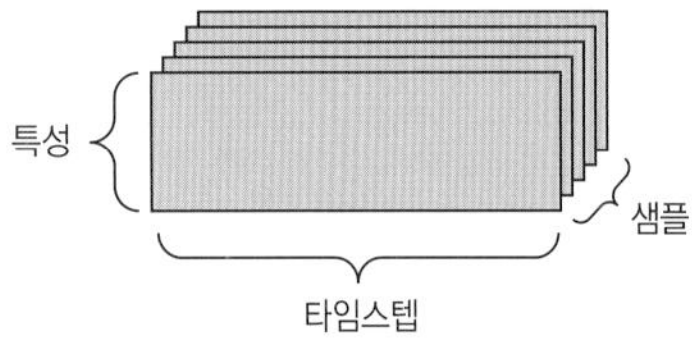

관례적으로 시간 축은 항상 두 번째 축(인덱스가 1인 축)입니다.[11] 몇 가지 예를 들어 보겠습니다.

11 역주 시간 축이 두 번째 축이면 그림 2-3에서 타임스텝이 세로축에 놓여야 하지만 가로축에 표기되어 있습니다. 관례적으로 시간의 흐름을 가로 방향으로 놓기 때문에 편의상 텐서 축의 순서와 맞지 않게 그려져 있습니다.

- **주식 가격 데이터셋**: 1분마다 현재 주식 가격, 지난 1분 동안에 최고 가격과 최소 가격을 저장합니다. 1분마다 데이터는 3D 벡터로 인코딩되고 하루 동안의 거래는 (390, 3) 크기의 행렬로 인코딩됩니다(하루의 거래 시간은 390분입니다[12]). 250일치의 데이터는 (250, 390, 3) 크기의 랭크-3 텐서로 저장될 수 있습니다. 여기에서 1일치 데이터가 하나의 샘플이 됩니다.
- **트윗 데이터셋**: 각 트윗은 128개의 알파벳으로 구성된 280개의 문자 시퀀스입니다. 여기에서는 각 문자가 128개의 크기인 이진 벡터로 인코딩될 수 있습니다(해당 문자의 인덱스만 1이고 나머지는 모두 0인 벡터입니다). 그러면 각 트윗은 (280, 128) 크기의 랭크-2 텐서로 인코딩될 수 있습니다. 100만 개의 트윗으로 구성된 데이터셋은 (1000000, 280, 128) 크기의 텐서에 저장됩니다.

2.2.11 이미지 데이터

이미지는 전형적으로 높이, 너비, 컬러 채널의 3차원으로 이루어집니다. (MNIST 숫자처럼) 흑백 이미지는 하나의 컬러 채널만 가지고 있어 랭크-2 텐서로 저장될 수 있지만 관례상 이미지 텐서는 항상 랭크-3 텐서로 저장됩니다. 흑백 이미지의 경우 컬러 채널의 차원 크기는 1입니다. 256×256 크기의 흑백 이미지에 대한 128개의 배치는 (128, 256, 256, 1) 크기의 텐서에 저장될 수 있습니다. 컬러 이미지에 대한 128개의 배치라면 (128, 256, 256, 3) 크기의 텐서에 저장될 수 있습니다(그림 2-4).

▼ 그림 2-4 랭크-4 이미지 데이터 텐서[13]

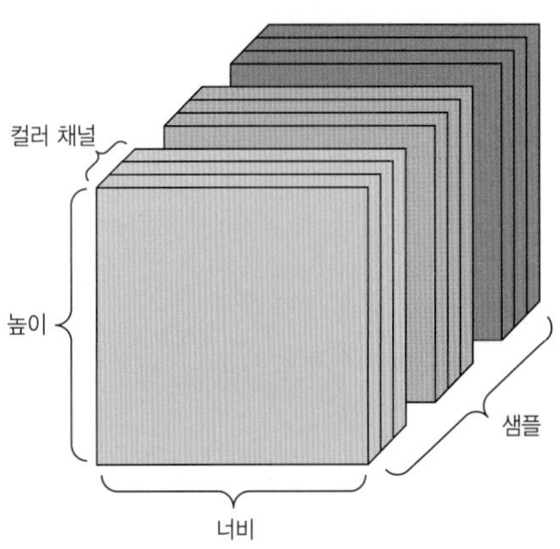

12 역주 미국의 증권거래소 개장 시간은 오전 9:30분부터 오후 16:00까지 6시간 반으로 390분 동안입니다.

13 역주 일상생활에서 이미지의 크기는 보통 너비×높이로 말하지만 행렬에서는 행이 먼저 나오므로 높이×너비로 표현됩니다.

이미지 텐서의 크기를 지정하는 방식은 두 가지입니다. (텐서플로에서 사용하는) **채널 마지막**(channel-last) 방식과 많이 사용하지 않는[14] **채널 우선**(channel-first) 방식입니다.

채널 마지막 방식은 (samples, height, width, color_depth)처럼 컬러 채널의 깊이를 끝에 놓습니다. 반면 채널 우선 방식은 (samples, color_depth, height, width)처럼 컬러 채널의 깊이를 배치 축 바로 뒤에 놓습니다. 채널 우선 방식을 사용하면 앞선 예는 (128, 1, 256, 256)과 (128, 3, 256, 256)이 됩니다. 케라스 API는 두 형식을 모두 지원합니다.[15]

2.2.12 비디오 데이터

비디오 데이터는 현실에서 랭크-5 텐서가 필요한 몇 안 되는 데이터 중 하나입니다. 하나의 비디오는 프레임의 연속이고 각 프레임은 하나의 컬러 이미지입니다. 프레임이 (height, width, color_depth)의 랭크-3 텐서로 저장될 수 있기 때문에 프레임의 연속은 (frames, height, width, color_depth)의 랭크-4 텐서로 저장될 수 있습니다. 여러 비디오의 배치는 (samples, frames, height, width, color_depth)의 랭크-5 텐서로 저장될 수 있습니다.

예를 들어 60초짜리 144×256 유튜브 비디오 클립을 초당 4프레임으로 샘플링하면 240프레임이 됩니다. 이런 비디오 클립을 4개 가진 배치는 (4, 240, 144, 256, 3) 크기의 텐서에 저장될 것입니다. 총 106,168,320개의 값이 있습니다! 이 텐서의 dtype을 float32로 했다면[16] 각 값이 32비트로 저장될 것이므로 텐서의 저장 크기는 405MB가 됩니다. 아주 크네요! 실생활에서 접하는 비디오는 float32 크기로 저장되지 않기 때문에 훨씬 용량이 적고, 일반적으로 높은 압축률로 (MPEG 포맷 같은 방식을 사용하여) 압축되어 있습니다.

---

14 역주 또 다른 인기 많은 딥러닝 라이브러리인 파이토치(PyTorch)는 기본적으로 채널 우선 방식을 사용합니다.

15 역주 tensorflow.keras.backend.set_image_data_format() 함수를 사용하여 "channels_last" 또는 "channels_first"로 지정할 수 있습니다.

16 역주 케라스의 부동 소수점 기본 설정은 float32입니다. tensorflow.keras.backend.set_floatx() 함수를 사용하여 "float16"이나 "float64"로 바꿀 수 있습니다.

2.3 신경망의 톱니바퀴: 텐서 연산

컴퓨터 프로그램을 이진수의 입력을 처리하는 몇 개의 이항 연산(AND, OR, NOR 등)으로 표현할 수 있는 것처럼, 심층 신경망이 학습한 모든 변환을 수치 데이터 텐서에 적용하는 몇 종류의 **텐서 연산**(tensor operation)(또는 텐서 함수(tensor function))으로 나타낼 수 있습니다. 예를 들어 텐서 덧셈이나 텐서 곱셈 등입니다.

첫 번째 예제에서는 Dense 층을 쌓아서 모델을 만들었습니다. 케라스의 층은 다음과 같이 생성합니다.

```
keras.layers.Dense(512, activation="relu")
```

이 층은 행렬을 입력으로 받고 입력 텐서의 새로운 표현인 또 다른 행렬을 반환하는 함수처럼 해석할 수 있습니다. 구체적으로 보면 이 함수는 다음과 같습니다. (W는 행렬이고, b는 벡터입니다. 둘 모두 층의 속성입니다.[17])

```
output = relu(dot(W, input) + b)
```

좀 더 자세히 알아보겠습니다. 여기에는 3개의 텐서 연산이 있습니다.

- 입력 텐서와 텐서 W 사이의 점곱(dot)
- 점곱으로 만들어진 행렬과 벡터 b 사이의 덧셈(+)
- relu(렐루) 연산. relu(x)는 max(x, 0)입니다.[18]

> Note ≡ 이 절은 선형대수학(linear algebra)을 다루지만 어떤 수학 기호도 사용하지 않습니다. 수학에 익숙하지 않은 프로그래머는 수학 방정식보다 짧은 파이썬 코드를 보는 것이 수학 개념을 이해하는 데 훨씬 도움이 됩니다. 앞으로도 계속 넘파이와 텐서플로 코드를 사용하여 설명합니다.

17 역주 Dense 클래스의 객체를 Sequential 클래스에 추가할 때 Dense 객체의 build( ) 메서드가 호출되면서 가중치(커널) W와 편향 b가 생성됩니다. 각각 Dense 객체의 kernel과 bias 인스턴스 변수에 저장됩니다.

18 'relu'는 'rectified linear unit'의 약어입니다. 역주 렐루(ReLU) 함수는 입력이 0보다 크면 입력을 그대로 반환하고 0보다 작으면 0을 반환합니다.

2.3.1 원소별 연산

relu 함수와 덧셈은 **원소별 연산**(element-wise operation)입니다. 이 연산은 텐서에 있는 각 원소에 독립적으로 적용됩니다. 이는 고도의 병렬 구현(1970~1990년대 슈퍼컴퓨터의 구조인 벡터 프로세서(vector processor)에서 온 용어인 벡터화된 구현을 말합니다)이 가능한 연산이라는 의미입니다. 파이썬으로 단순한 원소별 연산을 구현한다면 다음 relu 연산 구현처럼 for 반복문을 사용할 것입니다.[19]

```
def naive_relu(x):
    assert len(x.shape) == 2 -------- x는 랭크-2 넘파이 배열입니다.
    x = x.copy() -------- 입력 텐서 자체를 바꾸지 않도록 복사합니다.
    for i in range(x.shape[0]):
        for j in range(x.shape[1]):
            x[i, j] = max(x[i, j], 0)
    return x
```

덧셈도 동일합니다.

```
def naive_add(x, y):
    assert len(x.shape) == 2 -------- x와 y는 랭크-2 넘파이 배열입니다.
    assert x.shape == y.shape
    x = x.copy() -------- 입력 텐서 자체를 바꾸지 않도록 복사합니다.
    for i in range(x.shape[0]):
        for j in range(x.shape[1]):
            x[i, j] += y[i, j]
    return x
```

같은 원리로 원소별 곱셈, 뺄셈 등을 할 수 있습니다.

사실 넘파이 배열을 다룰 때는 최적화된 넘파이 내장 함수로 이런 연산들을 처리할 수 있습니다. 넘파이는 BLAS(Basic Linear Algebra Subprogram) 구현에 복잡한 일들을 위임합니다.[20] BLAS는 고도로 병렬화되고 효율적인 저수준의 텐서 조작 루틴이며, 전형적으로 포트란(Fortran)이나 C 언어로 구현되어 있습니다.

19 역주 파이썬의 함수 매개변수는 수정 가능한(mutable) 데이터 타입(리스트, 딕셔너리 등)일 경우 참조에 의한 호출(call by reference)처럼 작동하기 때문에 입력 배열 원본을 변경시키지 않으려면 예제 코드처럼 복사하여 사용해야 합니다.

20 역주 대표적인 BLAS 구현으로는 OpenBLAS, 인텔 MKL, ATLAS 등이 있습니다. 아나콘다 파이썬 배포판은 기본적으로 MKL 라이브러리를 사용합니다.

넘파이는 다음과 같은 원소별 연산을 엄청난 속도로 처리합니다.

```
import numpy as np

z = x + y -------- 원소별 덧셈
z = np.maximum(z, 0.) -------- 원소별 렐루 함수
```

실제 시간 차이를 재어 보죠.

```
import time

x = np.random.random((20, 100))
y = np.random.random((20, 100))

t0 = time.time()
for _ in range(1000):
    z = x + y
    z = np.maximum(z, 0.)
print("걸린 시간: {0:.2f} s".format(time.time() - t0))
```

실행해 보니 0.02초가 걸렸습니다. 반면 단순한 방법은 2.45초나 걸립니다.

```
t0 = time.time()
for _ in range(1000):
    z = naive_add(x, y)
    z = naive_relu(z)
print("걸린 시간: {0:.2f} s".format(time.time() - t0))
```

이와 비슷하게 텐서플로 코드를 GPU에서 실행할 때 고도로 병렬화된 GPU 칩 구조를 최대로 활용할 수 있는 완전히 벡터화된 CUDA 구현을 통해 원소별(element-wise) 연산이 실행됩니다.

2.3.2 브로드캐스팅

앞서 살펴본 단순한 덧셈 구현인 naive_add는 동일한 크기의 랭크-2 텐서만 지원합니다. 하지만 이전에 보았던 Dense 층에서는 랭크-2 텐서와 벡터를 더했습니다. 크기가 다른 두 텐서가 더해질 때 무슨 일이 일어날까요?

모호하지 않고 실행 가능하다면 작은 텐서가 큰 텐서의 크기에 맞추어 **브로드캐스팅**(broadcasting)됩니다. 브로드캐스팅은 두 단계로 이루어집니다.

1. 큰 텐서의 ndim에 맞도록 작은 텐서에 (브로드캐스팅 축이라고 부르는) 축이 추가됩니다.
2. 작은 텐서가 새 축을 따라서 큰 텐서의 크기에 맞도록 반복됩니다.

구체적인 예를 살펴보겠습니다. X의 크기는 (32, 10)이고 y의 크기는 (10,)라고 가정합시다.

```
import numpy as np

X = np.random.random((32, 10)) -------- X는 크기가 (32, 10)인 랜덤한 행렬입니다.
y = np.random.random((10,)) -------- y는 크기가 (10,)인 랜덤한 벡터입니다.
```

먼저 y에 비어 있는 첫 번째 축을 추가하여 크기를 (1, 10)으로 만듭니다.

```
y = np.expand_dims(y, axis=0) -------- 이제 y의 크기는 (1, 10)입니다.
```

그런 다음 y를 이 축에 32번 반복하면 텐서 Y의 크기는 (32, 10)이 됩니다. 여기에서 Y[i, :] == y for i in range(0, 32)입니다.

```
Y = np.concatenate([y] * 32, axis=0) -------- 축 0을 따라 y를 32번 반복하여 크기가 (32, 10)인 Y를 얻습니다.
```

이제 X와 Y의 크기가 같으므로 더할 수 있습니다.

구현 입장에서는 새로운 텐서가 만들어지면 매우 비효율적이므로 어떤 랭크-2 텐서도 만들어지지 않습니다. 반복된 연산은 완전히 가상적입니다. 이 과정은 메모리 수준이 아니라 알고리즘 수준에서 일어납니다. 하지만 새로운 축을 따라 벡터가 32번 반복된다고 생각하는 것이 이해하기 쉽습니다. 다음은 단순하게 구현한 예입니다.

```
def naive_add_matrix_and_vector(x, y):
    assert len(x.shape) == 2 -------- x는 랭크-2 넘파이 배열입니다.
    assert len(y.shape) == 1 -------- y는 넘파이 벡터입니다.
    assert x.shape[1] == y.shape[0]
    x = x.copy() -------- 입력 텐서 자체를 바꾸지 않도록 복사합니다.
    for i in range(x.shape[0]):
        for j in range(x.shape[1]):
            x[i, j] += y[j]
    return x
```

(a, b, ... n, n + 1, ... m) 크기의 텐서와 (n, n + 1, ... m) 크기의 텐서 사이에 브로드캐스팅으로 원소별 연산을 적용할 수 있습니다. 이때 브로드캐스팅은 a부터 n - 1까지의 축에 자동으로 일어납니다.

다음은 크기가 다른 두 텐서에 브로드캐스팅으로 원소별 maximum 연산을 적용하는 예입니다.

```
import numpy as np

x = np.random.random((64, 3, 32, 10)) -------- x는 (64, 3, 32, 10) 크기의 랜덤 텐서입니다.
y = np.random.random((32, 10)) -------- y는 (32, 10) 크기의 랜덤 텐서입니다.
z = np.maximum(x, y) -------- 출력 z 크기는 x와 동일하게 (64, 3, 32, 10)입니다.
```


2.3.3 텐서 곱셈

텐서 곱셈(tensor product) 또는 점곱(dot product)(* 연산자를 사용하는 원소별 곱셈과 혼동하지 마세요)은 가장 널리 사용되고 유용한 텐서 연산입니다.

넘파이에서 텐서 곱셈은 np.dot 함수를 사용하여 수행합니다(일반적인 텐서 곱셈의 수학 표기법이 점(dot)이기 때문입니다).

```
x = np.random.random((32,))
y = np.random.random((32,))
z = np.dot(x, y)
```

수학에서는 이 연산을 점(•)으로 나타냅니다.

```
z = x • y
```

점곱 연산은 수학에서 어떤 일을 할까요? 2개의 벡터 x와 y의 점곱은 다음과 같이 계산합니다.

```
def naive_vector_dot(x, y):
    assert len(x.shape) == 1 ┐
    assert len(y.shape) == 1 ┘--- x와 y는 넘파이 벡터입니다.
    assert x.shape[0] == y.shape[0]
    z = 0.
    for i in range(x.shape[0]):
        z += x[i] * y[i]
    return z
```

여기에서 볼 수 있듯이 두 벡터의 점곱은 스칼라가 되므로 원소 개수가 같은 벡터끼리 점곱이 가능합니다.

행렬 x와 벡터 y 사이에서도 점곱이 가능합니다. y와 x의 행 사이에서 점곱이 일어나므로 벡터가 반환됩니다. 다음과 같이 구현할 수 있습니다.

```
def naive_matrix_vector_dot(x, y):
    assert len(x.shape) == 2 -------- x는 넘파이 행렬입니다.
    assert len(y.shape) == 1 -------- y는 넘파이 벡터입니다.
    assert x.shape[1] == y.shape[0] -------- x의 두 번째 차원이 y의 첫 번째 차원과 같아야 합니다!
    z = np.zeros(x.shape[0]) -------- 이 연산은 x의 행과 같은 크기의 0이 채워진 벡터를 만듭니다.
    for i in range(x.shape[0]):
        for j in range(x.shape[1]):
            z[i] += x[i, j] * y[j]
    return z
```

행렬-벡터 점곱과 벡터-벡터 점곱 사이의 관계를 부각하기 위해 앞에서 만든 함수를 재사용해 보겠습니다.

```
def naive_matrix_vector_dot(x, y):
    z = np.zeros(x.shape[0])
    for i in range(x.shape[0]):
        z[i] = naive_vector_dot(x[i, :], y)
    return z
```

두 텐서 중 하나라도 ndim이 1보다 크면 dot 연산에 교환 법칙이 성립되지 않습니다. 다시 말하면 dot(x, y)와 dot(y, x)가 같지 않습니다.[21]

물론 점곱은 임의의 축 개수를 가진 텐서에 일반화됩니다. 가장 일반적인 용도는 두 행렬 간의 점곱일 것입니다. x.shape[1] == y.shape[0]일 때 두 행렬 x와 y의 점곱(dot(x, y))이 성립됩니다. x의 행과 y의 열 사이 벡터 점곱으로 인해 (x.shape[0], y.shape[1]) 크기의 행렬이 됩니다. 다음은 단순한 구현 예입니다.

```
def naive_matrix_dot(x, y):
    assert len(x.shape) == 2 --┐
                               ├--- x와 y는 넘파이 행렬입니다.
    assert len(y.shape) == 2 --┘
    assert x.shape[1] == y.shape[0] -------- x의 두 번째 차원이 y의 첫 번째 차원과 같아야 합니다!
    z = np.zeros((x.shape[0], y.shape[1])) -------- 이 연산은 0이 채워진 특정 크기의 벡터를 만듭니다.
    for i in range(x.shape[0]): -------- x의 행을 반복합니다.
        for j in range(y.shape[1]): -------- y의 열을 반복합니다.
            row_x = x[i, :]
            column_y = y[:, j]
            z[i, j] = naive_vector_dot(row_x, column_y)
    return z
```

21 역주 벡터-벡터 점곱은 교환 법칙이 성립하지만 행렬-벡터, 행렬-행렬 점곱은 교환 법칙이 성립하지 않습니다.

그림 2-5와 같이 입력과 출력을 배치해 보면 어떤 크기의 점곱이 가능한지 이해하는 데 도움이 됩니다.

▼ 그림 2-5 행렬 점곱 다이어그램

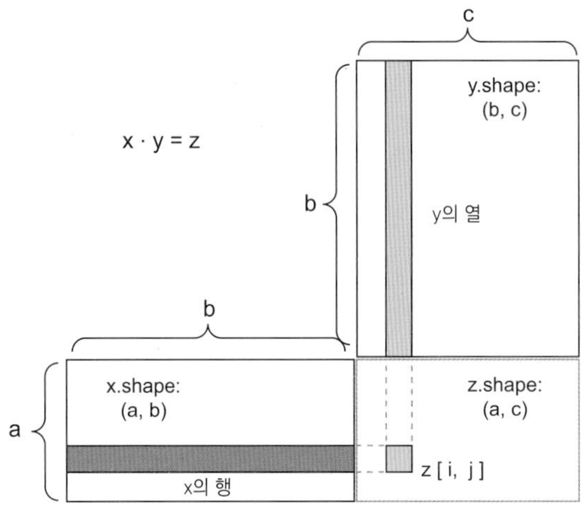

이 그림에서 x, y, z는 직사각형 모양으로 그려져 있습니다(원소들이 채워진 박스라고 생각하면 됩니다). x의 행 벡터와 y의 열 벡터가 같은 크기여야 하므로 자동으로 x의 너비는 y의 높이와 동일해야 합니다. 새로운 머신 러닝 알고리즘을 개발할 때 이런 그림을 자주 그리게 될 것입니다.

더 일반적으로는 앞서 설명한 2D의 경우처럼 크기를 맞추는 동일한 규칙을 따르면 다음과 같이 고차원 텐서 간의 점곱을 할 수 있습니다.

```
(a, b, c, d) · (d,) -> (a, b, c)
(a, b, c, d) · (d, e) -> (a, b, c, e)
```

2.3.4 텐서 크기 변환

꼭 알아 두어야 할 세 번째 텐서 연산은 **텐서 크기 변환**(tensor reshaping)입니다. 첫 번째 신경망 예제의 Dense 층에서는 사용되지 않지만 모델에 주입할 숫자 데이터를 전처리할 때 사용했습니다.

```
train_images = train_images.reshape((60000, 28 * 28))
```

텐서의 크기를 변환한다는 것은 특정 크기에 맞게 열과 행을 재배열한다는 뜻입니다. 당연히 크기가 변환된 텐서는 원래 텐서와 원소 개수가 동일합니다. 간단한 예제를 통해 크기 변환을 알아보겠습니다.

```
>>> x = np.array([[0., 1.],
                  [2., 3.],
                  [4., 5.]])
>>> x.shape
(3, 2)
>>> x = x.reshape((6, 1))
>>> x
array([[ 0.],
       [ 1.],
       [ 2.],
       [ 3.],
       [ 4.],
       [ 5.]])
>>> x = x.reshape((2, 3))
>>> x
array([[ 0.,  1.,  2.],
       [ 3.,  4.,  5.]])
```

자주 사용하는 특별한 크기 변환은 **전치**(transposition)입니다. 행렬의 전치는 행과 열을 바꾸는 것을 의미합니다. 즉, x[i, :]는 x[:, i]가 됩니다.

```
>>> x = np.zeros((300, 20)) -------- 모두 0으로 채워진 (300, 20) 크기의 행렬을 만듭니다.
>>> x = np.transpose(x)
>>> x.shape
(20, 300)
```

2.3.5 텐서 연산의 기하학적 해석

텐서 연산이 조작하는 텐서의 내용은 어떤 기하학적 공간에 있는 좌표 포인트로 해석될 수 있기 때문에 모든 텐서 연산은 기하학적 해석이 가능합니다. 예를 들어 덧셈을 생각해 보죠. 다음 벡터를 먼저 보겠습니다.

```
A = [0.5, 1]
```

이 포인트는 2D 공간에 있습니다(그림 2-6). 일반적으로 그림 2-7과 같이 원점에서 포인트를 연결하는 화살표로 벡터를 나타냅니다.

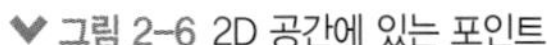
그림 2-6 2D 공간에 있는 포인트

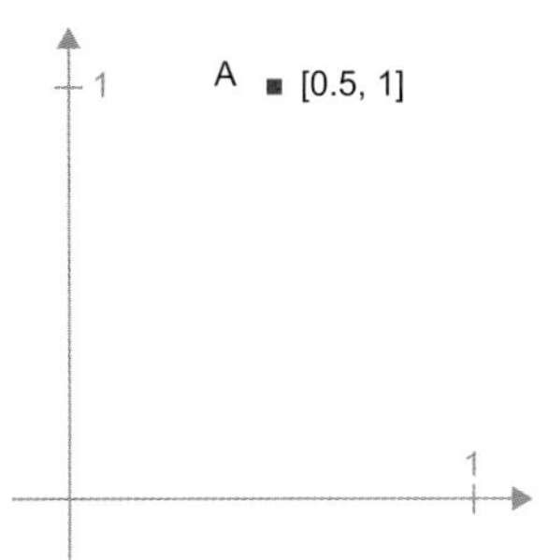

그림 2-7 화살표로 나타낸 2D 공간에 있는 포인트

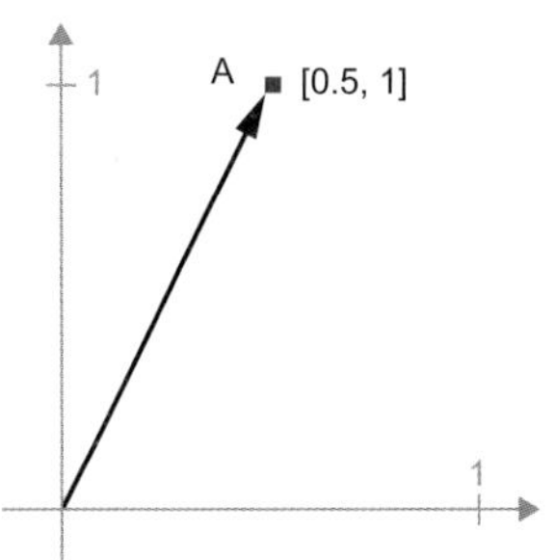

새로운 포인트 `B = [1, 0.25]`를 이전 벡터에 더해 보겠습니다. 기하학적으로는 벡터 화살표를 연결하여 계산할 수 있습니다. 최종 위치는 두 벡터의 덧셈을 나타내는 벡터가 됩니다(그림 2-8). 여기에서 볼 수 있듯이 벡터 A에 벡터 B를 더하는 것은 점 A를 새로운 위치로 복사하는 동작입니다. 원래 점 A에서 새로운 위치까지 거리와 방향은 벡터 B에 의해 결정됩니다. 동일한 벡터 덧셈을 평면에 있는 점 집합(하나의 객체)에 적용하면 새로운 위치에서 전체 객체의 복사본을 만들게 됩니다(그림 2-9). 따라서 텐서 덧셈은 객체를 특정 방향으로 특정 양만큼 (객체를 왜곡시키지 않고) 이동하는 행동을 나타냅니다.

그림 2-8 두 벡터의 덧셈에 대한 기하학적 해석

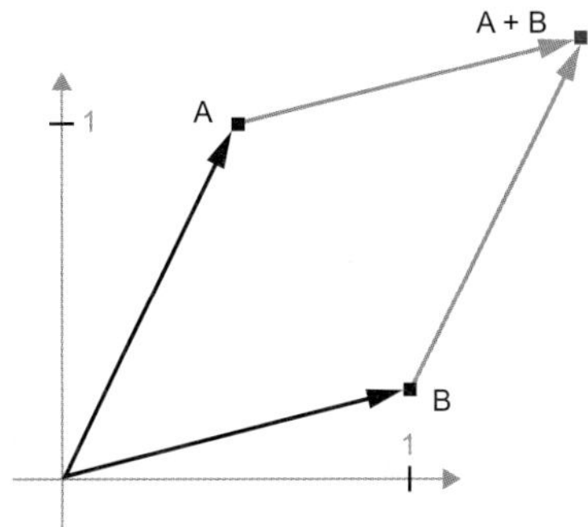

일반적으로 이동(translation), 회전(rotation), 크기 변경(scaling), 기울이기(skewing) 등과 같은 기본적인 기하학적 연산은 텐서 연산으로 표현할 수 있습니다. 다음은 몇 가지 예입니다.

- **이동**: 방금 보았듯이 한 점에 벡터를 더하면 고정된 방향으로 고정된 양만큼 이 점을 이동시킵니다. (2D 객체와 같이) 점 집합에 적용하면 이를 '이동(translation)'이라고 부릅니다(그림 2-9).

▼ 그림 2-9 벡터 덧셈으로 2D 이동

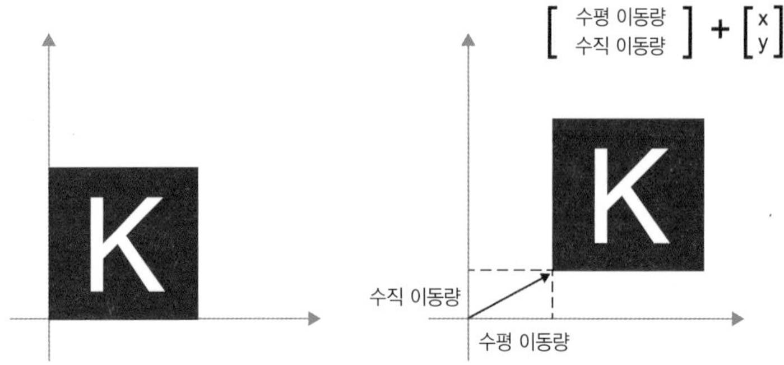

- **회전**: 각도 theta만큼 2D 벡터를 반시계 방향 회전한 결과는 2×2 행렬 `R = [[cos(theta), -sin(theta)], [sin(theta), cos(theta)]]`와 점곱하여 얻을 수 있습니다(그림 2-10).

▼ 그림 2-10 점곱으로 (반시계 방향) 2D 회전

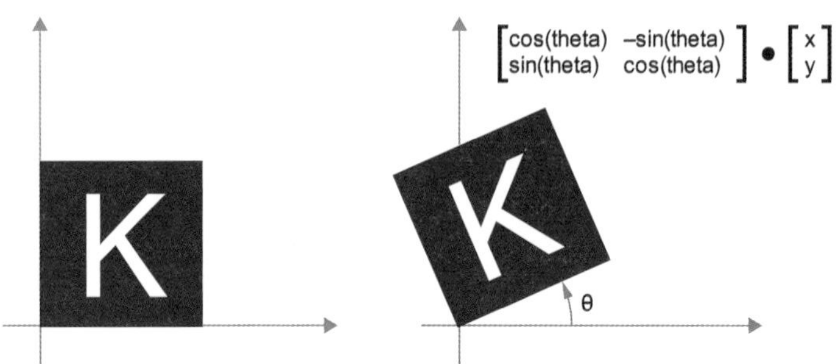

- **크기 변경**: 2×2 행렬 `S = [[horizontal_factor, 0], [0, vertical_factor]]`와 점곱하여 수직과 수평 방향으로 크기를 변경시킨 이미지(그림 2-11)를 얻을 수 있습니다. (이런 행렬을 '대각 행렬(diagonal matrix)'이라고 합니다. 왼쪽 위에서 오른쪽 아래까지 대각선 방향에 놓인 성분만 0이 아닌 행렬입니다.)

▼ 그림 2-11 점곱으로 2D 크기 변경

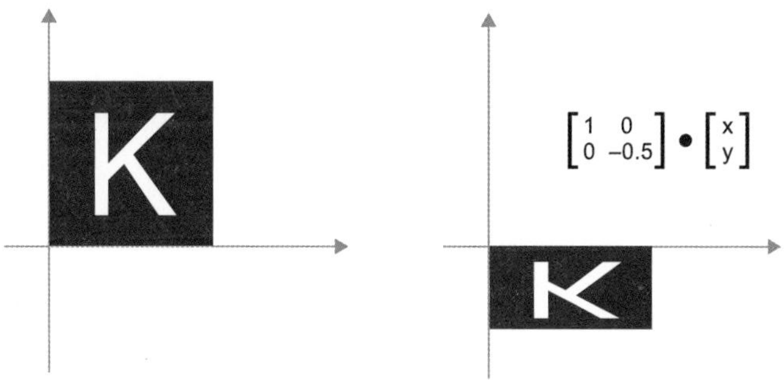

- **선형 변환**(linear transform): 임의의 행렬과 점곱하면 선형 변환이 수행됩니다. 앞서 소개한 크기 변경과 회전은 정의상 선형 변환에 해당합니다.
- **아핀 변환**(affine transform): 아핀 변환(그림 2-12)은 (어떤 행렬과 점곱하여 얻는) 선형 변환과 (벡터를 더해 얻는) 이동의 조합입니다. 아마 눈치챘을 수 있지만 이는 Dense 층에서 수행되는 `y = W • x + b` 계산과 정확히 일치합니다! 활성화 함수를 사용하지 않는 Dense 층은 일종의 아핀 변환 층입니다.

▼ 그림 2-12 평면의 아핀 변환

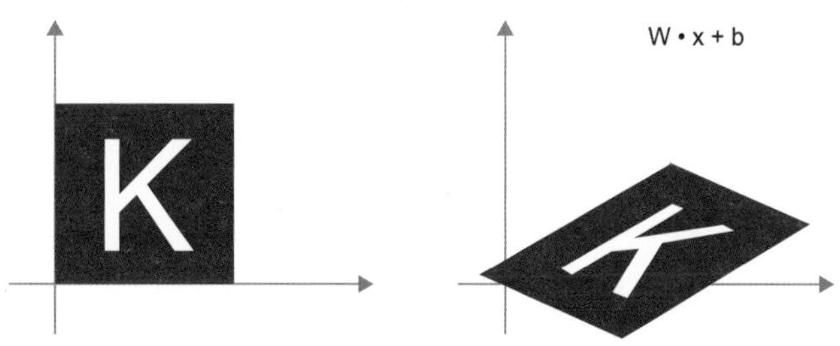

- **`relu` 활성화 함수를 사용하는 Dense 층**: 아핀 변환의 중요한 성질 하나는 여러 아핀 변환을 반복해서 적용해도 결국 하나의 아핀 변환이 된다는 것입니다(따라서 처음에 이 하나의 아핀 변환을 적용할 수 있습니다). 다음과 같은 2개의 아핀 변환을 생각해 보죠. `affine2(affine1(x)) = W2 • (W1 • x + b1) + b2 = (W2 • W1) • x + (W2 • b1 + b2)` 이는 선형 변환 부분이 행렬 `W2 • W1`이고, 이동 부분이 벡터 `W2 • b1 + b2`인 하나의 아핀 변환입니다. 결국 활성화 함수 없이 Dense 층으로만 구성된 다층 신경망은 하나의 Dense 층과 같습니다. 하나의 선형 모델이 심층 신경망으로 위장한 것과 같습니다! 이것이 relu 같은 활성화 함수(그림 2-13)가 필요한 이유입니다. 활성화 함수 덕분에 Dense 층을 중첩하여 매우 복잡하고 비선형적인 기하학적 변형을 구현하며 심층 신경망에 매우 풍부한 가설 공간을 제공할 수 있습니다. 다음 장에서 이에 대해 자세히 알아보겠습니다.

▼ 그림 2-13 relu 활성화 함수를 적용한 아핀 변환

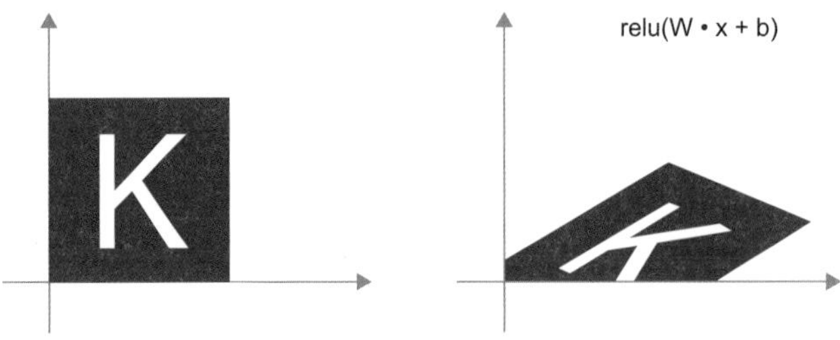

2.3.6 딥러닝의 기하학적 해석

신경망은 전체적으로 텐서 연산의 연결로 구성된 것이고, 모든 텐서 연산은 입력 데이터의 간단한 기하학적 변환임을 배웠습니다. 단순한 단계들이 길게 이어져 구현된 신경망을 고차원 공간에서 매우 복잡한 기하학적 변환을 하는 것으로 해석할 수 있습니다.

3D라면 다음 비유가 이해하는 데 도움이 될 것입니다. 하나는 빨간색이고 다른 하나는 파란색인 2개의 색종이가 있다고 가정합시다. 두 장을 겹친 다음 뭉쳐서 작은 공으로 만듭니다. 이 종이 공이 입력 데이터고 색종이는 분류 문제의 데이터 클래스입니다. 신경망이 해야 할 일은 종이 공을 펼쳐서 두 클래스가 다시 깔끔하게 분리되는 변환을 찾는 것입니다(그림 2-14). 손가락으로 종이 공을 조금씩 펼치는 것처럼 딥러닝을 사용하여 3D 공간에서 간단한 변환들을 연결해서 이를 구현합니다.

▼ 그림 2-14 복잡한 데이터의 매니폴드(manifold)[22] 펼치기

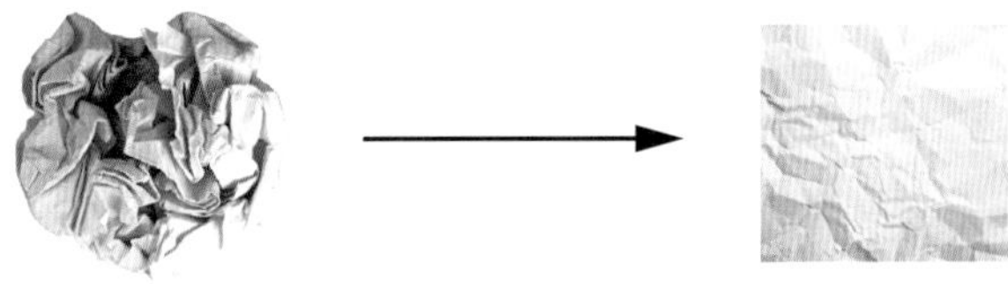

종이 공을 펼치는 것이 머신 러닝이 하는 일입니다. 고차원 공간에서 복잡하고 심하게 꼬여 있는 데이터의 매니폴드(매니폴드는 구겨진 종이처럼 하나의 연속적인 표면입니다)에 대한 깔끔한 표현을 찾는 일입니다. 이쯤이면 왜 딥러닝이 이런 작업에 뛰어난지 알았을 것입니다. 기초적인 연산을 길게 연결하여 복잡한 기하학적 변환을 조금씩 분해하는 방식이 마치 사람이 종이 공을 펼치기 위한 전략과 매우 흡사하기 때문입니다.

22 역주 매니폴드는 국부적으로는 저차원의 유클리드 거리로 볼 수 있는 고차원 공간을 말합니다.

심층 신경망의 각 층은 데이터를 조금씩 풀어 주는 변환을 적용하므로, 이런 층을 깊게 쌓으면 아주 복잡한 분해 과정을 처리할 수 있습니다.

2.4 신경망의 엔진: 그레이디언트 기반 최적화

이전 절에서 보았듯이 첫 번째 모델 예제에 있는 각 층은 입력 데이터를 다음과 같이 변환합니다.

```
output = relu(dot(W, input) + b)
```

이 식에서 텐서 W와 b는 층의 속성처럼 볼 수 있습니다. **가중치**(weight) 또는 **훈련되는 파라미터**(trainable parameter)라고 부릅니다(각각 커널(kernel)[23]과 편향(bias)이라고 부르기도 합니다). 이런 가중치에는 훈련 데이터를 모델에 노출시켜서 학습된 정보가 담겨 있습니다.

초기에는 가중치 행렬이 작은 난수로 채워져 있습니다(**무작위 초기화**(random initialization) 단계라고 부릅니다). 물론 W와 b가 난수일 때 relu(dot(W, input) + b)가 유용한 어떤 표현을 만들 것이라고 기대할 수는 없습니다. 즉, 의미 없는 표현이 만들어집니다. 하지만 이는 시작 단계일 뿐입니다. 그다음에는 피드백 신호에 기초하여 가중치가 점진적으로 조정될 것입니다. 이런 점진적인 조정 또는 **훈련**(training)이 머신 러닝 학습의 핵심입니다.

훈련은 다음과 같은 **훈련 반복 루프**(training loop) 안에서 일어납니다. 손실이 충분히 낮아질 때까지 반복 루프 안에서 이런 단계가 반복됩니다.

1. 훈련 샘플 x와 이에 상응하는 타깃 y_true의 배치를 추출합니다.
2. x를 사용하여 모델을 실행하고(정방향 패스(forward pass) 단계), 예측 y_pred를 구합니다.
3. y_pred와 y_true의 차이를 측정하여 이 배치에 대한 모델의 손실을 계산합니다.
4. 배치에 대한 손실이 조금 감소되도록 모델의 모든 가중치를 업데이트합니다.

---

23 역주 커널은 여러 가지 의미로 사용됩니다. 1장에서는 서포트 벡터 머신의 커널 함수, 8장에서는 합성곱 신경망의 필터를 지칭합니다.

결국 훈련 데이터에서 모델의 손실, 즉 예측 y_pred와 타깃 y_true의 오차가 매우 작아질 것입니다. 이 모델은 입력에 정확한 타깃을 매핑하는 것을 학습했습니다. 전체적으로 보면 마술처럼 보이지만 개별적인 단계로 쪼개어 보면 단순합니다.

단계 1은 그냥 입출력 코드이므로 매우 쉽습니다. 단계 2와 단계 3은 몇 개의 텐서 연산을 적용한 것뿐이므로 이전 절에서 배웠던 연산을 사용하여 이 단계를 구현할 수 있습니다. 어려운 부분은 모델의 가중치를 업데이트하는 단계 4입니다. 개별적인 가중치 값이 있을 때 값이 증가해야 할지 감소해야 할지, 또 얼마큼 업데이트해야 할지 어떻게 알 수 있을까요?

한 가지 간단한 방법은 모델에 있는 가중치 행렬의 원소를 모두 고정하고 관심 있는 하나만 다른 값을 적용해 보는 것입니다. 이 가중치의 초깃값이 0.3이라고 가정합시다. 배치 데이터를 정방향 패스에 통과시킨 후 모델의 손실이 0.5가 나왔습니다. 이 가중치 값을 0.35로 변경하고 다시 정방향 패스를 실행했더니 손실이 0.6으로 증가했습니다. 반대로 0.25로 줄이면 손실이 0.4로 감소했습니다. 이 경우에 가중치를 -0.05만큼 업데이트한 것이 손실을 줄이는 데 기여한 것으로 보입니다. 이런 식으로 모델의 모든 가중치에 반복합니다.

이런 접근 방식은 모든 가중치 행렬의 원소마다 두 번의 (비용이 큰) 정방향 패스를 계산해야 하므로 엄청나게 비효율적입니다(보통 수천에서 경우에 따라 수백만 개의 많은 가중치가 있습니다). 다행히 더 나은 방법인 **경사 하강법**(gradient descent)이 있습니다.

경사 하강법은 현대 신경망을 가능하게 만든 최적화 기술입니다. 간략히 요약하면 다음과 같습니다. 모델에 사용하는 (dot이나 + 같은) 모든 함수는 입력을 매끄럽고 연속적인 방식으로 변환합니다. 예를 들어 z = x + y에서 y를 조금 변경하면 z가 조금만 변경됩니다. y의 변경 방향을 알고 있다면 z의 변경 방향을 추측할 수 있습니다. 수학적으로 이를 **미분 가능**(differentiable)하다고 말합니다. 이런 함수를 연결하여 만든 함수도 여전히 미분 가능합니다. 이는 배치 데이터에서 모델의 가중치와 모델의 손실을 매핑하는 함수에도 적용됩니다. 즉, 모델의 가중치를 조금 변경하면 손실 값이 예측 가능한 방향으로 조금 바뀝니다. **그레이디언트**(gradient)라는 수학 연산을 사용하여 모델 가중치를 여러 방향으로 이동했을 때 손실이 얼마나 변하는지 설명할 수 있습니다. 이 그레이디언트를 계산하면 이를 사용하여 손실이 감소하는 방향으로 가중치를 (한 번에 하나씩이 아니라 한 번의 업데이트로 전체 가중치를 동시에) 이동시킬 수 있습니다.

미분 가능하다는 것과 **그레이디언트**가 무엇인지 이미 알고 있다면 2.4.3절로 건너뛰어도 좋습니다. 그렇지 않으면 다음 두 절이 이해하는 데 도움이 될 것입니다.

2.4.1 도함수란?

실수 x를 새로운 실수 y로 매핑하는 연속적이고 매끄러운 함수 f(x) = y를 생각해 봅시다. 그림 2-15에 있는 함수를 예로 사용해 보겠습니다.

▼ 그림 2-15 연속적이고 매끄러운 함수

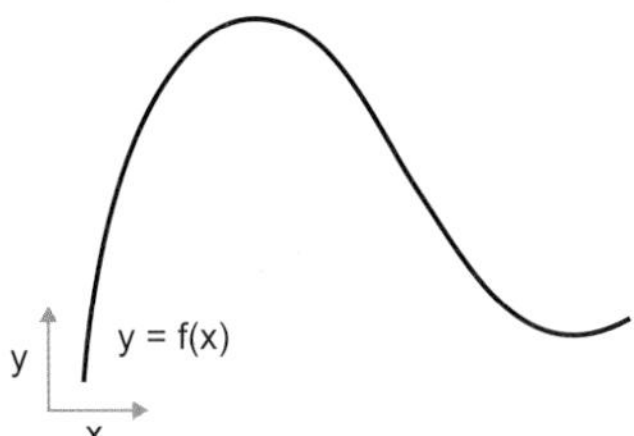

이 함수가 연속적이므로 x를 조금 바꾸면 y가 조금만 변경될 것입니다. 이것이 연속성의 개념입니다. 그림 2-16과 같이 x를 작은 값 epsilon_x만큼 증가시켰을 때 y가 epsilon_y만큼 바뀐다고 말할 수 있습니다.

▼ 그림 2-16 연속적인 함수에서는 x를 조금 바꾸면 y가 조금만 변경된다

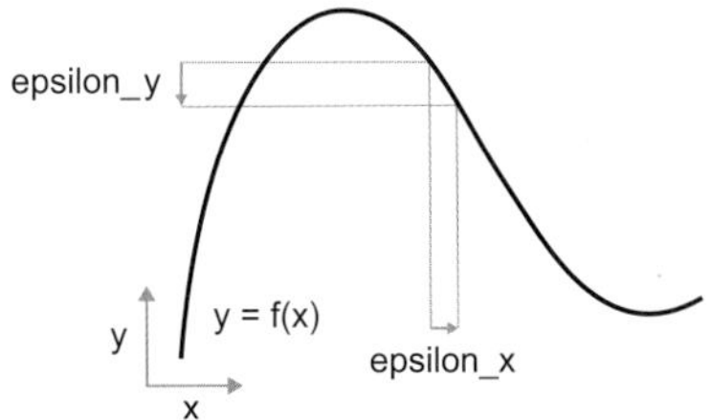

또한, 이 함수가 매끈하므로(곡선의 각도가 갑자기 바뀌지 않습니다) epsilon_x가 충분히 작다면 어떤 포인트 p에서 기울기 a의 선형 함수로 f를 근사할 수 있습니다. 따라서 epsilon_y는 a * epsilon_x가 됩니다.

```
f(x + epsilon_x) = y + a * epsilon_x
```

이 선형적인 근사는 x가 p에 충분히 가까울 때 유효합니다.

이 기울기를 p에서 f의 **도함수**(derivative)라고 합니다. 이는 a가 음수일 때 p에서 양수 x만큼 조금 이동하면 f(x)가 감소한다는 것을 의미합니다(그림 2-17). a가 양수일 때는 음수 x만큼 조금 이동하면 f(x)가 감소됩니다. a의 절댓값(도함수의 크기)은 이런 증가나 감소가 얼마나 빠르게 일어날지 알려 줍니다.

▼ 그림 2-17 p에서 f의 도함수

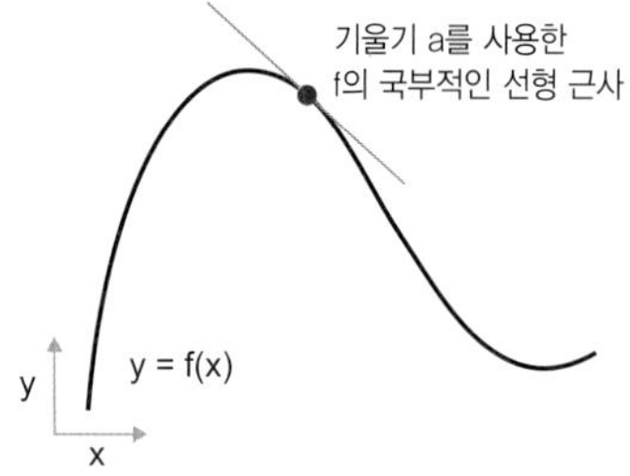

모든 미분 가능한(미분 가능하다는 것은 도함수를 유도할 수 있다는 의미로, 예를 들어 매끄럽고 연속적인 함수입니다) 함수 f(x)에 대해 x 값을 f의 국부적인 선형 근사인 그 지점의 기울기로 매핑하는 도함수 f'(x)가 존재합니다. 예를 들어 cos(x)의 도함수는 -sin(x)고, f(x) = a * x의 도함수는 f'(x) = a입니다.

함수를 미분할 수 있다는 것은 f(x)의 값을 최소화하는 x 값을 찾는 작업인 **최적화**(optimization)에 매우 강력한 도구입니다. f(x)를 최소화하기 위해 epsilon_x만큼 x를 업데이트하고 싶을 때 f의 도함수를 알고 있으면 해결됩니다. 도함수는 x가 바뀜에 따라 f(x)가 어떻게 바뀔지 설명해 줍니다. f(x)의 값을 감소시키고 싶다면 x를 도함수의 방향과 반대로 조금 이동해야 합니다.

2.4.2 텐서 연산의 도함수: 그레이디언트

방금 보았던 함수는 스칼라 값 x를 다른 스칼라 값 y로 바꾸었습니다. 이를 2D 평면에 곡선으로 그릴 수 있습니다. 이제 스칼라 튜플 (x, y)를 스칼라 값 y로 바꾸는 함수를 생각해 보죠. 이는 벡터 연산일 것입니다. 이를 (x, y, z 좌표를 가진) 3D 공간에서 2D 표면(surface)으로 그릴 수 있습니다. 비슷하게 입력으로 행렬을 받는 함수, 입력으로 랭크-3 텐서를 받는 함수 등을 상상할 수 있습니다.

도함수의 개념은 이 표면이 연속적이고 매끄러운 어떤 함수에도 적용할 수 있습니다. 텐서 연산(또는 텐서 함수)의 도함수를 **그레이디언트**(gradient)라고 부릅니다. 그레이디언트는 텐서를 입력으로 받는 함수로 도함수의 개념을 일반화한 것입니다. 스칼라 함수일 경우 도함수가 어떻게 함수 곡선의 국부적인 기울기를 나타내는지 기억하나요? 비슷한 방식으로 텐서 함수의 그레이디언트는 이 함수가 설명하는 다차원 표면의 **곡률**(curvature)을 나타냅니다. 입력 파라미터가 바뀔 때 함수의 출력이 어떻게 바뀌는지 결정합니다.

머신 러닝 기반의 예를 살펴보죠.

- 입력 벡터, x(데이터셋에 있는 샘플)
- 행렬, W(모델의 가중치)
- 타깃, y_true(모델이 x에 연관시키기 위해 학습해야 할 값)
- 손실 함수, loss(현재의 예측과 y_true 간의 차이를 측정하기 위해 사용)

W를 사용하여 예측 y_pred를 계산하고, 그다음 예측 y_pred와 타깃 y_true 사이의 손실 또는 차이를 계산합니다.

```
y_pred = dot(W, x) -------- 모델 가중치 W를 사용하여 x에 대한 예측을 만듭니다.
loss_value = loss(y_pred, y_true) -------- 예측이 얼마나 벗어났는지 추정합니다.
```

이제 그레이디언트를 사용하여 loss_value가 작아지도록 W를 업데이트하는 방법을 찾고 싶습니다. 어떻게 해야 할까요?

고정된 입력 x와 y_true가 있을 때 앞의 연산은 (모델의 가중치) W 값을 손실 값에 매핑하는 함수로 해석할 수 있습니다.

```
loss_value = f(W) -------- f는 W가 변화할 때 손실 값이 형성하는 곡선(또는 다차원 표면)을 설명합니다.
```

현재의 W 값을 W0라고 해 보죠. 점 W0에서 f의 도함수는 W와 크기가 같은 텐서 grad(loss_value, W0)입니다. 이 텐서의 각 원소 grad(loss_value, W0)[i, j]는 W0[i, j]를 수정했을 때 loss_value가 바뀌는 방향과 크기를 나타냅니다. 텐서 grad(loss_value, W0)가 W0에서 함수 f(W) = loss_value의 그레이디언트입니다. 또는 'W0 근처에서 W에 대한 loss_value의 그레이디언트'라고 말합니다.

> **편도함수**
>
> (입력으로 행렬 W를 받는) 텐서 연산 grad(f(W), W)는 스칼라 함수 grad_ij(f(W), w_ij)의 조합으로 표현할 수 있습니다. 이 스칼라 함수는 W의 다른 모든 가중치가 일정하다고 가정할 때 가중치 W[i, j]에 대한 loss_value = f(W)의 도함수를 반환합니다. 이때 grad_ij를 W[i, j]에 대한 f의 **편도함수**(partial derivative)라고 부릅니다.

구체적으로 grad(loss_value, W0)는 무엇을 나타낼까요? 앞서 하나의 가중치를 가진 함수 f(x)의 도함수는 곡선 f의 기울기로 해석할 수 있다는 것을 보았습니다. 비슷하게 grad(loss_value, W0)는 W0에서 loss_value = f(x)가 가장 가파르게 상승하는 방향과 이 방향의 기울기를 나타내는 텐서로 해석할 수 있습니다. 편도함수는 f의 특정 방향 기울기를 나타냅니다.

그렇기 때문에 함수 f(x)에 대해서는 도함수의 반대 방향으로 x를 조금 움직이면 f(x)의 값을 감소시킬 수 있습니다. 동일한 방식을 적용하면 텐서의 함수 f(W)의 입장에서는 그레이디언트의 반대 방향으로 W를 움직이면 loss_value = f(W)의 값을 줄일 수 있습니다. 예를 들어 W1 = W0 - step * grad(f(W0), W0)입니다(step은 스케일을 조정하기 위한 작은 값입니다). 이 말은 f가 가장 가파르게 상승하는 방향의 반대 방향으로 움직이면 곡선의 낮은 위치로 이동하게 된다는 의미입니다. grad(loss_value, W0)는 W0에 아주 가까이 있을 때 기울기를 근사한 것이므로 W0에서 너무 크게 벗어나지 않기 위해 스케일링 비율 step이 필요합니다.

2.4.3 확률적 경사 하강법

미분 가능한 함수가 주어지면 이론적으로 이 함수의 최솟값을 해석적으로 구할 수 있습니다. 함수의 최솟값은 도함수가 0인 지점입니다. 따라서 우리가 할 일은 도함수가 0이 되는 지점을 모두 찾고 이 중에서 어떤 포인트의 함수 값이 가장 작은지 확인하는 것입니다.

신경망에 적용하면 가장 작은 손실 함수의 값을 만드는 가중치의 조합을 해석적으로 찾는 것을 의미합니다. 이는 W에 대한 식 grad(f(W), W) = 0을 풀면 해결됩니다. 이 식은 N개의 변수로 이루어진 다항식입니다. 여기에서 N은 모델의 가중치 개수입니다. N = 2나 N = 3인 식을 푸는 것은 가능하지만 실제 신경망에서는 파라미터의 개수가 수천 개보다 적은 경우가 거의 없고 종종 수천만 개가 되기 때문에 해석적으로 해결하는 것이 어렵습니다.

그 대신 앞서 2.4절에서 설명한 알고리즘 네 단계를 사용할 수 있습니다. 랜덤한 배치 데이터에서 현재 손실 값을 토대로 하여 조금씩 파라미터를 수정하는 것입니다. 미분 가능한 함수를 가지고 있으므로 그레이디언트를 계산하여 단계 4를 효율적으로 구현할 수 있습니다. 그레이디언트의 반대 방향으로 가중치를 업데이트하면 손실이 매번 조금씩 감소할 것입니다.

1. 훈련 샘플 배치 x와 이에 상응하는 타깃 y_true를 추출합니다.
2. x로 모델을 실행하고 예측 y_pred를 구합니다(이를 정방향 패스라고 부릅니다).
3. 이 배치에서 y_pred와 y_true 사이의 오차를 측정하여 모델의 손실을 계산합니다.

4. 모델의 파라미터에 대한 손실 함수의 그레이디언트를 계산합니다(이를 **역방향 패스**(backward pass)라고 부릅니다).

5. 그레이디언트의 반대 방향으로 파라미터를 조금 이동시킵니다. 예를 들어 `W -= learning_rate * gradient`처럼 하면 배치에 대한 손실이 조금 감소할 것입니다. **학습률**(learning rate)(식에 있는 `learning_rate`)은 경사 하강법 과정의 속도를 조절하는 스칼라 값입니다.

아주 쉽네요! 방금 전에 이야기한 것이 **미니 배치 확률적 경사 하강법**(mini-batch stochastic gradient descent)(미니 배치 SGD)입니다. **확률적**(stochastic)이란 단어는 각 배치 데이터가 무작위로 선택된다는 의미입니다(**확률적**이란 것은 **무작위**(random)하다는 것의 과학적 표현입니다). 모델의 파라미터가 하나고 훈련 샘플이 하나일 때 이 과정을 그림 2-18에 나타냈습니다.

▼ 그림 2-18 SGD가 1D 손실 함수(1개의 학습 파라미터)의 값을 낮춘다

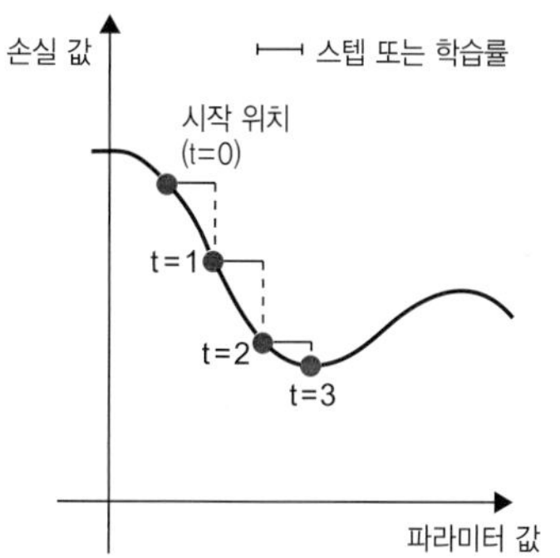

그림에서 볼 수 있듯이 `learning_rate` 값을 적절히 고르는 것이 중요합니다. 이 값이 너무 작으면 곡선을 따라 내려가는 데 너무 많은 반복이 필요하고 지역 최솟값(local minimum)에 갇힐 수 있습니다. `learning_rate`가 너무 크면 손실 함수 곡선에서 완전히 임의의 위치로 이동시킬 수 있습니다.

미니 배치 SGD 알고리즘의 한 가지 변종은 반복마다 하나의 샘플과 하나의 타깃을 뽑는 것입니다. 이것이 (미니 배치 SGD와 반대로) 진정한(true) SGD입니다. 다른 한편으로 극단적인 반대의 경우를 생각해 보면 가용한 모든 데이터를 사용하여 반복을 실행할 수 있습니다. 이를 **배치 경사 하강법**이라고 합니다. 더 정확하게 업데이트되지만 더 많은 비용이 듭니다. 극단적인 두 가지 방법의 효율적인 절충안은 적절한 크기의 미니 배치를 사용하는 것입니다.

그림 2-18은 1D 파라미터 공간에서 경사 하강법을 설명하고 있지만 실제로는 매우 고차원 공간에서 경사 하강법을 사용하게 됩니다. 신경망에 있는 각각의 가중치 값은 이 공간에서 하나의 독립된 차원이고 수만 또는 수백만 개가 될 수도 있습니다. 손실 함수의 표면을 좀 더 쉽게 이해하기

위해 그림 2-19와 같이 2D 손실 함수의 표면을 따라 진행하는 경사 하강법을 시각화해 볼 수 있습니다.[24] 하지만 신경망이 훈련되는 실제 과정을 시각화하기는 어렵습니다. 사람이 이해할 수 있도록 1,000,000차원의 공간을 표현하는 것이 불가능하기 때문입니다. 그렇기 때문에 저차원 표현으로 얻은 직관이 실전과 항상 맞지는 않는다는 것을 유념해야 합니다. 이는 딥러닝 연구 분야에서 오랫동안 여러 이슈를 일으키는 근원이었습니다.[25]

▼ 그림 2-19 경사 하강법이 2D 손실 함수(2개의 학습 파라미터)의 값을 낮춘다

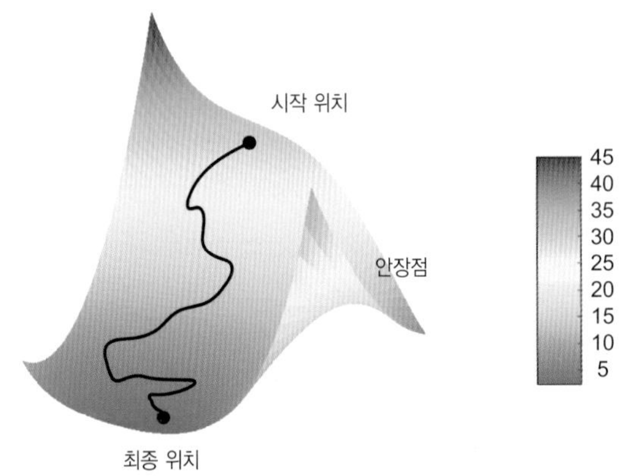

또한, 업데이트할 다음 가중치를 계산할 때 현재 그레이디언트 값만 보지 않고 이전에 업데이트된 가중치를 여러 가지 다른 방식으로 고려하는 SGD 변종이 많이 있습니다. 예를 들어 모멘텀을 사용한 SGD, Adagrad, RMSProp 등입니다. 이런 변종들을 모두 **최적화 방법**(optimization method) 또는 **옵티마이저**라고 부릅니다. 특히 여러 변종에서 사용하는 **모멘텀**(momentum) 개념은 아주 중요합니다. 모멘텀은 SGD에 있는 2개의 문제점인 수렴 속도와 지역 최솟값을 해결합니다. 그림 2-20은 모델의 파라미터 하나에 대한 손실 값의 곡선을 보여 줍니다.

24 역주 입력 특성이 2개인(2D) 손실 함수는 3차원으로 나타낼 수 있습니다(특성이 더 늘어나면 그림으로 표현하지 못합니다). 그림 2-19에서 손실은 세로축 방향입니다.

25 역주 대표적으로 신경망 알고리즘이 지역 최솟값에 쉽게 갇힐 것으로 생각했지만 고차원 공간에서는 대부분 안장점(saddle point)으로 나타나고 지역 최솟값은 매우 드뭅니다. 예를 들어 1,000개의 파라미터가 있는 공간에서 도함수가 0인 지점의 모든 파라미터가 최솟값일 가능성은 2^{-1000}입니다.

▼ 그림 2-20 지역 최솟값(local minimum)과 전역 최솟값(global minimum)

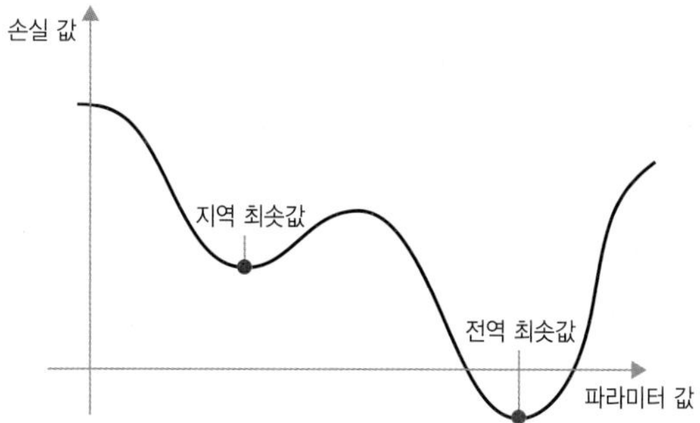

그림에서 볼 수 있듯이 어떤 파라미터 값에서는 지역 최솟값에 도달합니다. 그 지점 근처에서는 왼쪽으로 이동해도 손실이 증가하고, 오른쪽으로 이동해도 손실이 증가합니다. 대상 파라미터가 작은 학습률을 가진 SGD로 최적화되었다면 최적화 과정이 전역 최솟값으로 향하지 못하고 이 지역 최솟값에 갇히게 될 것입니다.

물리학에서 영감을 얻은 모멘텀을 사용하여 이 문제를 피할 수 있습니다. 여기에서 최적화 과정을 손실 곡선 위로 작은 공을 굴리는 것으로 생각하면 쉽게 이해할 수 있습니다. 모멘텀이 충분하면 공이 골짜기에 갇히지 않고 전역 최솟값에 도달할 것입니다. 모멘텀은 현재 기울기 값(현재 가속도)뿐만 아니라 (과거의 가속도로 인한) 현재 속도를 함께 고려하여 각 단계에서 공을 움직입니다. 실전에 적용할 때는 현재 그레이디언트 값뿐만 아니라 이전에 업데이트한 파라미터에 기초하여 파라미터 w를 업데이트합니다. 다음은 단순한 구현 예입니다.[26]

```
past_velocity = 0.
momentum = 0.1 -------- 모멘텀 상수
while loss > 0.01: -------- 최적화 반복 루프
    w, loss, gradient = get_current_parameters()
    velocity = momentum * past_velocity - learning_rate * gradient
    w = w + momentum * velocity - learning_rate * gradient
    past_velocity = velocity
    update_parameter(w)
```

26 역주 이 코드는 모멘텀을 두 번 반복하는 알고리즘인 네스테로프 모멘텀(Nesterov Momentum)을 구현한 것입니다. 기본 모멘텀은 여섯 번째 줄을 `w = w + velocity`처럼 바꾸어 주면 됩니다. 모멘텀이나 네스테로프 모멘텀 방식을 사용하려면 `from tensorflow.keras import optimizers; sgd = optimizers.SGD(lr=0.01, momentum=0.9, nesterov=True); network.compile(optimizer=sgd, ...)`처럼 SGD 옵티마이저 객체를 생성하여 직접 전달해야 합니다. 본문과는 달리 일반적으로 `momentum` 값은 0.9 정도를 많이 사용합니다.

2.4.4 도함수 연결: 역전파 알고리즘

이전 알고리즘에서 함수가 미분 가능하기 때문에 그레이디언트를 쉽게 계산할 수 있다고 가정했습니다. 하지만 진짜 그럴까요? 복잡한 식의 그레이디언트를 실제로 어떻게 계산할 수 있을까요? 이 장의 시작 부분에서 보았던 2개의 층을 가진 모델의 경우 가중치에 대한 손실의 그레이디언트를 어떻게 구할 수 있을까요? 이것이 **역전파 알고리즘**(Backpropagation algorithm)이 필요한 이유입니다.

연쇄 법칙

역전파는 (덧셈, 렐루, 텐서 곱셈 같은) 간단한 연산의 도함수를 사용해서 이런 기초적인 연산을 조합한 복잡한 연산의 그레이디언트를 쉽게 계산하는 방법입니다. 결정적으로 신경망은 서로 연결된 많은 텐서 연산으로 구성됩니다. 이런 연산은 간단하고 해당 도함수가 알려져 있습니다. 예를 들어 코드 2-2에서 정의한 모델은 (첫 번째와 두 번째 Dense 층의) 변수 W1, b1, W2, b2를 파라미터로 갖는 함수로 표현할 수 있습니다. 이 함수에 관련된 기초적인 연산은 dot, relu, softmax, + 그리고 손실 함수 loss도 모두 미분 가능합니다.

```
loss_value = loss(y_true, softmax(dot(relu(dot(inputs, W1) + b1), W2) + b2))
```

미적분의 **연쇄 법칙**(chain rule)을 사용하면 이렇게 연결된 함수의 도함수를 구할 수 있습니다.

두 함수 f와 g가 있고, 두 함수를 연결한 fg가 있다고 가정해 보죠. 여기에서 fg(x) == f(g(x))입니다.

```
def fg(x):
    x1 = g(x)
    y = f(x1)
    return y
```

연쇄 법칙을 사용하면 grad(y, x) == grad(y, x1) * grad(x1, x)가 됩니다. 따라서 f와 g의 도함수를 알고 있다면 fg의 도함수를 계산할 수 있습니다. 중간에 함수를 더 추가하면 사슬(chain)처럼 보이기 때문에 연쇄 법칙(chain rule)이라고 부릅니다.

```
def fghj(x):
    x1 = j(x)
    x2 = h(x1)
    x3 = g(x2)
```

```
    y = f(x3)
    return y

grad(y, x) == (grad(y, x3) * grad(x3, x2) *
               grad(x2, x1) * grad(x1, x))
```


신경망의 그레이디언트 값을 계산하는 데 이 연쇄 법칙을 적용하는 것이 **역전파** 알고리즘입니다. 구체적으로 어떻게 작동하는지 알아보겠습니다.

계산 그래프를 활용한 자동 미분

역전파를 **계산 그래프**(computation graph) 관점에서 생각하면 좋습니다. 계산 그래프는 텐서플로와 일반적인 딥러닝 혁신의 중심에 있는 데이터 구조입니다. 이는 연산(여기에서는 텐서 연산)의 유향 비순환 그래프(directed acyclic graph)입니다.[27] 예를 들어 그림 2-21은 이 장에서 첫 번째로 만든 모델의 그래프 표현입니다.

▼ 그림 2-21 2개의 층으로 구성된 모델의 계산 그래프 표현

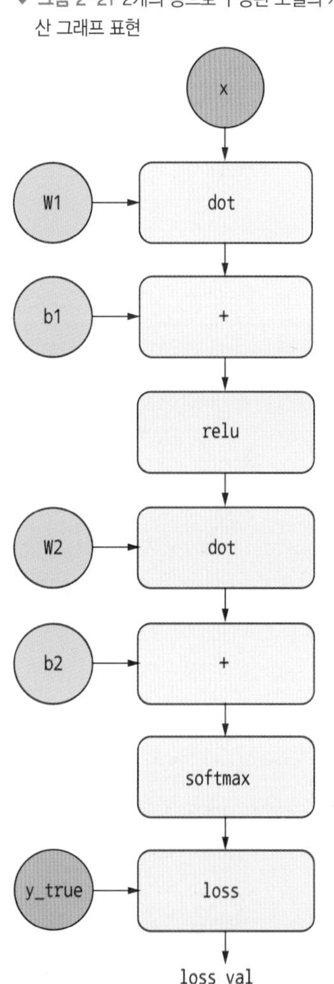

계산 그래프를 사용하면 계산을 데이터로 다룰 수 있기 때문에 컴퓨터 과학 분야에서 매우 성공적인 추상화 방법입니다. 계산 가능한 표현은 기계가 인식할 수 있는 데이터 구조로 인코딩되어 다른 프로그램의 입력이나 출력으로 사용할 수 있습니다. 예를 들어 계산 그래프를 입력으로 받고 동일한 계산을 대규모 분산 버전으로 구현한 새로운 계산 그래프를 반환하는 프로그램을 생각해 볼 수 있습니다(이는 직접 분산 로직을 작성하지 않고 어떤 계산도 분산시킬 수 있다는 의미입니다). 또는 계산 그래프를 받고 이 그래프가 표현하는 식의 도함수를 자동으로 생성하는 프로그램을 상상해 보세요. 계산을 .py 파일의 한 줄에 ASCII 문자로 작성하는 것이 아니라 명시적인 그래프 데이터 구조로 표현한다면 이런 작업이 훨씬 쉬워집니다.

27 역주 그래프 이론에서 비순환 유향 그래프는 에지(edge)에 방향이 있고 한 노드(node)에서 다시 자기 자신으로 돌아올 경로가 없는 그래프를 말합니다.

역전파를 명확하게 설명하기 위해 아주 간단한 계산 그래프를 살펴보겠습니다(그림 2-22). 이 계산 그래프를 그림 2-21의 간소화된 버전으로 생각할 수 있습니다. 하나의 선형 층만 있고 모든 변수는 스칼라입니다. 2개의 스칼라 변수 w와 b, 스칼라 입력 x를 받아 몇 개의 연산을 적용하여 출력 x2를 만듭니다. 마지막으로 절댓값 오차 손실 함수 loss_val = abs(y_true - x2)를 적용하겠습니다. loss_val을 최소화하도록 w와 b를 업데이트하기 위해 grad(loss_val, b)와 grad(loss_val, w)를 계산하겠습니다.

▼ 그림 2-22 간단한 계산 그래프 예

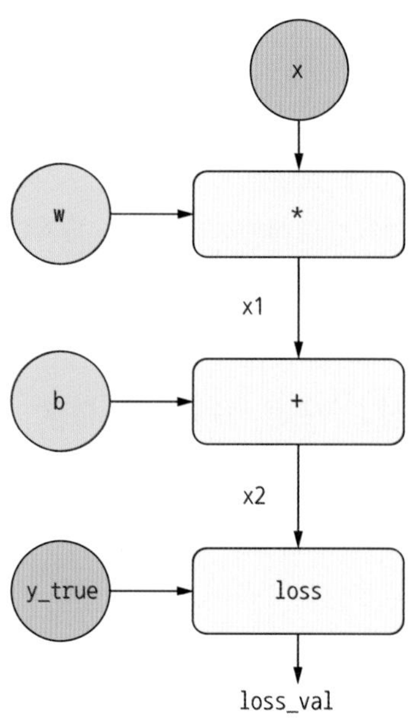

입력 x, 타깃 y_true, w, b에 해당하는 이 그래프의 '입력 노드(input node)'에 구체적인 값을 설정해 보죠. 이 값을 loss_val에 도달할 때까지 위에서 아래로 그래프의 모든 노드에 전파하겠습니다. 이것이 정방향 패스입니다(그림 2-23).

▼ 그림 2-23 정방향 패스 실행

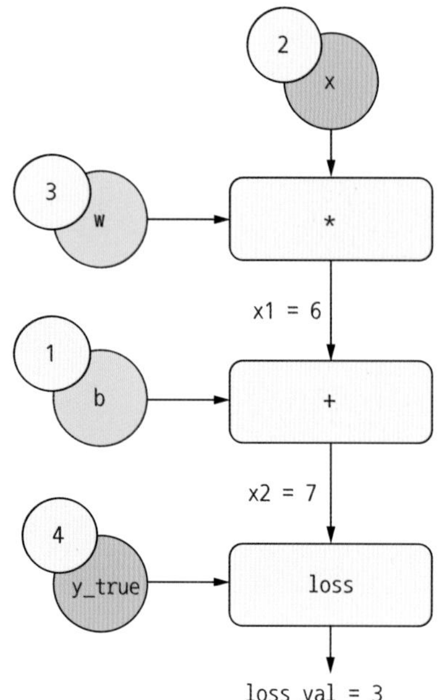

이제 그래프를 뒤집어 보죠. A에서 B로 가는 그래프의 모든 에지(edge)에 대해 B에서 A로 가는 반대 에지를 만듭니다. 그리고 A가 바뀔 때 B가 얼마나 변하는지 묻습니다. 즉, grad(B, A)는 얼마인가요? 반대 방향에서 만든 에지에 이 값을 표시합니다. 이 역방향 그래프가 역방향 패스를 나타냅니다(그림 2-24).

▼ 그림 2-24 역방향 패스 실행

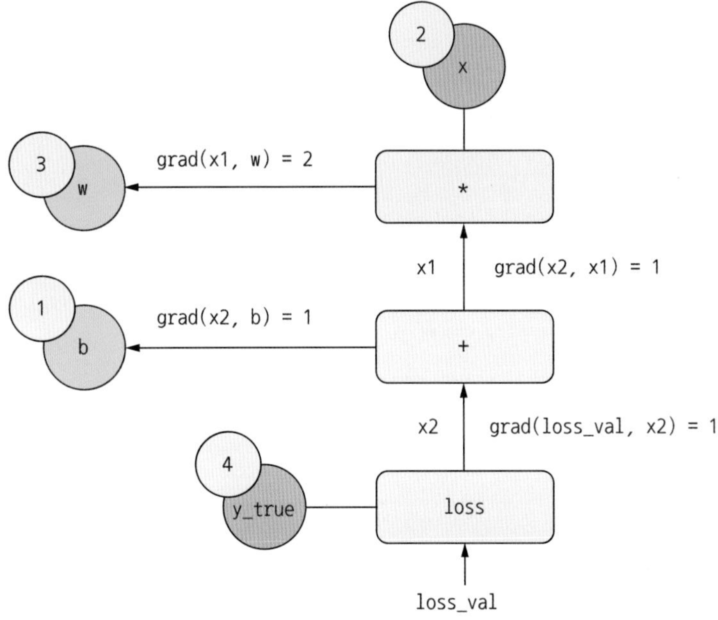

다음과 같은 값을 얻을 수 있습니다.

- grad(loss_val, x2) = 1입니다. x2가 epsilon만큼 변할 때 loss_val = abs(4 - x2)가 같은 양만큼 변하기 때문입니다.
- grad(x2, x1) = 1입니다. x1이 epsilon만큼 변할 때 x2 = x1 + b = x1 + 1이 같은 양만큼 변하기 때문입니다.
- grad(x2, b) = 1입니다. b가 epsilon만큼 변할 때 x2 = x1 + b = 6 + b가 같은 양만큼 변하기 때문입니다.
- grad(x1, w) = 2입니다. w가 epsilon만큼 변할 때 x1 = x * w = 2 * w는 2 * epsilon만큼 변하기 때문입니다.

연쇄 법칙이 역방향 그래프에 대해 알려 주는 것은 노드가 연결된 경로를 따라 각 에지의 도함수를 곱하면 어떤 노드에 대한 다른 노드의 도함수를 얻을 수 있다는 것입니다. 예를 들어 `grad(loss_val, w) = grad(loss_val, x2) * grad(x2, x1) * grad(x1, w)`입니다(그림 2-25).

▼ 그림 2-25 역방향 그래프에서 loss_val부터 w까지의 경로

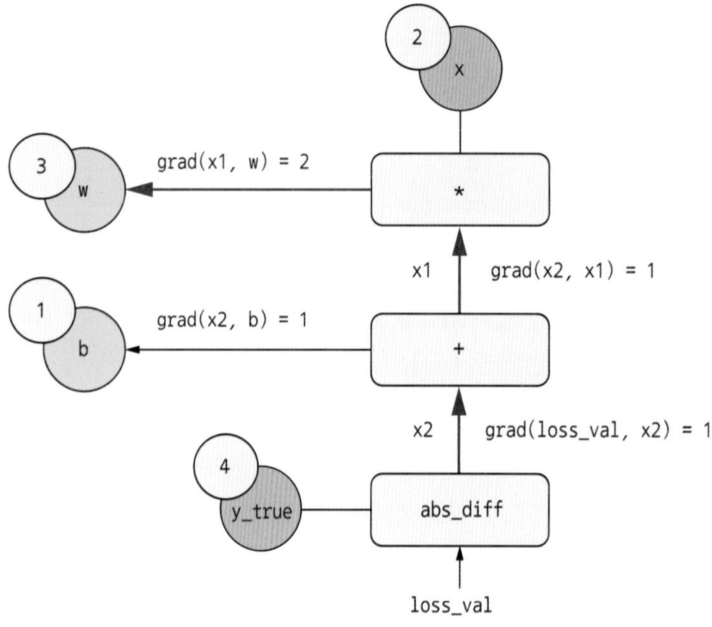

이 그래프에 연쇄 법칙을 적용하여 원하는 값을 구할 수 있습니다.

- `grad(loss_val, w) = 1 * 1 * 2 = 2`
- `grad(loss_val, b) = 1 * 1 = 1`

> Note ≡ 역방향 그래프에서 관심 대상인 두 노드 a 와 b를 연결하는 경로가 여러 개라면 모든 경로의 도함수를 더해서 `grad(a, b)`를 얻을 수 있습니다.

방금 수행한 것이 역전파입니다! 역전파는 연쇄 법칙을 계산 그래프에 적용한 것뿐입니다. 그 이상 아무것도 아닙니다. 역전파는 최종 손실 값에서 시작하여 아래층에서 맨 위층까지 거꾸로 거슬러 올라가 각 파라미터가 손실 값에 기여한 정도를 계산합니다. 그래서 이름이 '역전파'입니다. 즉, 계산 그래프에서 각 노드의 손실 기여도를 역전파합니다.

요즘에는 텐서플로와 같이 **자동 미분**(automatic differentiation)이 가능한 최신 프레임워크를 사용해서 신경망을 구현합니다. 자동 미분은 방금 본 계산 그래프와 같은 형태로 구현됩니다. 자동 미분은 정방향 패스를 작성하는 것 외에 다른 작업 없이 미분 가능한 텐서 연산의 어떤 조합에 대해서도 그레이디언트를 계산할 수 있습니다. 필자가 2000년대 C 언어로 처음 신경망을 만들 때는 그레이디언트를 직접 계산해야 했습니다. 지금은 최신 자동 미분 도구 덕분에 수동으로 역전파를 구현할 필요가 전혀 없습니다. 얼마나 다행인가요!

텐서플로의 그레이디언트 테이프

텐서플로의 강력한 자동 미분 기능을 활용할 수 있는 API는 `GradientTape`입니다. 이 API는 파이썬의 `with` 문과 함께 사용하여 해당 코드 블록 안의 모든 텐서 연산을 계산 그래프 형태(이따금 이를 '테이프(tape)'라고 부릅니다)로 기록합니다. 그다음 이 그래프를 사용해서 (`tf.Variable` 클래스의 인스턴스인) 변수 또는 변수 집합에 대한 어떤 출력의 그레이디언트도 계산할 수 있습니다. `tf.Variable`은 변경 가능한(mutable) 상태를 담기 위한 특별한 종류의 텐서입니다. 예를 들어 신경망의 가중치는 항상 `tf.Variable`의 인스턴스입니다.

```
import tensorflow as tf

x = tf.Variable(0.) -------- 초깃값 0으로 스칼라 변수를 생성합니다.
with tf.GradientTape() as tape: -------- GradientTape 블록을 시작합니다.
    y = 2 * x + 3 -------- 이 블록 안에서 변수에 텐서 연산을 적용합니다.
grad_of_y_wrt_x = tape.gradient(y, x) -------- tape를 사용해서 변수 x에 대한 출력 y의 그레이디언트를 계산합니다.
```

`GradientTape`를 다차원 텐서와 함께 사용할 수 있습니다.

```
x = tf.Variable(tf.zeros((2, 2))) -------- 크기가 (2, 2)고 초깃값이 모두 0인 변수를 생성합니다.
with tf.GradientTape() as tape:
    y = 2 * x + 3
grad_of_y_wrt_x = tape.gradient(y, x) -------- grad_of_y_wrt_x는 (x와 크기가 같은) (2, 2) 크기의 텐서로
                                               x = [[0, 0], [0, 0]]일 때 y = 2 * x + 3의 곡률을 나타냅니다.
```

변수 리스트의 그레이디언트를 계산할 수도 있습니다.

```
W = tf.Variable(tf.random.uniform((2, 2)))
b = tf.Variable(tf.zeros((2,)))
x = tf.random.uniform((2, 2))
with tf.GradientTape() as tape:
    y = tf.matmul(x, W) + b -------- matmul은 텐서플로의 점곱 함수입니다.
grad_of_y_wrt_W_and_b = tape.gradient(y, [W, b]) --------
    grad_of_y_wrt_W_and_b는 2개의 텐서를 담은 리스트입니다. 각 텐서는 W, b와 크기가 같습니다.
```

다음 장에서 그레이디언트 테이프에 대해 자세히 알아보겠습니다.

2.5 첫 번째 예제 다시 살펴보기

이 장의 끝에 거의 다다랐습니다. 이제 신경망의 이면에 어떤 원리가 있는지 기초적인 내용을 이해했을 것입니다.

이 장을 시작할 때 마술 같았던 그림 2-26에 있는 블랙박스가 명확해졌습니다. 층이 서로 연결되어 모델을 구성하고, 모델은 입력 데이터를 예측으로 매핑합니다. 그다음 손실 함수가 이 예측과 타깃을 비교하여 손실 값을 만듭니다. 즉, 모델의 예측이 기대한 것에 얼마나 잘 맞는지 측정합니다. 옵티마이저는 이 손실 값을 사용하여 모델의 가중치를 업데이트합니다.

▼ 그림 2-26 모델, 층, 손실 함수, 옵티마이저 사이의 관계

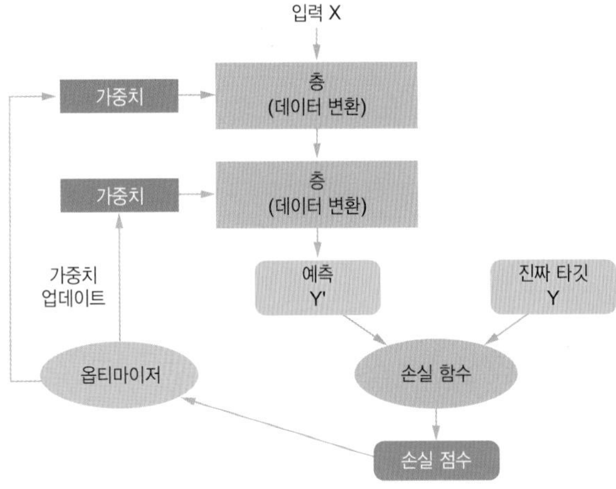

이 장의 첫 번째 예제로 다시 돌아가서 지금까지 배웠던 내용을 이용하여 코드를 자세하게 리뷰해 보겠습니다.

먼저 입력 데이터입니다.

```
(train_images, train_labels), (test_images, test_labels) = mnist.load_data()
train_images = train_images.reshape((60000, 28 * 28))
```

```
train_images = train_images.astype("float32") / 255
test_images = test_images.reshape((10000, 28 * 28))
test_images = test_images.astype("float32") / 255
```

입력 이미지의 데이터 타입은 float32로, 훈련 데이터는 (60000, 784) 크기, 테스트 데이터는 (10000, 784) 크기의 넘파이 배열로 저장됩니다.

다음은 모델입니다.

```
model = keras.Sequential([
    layers.Dense(512, activation="relu"),
    layers.Dense(10, activation="softmax")
])
```

이 모델은 2개의 Dense 층이 연결되어 있고 각 층은 가중치 텐서를 포함하여 입력 데이터에 대한 몇 개의 간단한 텐서 연산을 적용합니다. 층의 속성인 가중치 텐서는 모델이 정보를 저장하는 곳입니다.

이제 모델을 컴파일하는 단계입니다.

```
model.compile(optimizer="rmsprop",
              loss="sparse_categorical_crossentropy",
              metrics=["accuracy"])
```

sparse_categorical_crossentropy는 손실 함수입니다. 가중치 텐서를 학습하기 위한 피드백 신호로 사용되며 훈련하는 동안 최소화됩니다. 미니 배치 확률적 경사 하강법을 통해 손실이 감소됩니다. 경사 하강법을 적용하는 구체적인 방식은 첫 번째 매개변수로 전달된 rmsprop 옵티마이저에 의해 결정됩니다.

마지막으로 훈련 반복입니다.

```
model.fit(train_images, train_labels, epochs=5, batch_size=128)
```

fit 메서드를 호출했을 때 다음과 같은 일이 일어납니다. 모델이 128개 샘플의 미니 배치로 훈련 데이터를 다섯 번 반복합니다(전체 훈련 데이터에 수행되는 각 반복을 **에포크**(epoch)라고 합니다). (미적분의 연쇄 법칙에서 파생된 역전파 알고리즘을 사용하여) 각 배치에서 모델이 가중치에 대한 손실의 그레이디언트를 계산합니다. 그다음 이 배치에서 손실 값을 감소시키는 방향으로 가중치를 이동시킵니다.

다섯 번의 에포크 동안 모델은 2,345번의 그레이디언트 업데이트를 수행할 것입니다(에포크마다 469번[28]). 아마 모델의 손실이 충분하게 낮아져서 높은 정확도로 손글씨 숫자를 구분할 수 있을 것입니다.

여기까지 읽었다면 이미 신경망에 대해 많이 알았을 것입니다. 텐서플로를 사용하여 첫 번째 예제의 간소화된 버전을 '밑바닥부터' 단계별로 다시 구현해 보면서 배운 것을 검증해 보겠습니다.

2.5.1 텐서플로를 사용하여 첫 번째 예제를 밑바닥부터 다시 구현하기

밑바닥부터 모든 것을 구현해 보는 것보다 완전하고 명확하게 이해하는 더 좋은 방법이 있을까요? 물론 '밑바닥'이 의미하는 것은 상대적입니다. 기본적인 텐서 연산과 역전파는 다시 구현하지 않습니다. 하지만 케라스 기능을 사용하지 않는 저수준의 구현을 만들어 보겠습니다.

이 예제의 모든 상세한 내용을 이해하지 못하더라도 걱정하지 마세요. 다음 장에서 텐서플로 API에 대해 자세하게 설명하겠습니다. 지금은 진행되는 내용의 핵심만 파악해도 됩니다. 이 예제의 목적은 구체적인 구현을 통해 딥러닝 이면의 수학 이론을 명확하게 이해하도록 돕는 것입니다. 그럼 시작해 보죠!

단순한 Dense 클래스

앞서 Dense 층이 다음과 같은 입력 변환을 구현한다고 배웠습니다. 여기에서 W와 b는 모델 파라미터고 activation은 각 원소에 적용되는 함수입니다(일반적으로 relu이지만 마지막 층에는 softmax를 사용합니다).

```
output = activation(dot(W, input) + b)
```

간단한 파이썬 클래스 NaiveDense를 구현하여 2개의 텐서플로 변수 W와 b를 만들고 __call__() 메서드에서 앞서 언급한 변환을 적용해 보겠습니다.

```
import tensorflow as tf

class NaiveDense:
    def __init__(self, input_size, output_size, activation):
```

28 역주 훈련 샘플이 6만 개이므로 128개씩 배치로 나누면 469개의 배치가 만들어지며 마지막 배치의 샘플 개수는 96개가 됩니다.

```python
        self.activation = activation

        w_shape = (input_size, output_size)  # 랜덤한 값으로 초기화된 (input_size, output_size) 크기의 행렬 W를 만듭니다.
        w_initial_value = tf.random.uniform(w_shape, minval=0, maxval=1e-1)
        self.W = tf.Variable(w_initial_value)

        b_shape = (output_size,)  # 0으로 초기화된 (output_size,) 크기의 벡터 b를 만듭니다.
        b_initial_value = tf.zeros(b_shape)
        self.b = tf.Variable(b_initial_value)

    def __call__(self, inputs):  # 정방향 패스를 수행합니다.
        return self.activation(tf.matmul(inputs, self.W) + self.b)

    @property
    def weights(self):  # 층의 가중치를 추출하기 위한 메서드
        return [self.W, self.b]
```


단순한 Sequential 클래스

이제 NaiveSequential 클래스를 만들어 층을 연결해 보겠습니다. 층의 리스트를 받고 __call__() 메서드에서 입력을 사용하여 층을 순서대로 호출합니다. 층의 파라미터를 쉽게 구할 수 있도록 weights 속성을 제공합니다.

```python
class NaiveSequential:
    def __init__(self, layers):
        self.layers = layers

    def __call__(self, inputs):
        x = inputs
        for layer in self.layers:
           x = layer(x)
        return x

    @property
    def weights(self):
       weights = []
       for layer in self.layers:
           weights += layer.weights
       return weights
```

NaiveDense 클래스와 NaiveSequential 클래스를 사용하여 케라스와 유사한 모델을 만들 수 있습니다.

```
model = NaiveSequential([
    NaiveDense(input_size=28 * 28, output_size=512, activation=tf.nn.relu),
    NaiveDense(input_size=512, output_size=10, activation=tf.nn.softmax)
])
assert len(model.weights) == 4
```

배치 제너레이터

그다음 MNIST 데이터를 미니 배치로 순회할 방법이 필요합니다.

```
import math

class BatchGenerator:
    def __init__(self, images, labels, batch_size=128):
        assert len(images) == len(labels)
        self.index = 0
        self.images = images
        self.labels = labels
        self.batch_size = batch_size
        self.num_batches = math.ceil(len(images) / batch_size)

    def next(self):
        images = self.images[self.index : self.index + self.batch_size]
        labels = self.labels[self.index : self.index + self.batch_size]
        self.index += self.batch_size
        return images, labels
```

2.5.2 훈련 스텝 실행하기

이 구현 작업에서 가장 어려운 부분은 '훈련 스텝'입니다. 한 배치 데이터에서 모델을 실행하고 가중치를 업데이트하는 일입니다. 이를 위해 다음이 필요합니다.

1. 배치에 있는 이미지에 대해 모델의 예측을 계산합니다.
2. 실제 레이블을 사용하여 이 예측의 손실 값을 계산합니다.
3. 모델 가중치에 대한 손실의 그레이디언트를 계산합니다.
4. 이 그레이디언트의 반대 방향으로 가중치를 조금 이동합니다.

그레이디언트를 계산하기 위해 2.4.4절에서 소개한 텐서플로의 GradientTape 객체를 사용하겠습니다.

```
def one_training_step(model, images_batch, labels_batch):
    with tf.GradientTape() as tape:
        predictions = model(images_batch)
        per_sample_losses = tf.keras.losses.sparse_categorical_crossentropy(
            labels_batch, predictions)
        average_loss = tf.reduce_mean(per_sample_losses)
    gradients = tape.gradient(average_loss, model.weights)
    update_weights(gradients, model.weights)
    return average_loss
```

정방향 패스를 실행합니다(GradientTape 블록 안에서 모델의 예측을 계산합니다).

가중치에 대한 손실의 그레이디언트를 계산합니다. gradients 리스트의 각 항목은 model.weights 리스트에 있는 가중치에 매칭됩니다.

이 그레이디언트를 사용하여 가중치를 업데이트합니다(이 함수는 잠시 후에 정의하겠습니다).

(update_weights 함수에 해당하는) '가중치 업데이트' 단계의 목적은 이 배치의 손실을 감소시키기 위한 방향으로 가중치를 '조금' 이동하는 것입니다. 이동의 크기는 '학습률'에 의해 결정됩니다. 학습률은 일반적으로 작은 값입니다. update_weights 함수를 구현하는 가장 간단한 방법은 각 가중치에서 gradient * learning_rate를 빼는 것입니다.

```
learning_rate = 1e-3

def update_weights(gradients, weights):
    for g, w in zip(gradients, weights):
        w.assign_sub(g * learning_rate)
```

텐서플로 변수의 assign_sub 메서드는 -=와 동일합니다.

실제로는 이런 가중치 업데이트 단계를 수동으로 구현하는 경우는 거의 없습니다. 그 대신 다음과 같이 케라스의 Optimizer 인스턴스를 사용합니다.

```
from tensorflow.keras import optimizers

optimizer = optimizers.SGD(learning_rate=1e-3)

def update_weights(gradients, weights):
    optimizer.apply_gradients(zip(gradients, weights))
```

이제 배치 훈련 스텝이 준비되었으니 훈련 에포크 전체를 구현할 수 있습니다.

2.5.3 전체 훈련 루프

훈련 에포크 하나는 단순히 훈련 데이터의 각 배치에 대한 훈련 스텝을 반복하는 것입니다. 전체 훈련 루프(loop)는 단순히 에포크의 반복입니다.

```
def fit(model, images, labels, epochs, batch_size=128):
    for epoch_counter in range(epochs):
        print(f"에포크 {epoch_counter}")
        batch_generator = BatchGenerator(images, labels)
        for batch_counter in range(batch_generator.num_batches):
            images_batch, labels_batch = batch_generator.next()
            loss = one_training_step(model, images_batch, labels_batch)
            if batch_counter % 100 == 0:
                print(f"{batch_counter}번째 배치 손실: {loss:.2f}")
```

이 함수를 테스트해 보겠습니다.

```
from tensorflow.keras.datasets import mnist
(train_images, train_labels), (test_images, test_labels) = mnist.load_data()

train_images = train_images.reshape((60000, 28 * 28))
train_images = train_images.astype("float32") / 255
test_images = test_images.reshape((10000, 28 * 28))
test_images = test_images.astype("float32") / 255

fit(model, train_images, train_labels, epochs=10, batch_size=128)
```

2.5.4 모델 평가하기

테스트 이미지에 대한 예측에 argmax 함수를 적용하고, 예상 레이블과 비교하여 모델을 평가할 수 있습니다.

```
predictions = model(test_images)
predictions = predictions.numpy() -------- 텐서플로 텐서의 .numpy() 메서드를 호출하여 넘파이 배열로 바꿉니다.
predicted_labels = np.argmax(predictions, axis=1)
matches = predicted_labels == test_labels
print(f"정확도: {matches.mean():.2f}")
```

모두 끝났습니다! 여기에서 볼 수 있듯이 케라스에서는 몇 줄의 코드로 할 수 있는 작업을 수동으로 처리하려면 꽤 많은 작업이 필요합니다. 하지만 이런 과정을 거쳤기 때문에 fit() 메서드를 호출할 때 신경망 안에서 어떤 일이 일어나는지 명확하게 이해할 수 있을 것입니다. 코드가 어떻게 동작하는지 저수준에서 이해하면 케라스 API에서 제공하는 고수준의 기능을 더 잘 활용할 수 있을 것입니다.

2.6 요약

DEEP LEARNING

- **텐서**는 현대 머신 러닝 시스템의 기초입니다. 텐서는 dtype, ndim, shape 속성을 제공합니다.
- 텐서 연산(덧셈, 텐서 곱셈, 원소별 곱셈 등)을 통해 수치 텐서를 조작할 수 있습니다. 이런 연산은 기하학적 변형을 적용하는 것으로 이해할 수 있습니다. 일반적으로 딥러닝의 모든 것은 기하학적으로 해석할 수 있습니다.
- 딥러닝 모델은 가중치 텐서를 매개변수로 받는 간단한 텐서 연산을 연결하여 구성됩니다. 모델의 가중치는 모델이 학습한 '지식'을 저장하는 곳입니다.
- **학습**(learning)은 훈련 데이터 샘플과 그에 상응하는 타깃이 주어졌을 때 손실 함수를 최소화하는 모델의 가중치 값을 찾는 것을 의미합니다.
- 데이터 샘플과 타깃의 배치를 랜덤하게 뽑고 이 배치에서 모델 파라미터에 대한 손실의 그레이디언트를 계산함으로써 학습이 진행됩니다. 모델의 파라미터는 그레이디언트의 반대 방향으로 조금씩(학습률에 의해 정의된 크기만큼) 움직입니다. 이를 **미니 배치 경사 하강법**이라고 부릅니다.
- 전체 학습 과정은 신경망에 있는 모든 텐서 연산이 미분 가능하기 때문에 가능합니다. 따라서 현재 파라미터와 배치 데이터를 그레이디언트 값에 매핑해 주는 그레이디언트 함수를 구성하기 위해 미분의 연쇄 법칙을 사용할 수 있습니다. 이를 **역전파**라고 부릅니다.
- 이어지는 장에서 자주 보게 될 두 가지 핵심 개념은 **손실**과 **옵티마이저**입니다. 이 두 가지는 모델에 데이터를 주입하기 전에 정의되어야 합니다.

- 손실은 훈련하는 동안 최소화해야 할 양이므로 해결하려는 문제의 성공을 측정하는 데 사용합니다.
- 옵티마이저는 손실에 대한 그레이디언트가 파라미터를 업데이트하는 정확한 방식을 정의합니다. 예를 들어 RMSProp 옵티마이저, 모멘텀을 사용한 SGD 등입니다.

3장

케라스와 텐서플로 소개

이 장에서 다룰 핵심 내용

- 텐서플로, 케라스 그리고 둘 간의 관계 자세히 알아보기
- 딥러닝 작업 환경 설정하기
- 딥러닝의 핵심 개념이 케라스와 텐서플로에 적용되는 방식 소개하기

이 장은 실제 딥러닝을 시작하는 데 필요한 모든 내용을 담고 있습니다. 이 책에서 사용할 파이썬 기반의 딥러닝 도구인 케라스(https://keras.io)와 텐서플로(https://tensorflow.org)를 간략하게 소개하겠습니다. 그다음 텐서플로, 케라스, GPU 설정 등 딥러닝 작업 환경을 셋팅하는 방법을 설명합니다. 마지막으로 2장에서 케라스와 텐서플로에 대해 경험했던 것을 토대로 신경망의 핵심 구성 요소를 리뷰하고 어떻게 케라스와 텐서플로 API로 변환되는지 살펴보겠습니다.

이 장의 끝에 다다르면 4장부터 시작할 실용적인 실제 애플리케이션으로 넘어갈 준비가 될 것입니다.

DEEP LEARNING

3.1 텐서플로란?

텐서플로(TensorFlow)는 구글에서 만든 파이썬 기반의 무료 오픈 소스 머신 러닝 플랫폼입니다. 넘파이(NumPy)와 매우 비슷하게 텐서플로의 핵심 목적은 엔지니어와 연구자가 수치 텐서에 대한 수학적 표현을 적용할 수 있도록 하는 것입니다. 하지만 텐서플로는 다음과 같이 넘파이의 기능을 넘어섭니다.

- (2장에서 보았듯이) 미분 가능한 어떤 표현식에 대해서도 자동으로 그레이디언트를 계산할 수 있으므로 머신 러닝에 매우 적합합니다.
- CPU뿐만 아니라 고도로 병렬화된 하드웨어 가속기인 GPU와 TPU에서도 실행할 수 있습니다.
- 텐서플로에서 정의한 계산은 여러 머신에 쉽게 분산시킬 수 있습니다.
- 텐서플로 프로그램은 C++, (브라우저 기반 애플리케이션을 위한) 자바스크립트(JavaScript), (모바일 장치나 임베디드 장치(embedded device)에서 실행하는 애플리케이션을 위한) 텐서플로 라이트(TensorFlow Lite) 등과 같은 다른 런타임(runtime)에 맞게 변환할 수 있습니다. 따라서 텐서플로 애플리케이션을 실전 환경에 쉽게 배포할 수 있습니다.

텐서플로는 하나의 라이브러리 그 이상이라는 것을 유념하는 것이 중요합니다. 하나의 플랫폼이고, 구글과 서드파티(third party)에서 개발하는 많은 구성 요소로 이루어진 거대한 생태계의 중심입니다. 예를 들어 강화 학습 연구를 위한 TF-Agents, 업계 최고의 머신 러닝 워크플로 관리를 위한 TFX, 제품 배포를 위한 텐서플로 서빙(TensorFlow Serving), 사전 훈련된 모델의 저장소인 텐서플로 허브(TensorFlow Hub)가 있습니다. 이런 구성 요소들은 최첨단 연구에서부터 대규모 제품의 애플리케이션까지 매우 다양한 사례를 포괄할 수 있습니다.

텐서플로는 확장하기 쉽습니다. 예를 들어 오크리지 국립연구소(Oak Ridge National Lab) 연구자들은 2만 7,000개 GPU가 장착된 IBM 서밋 슈퍼컴퓨터에서 텐서플로를 사용하여 1.1엑사플롭스 수준의 기상 예보 모델을 훈련했습니다. 비슷하게 구글은 텐서플로를 사용하여 체스와 바둑 게임 에이전트인 알파제로(AlphaZero) 같은 매우 계산 집약적인 딥러닝 애플리케이션을 개발했습니다. 예산이 충분하다면 자체 모델을 위해 작은 TPU 포드 또는 구글 클라우드나 AWS에서 임대한 대규모 GPU 클러스터에서 10페타플롭스까지 확장할 수 있습니다. 이는 2019년 최상의 슈퍼컴퓨터가 낼 수 있는 최대 컴퓨팅 파워의 1%에 지나지 않습니다!

DEEP LEARNING

3.2 케라스란?

케라스는 텐서플로 위에 구축된 파이썬용 딥러닝 API로 어떤 종류의 딥러닝 모델도 쉽게 만들고 훈련할 수 있는 방법을 제공합니다. 케라스는 초기에 딥러닝 실험을 빠르게 수행할 목적을 가지고 연구용으로 개발되었습니다.

텐서플로를 통해 케라스는 다양한 하드웨어(GPU, TPU 그리고 평범한 CPU) 위에서 실행하고 (그림 3-1) 수천 대의 머신으로 매끄럽게 확장할 수 있습니다.

▼ 그림 3-1 케라스와 텐서플로: 텐서플로는 저수준 텐서 컴퓨팅 플랫폼이고 케라스는 고수준 딥러닝 API다

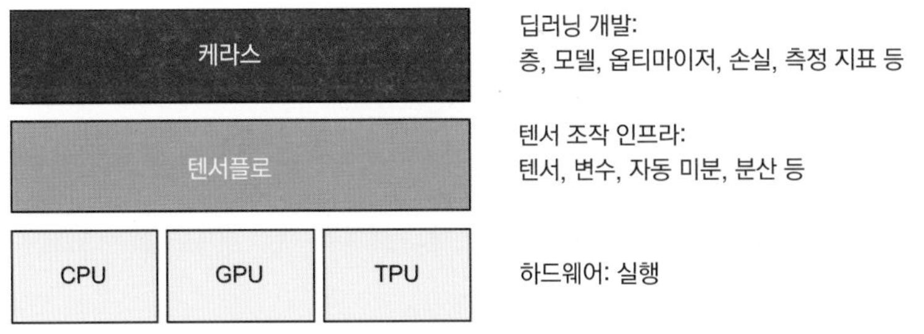

케라스는 개발자 경험을 중요하게 생각합니다. 머신이 아닌 사람을 위한 API입니다. 배우고 사용하는 데 어려움을 줄이기 위한 모범 사례를 따릅니다. 일관되고 간단한 워크플로를 제공하며, 일반적인 사용에 필요한 작업의 횟수를 최소화하고, 사용자 에러에 대해 명확하고 실행 가능한 피드백을 제공합니다. 이 때문에 케라스는 초보자가 배우기 쉽고, 전문가가 사용하기에도 생산성이 높습니다.

케라스 사용자는 학계 연구자, 엔지니어, 스타트업과 대기업의 데이터 과학자부터 대학원생, 취미 개발자까지 2021년 말을 기준으로 100만 명이 넘습니다. 구글, 넷플릭스(Netflix), 우버(Uber), CERN, NASA, 옐프(Yelp), 인스타카트(Instacart), 스퀘어(Square)와 수백 개의 스타트업이 각종 산업 분야에 걸쳐 다양한 문제를 해결하기 위해 케라스를 사용합니다. 유튜브가 여러분에게 제공하는 추천도 케라스 모델로 만들어집니다. 또한, 케라스는 머신 러닝 경연 웹 사이트인 캐글에서 인기 있는 프레임워크입니다. 대부분의 딥러닝 대회 우승자는 케라스를 사용했습니다.

케라스의 사용자 층이 크고 다양하기 때문에 모델을 구축하고 훈련하는 데 하나의 표준 방식을 따르도록 강요하지 않습니다. 사용자 성향에 따라 고수준에서 저수준까지 다양한 워크플로를 사용할 수 있습니다. 예를 들어 여러 가지 모델 구축과 훈련 방법이 있으며 각각은 사용성과 유연성 사이에 트레이드오프(trade-off)가 있습니다. 5장에서 이런 워크플로의 상당 부분을 자세히 알아보겠습니다. 케라스로 사이킷런(scikit-learn)처럼 `fit()`을 호출하고 프레임워크가 알아서 처리하게 하거나, 넘파이처럼 모든 세부 내용을 완전히 제어할 수 있습니다.

이는 시작하면서 지금 배운 모든 것이 나중에 전문가가 되어서도 여전히 유용하다는 의미입니다. 어렵지 않게 시작한 후 밑바닥부터 로직을 점점 더 많이 작성하는 워크플로로 넘어갈 수 있습니다. 학생을 벗어나 연구자가 되었거나 데이터 과학자에서 딥러닝 엔지니어가 되었다고 완전히 다른 프레임워크로 바꿀 필요가 없습니다.

이런 철학은 파이썬의 철학과 다르지 않습니다! 어떤 언어는 프로그램을 작성하는 데 한 가지 방법만 제공합니다. 예를 들어 객체지향 프로그래밍이나 함수형 프로그래밍입니다. 하지만 파이썬은 멀티패러다임(multiparadigm) 언어입니다. 여러 가지 사용 방식을 제공하고 서로 섞어서 사용해도 잘 작동합니다. 이 때문에 파이썬은 시스템 관리, 데이터 과학, 머신 러닝 엔지니어링, 웹 개발 또한 프로그래밍 교육과 같이 매우 다양한 사용 방식에 적합합니다. 비슷하게 케라스를 딥러닝의 파이썬으로 생각할 수 있습니다. 다양한 사용자 층에 다양한 워크플로를 제공하는 사용자 친화적인 딥러닝 언어입니다.

3.3 케라스와 텐서플로의 간략한 역사

케라스는 텐서플로보다 8개월 앞서 나왔습니다. 케라스는 2015년 3월에 릴리스되었고 텐서플로는 2015년 11월에 릴리스되었습니다. 케라스가 텐서플로 위에 구축된 것인데 어떻게 텐서플로가 릴리스되기 전에 나올 수 있을까요? 케라스는 원래 씨아노(Theano)를 위한 라이브러리였습니다. 씨아노는 딥러닝 라이브러리 최초로 자동 미분과 GPU 지원을 제공하는 또 다른 텐서 조작 라이브러리입니다. 씨아노는 몬트리올 대학교(Université de Montréal)의 MILA(Montréal Institute for Learning Algorithms)에서 개발되었고 여러 가지 면에서 텐서플로의 선구자격인 라이브러리였습니다. 자동 미분과 CPU 및 GPU를 위한 코드를 컴파일하는 데 정적 계산 그래프를 사용하는 아이디어를 처음으로 고안했습니다.

텐서플로가 릴리스된 후 2015년 말에 케라스는 멀티백엔드(multibackend) 구조로 리팩터링(refactoring)되었습니다. 즉, 케라스를 씨아노나 텐서플로와 함께 사용할 수 있고, 환경 변수를 바꾸어 두 라이브러리 사이를 쉽게 전환할 수 있게 되었습니다. 2016년 9월에 텐서플로는 기술적으로 성숙한 수준에 도달했고 케라스의 기본 백엔드가 되었습니다. 2017년에 케라스에 2개의 새로운 백엔드 옵션이 추가되었습니다. (마이크로소프트(Microsoft)가 개발한) CNTK와 (아마존이 개발한) MXNet입니다. 지금은 씨아노와 CNTK 개발은 중지되었습니다. MXNet은 아마존 밖에서는 널리 사용되지 않습니다. 다시 케라스는 텐서플로를 사용하는 단일 백엔드 API가 되었습니다.

케라스와 텐서플로는 수년간 공생 관계에 있었습니다. 2016년과 2017년을 지나면서 케라스는 텐서플로 애플리케이션을 만드는 사용자 친화적인 방법으로 유명해졌고 텐서플로 생태계로 새로운 사용자를 유입시켰습니다. 2017년 말 대부분의 텐서플로 사용자는 케라스를 사용하거나 케라스와 텐서플로를 조합하여 사용했습니다. 2018년 텐서플로는 케라스를 텐서플로의 공식 고수준 API로 채택했습니다. 이로 인해 케라스 API는 2019년 9월에 릴리스된 텐서플로 2.0의 핵심이자 맨 선두에 서게 되었습니다. 텐서플로 2.0은 4년간의 사용자 피드백과 기술 발전을 반영하여 텐서플로와 케라스를 전면적으로 재설계한 것입니다.

이쯤 되면 케라스와 텐서플로 코드를 실제로 실행해 보고 싶을 것입니다. 그럼 시작해 보죠.

3.4 딥러닝 작업 환경 설정하기

딥러닝 애플리케이션 개발을 시작하기 전에 개발 환경을 셋팅해야 합니다. 반드시 필요한 것은 아니지만 딥러닝 코드를 컴퓨터 CPU가 아니라 최신 NVIDIA GPU에서 실행하는 것을 추천합니다. 특히 합성곱 신경망을 사용하는 이미지 처리와 같은 일부 애플리케이션은 고성능 멀티코어 CPU를 사용하더라도 매우 느립니다. 실제 CPU에서 실행할 수 있는 애플리케이션이더라도 최신 GPU를 사용하면 5배에서 10배 정도 속도가 빨라집니다.

GPU로 딥러닝을 하는 세 가지 방법이 있습니다.

- NVIDIA GPU를 구입하여 컴퓨터에 설치합니다.
- 구글 클라우드나 AWS EC2의 GPU 인스턴스를 사용합니다.
- 구글이 제공하는 노트북 서비스인 코랩(Colaboratory)의 무료 GPU 런타임을 사용합니다(노트북에 대해서는 다음 절에서 자세히 설명합니다).

코랩은 가장 쉽게 시작하는 방법입니다. 하드웨어 구매나 소프트웨어 설치가 필요 없고 그냥 브라우저 탭을 열고 코딩을 시작하면 됩니다. 이 방법으로 책의 코드 예제를 실행하는 것을 추천합니다. 하지만 무료 코랩은 작은 작업을 수행하는 데 적합합니다.[1] 큰 규모의 작업을 하려면 첫 번째나 두 번째 방법을 사용하세요.

딥러닝에 사용할 수 있는 GPU(최신의 고성능 NVIDIA GPU)를 가지고 있지 않다면 클라우드에서 딥러닝을 실험하는 것이 추가적인 하드웨어를 구매하지 않고 부하가 큰 작업을 처리할 수 있는 간단하고 저렴한 방법입니다. 주피터 노트북(Jupyter notebook)을 사용하여 개발한다면 클라우드에서 실행하는 것이 로컬에서 실행하는 것과 다르지 않습니다.

하지만 딥러닝으로 많은 작업을 한다면 장기적으로 또는 몇 달 이상 지속될 경우 이런 환경은 적절하지 않습니다. 클라우드 인스턴스는 저렴하지 않기 때문입니다. 2021년 중반에 구글 클라우드의 V100 GPU 가격은 시간당 2.48달러입니다. 반면 가성비 좋은 개인용 GPU 가격은 1,500~2,500달러 사이입니다. GPU 성능이 계속 발전하지만 시간이 지나도 가격이 매우 안정적입니다. 심각한 딥러닝 작업을 한다면 하나 이상의 GPU를 장착한 로컬 워크스테이션을 고려해 보세요.

---

1 역주 2020년과 2021년에 코랩의 유료 버전인 코랩 프로(Colab Pro)와 코랩 프로+(Colab Pro+)가 출시되었습니다(https://colab.research.google.com/signup). 유료 버전은 더 빠른 GPU를 제공하고 더 오래 실행을 유지할 수 있습니다.

또한, 로컬이나 클라우드에서 실행하는 것과 관계없이 유닉스 워크스테이션을 사용하는 것이 좋습니다. 윈도(Windows)에서 케라스를 실행하는 것이 기술적으로 가능하지만 추천하지 않습니다. 윈도를 사용하고 자신의 컴퓨터에서 딥러닝을 하고 싶다면 우분투(Ubuntu) 듀얼 부팅(dual booting)을 설정하거나 WSL(Windows Subsystem for Linux)을 활용하는 것이 가장 간단하게 모든 것을 처리하는 방법입니다. WSL은 윈도에서 리눅스 애플리케이션을 실행할 수 있는 호환성 계층(compatibility layer)입니다. 이것이 복잡해 보일 수 있지만 장기적으로 시간을 절약하고 문제 발생을 방지해 줄 것입니다.

3.4.1 주피터 노트북: 권장하는 딥러닝 실험 도구

주피터 노트북은 딥러닝 실험을 위한 아주 좋은 방법입니다. 특히 이 책에 있는 많은 코드 예제의 경우 그렇습니다. 주피터 노트북은 데이터 과학과 머신 러닝 커뮤니티에서 널리 사용됩니다. **노트북**(notebook)은 주피터 노트북 앱(https://jupyter.org)으로 생성된 파일로 브라우저에서 편집할 수 있습니다. 파이썬 코드를 실행하는 기능과 작업 내용에 주석을 넣기 위한 풍부한 텍스트 편집 기능을 함께 제공합니다. 또한, 노트북을 사용하면 긴 실험을 작은 단위로 쪼개어 독립적으로 실행할 수 있습니다. 인터랙티브하게 개발할 수 있으므로 실험 후반에 무언가 잘못되었더라도 이전 코드를 모두 재실행할 필요가 없습니다.

독립적인 파이썬 스크립트를 사용하거나 파이참(PyCharm)과 같은 IDE로 코드를 실행할 수도 있지만 주피터 노트북으로 케라스를 시작하는 것을 추천합니다. 이 책의 모든 코드 예제는 오픈 소스 노트북으로 제공되며 깃허브 저장소 https://github.com/rickiepark/deep-learning-with-python-2nd에서 내려받을 수 있습니다.[2]

3.4.2 코랩 사용하기

코랩(Colaboratory 또는 Colab)은 무료 주피터 노트북 서비스로 설치할 필요 없이 온전히 클라우드에서 실행됩니다. 사실상 케라스 스크립트를 작성해서 바로 실행할 수 있는 웹 페이지입니다. 무료 (하지만 제한적인) GPU 런타임과 TPU 런타임도 제공하기 때문에 GPU를 구매할 필요가 없습니다. 코랩은 이 책의 코드 예제를 실행하기 위해 추천하는 방법입니다.

2 역주 원서의 깃허브 저장소는 https://github.com/fchollet/deep-learning-with-python-notebooks입니다.

코랩 시작하기

코랩을 사용하려면 https://colab.research.google.com에 방문하여 **새 노트** 버튼을 클릭합니다. 그러면 그림 3-2와 같은 노트북 인터페이스를 보게 될 것입니다.

▼ 그림 3-2 코랩 노트북

툴바에 **+ 코드**와 **+ 텍스트** 2개의 버튼이 있습니다. 전자는 실행 가능한 파이썬 코드 셀(cell)을 만들고 후자는 주석을 위한 텍스트 셀을 만듭니다. 코드 셀에 코드를 입력한 후 Shift+Enter를 누르면 코드가 실행됩니다(그림 3-3).

▼ 그림 3-3 코드 셀

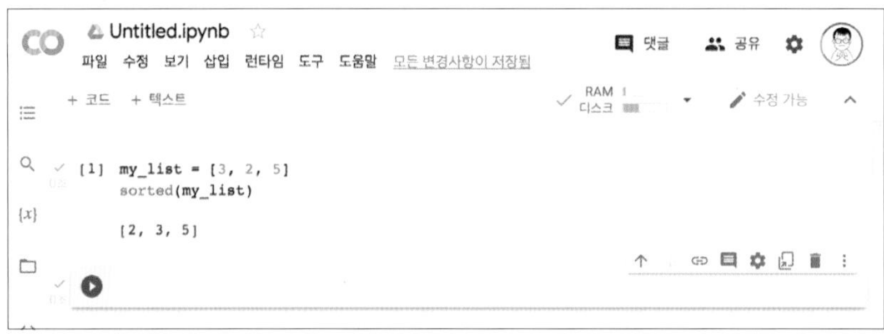

텍스트 셀에서는 마크다운(Markdown) 문법을 사용할 수 있습니다(그림 3-4). 텍스트 셀에서 Shift+Enter를 누르면 화면에 표시됩니다.

▼ 그림 3-4 텍스트 셀

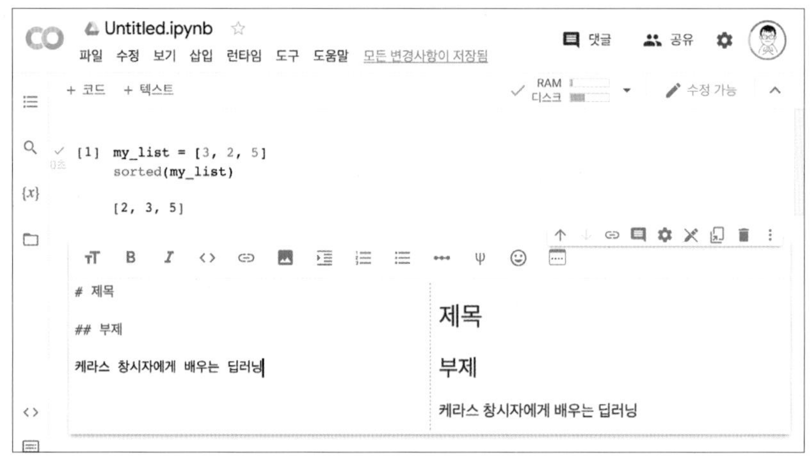

텍스트 셀을 사용하면 노트북에 구조적인 텍스트를 추가할 수 있습니다. 섹션 제목과 긴 문장으로 코드를 설명하거나 그림을 넣을 수도 있습니다. 노트북은 멀티미디어 지원 도구입니다!

pip로 패키지 설치하기

기본 코랩 환경에는 이미 텐서플로와 케라스가 설치되어 있습니다. 따라서 별도의 설치 과정 없이 바로 시작할 수 있습니다. 하지만 pip로 무언가 설치할 필요가 있다면 코드 셀에서 다음과 같은 문법을 사용할 수 있습니다(!로 시작하는 라인은 파이썬 코드가 아니라 셸(shell) 명령을 나타냅니다).

```
!pip install 패키지이름
```

GPU 런타임 사용하기

코랩에서 GPU 런타임을 사용하려면 메뉴에서 **런타임 > 런타임 유형 변경**을 선택하고 하드웨어 가속기를 GPU로 설정하세요(그림 3-5).

▼ 그림 3-5 코랩에서 GPU 런타임 사용

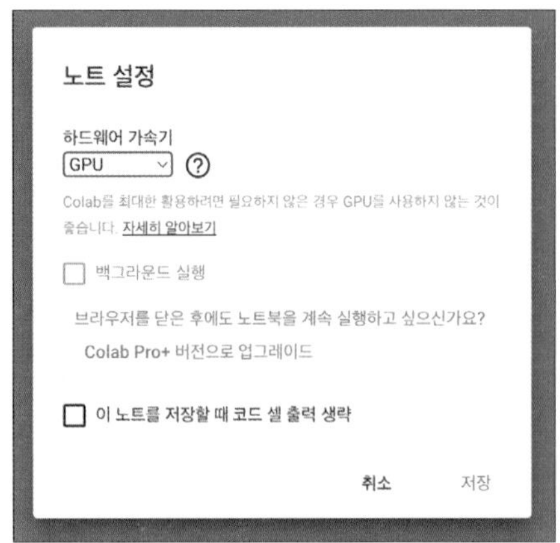

텐서플로와 케라스는 GPU를 사용할 수 있다면 자동으로 GPU에서 실행됩니다. 따라서 GPU 런타임을 선택한 후 추가적으로 해야 할 일은 없습니다.

'하드웨어 가속기' 옵션에 TPU 런타임도 있습니다. GPU 런타임과 달리 텐서플로와 케라스에서 TPU 런타임을 사용하려면 코드에서 약간의 설정을 해 주어야 합니다. 13장에서 이에 대해 다루겠습니다. 당분간은 GPU 런타임을 사용하여 책의 코드 예제를 실행하세요.

이제 케라스 코드를 실제 실행할 준비를 마쳤습니다. 다음 절에서 2장에서 배운 핵심 아이디어가 케라스와 텐서플로 코드로 어떻게 변환되는지 알아보겠습니다.

3.5 텐서플로 시작하기

DEEP LEARNING

이전 장에서 보았듯이 신경망 훈련은 다음과 같은 개념을 중심으로 진행됩니다.

- 첫째, 모든 현대적인 머신 러닝의 기초 인프라가 되는 저수준 텐서 연산. 이는 다음과 같은 텐서플로 API로 변환됩니다.
  - **텐서**(신경망의 상태를 저장하는 특별한 텐서(**변수**)도 포함)
  - 덧셈, `relu`, `matmul` 같은 **텐서 연산**

- 수학 표현식의 그레이디언트를 계산하는 방법인 **역전파**(텐서플로의 GradientTape 객체를 통해 처리됨)

- 둘째, 고수준 딥러닝 개념. 이는 다음과 같은 케라스 API로 변환됩니다.
  - **모델**을 구성하는 **층**
  - 학습에 사용하는 피드백 신호를 정의하는 **손실 함수**
  - 학습 진행 방법을 결정하는 **옵티마이저**
  - 정확도처럼 모델의 성능을 평가하는 **측정 지표**
  - 미니 배치 확률적 경사 하강법을 수행하는 **훈련 루프**

이전 장에서 이미 이에 관련된 텐서플로와 케라스 API를 가볍게 살펴보았습니다. 텐서플로의 Variable 클래스, matmul 연산, GradientTape를 간략히 사용해 보았습니다. 케라스 Dense 층을 초기화하여 이를 Sequential 모델로 만들고 fit() 메서드로 이 모델을 훈련했습니다.

이제 이런 모든 개념을 텐서플로와 케라스를 사용하여 실전에 어떻게 적용할 수 있는지 자세히 살펴보겠습니다.

3.5.1 상수 텐서와 변수

텐서플로에서 어떤 작업을 하려면 텐서가 필요합니다. 텐서를 만들려면 초깃값이 필요합니다. 예를 들어 모두 1이거나 0인 텐서를 만들거나(코드 3-1), 랜덤한 분포에서 뽑은 값으로 텐서를 만들 수 있습니다(코드 3-2).

코드 3-1 모두 1 또는 0인 텐서

```
>>> import tensorflow as tf
>>> x = tf.ones(shape=(2, 1)) -------- np.ones(shape=(2, 1))과 동일합니다.
>>> print(x)
tf.Tensor(
[[1.]
 [1.]], shape=(2, 1), dtype=float32)
>>> x = tf.zeros(shape=(2, 1)) -------- np.zeros(shape=(2, 1))과 동일합니다.
>>> print(x)
tf.Tensor(
[[0.]
 [0.]], shape=(2, 1), dtype=float32)
```

코드 3-2 랜덤 텐서

```
>>> x = tf.random.normal(shape=(3, 1), mean=0., stddev=1.)
>>> print(x)
tf.Tensor(
[[-0.14208166]
 [-0.95319825]
 [ 1.1096532 ]], shape=(3, 1), dtype=float32)
>>> x = tf.random.uniform(shape=(3, 1), minval=0., maxval=1.)
>>> print(x)
tf.Tensor(
[[0.33779848]
 [0.06692922]
 [0.7749394 ]], shape=(3, 1), dtype=float32)
```

평균이 0이고 표준 편차가 1인 정규 분포(normal distribution)에서 뽑은 랜덤한 값으로 만든 텐서. np.random.normal(size=(3, 1), loc=0., scale=1.)과 같습니다.

0과 1 사이의 균등 분포(uniform distribution)에서 뽑은 랜덤한 값으로 만든 텐서. np.random.uniform(size=(3, 1), low=0., high=1.)과 같습니다.

넘파이 배열과 텐서플로 텐서 사이의 큰 차이점은 텐서플로 텐서에는 값을 할당할 수 없다는 것입니다. 즉, 텐서플로 텐서는 상수입니다. 예를 들어 넘파이에서 다음과 같이 할 수 있습니다.

코드 3-3 넘파이 배열에 값 할당하기

```
import numpy as np

x = np.ones(shape=(2, 2))
x[0, 0] = 0.
```

텐서플로에서 같은 작업을 하면 "EagerTensor object does not support item assignment"와 같은 에러가 발생합니다.

코드 3-4 텐서플로 텐서에 값을 할당하지 못함

```
x = tf.ones(shape=(2, 2))
x[0, 0] = 0.
```

텐서에는 값을 할당할 수 없기 때문에 에러가 발생합니다.

모델을 훈련하려면 모델의 상태, 즉 일련의 텐서를 업데이트해야 합니다. 텐서에 값을 할당할 수 없다면 어떻게 이 작업을 할 수 있을까요? 이것이 **변수**가 있는 이유입니다. `tf.Variable`은 텐서플로에서 수정 가능한 상태를 관리하기 위한 클래스입니다. 2장 끝에서 훈련 루프를 구현할 때 잠깐 보았습니다.

변수를 만들려면 랜덤 텐서와 같이 초깃값을 제공해야 합니다.

코드 3-5 텐서플로 변수 만들기

```
>>> v = tf.Variable(initial_value=tf.random.normal(shape=(3, 1)))
>>> print(v)
array([[-0.75133973],
       [-0.4872893 ],
       [ 1.6626885 ]], dtype=float32)>
```

변수의 상태는 다음과 같이 assign 메서드로 수정할 수 있습니다.

코드 3-6 텐서플로 변수에 값 할당하기

```
>>> v.assign(tf.ones((3, 1)))
array([[1.],
       [1.],
       [1.]], dtype=float32)>
```

변수의 일부 원소에만 적용할 수도 있습니다.

코드 3-7 변수 일부에 값 할당하기

```
>>> v[0, 0].assign(3.)
array([[3.],
       [1.],
       [1.]], dtype=float32)>
```

비슷하게 assign_add()와 assign_sub()은 각각 +=, -=과 동일합니다.

코드 3-8 assign_add() 사용하기

```
>>> v.assign_add(tf.ones((3, 1)))
array([[4.],
       [2.],
       [2.]], dtype=float32)>
```

3.5.2 텐서 연산: 텐서플로에서 수학 계산하기

넘파이와 마찬가지로 텐서플로는 수학 공식을 표현하기 위해 많은 텐서 연산을 제공합니다. 다음은 몇 가지 예입니다.

코드 3-9 기본적인 수학 연산

```
a = tf.ones((2, 2))
b = tf.square(a) -------- 제곱을 계산합니다.
c = tf.sqrt(a) -------- 제곱근을 계산합니다.
d = b + c -------- 두 텐서를 더합니다(원소별 연산).
e = tf.matmul(a, b) -------- 두 텐서의 점곱을 계산합니다(2장에서 보았습니다).
e *= d -------- 두 텐서를 곱합니다(원소별 연산).
```

중요한 점은 앞의 연산이 모두 바로 실행된다는 것입니다. 넘파이처럼 언제든지 현재 결괏값을 출력할 수 있습니다. 이를 **즉시 실행**(eager execution) 모드라고 부릅니다.

3.5.3 GradientTape API 다시 살펴보기

지금까지는 텐서플로가 넘파이와 매우 비슷하게 보일 것입니다. 하지만 넘파이가 할 수 없는 것이 있습니다. 미분 가능한 표현이라면 어떤 입력에 대해서도 그레이디언트를 계산할 수 있습니다. `GradientTape` 블록을 시작하고 하나 또는 여러 입력 텐서에 대해 계산을 수행한 후 입력에 대해 결과의 그레이디언트를 구하면 됩니다.

코드 3-10 GradientTape 사용하기

```
input_var = tf.Variable(initial_value=3.)
with tf.GradientTape() as tape:
    result = tf.square(input_var)
gradient = tape.gradient(result, input_var)
```

`gradient = tape.gradient(loss, weights)`와 같이 가중치에 대한 모델 손실의 그레이디언트를 계산하는 데 가장 널리 사용되는 방법입니다. 실제로 2장에서 이를 보았습니다.

지금까지 `tape.gradient()`의 입력 텐서가 텐서플로 변수인 경우만 보았습니다. 실제로 입력은 어떤 텐서라도 가능합니다. 하지만 텐서플로는 기본적으로 훈련 가능한 변수만 추적합니다. 상수 텐서의 경우 `tape.watch()`를 호출하여 추적한다는 것을 수동으로 알려 주어야 합니다.

코드 3-11 상수 텐서 입력과 함께 GradientTape 사용하기

```
input_const = tf.constant(3.)
with tf.GradientTape() as tape:
    tape.watch(input_const)
```

```
    result = tf.square(input_const)
gradient = tape.gradient(result, input_const)
```

왜 이것이 필요할까요? 모든 텐서에 대한 모든 그레이디언트를 계산하기 위해 필요한 정보를 미리 앞서서 저장하는 것은 너무 비용이 많이 들기 때문입니다. 자원 낭비를 막기 위해 테이프는 감시할 대상을 알아야 합니다. 훈련 가능한 변수는 기본적으로 감시 대상입니다. 훈련 가능한 변수에 대한 손실의 그레이디언트를 계산하는 것이 그레이디언트 테이프의 주 사용 용도이기 때문입니다.

그레이디언트 테이프는 강력한 유틸리티입니다. 이계도(second-order) 그레이디언트, 즉 그레이디언트의 그레이디언트도 계산할 수 있습니다. 예를 들어 시간에 대한 물체 위치의 그레이디언트는 물체의 속도고, 이계도 그레이디언트는 가속도입니다.

수직 방향으로 낙하하는 사과의 위치를 시간에 따라 측정하고 `position(time) = 4.9 * time ** 2`임을 알았다면 가속도는 얼마일까요? 2개의 그레이디언트 테이프를 중첩하여 구해 보죠.

코드 3-12 그레이디언트 테이프를 중첩하여 이계도 그레이디언트 계산하기

```
time = tf.Variable(0.)
with tf.GradientTape() as outer_tape:
    with tf.GradientTape() as inner_tape:
        position = 4.9 * time ** 2
    speed = inner_tape.gradient(position, time)
acceleration = outer_tape.gradient(speed, time) -------- 바깥쪽 테이프가 안쪽 테이프의 그레이디언트를 계산합니다. 계산된 가속도는 4.9 * 2 = 9.8입니다.
```

3.5.4 엔드-투-엔드 예제: 텐서플로 선형 분류기

텐서, 변수, 텐서 연산을 알고 그레이디언트를 계산하는 방법을 알았습니다. 이제 경사 하강법 기반의 어떤 머신 러닝 모델도 만들 수 있는 지식이 충분합니다. 이제 겨우 3장인데 말입니다!

머신 러닝 구직 인터뷰에서 텐서플로로 밑바닥부터 선형 분류기를 구현해 보라는 요청을 받을지 모릅니다. 최소한의 머신 러닝 지식을 가진 사람과 그렇지 않은 지원자를 구별하기 위한 아주 간단한 작업입니다. 이런 인터뷰를 통과하고 텐서플로에 대해 새로 알게 된 지식을 사용해 보기 위해 선형 분류기를 구현해 보겠습니다.

먼저 선형적으로 잘 구분되는 합성 데이터를 만들어 보죠. 2D 평면의 포인트로 2개의 클래스를 가집니다. 특정한 평균과 공분산 행렬(covariance matrix)을 가진 랜덤한 분포에서 좌표 값을 뽑

아 각 클래스의 포인트를 생성하겠습니다. 직관적으로 생각하면 공분산 행렬은 포인트 클라우드(cloud)의 형태를 결정하고, 평균은 평면에서의 위치를 나타낸다고 볼 수 있습니다(그림 3-6). 두 포인트 클라우드에 동일한 공분산 행렬을 사용하지만 평균은 다른 값을 사용하겠습니다. 즉, 두 포인트 클라우드는 같은 모양을 띠지만 다른 위치에 있을 것입니다.

코드 3-13 2D 평면에 두 클래스의 랜덤한 포인트 생성하기

```
num_samples_per_class = 1000
negative_samples = np.random.multivariate_normal(
    mean=[0, 3],
    cov=[[1, 0.5],[0.5, 1]],
    size=num_samples_per_class)
positive_samples = np.random.multivariate_normal(
    mean=[3, 0],
    cov=[[1, 0.5],[0.5, 1]],
    size=num_samples_per_class)
```

첫 번째 클래스의 포인트를 생성합니다: 1000개의 랜덤한 2D 포인트. cov=[[1, 0.5],[0.5, 1]]은 왼쪽 아래에서 오른쪽 위로 향하는 타원형의 포인트 클라우드에 해당합니다.

동일한 공분산 행렬과 다른 평균을 사용하여 다른 클래스의 포인트를 생성합니다.

앞의 코드에서 negative_samples와 positive_samples는 모두 (1000, 2) 크기의 배열입니다. 이를 수직으로 연결하여 (2000, 2) 크기의 단일 배열을 만들어 보겠습니다.

코드 3-14 두 클래스를 (2000, 2) 크기의 한 배열로 쌓기

```
inputs = np.vstack((negative_samples, positive_samples)).astype(np.float32)
```

(2000, 1) 크기의 0 배열과 1 배열을 합쳐 타깃 레이블을 생성해 보겠습니다. inputs[i]가 클래스 0에 속하면 targets[i, 0]은 0입니다.

코드 3-15 (0과 1로 구성된) 타깃 생성하기

```
targets = np.vstack((np.zeros((num_samples_per_class, 1), dtype="float32"),
                     np.ones((num_samples_per_class, 1), dtype="float32")))
```

맷플롯립(Matplotlib)을 이용해서 이 데이터를 그래프로 나타내 보겠습니다.

코드 3-16 두 클래스의 포인트를 그래프로 그리기(그림 3-6)

```
import matplotlib.pyplot as plt

plt.scatter(inputs[:, 0], inputs[:, 1], c=targets[:, 0])
plt.show()
```

❤ 그림 3-6 합성 데이터: 2D 평면에 놓인 두 클래스의 랜덤한 포인트

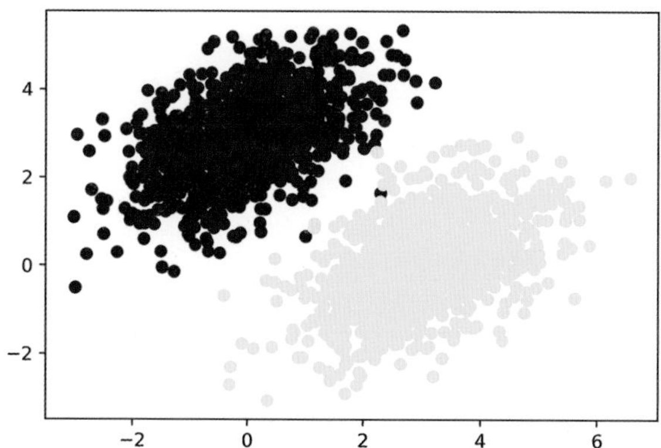

이제 두 포인트 클라우드를 구분할 수 있는 선형 분류기를 만들어 보죠. 이 선형 분류기는 하나의 아핀 변환(prediction = W • input + b)이며, 예측과 타깃 사이의 차이를 제곱한 값을 최소화하도록 훈련됩니다.

앞으로 보겠지만 2장 끝에서 본 2개의 층을 가진 신경망의 엔드-투-엔드 예제보다 실제로 더 간단한 예제입니다. 하지만 이번에는 모든 코드 한 줄 한 줄을 이해할 수 있을 것입니다.

각각 랜덤한 값과 0으로 초기화한 변수 W와 b를 만들어 보겠습니다.

코드 3-17 선형 분류기의 변수 만들기

```
input_dim = 2 -------- 입력은 2D 포인트입니다.
output_dim = 1 -------- 출력 예측은 샘플당 하나의 점수입니다(0에 가까우면 샘플을 클래스 0으로 예측하고, 1에 가까우면 클래스 1로 예측합니다).
W = tf.Variable(initial_value=tf.random.uniform(shape=(input_dim, output_dim)))
b = tf.Variable(initial_value=tf.zeros(shape=(output_dim,)))
```

다음은 정방향 패스를 위한 함수입니다.

코드 3-18 정방향 패스 함수

```
def model(inputs):
    return tf.matmul(inputs, W) + b
```

이 선형 분류기는 2D 입력을 다루기 때문에 W는 2개의 스칼라 가중치 w1과 w2로 이루어집니다(W = [[w1], [w2]]). 반면 b는 하나의 스칼라 값입니다. 따라서 어떤 입력 포인트 [x, y]가 주어지면 예측 값은 prediction = [[w1], [w2]] • [x, y] + b = w1 * x + w2 * y + b가 됩니다.

다음 코드는 손실 함수를 보여 줍니다.

코드 3-19 평균 제곱 오차 손실 함수

```
def square_loss(targets, predictions):
    per_sample_losses = tf.square(targets - predictions)
    return tf.reduce_mean(per_sample_losses)
```

per_sample_losses는 targets나 predictions와 크기가 같은 텐서이며 각 샘플의 손실 값을 담고 있습니다.

샘플당 손실 값을 하나의 스칼라 손실 값으로 평균합니다. reduce_mean 함수가 이런 작업을 수행합니다.

다음은 훈련 스텝으로 훈련 데이터를 받아 이 데이터에 대한 손실을 최소화하도록 가중치 W와 b를 업데이트합니다.

코드 3-20 훈련 스텝 함수

```
learning_rate = 0.1

def training_step(inputs, targets):
    with tf.GradientTape() as tape:
        predictions = model(inputs)
        loss = square_loss(targets, predictions)
    grad_loss_wrt_W, grad_loss_wrt_b = tape.gradient(loss, [W, b])
    W.assign_sub(grad_loss_wrt_W * learning_rate)
    b.assign_sub(grad_loss_wrt_b * learning_rate)
    return loss
```

그레이디언트 테이프 블록 안의 정방향 패스

가중치에 대한 손실의 그레이디언트를 구합니다.

가중치를 업데이트합니다.

구현을 간단하게 하기 위해 미니 배치 훈련 대신 배치 훈련을 사용하겠습니다. 즉, 데이터를 작은 배치로 나누어 반복하지 않고 전체 데이터를 사용하여 훈련 스텝(그레이디언트 계산과 가중치 업데이트)을 실행합니다. 이렇게 하면 한 번에 2,000개의 샘플에 대해 정방향 패스와 그레이디언트를 계산해야 하므로 각 훈련 스텝의 실행 시간이 오래 걸립니다. 한편으로는 가령 128개의 랜덤한 샘플을 사용하지 않고 전체 훈련 샘플로부터 정보를 취합하므로 각각의 그레이디언트 업데이트는 훈련 데이터의 손실을 감소하는 데 훨씬 더 효과적입니다. 결과적으로 훈련 스텝의 횟수가 많이 필요하지 않고 미니 배치 훈련 때보다 일반적으로 큰 학습률을 사용할 수 있습니다(코드 3-20에서 정의한 learning_rate = 0.1을 사용하겠습니다).

코드 3-21 배치 훈련 루프

```
for step in range(40):
    loss = training_step(inputs, targets)
    print(f"{step}번째 스텝의 손실: {loss:.4f}")
```

40번 에포크 후 훈련 손실이 0.025에서 안정화되는 것 같습니다. 이 선형 모델이 훈련 데이터 포인트를 어떻게 분류하는지 그려 보죠. 타깃이 0 또는 1이기 때문에 입력 포인트의 예측 값이 0.5보다 작으면 '0'으로 분류되고 0.5보다 크면 '1'로 분류됩니다(그림 3-7).

```
predictions = model(inputs)
plt.scatter(inputs[:, 0], inputs[:, 1], c=predictions[:, 0] > 0.5)
plt.show()
```

▼ 그림 3-7 훈련 입력에 대한 모델의 예측: 훈련 타깃과 매우 비슷하다

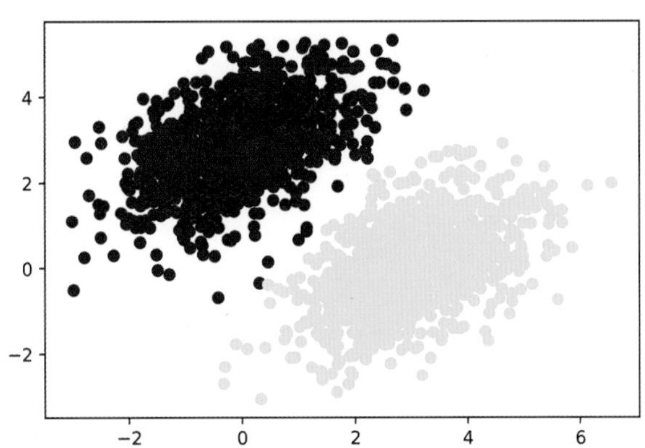

포인트 [x, y]에 대한 예측 값은 prediction == [[w1], [w2]] • [x, y] + b == w1 * x + w2 * y + b라는 것을 기억하세요. 따라서 클래스 0은 w1 * x + w2 * y + b < 0.5이고 클래스 1은 w1 * x + w2 * y + b > 0.5로 정의할 수 있습니다. 실제로 여기에서 찾고자 하는 것은 2D 평면 위의 직선의 방정식 w1 * x + w2 * y + b = 0.5가 됩니다. 이 직선보다 위에 있으면 클래스 1이고 이 직선 아래에 있으면 클래스 0입니다. 아마도 y = a * x + b 같은 형태의 직선의 방정식에 익숙할 것입니다. 동일한 형태로 앞의 방정식을 바꾸면 y = - w1 / w2 * x + (0.5 - b) / w2가 됩니다.

이 직선을 그려 보죠(그림 3-8).

```
x = np.linspace(-1, 4, 100)   # 직선을 그리기 위해 -1~4 사이에 일정한 간격을 가진 100개의 숫자를 생성합니다.[3]
y = - W[0] / W[1] * x + (0.5 - b) / W[1]   # 사용할 직선의 방정식
plt.plot(x, y, "-r")   # 직선을 그립니다("-r"은 빨간색을 의미합니다).
plt.scatter(inputs[:, 0], inputs[:, 1], c=predictions[:, 0] > 0.5)   # 동일한 그래프에 모델의 예측을 나타냅니다.
plt.show()
```

3 역주 사실 직선을 그릴 때 100개의 x축 좌표를 만들 필요 없이 x = [-1, 4]처럼 시작과 종료 위치만 사용해도 됩니다.

▼ 그림 3-8 직선으로 나타낸 선형 모델

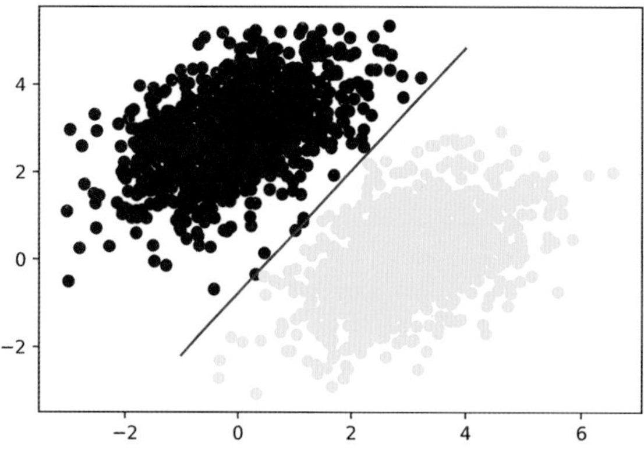

이것이 선형 분류기에 대한 전부입니다. 데이터에 있는 두 클래스를 잘 구분하는 직선(또는 고차원 공간의 경우 초평면(hyperplane))의 파라미터를 찾는 것입니다.

DEEP LEARNING

3.6 신경망의 구조: 핵심 Keras API 이해하기

이제 텐서플로의 기초를 알고 이를 사용해서 간단한 모델을 밑바닥부터 구현할 수 있습니다. 예를 들어 이전 절에서 만든 배치 선형 분류기나 2장의 끝에서 본 간단한 신경망입니다. 이는 앞으로 배울 내용의 튼튼한 기초가 됩니다. 이제 딥러닝 모델을 구축하는 데 더 생산적이고 강력한 방법인 케라스 API를 배울 시간입니다.

3.6.1 층: 딥러닝의 구성 요소

신경망의 기본 데이터 구조는 2장에서 소개한 **층**(layer)입니다. 층은 하나 이상의 텐서를 입력으로 받고 하나 이상의 텐서를 출력하는 데이터 처리 모듈입니다. 어떤 종류의 층은 상태가 없지만 대부분의 경우 **가중치**(weight)라는 층의 상태를 가집니다.[4] 가중치는 확률적 경사 하강법으로 학습되는 하나 이상의 텐서이며 여기에 신경망이 학습한 지식이 담겨 있습니다.

층마다 적절한 텐서 포맷과 데이터 처리 방식이 다릅니다. 예를 들어 (samples, features) 크기의 랭크-2 텐서에 저장된 간단한 벡터 데이터는 **밀집 연결 층**(densely connected layer)으로 처리하는 경우가 많습니다(케라스에서는 Dense 클래스에 해당합니다). 이를 **완전 연결 층**(fully connected layer) 또는 **밀집 층**(dense layer)이라고도 부릅니다. (samples, timesteps, features) 크기의 랭크-3 텐서에 저장된 시퀀스 데이터는 일반적으로 LSTM 같은 **순환 층**(recurrent layer)이나 1D **합성곱 층**(convolution layer)(Conv1D)으로 처리합니다. 랭크-4 텐서에 저장된 이미지 데이터는 보통 2D 합성곱 층(Conv2D)으로 처리합니다.

층을 딥러닝의 레고 블록처럼 생각할 수 있습니다. 이런 비유는 케라스로 인해 생겼습니다. 케라스에서 딥러닝 모델을 만드는 것은 호환되는 층을 서로 연결하여 유용한 데이터 변환 파이프라인을 구성하는 것입니다.

케라스의 Layer 클래스

간단한 API는 모든 것이 중심에 모인 하나의 추상화를 가져야 합니다. 케라스에서는 Layer 클래스가 그렇습니다. 케라스에서는 Layer 또는 Layer와 밀접하게 상호 작용하는 것이 전부입니다

Layer는 상태(가중치)와 연산(정방향 패스)을 캡슐화한 객체입니다. 가중치는 (생성자인 __init__() 메서드에서 만들 수도 있지만) 일반적으로 build() 메서드에서 정의하고 연산은 call() 메서드에서 정의합니다.

이전 장에서 2개의 W와 b를 가지고 output = activation(dot(input, W) + b) 계산을 수행하는 NaiveDense 클래스를 정의했습니다. 다음은 이와 동일한 케라스 층입니다.

코드 3-22 Layer의 서브클래스(subclass)로 구현한 Dense 층

```
from tensorflow import keras

class SimpleDense(keras.layers.Layer):  -------- 모든 케라스 층은 Layer 클래스를 상속합니다.
    def __init__(self, units, activation=None):
        super().__init__()
```

4 역주 대표적으로 플랫튼(flatten), 풀링(pooling), 드롭아웃(dropout) 층에는 학습되는 가중치가 없습니다. 신경망의 가중치를 상태라고 표현하는 경우는 많지 않습니다. 10장에서 소개할 순환 신경망의 경우 셀 출력을 셀의 상태라고 표현하므로 혼동하지 마세요.

```
        self.units = units
        self.activation = activation

    def build(self, input_shape): -------- build() 메서드에서 가중치를 생성합니다.
        input_dim = input_shape[-1]
        self.W = self.add_weight(shape=(input_dim, self.units), --------
                                 initializer="random_normal")
        self.b = self.add_weight(shape=(self.units,),
                                 initializer="zeros")

    def call(self, inputs): -------- call() 메서드에서 정방향 패스 계산을 정의합니다.
        y = tf.matmul(inputs, self.W) + self.b
        if self.activation is not None:
            y = self.activation(y)
        return y
```

add_weight()는 가중치를 간편하게 만들 수 있는 메서드입니다. self.W = tf.Variable(tf.random.uniform(w_shape))와 같이 독립적으로 변수를 생성하고 층의 속성으로 할당할 수도 있습니다.

다음 절에서 build()와 call() 메서드의 목적에 대해 자세히 다루겠습니다. 지금은 모두 이해되지 않아도 걱정하지 마세요!

이 클래스의 인스턴스를 생성하면 텐서플로 텐서를 입력으로 받는 함수처럼 사용할 수 있습니다.

```
>>> my_dense = SimpleDense(units=32, activation=tf.nn.relu) -------- 앞서 정의한 층의 인스턴스를 만듭니다.
>>> input_tensor = tf.ones(shape=(2, 784)) -------- 테스트 입력을 만듭니다.
>>> output_tensor = my_dense(input_tensor) -------- 이 입력으로 층을 함수처럼 호출합니다.
>>> print(output_tensor.shape)
(2, 32)
```

이 층을 있는 그대로 호출했기 때문에, 다시 말해서 __call__() 메서드를 사용하여 호출했기 때문에[5] call()과 build() 메서드를 왜 구현해야 했는지 궁금할 것입니다. 이유는 때에 맞추어 가중치를 생성해야 하기 때문입니다. 어떻게 동작하는지 알아보죠.

자동 크기 추론: 동적으로 층 만들기

레고 블록처럼 호환되는 층만 서로 연결할 수 있습니다. **층 호환**(layer compatibility) 개념은 모든 층이 특정 크기의 입력 텐서만 받고, 특정 크기의 출력 텐서만 반환한다는 사실을 의미합니다. 다음 예를 생각해 보죠.

5 역주 파이썬의 객체는 함수처럼 호출할 수 있으며, 이때 객체의 __call__() 메서드가 호출됩니다.

```
from tensorflow.keras import layers
layer = layers.Dense(32, activation="relu") -------- 32개의 출력 유닛을 가진 밀집 층
```

이 층은 첫 번째 차원이 32인 텐서를 반환합니다. 입력으로 32차원의 벡터를 기대하는 후속 층에만 연결할 수 있습니다.

케라스를 사용할 때 대부분의 경우 크기 호환성에 대해 걱정할 필요가 없습니다. 모델에 추가하는 층은 앞선 층의 크기에 맞도록 동적으로 만들어지기 때문입니다. 예를 들어 다음과 같은 경우를 생각해 보죠.

```
from tensorflow.keras import models
from tensorflow.keras import layers

model = models.Sequential([
    layers.Dense(32, activation="relu"),
    layers.Dense(32)
])
```

이 층들은 입력 크기에 대해 어떤 정보도 받지 않습니다. 그 대신 입력 크기를 처음 본 입력의 크기로 추론합니다.

2장에서 만들었던 간단한 Dense 층인 NaiveDense 클래스의 경우 가중치를 만들기 위해 각 층의 입력 크기를 생성자에게 명시적으로 전달했습니다. 이는 이상적이지 않습니다. 예를 들어 층이 이전 층의 크기를 알도록 하기 위해 다음과 같은 모델이 만들어지기 때문입니다.

```
model = NaiveSequential([
    NaiveDense(input_size=784, output_size=32, activation="relu"),
    NaiveDense(input_size=32, output_size=64, activation="relu"),
    NaiveDense(input_size=64, output_size=32, activation="relu"),
    NaiveDense(input_size=32, output_size=10, activation="softmax")
])
```

출력을 만드는 층의 규칙이 복잡하면 문제는 더 심각해집니다. 예를 들어 층이 (batch, input_size * 2 if input_size % 2 == 0 else input_size * 3) 크기의 출력을 반환한다면 어떻게 될까요?

크기를 자동으로 추론할 수 있는 케라스 층으로 NaiveDense 클래스를 다시 구현한다면 이전에 보았던 build()와 call() 메서드가 있는 SimpleDense 층(코드 3-22)과 같을 것입니다.

SimpleDense 클래스에서는 NaiveDense처럼 생성자에서 가중치를 만들지 않습니다. 그 대신 상태 생성을 위한 전용 메서드인 build()에서 만듭니다. 이 메서드는 층이 처음 본 입력 크기를 매개변수로 받습니다. build() 메서드는 층이 처음 호출될 때 (__call__() 메서드를 통해) 자동으로 호출됩니다. 사실 이것이 __call__() 메서드가 아니라 별도의 call() 메서드에서 계산을 정의한 이유입니다. 기본 Layer 클래스의 __call__() 메서드는 다음과 같습니다.

```
def __call__(self, inputs):
    if not self.built:
        self.build(inputs.shape)
        self.built = True
    return self.call(inputs)
```

자동으로 크기를 추론하면 이전 예시는 다음과 같이 간단하고 깔끔하게 표현할 수 있습니다.

```
model = keras.Sequential([
    SimpleDense(32, activation="relu"),
    SimpleDense(64, activation="relu"),
    SimpleDense(32, activation="relu"),
    SimpleDense(10, activation="softmax")
])
```

Layer 클래스의 __call__() 메서드가 자동 크기 추론만 처리하는 것은 아닙니다. 즉시 실행과 (7장에서 배우게 될 개념인) 그래프 실행(graph execution) 사이를 전환하고 (11장에서 다룰) 입력 마스킹(masking)을 처리하는 등 더 많은 작업을 관리합니다. 지금은 사용자 정의 층을 구현할 때 call() 메서드에 정방향 패스 계산을 넣는다는 것만 기억하세요.

3.6.2 층에서 모델로

딥러닝 모델은 층으로 구성된 그래프입니다. 케라스에서는 Model 클래스에 해당합니다. 지금까지 (Model의 서브클래스인) Sequential 모델만 보았습니다. 이 모델은 단순히 층을 쌓은 것이고 하나의 입력을 하나의 출력에 매핑합니다. 하지만 앞으로 배우다 보면 매우 다양한 종류의 네트워크를 보게 될 것입니다. 다음은 그중 자주 등장하는 구조입니다.

- 2개의 가지(two-branch)를 가진 네트워크
- 멀티헤드(multihead) 네트워크
- 잔차 연결(residual connection)

네트워크 구조(topology)는 꽤 복잡할 수 있습니다. 예를 들어 그림 3-9는 텍스트 데이터를 처리하기 위해 설계되어 널리 사용되는 트랜스포머(Transformer) 층의 구조입니다.

▼ 그림 3-9 트랜스포머 구조(11장에서 다룬다). 이 구조 안에서 많은 작업이 수행되며 이어지는 몇 개의 장을 거치면서 점차 이를 이해해 보자

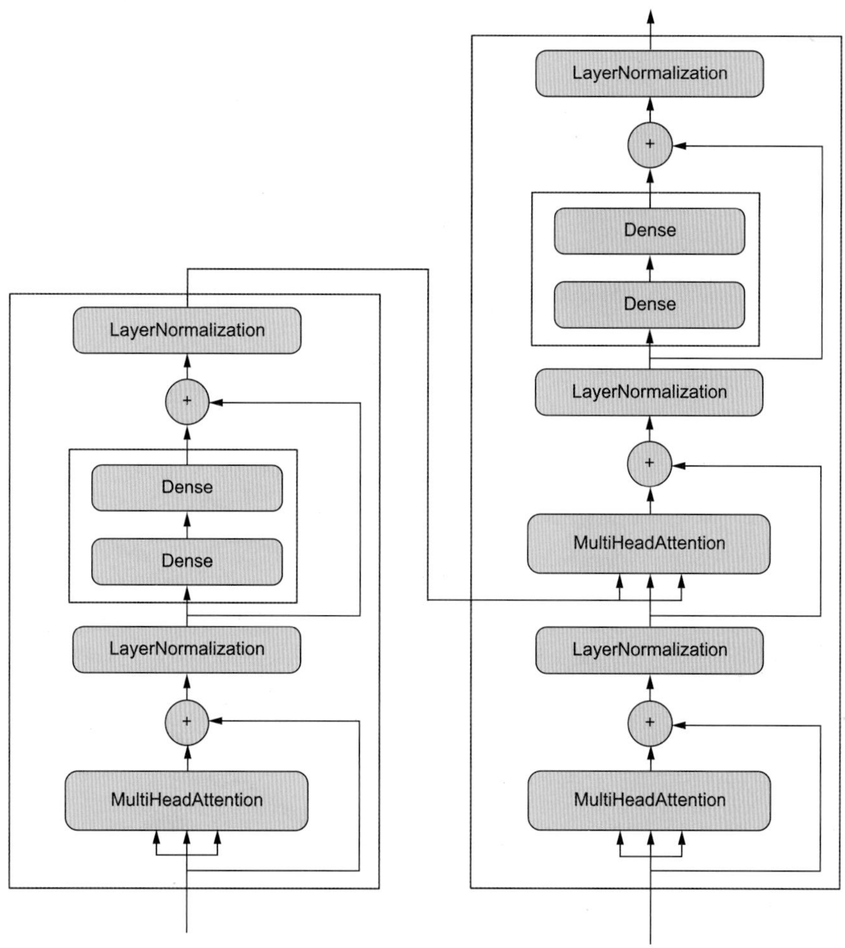

케라스에서 이런 모델을 만드는 방법은 일반적으로 두 가지입니다. 직접 `Model` 클래스의 서브클래스를 만들거나, 더 적은 코드로 많은 일을 수행할 수 있는 함수형 API(functional API)를 사용할 수 있습니다. 7장에서 이 두 가지 방법에 대해 소개하겠습니다.

모델의 구조는 **가설 공간**(hypothesis space)을 정의합니다. 1장에서 머신 러닝을 '사전에 정의된 **가능성 있는 공간**(space of possibility) 안에서 피드백 신호의 도움을 받아 입력 데이터의 유용한 표현을 찾는 것'으로 설명했던 것을 기억하세요. 네트워크 구조를 선택하면 가능성 있는 공간(가설 공

간)이 입력 데이터를 출력 데이터로 매핑하는 일련의 특정한 텐서 연산으로 제한됩니다. 그다음 우리가 찾을 것은 이런 텐서 연산에 관련된 가중치 텐서의 좋은 값입니다.

데이터에서 학습하려면 데이터에 대한 가정을 해야 합니다. 이런 가정이 학습할 수 있는 것을 정의합니다. 따라서 가설 공간의 구조, 즉 모델의 구조는 매우 중요합니다. 문제에 대한 가정, 즉 시작할 때 모델이 가지게 될 사전 지식을 인코딩합니다. 예를 들어 활성화 함수 없이 하나의 Dense 층을 가진 모델(순수한 아핀 변환)로 2개의 클래스를 분류하는 문제를 다룬다면, 두 클래스가 선형적으로 구분될 수 있다고 가정하는 것입니다.

잘 맞는 네트워크 구조를 선택하는 것은 과학보다는 예술에 가깝습니다. 믿을 만한 모범 사례와 원칙이 있지만 연습을 해야만 올바른 신경망 설계자가 될 수 있습니다. 이어지는 몇 개의 장에서 신경망 구축의 명확한 원리를 설명하고, 특정 문제에 적합한 구조와 그렇지 않은 구조에 대한 직관을 길러 보겠습니다. 다양한 종류의 문제에 어떤 모델 구조가 맞는지, 실제 이런 네트워크를 어떻게 만드는지, 학습을 위해 적절한 설정 값을 어떻게 고르는지, 원하는 결과를 얻을 때까지 모델을 어떻게 조정하는지 자세히 배워 보겠습니다.

3.6.3 '컴파일' 단계: 학습 과정 설정

모델 구조를 정의하고 난 후 다음 세 가지를 더 선택해야 합니다.

- **손실 함수**(loss function)(**목적 함수**(objective function)): 훈련 과정에서 최소화할 값. 현재 작업에 대한 성공의 척도입니다.
- **옵티마이저**(optimizer): 손실 함수를 기반으로 네트워크가 어떻게 업데이트될지 결정합니다. 특정 종류의 확률적 경사 하강법(SGD)으로 구현됩니다.
- **측정 지표**(metric): 훈련과 검증 과정에서 모니터링할 성공의 척도입니다. 예를 들어 분류 정확도입니다. 손실과 달리 훈련은 측정 지표에 직접 최적화되지 않습니다. 따라서 측정 지표는 미분 가능하지 않아도 됩니다.

손실, 옵티마이저, 측정 지표를 선택했다면 모델에 내장된 `compile()`과 `fit()` 메서드를 사용하여 모델 훈련을 시작할 수 있습니다. 또는 사용자 정의 루프를 만들 수도 있습니다. 이에 대해서는 7장에서 다루겠습니다. 훨씬 할 일이 많거든요! 지금은 `compile()`과 `fit()` 메서드를 알아보겠습니다.

`compile()` 메서드는 훈련 과정을 설정합니다. 2장에서 신경망 예제를 맨 처음 만들 때 이미 보았습니다. 이 메서드의 매개변수는 `optimizer`, `loss`, `metrics`(리스트)입니다.

```
model = keras.Sequential([keras.layers.Dense(1)]) -------- 선형 분류기를 정의합니다.
model.compile(optimizer="rmsprop",------ 옵티마이저 이름을 지정합니다. 여기에서는 RMSprop입니다(대 · 소문자를 구분하지 않음).
              loss="mean_squared_error", -------- 손실 이름을 평균 제곱 오차로 지정합니다.
              metrics=["accuracy"]) -------- 측정 자료를 리스트로 지정합니다. 여기에서는 정확도만 사용합니다.
```

앞의 compile() 메서드에서 옵티마이저, 손실, 측정 지표의 매개변수 값을 문자열로 지정했습니다(예를 들어 "rmsprop"). 이런 문자열은 실제로는 편의를 위한 단축어이며 해당 파이썬 객체로 변환됩니다. 예를 들어 "rmsprop"은 keras.optimizers.RMSprop()이 됩니다. 중요한 것은 다음과 같이 매개변수를 인스턴스 객체로 지정할 수도 있다는 것입니다.

```
model.compile(optimizer=keras.optimizers.RMSprop(),
              loss=keras.losses.MeanSquaredError(),
              metrics=[keras.metrics.BinaryAccuracy()])
```

이는 사용자 정의 손실이나 측정 지표를 전달하고 싶을 때 유용합니다. 또는 사용할 객체를 상세히 설정하고 싶을 때입니다. 예를 들어 다음과 같이 옵티마이저의 learning_rate 매개변수를 바꿀 수 있습니다.[6]

```
model.compile(optimizer=keras.optimizers.RMSprop(learning_rate=1e-4),
              loss=my_custom_loss,
              metrics=[my_custom_metric_1, my_custom_metric_2])
```

7장에서 사용자 정의 손실과 측정 지표를 만드는 방법을 알아보겠습니다. 일반적으로 밑바닥부터 자신만의 손실, 측정 지표, 옵티마이저를 만들 필요가 없습니다. 케라스는 사용자에게 필요한 다양한 옵션을 기본적으로 제공하기 때문입니다.

옵티마이저:

- SGD(모멘텀 선택 가능)
- RMSprop
- Adam
- Adagrad
- 그 외

6 역주 learning_rate 매개변수의 기본값은 0.001입니다.

손실:

- CategoricalCrossentropy
- SparseCategoricalCrossentropy
- BinaryCrossentropy
- MeanSquaredError
- KLDivergence
- CosineSimilarity
- 그 외

측정 지표:

- CategoricalAccuracy
- SparseCategoricalAccuracy
- BinaryAccuracy
- AUC
- Precision
- Recall
- 그 외

책에서 이 중 대부분의 옵션에 대해 구체적인 적용 사례를 볼 수 있을 것입니다.

3.6.4 손실 함수 선택하기

문제에 맞는 올바른 손실 함수를 선택하는 것은 아주 중요합니다. 네트워크가 손실을 최소화하기 위해 편법을 사용할 수 있기 때문입니다. 목적 함수가 현재 문제의 성공과 전혀 관련이 없다면 원하지 않는 일을 수행하는 모델이 만들어질 것입니다. '모든 인류의 평균 행복 지수를 최대화하기' 같은 잘못 선택한 목적 함수에서 SGD로 훈련된 멍청하지만 전지전능한 AI가 있다고 상상해 보죠. 이 AI는 쉽게 문제를 해결하려고 몇 사람을 제외한 나머지 사람을 모두 죽인 후 남은 몇 사람의 행복에만 초점을 맞춥니다. 왜냐하면 평균적인 행복은 얼마나 많은 사람이 남아 있는지와 상관없기 때문입니다. 이는 원했던 바가 아닐 것입니다! 우리가 만든 모든 신경망은 단지 손실 함수를 최소화하기만 한다는 것을 기억하세요. 목적 함수를 현명하게 선택하지 않으면 원치 않은 부수 효과가 발생할 것입니다.

다행히 분류, 회귀, 시퀀스 예측과 같은 일반적인 문제의 경우 올바른 손실 함수를 선택하는 간단한 가이드라인이 있습니다. 예를 들어 2개의 클래스가 있는 분류 문제에는 이진 크로스엔트로피(binary crossentropy), 여러 개의 클래스가 있는 분류 문제에는 범주형 크로스엔트로피(categorical crossentropy)를 사용하는 등입니다. 완전히 새로운 연구를 할 때만 자신만의 손실 함수를 만들게 될 것입니다. 이어지는 몇 개의 장에서 다양한 종류의 일반적인 작업에서 어떤 손실 함수를 선택하는지 자세히 설명하겠습니다.

3.6.5 fit( ) 메서드 이해하기

compile() 다음에는 fit() 메서드를 호출합니다. fit() 메서드는 훈련 루프를 구현합니다. 다음은 fit() 메서드의 주요 매개변수입니다.

- **훈련할 데이터(입력과 타깃)**: 일반적으로 넘파이 배열이나 텐서플로 Dataset 객체로 전달합니다. 다음 장에서 Dataset API에 대해 자세히 배우겠습니다.
- **훈련할 에포크(epoch) 횟수**: 전달한 데이터에서 훈련 루프를 몇 번이나 반복할지 알려 줍니다.
- **미니 배치 경사 하강법의 각 에포크에서 사용할 배치 크기**: 가중치 업데이트 단계에서 그레이디언트를 계산하는 데 사용될 훈련 샘플 개수를 말합니다.

코드 3-23 넘파이 데이터로 fit( ) 메서드 호출하기

```
history = model.fit(
    inputs,  -------- 입력 샘플(넘파이 배열)
    targets,  -------- 훈련 타깃(넘파이 배열)
    epochs=5,  -------- 이 데이터에서 훈련 루프를 다섯 번 반복합니다.
    batch_size=128  -------- 훈련 루프는 128개의 샘플 배치로 이 데이터를 순회합니다.
)
```

fit()을 호출하면 History 객체가 반환됩니다. 이 객체는 딕셔너리인 history 속성을 가지고 있습니다. 이 딕셔너리는 "loss" 또는 특정 측정 지표 이름의 키와 각 에포크 값의 리스트를 매핑합니다.

```
>>> history.history
{"binary_accuracy": [0.855, 0.9565, 0.9555, 0.95, 0.951],
 "loss": [0.6573270302042366,
          0.07434618508815766,
```

```
0.07687718723714351,
0.07412414988875389,
0.07617757616937161]}
```

3.6.6 검증 데이터에서 손실과 측정 지표 모니터링하기

머신 러닝의 목표는 훈련 데이터에서 잘 동작하는 모델을 얻는 것이 아닙니다. 이렇게 하는 것은 쉽습니다. 그레이디언트를 따라가기만 하면 됩니다. 머신 러닝의 목표는 범용적으로 잘 동작하는 모델을 얻는 것입니다. 특히 이전에 만난 적 없는 데이터에서 잘 동작하는 모델입니다. 모델이 훈련 데이터에서 잘 동작한다고 해서 본 적 없는 데이터에서 잘 동작한다는 의미는 아닙니다! 예를 들어 모델이 단순히 훈련 샘플과 타깃 사이의 관계를 모두 외워 버릴 수 있습니다. 이런 모델은 이전에 본 적 없는 데이터의 타깃을 예측하는 작업에는 쓸모없습니다. 5장에서 이런 점에 대해 아주 자세히 다루어 보겠습니다.

새로운 데이터에 모델이 어떻게 동작하는지 예상하기 위해 훈련 데이터의 일부를 **검증 데이터**(validation data)로 떼어 놓는 것이 표준적인 방법입니다. 검증 데이터에서 모델을 훈련하지 않지만 이 데이터를 사용하여 손실과 측정 지표를 계산합니다. 이렇게 하려면 fit() 메서드의 validation_data 매개변수를 사용합니다. 훈련 데이터처럼 검증 데이터는 넘파이 배열이나 텐서플로 Dataset 객체로 전달할 수 있습니다.

코드 3-24 validation_data 매개변수 사용하기

```
model = keras.Sequential([keras.layers.Dense(1)])
model.compile(optimizer=keras.optimizers.RMSprop(learning_rate=0.1),
              loss=keras.losses.MeanSquaredError(),
              metrics=[keras.metrics.BinaryAccuracy()])

indices_permutation = np.random.permutation(len(inputs))
shuffled_inputs = inputs[indices_permutation]
shuffled_targets = targets[indices_permutation]

num_validation_samples = int(0.3 * len(inputs))
val_inputs = shuffled_inputs[:num_validation_samples]
val_targets = shuffled_targets[:num_validation_samples]
training_inputs = shuffled_inputs[num_validation_samples:]
training_targets = shuffled_targets[num_validation_samples:]
model.fit(
```

검증 데이터에 한 클래스의 샘플만 포함되는 것을 막기 위해 랜덤하게 생성한 인덱스를 사용해서 입력과 타깃을 섞습니다.

훈련 입력과 타깃의 30%를 검증용으로 떼어 놓습니다(검증 손실과 측정 지표 계산을 위해 훈련 데이터에서 이 샘플을 제외시켜 따로 보관합니다).

```
    training_inputs,        # 훈련 데이터는 모델의 가중치를
    training_targets,       # 업데이트하는 데 사용합니다.
    epochs=5,
    batch_size=16,
    validation_data=(val_inputs, val_targets)   # 검증 데이터는 검증 손실과 측정 지표를 모니터링하는 데만 사용합니다.
)
```


검증 데이터의 손실 값을 '훈련 손실(training loss)'과 구분하기 위해 '검증 손실(validation loss)'이라고 부릅니다. 훈련 데이터와 검증 데이터를 엄격하게 분리하는 것이 필수입니다. 검증 목적은 모델이 학습한 것이 새로운 데이터에 실제로 유용한지 모니터링하는 것이기 때문입니다. 검증 데이터의 일부가 훈련 도중 모델에 노출되면 검증 손실과 측정 지표가 오염될 것입니다.

훈련이 끝난 후 검증 손실과 측정 지표를 계산하고 싶다면 evaluate() 메서드를 사용할 수 있습니다.

```
loss_and_metrics = model.evaluate(val_inputs, val_targets, batch_size=128)
```

evaluate() 메서드는 전달된 데이터를 (batch_size 크기의) 배치로 순회하고 스칼라 값의 리스트를 반환합니다. 반환된 리스트의 첫 번째 항목은 검증 손실이고 이어지는 항목이 검증 데이터에 대한 측정 지표 값들입니다. 모델에 측정 지표를 지정하지 않았다면 (리스트가 아니라) 검증 손실만 반환됩니다.

3.6.7 추론: 훈련한 모델 사용하기

모델을 훈련하고 나면 이 모델을 사용하여 새로운 데이터에서 예측을 만들게 됩니다. 이를 **추론**(inference)이라고 부릅니다. 간단한 방법은 모델의 __call__() 메서드를 호출하는 것입니다.

```
predictions = model(new_inputs)   # 넘파이 배열이나 텐서플로 텐서를 받고 텐서플로 텐서를 반환합니다.
```

하지만 이 방법은 new_inputs에 있는 모든 입력을 한 번에 처리합니다. 데이터가 많다면 가능하지 않을 수 있습니다(특히 GPU 사양보다 많은 메모리가 필요한 경우).

추론을 하는 더 나은 방법은 predict() 메서드를 사용하는 것입니다. 이 메서드는 데이터를 작은 배치로 순회하여 넘파이 배열로 예측을 반환합니다. __call__() 메서드와 달리 텐서플로 Dataset 객체도 처리할 수 있습니다.

```
predictions = model.predict(new_inputs, batch_size=128)   # 넘파이 배열이나 Dataset 객체를 받고 넘파이 배열을 반환합니다.
```

예를 들어 앞서 훈련한 선형 모델의 predict() 메서드를 검증 데이터로 호출하면 각 입력 샘플에 대한 모델의 예측을 나타내는 스칼라 점수를 얻게 됩니다.

```
>>> predictions = model.predict(val_inputs, batch_size=128)
>>> print(predictions[:10])
[[0.3590725 ]
 [0.82706255]
 [0.74428225]
 [0.682058  ]
 [0.7312616 ]
 [0.6059811 ]
 [0.78046083]
 [0.025846  ]
 [0.16594526]
 [0.72068727]]
```

지금은 이것이 케라스 모델에 대해 알아야 할 전부입니다. 이제 다음 장에서 케라스로 실전 머신 러닝 문제를 해결할 준비가 되었습니다.

DEEP LEARNING

3.7 요약

- 텐서플로는 CPU, GPU, TPU에서 실행할 수 있는 업계 최강의 수치 컴퓨팅 프레임워크입니다. 미분 가능한 어떤 표현식의 그레이디언트도 자동으로 계산할 수 있습니다. 여러 가지 장치에 배포할 수 있고, 자바스크립트를 포함하여 다양한 종류의 런타임에 맞도록 프로그램을 변환할 수 있습니다.
- 케라스는 텐서플로에서 딥러닝을 수행하기 위한 표준 API로, 이 책에서 사용하는 라이브러리입니다.
- 텐서플로의 핵심 객체는 텐서, 변수, 텐서 연산, 그레이디언트 테이프입니다.
- 케라스의 핵심 클래스는 Layer입니다. 층은 가중치와 연산을 캡슐화합니다. 이런 층을 조합하여 모델을 만듭니다.
- 모델을 훈련하기 전에 옵티마이저, 손실, 측정 지표를 선택하여 model.compile() 메서드에 지정해야 합니다.

- 미니 배치 경사 하강법을 실행하는 fit() 메서드로 모델을 훈련할 수 있습니다. 또한, 이 메서드를 사용하여 모델이 훈련 과정에서 본 적 없는 검증 데이터에 대한 손실과 측정 지표를 모니터링할 수 있습니다.
- 모델을 훈련하고 나면 model.predict() 메서드를 사용하여 새로운 입력에 대한 예측을 만듭니다.

신경망 시작하기: 분류와 회귀

이 장에서 다룰 핵심 내용

- 실전 머신 러닝 워크플로의 첫 번째 예제
- 벡터 데이터를 사용한 분류 문제 처리하기
- 벡터 데이터를 사용한 연속적인 회귀 문제 처리하기

이 장에서는 신경망을 사용하여 실제 문제를 풀어 봅니다. 2장과 3장에서 얻은 지식을 정리하고, 신경망이 가장 많이 사용되는 세 종류의 작업인 이진 분류, 다중 분류 그리고 스칼라 값을 예측하는 회귀에 배운 것들을 적용해 봅니다.

- 영화 리뷰를 긍정 또는 부정으로 분류하기(이진 분류)
- 신문 기사를 토픽으로 분류하기(다중 분류)
- 부동산 데이터를 바탕으로 주택 가격을 예측하기(스칼라 회귀)

이 예제들은 처음 만나는 엔드-투-엔드 머신 러닝 워크플로(workflow)일 것입니다. 데이터 전처리, 모델 구조의 기본 원리, 모델 평가에 대해 소개하겠습니다.

이 장의 끝에 다다르면 신경망으로 벡터 데이터를 사용한 간단한 분류나 회귀 작업을 처리할 수 있고, 5장에서는 머신 러닝의 원리와 이론을 더 깊게 이해할 수 있을 것입니다.

분류와 회귀에서 사용하는 용어

분류와 회귀에는 전문적인 용어가 많습니다. 이전 예제에서 일부 용어를 보았고 앞으로 이어지는 장들에서 더 많이 등장합니다. 이런 용어들은 머신 러닝에 특화된 구체적인 정의를 가지므로 친숙해져야 합니다.

- **샘플** 또는 **입력**: 모델에 주입될 하나의 데이터 포인트(data point)
- **예측** 또는 **출력**: 모델로부터 나오는 값
- **타깃**: 정답. 외부 데이터 소스에 근거하여 모델이 완벽하게 예측해야 하는 값
- **예측 오차** 또는 **손실 값**: 모델의 예측과 타깃 사이의 거리를 측정한 값
- **클래스**: 분류 문제에서 선택할 수 있는 가능한 레이블의 집합. 예를 들어 고양이와 강아지 사진을 분류할 때 클래스는 '고양이'와 '강아지' 2개입니다.
- **레이블**: 분류 문제에서 클래스 할당의 구체적인 사례. 예를 들어 사진 #1234에 '강아지' 클래스가 들어 있다고 표시한다면 '강아지'는 사진 #1234의 레이블이 됩니다.
- **참 값**(ground-truth) 또는 **애너테이션**(annotation): 데이터셋에 대한 모든 타깃. 일반적으로 사람에 의해 수집됩니다.
- **이진 분류**: 각 입력 샘플이 2개의 배타적인 범주로 구분되는 분류 작업
- **다중 분류**: 각 입력 샘플이 2개 이상의 범주로 구분되는 분류 작업. 예를 들어 손글씨 숫자 분류를 말합니다.
- **다중 레이블 분류**: 각 입력 샘플이 여러 개의 레이블에 할당될 수 있는 분류 작업. 예를 들어 하나의 이미지에 고양이와 강아지가 모두 들어 있을 때는 '고양이' 레이블과 '강아지' 레이블을 모두 할당해야 합니다. 보통 이미지마다 레이블의 개수는 다릅니다.

계속

- **스칼라 회귀**: 타깃이 연속적인 스칼라 값인 작업. 주택 가격 예측이 좋은 예입니다. 각기 다른 타깃 가격이 연속적인 공간을 형성합니다.
- **벡터 회귀**: 타깃이 연속적인 값의 집합인 작업. 예를 들어 연속적인 값으로 이루어진 벡터입니다. (이미지에 있는 경계 상자(bounding box)의 좌표 같은) 여러 개의 값에 대한 회귀를 한다면 벡터 회귀입니다.
- **미니 배치** 또는 **배치**: 모델에 의해 동시에 처리되는 소량의 샘플 묶음(일반적으로 8개에서 128개 사이). 샘플 개수는 GPU의 메모리 할당이 용이하도록 2의 거듭제곱으로 하는 경우가 많습니다. 훈련할 때 미니 배치마다 한 번씩 모델의 가중치에 적용할 경사 하강법 업데이트 값을 계산합니다.

DEEP LEARNING

4.1 영화 리뷰 분류: 이진 분류 문제

2종 분류(two-class classification) 또는 이진 분류(binary classification)는 아마도 가장 널리 적용된 머신 러닝 문제일 것입니다. 이 예제에서 리뷰 텍스트를 기반으로 영화 리뷰를 긍정(positive)과 부정(negative)으로 분류하는 방법을 배우겠습니다.[1]

4.1.1 IMDB 데이터셋

인터넷 영화 데이터베이스(Internet Movie Database)로부터 가져온 양극단의 리뷰 5만 개로 이루어진 IMDB 데이터셋을 사용하겠습니다.[2] 이 데이터셋은 훈련 데이터 2만 5,000개와 테스트 데이터 2만 5,000개로 나뉘어 있고 각각 50%는 부정, 50%는 긍정 리뷰로 구성되어 있습니다.

MNIST 데이터셋처럼 IMDB 데이터셋도 케라스에 포함되어 있습니다. 이 데이터는 전처리되어 있어 각 리뷰(단어 시퀀스)가 숫자 시퀀스로 변환되어 있습니다. 여기에서 각 숫자는 사전[3]에 있는

---

1 역주 이 절과 다음 절에서는 텍스트 데이터셋에 기본 신경망을 적용하여 분류 작업을 합니다. 텍스트 데이터에 순환 신경망을 적용하는 방법은 11장에서 소개됩니다. IMDB 리뷰 분류 문제에 토큰화, 형태소 분석 등을 적용하는 다양한 방법은 〈파이썬 라이브러리를 활용한 머신러닝(번역개정2판)〉(한빛미디어, 2022)의 7장을 참고하세요.

2 역주 이 데이터셋은 스탠포드 대학교 앤드류 마스(Andrew Maas)가 수집한 데이터셋입니다(https://stanford.io/2w2NUzz).

3 역주 데이터셋의 전체 문서에 나타난 모든 단어에 고유한 번호를 부여한 목록을 어휘 사전 또는 사전이라고 부릅니다. 이런 작업은 텍스트 데이터를 다룰 때 기본적으로 수행하는 전처리 과정입니다.

고유한 단어를 나타냅니다. 이렇게 전처리된 데이터를 사용하면 모델 구축, 훈련, 평가에 초점을 맞출 수 있습니다. 11장에서 원본 텍스트 데이터를 처음부터 처리하는 방법을 배우겠습니다.

다음 코드는 데이터셋을 로드합니다(처음 실행하면 17MB 정도의 데이터를 컴퓨터에 내려받습니다).[4]

코드 4-1 IMDB 데이터셋 로드하기

```
from tensorflow.keras.datasets import imdb

(train_data, train_labels), (test_data, test_labels) = imdb.load_data(
    num_words=10000)
```

num_words=10000 매개변수는 훈련 데이터에서 가장 자주 나타나는 단어 1만 개만 사용하겠다는 의미입니다. 드물게 나타나는 단어는 무시하겠습니다. 이렇게 하면 적절한 크기의 벡터 데이터를 얻을 수 있습니다. 이렇게 제한하지 않으면 훈련 데이터에 8만 8,585개의 고유한 단어가 포함됩니다. 이는 불필요하게 많습니다. 많은 단어가 하나의 샘플에만 등장하기 때문에 분류 작업에 의미 있게 사용할 수 없습니다.

변수 train_data와 test_data는 리뷰를 담은 배열입니다. 각 리뷰는 단어 인덱스의 리스트입니다(단어 시퀀스가 인코딩된 것입니다).[5] train_labels와 test_labels는 **부정**을 나타내는 0과 **긍정**을 나타내는 1의 리스트입니다.

```
>>> train_data[0]
[1, 14, 22, 16, ... 178, 32]
>>> train_labels[0]
1
```

가장 자주 등장하는 단어 1만 개로 제한했기 때문에 단어 인덱스는 9,999를 넘지 않습니다.

```
>>> max([max(sequence) for sequence in train_data])
9999
```

4 역주 케라스에 포함된 데이터셋은 아마존 AWS S3와 (cifar10, cifar100 데이터셋의 경우) 토론토 대학교에서 내려받도록 되어 있으므로 예제를 따라 하려면 인터넷 연결이 필요합니다. 이어지는 코드에서 get_word_index() 메서드도 1.6MB 정도의 사전 데이터를 내려받습니다. 내려받은 데이터셋은 유닉스 기준으로 ~/.keras/datasets/ 폴더에 저장됩니다.

5 역주 행마다 길이가 다른 배열을 만들 수 없기 때문에 IMDB 데이터셋과 4.2절의 로이터 데이터셋의 텍스트 데이터는 파이썬 리스트를 원소로 갖는 넘파이 배열을 사용합니다.

재미 삼아 이 리뷰 데이터 하나를 원래 영어 단어로 어떻게 바꾸는지 보겠습니다.[6]

코드 4-2 리뷰를 다시 텍스트로 디코딩하기

```
word_index = imdb.get_word_index() -------- word_index는 단어와 정수 인덱스를 매핑한 딕셔너리입니다.
reverse_word_index = dict(
    [(value, key) for (key, value) in word_index.items()]) -------- 정수 인덱스와 단어를 매핑하도록 뒤집습니다.
decoded_review = " ".join(
    [reverse_word_index.get(i - 3, "?") for i in train_data[0]]) ------
```

리뷰를 디코딩합니다. 0, 1, 2는 '패딩', '문서 시작', '사전에 없음'을 위해 예약되어 있으므로 인덱스에서 3을 뺍니다.

4.1.2 데이터 준비

신경망에 숫자 리스트를 바로 주입할 수는 없습니다. 이 숫자 리스트는 모두 길이가 다르지만 신경망은 동일한 크기의 배치를 기대하기 때문입니다. 리스트를 텐서로 바꾸는 두 가지 방법이 있습니다.

- 같은 길이가 되도록 리스트에 패딩(padding)을 추가하고 (samples, max_length) 크기의 정수 텐서로 변환합니다.[7] 그다음 이 정수 텐서를 다룰 수 있는 층으로 신경망을 시작합니다(Embedding 층을 말하며, 나중에 자세히 다루겠습니다[8]).
- 리스트를 멀티-핫 인코딩(multi-hot encoding)하여 0과 1의 벡터로 변환합니다. 예를 들어 시퀀스 [8, 5]를 인덱스 8과 5의 위치는 1이고 그 외는 모두 0인 10,000차원의 벡터로 각각 변환합니다.[9] 그다음 부동 소수점 벡터 데이터를 다룰 수 있는 Dense 층을 신경망의 첫 번째 층으로 사용합니다.

여기에서는 두 번째 방식을 사용하고 이해를 돕기 위해 직접 데이터를 멀티-핫 벡터로 만들겠습니다.

6 역주 decoded_review의 결과는 "? this film was just brilliant casting location…"과 같습니다. train_data[0]의 첫 번째 원소가 문서 시작을 알리는 인덱스 1입니다. 여기에서 3을 뺀 값을 reverse_word_index 딕셔너리에서 찾지 못하므로 물음표로 바뀌어 나타납니다.

7 역주 가장 긴 리뷰는 2,494개의 단어로 이루어져 있으므로 훈련 데이터를 변환한 텐서의 크기는 (25000, 2494)가 됩니다.

8 역주 Embedding 층은 11장에서 자세히 소개됩니다.

9 역주 리스트가 하나의 벡터로 변환되므로 훈련 데이터를 변환한 텐서의 크기는 (25000, 10000)이 됩니다.

코드 4-3 정수 시퀀스를 멀티-핫 인코딩으로 인코딩하기

```
import numpy as np

def vectorize_sequences(sequences, dimension=10000):
    results = np.zeros((len(sequences), dimension)) ----- 크기가 (len(sequences), dimension)이고 모든 원소가 0인 행렬을 만듭니다.
    for i, sequence in enumerate(sequences):
        for j in sequence:
            results[i, j] = 1. -------- results[i]에서 특정 인덱스의 위치를 1로 만듭니다.
    return results
x_train = vectorize_sequences(train_data) -------- 훈련 데이터를 벡터로 변환합니다.
x_test = vectorize_sequences(test_data) -------- 테스트 데이터를 벡터로 변환합니다.
```

이제 샘플은 다음과 같이 나타납니다.

```
>>> x_train[0]
array([ 0.,  1.,  1., ...,  0.,  0.,  0.])
```

레이블은 쉽게 벡터로 바꿀 수 있습니다.

```
y_train = np.asarray(train_labels).astype("float32")
y_test = np.asarray(test_labels).astype("float32")
```

이제 신경망에 주입할 데이터가 준비되었습니다.

4.1.3 신경망 모델 만들기

입력 데이터가 벡터고 레이블은 스칼라(1 또는 0)입니다. 아마 앞으로 볼 수 있는 문제 중에서 가장 간단할 것입니다. 이런 문제에 잘 작동하는 모델은 relu 활성화 함수를 사용한 밀집 연결 층을 그냥 쌓은 것입니다.

Dense 층을 쌓을 때 두 가지 중요한 구조상의 결정이 필요합니다.

- 얼마나 많은 층을 사용할 것인가?
- 각 층에 얼마나 많은 유닛을 둘 것인가?

5장에서 이런 결정을 하는 데 도움이 되는 일반적인 원리를 배웁니다. 당분간은 필자를 믿고 선택한 다음 구조를 따라 주세요.

- 16개의 유닛을 가진 2개의 중간층[10]
- 현재 리뷰의 감정을 스칼라 값의 예측으로 출력하는 세 번째 층

▼ 그림 4-1 3개의 층으로 된 모델

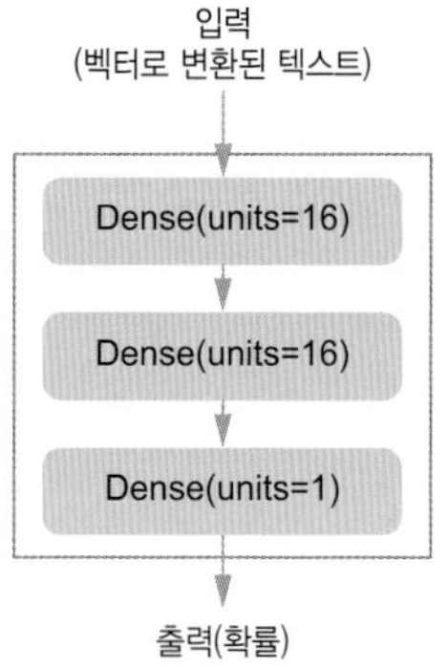

그림 4-1에서 이 신경망을 보여 줍니다. 다음 코드는 이 신경망의 케라스 구현으로 이전에 보았던 MNIST 예제와 비슷한 케라스 구현입니다.

코드 4-4 모델 정의하기

```
from tensorflow import keras
from tensorflow.keras import layers

model = keras.Sequential([
    layers.Dense(16, activation="relu"),
    layers.Dense(16, activation="relu"),
    layers.Dense(1, activation="sigmoid")
])
```

Dense 층에 전달한 첫 번째 매개변수는 층의 유닛(unit) 개수이며, 층이 가진 표현 공간(representation space)의 차원입니다. 2장과 3장에서 relu 활성화 함수를 사용한 Dense 층은 다음과 같은 텐서 연산을 연결하여 구현한다는 것을 알았습니다.

```
output = relu(dot(W, input) + b)
```

10 역주 중간층을 은닉 층(hidden layer)이라고도 부릅니다.

16개의 유닛이 있다는 것은 가중치 행렬 W의 크기가 (input_dimension, 16)이라는 뜻입니다. 입력 데이터와 W를 점곱하면 입력 데이터가 16차원으로 표현된 공간으로 투영됩니다(그리고 편향 벡터 b를 더하고 relu 연산을 적용합니다). 표현 공간의 차원을 '모델이 내재된 표현을 학습할 때 가질 수 있는 자유도'로 이해할 수 있습니다. 유닛을 늘리면(표현 공간을 더 고차원으로 만들면) 모델이 더욱 복잡한 표현을 학습할 수 있지만 계산 비용이 커지고 원하지 않는 패턴을 학습할 수도 있습니다(훈련 데이터에서는 성능을 향상시키지만 테스트 데이터에서는 그렇지 않은 패턴입니다).

중간층은 활성화 함수로 relu를 사용하고 마지막 층은 확률(0과 1 사이의 점수로, 어떤 샘플이 타깃 '1'일 가능성이 높다는 것은 그 리뷰가 긍정일 가능성이 높다는 것을 의미합니다)을 출력하기 위해 시그모이드 활성화 함수를 사용합니다. relu는 음수를 0으로 만드는 함수입니다(그림 4-2). 시그모이드는 임의의 값을 [0, 1] 사이로 압축하므로 출력 값을 확률처럼 해석할 수 있습니다(그림 4-3).

▼ 그림 4-2 relu 함수

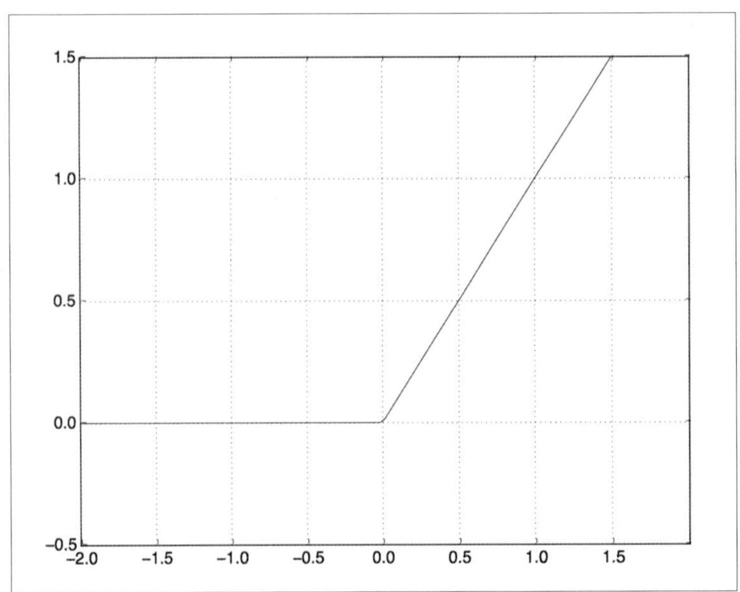

♥ 그림 4-3 시그모이드(sigmoid) 함수

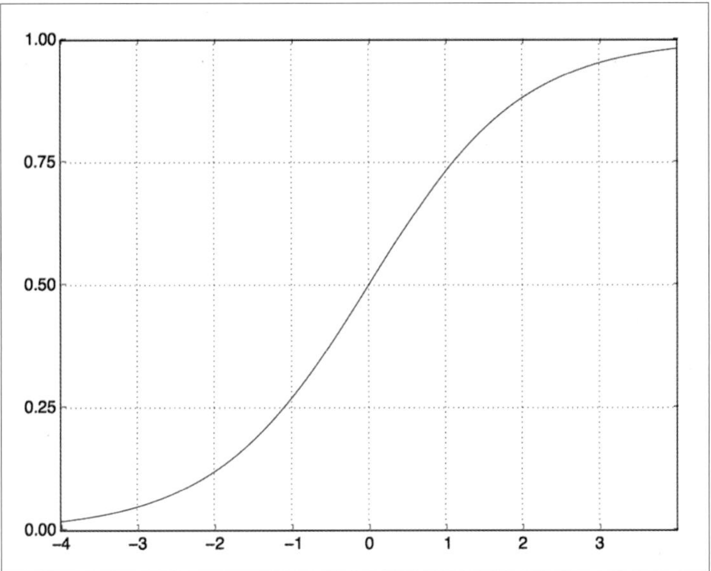

활성화 함수는 무엇인가요? 왜 필요한가요?

relu와 같은 활성화 함수(또는 **비선형성**(non-linearity)이라고도 부릅니다)가 없다면 Dense 층은 선형적인 연산인 점곱과 덧셈 2개로 구성됩니다.

```
output = dot(W, input) + b
```

그러므로 이 층은 입력에 대한 **선형 변환**(아핀 변환)만 학습할 수 있습니다. 이 층의 **가설 공간**은 입력 데이터를 16차원의 공간으로 바꾸는 가능한 모든 선형 변환의 집합입니다. 이런 가설 공간은 매우 제약이 많으며, 선형 층을 깊게 쌓아도 여전히 하나의 선형 연산이기 때문에 층을 여러 개로 구성하는 장점이 없습니다. (2장에서 보았듯이) 층을 추가해도 가설 공간이 확장되지 않습니다.

가설 공간을 풍부하게 만들어 층을 깊게 만드는 장점을 살리기 위해서는 비선형성 또는 활성화 함수를 추가해야 합니다. relu는 딥러닝에서 가장 인기 있는 활성화 함수입니다. 이름은 조금 이상하지만 prelu, elu 등 비슷한 다른 함수도 많습니다.[11]

11 역주 relu의 변종들은 대부분 음수 처리 방식이 다릅니다. elu 함수는 음수를 완전히 제거하지 않고 보통 최대 -1까지 출력합니다. selu는 elu의 변종으로 이 두 함수는 activation 매개변수에 'elu', 'selu'로 지정할 수 있습니다. leaky relu는 매개변수로 지정한 값에 비례해서 음수 값을 통과시키며 'leaky_relu'로 지정합니다. prelu는 leaky relu의 변종으로 훈련하는 동안 비례의 정도를 학습하며 models.add(layers.PReLU())처럼 추가할 수 있습니다. 자세한 그래프 모양은 위키피디아 문서를 참고하세요(https://bit.ly/2fE7id7).

마지막으로 손실 함수와 옵티마이저를 선택해야 합니다. 이진 분류 문제이고 모델의 출력이 확률이기 때문에(모델의 끝에 시그모이드 활성화 함수를 사용한 하나의 유닛으로 된 층을 놓았습니다), binary_crossentropy 손실이 적합합니다. 이 함수가 유일한 선택은 아니고 mean_squared_error도 사용할 수 있습니다.[12] 확률을 출력하는 모델을 사용할 때는 크로스엔트로피가 최선의 선택입니다. **크로스엔트로피**(crossentropy)는 정보 이론(information theory) 분야에서 온 개념으로 확률 분포 간의 차이를 측정합니다. 여기에서는 원본 분포와 예측 분포 사이를 측정합니다.

옵티마이저는 rmsprop을 사용하겠습니다. 이 옵티마이저는 일반적으로 거의 모든 문제에 기본 선택으로 좋습니다.

다음은 rmsprop 옵티마이저와 binary_crossentropy 손실 함수로 모델을 설정하는 단계입니다. 훈련하는 동안 정확도를 사용하여 모니터링하겠습니다.

코드 4-5 모델 컴파일하기

```
model.compile(optimizer="rmsprop",
              loss="binary_crossentropy",
              metrics=["accuracy"])
```

4.1.4 훈련 검증

3장에서 배웠듯이 딥러닝 모델은 훈련 데이터에서 평가해서는 절대 안 됩니다. 검증 세트를 사용하여 훈련 과정 중에 모델의 정확도를 모니터링하는 것이 표준 관행입니다. 여기에서는 다음과 같이 원본 훈련 데이터에서 1만 개의 샘플을 떼어 검증 세트를 만들겠습니다.

코드 4-6 검증 세트 준비하기

```
x_val = x_train[:10000]
partial_x_train = x_train[10000:]
y_val = y_train[:10000]
partial_y_train = y_train[10000:]
```

12 역주 mean_squared_error와 mean_absolute_error는 회귀 문제에 사용되는 대표적인 손실 함수입니다.

이제 512개의 샘플씩 미니 배치를 만들어 20번의 에포크 동안 모델을 훈련시킵니다(훈련 데이터에 있는 모든 샘플에 대해 20번 반복합니다). 동시에 따로 떼어 놓은 1만 개의 샘플에서 손실과 정확도를 측정할 것입니다. 이렇게 하려면 validation_data 매개변수에 검증 데이터를 전달해야 합니다.

코드 4-7 모델 훈련하기

```
history = model.fit(partial_x_train,
                    partial_y_train,
                    epochs=20,
                    batch_size=512,
                    validation_data=(x_val, y_val))
```

CPU를 사용해도 에포크마다 2초가 걸리지 않습니다. 전체 훈련은 20초 이상 걸립니다. 에포크가 끝날 때마다 1만 개의 검증 샘플 데이터에서 손실과 정확도를 계산하기 때문에 약간씩 지연됩니다.

3장에서 보았듯이 model.fit() 메서드는 History 객체를 반환합니다. 이 객체는 훈련하는 동안 발생한 모든 정보를 담고 있는 딕셔너리인 history 속성을 가지고 있습니다. 한번 확인해 보죠.

```
>>> history_dict = history.history
>>> history_dict.keys()
dict_keys(['loss', 'accuracy', 'val_loss', 'val_accuracy'])
```

이 딕셔너리는 훈련과 검증하는 동안 모니터링할 측정 지표당 하나씩 모두 4개의 항목을 담고 있습니다. 이어지는 두 코드에서 맷플롯립을 사용하여 훈련과 검증 데이터에 대한 손실(그림 4-4)과 정확도(그림 4-5)를 그리겠습니다. 모델의 무작위한 초기화 때문에 독자들의 결과와 조금 다를 수 있습니다.

코드 4-8 훈련과 검증 손실 그리기

```
import matplotlib.pyplot as plt

history_dict = history.history
loss_values = history_dict["loss"]
val_loss_values = history_dict["val_loss"]
epochs = range(1, len(loss_values) + 1)
plt.plot(epochs, loss_values, "bo", label="Training loss") -------- 'bo'는 파란색 점을 의미합니다.
```

```
plt.plot(epochs, val_loss_values, "b", label="Validation loss") -------- 'b'는 파란색 실선을 의미합니다.
plt.title("Training and validation loss")
plt.xlabel("Epochs")
plt.ylabel("Loss")
plt.legend()
plt.show()
```

▼ 그림 4-4 훈련과 검증 손실

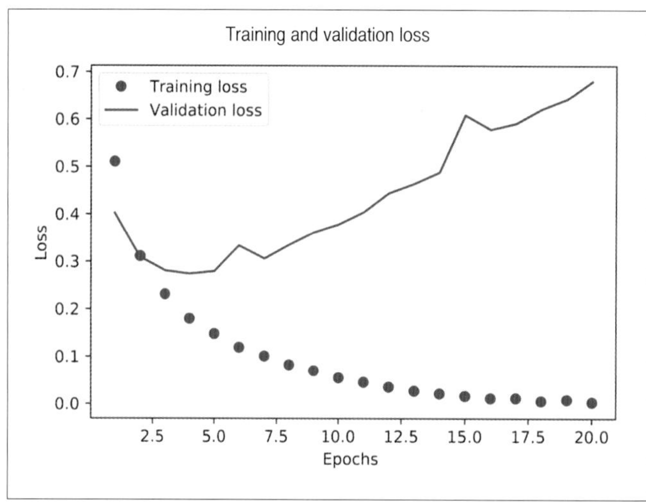

코드 4-9 훈련과 검증 정확도 그리기

```
plt.clf() -------- 그래프를 초기화합니다.
acc = history_dict["accuracy"]
val_acc = history_dict["val_accuracy"]
plt.plot(epochs, acc, "bo", label="Training acc")
plt.plot(epochs, val_acc, "b", label="Validation acc")
plt.title("Training and validation accuracy")
plt.xlabel("Epochs")
plt.ylabel("Accuracy")
plt.legend()
plt.show()
```

▼ 그림 4-5 훈련과 검증 정확도

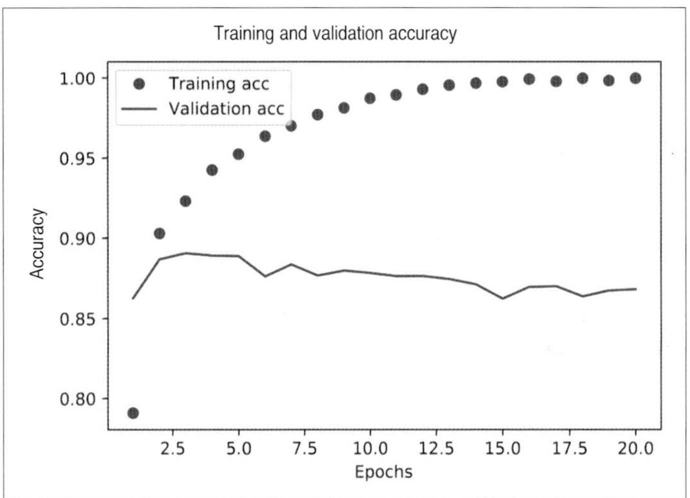

여기에서 볼 수 있듯이 훈련 손실이 에포크마다 감소하고 훈련 정확도는 에포크마다 증가합니다. 경사 하강법 최적화를 사용했을 때 반복마다 최소화되는 것이 손실이므로 기대했던 대로입니다. 검증 손실과 정확도는 이와 같지 않습니다. 네 번째 에포크에서 그래프가 역전되는 것 같습니다. 이것이 훈련 세트에서 잘 작동하는 모델이 처음 보는 데이터에서는 잘 작동하지 않을 수 있다고 앞서 언급한 경고의 한 사례입니다. 정확한 용어로 말하면 **과대적합**(overfitting)되었다고 합니다. 네 번째 에포크 이후부터 훈련 데이터에 과도하게 최적화되어 훈련 데이터에 특화된 표현을 학습하므로 훈련 세트 이외의 데이터에는 일반화되지 못합니다.

이런 경우에 과대적합을 방지하기 위해 네 번째 에포크 이후에 훈련을 중지할 수 있습니다. 일반적으로 과대적합을 완화할 수 있는 여러 종류의 기술이 있습니다. 이에 대해서는 5장에서 다루겠습니다.

처음부터 다시 새로운 신경망을 네 번의 에포크 동안만 훈련하고 테스트 데이터에서 평가해 보겠습니다.[13]

코드 4-10 모델을 처음부터 다시 훈련하기

```
model = keras.Sequential([
    layers.Dense(16, activation="relu"),
    layers.Dense(16, activation="relu"),
    layers.Dense(1, activation="sigmoid")
```

13 역주 fit() 메서드를 재호출하면 학습된 가중치에서 훈련이 이어지므로 처음부터 다시 학습하려면 모델 객체를 새로 만들어야 합니다.

```
])
model.compile(optimizer="rmsprop",
              loss="binary_crossentropy",
              metrics=["accuracy"])
model.fit(x_train, y_train, epochs=4, batch_size=512)
results = model.evaluate(x_test, y_test)
```

최종 결과는 다음과 같습니다.

```
>>> results
[0.2929924130630493, 0.88327999999999995]
```

첫 번째 숫자 0.29는 테스트 손실이고, 두 번째 숫자 0.88은 테스트 정확도입니다.

아주 단순한 방식으로도 88%의 정확도를 달성했습니다. 최고 수준의 기법을 사용하면 95%에 가까운 성능을 얻을 수 있습니다.

4.1.5 훈련된 모델로 새로운 데이터에 대해 예측하기

모델을 훈련시킨 후 이를 실전 환경에서 사용하고 싶을 것입니다. 3장에서 배웠듯이 predict 메서드를 사용해서 어떤 리뷰가 긍정일 확률을 예측할 수 있습니다.[14]

```
>>> model.predict(x_test)
array([[ 0.98006207]
       [ 0.99758697]
       [ 0.99975556]
       ...,
       [ 0.82167041]
       [ 0.02885115]
       [ 0.65371346]], dtype=float32)
```

여기처럼 이 모델은 어떤 샘플에 대해 확신을 가지고 있지만(0.99 또는 그 이상, 0.01 또는 그 이하) 어떤 샘플에 대해서는 확신이 부족합니다(0.6, 0.4).

14 역주 이진 분류에서 레이블이 1인 경우를 양성(positive) 샘플, 0인 경우를 음성(negative) 샘플이라고 합니다. 이 예에서는 긍정(positive)인 리뷰가 양성 샘플이지만 어떤 좋은 것이 양성 샘플이 되는 것이 아니고 예측하려는 대상이 양성이 됩니다. 예를 들어 암 진단에 관한 문제에서는 악성 종양이 양성 샘플이 됩니다.

4.1.6 추가 실험

다음 실험을 진행하면 여기에서 선택한 구조가 향상의 여지는 있지만 어느 정도 납득할 만한 수준이라는 것을 알게 될 것입니다.

- 여기에서는 최종 분류 층 이전에 2개의 표현 층을 사용했습니다. 1개 또는 3개의 표현 층을 사용하고 검증과 테스트 정확도에 어떤 영향을 미치는지 확인해 보세요.
- 층의 유닛을 추가하거나 줄여 보세요. 32개의 유닛, 64개의 유닛 등
- binary_crossentropy 대신 mse 손실 함수를 사용해 보세요.
- relu 대신 tanh 활성화 함수(초창기 신경망에서 인기 있었던 함수입니다)를 사용해 보세요.

4.1.7 정리

다음은 이 예제에서 배운 것들입니다.

- 원본 데이터를 신경망에 텐서로 주입하기 위해서는 꽤 많은 전처리가 필요합니다. 단어 시퀀스는 이진 벡터로 인코딩될 수 있지만 다른 인코딩 방식도 있습니다.
- relu 활성화 함수와 함께 Dense 층을 쌓은 모델은 (감성 분류를 포함하여) 여러 종류의 문제에 적용할 수 있어 앞으로 자주 사용하게 될 것입니다.
- (출력 클래스가 2개인) 이진 분류 문제에서 모델은 하나의 유닛과 sigmoid 활성화 함수를 가진 Dense 층으로 끝나야 합니다. 이 모델의 출력은 확률을 나타내는 0과 1 사이의 스칼라 값입니다.
- 이진 분류 문제에서 이런 스칼라 시그모이드 출력에 대해 사용할 손실 함수는 binary_crossentropy입니다.
- rmsprop 옵티마이저는 문제에 상관없이 일반적으로 충분히 좋은 선택입니다. 걱정할 거리가 하나 줄은 셈입니다.
- 훈련 데이터에 대해 성능이 향상됨에 따라 신경망은 과대적합되기 시작하고 이전에 본 적 없는 데이터에서는 결과가 점점 나빠지게 됩니다. 항상 훈련 세트 이외의 데이터에서 성능을 모니터링해야 합니다.

4.2 뉴스 기사 분류: 다중 분류 문제

이전 절에서 밀집 연결 신경망을 사용하여 벡터 입력을 어떻게 2개의 클래스로 분류하는지 보았습니다. 2개 이상의 클래스가 있을 때는 어떻게 해야 할까요?

이 절에서 로이터(Reuter) 뉴스를 46개의 상호 배타적인 토픽으로 분류하는 신경망을 만들어 보겠습니다. 클래스가 많기 때문에 이 문제는 **다중 분류**(multiclass classification)의 예입니다. 각 데이터 포인트가 정확히 하나의 범주로 분류되기 때문에 좀 더 정확히 말하면 **단일 레이블 다중 분류**(single-label, multiclass classification) 문제입니다. 각 데이터 포인트가 여러 개의 범주(예를 들어 토픽)에 속할 수 있다면 이것은 **다중 레이블 다중 분류**(multi-label, multiclass classification) 문제가 됩니다.

4.2.1 로이터 데이터셋

1986년 로이터에서 공개한 짧은 뉴스 기사와 토픽의 집합인 **로이터 데이터셋**을 사용하겠습니다.[15] 이 데이터셋은 텍스트 분류를 위해 널리 사용되는 간단한 데이터셋입니다. 46개의 토픽이 있으며 어떤 토픽은 다른 것에 비해 데이터가 많습니다. 각 토픽은 훈련 세트에 최소한 10개의 샘플을 가지고 있습니다.

IMDB, MNIST와 마찬가지로 로이터 데이터셋은 케라스에 포함되어 있습니다. 한번 살펴보죠.

코드 4-11 로이터 데이터셋 로드하기

```
from tensorflow.keras.datasets import reuters

(train_data, train_labels), (test_data, test_labels) = reuters.load_data(
    num_words=10000)
```

IMDB 데이터셋처럼 num_words=10000 매개변수는 데이터에서 가장 자주 등장하는 단어 1만 개로 제한합니다.

15 역주 이 데이터셋은 원본 로이터 데이터셋(Reuters-21578, https://bit.ly/2JPwSa0)의 135개 토픽 중에서 샘플이 많은 것을 뽑아 간단하게 만든 것입니다. 이 데이터셋의 토픽은 금융과 관련된 카테고리입니다.

여기에는 8,982개의 훈련 샘플과 2,246개의 테스트 샘플이 있습니다.[16]

```
>>> len(train_data)
8982
>>> len(test_data)
2246
```

IMDB 리뷰처럼 각 샘플은 정수 리스트입니다(단어 인덱스).

```
>>> train_data[10]
[1, 245, 273, 207, 156, 53, 74, 160, 26, 14, 46, 296, 26, 39, 74, 2979,
3554, 14, 46, 4689, 4329, 86, 61, 3499, 4795, 14, 61, 451, 4329, 17, 12]
```

궁금한 경우를 위해 어떻게 단어로 디코딩하는지 알아보겠습니다.

코드 4-12 로이터 데이터셋을 텍스트로 디코딩하기

```
word_index = reuters.get_word_index()
reverse_word_index = dict(
    [(value, key) for (key, value) in word_index.items()])
decoded_newswire = " ".join(
    [reverse_word_index.get(i - 3, "?") for i in train_data[0]])
```

0, 1, 2는 '패딩', '문서 시작', '사전에 없음'을 위해 예약되어 있으므로 인덱스에서 3을 뺍니다.

샘플에 연결된 레이블은 토픽의 인덱스로 0과 45 사이의 정수입니다.

```
>>> train_labels[10]
3
```

4.2.2 데이터 준비

이전의 예제와 동일한 코드를 사용해서 데이터를 벡터로 변환합니다.[17]

---

16 역주 로이터와 4.3절의 보스턴 주택 가격 데이터셋은 `load_data()` 함수에서 `test_split` 매개변수로 테스트 데이터의 크기를 조절할 수 있습니다. 기본값은 0.2로 전체 데이터 중 20%를 테스트 데이터로 만듭니다.

17 역주 IMDB와 로이터 데이터셋은 미리 전체 데이터셋의 단어를 고유한 정수 인덱스로 바꾼 후 훈련 데이터와 테스트 데이터로 나누어 놓은 것입니다. 일반적으로는 훈련 데이터에서 구축한 어휘 사전으로 테스트 세트를 변환합니다. 이렇게 하는 이유는 실전에서 샘플에 어떤 텍스트가 들어 있을지 알 수 없기 때문에 테스트 세트의 어휘를 이용하면 낙관적으로 테스트 세트를 평가하는 셈이 되기 때문입니다.

코드 4-13 데이터 인코딩하기

```
x_train = vectorize_sequences(train_data) -------- 훈련 데이터 벡터 변환
x_test = vectorize_sequences(test_data) -------- 테스트 데이터 벡터 변환
```

레이블을 벡터로 바꾸는 방법은 두 가지입니다. 레이블의 리스트를 정수 텐서로 변환하는 것과 **원-핫 인코딩**(one-hot encoding)을 사용하는 것입니다. 원-핫 인코딩이 범주형 데이터에 널리 사용되기 때문에 **범주형 인코딩**(categorical encoding)이라고도 부릅니다. 이 경우 레이블의 원-핫 인코딩은 각 레이블의 인덱스 자리는 1이고 나머지는 모두 0인 벡터입니다. 예를 들어 다음과 같습니다.[18]

코드 4-14 레이블 인코딩하기

```
def to_one_hot(labels, dimension=46):
    results = np.zeros((len(labels), dimension))
    for i, label in enumerate(labels):
        results[i, label] = 1.
    return results
y_train = to_one_hot(train_labels) -------- 훈련 레이블 벡터 변환
y_test = to_one_hot(test_labels) -------- 테스트 레이블 벡터 변환
```

케라스에는 이를 위한 내장 함수가 있습니다.

```
from tensorflow.keras.utils import to_categorical

y_train = to_categorical(train_labels)
y_test = to_categorical(test_labels)
```

4.2.3 모델 구성

이 토픽 분류 문제는 이전의 영화 리뷰 분류 문제와 비슷해 보입니다. 두 경우 모두 짧은 텍스트를 분류하는 것이죠. 여기에서는 새로운 제약 사항이 추가되었습니다. 출력 클래스의 개수가 2에서 46개로 늘어난 점입니다. 출력 공간의 차원이 훨씬 커졌습니다.

18 역주 to_one_hot() 함수는 labels 매개변수를 제외하고는 이전에 정의한 vectorize_sequences()와 동일합니다. train_data와 test_data는 파이썬 리스트의 넘파이 배열이기 때문에 to_categorical() 함수를 사용하지 못합니다. x_train과 x_test의 크기는 각각 (8982, 10000), (2246, 10000)이 되고 y_train과 y_test의 크기는 각각 (8982, 46), (2246, 46)이 됩니다.

이전에 사용했던 것처럼 Dense 층을 쌓으면 각 층은 이전 층의 출력에서 제공한 정보만 사용할 수 있습니다. 한 층이 분류 문제에 필요한 일부 정보를 누락하면 그다음 층에서 이를 복원할 방법이 없습니다. 각 층은 잠재적으로 정보의 병목(information bottleneck)이 될 수 있습니다. 이전 예제에서 16차원을 가진 중간층을 사용했지만 16차원 공간은 46개의 클래스를 구분하기에 너무 제약이 많을 것 같습니다. 이렇게 규모가 작은 층은 유용한 정보를 완전히 잃게 되는 정보의 병목 지점처럼 동작할 수 있습니다.

이런 이유로 좀 더 규모가 큰 층을 사용하겠습니다. 64개의 유닛을 사용해 보죠.

코드 4-15 모델 정의하기

```
model = keras.Sequential([
    layers.Dense(64, activation="relu"),
    layers.Dense(64, activation="relu"),
    layers.Dense(46, activation="softmax")
])
```

이 구조에서 주목해야 할 점이 두 가지 있습니다.

첫째, 마지막 Dense 층의 크기가 46입니다. 각 입력 샘플에 대해 46차원의 벡터를 출력한다는 뜻입니다. 이 벡터의 각 원소(각 차원)는 각기 다른 출력 클래스가 인코딩된 것입니다.

둘째, 마지막 층에 softmax 활성화 함수가 사용되었습니다. MNIST 예제에서 이런 방식을 보았습니다. 각 입력 샘플마다 46개의 출력 클래스에 대한 확률 분포를 출력합니다. 즉, 46차원의 출력 벡터를 만들며 output[i]는 어떤 샘플이 클래스 i에 속할 확률입니다. 46개의 값을 모두 더하면 1이 됩니다.

이런 문제에 사용할 최선의 손실 함수는 categorical_crossentropy입니다. 이 함수는 두 확률 분포 사이의 거리를 측정합니다. 여기에서는 모델이 출력한 확률 분포와 진짜 레이블의 분포 사이의 거리입니다. 두 분포 사이의 거리를 최소화함으로써 진짜 레이블에 가능한 가까운 출력을 내도록 모델을 훈련하게 됩니다.

코드 4-16 모델 컴파일하기

```
model.compile(optimizer="rmsprop",
              loss="categorical_crossentropy",
              metrics=["accuracy"])
```

4.2.4 훈련 검증

훈련 데이터에서 1,000개의 샘플을 따로 떼어서 검증 세트로 사용하겠습니다.

코드 4-17 검증 세트 준비하기

```
x_val = x_train[:1000]
partial_x_train = x_train[1000:]
y_val = y_train[:1000]
partial_y_train = y_train[1000:]
```

이제 20번의 에포크로 모델을 훈련시킵니다.

코드 4-18 모델 훈련하기

```
history = model.fit(partial_x_train,
                    partial_y_train,
                    epochs=20,
                    batch_size=512,
                    validation_data=(x_val, y_val))
```

마지막으로 손실과 정확도 곡선을 그립니다(그림 4-6, 그림 4-7).

코드 4-19 훈련과 검증 손실 그리기

```
loss = history.history["loss"]
val_loss = history.history["val_loss"]
epochs = range(1, len(loss) + 1)
plt.plot(epochs, loss, "bo", label="Training loss")
plt.plot(epochs, val_loss, "b", label="Validation loss")
plt.title("Training and validation loss")
plt.xlabel("Epochs")
plt.ylabel("Loss")
plt.legend()
plt.show()
```

▼ 그림 4-6 훈련과 검증 손실

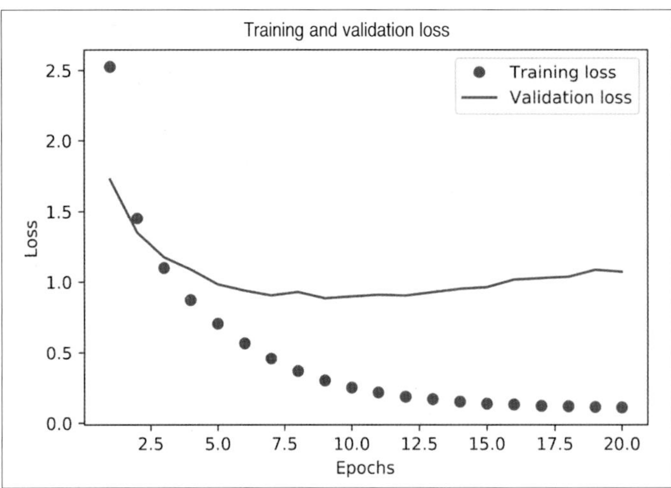

코드 4-20 훈련과 검증 정확도 그리기

```
plt.clf() -------- 그래프를 초기화합니다.
acc = history.history["accuracy"]
val_acc = history.history["val_accuracy"]
plt.plot(epochs, acc, "bo", label="Training accuracy")
plt.plot(epochs, val_acc, "b", label="Validation accuracy")
plt.title("Training and validation accuracy")
plt.xlabel("Epochs")
plt.ylabel("Accuracy")
plt.legend()
plt.show()
```

▼ 그림 4-7 훈련과 검증 정확도

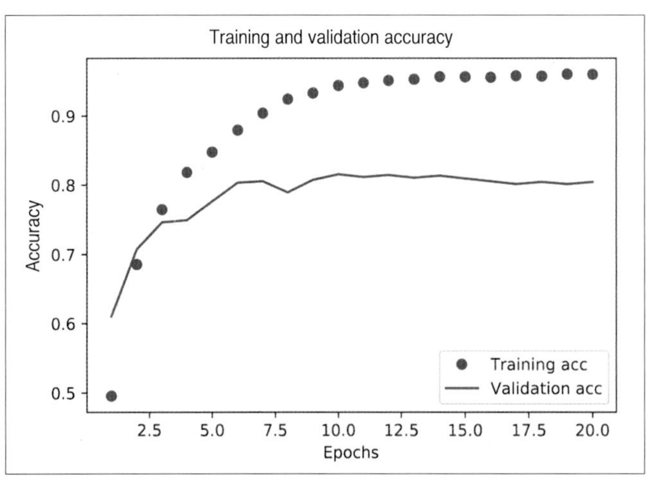

이 모델은 아홉 번째 에포크 이후에 과대적합이 시작됩니다. 아홉 번의 에포크로 새로운 모델을 훈련하고 테스트 세트에서 평가하겠습니다.

코드 4-21 모델을 처음부터 다시 훈련하기

```
model = keras.Sequential([
    layers.Dense(64, activation="relu"),
    layers.Dense(64, activation="relu"),
    layers.Dense(46, activation="softmax")
])
model.compile(optimizer="rmsprop",
              loss="categorical_crossentropy",
              metrics=["accuracy"])
model.fit(x_train,
          y_train,
          epochs=9,
          batch_size=512)
results = model.evaluate(x_test, y_test)
```

최종 결과는 다음과 같습니다.

```
>>> results
[0.9565213431445807, 0.79697239536954589]
```

이 모델은 80%에 가까운 정확도를 달성했습니다. 균형 잡힌 이진 분류 문제에서 완전히 무작위로 분류하면 50%의 정확도를 달성합니다. 하지만 이 문제는 46개의 클래스가 있고 클래스 비율이 같지 않습니다. 랜덤한 분류기를 사용해서 예측하면 정확도가 얼마나 나올까요? 간단한 코드로 직접 확인해 보겠습니다.

```
>>> import copy
>>> test_labels_copy = copy.copy(test_labels)
>>> np.random.shuffle(test_labels_copy)
>>> hits_array = np.array(test_labels) == np.array(test_labels_copy)
>>> hits_array.mean()
0.18655387355298308
```

여기에서 볼 수 있듯이 랜덤한 분류기는 약 19%의 분류 정확도를 달성합니다. 따라서 앞서 확인한 모델의 결과는 꽤 좋은 것 같습니다.

4.2.5 새로운 데이터에 대해 예측하기

새로운 샘플로 모델의 predict 메서드를 호출하면 각 샘플에 대해 46개의 토픽에 대한 클래스 확률 분포를 반환합니다. 테스트 데이터 전체에 대한 토픽을 예측해 보겠습니다.

```
predictions = model.predict(x_test)
```

predictions의 각 항목은 길이가 46인 벡터입니다.

```
>>> predictions[0].shape
(46,)
```

이 벡터는 확률 분포를 나타내기 때문에 원소를 모두 더하면 1이 됩니다.

```
>>> np.sum(predictions[0])
1.0
```

가장 큰 값이 예측 클래스가 됩니다. 즉, 가장 확률이 높은 클래스입니다.

```
>>> np.argmax(predictions[0])
3
```

4.2.6 레이블과 손실을 다루는 다른 방법

앞서 언급한 것처럼 레이블을 인코딩하는 다른 방법은 다음과 같이 정수 텐서로 변환하는 것입니다.[19]

```
y_train = np.array(train_labels)
y_test = np.array(test_labels)
```

이 방식을 사용하려면 손실 함수 하나만 바꾸면 됩니다. 코드 4-21에 사용된 손실 함수 categorical_crossentropy는 레이블이 범주형 인코딩되어 있을 것이라고 기대합니다. 정수 레이블을 사용할 때는 sparse_categorical_crossentropy를 사용해야 합니다.

19 역주 사실 train_labels와 test_labels는 정수 타입의 넘파이 배열이기 때문에 다시 np.array() 함수를 사용할 필요는 없습니다. np.array() 함수는 np.asarray() 함수와 동일하지만 입력된 넘파이 배열의 복사본을 만들어 반환합니다.

```
model.compile(optimizer="rmsprop",
              loss="sparse_categorical_crossentropy",
              metrics=["accuracy"])
```

이 손실 함수는 인터페이스만 다를 뿐이고 수학적으로는 categorical_crossentropy와 동일합니다.

4.2.7 충분히 큰 중간층을 두어야 하는 이유

앞서 언급한 것처럼 마지막 출력이 46차원이기 때문에 중간층의 중간 유닛이 46개보다 많이 적어서는 안 됩니다. 46차원보다 훨씬 작은 중간층(예를 들어 4차원)을 두면 정보의 병목이 어떻게 나타나는지 확인해 보겠습니다.

코드 4-22 정보 병목이 있는 모델

```
model = keras.Sequential([
    layers.Dense(64, activation="relu"),
    layers.Dense(4, activation="relu"),
    layers.Dense(46, activation="softmax")
])
model.compile(optimizer="rmsprop",
              loss="categorical_crossentropy",
              metrics=["accuracy"])
model.fit(partial_x_train,
          partial_y_train,
          epochs=20,
          batch_size=128,
          validation_data=(x_val, y_val))
```

검증 정확도의 최고 값은 약 71%로 8% 정도 감소되었습니다. 이런 손실의 원인 대부분은 많은 정보(클래스 46개의 분할 초평면을 복원하기에 충분한 정보)를 중간층의 저차원 표현 공간으로 압축하려고 했기 때문입니다. 이 모델은 필요한 정보 대부분을 4차원 표현 안에 구겨 넣었지만 전부는 넣지 못했습니다.

4.2.8 추가 실험

이전 예제와 비슷하게 다음과 같은 실험을 통해 이런 모델의 구성을 결정할 때 필요한 직관을 길러 보길 추천합니다.

- 더 크거나 작은 층을 사용해 보세요. 32개의 유닛, 128개의 유닛 등
- 여기에서 최종 소프트맥스 분류 층 이전에 2개의 중간층을 사용했습니다. 1개나 3개의 중간층을 사용해 보세요.

4.2.9 정리

다음은 이 예제에서 배운 것들입니다.

- N개의 클래스로 데이터 포인트를 분류하려면 모델의 마지막 `Dense` 층의 크기는 N이어야 합니다.
- 단일 레이블, 다중 분류 문제에서는 N개의 클래스에 대한 확률 분포를 출력하기 위해 `softmax` 활성화 함수를 사용해야 합니다.
- 이런 문제에는 항상 범주형 크로스엔트로피를 사용해야 합니다. 이 함수는 모델이 출력한 확률 분포와 타깃 분포 사이의 거리를 최소화합니다.
- 다중 분류에서 레이블을 다루는 두 가지 방법이 있습니다.
    - 레이블을 범주형 인코딩(또는 원-핫 인코딩)으로 인코딩하고 `categorical_crossentropy` 손실 함수를 사용합니다.
    - 레이블을 정수로 인코딩하고 `sparse_categorical_crossentropy` 손실 함수를 사용합니다.
- 많은 수의 범주를 분류할 때 중간층의 크기가 너무 작아 모델에 정보의 병목이 생기지 않도록 해야 합니다.

4.3 주택 가격 예측: 회귀 문제

앞의 두 예제는 분류 문제입니다. 입력 데이터 포인트의 개별적인 레이블 하나를 예측하는 것이 목적입니다. 또 다른 종류의 머신 러닝 문제는 개별적인 레이블 대신에 연속적인 값을 예측하는 **회귀**(regression)입니다. 예를 들어 기상 데이터가 주어졌을 때 내일 기온을 예측하거나, 소프트웨어 명세가 주어졌을 때 소프트웨어 프로젝트가 완료될 시간을 예측하는 것입니다.

Note ≡ **회귀**와 **로지스틱 회귀**(logistic regression) 알고리즘을 혼동하지 마세요. 로지스틱 회귀는 회귀 알고리즘이 아니라 분류 알고리즘입니다.[20]

4.3.1 보스턴 주택 가격 데이터셋

이 절에서는 1970년 중반 보스턴 외곽 지역의 범죄율, 지방세율 등의 데이터가 주어졌을 때 주택 가격의 중간 값을 예측해 보겠습니다.[21] 여기에서 사용할 데이터셋은 이전 2개의 예제와 다릅니다. 데이터 포인트가 506개로 비교적 개수가 적고 404개는 훈련 샘플로, 102개는 테스트 샘플로 나뉘어 있습니다. 입력 데이터에 있는 각 **특성**(feature)(예를 들어 범죄율)의 스케일이 서로 다릅니다. 어떤 값은 0과 1 사이의 비율을 나타내고, 어떤 것은 1과 12 사이의 값을 가지거나 1과 100 사이의 값을 가집니다.

코드 4-23 보스턴 주택 데이터셋 로드하기

```
from tensorflow.keras.datasets import boston_housing

(train_data, train_targets), (test_data, test_targets) = (
    boston_housing.load_data())
```

20 역주 로지스틱 회귀는 선형 회귀(linear regression)의 분류 버전으로 중간층이 없고 하나의 출력층만 있는 네트워크와 비슷합니다. 5.3.3절에 케라스로 구현한 로지스틱 회귀 모델의 예가 있습니다.

21 역주 이 데이터셋의 특성 중에는 흑인 인구 비율이 있어 최근에는 예제로 사용되지 않는 추세입니다. 특성에 대한 설명은 http://lib.stat.cmu.edu/datasets/boston을 참고하세요.

데이터를 살펴보겠습니다.

```
>>> train_data.shape
(404, 13)
>>> test_data.shape
(102, 13)
```

여기에서 볼 수 있듯이 404개의 훈련 샘플과 102개의 테스트 샘플이 있고 모두 13개의 수치 특성이 있습니다. 이 특성들은 1인당 범죄율, 주택당 평균 방의 개수, 고속도로 접근성 등입니다.

타깃은 주택의 중간 가격으로 천 달러 단위입니다.

```
>>> train_targets
[ 15.2,  42.3,  50. ...  19.4,  19.4,  29.1]
```

이 가격은 일반적으로 1만 달러에서 5만 달러 사이입니다. 저렴하게 느껴질 텐데 1970년대 중반이라는 것을 기억하세요. 아직 인플레이션에 영향을 받지 않은 가격입니다.

4.3.2 데이터 준비

상이한 스케일을 가진 값을 신경망에 주입하면 문제가 됩니다. 모델이 이런 다양한 데이터에 자동으로 맞추려고 할 수 있지만 이는 확실히 학습을 더 어렵게 만듭니다.[22] 이런 데이터를 다룰 때 대표적인 방법은 특성별로 정규화를 하는 것입니다. 입력 데이터에 있는 각 특성(입력 데이터 행렬의 열)에 대해 특성의 평균을 빼고 표준 편차로 나눕니다.[23] 특성의 중앙이 0 근처에 맞추어지고 표준 편차가 1이 됩니다. 넘파이를 사용하면 간단하게 할 수 있습니다.

코드 4-24 데이터 정규화하기

```
mean = train_data.mean(axis=0)
train_data -= mean
std = train_data.std(axis=0)
train_data /= std
test_data -= mean
test_data /= std
```

22 역주 특성의 스케일이 다르면 전역 최소 점을 찾아가는 경사 하강법의 경로가 스케일이 큰 특성에 영향을 많이 받습니다.

23 역주 정규화는 여러 가지 다른 의미로도 사용되기 때문에 오해하기 쉽습니다. 표준화(standardization)라고 하면 정확히 이 방식을 가리킵니다.

테스트 데이터를 정규화할 때 사용한 값이 훈련 데이터에서 계산한 값임을 주목하세요. 머신 러닝 작업 과정에서 절대로 테스트 데이터에서 계산한 어떤 값도 사용해서는 안 됩니다. 데이터 정규화처럼 간단한 작업조차도 그렇습니다.[24]

4.3.3 모델 구성

샘플 개수가 적기 때문에 64개의 유닛을 가진 2개의 중간층으로 작은 모델을 구성하여 사용하겠습니다. 일반적으로 훈련 데이터의 개수가 적을수록 과대적합이 더 쉽게 일어나므로 작은 모델을 사용하는 것이 과대적합을 피하는 한 방법입니다.

코드 4-25 모델 정의하기

```
def build_model():
    model = keras.Sequential([  -------- 동일한 모델을 여러 번 생성할 것이므로 함수를 만들어 사용합니다.
        layers.Dense(64, activation="relu"),
        layers.Dense(64, activation="relu"),
        layers.Dense(1)
    ])
    model.compile(optimizer="rmsprop", loss="mse", metrics=["mae"])
    return model
```

이 모델의 마지막 층은 하나의 유닛을 가지고 있고 활성화 함수가 없습니다(선형 층이라고 부릅니다). 이것이 전형적인 스칼라 회귀(하나의 연속적인 값을 예측하는 회귀)를 위한 구성입니다. 활성화 함수를 적용하면 출력 값의 범위를 제한하게 됩니다. 예를 들어 마지막 층에 sigmoid 활성화 함수를 적용하면 모델이 0과 1 사이의 값을 예측하도록 학습될 것입니다. 여기에서는 마지막 층이 순수한 선형이므로 모델이 어떤 범위의 값이라도 예측하도록 자유롭게 학습됩니다.

이 모델은 mse 손실 함수를 사용하여 컴파일합니다. 이 함수는 **평균 제곱 오차**(mean squared error)의 약어로 예측과 타깃 사이 거리의 제곱입니다. 회귀 문제에서 널리 사용되는 손실 함수입니다.

훈련하는 동안 모니터링을 위해 새로운 지표인 **평균 절대 오차**(Mean Absolute Error, MAE)를 측정합니다. 이는 예측과 타깃 사이 거리의 절댓값입니다. 예를 들어 이 예제에서 MAE가 0.5면 예측이 평균적으로 500달러 정도 차이가 난다는 뜻입니다.

24 역주 쉽게 생각해서 훈련 데이터와 테스트 데이터를 각각 다른 스케일로 변환하게 되면 훈련 데이터에서 학습한 정보가 쓸모없게 되는 셈입니다. 마찬가지로 실전에 투입하여 새로운 데이터에 대한 예측을 만들 때도 훈련 데이터에서 계산한 값을 사용하여 표준화해야 합니다.

4.3.4 K-겹 검증을 사용한 훈련 검증

(훈련에 사용할 에포크의 수 같은) 매개변수들을 조정하면서 모델을 평가하기 위해 이전 예제에서 했던 것처럼 데이터를 훈련 세트와 검증 세트로 나눕니다. 데이터 포인트가 많지 않기 때문에 검증 세트도 매우 작아집니다(약 100개의 샘플). 결국 검증 세트와 훈련 세트로 어떤 데이터 포인트가 선택되었는지에 따라 검증 점수가 크게 달라집니다. 즉, 검증 세트의 분할에 대한 검증 점수의 **분산**(variance)이 높습니다. 이렇게 되면 모델을 신뢰 있게 평가할 수 없습니다.

이런 상황에서 가장 좋은 방법은 **K-겹 교차 검증**(K-fold cross-validation)을 사용하는 것입니다(그림 4-8).

데이터를 K개의 분할(즉, 폴드(fold))로 나누고(일반적으로 K = 4 또는 5), K개의 모델을 각각 만들어 K - 1개의 분할에서 훈련하고 나머지 분할에서 평가하는 방법입니다. 모델의 검증 점수는 K개의 검증 점수 평균이 됩니다. 코드로 보면 이해하기 쉽습니다.

▼ 그림 4-8 3-겹 교차 검증

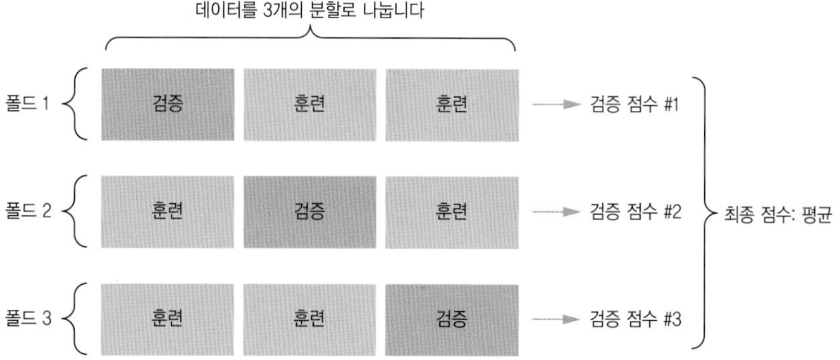

코드 4-26 K-겹 검증하기[25]

```
k = 4
num_val_samples = len(train_data) // k
num_epochs = 100
all_scores = []
for i in range(k):
    print(f"#{i}번째 폴드 처리중")
    val_data = train_data[i * num_val_samples: (i + 1) * num_val_samples]
```

검증 데이터 준비: k번째 분할

25 역주 사실 훈련 데이터의 통계 값으로 테스트 데이터를 전처리했듯이 검증 데이터도 훈련 데이터의 통계 값을 사용하여 전처리해야 합니다. 이렇게 하려면 앞선 전처리 과정이 K-겹 교차 검증 루프 안으로 들어와야 합니다. 사이킷런의 Pipeline 클래스를 사용하면 전처리 단계를 손쉽게 교차 검증 반복 안에 포함시킬 수 있습니다.

```
    val_targets = train_targets[i * num_val_samples: (i + 1) * num_val_samples]
    partial_train_data = np.concatenate( -------- 훈련 데이터 준비: 다른 분할 전체
        [train_data[:i * num_val_samples],
         train_data[(i + 1) * num_val_samples:]],
        axis=0)
    partial_train_targets = np.concatenate(
        [train_targets[:i * num_val_samples],
         train_targets[(i + 1) * num_val_samples:]],
        axis=0)
    model = build_model() -------- 케라스 모델 구성(컴파일 포함)
    model.fit(partial_train_data, partial_train_targets, -------- 모델 훈련(verbose=0이므로 훈련
              epochs=num_epochs, batch_size=16, verbose=0)        과정이 출력되지 않습니다)
    val_mse, val_mae = model.evaluate(val_data, val_targets, verbose=0)
    all_scores.append(val_mae)                       -------- 검증 세트로 모델 평가
```

num_epochs = 100으로 실행하면 다음 결과를 얻습니다.

```
>>> all_scores
[2.112449, 3.0801501, 2.6483836, 2.4275346]
>>> np.mean(all_scores)
2.5671294
```

검증 세트가 다르므로 확실히 검증 점수가 2.1에서 3.1까지 변화가 큽니다. 평균값(2.6)이 각각의 점수보다 훨씬 신뢰할 만합니다. 이것이 K-겹 교차 검증의 핵심입니다. 이 예에서는 평균적으로 2,600달러 정도가 납니다. 주택 가격의 범위가 1만 달러에서 5만 달러 사이인 것을 감안하면 비교적 큰 값입니다.

이 모델을 조금 더 오래 500 에포크 동안 훈련해 보죠. 각 에포크마다 모델이 얼마나 개선되는지 기록하기 위해 훈련 루프를 조금 수정해서 에포크마다 각 폴드의 검증 점수를 로그에 저장하겠습니다.

코드 4-27 각 폴드의 검증 점수 저장하기

```
num_epochs = 500
all_mae_histories = []
for i in range(k):
    print(f"#{i}번째 폴드 처리중")
    val_data = train_data[i * num_val_samples: (i + 1) * num_val_samples] ------ 검증 데이터 준비:
    val_targets = train_targets[i * num_val_samples: (i + 1) * num_val_samples]   k번째 분할
    partial_train_data = np.concatenate( -------- 훈련 데이터 준비: 다른 분할 전체
        [train_data[:i * num_val_samples],
         train_data[(i + 1) * num_val_samples:]],
        axis=0)
```

```
    partial_train_targets = np.concatenate(
        [train_targets[:i * num_val_samples],
         train_targets[(i + 1) * num_val_samples:]],
        axis=0)
    model = build_model()  -------- 케라스 모델 구성(컴파일 포함)
    history = model.fit(partial_train_data, partial_train_targets,  ---- 모델 훈련(verbose=0
                        validation_data=(val_data, val_targets),         이므로 훈련 과정이 출력
                        epochs=num_epochs, batch_size=16, verbose=0)     되지 않습니다)
    mae_history = history.history['val_mae']
    all_mae_histories.append(mae_history)
```

그다음 모든 폴드에 대해 에포크의 MAE 점수 평균을 계산합니다.

코드 4-28 K-겹 검증 점수 평균 기록하기

```
average_mae_history = [
    np.mean([x[i] for x in all_mae_histories]) for i in range(num_epochs)]
```

그래프로 나타내면 그림 4-9와 같습니다.

코드 4-29 검증 점수 그래프 그리기

```
plt.plot(range(1, len(average_mae_history) + 1), average_mae_history)
plt.xlabel("Epochs")
plt.ylabel("Validation MAE")
plt.show()
```

▼ 그림 4-9 에포크별 검증 MAE

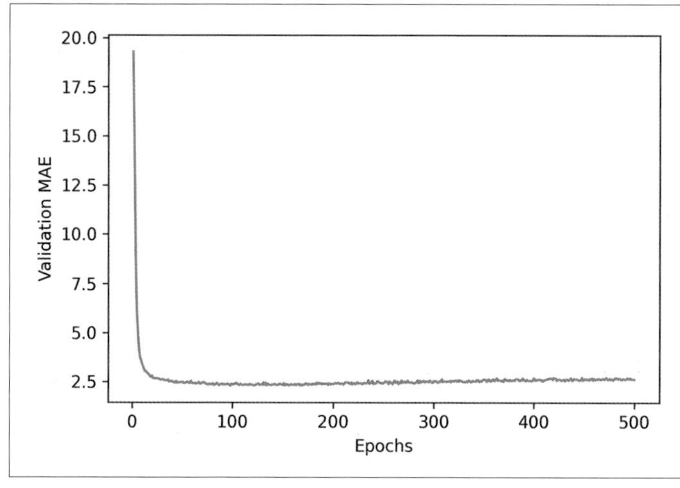

이 그래프는 범위가 크기 때문에 보기가 좀 어렵습니다. 처음 몇 번의 에포크 동안 MAE가 그 이후 에포크보다 너무 높습니다. 나머지 곡선 부분과 스케일이 크게 다른 처음 10개의 데이터 포인트를 제외시켜 보죠.

코드 4-30 처음 10개의 데이터 포인트를 제외한 검증 점수 그래프 그리기

```
truncated_mae_history = average_mae_history[10:]
plt.plot(range(1, len(truncated_mae_history) + 1), truncated_mae_history)
plt.xlabel("Epochs")
plt.ylabel("Validation MAE")
plt.show()
```

▼ 그림 4-10 처음 10개의 데이터 포인트를 제외한 에포크별 검증 MAE

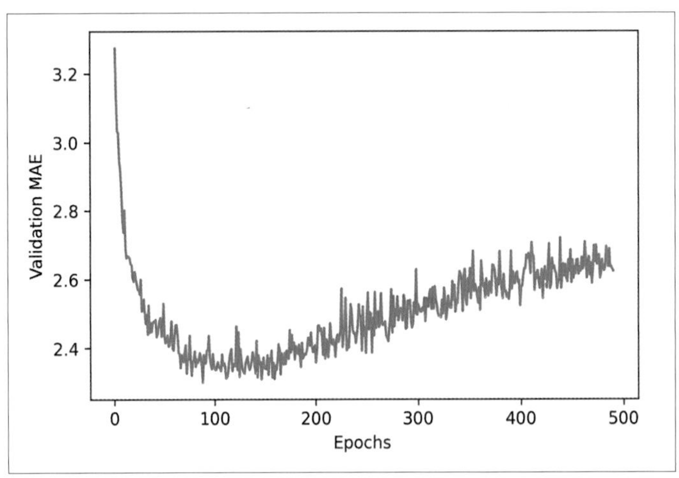

그림 4-10에서 볼 수 있듯이 검증 MAE가 (그래프에서 뺐던 열 번의 에포크를 포함하여) 120~140번째 에포크 이후에 줄어드는 것이 멈추었습니다. 이 지점 이후로는 과대적합이 시작됩니다.

모델의 여러 매개변수에 대한 튜닝이 끝나면(에포크의 수뿐만 아니라 중간층의 크기도 조절할 수 있습니다) 모든 훈련 데이터를 사용하고 최상의 매개변수로 최종 실전에 투입될 모델을 훈련시킵니다. 그다음 테스트 데이터로 성능을 확인합니다.

코드 4-31 최종 모델 훈련하기

```
model = build_model() -------- 새롭게 컴파일된 모델을 얻습니다.
model.fit(train_data, train_targets, -------- 전체 데이터로 훈련시킵니다.
          epochs=130, batch_size=16, verbose=0)
test_mse_score, test_mae_score = model.evaluate(test_data, test_targets)
```

최종 결과는 다음과 같습니다.

```
>>> test_mae_score
2.4642276763916016
```

아직 2,500달러 정도 차이가 납니다. 하지만 성능이 향상되었습니다! 이전 두 예제처럼 모델의 층 수나 층의 유닛 개수를 바꾸어 테스트 오차를 더 낮출 수 있는지 확인해 볼 수 있습니다.

4.3.5 새로운 데이터에 대해 예측하기

앞서 이진 분류 모델에서 predict() 메서드를 호출할 때 각 샘플에 대해 0과 1 사이의 스칼라 점수가 반환되었습니다. 다중 분류 모델에서는 각 샘플마다 모든 클래스에 대한 확률 분포를 얻었습니다. 이제 이 스칼라 회귀 모델의 predict() 메서드를 사용하여 새로운 샘플의 가격을 1,000달러 단위로 예측할 수 있습니다.

```
>>> predictions = model.predict(test_data)
>>> predictions[0]
array([9.990133], dtype=float32)
```

테스트 세트에 있는 첫 번째 주택의 가격은 약 1만 달러로 예상됩니다.

4.3.6 정리

다음은 스칼라 회귀 예제에서 배운 것들입니다.

- 회귀는 분류에서 사용했던 것과는 다른 손실 함수를 사용합니다. 평균 제곱 오차(MSE)는 회귀에서 자주 사용되는 손실 함수입니다.
- 비슷하게 회귀에서 사용되는 평가 지표는 분류와 다릅니다. 당연히 정확도 개념은 회귀에 적용되지 않습니다. 일반적인 회귀 지표는 평균 절대 오차(MAE)입니다.
- 입력 데이터의 특성이 서로 다른 범위를 가지면 전처리 단계에서 각 특성을 개별적으로 스케일 조정해야 합니다.
- 가용한 데이터가 적다면 K-겹 검증을 사용하는 것이 신뢰할 수 있는 모델 평가 방법입니다.

- 가용한 훈련 데이터가 적다면 과대적합을 피하기 위해 중간층의 수를 줄인 작은 모델을 사용하는 것이 좋습니다(일반적으로 1개 또는 2개).

DEEP LEARNING

4.4 요약

- 벡터 데이터를 사용하는 가장 일반적인 머신 러닝 작업은 이진 분류, 다중 분류, 스칼라 회귀입니다.
  - 이 장의 '정리' 절에서 이런 종류의 작업을 통해 배울 중요한 사항들을 정리해 놓았습니다.
  - 회귀에서 사용하는 손실 함수와 평가 지표는 분류와 다릅니다.
- 보통 원본 데이터를 신경망에 주입하기 전에 전처리해야 합니다.
- 데이터에 범위가 다른 특성이 있다면 전처리 단계에서 각 특성을 독립적으로 스케일 조정해야 합니다.
- 훈련이 진행됨에 따라 신경망의 과대적합이 시작되고 새로운 데이터에 대해 나쁜 결과를 얻게 됩니다.
- 훈련 데이터가 많지 않으면 과대적합을 피하기 위해 1개 또는 2개의 중간층을 가진 모델을 사용합니다.
- 데이터가 많은 범주로 나뉘어 있을 때 중간층이 너무 작으면 정보의 병목이 생길 수 있습니다.
- 데이터양이 적을 때는 K-겹 검증이 신뢰할 수 있는 모델 평가를 도와줍니다.

5장

머신 러닝의 기본 요소

이 장에서 다룰 핵심 내용

- 머신 러닝의 근본 문제인 일반화와 최적화 사이의 긴장 관계 이해하기
- 머신 러닝 모델의 평가 방법
- 훈련 성능 향상을 위한 모범 사례
- 일반화 성능 향상을 위한 모범 사례

4장에서 3개의 실용적인 예를 다루었습니다. 이제 신경망을 사용하여 분류와 회귀 문제에 어떻게 접근하는지 익숙해지기 시작했을 것입니다. 머신 러닝에서 아주 중요한 문제인 과대적합도 직접 보았습니다. 이 장에서는 정확한 모델 평가의 중요성 및 훈련과 일반화 사이의 균형을 강조하면서 머신 러닝에 대한 새로운 직관을 확고한 개념으로 정립하겠습니다.

5.1 일반화: 머신 러닝의 목표

4장에 있는 3개의 예제(영화 리뷰 예측, 토픽 분류, 주택 가격 회귀)에서 데이터를 훈련 세트, 검증 세트, 테스트 세트로 나누었습니다. 훈련에 사용한 데이터로 모델을 평가하지 않는 이유는 금방 드러납니다. 몇 번의 에포크 후에 이전에 본 적 없는 데이터에 대한 성능이 훈련 데이터의 성능에서 크게 벌어지기 시작합니다. 그리고 훈련 데이터의 성능은 훈련이 진행될수록 계속 향상됩니다. 모델이 과대적합(overfitting)되기 시작한 것입니다. 이런 과대적합은 모든 머신 러닝 문제에서 발생합니다.

머신 러닝의 근본적인 이슈는 최적화와 일반화 사이의 줄다리기입니다. **최적화**(optimization)는 가능한 훈련 데이터에서 최고의 성능을 얻으려고 모델을 조정하는 과정입니다(머신 러닝에서 학습에 해당됩니다). 반면 **일반화**(generalization)는 훈련된 모델이 이전에 본 적 없는 데이터에서 얼마나 잘 수행되는지 의미합니다. 당연히 목표는 좋은 일반화 성능을 얻는 것입니다. 하지만 일반화 성능을 제어할 방법이 없습니다. 단지 모델을 훈련 데이터에 맞출 수만 있습니다. 만약 너무 잘 맞는다면 과대적합이 시작되고 일반화 성능은 나빠집니다.

그렇다면 과대적합의 원인이 무엇일까요? 어떻게 좋은 일반화 성능을 달성할 수 있을까요?

5.1.1 과소적합과 과대적합

이전 장에서 본 모델의 경우 홀드아웃(holdout) 검증 데이터에서 손실이 훈련이 진행됨에 따라 낮아지지만 잠시 후에 필연적으로 다시 높아집니다. (그림 5-1에 나타난) 이런 패턴이 일반적입니다. 어떤 모델이나 데이터셋에서도 이를 볼 수 있습니다.

▼ 그림 5-1 전형적인 과대적합 진행 과정[1]

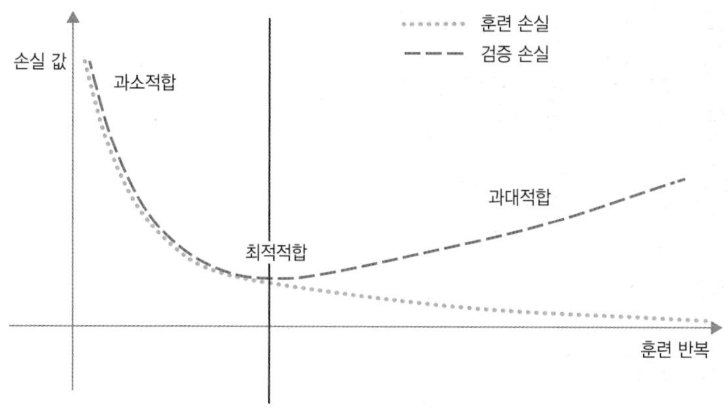

훈련 초기에 최적화와 일반화는 상호 연관되어 있습니다. 훈련 데이터의 손실이 낮아질수록 테스트 데이터의 손실도 낮아집니다. 이런 상황이 발생할 때 모델이 **과소적합**(underfitting)되었다고 말합니다. 모델의 성능이 계속 발전될 여지가 있습니다. 즉, 네트워크가 훈련 데이터에 있는 모든 관련 패턴을 학습하지 못했습니다. 하지만 훈련 데이터에서 훈련을 특정 횟수만큼 반복하고 난 후에는 일반화 성능이 더 이상 높아지지 않으며 검증 세트의 성능이 멈추고 감소되기 시작합니다. 즉, 모델이 과대적합되기 시작합니다. 이는 훈련 데이터에 특화된 패턴을 학습하기 시작했다는 의미입니다. 이 패턴은 새로운 데이터와 관련성이 적고 잘못된 판단을 하게 만듭니다.

과대적합은 데이터에 잡음이 있거나, 불확실성이 존재하거나, 드문 특성이 포함되어 있을 때 특히 발생할 가능성이 높습니다.

잡음 섞인 훈련 데이터

실제 데이터셋에는 잘못된 입력이 있는 경우가 흔합니다. 예를 들어 MNIST 숫자의 경우 그림 5-2와 같은 이미지나 전부 검은색인 이미지가 있을 수 있습니다.

1 역주 그래프에 표시된 최적적합의 원문 표기는 robust fit으로 잡음이나 이상치에 민감하지 않고 견고한 상태를 의미합니다.

▼ 그림 5-2 이상한 MNIST 훈련 샘플

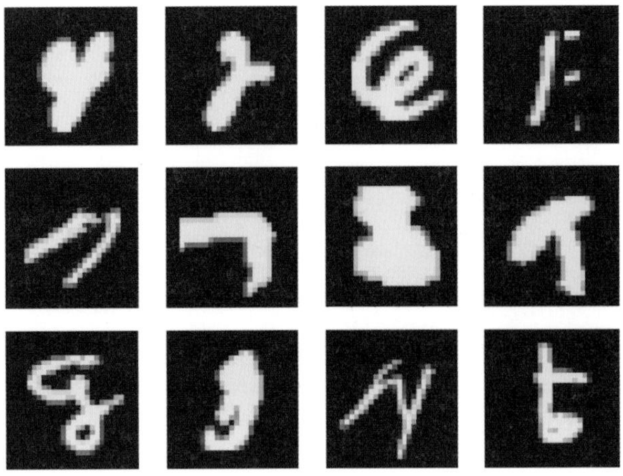

무슨 숫자일까요? 저도 모르겠습니다. 하지만 모두 MNIST 훈련 세트에 있는 이미지입니다. 하지만 더 안 좋은 것은 그림 5-3과 같이 완전히 정상적인 이미지인데 레이블이 잘못된 경우입니다.

▼ 그림 5-3 레이블이 잘못된 MNIST 훈련 샘플

모델을 이런 이상치에 맞추려고 하면 그림 5-4와 같이 일반화 성능이 감소됩니다. 예를 들어 그림 5-3의 첫 번째 이미지와 매우 비슷한 숫자 4는 9로 분류될 수 있습니다.

▼ 그림 5-4 이상치 다루기: 최적적합 vs 과대적합

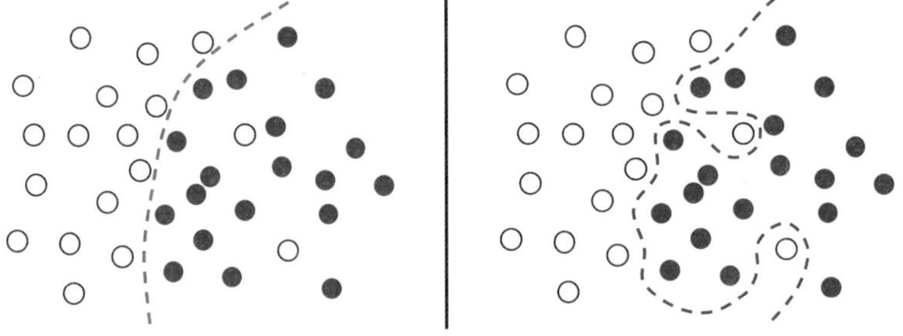

불확실한 특성

모든 데이터 잡음이 부정확성 때문에 발생하는 것은 아닙니다. 문제에 불확실성과 모호성이 있다면 완벽하고 깔끔하게 레이블이 부여된 데이터라도 잡음이 있을 수 있습니다. 분류 작업에서 입력 특성 공간의 일부 영역이 동시에 여러 클래스에 연관된 경우가 종종 있습니다. 예를 들어 바나나 이미지를 받아서 이 바나나가 덜 익었는지, 익었는지 또는 썩었는지 예측하는 모델을 개발 중이라고 가정해 보죠. 이런 범주에는 객관적인 경계가 없기 때문에 레이블을 할당하는 사람마다 동일한 사진을 덜 익은 바나나 또는 익은 바나나로 분류할 수 있습니다. 비슷하게 많은 문제에는 무작위성이 포함되어 있습니다. 기압 데이터를 사용해서 내일 비가 올지 여부를 예측할 수 있습니다. 하지만 정확히 동일한 측정값을 얻은 후에도 일정 확률로 이따금 비가 오거나 맑은 하늘이 됩니다.

모델이 그림 5-5와 같이 특성 공간의 모호한 영역에 너무 확신을 가지면 이런 확률적인 데이터에 과대적합될 수 있습니다. 최적적합은 개별 데이터 포인트를 무시하고 더 큰 그림을 바라보아야 합니다.

▼ 그림 5-5 특성 공간에 모호한 영역이 있을 때 최적적합 vs 과대적합

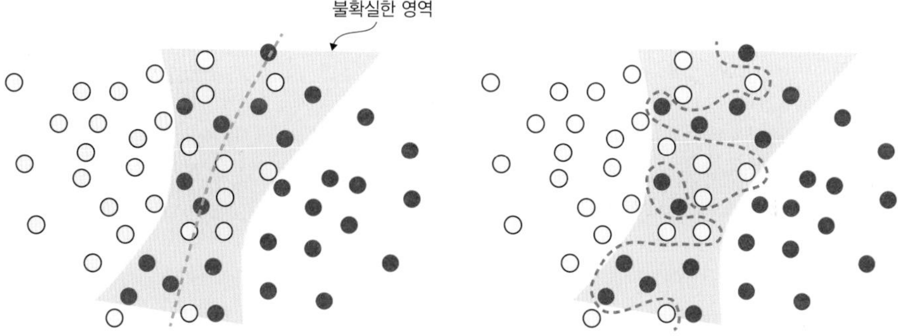

드문 특성과 가짜 상관관계

평생 두 마리의 주황색 얼룩무늬 고양이만 보았고 둘 다 사교성이 매우 없다면, 주황색 얼룩무늬 고양이는 일반적으로 사교적이지 않다고 추측할 수 있습니다. 이것이 과대적합입니다. 더 많은 주황색 고양이와 다양한 다른 종류의 고양이를 보았다면 고양이 색이 성격과 관련이 없다는 것을 배웠을 것입니다.

비슷하게 드문 특성 값을 포함한 데이터셋에서 훈련한 머신 러닝 모델은 과대적합될 가능성이 매우 높습니다. 감성 분류 작업에서 'cherimoya'[2]란 단어가 훈련 데이터의 한 텍스트에서만 나타나

2 체리모야. 안데스 산맥이 원산지인 과일입니다.

고 이 텍스트가 부정 레이블을 가지고 있다면, 규제가 잘되지 않은 모델은 이 단어에 매우 높은 가중치를 부여해서 'cherimoya'를 언급한 텍스트를 항상 부정으로 분류할지 모릅니다. 하지만 객관적으로 체리모야에 부정적인 것은 없습니다.[3]

중요한 점은 가짜 상관관계를 만들어 내는 데 특성 값이 몇 번만 등장할 필요가 없다는 것입니다. 훈련 데이터에서 100개의 샘플에 등장하는 단어가 있고, 그 샘플 중 54%는 긍정이고 46%는 부정이라고 가정해 보죠. 이 차이는 통계적으로 완전히 우연일 수 있지만 모델은 분류 작업에 이 특성을 활용할 가능성이 높습니다. 이것이 과대적합의 가장 보편적인 원인 중 하나입니다.

MNIST를 사용해서 확실한 예를 하나 보겠습니다. 기존 데이터의 784차원에 백색 잡음인 784개의 차원을 연결하여 새로운 훈련 세트를 만듭니다. 따라서 데이터의 절반은 잡음입니다. 비교를 위해 모두 0인 784개의 차원을 연결하여 동일한 데이터셋을 만듭니다. 의미 없는 특성의 연결은 데이터의 기존 정보에 전혀 영향을 미치지 않습니다. 즉, 무언가 추가만 한 것입니다. 사람의 분류 정확도는 이런 변환에 전혀 영향을 받지 않습니다.

코드 5-1 MNIST에 백색 잡음 픽셀과 0픽셀 추가하기

```
from tensorflow.keras.datasets import mnist
import numpy as np

(train_images, train_labels), _ = mnist.load_data()
train_images = train_images.reshape((60000, 28 * 28))
train_images = train_images.astype("float32") / 255
train_images_with_noise_channels = np.concatenate(
    [train_images, np.random.random((len(train_images), 784))], axis=1)
train_images_with_zeros_channels = np.concatenate(
    [train_images, np.zeros((len(train_images), 784))], axis=1)
```

이 두 훈련 세트에서 2장의 모델을 훈련해 보겠습니다.

코드 5-2 백색 잡음과 0을 추가한 MNIST 데이터에서 모델 훈련하기

```
from tensorflow import keras
from tensorflow.keras import layers

def get_model():
    model = keras.Sequential([
        layers.Dense(512, activation="relu"),
```

3 마크 트웨인(Mark Twain)은 체리모야가 '인간이 아는 가장 맛있는 과일'이라고 했습니다.

```
        layers.Dense(10, activation="softmax")
    ])
    model.compile(optimizer="rmsprop",
                  loss="sparse_categorical_crossentropy",
                  metrics=["accuracy"])
    return model

model = get_model()
history_noise = model.fit(
    train_images_with_noise_channels, train_labels,
    epochs=10,
    batch_size=128,
    validation_split=0.2)

model = get_model()
history_zeros = model.fit(
    train_images_with_zeros_channels, train_labels,
    epochs=10,
    batch_size=128,
    validation_split=0.2)
```

시간에 따라 각 모델의 검증 정확도가 어떻게 변화하는지 비교해 보겠습니다.

코드 5-3 검증 정확도 비교 그래프 그리기

```
import matplotlib.pyplot as plt

val_acc_noise = history_noise.history["val_accuracy"]
val_acc_zeros = history_zeros.history["val_accuracy"]
epochs = range(1, 11)
plt.plot(epochs, val_acc_noise, "b-",
         label="Validation accuracy with noise channels")
plt.plot(epochs, val_acc_zeros, "b--",
         label="Validation accuracy with zeros channels")
plt.title("Effect of noise channels on validation accuracy")
plt.xlabel("Epochs")
plt.ylabel("Accuracy")
plt.legend()
plt.show()
```

두 경우 모두 동일한 정보를 가진 데이터이지만 잡음이 섞인 데이터에서 훈련된 모델의 검증 정확도가 1퍼센트 포인트 정도 낮습니다(그림 5-6). 이는 순전히 가짜 상관관계의 영향 때문입니다. 잡음을 더 많이 섞을수록 정확도는 더 감소될 것입니다.

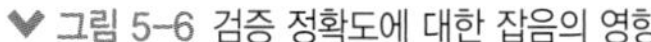
그림 5-6 검증 정확도에 대한 잡음의 영향

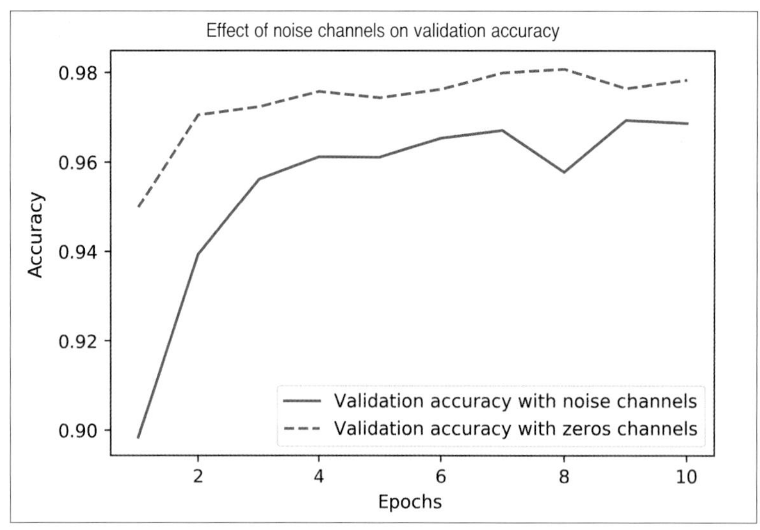

잡음 특성은 필연적으로 과대적합을 유발시킵니다. 따라서 특성이 모델에 유익한지 또는 모델을 혼란스럽게 만드는지 확실하지 않다면 훈련 전에 **특성 선택**(feature selection)을 수행하는 것이 일반적입니다. 예를 들어 IMDB 데이터를 가장 자주 등장하는 최상위 1만 개 단어로 제한하는 것은 세련되지 않은 특성 선택 방법입니다. 특성 선택을 하는 일반적인 방법은 가용한 각 특성에 대해 어떤 유용성 점수를 계산하는 것입니다. 즉, 특성과 레이블 사이의 상호 의존 정보(mutual information)처럼 작업에 대해 특성이 얼마나 유익한지 측정합니다. 그다음 일정 임계 값을 넘긴 특성만 사용합니다. 이렇게 하면 앞선 예제에서 백색 잡음이 걸러질 수 있습니다.

5.1.2 딥러닝에서 일반화의 본질

딥러닝 모델에 관한 놀라운 사실은 표현 능력이 충분하다면 어떤 것에도 맞추도록 훈련할 수 있다는 것입니다.

믿기지 않나요? MNIST 레이블을 섞은 후 모델을 훈련해 보세요. 입력과 뒤섞은 레이블 사이에 아무런 관계가 없지만 비교적 작은 모델에서도 훈련 손실이 잘 감소합니다. 당연히 이런 상황에서 가능한 일반화가 없기 때문에 검증 손실은 시간이 지남에 따라 향상되지 않습니다.

코드 5-4 랜덤하게 섞은 레이블로 MNIST 모델 훈련하기

```
(train_images, train_labels), _ = mnist.load_data()
train_images = train_images.reshape((60000, 28 * 28))
train_images = train_images.astype("float32") / 255

random_train_labels = train_labels[:]
np.random.shuffle(random_train_labels)

model = keras.Sequential([
    layers.Dense(512, activation="relu"),
    layers.Dense(10, activation="softmax")
])
model.compile(optimizer="rmsprop",
              loss="sparse_categorical_crossentropy",
              metrics=["accuracy"])
model.fit(train_images, random_train_labels,
          epochs=100,
          batch_size=128,
          validation_split=0.2)
```


사실 이렇게 MNIST 데이터를 사용할 필요도 없습니다. 백색 잡음으로 입력을 만들고 랜덤하게 레이블을 생성할 수도 있습니다. 모델 파라미터가 충분하다면 여기에서도 모델을 훈련할 수 있습니다. 파이썬 딕셔너리처럼 특정 입력을 외워 버리게 될 것입니다.

이런 경우라면 어떻게 딥러닝 모델이 일반화될까요? 그냥 파이썬 딕셔너리처럼 훈련 입력과 타깃 사이의 임시 매핑을 학습해야 하지 않을까요? 이런 매핑이 새로운 입력에 작동할 것이라고 기대할 수 있나요?

결국 딥러닝에서 일반화의 본질은 딥러닝 모델 자체와 거의 관련이 없고 실제 세상의 정보 구조와 많은 관련이 있습니다. 실제로 어떤 일이 일어나고 있는지 알아보죠.

매니폴드 가설

(전처리하기 전의) MNIST 분류기 입력은 28×28 크기의 정수 배열이며 0~255 사이의 값을 가집니다. 가능한 전체 입력 값의 가짓수는 784^{256}입니다. 우주에 있는 원자 개수보다 훨씬 많습니다.[4] 하지만 이런 입력 중 매우 적은 수만 유효한 MNIST 샘플입니다. 실제 손글씨 숫자는 가능한

4 역주 우주에 존재하는 원자 개수는 관측 가능한 우주의 질량을 수소 원자의 질량으로 나누어 계산할 수 있는데 대략 10^{80}개로 알려져 있습니다.

모든 28×28 uint8 배열로 이루어진 공간에서 아주 작은 부분 공간만 차지합니다. 더군다나 이 부분 공간은 부모 공간에 랜덤하게 뿌려진 포인트의 집합이 아니라 매우 구조적입니다.

우선 유효한 손글씨 숫자의 부분 공간은 연속적입니다. 하나의 샘플을 조금 수정해도 여전히 같은 손글씨 숫자로 인식할 수 있습니다. 게다가 유효한 부분 공간 안에 있는 모든 샘플은 이 부분 공간을 가로지르는 매끈한 경로로 연결되어 있습니다. 2개의 MNIST 숫자 A와 B를 무작위로 선택하면 A를 B로 변형시키는 연속적인 중간 이미지가 있다는 의미입니다. 2개의 연속적인 중간 이미지는 서로 매우 비슷합니다(그림 5-7). 두 클래스의 경계 부근에서는 모호한 모양이 조금 있겠지만 이런 모양도 여전히 숫자처럼 보일 것입니다.

▼ 그림 5-7 한 숫자에서 다른 숫자로 점차 변형되는 여러 가지 MNIST 샘플. 손글씨 숫자의 공간이 '매니폴드'를 가지고 있음을 보여주는데, 이 이미지는 12장의 코드를 사용해서 생성했다

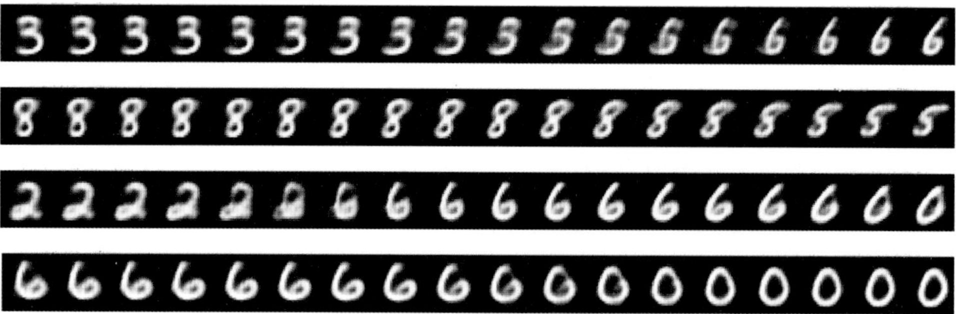

기술적으로 손글씨 숫자가 가능한 모든 28×28 uint8 배열로 이루어진 공간 안에서 **매니폴드**(manifold)를 형성한다고 말합니다. '매니폴드'는 국부적으로는 선형(유클리드) 공간과 비슷하게 보이는 부모 공간의 저차원 부분 공간입니다. 예를 들어 평면상의 매끄러운 한 곡선은 2D 공간 안에 있는 1D 매니폴드입니다. 이 곡선의 모든 포인트에서 접선을 그릴 수 있기 때문입니다(곡선은 모든 포인트에서 직선으로 근사할 수 있습니다). 3D 공간상의 매끄러운 표면은 2D 매니폴드가 되는 식입니다.

더 일반적으로 **매니폴드 가설**(manifold hypothesis)은 실제 세상의 모든 데이터가 (이 데이터가 인코딩된) 고차원 공간 안에 있는 저차원 매니폴드에 놓여 있다고 가정합니다. 이는 우주에 있는 정보 구조에 관한 매우 강력한 가정입니다. 우리가 아는 한 이것이 맞으며 딥러닝이 작동하는 이유입니다. MNIST 숫자뿐만 아니라 사람 얼굴, 나무 형태, 음성, 심지어 자연어(natural language)도 해당됩니다.

매니폴드 가설은 다음을 의미합니다.

- 머신 러닝 모델은 가능한 입력 공간 안에서 비교적 간단하고, 저차원이며, 매우 구조적인 부분 공간(잠재 매니폴드(latent manifold))만 학습하면 됩니다.
- 이런 매니폴드 중 하나 안에서 두 입력 사이를 보간(interpolation)하는 것이 항상 가능합니다. 즉, 연속적인 경로를 따라 한 입력에서 다른 입력으로 변형할 때 모든 포인트가 이 매니폴드에 속합니다.

샘플 사이를 보간하는 능력은 딥러닝에서 일반화를 이해하는 열쇠입니다.

일반화의 원천인 보간

다루는 데이터 포인트를 보간할 수 있다면 이전에 본 적 없는 포인트를 해당 매니폴드에서 가까이 놓인 다른 포인트와 연결하여 이해할 수 있습니다. 다른 말로 하면 공간 안의 샘플만 사용해서 공간 전체를 이해할 수 있습니다. 보간을 사용해서 빈 곳을 채울 수 있기 때문입니다.

그림 5-8에 나타난 것처럼 잠재 매니폴드에서 보간은 부모 공간에서의 선형 보간과 다릅니다. 예를 들어 2개의 MNIST 숫자 사이의 픽셀을 평균하면 일반적으로 유효한 숫자가 만들어지지 않습니다.

▼ 그림 5-8 선형 보간과 잠재 매니폴드 보간 사이의 차이. 숫자의 잠재 매니폴드에서 모든 포인트는 유효한 숫자가 되지만 일반적으로 두 숫자를 평균하면 유효한 숫자가 되지 않는다

 ~  = 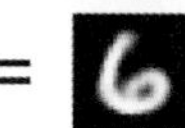

매니폴드 보간
(잠재 매니폴드에서의 중간 포인트)

 ~ 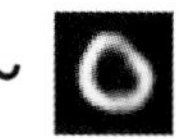 = 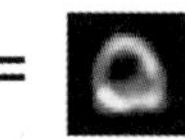

선형 보간
(인코딩 공간에서의 평균)

근사적으로 학습된 데이터 매니폴드에서 보간을 통해 딥러닝의 일반화가 달성되지만 보간이 일반화의 전부라고 가정하는 것은 실수입니다. 이는 빙산의 일각입니다. 보간은 이전에 본 것과 매우 가까운 것을 이해하는 데 도움을 줄 수 있을 뿐입니다. 이를 **지역 일반화**(local generalization)라고 합니다. 하지만 놀랍게도 사람은 항상 극도로 새로운 것을 다루면서도 잘 처리합니다. 사람은 앞으로 마주할 모든 상황에 대해 무수히 많은 샘플에서 미리 훈련할 필요가 없습니다. 여러분의 하루하루는 이전에 경험했던 어떤 날과도 다르고, 인류가 시작된 이후로 모든 사람이 경험했던 날과도 다릅니다. 각 도시에서 수천 번의 학습과 리허설을 하지 않고도 뉴욕에서 일주일, 상해에서 일주일, 벵갈루루(Bangalore)에서 일주일을 번갈아 보낼 수 있습니다.

사람은 보간 이외의 인지 메커니즘으로 **궁극 일반화**(extreme generalization)를 할 수 있습니다. 인지 메커니즘은 추상화, 세상에 대한 상징적 모델, 추론, 논리, 상식, 일반적으로 이성이라고 부르는 세상에 대한 선천적 능력 등을 말하며 직관이나 패턴 인식과는 다릅니다. 후자는 사실상 대체로 보간에 해당하지만 전자는 그렇지 않습니다. 둘 다 지능에 꼭 필요합니다. 이에 대해 14장에서 자세히 다루겠습니다.

딥러닝이 작동하는 이유

2장의 구겨진 종이 공 비유를 기억하나요? 한 장의 종이는 3D 공간 안의 2D 매니폴드를 나타냅니다(그림 5-9). 딥러닝 모델은 종이 공을 펼치는 도구입니다. 즉, 잠재 매니폴드를 풀기 위한 도구입니다.

▼ 그림 5-9 복잡한 데이터 매니폴드 펼치기

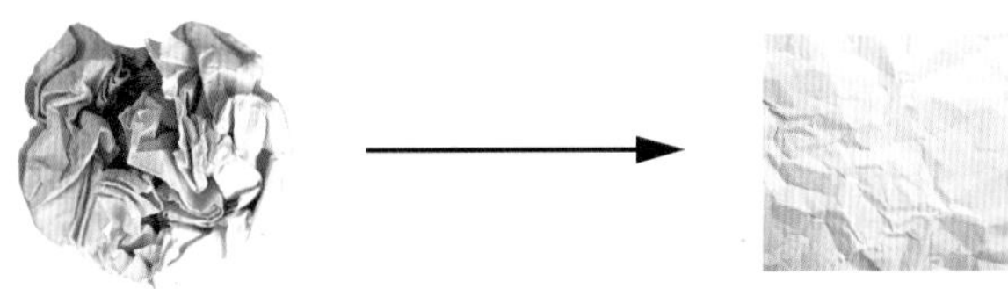

딥러닝 모델은 근본적으로 매우 고차원의 곡선입니다. 미분할 수 있어야 하기 때문에 매끄럽고 연속적인 곡선입니다(모델 구조에 대한 가정(prior)으로 인해 곡선의 구조에 추가적인 제약이 있습니다). 경사 하강법을 통해 이 곡선을 부드럽고 점진적으로 데이터 포인트에 맞춥니다. 딥러닝은 본질적으로 크고 복잡한 곡선(매니폴드)을 선택하여 훈련 데이터 포인트에 맞을 때까지 파라미터를 점진적으로 조정하는 것입니다.

이 곡선은 어떤 것에도 맞출 수 있는 충분한 파라미터가 있습니다. 실제로 모델을 충분히 오래 훈련한다면 결국 훈련 데이터를 완전히 외워 버리게 되고 일반화가 전혀 되지 않을 것입니다. 하지만 학습하려는 데이터는 해당 공간에 희소하게 분산된 독립적인 포인트로 구성되지 않습니다. 이 데이터는 입력 공간 안에서 고도로 구조적인 저차원의 매니폴드를 형성합니다. 바로 매니폴드 가설입니다. 경사 하강법으로 시간이 지남에 따라 부드럽고 점진적으로 모델 곡선을 이 데이터에 맞춥니다. 따라서 그림 5-10에서 볼 수 있듯이 모델이 데이터의 매니폴드를 대략적으로 근사하는 중간 지점이 있을 것입니다.

✔ 그림 5-10 랜덤한 모델에서 과대적합 모델로 이동하면서 중간 상태로 최적적합 모델을 얻는다

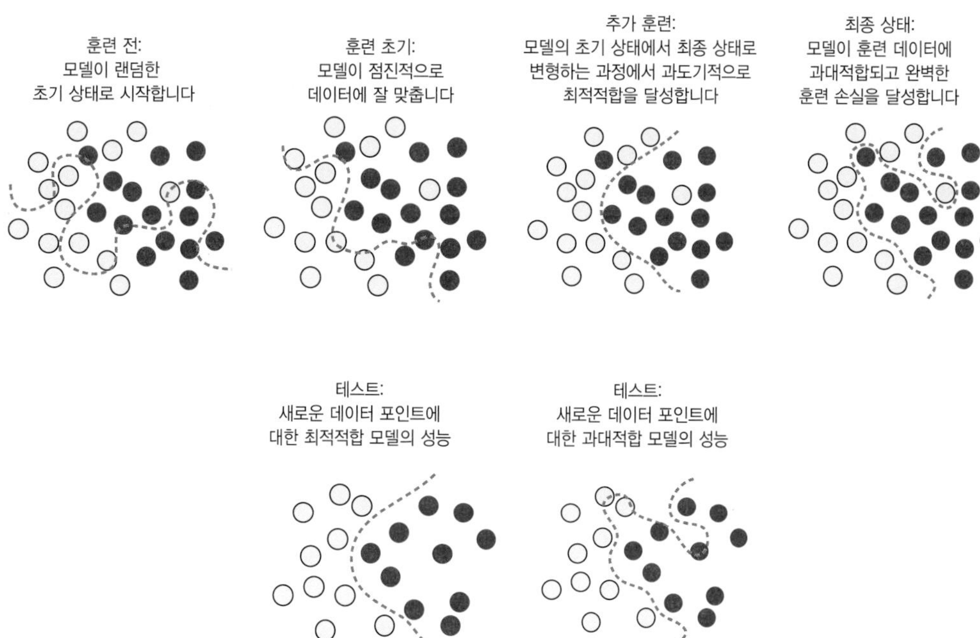
훈련 전:
모델이 랜덤한
초기 상태로 시작합니다
훈련 초기:
모델이 점진적으로
데이터에 잘 맞춥니다
추가 훈련:
모델의 초기 상태에서 최종 상태로
변형하는 과정에서 과도기적으로
최적적합을 달성합니다
최종 상태:
모델이 훈련 데이터에
과대적합되고 완벽한
훈련 손실을 달성합니다
테스트:
새로운 데이터 포인트에
대한 최적적합 모델의 성능
테스트:
새로운 데이터 포인트에
대한 과대적합 모델의 성능

그 지점에서 모델이 학습한 곡선을 따라 이동하는 것은 데이터의 실제 잠재 매니폴드를 따라 이동하는 것과 비슷합니다. 따라서 모델이 훈련 입력 사이를 보간하여 이전에 본 적 없는 입력을 이해할 수 있을 것입니다.

딥러닝 모델이 충분한 표현 능력을 가진다는 일반적인 사실 외에도 잠재 매니폴드를 학습하는 데 특히 잘 맞는 몇 가지 속성이 있습니다.

- 딥러닝 모델은 입력에서부터 출력으로 매끄럽고 연속적인 매핑을 구현합니다. 필수적으로 미분 가능해야 하기 때문에 매끄럽고 연속적이어야 합니다(그렇지 않으면 경사 하강법을 사용할 수 없습니다). 이런 매끄러움은 동일한 속성을 가진 잠재 매니폴드를 근사하는 데 도움이 됩니다.
- 딥러닝 모델은 (모델 구조에 대한 가정을 바탕으로) 훈련 데이터에 있는 정보의 형태를 반영하는 식으로 구조화되는 경향이 있습니다. 특히 이미지 처리 모델(8~9장)과 시퀀스 처리 모델(10장)에서 그렇습니다. 더 일반적으로 심층 신경망은 학습한 표현을 계층적이고 모듈 방식으로 구조화되며 이는 자연적인 데이터가 구성되는 방식을 반영한 것입니다.

가장 중요한 훈련 데이터

딥러닝이 실제로 매니폴드 학습에 잘 맞지만 일반화의 능력은 모델의 어떤 속성 때문이라기보다 데이터의 자연적인 구조로 인한 결과입니다. 데이터가 보간할 수 있는 매니폴드를 형성하는 경우에만 일반화할 수 있습니다. 특성이 유익하고 잡음이 적을수록 입력 공간이 더 간단하고 구조적이기 때문에 더 잘 일반화할 수 있습니다. 데이터 큐레이션(data curation)과 특성 공학(feature engineering)은 일반화에 필수적입니다.

또한, 딥러닝이 곡선을 맞추는 것이기 때문에 모델이 이를 잘 수행하려면 입력 공간을 조밀하게 샘플링하여 훈련해야 합니다. '조밀한 샘플링'은 입력 데이터 매니폴드 전체를 조밀하게 커버해야 한다는 의미입니다(그림 5-11). 결정 경계 근처에서는 특히 그렇습니다. 충분히 조밀하게 샘플링하면 (머신 러닝 모델이 참고할 수 없는) 상식, 요약 추론 또는 세상에 대한 외부 지식을 사용하지 않아도 훈련 입력 사이를 보간하여 새로운 입력을 이해할 수 있습니다.

▼ 그림 5-11 정확한 일반화가 가능한 모델을 훈련하기 위해서는 입력 공간의 조밀한 샘플링이 필수적이다

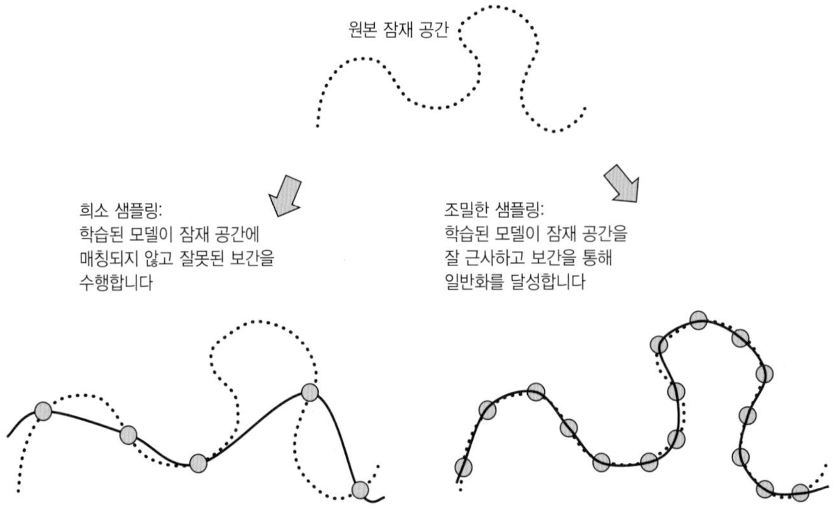

따라서 딥러닝 모델을 향상시키는 가장 좋은 방법은 더 좋고, 더 많은 데이터에서 훈련하는 것이라는 점을 항상 기억하세요(당연히 잡음이 크거나 부정확한 데이터를 추가하면 일반화에 해가 됩니다). 입력 데이터 매니폴드를 조밀하게 커버하면 일반화 성능이 더 좋은 모델을 만듭니다. 딥러닝 모델이 훈련 샘플 사이를 단순히 보간하는 것 이상을 수행하리라고 기대해서는 안 됩니다. 따라서 가능한 쉽게 보간하기 위해 할 수 있는 모든 일을 해야 합니다. 딥러닝 모델에서 찾게 될 것은 무엇을 모델에 넣었는지에 달려 있습니다. 바로 모델 구조에 인코딩된 가정과 훈련에 사용된 데이터입니다.

데이터를 더 수집하는 것이 불가능하면 차선책은 모델이 저장할 수 있는 정보량을 조정하거나 모델 곡선의 매끄러운 정도에 제약을 추가하는 것입니다. 네트워크가 적은 개수의 패턴만 기억하거나 매우 규칙적인 패턴만 기억할 수 있다면 최적화 과정은 일반화 가능성이 높은 가장 눈에 띄는 패턴에만 모델의 초점을 맞추도록 할 것입니다. 이런 방식으로 과대적합과 싸우는 과정을 **규제**(regularization)라고 부릅니다. 5.4.4절에서 규제 기법에 대해 자세히 알아보겠습니다.

일반화가 더 잘되도록 모델을 조정하기 전에 현재 모델이 어떻게 동작하는지 평가할 방법이 필요합니다. 다음 절에서 모델 개발 과정 동안에 일반화 성능을 모니터링할 수 있는 방법인 모델 평가에 대해 배워 보겠습니다.

DEEP LEARNING

5.2 머신 러닝 모델 평가

관측할 수 있는 것만 제어할 수 있습니다. 새로운 데이터에 성공적으로 일반화할 수 있는 모델을 개발하는 것이 목표이므로 모델의 일반화 성능을 신뢰 있게 측정할 수 있어야 합니다. 이 절에서 머신 러닝 모델을 평가할 수 있는 여러 가지 방법을 소개합니다. 이 중 대부분은 이전 장에서 이미 보았습니다.

5.2.1 훈련, 검증, 테스트 세트

모델 평가의 핵심은 가용한 데이터를 항상 훈련, 검증, 테스트 3개의 세트로 나누는 것입니다. 훈련 세트에서 모델을 훈련하고 검증 세트에서 모델을 평가합니다. 모델을 출시할 준비가 되면 테스트 세트에서 최종적으로 딱 한 번 모델을 테스트합니다. 테스트 데이터는 가능한 제품 환경의 데이터와 비슷해야 합니다. 그다음 모델을 제품 환경에 배포합니다.

훈련 세트와 테스트 세트 2개만 사용하면 어떨까요? 훈련 세트에서 훈련하고 테스트 세트에서 평가하는 것이죠. 훨씬 간단하네요!

이렇게 하지 않는 이유는 모델을 개발할 때 항상 모델의 설정을 튜닝하기 때문입니다. 예를 들어 층이나 층의 유닛 개수를 선택합니다(이런 파라미터를 네트워크의 가중치와 구분하기 위해 **하이퍼**

파라미터(hyperparameter)라고 부릅니다). 검증 세트에서 모델의 성능을 평가하여 이런 튜닝을 수행합니다. 본질적으로 이런 튜닝도 어떤 파라미터 공간에서 좋은 설정을 찾는 **학습**입니다. 결국 검증 세트의 성능을 기반으로 모델의 설정을 튜닝하면 검증 세트로 모델을 직접 훈련하지 않더라도 빠르게 **검증 세트에 과대적합**될 수 있습니다.

이 현상의 핵심은 **정보 누설**(information leak) 개념에 있습니다. 검증 세트의 모델 성능에 기반하여 모델의 하이퍼파라미터를 조정할 때마다 검증 데이터에 관한 정보가 모델로 새는 것입니다. 하나의 파라미터에 대해 단 한 번만 튜닝한다면 아주 적은 정보가 누설됩니다. 이런 검증 세트로는 모델을 평가할 만합니다. 하지만 한 번 튜닝하고 나서 검증 세트에 평가한 결과를 가지고 다시 모델을 조정하는 과정을 여러 번 반복하면, 검증 세트에 관한 정보를 모델에 많이 노출시키게 됩니다.

결국 검증 데이터에 맞추어 최적화했기 때문에 검증 데이터에 의도적으로 잘 수행되는 모델이 만들어집니다. 검증 데이터가 아니고 완전히 새로운 데이터에 대한 성능이 관심 대상이라면 모델을 평가하기 위해 이전에 본 적 없는 완전히 다른 데이터셋을 사용해야 합니다. 바로 테스트 세트입니다. 모델은 간접적으로라도 테스트 세트에 대한 어떤 정보도 얻어서는 안 됩니다. 테스트 세트 성능에 기초하여 튜닝한 모델의 모든 설정은 일반화 성능을 왜곡시킬 것입니다.

데이터를 훈련, 검증, 테스트 세트로 나누는 것은 간단해 보일 수 있지만 데이터가 적을 때는 몇 가지 고급 기법을 사용하면 도움이 됩니다. 대표적인 세 가지 평가 방법인 단순 홀드아웃 검증(hold-out validation), K-겹 교차 검증(K-fold cross-validation), 셔플링(shuffling)을 사용한 반복 K-겹 교차 검증(iterated K-fold cross-validation)을 살펴보겠습니다. 또한, 상식 수준의 기준 모델을 사용해서 훈련이 잘 진행되는지 확인하는 방법도 설명하겠습니다.

단순 홀드아웃 검증

데이터의 일정량을 테스트 세트로 떼어 놓습니다. 남은 데이터에서 훈련하고 테스트 세트로 평가합니다. 앞 절에서 설명했듯이 정보 누설을 막기 위해 테스트 세트를 사용하여 모델을 튜닝해서는 안 됩니다. 이런 이유로 검증 세트도 따로 떼어 놓아야 합니다.

그림으로 나타내면 홀드아웃 검증은 그림 5-12와 같습니다. 코드 5-5는 간단한 구현 예입니다.[5]

5 역주 그림 5-12~5-13과 코드 5-5~5-6은 테스트 세트를 이미 떼어 놓은 후를 가정한 것입니다. 여기처럼 직접 데이터를 나누기보다는 종종 사이킷런의 train_test_split() 함수를 사용하여 훈련, 검증, 테스트 세트로 나누는 것이 편리합니다.

▼ 그림 5-12 단순 홀드아웃 검증 분할

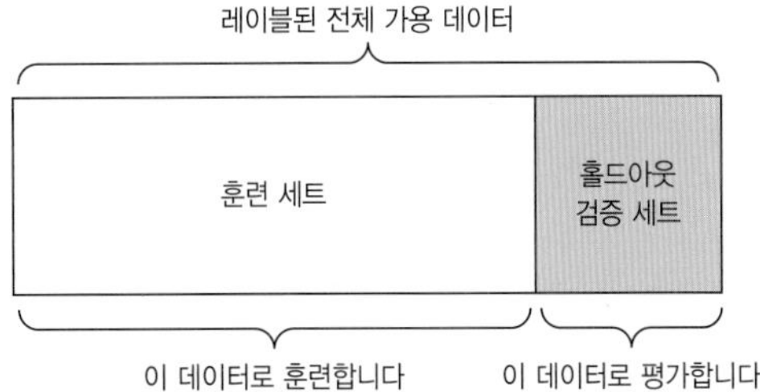

코드 5-5 홀드아웃 검증 구현 예

```
num_validation_samples = 10000
np.random.shuffle(data) -------- 데이터를 섞는 것(셔플링)이 일반적으로 좋습니다.
validation_data = data[:num_validation_samples] -------- 검증 세트를 만듭니다.
training_data = data[num_validation_samples:] -------- 훈련 세트를 만듭니다.
model = get_model()
model.fit(training_data, ...)
validation_score = model.evaluate(validation_data, ...)
                   ---- 훈련 세트에서 모델을 훈련하고 검증 세트로 평가합니다.
... -------- 여기에서 모델을 튜닝, 훈련, 평가하는 과정을 반복합니다.
model = get_model()
model.fit(np.concatenate([training_data,
          validation_data]), ...)
                   ---- 하이퍼파라미터 튜닝이 끝나면 테스트 데이터를 제외한 모든 데이터를 사용하여 모델을 다시 훈련시킵니다.[6]
test_score = model.evaluate(test_data, ...)
```

이 평가 방법은 단순해서 한 가지 단점이 있습니다. 데이터가 적을 때는 검증 세트와 테스트 세트의 샘플이 너무 적어 주어진 전체 데이터를 통계적으로 대표하지 못할 수 있습니다. 쉽게 이를 확인할 수 있습니다. 다른 난수 초깃값으로 셔플링해서 데이터를 나누었을 때 모델의 성능이 매우 달라지면 바로 이 문제입니다. 다음에 이야기할 K-겹 교차 검증과 반복 K-겹 교차 검증이 이 문제를 해결할 수 있습니다.

K-겹 교차 검증

이 방식에서는 데이터를 동일한 크기를 가진 K개의 분할로 나눕니다. 각 분할 i에 대해 남은 K - 1개의 분할로 모델을 훈련하고 분할 i에서 모델을 평가합니다. 최종 점수는 이렇게 얻은 K개의 점수를 평균합니다. 이 방법은 모델의 성능이 데이터 분할에 따라 편차가 클 때 도움이 됩니다. 홀드아웃 검증처럼 이 방법은 모델의 튜닝에 별개의 검증 세트를 사용하게 됩니다.

6 역주 훈련, 평가, 튜닝을 반복하여 최적의 하이퍼파라미터를 결정한 후 최종 모델을 훈련시킬 때 훈련 데이터와 검증 데이터를 모두 사용하는 것이 중요합니다.

그림으로 나타내면 K-겹 교차 검증은 그림 5-13과 같습니다. 코드 5-6은 간단한 구현 예입니다.

▼ 그림 5-13 3-겹 교차 검증

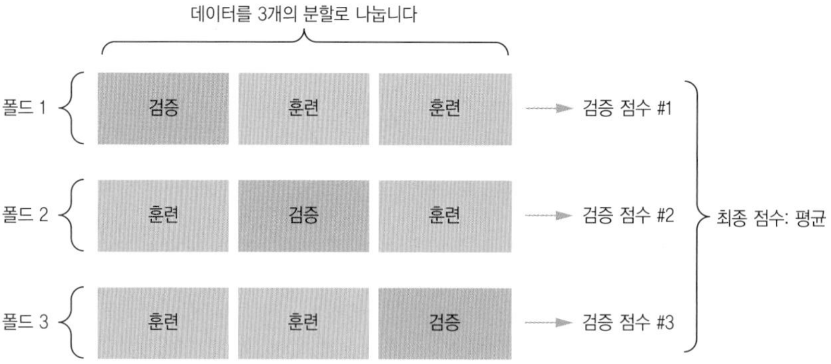

코드 5-6 K-겹 교차 검증 구현 예[7]

```
k = 3
num_validation_samples = len(data) // k
np.random.shuffle(data)
validation_scores = []
for fold in range(k):
    validation_data = data[num_validation_samples * fold:      ---- 검증 데이터 부분을 선택합니다.
                           num_validation_samples * (fold + 1)]
    training_data = np.concatenate(
        data[:num_validation_samples * fold],
        data[num_validation_samples * (fold + 1):])
    model = get_model() -------- 훈련되지 않은 새로운 모델을 만듭니다.
    model.fit(training_data, ...)
    validation_score = model.evaluate(validation_data, ...)
    validation_scores.append(validation_score)
validation_score = np.average(validation_scores) -------- 검증 점수: K개의 폴드 검증 점수 평균
model = get_model()                               ---- 테스트 데이터를 제외한 전체 데이터로
model.fit(data, ...)                                   최종 모델을 훈련합니다.
test_score = model.evaluate(test_data, ...)
```

7 역주 K-겹 교차 검증은 사이킷런의 cross_validate() 함수를 사용하여 쉽게 구현할 수 있습니다. 이 함수를 사용하려면 케라스 모델을 사이킷런과 호환되도록 SciKeras(https://github.com/adriangb/scikeras)의 KerasClassifier나 KerasRegressor 클래스로 모델을 감싸야 합니다.

셔플링을 사용한 반복 K-겹 교차 검증

이 방법은 비교적 가용 데이터가 적고 가능한 정확하게 모델을 평가하고자 할 때 사용합니다. 캐글 경연에서는 이 방법이 아주 크게 도움이 됩니다. 이 방법은 K-겹 교차 검증을 여러 번 적용하되 K개의 분할로 나누기 전에 매번 데이터를 무작위로 섞습니다. 최종 점수는 모든 K-겹 교차 검증을 실행해서 얻은 점수의 평균이 됩니다. 결국 P * K개(P는 반복 횟수)의 모델을 훈련하고 평가하므로 비용이 매우 많이 듭니다.[8]

5.2.2 상식 수준의 기준점 넘기

사용할 수 있는 여러 평가 방법 외에도 마지막으로 알아야 할 것은 상식 수준의 기준점입니다.

딥러닝 모델 훈련은 평행 세계에 있는 로켓을 발사하는 버튼을 누르는 것과 비슷합니다. 볼 수도 들을 수도 없습니다. 즉, 매니폴드 학습 과정을 관찰할 수 없습니다. 이는 수천 개의 차원을 가진 공간에서 일어나며 3D로 투영한다고 해도 이를 해석할 수 없습니다. 유일한 피드백은 보이지 않는 로켓의 고도계와 같은 검증 지표뿐입니다.

특히 로켓이 지상에서 벗어나고 있는지 확인하는 것이 중요합니다. 어떤 고도에서 출발했나요? 모델의 정확도가 15%라면 괜찮은가요? 데이터셋으로 작업을 시작하기 전에 항상 넘어야 할 간단한 기준점을 정해야 합니다. 이 임계 값을 넘으면 제대로 하고 있음을 알 수 있습니다. 모델이 실제 입력 데이터에 있는 정보를 사용하여 일반화되는 예측을 만들고 있으므로 계속 진행할 수 있습니다. 이 기준점은 랜덤한 분류기의 성능이거나 머신 러닝을 사용하지 않고 생각할 수 있는 가장 간단한 방법이 될 수 있습니다.

예를 들어 MNIST 숫자 분류 예제에서 간단한 기준점은 (랜덤한 분류기의 성능인) 0.1보다 높은 검증 정확도입니다. IMDB 예제에서는 0.5보다 높은 검증 정확도입니다. 로이터 예제에서는 클래스가 불균형하므로 0.18~0.19 근처가 될 것입니다. 이진 분류 문제에서 90% 샘플이 클래스 A고 10%가 클래스 B에 속한다면 항상 클래스 A로 예측하는 분류기도 0.9의 검증 정확도를 달성합니다. 따라서 이보다 더 높은 성능을 내야 합니다.

8 역주 반복 K-겹 교차 검증은 사이킷런 0.19 버전에 추가된 `RepeatedKFold`(회귀)와 `RepeatedStratifiedKFold`(분류) 클래스를 `cross_validate()` 함수에 적용하여 구현할 수 있습니다. 이에 대한 간단한 예제는 역자 블로그를 참고하세요(https://bit.ly/2rSVwjB).

이전에 아무도 해결하지 못했던 문제를 다룰 때 참고할 수 있는 상식 수준의 기준점을 가지는 것이 필수적입니다. 단순한 해결책보다 낫지 않다면 쓸모없는 모델입니다. 아마도 잘못된 모델을 사용하거나 처음부터 머신 러닝으로 해결할 수 없는 문제일지 모릅니다. 칠판으로 돌아가 처음부터 다시 생각해 보세요.

5.2.3 모델 평가에 대해 유념해야 할 점

평가 방식을 선택할 때 다음 사항을 유의해야 합니다.

- **대표성 있는 데이터**: 훈련 세트와 테스트 세트가 주어진 데이터에 대한 대표성이 있어야 합니다. 예를 들어 숫자 이미지를 분류하는 문제에서 샘플 배열이 클래스 순서대로 나열되어 있다고 가정합시다. 이 배열의 처음 80%를 훈련 세트로, 나머지 20%를 테스트 세트로 만들면 훈련 세트에는 0~7 숫자만 담겨 있고 테스트 세트에는 8~9 숫자만 담기게 됩니다. 어처구니없는 실수처럼 보이지만 놀랍게도 자주 일어나는 일입니다. 이런 이유 때문에 훈련 세트와 테스트 세트로 나누기 전에 데이터를 무작위로 섞는 것이 일반적입니다.[9]
- **시간의 방향**: 과거로부터 미래를 예측하려고 한다면(예를 들어 내일의 날씨, 주식 시세 등) 데이터를 분할하기 전에 무작위로 섞어서는 절대 안 됩니다. 이렇게 하면 미래의 정보가 누설되기 때문입니다. 즉, 모델이 사실상 미래 데이터에서 훈련될 것입니다. 이런 문제에서는 훈련 세트에 있는 데이터보다 테스트 세트에 있는 모든 데이터가 미래의 것이어야 합니다.
- **데이터 중복**: 한 데이터셋에 어떤 데이터 포인트가 두 번 등장하면(실제 데이터셋에서 아주 흔한 일입니다), 데이터를 섞고 훈련 세트와 검증 세트로 나누었을 때 훈련 세트와 검증 세트에 데이터 포인트가 중복될 수 있습니다. 이로 인해 훈련 데이터의 일부로 테스트하는 최악의 경우가 됩니다! 훈련 세트와 검증 세트가 중복되지 않는지 확인하세요.[10]

모델 성능을 신뢰 있게 평가할 수 있는 방법을 갖추면 머신 러닝의 핵심인 최적화와 일반화 사이의 긴장, 과소적합과 과대적합 사이의 균형을 모니터링할 수 있습니다.

---

9 역주 특정 클래스의 비율이 현저히 작다면 무작위로 섞기보다 클래스 비율이 훈련 세트와 테스트 세트에 고르게 나누어지도록 고려해야 합니다. 이를 계층별(stratified) 분할이라고도 합니다. 사이킷런의 `train_test_split()` 함수는 `stratify` 매개변수로 타깃 레이블을 전달받아 계층별 분할을 수행할 수 있습니다.

10 역주 비슷한 예로 사람 얼굴을 찾아 주는 사진 애플리케이션에서는 훈련 세트와 테스트 세트에 동일한 사람의 얼굴 사진이 포함되지 않도록 해야 합니다. 이렇게 섞이지 않아야 할 그룹을 지정하여 교차 검증을 하기 위해서는 사이킷런의 `GroupKFold` 클래스를 `cross_validate()` 함수에 적용합니다.

5.3 훈련 성능 향상하기

최적적합 모델을 얻으려면 먼저 과대적합되어야 합니다. 이 경계가 어디인지 미리 알지 못하기 때문에 경계를 찾으려면 넘어가 보아야 합니다. 따라서 문제를 다루기 시작할 때 초기 목표는 약간의 일반화 능력을 보이고 과대적합할 수 있는 모델을 얻는 것입니다. 이런 모델을 얻고 난 후 과대적합과 싸워 일반화 성능을 개선하는 데 초점을 맞춥니다.

이 단계에서 일반적으로 세 가지 문제가 발생합니다.

- **훈련이 되지 않습니다**: 시간이 지나도 훈련 손실이 줄어들지 않습니다.
- **훈련은 잘 시작되었지만 모델이 의미 있는 일반화를 달성하지 못합니다**: 상식 수준의 기준점을 넘어설 수 없습니다.
- 시간이 지남에 따라 훈련과 검증 손실이 모두 줄어들고 기준점을 넘어설 수 있지만 과대적합되지 않을 것 같습니다. 여전히 과소적합 상태입니다.

이런 이슈를 해결하여 머신 러닝 프로젝트의 첫 번째 큰 이정표(상식 수준의 기준점을 넘을 수 있어 약간의 일반화 능력이 있고 과대적합할 수 있는 모델을 얻는 것)를 달성하는 방법을 알아보겠습니다.

5.3.1 경사 하강법의 핵심 파라미터 튜닝하기

이따금 훈련이 시작되지 않거나 너무 일찍 중단됩니다. 이렇게 되면 손실은 멈추어 있습니다. 이런 문제는 항상 극복할 수 있습니다. 랜덤한 데이터에서도 모델을 훈련할 수 있다는 것을 기억하세요. 문제에 대해 아무런 의미가 없더라도 훈련 데이터를 외우는 것만으로도 여전히 무언가를 훈련할 수 있습니다.

이런 상황이 발생하면 항상 경사 하강법 과정에 대한 설정에 문제가 있습니다. 옵티마이저 선택, 모델 가중치의 초깃값 분포, 학습률, 배치 크기입니다. 이런 모든 파라미터는 상호 의존적입니다. 일반적으로 나머지 파라미터는 고정하고 학습률과 배치 크기를 튜닝하는 것으로 충분합니다.

구체적인 예를 살펴보죠. 2장의 MNIST 모델을 부적절하게 큰 학습률인 1.0으로 훈련해 보겠습니다.

코드 5-7 잘못된 높은 학습률로 MNIST 모델 훈련하기

```
(train_images, train_labels), _ = mnist.load_data()
train_images = train_images.reshape((60000, 28 * 28))
train_images = train_images.astype("float32") / 255

model = keras.Sequential([
    layers.Dense(512, activation="relu"),
    layers.Dense(10, activation="softmax")
])
model.compile(optimizer=keras.optimizers.RMSprop(1.),
              loss="sparse_categorical_crossentropy",
              metrics=["accuracy"])
model.fit(train_images, train_labels,
          epochs=10,
          batch_size=128,
          validation_split=0.2)
```

이 모델은 30~40% 정도의 훈련 정확도와 검증 정확도에 빠르게 도달하지만 이를 넘어서지 못합니다. 조금 더 합리적인 값인 1e-2로 학습률을 낮추어 보겠습니다.

코드 5-8 같은 모델을 적절한 학습률로 훈련하기

```
model = keras.Sequential([
    layers.Dense(512, activation="relu"),
    layers.Dense(10, activation="softmax")
])
model.compile(optimizer=keras.optimizers.RMSprop(1e-2),
              loss="sparse_categorical_crossentropy",
              metrics=["accuracy"])
model.fit(train_images, train_labels,
          epochs=10,
          batch_size=128,
          validation_split=0.2)
```

이제 모델 훈련이 가능합니다.

비슷한 상황에 처했다면 다음을 시도해 보세요.

- 학습률을 낮추거나 높입니다. 너무 높은 학습률은 이전 예제처럼 최적적합을 크게 뛰어넘는 업데이트가 일어날 수 있습니다. 너무 낮은 학습률은 훈련을 너무 느리게 만들어 멈추어 있는 것처럼 보일 수 있습니다.

- 배치 크기를 증가시킵니다. 배치 샘플을 더 늘리면 유익하고 잡음이 적은 (분산이 낮은) 그레이디언트가 만들어집니다.

결국 훈련이 시작되는 설정을 찾을 것입니다.

5.3.2 구조에 대해 더 나은 가정하기

모델이 훈련되지만 어떤 이유에서인지 검증 지표가 전혀 나아지지 않습니다. 랜덤 분류기가 달성할 수 있는 것보다 더 낫지 않은 상태입니다. 즉, 모델이 훈련되지만 일반화되지 않습니다. 무슨 일일까요?

이는 아마도 맞닥뜨릴 수 있는 최악의 머신 러닝 상황일 것입니다. 이는 접근 방식에 근본적으로 잘못된 무언가가 있다는 의미입니다. 그것이 무엇인지 알기 쉽지 않을 수 있습니다. 몇 가지 팁은 다음과 같습니다.

먼저 단순하게 입력 데이터에 타깃 예측을 위한 정보가 충분하지 않을 수 있습니다. 즉, 현재 방식으로는 문제를 풀 수 없습니다. 이는 앞서 레이블을 뒤섞은 MNIST 모델을 훈련할 때 보았습니다. 모델이 잘 훈련될 수 있지만 검증 정확도는 10%에 멈춥니다. 이런 데이터셋으로는 당연히 일반화가 불가능하기 때문입니다.

또는 현재 사용하는 모델의 종류가 문제에 적합하지 않을 수 있습니다. 예를 들어 10장에서 밀집 연결 신경망을 사용하는 시계열(timeseries) 예측 문제를 볼 것입니다. 이런 구조는 단순한 기준점을 넘어설 수 없습니다. 순환 신경망(recurrent neural network)이 더 적합하며 일반화가 잘됩니다. 일반화를 달성하려면 문제에 대한 올바른 가정을 하는 모델을 사용해야 합니다. 즉, 구조에 대한 올바른 가정을 내려야 합니다.

이어지는 장에서 이미지, 텍스트, 시계열 등 다양한 데이터 종류에 맞는 최선의 신경망 구조에 대해 배우겠습니다. 일반적으로 여러분이 해결하려는 작업의 종류에 적절한 구조가 무엇인지 항상 모범 사례를 찾아보아야 합니다. 이 작업에 도전하는 사람이 여러분이 처음은 아닐 가능성이 높습니다.

5.3.3 모델 용량 늘리기

모델이 훈련되고 검증 지표가 향상되며 최소한 어느 정도 일반화 능력을 달성한 것 같다면 축하합니다. 거의 다 왔습니다. 다음은 모델을 과대적합시켜야 합니다.

다음과 같이 MNIST 픽셀에서 훈련하는 작은 모델(간단한 로지스틱 회귀(logistic regression))을 생각해 보죠.

코드 5-9 MNIST 데이터를 사용한 간단한 로지스틱 회귀 모델

```
model = keras.Sequential([layers.Dense(10, activation="softmax")])
model.compile(optimizer="rmsprop",
              loss="sparse_categorical_crossentropy",
              metrics=["accuracy"])
history_small_model = model.fit(
    train_images, train_labels,
    epochs=20,
    batch_size=128,
    validation_split=0.2)
```

이 모델을 훈련하면 그림 5-14와 같은 손실 곡선을 얻을 수 있습니다.

```
import matplotlib.pyplot as plt

val_loss = history_small_model.history["val_loss"]
epochs = range(1, 21)
plt.plot(epochs, val_loss, "b--",
         label="Validation loss")
plt.title("Effect of insufficient model capacity on validation loss")
plt.xlabel("Epochs")
plt.ylabel("Loss")
plt.legend()
plt.show()
```

▼ 그림 5-14 손실 곡선에 나타난 불충분한 모델 용량의 효과

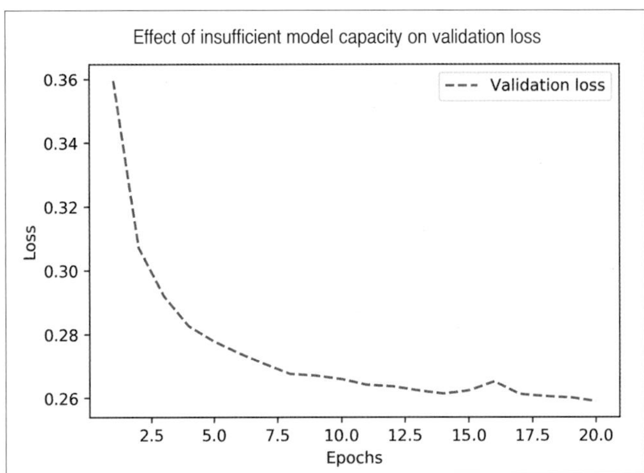

검증 손실이 정점에 도달해서 역전되지 않고 멈추어 있거나 매우 느리게 좋아지는 것 같습니다. 검증 손실이 0.26에 도달한 후 그 지점에서 정체되어 있습니다. 모델을 훈련했지만 훈련 데이터에서 여러 번 반복한 후에도 과대적합되지 못했습니다. 종종 우리의 커리어도 이와 비슷할 때가 있습니다.

항상 과대적합이 가능하다는 것을 기억하세요. 훈련 손실이 줄어들지 않는 문제와 마찬가지로 이런 문제는 항상 해결할 수 있습니다. 과대적합할 수 없는 것처럼 보인다면 모델의 **표현 능력**(representational power)이 부족한 것입니다. 용량이 더 큰 모델이 필요합니다. 즉, 더 많은 정보를 저장할 수 있는 모델입니다. 층을 추가하거나, (더 많은 가중치를 가지도록) 층 크기를 늘리거나, 현재 문제에 더 적합한 종류의 층(구조에 대해 더 나은 가정)을 사용할 수 있습니다.

96개의 유닛을 가진 2개의 중간층으로 구성되어 용량이 더 큰 모델을 훈련해 보죠.

```
model = keras.Sequential([
    layers.Dense(96, activation="relu"),
    layers.Dense(96, activation="relu"),
    layers.Dense(10, activation="softmax"),
])
model.compile(optimizer="rmsprop",
              loss="sparse_categorical_crossentropy",
              metrics=["accuracy"])
history_large_model = model.fit(
    train_images, train_labels,
    epochs=20,
    batch_size=128,
    validation_split=0.2)
```

검증 곡선이 다음과 같을 것입니다. 모델이 빠르게 훈련되고 8번째 에포크 이후에 과대적합되기 시작합니다(그림 5-15).

▼ 그림 5-15 적절한 용량을 가진 모델의 검증 손실

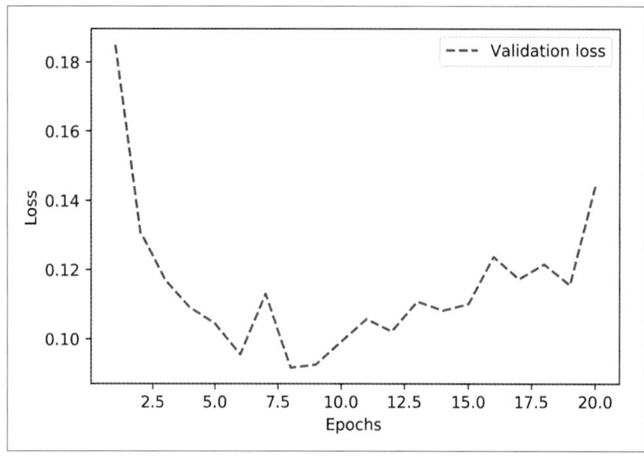

5.4 일반화 성능 향상하기

DEEP LEARNING

모델이 어느 정도 일반화 성능을 갖고 과대적합할 수 있다면 이제 일반화를 극대화하는 데 초점을 맞출 차례입니다.

5.4.1 데이터셋 큐레이션

딥러닝의 일반화가 데이터의 잠재 구조에서 비롯된다는 것을 배웠습니다. 데이터를 사용하여 샘플 사이를 부드럽게 보간할 수 있다면 일반화 성능을 가진 딥러닝 모델을 훈련할 수 있을 것입니다. 주어진 문제에 지나치게 잡음이 많거나 리스트 정렬처럼 근본적으로 불연속적인 경우 딥러닝은 도움이 되지 않습니다. 딥러닝은 마법이 아니라 일종의 곡선을 맞추는 작업입니다.

따라서 적절한 데이터셋으로 작업하고 있는지 확인하는 것이 중요합니다. 데이터 수집에 노력과 비용을 투자하는 것이 동일한 노력과 비용을 모델 개발에 투자하는 것보다 거의 항상 더 나은 결과를 가져다줍니다.

- 데이터가 충분한지 확인합니다. 입력에서 출력을 매핑하는 공간을 조밀하게 샘플링해야 한다는 것을 기억하세요. 데이터가 많을수록 좋은 모델이 만들어집니다. 이따금 처음에는 불가능한 것처럼 보이는 문제가 대용량의 데이터셋으로 해결됩니다.
- 레이블 할당 에러를 최소화합니다. 입력을 시각화하여 이상치를 확인하고, 레이블을 교정합니다.
- 데이터를 정제하고 누락된 값을 처리합니다(다음 장에서 이에 대해 다루겠습니다).
- 많은 특성 중에서 어떤 것이 유용한지 확실하지 않다면 특성 선택을 수행하세요.

데이터의 일반화 가능성을 향상시키는 매우 중요한 한 방법은 **특성 공학**(feature engineering)입니다. 대부분의 머신 러닝 문제에서 특성 공학은 성공을 위한 핵심 요소입니다. 이에 대해 알아보죠.

5.4.2 특성 공학

특성 공학은 데이터와 머신 러닝 알고리즘(여기에서는 신경망)에 관한 지식을 사용하는 단계입니다. 모델에 데이터를 주입하기 전에 (학습이 아닌) 하드코딩된 변환을 적용하여 알고리즘이 더 잘 수행되도록 만들어 줍니다. 많은 경우에 머신 러닝 모델이 임의의 데이터로부터 완벽한 학습을 한다고 기대하기는 어렵습니다. 모델이 수월하게 작업할 수 있는 어떤 방식으로 데이터가 표현될 필요가 있습니다.

이해하기 쉬운 예를 하나 살펴보죠. 시계 이미지를 입력으로 받고 하루의 시간을 출력하는 모델을 개발한다고 가정합시다(그림 5-16).

이미지의 원본 픽셀을 입력으로 사용한다면 어려운 머신 러닝 문제가 될 것입니다. 이를 해결하려면 합성곱 신경망이 필요할 것이고 이 네트워크를 훈련하기 위해 꽤 많은 컴퓨팅 자원도 필요합니다.

▼ 그림 5-16 시계의 시간을 읽기 위한 특성 공학

원본 데이터: 2차원 픽셀 데이터	(시계 그림)	(시계 그림)
더 나은 특성: 시계 바늘의 좌표	{x1: 0.7, y1: 0.7} {x2: 0.5, y2: 0.0}	{x1: 0.0, y2: 1.0} {x2: -0.38, y2: 0.32}
훨씬 더 좋은 특성: 시계 바늘의 각도	theta1: 45 theta2: 0	theta1: 90 theta2: 140

고수준에서 이 문제를 이해하고 있다면(우리는 시계에서 시간을 읽는 방법을 알고 있습니다) 머신 러닝 알고리즘을 위해 훨씬 더 좋은 입력 특성을 만들 수 있습니다. 예를 들어 시계 바늘의 검은색 픽셀을 따라 각 바늘 끝의 (x, y) 좌표를 출력하는 간단한 파이썬 스크립트를 만듭니다. 그다음 간단한 머신 러닝 알고리즘을 사용하여 이 좌표와 적절한 시각의 관계를 학습할 수 있습니다.

이보다 더 좋은 특성을 만들 수도 있습니다. 좌표를 바꾸어 (x, y) 포인트를 이미지 중심에 대한 극좌표로 나타낼 수 있습니다. 이제 각 시계 바늘의 각도가 입력됩니다. 이렇게 특성을 준비하면 문제가 너무 쉬워져서 머신 러닝이 전혀 필요하지 않습니다. 간단한 반올림 연산과 딕셔너리 참조만으로 하루의 시간을 추정하기 충분합니다.

이것이 특성 공학의 핵심입니다. 특성을 더 간단한 방식으로 표현하여 문제를 쉽게 만듭니다. 잠재 매니폴드를 더 매끄럽고, 간단하고, 구조적으로 만듭니다. 이렇게 하려면 일반적으로 해당 문제를 아주 잘 이해하고 있어야 합니다.

딥러닝 이전에는 특성 공학이 머신 러닝 워크플로에서 가장 중요한 부분이었습니다. 전통적인 얕은 학습 방법의 알고리즘들은 스스로 유용한 특성을 학습할 만큼 충분히 넓은 가설 공간을 가지고 있지 않습니다. 따라서 알고리즘에 데이터를 표현하는 방식에 성공 여부가 달려 있습니다. 예를 들어 합성곱 신경망이 MNIST 숫자 이미지 분류 문제를 해결하기 전까지 전형적인 해결책은 하드코딩된 특성을 사용하는 것이었습니다. 숫자 이미지에 있는 동심원의 수, 이미지에 있는 숫자의 높이, 픽셀 값의 히스토그램(histogram) 등입니다.

다행히 최신 딥러닝은 대부분 특성 공학이 필요하지 않습니다. 신경망이 자동으로 원본 데이터에서 유용한 특성을 추출할 수 있기 때문입니다. 그렇다면 심층 신경망을 사용할 때는 특성 공학에 대해 신경 쓰지 않아도 될까요? 두 가지 이유로 그렇지 않습니다.

- 좋은 특성은 적은 자원을 사용하여 문제를 더 멋지게 풀어낼 수 있습니다. 예를 들어 시계 바늘을 읽는 문제에 합성곱 신경망을 사용하는 것은 어울리지 않습니다.
- 좋은 특성은 더 적은 데이터로 문제를 풀 수 있습니다. 딥러닝 모델이 스스로 특성을 학습하는 능력은 가용한 훈련 데이터가 많을 때 발휘됩니다. 샘플 개수가 적다면 특성에 있는 정보가 매우 중요해집니다.

5.4.3 조기 종료 사용하기

딥러닝에서는 항상 지나치게 파라미터가 많은 모델을 사용합니다. 즉, 잠재 매니폴드를 학습하기 위해 필요한 최소한 것보다 훨씬 많은 자유도를 가집니다. 딥러닝 모델을 끝까지 훈련하지 않기 때문에 이런 과도한 파라미터는 문제가 되지 않습니다. 모델을 끝까지 훈련하면 일반화가 전혀 되지 않을 것입니다. 항상 훈련 손실이 최솟값에 도달하기 훨씬 전에 훈련을 중단하게 됩니다.

훈련 중 일반화 성능이 가장 높은 정확한 최적적합의 지점(과소적합과 과대적합 사이의 정확한 경계)을 찾는 것은 일반화 성능을 향상시킬 수 있는 가장 효과적인 방법 중 하나입니다.

이전 장의 예제에서 최상의 검증 점수를 내는 에포크 횟수를 찾기 위해 필요보다 오랫동안 모델을 훈련했습니다. 그다음 정확히 해당 에포크 횟수 동안 새로운 모델을 다시 훈련했습니다. 이것이 기본이지만 중복 작업이며 종종 많은 비용이 듭니다. 그 대신 에포크가 끝날 때마다 모델을 저장하고 최상의 에포크를 찾은 후 저장된 모델을 재사용할 수 있습니다. 케라스에서는 일반적으로 `EarlyStopping` 콜백(callback)을 사용하여 이를 처리합니다. 검증 지표가 더 이상 향상되지 않으면 바로 훈련을 중지하고 그 전까지 최상의 검증 점수를 낸 모델을 남길 수 있습니다. 7장에서 콜백을 사용하는 방법을 알아보겠습니다.

5.4.4 모델 규제하기

규제(regularization) 기법은 훈련 데이터에 완벽하게 맞추려는 모델의 능력을 적극적으로 방해하는 일련의 모범 사례입니다. 이를 통해 모델의 검증 점수를 향상시키는 것이 목적입니다. 모델을 더 간단하고 더 평범하게, 곡선을 부드럽고 더 일반적으로 만드는 경향을 가지기 때문에 모델을 '규제'한다고 말합니다. 따라서 모델이 훈련 세트에 덜 특화되고 데이터의 잠재 매니폴드를 조금 더 가깝게 근사함으로써 일반화 능력을 높일 수 있습니다.

모델 규제는 항상 정확한 평가 절차를 따라야 하는 과정임을 명심하세요. 측정이 가능한 경우에만 일반화를 달성할 수 있습니다.

가장 널리 사용되는 규제 기법을 알아보고 4장의 영화 분류 모델에 실제 적용하여 성능을 향상시켜 보겠습니다.

너무 작은 모델은 과대적합되지 않는다는 것을 이미 배웠습니다. 과대적합을 완화시키는 가장 간단한 방법은 모델 크기(층의 수와 층에 있는 유닛 개수로 결정되는 학습 가능한 파라미터 개수)를 줄이는 것입니다. 모델의 기억 용량에 제한이 있다면 훈련 데이터를 단순히 외워 버리지 못할 것입니다. 따라서 손실을 최소화하기 위해 타깃에 대한 예측 성능을 가진 압축된 표현을 학습해야 합니다. 정확히 이런 표현이 우리 관심 대상입니다. 동시에 기억해야 할 것은 과소적합되지 않도록 충분한 파라미터를 가진 모델을 사용해야 한다는 점입니다. 모델의 기억 용량이 부족해서는 안 됩니다. 너무 많은 용량과 충분하지 않은 용량 사이의 절충점을 찾아야 합니다.

안타깝지만 알맞은 층의 수나 각 층의 유닛 개수를 결정할 수 있는 마법 같은 공식은 없습니다. 데이터에 알맞은 모델 크기를 찾으려면 각기 다른 구조를 (당연히 테스트 세트가 아니고 검증 세트에서) 평가해 보아야 합니다. 적절한 모델 크기를 찾는 일반적인 작업 흐름은 다음과 같습니다. 먼저 비교적 적은 수의 층과 파라미터로 시작합니다. 그다음 검증 손실이 감소되기 시작할 때까지 층이나 유닛 개수를 늘리는 것입니다.

이를 영화 리뷰 분류 모델에 적용해 보죠. 다음 코드는 원래 모델을 보여 줍니다.

코드 5-10 원본 모델

```
from tensorflow.keras.datasets import imdb
(train_data, train_labels), _ = imdb.load_data(num_words=10000)

def vectorize_sequences(sequences, dimension=10000):
    results = np.zeros((len(sequences), dimension))
    for i, sequence in enumerate(sequences):
        results[i, sequence] = 1.
    return results
train_data = vectorize_sequences(train_data)

model = keras.Sequential([
    layers.Dense(16, activation="relu"),
    layers.Dense(16, activation="relu"),
    layers.Dense(1, activation="sigmoid")
])
```

```
model.compile(optimizer="rmsprop",
              loss="binary_crossentropy",
              metrics=["accuracy"])
history_original = model.fit(train_data, train_labels,
                             epochs=20, batch_size=512, validation_split=0.4)
```

더 작은 모델로 바꾸어 보죠.

코드 5-11 작은 용량의 모델

```
model = keras.Sequential([
    layers.Dense(4, activation="relu"),
    layers.Dense(4, activation="relu"),
    layers.Dense(1, activation="sigmoid")
])
model.compile(optimizer="rmsprop",
              loss="binary_crossentropy",
              metrics=["accuracy"])
history_smaller_model = model.fit(
    train_data, train_labels,
    epochs=20, batch_size=512, validation_split=0.4)
```

그림 5-17은 원본 모델과 축소된 모델의 검증 손실을 비교한 것입니다.

▼ 그림 5-17 IMDB 리뷰 분류에 대한 원본 모델 vs 작은 용량의 모델

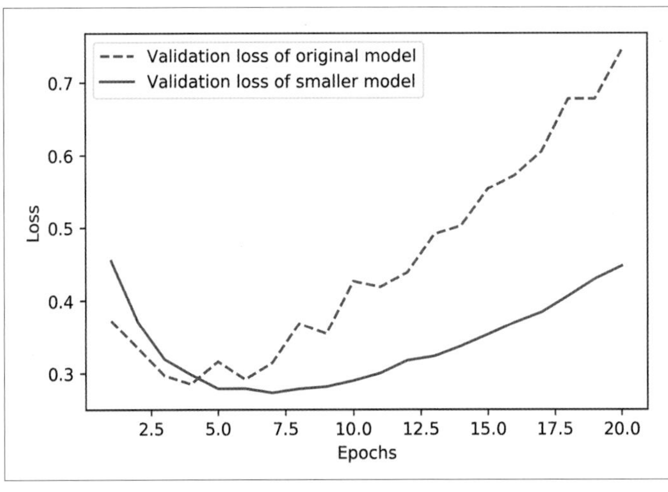

여기에서 볼 수 있듯이 작은 모델이 기본 모델보다 더 나중에 과대적합되기 시작했습니다(네 번째 에포크가 아니라 여섯 번째 에포크에서). 과대적합이 시작되었을 때 성능이 더 천천히 감소되었습니다.

이번에는 문제에 필요한 것보다 훨씬 더 많은 용량을 가진 네트워크를 비교해 보겠습니다. 학습 대상에 대해 과도하게 많은 파라미터를 가진 모델을 만드는 것이 표준이지만 기억 용량이 너무 많을 수 있습니다. 모델이 바로 과대적합되고 검증 손실 곡선이 고르지 않고 분산이 크다면 모델이 너무 큰 것입니다. (검증 지표가 고르지 않다는 것은 신뢰할 수 있는 검증 과정을 사용하지 않는다는 징후일 수 있습니다. 예를 들어 검증 세트가 너무 작은 경우입니다.)

코드 5-12 큰 용량의 모델

```
model = keras.Sequential([
    layers.Dense(512, activation="relu"),
    layers.Dense(512, activation="relu"),
    layers.Dense(1, activation="sigmoid")
])
model.compile(optimizer="rmsprop",
              loss="binary_crossentropy",
              metrics=["accuracy"])
history_larger_model = model.fit(
    train_data, train_labels,
    epochs=20, batch_size=512, validation_split=0.4)
```

그림 5-18은 용량이 큰 모델이 기본 모델에 비해 얼마나 차이 나는지 보여 줍니다.

▼ 그림 5-18 IMDB 리뷰 분류에 대한 원본 모델 vs 큰 용량의 모델

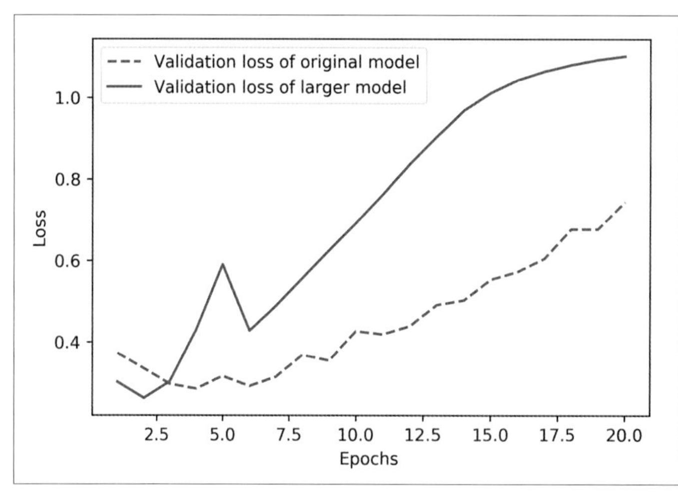

용량이 큰 모델은 첫 번째 에포크 이후 거의 바로 과대적합이 시작되어 갈수록 더 심해집니다. 검증 손실도 매우 불안정합니다. 훈련 손실은 매우 빠르게 0에 가까워집니다. 용량이 많은 모델일수록 더 빠르게 훈련 데이터를 모델링할 수 있습니다(결국 훈련 손실이 낮아집니다). 하지만 더욱 과대적합에 민감해집니다(결국 훈련과 검증 손실 사이에 큰 차이가 발생합니다).

가중치 규제 추가

오캄의 면도날(Occam's razor) 이론을 알고 있을지 모르겠습니다. 어떤 것에 대한 두 가지의 설명이 있다면 더 적은 가정이 필요한 간단한 설명이 옳을 것이라는 이론입니다. 이 개념은 신경망으로 학습되는 모델에도 적용됩니다. 어떤 훈련 데이터와 네트워크 구조가 주어졌을 때 데이터를 설명할 수 있는 가중치 값의 집합(모델)은 여러 개입니다. 간단한 모델이 복잡한 모델보다 덜 과대적합될 가능성이 높습니다.

여기에서 간단한 모델은 파라미터 값 분포의 엔트로피가 작은 모델입니다(또는 앞 절에서 본 것처럼 적은 수의 파라미터를 가진 모델입니다). 그러므로 과대적합을 완화하기 위한 일반적인 방법은 모델의 복잡도에 제한을 두어 가중치가 작은 값을 가지도록 강제하는 것입니다. 이로 인해 가중치 값의 분포가 더 균일하게 됩니다. 이를 **가중치 규제**(weight regularization)라고 하며, 모델의 손실 함수에 큰 가중치에 연관된 비용을 추가합니다. 두 가지 형태의 비용이 있습니다.

- **L1 규제**: 가중치의 절댓값에 비례하는 비용이 추가됩니다(가중치의 **L1 노름**(norm)).
- **L2 규제**: 가중치의 제곱에 비례하는 비용이 추가됩니다(가중치의 **L2 노름**[11]). L2 규제는 신경망에서 **가중치 감쇠**(weight decay)라고도 부릅니다. 이름이 다르지만 혼동하지 마세요. 가중치 감쇠는 수학적으로 L2 규제와 동일합니다.

케라스에서는 가중치 규제 객체[12]를 층의 키워드 매개변수로 전달하여 가중치 규제를 추가할 수 있습니다. 초기 영화 리뷰 분류 모델에 L2 가중치 규제를 추가해 보죠.

---

11 역주 L2 노름은 유클리드 노름(Euclidean norm)이라고도 부릅니다. 가중치의 파라미터를 모두 제곱하여 더한 후 이 값의 제곱근을 구합니다. L2 규제에서 추가되는 비용은 정확히는 L2 노름의 제곱입니다. 하지만 여기처럼 종종 그냥 L2 노름이라고 이야기하는 경우가 많습니다.

12 역주 `regularizers.l2()` 함수는 `regularizers.L1L2` 클래스의 객체를 반환하는 간단한 함수입니다. 이 함수 대신 `regularizers.L1L2(l2=0.001)`을 사용해도 됩니다.

코드 5-13 모델에 L2 가중치 추가하기

```
from tensorflow.keras import regularizers

model = keras.Sequential([
    layers.Dense(16,
                 kernel_regularizer=regularizers.l2(0.002),
                 activation="relu"),
    layers.Dense(16,
                 kernel_regularizer=regularizers.l2(0.002),
                 activation="relu"),
    layers.Dense(1, activation="sigmoid")
])
model.compile(optimizer="rmsprop",
              loss="binary_crossentropy",
              metrics=["accuracy"])
history_l2_reg = model.fit(
    train_data, train_labels,
    epochs=20, batch_size=512, validation_split=0.4)
```

앞의 코드에서 l2(0.002)는 가중치 행렬의 모든 원소를 제곱하고 0.002를 곱해 모델의 전체 손실에 더해진다는 의미입니다. 이 페널티(penalty) 항은 훈련할 때만 추가됩니다.[13] 이 모델의 손실은 테스트보다 훈련할 때 더 높을 것입니다.

그림 5-19는 L2 규제 페널티의 효과를 보여 줍니다. 여기에서 볼 수 있듯이 두 모델이 동일한 파라미터 개수를 가지고 있더라도 L2 규제를 사용한 모델이 기본 모델보다 훨씬 더 과대적합에 잘 견디고 있습니다.

13 역주 손실 함수에 추가로 더해지는 규제를 종종 페널티라고도 부릅니다.

▼ 그림 5-19 검증 손실에 대한 L2 가중치 규제의 효과

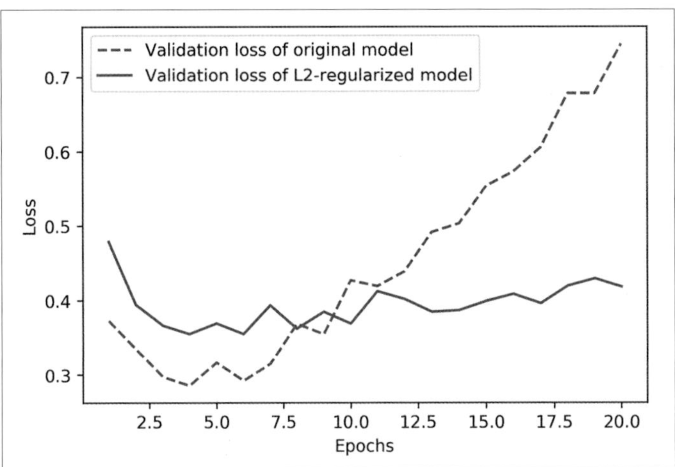

케라스에서는 L2 규제 대신에 다음 가중치 규제 중 하나를 사용할 수 있습니다.

코드 5-14 케라스에서 사용할 수 있는 가중치 규제[14]

```
from tensorflow.keras import regularizers

regularizers.l1(0.001)  -------- L1 규제
regularizers.l1_l2(l1=0.001, l2=0.001)  -------- L1 규제와 L2 규제 병행
```

가중치 규제는 일반적으로 작은 딥러닝 모델에서 사용됩니다. 대규모 딥러닝 모델은 파라미터가 너무 많기 때문에 가중치 값을 제약하는 것이 모델 용량과 일반화에 큰 영향을 미치지 않는 경향이 있습니다. 이런 경우 드롭아웃이라는 다른 규제 방법이 선호됩니다.

드롭아웃 추가

드롭아웃(dropout)은 토론토 대학교의 제프리 힌튼과 그의 학생들이 개발했습니다. 신경망을 위해 사용되는 규제 기법 중에서 가장 효과적이고 널리 사용되는 방법 중 하나입니다. 모델 층에 드롭아웃을 적용하면 훈련하는 동안 무작위로 층의 출력 특성을 일부 제외시킵니다(0으로 만듭니다). 한 층이 훈련하는 동안에는 어떤 입력 샘플에 대해 `[0.2, 0.5, 1.3, 0.8, 1.1]` 벡터를 출력한다

14 역주 L2 규제는 가중치 값을 작게 만들지만 완전히 0이 되지는 않습니다. L1 규제는 일부 가중치 값을 완전히 0으로 만들 수 있습니다. L1 규제와 L2 규제를 함께 쓰는 방식을 엘라스틱넷(ElasticNet)이라고도 부릅니다. `l1()`, `l2()`, `l1_l2()` 함수의 매개변수 기본값은 모두 `0.01`입니다.

고 가정합시다. 드롭아웃을 적용하면 이 벡터의 일부가 무작위로 0으로 바뀝니다. 예를 들어 [0, 0.5, 1.3, 0, 1.1]이 됩니다. 드롭아웃 비율은 0이 될 특성의 비율입니다. 보통 0.2에서 0.5 사이로 지정됩니다. 테스트 단계에서는 어떤 유닛도 드롭아웃되지 않습니다. 그 대신에 층의 출력을 드롭아웃 비율에 비례하여 줄여 줍니다. 훈련할 때보다 더 많은 유닛이 활성화되기 때문입니다.

크기가 (batch_size, features)인 어떤 층의 출력을 담고 있는 넘파이 행렬 layer_output이 있다고 가정해 보죠. 훈련할 때는 이 행렬 값의 일부가 랜덤하게 0이 됩니다.

```
layer_output *= np.random.randint(0, high=2, size=layer_output.shape) ----- 훈련할 때 유닛의 출력 중 50%를 버립니다.[15]
```

테스트할 때는 드롭아웃 비율로 출력을 낮추어 주어야 합니다. 여기에서는 0.5배만큼 스케일을 조정했습니다(앞에서 절반의 유닛을 드롭아웃했으므로).

```
layer_output *= 0.5 -------- 테스트 단계
```

훈련 단계에 이 두 연산을 포함시켜 테스트 단계에는 출력을 그대로 두도록 구현할 수 있습니다. 실제로 종종 이런 방식으로 구현합니다(그림 5-20).[16]

```
layer_output *= np.random.randint(0, high=2, size=layer_output.shape) -------- 훈련 단계
layer_output /= 0.5 -------- 여기에서 스케일을 낮추는 대신 높입니다.
```

▼ 그림 5-20 훈련 단계에서 활성화 함수의 출력 행렬에 적용된 드롭아웃으로, 훈련할 때 스케일을 높여 주고 테스트 단계에서는 활성화 함수의 출력을 그대로 사용한다

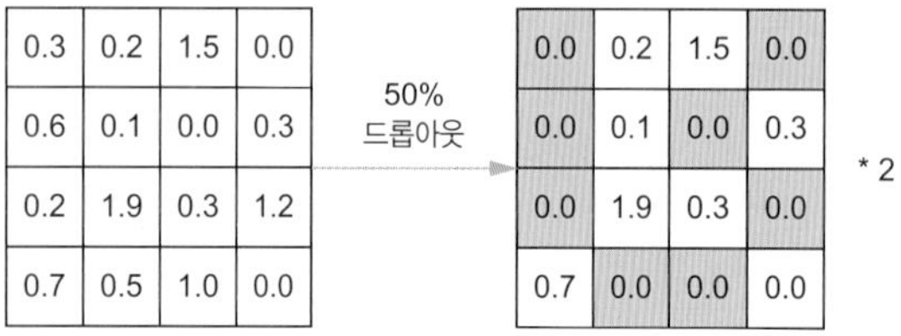

0.3	0.2	1.5	0.0
0.6	0.1	0.0	0.3
0.2	1.9	0.3	1.2
0.7	0.5	1.0	0.0

50% 드롭아웃 →

0.0	0.2	1.5	0.0
0.0	0.1	0.0	0.3
0.0	1.9	0.3	0.0
0.7	0.0	0.0	0.0

* 2

---

15 역주 randint(0, high=2)는 0(포함)~2(미포함) 사이의 정수를 반환합니다. 즉, 0 또는 1이 반환됩니다. 앞서 layer_output이란 배열을 만들지 않았습니다. 이 코드와 이어지는 2개의 코드는 작동 원리를 설명하기 위한 예시입니다.

16 역주 케라스는 텐서플로의 드롭아웃 연산을 사용합니다. 훈련 단계의 출력 값에 (1 - dropout_rate)를 나누어 드롭아웃을 구현합니다. 테스트 단계에서 가중치에 (1 - dropout_rate)를 곱하는 것과 완전히 동일하지는 않지만 잘 작동합니다.

이 기법이 이상하고 무계획적으로 보일 수 있습니다. 왜 드롭아웃이 과대적합을 줄이는 데 도움이 될까요? 힌튼은 은행에서 사용하는 부정 방지 메커니즘에서 착안했다고 합니다. 그의 말을 빌리면 "은행에 갔을 때 행원들이 계속 바뀌길래 왜 그런지를 물었습니다. 자신들도 이유는 모르지만 자주 업무가 바뀐다고 했습니다. 나는 은행에서 부정 행위를 하려면 직원들 사이의 유대가 필요하기 때문이라고 판단했습니다. 각 샘플에 대해 뉴런의 일부를 무작위하게 제거하면 뉴런의 부정한 협업을 방지하고 결국 과대적합을 감소시킨다는 것을 깨달았습니다." 핵심 아이디어는 층의 출력값에 노이즈를 추가하여 중요하지 않은 우연한 패턴(힌튼이 이야기한 부정한 협업)을 깨뜨리는 것입니다. 노이즈가 없다면 모델이 이 패턴을 기억하기 시작할 것입니다.

케라스에서는 층의 출력 바로 뒤에 Dropout 층을 추가하여 모델에 드롭아웃을 적용할 수 있습니다. IMDB 모델에 2개의 Dropout 층을 추가하고 과대적합을 얼마나 줄여 주는지 확인해 보겠습니다.

코드 5-15 IMDB 모델에 드롭아웃 추가하기

```
model = keras.Sequential([
    layers.Dense(16, activation="relu"),
    layers.Dropout(0.5),
    layers.Dense(16, activation="relu"),
    layers.Dropout(0.5),
    layers.Dense(1, activation="sigmoid")
])
model.compile(optimizer="rmsprop",
              loss="binary_crossentropy",
              metrics=["accuracy"])
history_dropout = model.fit(
    train_data, train_labels,
    epochs=20, batch_size=512, validation_split=0.4)
```

그림 5-21은 결과 그래프입니다. 기본 모델보다 확실히 향상되었습니다. 더 낮은 검증 손실을 달성했기 때문에 L2 규제보다 훨씬 잘 동작하는 것 같습니다.

▼ 그림 5-21 검증 손실에 대한 드롭아웃의 효과

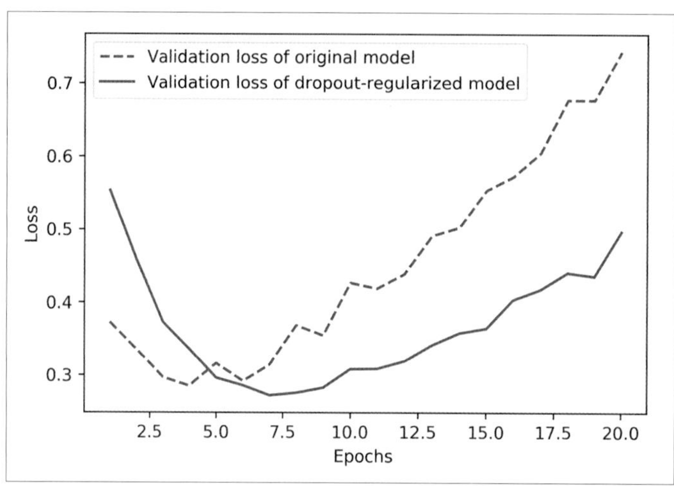

정리하면 신경망에서 일반화 성능을 극대화하고 과대적합을 방지하기 위해 가장 널리 사용하는 방법은 다음과 같습니다.

- 훈련 데이터를 더 모읍니다. 또는 더 나은 데이터를 모읍니다.
- 더 나은 특성을 개발합니다.
- 네트워크의 용량을 감소시킵니다.
- (작은 모델을 만들기 위해) 가중치 규제를 추가합니다.
- 드롭아웃을 추가합니다.

5.5 요약

- 머신 러닝 모델의 목적은 이전에 본 적 없는 입력에서 정확하게 동작하는 일반화입니다. 이는 보기보다 어렵습니다.
- 심층 신경망은 훈련 샘플 사이를 성공적으로 보간할 수 있는 모수 모델(parametric model)을 훈련하여 일반화를 달성합니다. 이런 모델은 훈련 데이터의 '잠재 매니폴드'를 학습했다고 말할 수 있습니다. 이것이 딥러닝 모델이 훈련 도중 본 샘플에 매우 가까운 입력만 이해할 수 있는 이유입니다.
- 머신 러닝의 근본적인 문제는 최적화와 일반화 사이의 줄다리기입니다. 일반화를 달성하기 위해 먼저 훈련 데이터에 잘 맞추어야 하지만 훈련 데이터에 대한 성능 향상은 잠시 후 불가피하게 일반화를 저해합니다. 딥러닝의 모든 모범 사례는 이런 긴장 관계를 관리하는 것입니다.
- 딥러닝 모델의 일반화 능력은 데이터의 잠재 매니폴드를 근사하는 방법을 학습하고 보간을 통해 새로운 입력을 이해할 수 있다는 사실에서 비롯됩니다.
- 모델을 개발하는 동안 모델의 일반화 능력을 정확하게 평가할 수 있어야 합니다. 간단한 홀드아웃 검증에서부터 K-겹 교차 검증과 셔플링을 사용한 반복 K-겹 교차 검증까지 다양한 평가 방법을 사용할 수 있습니다. 검증 데이터에서 모델로 정보가 누출될 수 있기 때문에 최종 모델 평가를 위해 완전히 별개의 테스트 세트를 떼어 놓아야 한다는 것을 기억하세요.
- 모델을 구축하기 시작할 때 먼저 약간의 일반화 능력을 가지고 과대적합할 수 있는 모델을 만드는 것이 목표입니다. 이를 위한 모범 사례는 학습률과 배치 크기를 튜닝하고, 구조에 대해 더 나은 가정을 활용하고, 모델 용량을 늘리고 또는 단순히 더 오래 훈련하는 것입니다.
- 모델이 과대적합되기 시작할 때 규제를 통해 일반화 성능을 향상시키도록 목표가 바뀝니다. 이를 위해 모델 용량을 줄이고, 드롭아웃이나 가중치 규제를 추가하고 또는 조기 종료를 사용할 수 있습니다. 당연히 더 크고 더 좋은 데이터셋이 모델의 일반화를 향상시키는 데 언제나 가장 좋은 방법입니다.

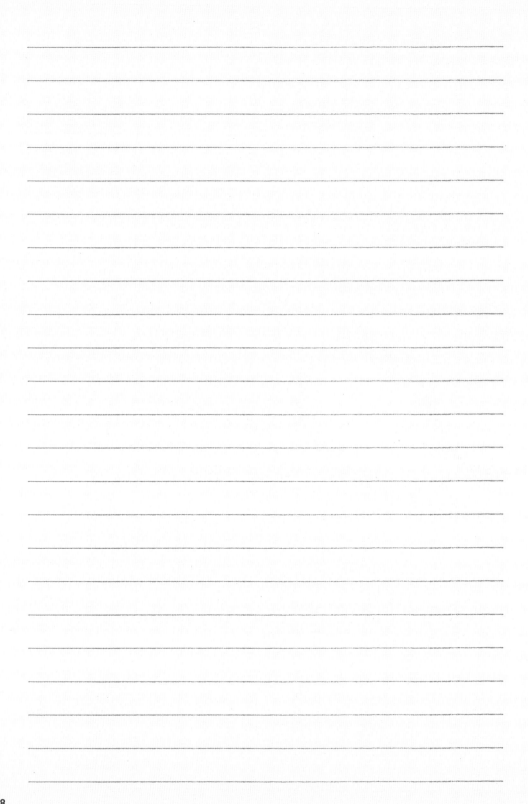

6장

일반적인 머신 러닝 워크플로

이 장에서 다룰 핵심 내용

- 머신 러닝 문제를 정의하는 단계
- 모델을 개발하는 단계
- 모델을 제품 환경에 배포하고 유지 관리하는 단계

이전 예제들은 시작할 때 레이블된 데이터셋을 이미 가지고 있어 즉시 모델 훈련을 시작할 수 있다고 가정했습니다. 실전에서는 이렇지 않은 경우가 많습니다. 데이터셋에서 시작하는 것이 아니라 문제에서부터 출발합니다.

머신 러닝 컨설팅 회사를 시작한다고 상상해 보죠. 회사를 설립하고 멋진 웹 사이트를 오픈한 후 주변에 알릴 것입니다. 그다음 프로젝트가 들어오기 시작합니다.

- 사진 공유 소셜 네트워크를 위한 개인화된 사진 검색 엔진. 수동으로 태깅할 필요 없이 '결혼'이라고 입력하면 결혼식에서 찍은 모든 사진을 찾아 줍니다.
- 신생 채팅 앱의 게시물 중에서 스팸이나 공격적인 텍스트를 표시합니다.
- 온라인 라디오 사용자를 위해 음악 추천 시스템을 만듭니다.
- 전자 상거래 웹 사이트를 위해 신용 카드 부정 거래를 감지합니다.
- 특정 시간에 어떤 사용자에게 광고를 전송할지 결정하기 위해 디스플레이 광고 클릭률을 예측합니다.
- 쿠키 제조 라인의 컨베이어 벨트에서 불량 쿠키를 확인합니다.
- 위성 이미지를 사용하여 아직 알려지지 않은 고고학 유적지의 위치를 예측합니다.

> **윤리에 대하여**
>
> 이따금 '얼굴 사진으로 신용을 평가하는 AI를 구축'하는 것과 같이 윤리적으로 의심스러운 프로젝트를 의뢰받을 수 있습니다. 첫째, 프로젝트의 타당성이 의심스럽습니다. 신용이 사람의 얼굴에 반영되는 이유가 명확하지 않기 때문입니다. 둘째, 이런 작업은 각종 윤리 문제에 직면합니다. 이런 작업을 위한 데이터셋을 수집하는 일은 사진에 레이블을 다는 사람의 편견과 고정관념을 기록하는 것과 같습니다. 이런 데이터에서 훈련한 모델은 동일한 편견을 블랙박스 알고리즘에 인코딩하며 형식적인 합법성을 제공할 뿐입니다. 대체로 기술에 대해 잘 모르는 우리와 같은 사회에서 "AI 알고리즘이 이 사람을 신뢰할 수 없다."라고 말하는 것이 이상하게도 "존이 이 사람을 믿을 수 없다."라고 말하는 것보다 무게감 있고 객관적으로 보입니다. 전자가 후자의 학습된 근사치임에도 그렇습니다. 이런 모델은 사람의 삶에 부정적인 영향을 미치고 가장 취약한 인간의 판단 능력을 대규모로 세탁하고 조작할 것입니다.
>
> 기술은 결코 중립적이지 않습니다. 여러분의 작업이 세상에 영향을 미친다면 이 영향은 도덕적 방향을 가지고 있습니다. 따라서 기술 선택은 윤리적 선택이기도 합니다. 여러분의 작업이 지지하는 가치에 대해 항상 신중하게 고민하세요.

keras.datasets에서 알맞은 데이터셋을 임포트하고 어떤 딥러닝 모델을 훈련할 수 있다면 매우 편리할 것입니다. 불행히도 실전에서는 아주 처음부터 시작해야 합니다.

이 장에서 앞의 목록과 같은 머신 러닝 문제에 접근하고 해결하는 데 사용할 수 있는 일반적인 단계별 청사진에 대해 배울 것입니다. 이 템플릿은 4장과 5장에서 배운 것을 합치고 통합하며, 다음 장에서 배울 내용의 기반이 되는 폭넓은 맥락을 제공할 것입니다.

머신 러닝의 일반적인 워크플로는 크게 세 부분으로 구성됩니다.

1. **작업 정의**: 문제 영역과 고객의 요청 이면에 있는 비즈니스 로직을 이해합니다. 데이터를 수집하고, 데이터가 드러내는 내용을 이해하고, 작업의 성공을 측정하는 방법을 선택합니다.
2. **모델 개발**: 머신 러닝 모델로 처리할 수 있는 데이터를 준비하고, 모델 평가 방법과 간단한 기준점을 선택하고, 일반화 성능을 가지며 과대적합할 수 있는 첫 번째 모델을 훈련합니다. 그다음 가능한 최대의 일반화 성능에 도달할 때까지 모델에 규제를 추가하고 튜닝합니다.
3. **모델 배포**: 작업 결과를 고객에게 제시합니다. 모델을 웹 서버, 모바일 앱, 웹 페이지 또는 임베디드 장치에 배포하고 실전에서 모델의 성능을 모니터링합니다. 차세대 모델을 구축하기 위해 필요한 데이터 수집을 시작합니다.

차례대로 자세히 알아보겠습니다.

6.1 작업 정의

무엇을 하는지 자세히 이해하지 못하면 좋은 결과를 만들 수 없습니다. 고객이 이 특정 문제를 해결하려는 이유는 무엇인가요? 고객이 솔루션에서 어떤 가치를 얻을 수 있나요? 모델이 어떻게 사용되며 고객의 비즈니스 프로세스에 얼마나 잘 맞나요? 어떤 종류의 데이터가 사용 가능하거나 수집할 수 있나요? 어떤 종류의 머신 러닝 작업을 이 비즈니스 문제에 연결할 수 있나요?

6.1.1 문제 정의

머신 러닝 문제를 정의하려면 일반적으로 고객과 많은 세부 논의가 필요합니다. 다음은 가장 우선순위가 높아야 할 질문입니다.

- 입력 데이터는 무엇인가요? 어떤 것을 예측하려고 하나요? 가용한 훈련 데이터가 있어야 어떤 것을 예측하도록 학습할 수 있습니다. 예를 들어 영화 리뷰와 감성 레이블이 태깅되어 있어야 영화 리뷰의 감성 분류를 학습할 수 있습니다. 이런 식으로 보통 가용 데이터의 유무는 이 단계에서 제한 요소가 됩니다. 많은 경우에 직접 새로운 데이터셋을 수집하고 레이블을 부여해야 할 것입니다(다음 절에서 이에 대해 다루겠습니다).
- 당면한 문제가 어떤 종류인가요? 이진 분류인가요? 다중 분류인가요? 스칼라 회귀인가요? 벡터 회귀인가요? 다중 레이블 다중 분류인가요? 이미지 분할? 랭킹? 아니면 군집, 생성 또는 강화 학습 같은 다른 문제인가요? 어떤 경우에는 머신 러닝이 데이터를 이해하는 최선의 방법이 아니고 학교에서 배운 통계 분석과 같은 다른 방법을 사용해야 할 수 있습니다.
    - 사진 검색 엔진 프로젝트는 다중 레이블 다중 분류 작업입니다.
    - 스팸 감지 프로젝트는 이진 분류 작업입니다. '공격적인 콘텐츠'를 별개의 클래스로 설정하면 3개의 클래스가 있는 작업이 됩니다.
    - 음악 추천 엔진은 딥러닝보다는 행렬 분해(matrix factorization)(협업 필터링(collaborative filtering))로 처리하는 것이 더 좋습니다.
    - 신용 카드 부정 거래 감지 프로젝트는 이진 분류 작업입니다.
    - 클릭률 예측 프로젝트는 스칼라 회귀 작업입니다.
    - 불량 쿠키 감지는 이진 분류 작업입니다. 하지만 원본 이미지에서 쿠키를 정확히 추출해 내기 위해 첫 단계에서 객체 탐지(object detection) 모델이 필요합니다. '이상치 탐지(anomaly detection)'라고 알려진 일련의 머신 러닝 기법은 이런 상황에 적합하지 않습니다!
    - 위성 이미지에서 새로운 고고학 유적지를 발견하는 프로젝트는 이미지 유사도 순위를 매기는 작업입니다. 고고학 유적지와 가장 비슷하게 보이는 이미지를 찾아야 합니다.
- 기존 솔루션은 어떤 것이 있나요? 아마도 여러분의 고객은 스팸 필터링이나 신용 카드 부정 거래 감지를 처리하기 위해 중첩된 많은 `if` 문으로 구성된 수동으로 만든 알고리즘을 이미 가지고 있을 것입니다. 아마도 현재 이 프로세스를 감시하고 수동으로 처리하는 사람이 있을 것입니다. 쿠키 공장의 컨베이어 벨트를 모니터링하고 불량 쿠키를 수동으로 제거하거나, 특정 아티스트를 좋아하는 사용자에게 보낼 추천 음악 플레이리스트를 만들 것입니다. 어떤 시스템으로 어떻게 일하고 있는지 이해해야 합니다.
- 고려해야 할 특별한 제약이 있나요? 예를 들어 스팸 감지 시스템을 적용할 앱은 엔드-투-엔드로 엄격히 암호화되어 있어 스팸 감지 모델이 사용자의 핸드폰에 설치되어야 하고 외부 데이터셋으로 훈련되어야 할 수 있습니다. 쿠키 필터링 모델은 시간 제약을 가지고 있어서 원격 서버가 아니라 공장의 임베디드 장치에서 실행되어야 할 수 있습니다. 여러분의 작업이 충족시켜야 할 조건을 완벽하게 이해해야 합니다.

조사를 수행하고 나면 입력과 타깃이 무엇이고, 큰 범위에서 어떤 종류의 머신 러닝 작업이 이 문제에 맞는지 알게 됩니다. 이 단계에서 만든 가설을 기억하세요.

- 주어진 입력으로 타깃을 예측할 수 있다고 가정합니다.
- 가용한 데이터(또는 곧 수집할 데이터)에 입력과 출력 사이의 관계를 학습하는 데 충분한 정보가 있다고 가정합니다.

작동하는 모델을 얻기까지 이는 가설에 불과합니다. 검증될지 아닐지 기다려 보아야 합니다. 모든 문제가 머신 러닝으로 해결되지는 않습니다. 입력 X와 타깃 Y의 샘플을 수집했다고 X에 Y를 예측하기에 충분한 정보가 있는 것은 아닙니다. 예를 들어 주식 시장의 최근 가격 변동을 바탕으로 주가를 예측한다면 실패할 가능성이 높습니다. 과거 가격에는 예측에 활용할 정보가 많지 않기 때문입니다.

6.1.2 데이터 수집

작업 특성을 이해하고, 입력과 타깃이 무엇인지 알게 되면 데이터를 수집할 차례입니다. 대부분의 머신 러닝 프로젝트에서 가장 힘들고 시간이 많이 걸리며 비용이 많이 드는 단계입니다.

- 사진 검색 엔진 프로젝트에서는 먼저 분류하려는 일련의 레이블을 선택해야 합니다. 예를 들어 1만 개의 이미지 카테고리를 지정합니다. 그다음 이 레이블 집합을 사용해서 사용자가 업로드한 수십만 개의 이미지에 수동으로 태깅을 해야 합니다.
- 채팅 앱의 스팸 감지 프로젝트에서 사용자 대화가 엔드-투-엔드로 암호화되기 때문에 이 콘텐츠를 모델 훈련에 사용할 수 없습니다. 필터링되지 않은 소셜 미디어 게시물로 구성된 별도의 데이터셋이 필요하고 이를 스팸, 공격적 또는 허용 가능으로 태그를 달아야 합니다.
- 음악 추천 엔진의 경우 사용자가 "좋아요"를 표시한 기록을 사용할 수 있습니다. 새로운 데이터를 수집할 필요가 없습니다. 클릭률 예측 프로젝트도 비슷하게 수년간 모은 과거 광고의 클릭률 데이터가 있습니다.
- 불량 쿠키 감지 모델의 경우 컨베이어 벨트 위에 카메라를 설치하여 수만 장의 이미지를 수집하고, 이 이미지에 수동으로 레이블을 달아야 합니다. 불량 쿠키를 가려낼 수 있는 사람이 쿠키 공장에서 현재 일하고 있을 것입니다. 하지만 아주 어려운 일로 보이지는 않으므로 이 작업을 위해 사람들을 훈련시킬 수 있어야 합니다.

- 위성 이미지 프로젝트의 경우 고고학자로 구성된 팀이 기존 유적지에 대한 데이터베이스를 수집하고, 각 유적지에 대해 여러 날씨 상황에서 찍은 위성 이미지를 준비해야 합니다. 좋은 모델을 얻으려면 수천 개의 유적지가 필요할 것입니다.

5장에서 모델의 일반화 능력은 거의 모두 훈련되는 데이터의 속성(데이터 포인트 개수, 레이블의 신뢰도, 특성 품질)에서 온다는 것을 배웠습니다. 좋은 데이터셋은 관리하고 투자할 가치가 있는 자산입니다. 프로젝트에 50시간을 더 쓸 수 있다면 모델링 개선점을 찾는 것보다 더 많은 데이터를 수집하는 것이 이 시간을 가장 효과적으로 사용하는 방법입니다.

알고리즘보다 데이터가 더 중요하다는 점은 2009년 구글 연구자들의 논문 "The Unreasonable Effectiveness of Data"로 가장 잘 알려졌습니다(이 제목은 1960년에 유진 위그너(Eugene Wigner)[1]가 쓴 유명한 글인 "The Unreasonable Effectiveness of Mathematics in the Natural Sciences"에서 따온 것입니다). 이 논문은 딥러닝이 유명해지기 전이었지만 놀랍게도 딥러닝의 부상은 데이터의 중요성을 더 크게 만들었을 뿐입니다.

지도 학습(supervised learning)[2]이라면 (이미지 같은) 입력을 수집하고 예측 모델을 훈련할 타깃인 (이미지 태그 같은) 애너테이션(annotation)을 만들어야 합니다. 이따금 음악 추천이나 클릭률 예측 같은 작업에서는 애너테이션을 자동으로 추출할 수 있습니다.[3] 하지만 많은 경우에 수동으로 데이터에 레이블을 달아야 합니다. 이는 매우 노동 집약적인 작업입니다.

데이터 애너테이션 인프라에 투자하기

데이터 애너테이션 과정이 타깃의 품질을 결정하며 결과적으로 모델의 품질을 결정할 것입니다. 어떤 방법을 사용할 수 있는지 신중하게 고려하세요.

- 직접 데이터에 애너테이션을 수행해야 하나요?
- 레이블을 모으기 위해 미케니컬 터크(Mechanical Turk) 같은 크라우드소싱(crowdsourcing) 플랫폼을 사용해야 하나요?
- 전문적인 데이터 레이블링 회사의 서비스를 사용해야 하나요?

---

1 역주 유진 위그너는 헝가리 출신의 미국 이론 물리학자입니다. 2차 세계대전 중 핵무기 개발을 위한 맨해튼 프로젝트에 참여했으며 1963년 노벨 물리학상을 수상했습니다.

2 역주 지도 학습은 입력과 타깃의 관계를 학습하는 머신 러닝 작업을 말합니다.

3 역주 사용자가 좋아하는 음악과 클릭한 광고에 대한 정보가 이미 데이터베이스에 기록되어 있다는 의미입니다.

아웃소싱은 잠재적으로 시간과 비용을 절약할 수 있지만 통제권이 넘어갑니다. 미케니컬 터크 같은 서비스는 비용이 많이 들지 않고 쉽게 규모를 확장할 수 있지만 애너테이션에 잡음이 꽤 들어갈 수 있습니다.

최선의 옵션을 고르기 위해 현재 작업의 제약 조건을 고려하세요.

- 데이터에 레이블을 할당할 사람이 해당 분야의 전문가야 하나요? 아니면 아무나 레이블을 달 수 있나요? 고양이와 강아지 이미지를 분류하는 문제의 레이블은 누구나 부여할 수 있지만 강아지 품종을 분류하는 작업에 필요한 레이블은 전문적인 지식이 필요합니다. 골절 CT 영상을 위한 애너테이션을 만들려면 의학 학위가 필요합니다.
- 데이터 애너테이션에 전문적인 지식이 필요하다면 이를 위해 사람을 훈련시킬 수 있나요? 그렇지 않다면 관련된 전문가를 구할 수 있나요?
- 전문가의 애너테이션 작업을 여러분이 이해하고 있나요? 그렇지 않다면 데이터셋을 블랙박스처럼 다루어야 하므로 수동으로 특성 공학을 수행할 수 없습니다. 이것이 치명적이지는 않지만 제약이 될 수 있습니다.

내부에서 데이터 레이블을 만들기로 결정했다면 애너테이션 작업을 위해 어떤 소프트웨어를 사용할 것인지 자문해 보세요. 직접 이런 소프트웨어를 개발해야 할 수도 있습니다. 생산적인 데이터 애너테이션 소프트웨어를 사용하면 많은 시간을 절약할 수 있으므로 프로젝트 초기에 투자할 가치가 있습니다.

대표성 없는 데이터 주의하기

머신 러닝 모델은 이전에 본 샘플과 비슷한 입력만 이해할 수 있습니다. 따라서 훈련에 사용하는 데이터가 제품 환경에 있는 데이터를 대표하는 것이 중요합니다. 이런 고려 사항이 모든 데이터 수집 작업에 근간이 되어야 합니다.

사용자가 찍은 음식 사진으로 요리 이름을 찾아 주는 앱을 개발한다고 가정해 보죠. 미식가에게 인기 있는 이미지 공유 소셜 네트워크의 사진을 사용하여 모델을 훈련합니다. 배포할 시간이 다가오면 화난 사용자들의 피드백이 접수되기 시작합니다. 이 앱이 열 번 중 여덟 번은 음식 이름을 맞추지 못한다고 하네요. 무슨 일이 일어난 것일까요? 테스트 세트에서 정확도는 90%가 넘었습니다! 사용자가 업로드한 데이터를 빠르게 훑어보니 랜덤한 스마트폰으로 랜덤한 음식점에서 랜덤한 요리를 찍은 모바일 사진은 모델 훈련에 사용한 전문가 품질의 밝고 먹음직스러운 요리 사진과는 다릅니다. 즉, 훈련 데이터가 제품 환경의 데이터를 대표하지 못했습니다. 큰 죄를 저질렀으니 머신 러닝 지옥에 오신 것을 환영합니다.

가능하다면 모델이 사용될 환경에서 직접 데이터를 수집하세요. 영화 리뷰 감성 분류 모델은 옐프(Yelp) 음식점 리뷰나 트위터 메시지가 아니라 새로운 IMDB 리뷰에 적용되어야 합니다. 트윗의 감성을 평가하고 싶다면 제품에서 기대하는 사용자와 비슷한 사용자들의 실제 트윗 데이터를 수집하고 애너테이션을 만드세요. 제품 환경에서 수집한 데이터로 훈련하는 것이 불가능하다면 훈련 데이터와 실전 데이터 사이의 차이점을 완전히 이해하고, 이런 차이점을 좁히기 위해 적극적으로 노력해야 합니다.

이와 관련된 현상으로 **개념 이동**(concept drift)을 알고 있어야 합니다. 거의 모든 실전 문제에서 개념 이동을 만나게 됩니다. 특히 사용자가 생성한 데이터를 다루는 경우입니다. 개념 이동은 제품 환경에서 데이터의 속성이 시간에 따라 변할 때 일어납니다. 이로 인해 모델의 정확도가 점진적으로 감소됩니다. 2013년에 훈련한 음악 추천 엔진은 오늘날에는 그다지 효과적이지 않을 것입니다. 비슷하게 2011년에 수집한 IMDB 데이터셋으로 훈련한 모델은 2012년 리뷰에 비해 2020년 리뷰에서 성능이 좋지 않을 것입니다. 어휘, 표현, 영화 장르가 시간에 따라 변화하기 때문입니다. 개념 이동은 부정한 패턴이 매일 바뀌는 신용 카드 부정 거래 감지와 같은 적대적인 상황에서 특히 심각합니다. 빠르게 변하는 개념 이동에 대처하려면 지속적인 데이터 수집, 애너테이션, 모델 재훈련이 필요합니다.

머신 러닝은 훈련 데이터에 있는 패턴을 기억하는 데만 사용할 수 있다는 것을 유념하세요. 이전에 보았던 것만 인식할 수 있습니다. 미래를 예측하기 위해 과거 데이터에서 훈련한 머신 러닝 모델을 사용하는 것은 미래가 과거처럼 움직인다고 가정한 것입니다. 하지만 그렇지 않은 경우가 많습니다.

샘플링 편향 문제

특별히 교활하고 자주 발생하는 대표성이 없는 데이터의 사례는 **샘플링 편향**(sampling bias)입니다. 샘플링 편향은 데이터 수집 과정이 예측 대상과 상호 작용하여 편향된 측정 결과를 만들 때 일어납니다. 역사적으로 유명한 사례가 1948년 미국 대통령 선거에서 발생했습니다. 선거일 밤 〈시카고 트리뷴(Chicago Tribune)〉 신문은 "듀이가 트루먼을 꺾다(DEWEY DEFEATS TRUMAN)"라고 헤드라인을 썼습니다. 하지만 다음 날 아침 트루먼이 승자로 드러났습니다. 〈트리뷴〉의 편집자는 전화 설문 결과를 신뢰했지만 1948년의 전화 사용자는 투표 인구를 랜덤하게 대표하는 샘플이 아니었습니다. 그들은 부유하고 보수적이며 공화당 후보인 듀이에게 투표할 가능성이 높은 사람들입니다.

계속

▼ 그림 6-1 "듀이가 트루먼을 꺾다": 샘플링 편향의 유명한 사례

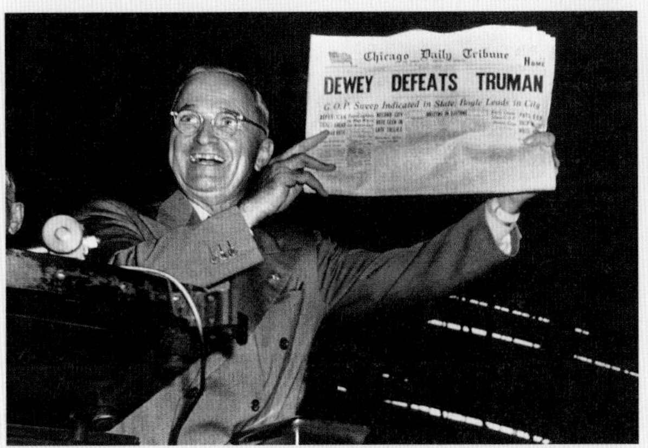

오늘날 모든 전화 설문은 샘플링 편향을 고려합니다. 그렇다고 정치 여론 조사에서 샘플링 편향이 과거의 일이 되었다는 의미는 아닙니다. 1948년과 달리 여론 조사 기관은 이를 인지하고 수정하는 단계를 밟습니다.

6.1.3 데이터 이해

데이터셋을 블랙박스처럼 다루는 것은 상당히 나쁜 방법입니다. 모델 훈련을 시작하기 전에 데이터를 탐색하고 시각화하여 예측 능력을 가진 특성에 대한 통찰을 얻어야 합니다. 이를 통해 특성 공학에 대한 정보를 얻고 가능성 있는 문제를 걸러 낼 수 있습니다.

- 데이터가 이미지나 자연어 텍스트를 포함하고 있다면 몇 개의 샘플(그리고 레이블)을 직접 확인해 보세요.
- 데이터가 수치 특성을 포함하고 있다면 특성 값의 히스토그램을 그려서 값의 범위나 빈도를 파악하는 것이 좋습니다.
- 데이터가 위치 정보를 포함하고 있다면 지도에 그려 보세요. 뚜렷한 패턴이 드러나나요?
- 일부 샘플이 어떤 특성에 대해 누락된 값을 가지고 있나요? 그렇다면 데이터를 준비할 때 이를 처리해야 합니다(다음 절에서 이에 대한 방법을 다루겠습니다).
- 작업이 분류 문제라면 데이터에 있는 각 클래스의 샘플 개수를 출력해 보세요. 클래스의 샘플 개수가 거의 비슷한가요? 그렇지 않다면 이런 불균형을 고려해야 합니다.

- **타깃 누출**(target leaking)을 확인하세요. 데이터에 타깃에 관한 정보를 제공하는 특성이 있는지 확인합니다. 이런 특성은 제품 환경에서는 얻을 수 없을 것입니다. 환자가 미래에 암 치료를 받을지 예측하기 위해 의료 기록을 사용하여 모델을 훈련할 때 이 기록에 "이 환자가 암 진단을 받았다."라는 특성이 포함되어 있다고 가정해 보죠. 그렇다면 타깃이 인위적으로 데이터에 누출되고 있는 것입니다. 데이터에 있는 모든 특성이 제품 환경에도 동일한 형태로 제공될 수 있는지 항상 자문해 보세요.

6.1.4 성공 지표 선택

어떤 것을 제어하려면 관측할 수 있어야 합니다. 프로젝트에서 성공하기 위해서는 먼저 성공이 무엇인가를 정의해야 합니다. 정확도일까요? 정밀도나 재현율일까요? 고객 재방문율일까요? 성공의 지표가 프로젝트 전반에 걸쳐 내리는 모든 기술적 선택을 안내할 것입니다. 고객의 비즈니스 성공처럼 고수준의 목표와 직접적으로 연결되어 있어야 합니다.

클래스 분포가 균일한 분류 문제에서는 정확도와 ROC(Receiver Operating Characteristic) 곡선 아래의 면적인 ROC AUC가 일반적인 지표입니다. 클래스 분포가 균일하지 않은 문제나 랭킹 문제, 다중 레이블 문제에는 정밀도와 재현율을 사용할 수 있습니다. 또는 정확도나 ROC AUC의 가중치 평균을 사용할 수 있습니다.[4] 성공을 측정하기 위해 자신만의 지표를 정의하는 일이 드물지 않습니다. 다양한 종류의 머신 러닝의 성공 지표와 여러 분야의 문제에 어떻게 관련되어 있는지 알고 싶다면 캐글(https://www.kaggle.com)의 데이터 과학 경연 대회를 살펴보는 것이 도움이 됩니다. 캐글에서는 굉장히 다양한 문제들과 평가 지표들을 볼 수 있습니다.

6.2 모델 개발

DEEP LEARNING

진행 과정을 측정할 방법을 찾았다면 모델 개발을 시작할 수 있습니다. 대부분의 튜토리얼과 연구 프로젝트는 이 단계만 수행합니다. 즉, 문제 정의와 데이터 수집은 이미 완료되었다고 가정하

4 역주 정밀도, 재현율, ROC, ROC AUC 등의 평가 지표에 대한 자세한 내용은 〈파이썬 라이브러리를 활용한 머신러닝(개정 2판)〉(한빛미디어, 2022)의 5장을 참고하세요.

고, 모델 배포와 유지 관리는 다른 사람이 처리한다고 가정하고 건너뜁니다. 사실 모델 개발은 머신 러닝 워크플로의 한 단계에 불과하며 필자가 볼 때 가장 어려운 단계도 아닙니다. 머신 러닝에서 가장 어려운 부분은 문제 정의와 데이터 수집, 애너테이션, 정제입니다. 그러니 힘내세요. 이제부터는 비교적 쉽습니다!

6.2.1 데이터 준비

이전에 배웠듯이 딥러닝 모델은 일반적으로 원시 데이터를 사용하지 않습니다. 데이터 전처리 목적은 주어진 원본 데이터를 신경망에 적용하기 쉽도록 만드는 것입니다. 여기에는 벡터화(vectorization), 정규화(normalization), 누락된 값 다루기 등이 포함됩니다. 많은 전처리 기법은 도메인에 특화되어 있습니다(예를 들어 텍스트 데이터나 이미지 데이터에만 적용됩니다). 이어지는 장에서 실전 예제를 다룰 때 이에 대해 다루겠습니다. 지금은 모든 데이터 분야에 공통되는 기본적인 사항을 알아보겠습니다.

벡터화

신경망에서 모든 입력과 타깃은 일반적으로 부동 소수점 데이터로 이루어진 텐서여야 합니다(또는 특정 경우에 정수나 문자열로 이루어진 텐서입니다). 사운드, 이미지, 텍스트 등 처리해야 할 것이 무엇이든지 먼저 텐서로 변환해야 합니다. 이 단계를 **데이터 벡터화**(data vectorization)라고 합니다. 예를 들어 4장에 나온 2개의 텍스트 분류 예제에서 텍스트를 (단어 시퀀스를 의미하는) 정수 리스트로 변환했습니다. 그다음 원-핫 인코딩을 사용하여 `float32` 타입의 데이터로 이루어진 텐서로 바꾸었습니다. 숫자 이미지 분류와 주택 가격 예측의 예에서는 데이터가 벡터 형태로 주어졌으므로 이 단계를 건너뛰었습니다.

값 정규화

2장의 MNIST 숫자 이미지 분류 예에서 이미지 데이터를 그레이스케일 인코딩인 0~255 사이의 정수로 인코딩했습니다. 이 데이터를 네트워크에 주입하기 전에 `float32` 타입으로 변경하고 255로 나누어서 최종적으로 0~1 사이의 부동 소수점 값으로 만들었습니다. 주택 가격을 예측할 때는 특성들의 범위가 제각각이었습니다. 어떤 특성은 작은 부동 소수점 값이고 다른 특성은 매우 큰 정수 값을 가졌습니다. 이 데이터를 네트워크에 주입하기 전에 각 특성을 독립적으로 정규화하여 평균이 0이고 표준 편차가 1이 되도록 만들었습니다.

일반적으로 비교적 큰 값(예를 들어 네트워크의 가중치 초깃값보다 훨씬 큰 여러 자릿수를 가진 정수)이나 균일하지 않은 데이터(예를 들어 한 특성의 범위는 0~1이고 다른 특성은 100~200인 데이터)를 신경망에 주입하는 것은 위험합니다. 이렇게 하면 업데이트할 그레이디언트가 커져 네트워크가 수렴하는 것을 방해합니다. 네트워크를 쉽게 학습시키려면 데이터가 다음 특징을 따라야 합니다.

- **작은 값을 취합니다**: 일반적으로 대부분의 값이 0~1 사이여야 합니다.
- **균일해야 합니다**: 즉, 모든 특성이 대체로 비슷한 범위를 가져야 합니다.

추가적으로 다음에 나오는 조금 더 엄격한 정규화 방법이 많이 사용되고 도움이 될 수 있지만 항상 필요하지는 않습니다(예를 들어 숫자 이미지 분류 예에서는 사용하지 않았습니다).

- 각 특성별로 평균이 0이 되도록 정규화합니다.
- 각 특성별로 표준 편차가 1이 되도록 정규화합니다.

넘파이 배열에서 이렇게 하는 방법은 간단합니다.[5]

```
x -= x.mean(axis=0)  -------- x가 (샘플, 특성) 크기인 2D 행렬이라고 가정합니다.
x /= x.std(axis=0)
```

누락된 값 처리하기

이따금 데이터에 값이 누락된 경우가 있습니다. 예를 들어 주택 가격 예측 문제에서 첫 번째 특성(데이터에서 인덱스가 0인 칼럼)은 1인당 범죄율입니다. 이 특성이 모든 샘플에 들어 있지 않으면 어떻게 될까요? 훈련 데이터나 테스트 데이터에 누락된 값이 포함됩니다.

이 특성을 완전히 삭제할 수 있지만 반드시 그럴 필요는 없습니다.[6]

- 범주형 특성이라면 '누락된 값'이라는 의미의 새로운 범주를 만드는 것이 안전합니다. 모델이 타깃에 대해 이것이 의미하는 바를 자동으로 학습할 것입니다.

---

5 역주 4장에서 했던 것과 동일하지만, 이렇게 하면 계산된 평균과 표준 편차를 저장하지 않기 때문에 테스트 세트에 적용할 수 없습니다. 반드시 훈련 세트에 적용한 전처리 기준으로 테스트 세트에 적용해야 합니다.

6 역주 훈련 세트에 누락된 값을 해당 특성의 평균 또는 중간 값으로 대체하기로 했다면 계산된 평균 또는 중간 값을 기록해 놓아야 합니다. 테스트 세트에서 해당 특성에 누락된 값이 있다면 훈련 세트에서 계산한 값으로 채웁니다. 마찬가지로 교차 검증 단계 안에서 훈련 데이터에서 계산한 평균 또는 중간 값이 검증 데이터에 적용되어야 합니다. 일반적으로 어떤 방법이 주어진 문제에 적합한지 직관적으로 알기 어렵습니다. 교차 검증으로 모두 확인해 보는 것이 좋습니다.

- 수치형 특성이라면 '0' 같은 임의의 값을 넣지 않도록 하세요. 특성이 만드는 잠재 공간에 불연속성을 만들어 이런 데이터에서 훈련한 모델이 일반화되기 어려울 수 있기 때문입니다. 그 대신 누락된 값을 해당 특성의 평균이나 중간 값으로 대체하는 것을 고려해 보세요. 또는 다른 특성 값에서 누락된 특성 값을 예측하는 모델을 훈련할 수도 있습니다.

테스트 데이터에 범주형 특성이 누락될 가능성이 있다고 가정해 보죠. 하지만 네트워크가 누락된 값이 없는 데이터에서 훈련되었다면 이 네트워크는 누락된 값을 무시하는 법을 알지 못합니다! 이런 경우에는 누락된 값이 있는 훈련 샘플을 고의적으로 만들어야 합니다. 훈련 샘플의 일부를 여러 벌 복사해서 테스트 데이터에서 누락될 것 같은 범주형 특성을 제거합니다.

6.2.2 평가 방법 선택

이전 장에서 배웠듯이 모델의 목적은 일반화를 달성하는 것입니다. 모델 개발 과정 전반에 걸친 모든 모델링 결정은 일반화 성능을 측정하는 검증 지표에 의해 내려집니다. 검증 과정의 목표는 실전 제품 환경에서 어떤 성공 지표(예를 들어 정확도)를 사용할지 정확하게 추정하는 것입니다. 따라서 이 과정의 신뢰성은 유용한 모델을 만드는 데 매우 중요합니다.

5장에서 세 가지 평가 방법을 알아보았습니다.

- **홀드아웃 검증**: 데이터가 풍부할 때 사용합니다.
- **K-겹 교차 검증**: 홀드아웃 검증을 사용하기에 샘플 개수가 너무 적을 때 좋은 선택입니다.
- **반복 K-겹 교차 검증**: 데이터가 적고 매우 정확한 모델 평가가 필요할 때 사용합니다.

이 중에 하나를 선택하면 됩니다. 대부분의 경우 첫 번째로 충분할 것입니다. 하지만 앞서 배웠듯이 검증 세트의 대표성을 항상 유념해야 합니다. 또한, 훈련 세트와 검증 세트 간에 중복된 샘플이 없도록 주의하세요.

6.2.3 기준 모델 뛰어넘기

5장에서 보았듯이 모델을 다루기 시작할 때 초기 목표는 **통계적 검정력**(statistical power)을 달성하는 것입니다. 즉, 아주 간단한 기준점을 넘을 수 있는 작은 모델을 개발합니다.

이 단계에서 가장 중요하게 중점을 둘 세 가지는 다음과 같습니다.

- **특성 공학**: 유용하지 않은 특성을 제외하고(특성 선택), 문제에 대한 지식을 사용하여 유용할 것 같은 새 특성을 개발합니다.
- **구조에 대한 올바른 가정**: 어떤 종류의 모델 구조를 사용할 것인가요? 밀집 연결 신경망, 합성곱 신경망, 순환 신경망 또는 트랜스포머를 사용하나요? 딥러닝이 이 작업에 좋은 접근 방법인가요? 또는 다른 방식을 사용해야 하나요?
- **좋은 훈련 옵션 선택**: 어떤 손실 함수를 사용해야 하나요? 배치 크기와 학습률은 얼마로 해야 하나요?

올바른 손실 함수 선택하기

주어진 문제의 성공 지표를 직접 최적화하는 것이 가능하지 않은 경우가 많습니다. 때로는 이 지표를 손실 함수로 쉽게 바꿀 수 있는 방법이 없습니다. 무엇보다도 손실 함수는 주어진 미니 배치 데이터에서 계산 가능해야 하고(이상적으로는 손실 함수는 하나의 데이터 포인트에서도 계산 가능해야 합니다), 미분 가능해야 합니다(그렇지 않으면 역전파 알고리즘을 사용하여 네트워크를 훈련시킬 수 없습니다). 예를 들어 널리 사용되는 분류 지표인 ROC AUC는 직접 최적화될 수 없습니다.[7] 그래서 분류 작업에는 크로스엔트로피처럼 ROC AUC를 대신할 지표를 최적화하는 것이 보통입니다. 일반적으로 크로스엔트로피가 낮을수록 ROC AUC가 높다고 기대할 수 있습니다.

다음 표에 자주 등장하는 문제 유형에 따라 선택하는 마지막 층의 활성화 함수와 손실 함수를 정리했습니다.

▼ 표 6-1 모델에 맞는 마지막 층의 활성화 함수와 손실 함수 선택

문제 유형	마지막 층의 활성화 함수	손실 함수
이진 분류	sigmoid	binary_crossentropy
단일 레이블 다중 분류	softmax	categorical_crossentropy
다중 레이블 다중 분류	sigmoid	binary_crossentropy

대부분의 경우 시작할 때 활용할 수 있는 기존 템플릿이 있습니다. 여러분이 스팸 감지 시스템, 음악 추천 엔진, 이미지 분류기를 만드는 첫 번째 사람은 아닐 것입니다. 주어진 작업에 잘 맞는 특성 공학 기법과 모델 구조를 찾기 위해 선행 기술을 조사해야 합니다.

통계적 검정력을 달성하는 것이 항상 가능하지는 않습니다. 여러 개의 타당성 있는 네트워크 구조를 시도해 보고 간단한 기준점을 넘어서지 못한다면 입력 데이터에 존재하지 않는 것을 얻으려고 한다는 신호일 것입니다. 다음과 같이 2개의 가설이 있다는 것을 기억하세요.

7 역주 0-1 손실이라고도 부르는 정확도를 비롯하여 ROC AUC 계산에 사용되는 거짓 양성 비율과 재현율 모두 예측이 맞은 개수와 틀린 개수를 헤아리는 방식을 사용합니다. 이런 방법들은 미분 가능한 함수가 아닙니다.

- 주어진 입력으로 타깃을 예측할 수 있다고 가정합니다.
- 가용한 데이터(또는 곧 수집할 데이터)에 입력과 출력 사이의 관계를 학습하는 데 충분한 정보가 있다고 가정합니다.

이 가설이 잘못된 것일 수 있습니다. 이때는 처음으로 다시 돌아가야 합니다.

6.2.4 모델 용량 키우기: 과대적합 모델 만들기

통계적 검정력을 가진 모델을 얻었다면 이제 모델이 충분히 성능을 내는지 질문해 보아야 합니다. 주어진 문제를 적절히 모델링하기에 충분한 층과 파라미터가 있나요? 예를 들어 로지스틱 회귀 모델이 MNIST 데이터셋에서 통계적 검정력을 가질 수 있지만 문제를 잘 해결하기에는 충분하지 않을 것입니다. 머신 러닝은 최적화와 일반화 사이의 줄다리기라는 점을 기억하세요. 과소적합과 과대적합 사이, 즉 과소용량과 과대용량의 경계에 있는 모델이 이상적입니다. 이 경계가 어디에 놓여 있는지 알기 위해서는 먼저 지나쳐 보아야 합니다.

얼마나 큰 모델을 만들어야 하는지 알기 위해서는 과대적합된 모델을 만들어야 합니다. 5장에서 배웠듯이 이는 아주 쉽습니다.

1. 층을 추가합니다.
2. 층의 크기를 키웁니다.
3. 더 많은 에포크 동안 훈련합니다.

관심 대상인 훈련과 검증 지표는 물론 항상 훈련 손실과 검증 손실을 모니터링하세요. 검증 데이터에서 모델 성능이 감소하기 시작했을 때 과대적합에 도달한 것입니다.

6.2.5 모델 규제와 하이퍼파라미터 튜닝

통계적 검정력을 달성하고 과대적합할 수 있다면 올바른 방향으로 가고 있는 것입니다. 이제 목표는 일반화 성능을 최대화하는 것입니다.

이 단계가 대부분의 시간을 차지합니다. 반복적으로 모델을 수정하고 훈련하고 검증 데이터에서 평가합니다(이때 테스트 데이터를 사용하지 않습니다). 그리고 다시 수정하고 가능한 좋은 모델을 얻을 때까지 반복합니다. 다음과 같은 것들을 시도해 보아야 합니다.

- 다른 구조를 시도해 봅니다. 층을 추가하거나 제거해 봅니다.
- 드롭아웃을 추가합니다.
- 모델이 작다면 L1이나 L2 규제를 추가합니다.
- 최적의 설정을 찾기 위해 하이퍼파라미터를 바꾸어 시도해 봅니다(층의 유닛 개수나 옵티마이저의 학습률 등).
- 선택적으로 데이터 큐레이션이나 특성 공학을 시도해 봅니다. 더 많은 데이터를 수집하고, 애너테이션을 만들고, 더 나은 특성을 개발합니다. 또는 유용하지 않을 것 같은 특성을 제거합니다.

케라스 튜너(KerasTuner) 같은 자동화된 하이퍼파라미터 튜닝 소프트웨어를 사용해서 이런 작업의 많은 부분을 자동화할 수 있습니다. 이에 대해서는 13장에서 다루겠습니다.

다음 사항을 유념하세요. 검증 과정에서 얻은 피드백을 사용하여 모델을 튜닝할 때마다 검증 과정에 대한 정보를 모델에 누설하고 있다는 것입니다. 몇 번만 반복하는 것은 큰 문제가 되지 않습니다. 하지만 많이 반복하게 되면 결국 모델이 검증 과정에 과대적합될 것입니다(모델이 검증 데이터에서 전혀 훈련되지 않는데도 말입니다). 이는 검증 과정의 신뢰도를 감소시킵니다.

만족할 만한 모델 설정을 얻었다면 가용한 모든 데이터(훈련 데이터와 검증 데이터)를 사용해서 제품에 투입할 최종 모델을 훈련시킵니다. 그리고 마지막에 딱 한 번 테스트 세트에서 평가합니다. 테스트 세트의 성능이 검증 데이터에서 측정한 것보다 많이 나쁘다면, 검증 과정에 전혀 신뢰성이 없거나 모델의 하이퍼파라미터를 튜닝하는 동안 검증 데이터에 과대적합된 것입니다. 이런 경우에는 (반복 K-겹 교차 검증 같은) 좀 더 신뢰할 만한 평가 방법으로 바꾸는 것이 좋습니다.

6.3 모델 배포

모델이 테스트 세트를 사용한 최종 평가를 성공적으로 통과했습니다. 이 모델은 배포하여 제품으로 운영될 준비가 되었습니다.

6.3.1 고객에게 작업을 설명하고 기대치 설정하기

성공과 고객의 신뢰는 사람들의 기대를 지속적으로 맞추거나 초과하여 얻을 수 있습니다. 여러분이 제공하는 실제 시스템은 이 그림의 절반에 불과합니다. 나머지 절반은 출시 전에 적절한 기대치를 설정하는 일입니다.

AI 시스템에 비전문적인 사람들의 기대는 종종 현실적이지 않습니다. 예를 들어 시스템이 작업을 이해하고 그 안에서 사람과 같은 상식을 발휘할 수 있다고 기대합니다. 이를 해결하려면 모델이 실패하는 경우를 몇 가지 사례로 보여 줄 수 있습니다. (예를 들어 특히 분류 에러가 의외인 경우 잘못 분류된 샘플을 보여 줍니다. 특히 의외의 분류 에러를 내는 경우입니다.)

특히 이전에 사람이 처리했던 일이라면 사람 수준의 성능을 기대할 수도 있습니다. 머신 러닝 모델은 사람이 생성한 레이블을 근사하기 위해 (불완전하게) 훈련되기 때문에 대부분 그 수준에 거의 도달하지 못합니다. "이 모델은 98% 정확도를 달성했습니다."와 같은 추상적인 문장(대부분의 사람들이 100%로 반올림해 생각합니다)을 사용하지 말고 거짓 음성 비율(false negative rate)과 거짓 양성 비율(false positive rate)에 대해 이야기하는 것이 좋습니다.[8] "이런 설정에서는 부정 거래 감지 모델이 5% 거짓 음성 비율과 2.5%의 거짓 양성 비율을 달성합니다. 매일 평균 200건의 유효한 거래가 부정 거래로 표시되어 수동 검토를 위해 전달됩니다. 평균적으로 14개의 부정 거래를 놓치며 266개의 부정 거래를 정확하게 감지합니다."라고 말할 수 있습니다. 모델의 성능 지표와 비즈니스 목표를 명확하게 연관 지으세요.

출시할 때 적용할 핵심적인 파라미터에 대해서도 고객과 논의해야 합니다. 예를 들어 부정 거래로 표시할 확률 임계 값입니다(임계 값이 달라지면 거짓 음성 비율과 거짓 양성 비율이 달라집니다[9]). 이런 결정에는 절충점이 필요하며 비즈니스에 대한 깊은 이해가 있어야만 처리할 수 있습니다.

8 역주 거짓 음성 비율은 전체 양성 샘플 중에서 음성 클래스로 잘못 분류된 비율입니다. 거짓 양성 비율은 전체 음성 샘플 중에서 양성 클래스로 잘못 분류된 비율입니다. 부정 거래를 감지하는 문제에서는 부정 거래가 양성 클래스가 됩니다. 거짓 음성 비율이 높아지면 부정 거래를 놓칠 가능성이 높아집니다. 거짓 양성 비율이 높아지면 수동 검토 비용이 증가합니다. 따라서 비즈니스 목표에 맞추어 두 지표 사이의 절충점을 찾아야 합니다.

9 역주 임계 값을 높이면 양성 클래스로 분류되는 경우가 줄어들기 때문에 거짓 양성 비율이 줄어들지만 실제 양성 샘플이 음성 클래스로 분류되는 횟수가 늘어나 거짓 음성 비율은 늘어납니다. 임계 값을 낮추면 그 반대가 됩니다.

6.3.2 추론 모델 배치하기

머신 러닝 프로젝트는 훈련된 모델을 저장하는 코랩 노트북에서 끝나지 않습니다. 훈련에 사용했던 파이썬 모델 객체와 똑같은 객체를 제품에 넣는 경우는 드뭅니다.

첫째, 파이썬이 아니라 다른 방식으로 모델을 저장할 수 있습니다.

- 제품 환경이 파이썬을 지원하지 않을 수 있습니다. 예를 들어 모바일 앱이나 임베디드 시스템인 경우입니다.
- 애플리케이션이 파이썬으로 작성되지 않았습니다(자바스크립트, C++ 등). 모델을 위해 파이썬을 사용하면 상당한 오버헤드(overhead)가 발생할 수 있습니다.

둘째, 제품 모델은 훈련이 아니라 예측을 만들기 위해서만 사용됩니다(이 단계를 **추론**(inference)이라고 합니다). 따라서 모델의 속도를 높이고 메모리 사용량을 줄일 수 있는 다양한 최적화를 수행할 여지가 있습니다.

여러 가지 모델 배포 방법을 간단히 살펴보겠습니다.

REST API로 모델 배포하기

이 방식이 아마도 모델을 제품으로 바꾸는 가장 보편적인 방법일 것입니다. 서버나 클라우드 인스턴스에 텐서플로를 설치하고 REST API로 모델의 예측을 요청합니다. 플라스크(Flask)(또는 다른 파이썬 웹 개발 라이브러리)를 사용해서 직접 서빙(serving) 앱을 만들 수 있습니다. 또는 API 방식의 모델 배포를 위한 텐서플로 자체 라이브러리인 **텐서플로 서빙**(TensorFlow Serving)(https://www.tensorflow.org/tfx/guide/serving)을 사용할 수 있습니다. 텐서플로 서빙을 사용하면 몇 분 만에 케라스 모델을 배포할 수 있습니다.

다음과 같은 경우 이런 배포 방식을 사용해야 합니다.

- 모델의 예측을 사용할 애플리케이션이 (확실히) 인터넷에 안정적으로 접속할 수 있습니다. 예를 들어 애플리케이션이 모바일 앱이라면, 원격 API로 예측을 제공하는 경우 비행기 모드나 인터넷 연결이 불안정한 환경에서는 이 애플리케이션을 사용할 수 없습니다.
- 애플리케이션의 응답 속도에 대한 요구 사항이 엄격하지 않습니다. 일반적으로 요청, 추론, 응답의 과정에 500ms가 걸립니다.

- 추론을 위해 전달되는 입력 데이터가 크게 민감하지 않습니다. 모델이 데이터를 읽을 수 있어야 하기 때문에 서버에서는 암호화되지 않은 형태의 데이터를 사용할 수 있어야 합니다(하지만 HTTP 요청과 응답을 위해 SSL 암호화를 사용해야 합니다).

예를 들어 이미지 검색 엔진 프로젝트, 음악 추천 시스템, 신용 카드 부정 거래 감지 프로젝트, 위성 이미지 프로젝트는 모두 REST API 서빙에 잘 맞습니다.

REST API로 모델을 배포할 때 중요한 점은 직접 서비스를 구성할지 또는 관리형 서드파티(third-party) 클라우드 서비스를 사용할지 결정하는 것입니다. 예를 들어 구글 제품인 Cloud AI Platform은 간단히 텐서플로 모델을 Google Cloud Storage(GCS)로 업로드하기만 하면 추론 요청을 보낼 수 있는 API 엔드포인트를 제공합니다. 배치 예측, 로드 밸런싱(load balancing), 확장 같이 실전에 필요한 많은 사항들을 처리해 줍니다.

장치로 모델 배포하기

이따금 모델을 애플리케이션이 실행되는 동일한 장치(스마트폰, 로봇에 있는 임베디드 ARM CPU 또는 작은 장치에 있는 마이크로컨트롤러(microcontroller) 등)에서 구동해야 할 필요가 있습니다. 아마 초점을 맞춘 장면에 있는 사람과 얼굴을 자동으로 감지하는 카메라를 본 적이 있을 것입니다. 이는 카메라에서 직접 실행되는 작은 딥러닝 모델일 것입니다.

다음과 같은 경우 이런 방식을 사용해야 합니다.

- 모델의 응답 속도에 대한 제약이 엄격하거나 인터넷 연결이 불안정한 환경에서 실행되어야 합니다. 몰입형 증강 현실 애플리케이션을 만든다면 원격 서버로 질의하는 것은 가능한 옵션이 아닙니다.
- 대상 장치의 메모리와 전력 조건에서 실행될 수 있도록 모델을 충분히 작게 만들 수 있습니다. 텐서플로 모델 최적화 도구(Model Optimization Toolkit)를 사용하면 이렇게 만드는 데 도움이 될 수 있습니다(https://www.tensorflow.org/model_optimization).
- 가장 높은 정확도를 달성하는 것이 작업에서 크게 중요하지 않습니다. 실행 효율성과 정확도 사이에는 항상 절충점이 있습니다. 따라서 메모리와 전력 조건을 고려하여 대용량 GPU에서 구동할 수 있는 최상의 모델보다 낮은 성능의 모델을 배포해야 합니다.
- 입력 데이터에 매우 민감한 정보가 포함되어 있습니다. 따라서 원격 서버에서 암호화가 해제되어서는 안 됩니다.

스팸 감지 모델은 채팅 앱의 일부로 사용자 스마트폰에서 실행되어야 합니다. 메시지는 엔드-투-엔드로 암호화되고 따라서 원격에 호스팅된 모델이 읽을 수가 없기 때문입니다. 비슷하게 불량 쿠키 감지 모델은 응답 속도 제약이 엄격하므로 공장 안에서 실행되어야 합니다. 다행히 이 경우에는 전력이나 공간의 제약이 없습니다. 따라서 GPU에서 모델을 실행할 수 있습니다.

케라스 모델을 스마트폰이나 임베디드 장치에 배포하기 위한 솔루션은 텐서플로 라이트(TensorFlow Lite)(https://www.tensorflow.org/lite)입니다. 효율적인 온-디바이스(on-device) 딥러닝 추론을 위한 프레임워크로 안드로이드(Android), iOS 스마트폰은 물론 ARM64 기반의 컴퓨터, 라즈베리 파이(Raspberry Pi) 또는 특정 마이크로컨트롤러에서 실행됩니다. 여기에는 케라스 모델을 텐서플로 라이트 포맷으로 쉽게 변환할 수 있는 변환기가 포함되어 있습니다.

브라우저에 모델 배포하기

딥러닝은 종종 브라우저 또는 데스크톱 기반의 자바스크립트 애플리케이션에서 사용됩니다. 일반적으로 애플리케이션이 REST API로 원격 모델에 요청을 보낼 수 있지만 사용자 컴퓨터의 브라우저에서 (가능하다면 GPU를 사용해서) 바로 모델을 실행하면 장점이 있습니다.

다음과 같은 경우 이런 방식을 사용합니다.

- 사용자 측에서 계산을 수행하면 서버 비용을 크게 줄일 수 있습니다.
- 입력 데이터가 사용자의 컴퓨터 또는 핸드폰에 있어야 합니다. 예를 들어 스팸 감지 프로젝트에서 (자바스크립트로 작성된 크로스 플랫폼(cross-platform) 앱으로 구현된) 웹이나 데스크톱 버전의 채팅 앱은 모델을 로컬에서 실행해야 합니다.
- 애플리케이션의 응답 속도 제약이 엄격합니다. 사용자의 노트북이나 스마트폰에서 실행하는 모델은 서버에서 대용량 GPU로 실행하는 모델보다 느리지만 네트워크 요청과 수신에 100ms를 소모할 필요가 없습니다.
- 모델을 내려받아 저장한 후 인터넷이 연결되지 않은 상태에서 작동하는 앱이 필요합니다.

모델이 충분히 작아 사용자의 노트북이나 스마트폰에 있는 CPU, GPU, RAM을 독차지하지 않을 때 이 방식을 사용해야 합니다. 또한, 전체 모델을 사용자 장치에 내려받기 때문에 모델에 관해 비밀로 유지할 것이 없어야 합니다. 일반적으로 훈련된 딥러닝 모델에서 훈련 데이터에 대한 일부 정보를 복원할 수 있다는 사실을 유념해야 합니다. 민감한 데이터에서 훈련된 모델은 공개하지 않는 것이 좋습니다.

자바스크립트로 모델을 배포하기 위해 텐서플로 생태계에는 (원래 WebKeras 이름으로 개발되던) 거의 모든 케라스 API와 여러 가지 저수준 텐서플로 API를 구현한 자바스크립트 딥러닝 라이브러리인 TensorFlow.js(https://www.tensorflow.org/js)가 있습니다. 저장된 케라스 모델을 손쉽게 TensorFlow.js로 임포트하여 브라우저 기반의 자바스크립트 앱이나 데스크톱의 일렉트론(Electron) 앱의 일부로 사용할 수 있습니다.

추론 모델 최적화

추론을 위한 모델 최적화는 가용 전력과 메모리에 엄격한 제한이 있는 환경(스마트폰과 임베디드 장치)이나 응답 속도에 대한 요구 사항이 높은 애플리케이션에 모델을 배포할 때 특히 중요합니다. 모델을 TensorFlow.js로 임포트하거나 텐서플로 라이트로 내보내기 전에 항상 최적화해야 합니다.

널리 사용되는 두 가지 최적화 기법은 다음과 같습니다.

- **가중치 가지치기**(weight pruning): 가중치 텐서의 모든 값이 예측에 동일하게 기여하지 않습니다. 가장 큰 값만 남기면 모델 층에 있는 파라미터 개수를 크게 낮출 수 있습니다. 이를 통해 성능에 약간의 손해를 보는 대신 모델이 사용하는 메모리와 계산 자원을 줄입니다. 얼마나 많은 가지치기를 적용할지 결정함으로써 모델 크기와 정확도 사이에 균형을 잡아야 합니다.
- **가중치 양자화**(weight quantization): 딥러닝 모델은 단정도(single-precision) 부동 소수점(`float32`) 가중치로 훈련됩니다. 하지만 가중치를 8비트의 부호 있는 정수(`int8`)로 압축하는 것이 가능합니다. 크기는 1/4이지만 원본 모델의 정확도에 거의 가까운 추론용 모델을 얻을 수 있습니다.

텐서플로 생태계에는 케라스 API와 긴밀하게 통합된 가중치 가지치기와 양자화를 위한 도구(https://www.tensorflow.org/model_optimization)가 있습니다.

6.3.3 작동 중 모델 모니터링하기

추론 모델을 애플리케이션에 통합하고 제품 환경의 데이터로 최종 테스트했습니다. 모델이 정확히 예상대로 작동했습니다. 단위 테스트는 물론 로깅, 상태 모니터링 코드도 작성했습니다. 완벽하네요. 이제 발사 버튼을 눌러 제품으로 배포할 차례입니다.

이것이 끝이 아닙니다. 모델을 배포하고 나면 동작을 계속 모니터링해야 합니다. 새로운 데이터에서 성능과 다른 애플리케이션과 상호 작용, 비즈니스 지표에 대한 최종 영향을 감시해야 합니다.

- 새로운 음악 추천 시스템을 배포한 후 온라인 라디오 사용자 가입이 늘었나요? 아니면 줄었나요? 새로운 클릭률 예측 모델로 바꾸고 평균 광고 클릭률이 증가했나요? 랜덤한 A/B 테스트를 사용하여 모델의 영향과 다른 변경 사항을 격리해 보세요. 일부 샘플은 새로운 모델을 통과하고 나머지 샘플의 처리는 기존 프로세스를 유지해야 합니다. 충분히 많은 샘플을 처리하고 나면 두 결과의 차이는 모델 때문일 가능성이 있습니다.
- 가능하면 제품 환경에서 모델의 예측을 정기적으로 수동으로 조사하세요. 일반적으로 데이터 애너테이션을 위한 인프라를 동일하게 재사용할 수 있습니다. 제품 환경의 데이터 중 일부를 전송하고 수동으로 애너테이션 작업을 수행하고 이 애너테이션과 모델 예측과 비교합니다. 예를 들어 이미지 검색 엔진과 불량 쿠키 감지 시스템에 대해 이런 작업을 꼭 수행해야 합니다.
- 수동 조사가 불가능할 때는 사용자 설문 같은 다른 평가 수단으로 고려해 보세요(예를 들어 스팸 감지 시스템이나 공격적인 콘텐츠 감지 시스템의 경우입니다).

6.3.4 모델 유지 관리

영원한 모델은 없습니다. 개념 이동에 대해 이미 배웠습니다. 시간이 지남에 따라 제품 환경의 데이터 속성이 변하고 점진적으로 모델의 성능과 타당성이 감소합니다. 음악 추천 시스템의 수명은 몇 주입니다. 신용 카드 부정 거래 감지 시스템은 며칠이고 이미지 검색 엔진은 최상의 경우 몇 년입니다.

모델이 출시되자마자 이 모델을 대체할 다음 세대 모델의 훈련을 준비해야 합니다.

- 제품 환경의 데이터에 대한 변화를 감시하세요. 새로운 특성을 사용할 수 있나요? 타깃 클래스를 확장하거나 수정해야 하나요?
- 계속 데이터를 수집하고 애너테이션을 수행하세요. 계속 애너테이션 파이프라인을 개선하세요. 특히 현재 모델이 분류하기 어려워 보이는 샘플을 수집하는 데 특별히 관심을 두어야 합니다. 이런 샘플은 성능을 향상시키는 데 크게 도움이 될 수 있습니다.

이것으로 머신 러닝의 일반적인 워크플로에 대한 소개를 마칩니다. 유념해야 할 것이 많습니다. 전문가가 되려면 시간과 경험이 필요하지만 걱정하지 마세요. 앞선 몇 개의 장을 읽기 전보다 이미 많은 지식을 갖추었습니다. 이제 머신 러닝 프로젝트의 전체 스펙트럼을 큰 그림으로 볼 수 있습니다. 책의 대부분은 모델 개발에 초점이 맞추어져 있지만 이는 전체 워크플로의 한 부분에 불과합니다. 항상 큰 그림을 놓치지 마세요![10]

6.4 요약

- 새로운 머신 러닝 프로젝트를 시작할 때 먼저 문제를 정의합니다.
  - 넓은 맥락에서 하려는 일을 이해합니다. 최종 목표는 무엇인가요? 어떤 제약 사항이 있나요?
  - 데이터셋을 수집하고 애너테이션을 만듭니다. 데이터를 깊게 이해해야 합니다.
  - 해당 문제에 대한 성공을 측정할 방법을 선택하세요. 검증 데이터에서 모니터링할 지표는 무엇인가요?
- 문제를 이해하고 적절한 데이터셋이 있다면 모델을 개발합니다.
  - 데이터를 준비합니다.
  - 평가 방법을 선택합니다. 홀드아웃 검증이나 K-겹 교차 검증인가요? 데이터 중 얼마만큼을 검증에 사용해야 하나요?
  - 통계적 검정력을 달성합니다. 간단한 기준점을 넘어서야 합니다.
  - 용량을 늘립니다. 과대적합할 수 있는 모델을 개발하세요.
  - 검증 데이터의 성능에 기초하여 모델에 규제를 적용하고 하이퍼파라미터를 튜닝합니다. 많은 머신 러닝 연구는 이 단계에만 초점을 맞추는 경향이 있습니다. 하지만 큰 그림을 놓치지 마세요.
- 모델이 준비되고 테스트 세트에서 좋은 성능을 내면 배포할 차례입니다.
  - 먼저 고객과 함께 적절한 기대치를 설정했는지 확인하세요.

---

10 역주 머신 러닝 애플리케이션 개발의 전체 워크플로와 모범 사례에 대한 좀 더 자세한 설명은 〈머신러닝 파워드 애플리케이션〉(한빛미디어, 2021)을 참고하세요.

- 추론을 위해 최종 모델을 최적화하고 배포 환경(웹 서버, 모바일, 브라우저, 임베디드 장치 등)을 선택하여 모델을 배치합니다.
- 제품 환경에서 모델 성능을 모니터링하고 차세대 모델을 개발할 수 있도록 계속 데이터를 모읍니다.

7장

케라스 완전 정복

이 장에서 다룰 핵심 내용

- Sequential 클래스, 함수형 API, Model 서브클래싱으로 케라스 모델 만들기
- 케라스에 내장된 훈련과 평가 루프 사용하기
- 케라스 콜백을 사용해서 훈련 커스터마이징하기
- 텐서보드를 사용하여 훈련과 평가 지표 모니터링하기
- 훈련과 평가 루프를 밑바닥부터 작성하기

이제 케라스에 대한 경험이 조금 쌓였습니다. Sequential 모델, Dense 층에 익숙해졌고 훈련, 평가, 추론을 위해 내장된 compile(), fit(), evaluate(), predict() API를 사용해 보았습니다. 3장에서는 Layer 클래스를 상속하여 사용자 정의 층을 만드는 방법과 텐서플로의 GradientTape를 사용해서 단계별 훈련 루프를 구현하는 방법도 배웠습니다.

이어지는 장에서는 컴퓨터 비전, 시계열 예측, 자연어 처리, 생성 딥러닝에 대해 자세히 알아보겠습니다. 이런 복잡한 애플리케이션을 만들기 위해서는 Sequential 모델과 기본 fit() 루프 이상을 알아야 합니다. 따라서 먼저 케라스 전문가가 되어야 합니다! 이 장에서 케라스 API를 사용하는 주요 방법을 완전히 마스터하겠습니다. 앞으로 만나게 될 고급 딥러닝 모델을 다루는 데 필요한 모든 것을 배울 수 있을 것입니다.

DEEP LEARNING

7.1 다양한 워크플로

케라스 API 설계는 복잡성의 **단계적 공개**(progressive disclosure) 원칙을 따릅니다. 시작은 쉽게 하고, 필요할 때 단계마다 점진적으로 학습하여 아주 복잡한 경우를 처리할 수 있습니다. 간단한 문제는 누구나 쉽게 처리할 수 있어야 하지만 어떤 고급 워크플로도 가능해야 합니다. 원하는 작업이 얼마나 복잡하고 드문 경우인지에 상관없이 이를 달성하기 위한 명확한 방법이 있어야 합니다. 이런 방법은 간단한 워크플로에서 배운 것을 기반으로 합니다. 이는 초보자에서 전문가로 성장하면서 동일한 도구를 그대로 사용할 수 있다는 의미입니다. 다만 사용 방법만 달라질 뿐입니다.

따라서 케라스를 사용하는 '올바른' 한 가지 방법이 있는 것이 아닙니다. 케라스는 매우 간단한 것부터 매우 유연한 것까지 다양한 워크플로를 제공합니다. 케라스 모델을 만드는 방법은 여러 가지고, 모델을 훈련하는 방법도 여러 가지입니다. 이를 통해 다양한 요구 사항을 충족시킬 수 있습니다. 이런 모든 워크플로는 동일하게 Layer와 Model 같은 API를 기반으로 하기 때문에 한 워크플로의 구성 요소를 다른 워크플로에서 사용할 수 있습니다. 즉, 워크플로 간에 서로 호출할 수 있습니다.

7.2 케라스 모델을 만드는 여러 방법

케라스에서 모델을 만드는 API는 세 가지입니다(그림 7-1)

- **Sequential 모델**이 가장 시작하기 쉬운 API입니다. 기본적으로 하나의 파이썬 리스트입니다. 따라서 단순히 층을 쌓을 수만 있습니다.
- **함수형 API**(Functional API)는 그래프 같은 모델 구조를 주로 다룹니다. 이 API는 사용성과 유연성 사이의 적절한 중간 지점에 해당됩니다. 따라서 가장 널리 사용되는 모델 구축 API입니다.
- **Model 서브클래싱**(subclassing)은 모든 것을 밑바닥부터 직접 만들 수 있는 저수준 방법입니다. 모든 상세한 내용을 완전히 제어하고 싶은 경우에 적합합니다. 하지만 여러 가지 케라스 내장 기능을 사용하지 못하기 때문에 실수가 발생할 위험이 많습니다.

▼ 그림 7-1 모델 구축 복잡성의 단계적 공개

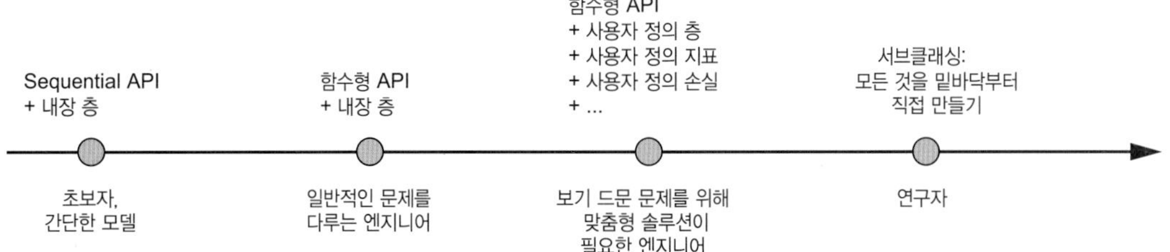

7.2.1 Sequential 모델

케라스 모델을 만드는 가장 간단한 방법은 앞서 이미 보았던 `Sequential` 클래스를 사용하는 것입니다.

코드 7-1 Sequential 클래스

```
from tensorflow import keras
from tensorflow.keras import layers

model = keras.Sequential([
```

```
    layers.Dense(64, activation="relu"),
    layers.Dense(10, activation="softmax")
])
```

동일한 모델을 add() 메서드를 통해 점진적으로 만들 수도 있습니다. 이 메서드는 파이썬 리스트의 append() 메서드와 비슷합니다.

코드 7-2 점진적으로 Sequential 모델 만들기

```
model = keras.Sequential()
model.add(layers.Dense(64, activation="relu"))
model.add(layers.Dense(10, activation="softmax"))
```

4장에서 층은 처음 호출될 때 만들어진다는 것을 보았습니다(즉, 가중치를 만듭니다). 층의 가중치 크기가 입력 크기에 따라 달라지기 때문입니다. 즉, 입력 크기를 알기 전까지 가중치를 만들 수 없습니다.

따라서 앞의 Sequential 모델은 어떤 가중치도 가지고 있지 않습니다(코드 7-3). 가중치를 생성하려면 어떤 데이터로 호출하거나 입력 크기를 지정하여 build() 메서드를 호출해야 합니다(코드 7-4).

코드 7-3 build() 메서드가 호출 전의 모델은 가중치가 없다

```
>>> model.weights  -------- 이때는 아직 모델의 build() 메서드가 호출되지 않았습니다.
ValueError: Weights for model sequential_1 have not yet been created.
```

코드 7-4 가중치를 만들기 위해 모델을 호출한다

```
>>> model.build(input_shape=(None, 3))  -------- 모델의 build() 메서드 호출: 이제 모델은 크기가 (3,)인 샘플을 기대합니다. 입력 크기의 None은 어떤 배치 크기도 가능하다는 의미입니다.
>>> model.weights  -------- 이제 모델의 가중치를 확인할 수 있습니다.
[<tf.Variable "dense_2/kernel:0" shape=(3, 64) dtype=float32, ... >,
 <tf.Variable "dense_2/bias:0" shape=(64,) dtype=float32, ... >
 <tf.Variable "dense_3/kernel:0" shape=(64, 10) dtype=float32, ... >,
 <tf.Variable "dense_3/bias:0" shape=(10,) dtype=float32, ... >]
```

build() 메서드가 호출된 후 디버깅에 유용한 summary() 메서드를 사용하여 모델 구조를 출력할 수 있습니다.

코드 7-5 summary() 메서드

```
>>> model.summary()
Model: "sequential_1"
_________________________________________________________________
Layer (type)                 Output Shape              Param #
=================================================================
dense_2 (Dense)              (None, 64)                256
_________________________________________________________________
dense_3 (Dense)              (None, 10)                650
=================================================================
Total params: 906
Trainable params: 906
Non-trainable params: 0
_________________________________________________________________
```

여기에서 보듯이 이 모델의 이름은 'sequential_1'입니다. 케라스에서는 모델과 층을 포함해서 모든 것에 이름을 지정할 수 있습니다.

코드 7-6 name 매개변수로 모델과 층에 이름 지정하기

```
>>> model = keras.Sequential(name="my_example_model")
>>> model.add(layers.Dense(64, activation="relu", name="my_first_layer"))
>>> model.add(layers.Dense(10, activation="softmax", name="my_last_layer"))
>>> model.build((None, 3))
>>> model.summary()
Model: "my_example_model"
_________________________________________________________________
Layer (type)                 Output Shape              Param #
=================================================================
my_first_layer (Dense)       (None, 64)                256
_________________________________________________________________
my_last_layer (Dense)        (None, 10)                650
=================================================================
Total params: 906
Trainable params: 906
Non-trainable params: 0
_________________________________________________________________
```

Sequential 모델을 점진적으로 만들 때 층을 추가하고 난 후 summary() 메서드를 호출하여 현재 모델을 확인할 수 있으면 유용합니다. 하지만 모델의 build() 메서드를 호출하기 전까지는

summary() 메서드를 호출할 수 없습니다! Sequential 모델의 가중치를 바로 생성하는 방법이 있습니다. 모델의 입력 크기를 미리 지정하면 됩니다. 이를 위해 Input 클래스를 사용합니다.[1]

코드 7-7 모델의 입력 크기를 미리 지정하기

```
model = keras.Sequential()
model.add(keras.Input(shape=(3,)))
model.add(layers.Dense(64, activation="relu"))
```

Input 클래스를 사용하여 입력 크기를 지정합니다. shape 매개변수의 값은 배치 크기가 아니라 각 샘플의 크기여야 합니다.

이제 summary() 메서드를 사용하여 층을 추가함에 따라 모델의 출력 크기 변화를 확인할 수 있습니다.

```
>>> model.summary()
Model: "sequential_2"
_________________________________________________________________
Layer (type)                 Output Shape              Param #
=================================================================
dense_4 (Dense)              (None, 64)                256
=================================================================
Total params: 256
Trainable params: 256
Non-trainable params: 0
_________________________________________________________________

>>> model.add(layers.Dense(10, activation="softmax"))
>>> model.summary()
Model: "sequential_2"
_________________________________________________________________
Layer (type)                 Output Shape              Param #
=================================================================
dense_4 (Dense)              (None, 64)                256
_________________________________________________________________
dense_5 (Dense)              (None, 10)                650
=================================================================
Total params: 906
Trainable params: 906
Non-trainable params: 0
_________________________________________________________________
```

1 역주 또는 model.add(layers.Dense(64, activation="relu", input_shape=(3,)))와 같이 첫 번째 Dense 층을 추가할 때 input_shape 매개변수를 사용할 수 있습니다.

이는 8장에서 배울 합성곱 층처럼 입력을 복잡하게 변환하는 층을 다룰 때 매우 일반적인 디버깅 방식입니다.

7.2.2 함수형 API

Sequential 모델은 사용하기 쉽지만 적용할 수 있는 곳이 극히 제한적입니다. 하나의 입력과 하나의 출력을 가지며 순서대로 층을 쌓은 모델만 표현할 수 있습니다. 실제로 다중 입력(예를 들어 이미지와 이미지의 메타데이터), 다중 출력(예를 들어 데이터에 대해 여러 가지 항목을 예측하는 모델) 또는 비선형적인 구조를 가진 모델을 자주 만날 수 있습니다.

이런 경우에는 함수형 API를 사용한 모델을 만듭니다. 실전에서 이런 케라스 모델을 가장 흔하게 만날 수 있습니다. 이 방식은 레고 블록을 가지고 노는 것처럼 재미있고 강력합니다.

간단한 예제

간단한 예로 시작해 보죠. 이전 절에서 했던 것처럼 2개의 층을 쌓아 보겠습니다. 이 모델을 함수형 API 버전으로 만들면 다음 코드 7-8과 같습니다.

코드 7-8 2개의 Dense 층을 가진 간단한 함수형 모델

```
inputs = keras.Input(shape=(3,), name="my_input")
features = layers.Dense(64, activation="relu")(inputs)
outputs = layers.Dense(10, activation="softmax")(features)
model = keras.Model(inputs=inputs, outputs=outputs)
```

이를 단계별로 살펴보겠습니다.

`Input` 클래스 객체를 정의하는 것으로 시작했습니다(다른 것과 마찬가지로 입력에도 이름을 지정할 수 있습니다).

```
inputs = keras.Input(shape=(3,), name="my_input")
```

`inputs` 객체는 모델이 처리할 데이터의 크기와 `dtype`에 대한 정보를 가지고 있습니다.

```
>>> inputs.shape
(None, 3)
>>> inputs.dtype
float32
```

이 모델은 각 샘플의 크기가 (3,)인 배치를 처리할 것입니다. 배치당 샘플의 개수는 가변적입니다(배치 크기가 None으로 지정되었습니다).

이 배치의 dtype은 float32입니다.

이런 객체를 **심볼릭 텐서**(symbolic tensor)라고 부릅니다. 실제 데이터를 가지고 있지 않지만 사용할 때 모델이 보게 될 데이터 텐서의 사양이 인코딩되어 있습니다. 즉, 미래의 데이터 텐서를 나타냅니다.

그다음 층을 만들고 이 입력으로 호출합니다.

```
features = layers.Dense(64, activation="relu")(inputs)
```

모든 케라스 층은 실제 데이터 텐서나 심볼릭 텐서로 호출할 수 있습니다. 후자의 경우 크기와 dtype 정보가 업데이트된 새로운 심볼릭 텐서를 반환합니다.

```
>>> features.shape
(None, 64)
```

최종 출력을 얻은 후 입력과 출력을 Model 클래스에 전달하여 모델 객체를 생성합니다.

```
outputs = layers.Dense(10, activation="softmax")(features)
model = keras.Model(inputs=inputs, outputs=outputs)
```

다음은 이 모델의 summary() 메서드 호출 결과입니다.

```
>>> model.summary()
Model: "functional_1"
_________________________________________________________________
Layer (type)                 Output Shape              Param #
=================================================================
my_input (InputLayer)        [(None, 3)]               0
_________________________________________________________________
dense_6 (Dense)              (None, 64)                256
_________________________________________________________________
dense_7 (Dense)              (None, 10)                650
=================================================================
Total params: 906
Trainable params: 906
Non-trainable params: 0
_________________________________________________________________
```

다중 입력, 다중 출력 모델

간단한 모델과 달리 대부분 딥러닝 모델은 리스트와 같은 형태가 아니라 그래프를 닮았습니다. 예를 들어 입력이 여러 개이거나 출력이 여러 개입니다. 이런 종류의 모델에서 함수형 API가 진짜 빛을 발합니다.

고객 이슈 티켓에 우선순위를 지정하고 적절한 부서로 전달하는 시스템을 만든다고 해 보죠. 이 모델은 3개의 입력을 사용합니다.

- 이슈 티켓의 제목(텍스트 입력)
- 이슈 티켓의 텍스트 본문(텍스트 입력)
- 사용자가 추가한 태그(범주형 입력으로 여기에서는 원-핫 인코딩되었다고 가정)

텍스트 입력을 크기가 `vocabulary_size`인 0과 1로 이루어진 배열로 인코딩할 수 있습니다(텍스트 인코딩 기법에 대한 자세한 내용은 11장을 참고하세요).

이 모델은 출력도 2개입니다.

- 이슈 티켓의 우선순위 점수로 0과 1 사이의 스칼라(시그모이드 출력)
- 이슈 티켓을 처리해야 할 부서(전체 부서 집합에 대한 소프트맥스 출력)

함수형 API를 사용하여 이런 모델을 몇 줄의 코드로 만들 수 있습니다.

코드 7-9 다중 입력, 다중 출력 함수형 모델

```
vocabulary_size = 10000
num_tags = 100
num_departments = 4

title = keras.Input(shape=(vocabulary_size,), name="title")
text_body = keras.Input(shape=(vocabulary_size,), name="text_body")
tags = keras.Input(shape=(num_tags,), name="tags")
```
모델의 입력을 정의합니다.

```
features = layers.Concatenate()([title, text_body, tags])
```
입력 특성을 하나의 텐서 features로 연결합니다.

```
features = layers.Dense(64, activation="relu")(features)
```
중간층을 적용하여 입력 특성을 더 풍부한 표현으로 재결합시킵니다.

```
priority = layers.Dense(1, activation="sigmoid", name="priority")(features)
department = layers.Dense(
    num_departments, activation="softmax", name="department")(features)
```
모델의 출력을 정의합니다.

```
model = keras.Model(inputs=[title, text_body, tags],       ---- 입력과 출력을 지정하여
                    outputs=[priority, department])             모델을 만듭니다.
```

함수형 API는 간단하고 레고 블록 같지만 층으로 구성된 어떤 그래프도 정의할 수 있는 매우 유연한 방법입니다.

다중 입력, 다중 출력 모델 훈련하기

Sequential 모델을 훈련하는 것과 거의 같은 방법으로 이 모델을 훈련할 수 있습니다. 입력과 출력 데이터의 리스트로 `fit()` 메서드를 호출하면 됩니다. 데이터의 리스트는 `Model` 클래스에 전달한 순서와 같아야 합니다.

코드 7-10 입력과 타깃 배열 리스트를 전달하여 모델 훈련하기

```
import numpy as np

num_samples = 1280

title_data = np.random.randint(0, 2, size=(num_samples, vocabulary_size))        ---- 더미(dummy)
text_body_data = np.random.randint(0, 2, size=(num_samples, vocabulary_size))         입력 데이터
tags_data = np.random.randint(0, 2, size=(num_samples, num_tags))

priority_data = np.random.random(size=(num_samples, 1))                           ---- 더미 타깃
department_data = np.random.randint(0, 2, size=(num_samples, num_departments))        데이터

model.compile(optimizer="rmsprop",
              loss=["mean_squared_error", "categorical_crossentropy"],
              metrics=[["mean_absolute_error"], ["accuracy"]])
model.fit([title_data, text_body_data, tags_data],
          [priority_data, department_data],
          epochs=1)
model.evaluate([title_data, text_body_data, tags_data],
               [priority_data, department_data])
priority_preds, department_preds = model.predict(
    [title_data, text_body_data, tags_data])
```

입력 순서에 신경 쓰고 싶지 않다면 (예를 들어 입력과 출력이 많은 경우) Input 객체와 출력 층에 부여한 이름을 활용해서 데이터를 딕셔너리로 전달할 수 있습니다.

코드 7-11 입력과 타깃 배열을 딕셔너리로 전달하여 모델 훈련하기

```
model.compile(optimizer="rmsprop",
              loss={"priority": "mean_squared_error", "department":
                    "categorical_crossentropy"},
              metrics={"priority": ["mean_absolute_error"], "department":
                       ["accuracy"]})
model.fit({"title": title_data, "text_body": text_body_data,
           "tags": tags_data},
          {"priority": priority_data, "department": department_data},
          epochs=1)
model.evaluate({"title": title_data, "text_body": text_body_data,
                "tags": tags_data},
               {"priority": priority_data, "department": department_data})
priority_preds, department_preds = model.predict(
    {"title": title_data, "text_body": text_body_data, "tags": tags_data})
```

함수형 API의 장점: 층 연결 구조 활용하기

함수형 모델은 명시적인 그래프 데이터 구조입니다. 층이 어떻게 연결되어 있는지 조사하고 이전 그래프 노드(node)(층의 출력)를 새 모델의 일부로 재사용할 수 있습니다. 대부분의 연구자들이 심층 신경망에 대해 생각할 때 사용하는 '멘탈 모델(mental model)'인 층 그래프(graph of layers)에도 잘 맞습니다. 이를 통해 모델 시각화와 특성 추출이라는 두 가지 중요한 기능이 가능합니다.

방금 정의한 모델의 연결 구조(모델의 **토폴로지**(topology))를 시각화해 보겠습니다. plot_model() 함수를 사용하여 함수형 모델을 그래프로 그릴 수 있습니다(그림 7-2).[2]

```
keras.utils.plot_model(model, "ticket_classifier.png")
```

2 역주 Sequential 모델도 plot_model() 함수에 사용할 수 있습니다. 그래프 출력을 위해서는 pydot 파이썬 패키지와 graphviz 라이브러리(https://graphviz.gitlab.io/)를 설치해야 합니다. 아나콘다 파이썬 배포판을 사용하는 경우 conda install pydot graphviz와 같이 간단히 설치할 수 있습니다.

▼ 그림 7-2 plot_model( )로 생성한 이슈 티켓 분류 모델 그림

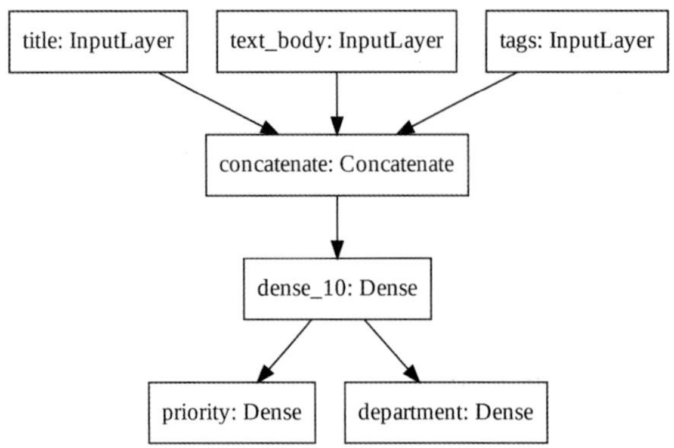

모델에 있는 각 층의 입출력 크기를 그림 7-2에 추가하면 디버깅에 도움이 될 수 있습니다(그림 7-3).[3]

```
keras.utils.plot_model(
    model, "ticket_classifier_with_shape_info.png", show_shapes=True)
```

▼ 그림 7-3 크기 정보가 추가된 모델 그림

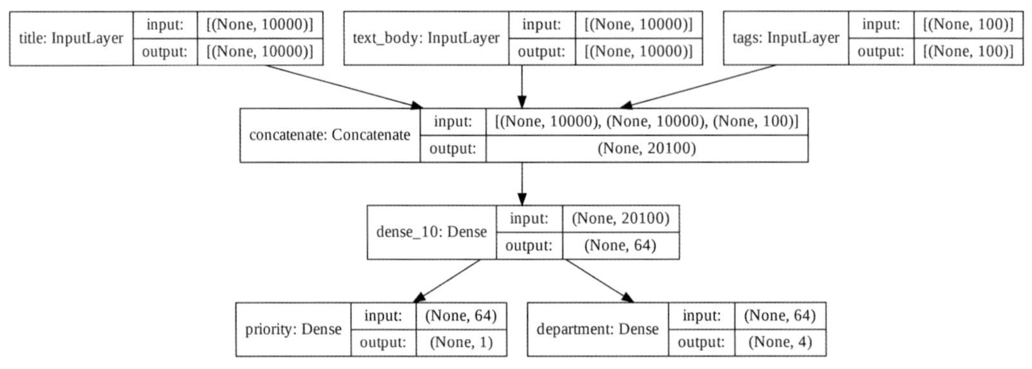

텐서 크기에 None은 배치 크기를 나타냅니다. 즉, 이 모델은 어떤 크기의 배치에서도 사용 가능합니다.

층 연결 구조를 참조하여 그래프에 있는 개별 노드를 조사하고 재사용(층 호출)할 수 있습니다.

3 역주 이외에도 show_dtype 매개변수를 True로 지정하면 층의 dtype을 출력합니다. show_layer_activations 매개변수를 True로 지정하면 층의 activation 매개변수에 지정한 활성화 함수를 출력합니다. 또한, dpi 매개변수로 해상도를 지정할 수 있으며 기본값은 96입니다.

model.layers 속성은 모델에 있는 모든 층의 리스트를 가지고 있습니다. 각 층에 대해 layer.input과 layer.output을 출력해 볼 수 있습니다.

코드 7-12 함수형 모델에 있는 층의 입력과 출력을 출력하기

```
>>> model.layers
[<tensorflow.python.keras.engine.input_layer.InputLayer at 0x7fa963f9d358>,
 <tensorflow.python.keras.engine.input_layer.InputLayer at 0x7fa963f9d2e8>,
 <tensorflow.python.keras.engine.input_layer.InputLayer at 0x7fa963f9d470>,
 <tensorflow.python.keras.layers.merge.Concatenate at 0x7fa963f9d860>,
 <tensorflow.python.keras.layers.core.Dense at 0x7fa964074390>,
 <tensorflow.python.keras.layers.core.Dense at 0x7fa963f9d898>,
 <tensorflow.python.keras.layers.core.Dense at 0x7fa963f95470>]
>>> model.layers[3].input
[<tf.Tensor "title:0" shape=(None, 10000) dtype=float32>,
 <tf.Tensor "text_body:0" shape=(None, 10000) dtype=float32>,
 <tf.Tensor "tags:0" shape=(None, 100) dtype=float32>]
>>> model.layers[3].output
<tf.Tensor "concatenate/concat:0" shape=(None, 20100) dtype=float32>
```

이를 통해 **특성 추출**(feature extraction)을 수행하여 다른 모델에서 중간 특성을 재사용하는 모델을 만들 수 있습니다.

이전 모델에 또 다른 출력을 추가한다고 가정해 보죠. 이슈 티켓이 해결되는 데 걸리는 시간, 즉 일종의 난이도를 추정하려고 합니다. 이를 위해 'quick', 'medium', 'difficult' 3개의 범주에 대한 분류 층을 추가하겠습니다. 모델을 처음부터 다시 만들고 재훈련할 필요가 없습니다. 다음과 같이 중간층을 참조할 수 있기 때문에 이전 모델의 중간 특성에서 시작할 수 있습니다.

코드 7-13 중간층의 출력을 재사용해서 새로운 모델 만들기

```
features = model.layers[4].output  -------- layers[4]는 중간 Dense 층입니다.
difficulty = layers.Dense(3, activation="softmax", name="difficulty")(features)
new_model = keras.Model(
    inputs=[title, text_body, tags],
    outputs=[priority, department, difficulty])
```

새로운 모델을 그래프로 출력해 보죠(그림 7-4).

```
keras.utils.plot_model(
    new_model, "updated_ticket_classifier.png", show_shapes=True)
```

▼ 그림 7-4 새로운 모델의 그래프

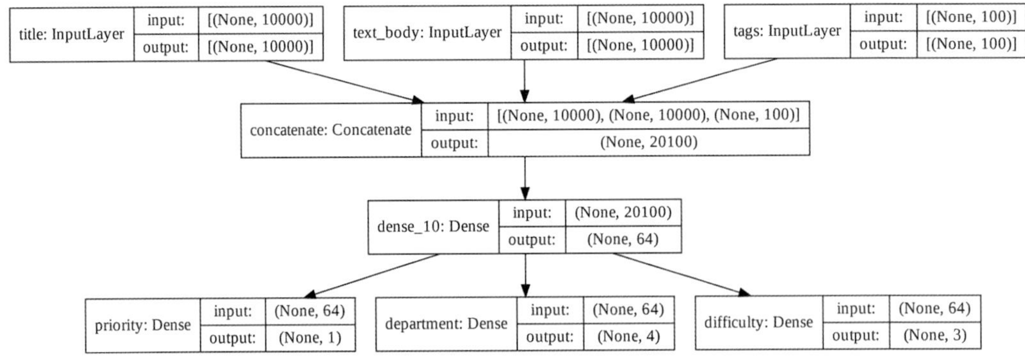

7.2.3 Model 서브클래싱

마지막으로 알아야 할 모델 구축 패턴은 가장 고급 방법인 Model 서브클래싱입니다. 3장에서 Layer 클래스를 상속하여 사용자 정의 층을 만드는 방법을 배웠습니다. Model 클래스를 상속하는 것도 매우 비슷합니다.

- `__init__()` 메서드에서 모델이 사용할 층을 정의합니다.
- `call()` 메서드에서 앞서 만든 층을 사용하여 모델의 정방향 패스를 정의합니다.
- 서브클래스의 객체를 만들고 데이터와 함께 호출하여 가중치를 만듭니다.

이전 예제를 서브클래싱 모델로 다시 만들기

간단한 예를 살펴보죠. Model 클래스를 상속하여 고객 이슈 티켓 관리 모델을 다시 구현해 보겠습니다.

코드 7-14 간단한 서브클래싱 모델

```
class CustomerTicketModel(keras.Model):
    def __init__(self, num_departments):
        super().__init__()  -------- 꼭 부모 클래스의 생성자를 호출하세요!
        self.concat_layer = layers.Concatenate()
        self.mixing_layer = layers.Dense(64, activation="relu")
        self.priority_scorer = layers.Dense(1, activation="sigmoid")
        self.department_classifier = layers.Dense(
            num_departments, activation="softmax")
```

생성자에서 층을 정의합니다.

```
    def call(self, inputs):  -------- call() 메서드에서 정방향 패스를 정의합니다.
        title = inputs["title"]
        text_body = inputs["text_body"]
        tags = inputs["tags"]
        features = self.concat_layer([title, text_body, tags])
        features = self.mixing_layer(features)
        priority = self.priority_scorer(features)
        department = self.department_classifier(features)
        return priority, department
```

모델을 정의하고 나면 이 클래스의 객체를 만들 수 있습니다. Layer 클래스와 마찬가지로 어떤 데이터로 처음 호출할 때 가중치를 만듭니다.

```
model = CustomerTicketModel(num_departments=4)
priority, department = model(
    {"title": title_data, "text_body": text_body_data, "tags": tags_data})
```

지금까지는 모든 것이 3장에서 보았던 Layer 클래스 상속과 매우 비슷합니다. 그럼 Layer 클래스 상속과 Model 클래스 상속의 차이점은 무엇일까요? 간단합니다. '층'은 모델을 만드는 데 사용하는 구성 요소고 '모델'은 실제로 훈련하고 추론에 사용하는 최상위 객체입니다. 간단히 말해서 Model 클래스는 fit(), evaluate(), predict() 메서드를 가지고 있습니다. Layer 클래스에는 이런 메서드가 없습니다. 그 외에는 두 클래스가 거의 동일합니다. (또 다른 차이점은 모델을 디스크에 파일로 저장할 수 있습니다. 이에 대해서는 잠시 후에 다루겠습니다.)

Sequential이나 함수형 모델과 마찬가지로 Model을 상속하여 만든 모델을 컴파일하고 훈련할 수 있습니다.

```
model.compile(optimizer="rmsprop",
              loss=["mean_squared_error", "categorical_crossentropy"],
              metrics=[["mean_absolute_error"], ["accuracy"]])
model.fit({"title": title_data,
           "text_body": text_body_data,
           "tags": tags_data},
          [priority_data, department_data],
          epochs=1)
model.evaluate({"title": title_data,
                "text_body": text_body_data,
                "tags": tags_data},
               [priority_data, department_data])
```

손실과 측정 지표로 전달하는 값은 call() 메서드가 반환하는 것과 정확히 일치해야 합니다(여기에서는 2개의 원소를 가진 리스트).

입력 데이터의 구조는 call() 메서드가 기대하는 것과 정확히 일치해야 합니다(여기에서는 title, text_body, tags 키를 가진 딕셔너리).

타깃 데이터의 구조는 call() 메서드가 반환하는 것과 정확히 일치해야 합니다(여기에서는 2개의 원소를 가진 리스트).

```
priority_preds, department_preds = model.predict({"title": title_data,
                                                   "text_body": text_body_data,
                                                   "tags": tags_data})
```

Model 서브클래싱 워크플로는 모델을 만드는 가장 유연한 방법입니다. 층의 유향 비순환 그래프(directed acyclic graph)로 표현할 수 없는 모델을 만들 수 있습니다. 예를 들어 call() 메서드가 for 루프 안에서 층을 사용하거나 재귀적으로 호출하는 모델입니다. 모든 것이 가능합니다. 다만 책임은 여러분에게 있습니다.

주의: 서브클래싱된 모델이 지원하지 않는 것

이런 자유에는 대가가 따릅니다. 서브클래싱 모델에서는 모델 로직을 많이 책임져야 하며 잠재적인 오류 가능성이 훨씬 큽니다. 결과적으로 더 많은 디버깅 작업을 해야 합니다. 레고 블록을 맞추는 것이 아니라 새로운 파이썬 객체를 개발하고 있기 때문입니다.

함수형과 서브클래싱 모델은 태생적으로 크게 다릅니다. 함수형 모델은 명시적인 데이터 구조인 층의 그래프이므로 출력하고 조사하고 수정할 수 있습니다. 서브클래싱 모델은 한 덩어리의 바이트코드(bytecode)입니다. 원시 코드가 담긴 call() 메서드를 가진 파이썬 클래스입니다. 이것이 (원하는 어떤 기능도 코드로 작성할 수 있어) 서브클래싱 워크플로의 유연성의 원천이지만 새로운 제약 사항이 발생합니다.

예를 들어 층이 서로 연결되는 방식이 call() 메서드 안에 감추어지기 때문에 이 정보를 활용할 수 없습니다. summary() 메서드가 층의 연결 구조를 출력할 수 없고[4] plot_model() 함수로 모델의 구조를 그래프로 그릴 수 없습니다. 비슷하게 서브클래싱 모델은 그래프가 없기 때문에 특성 추출을 위해 층 그래프의 노드를 참조할 수 없습니다. 이 모델의 객체를 생성하고 나면 정방향 패스는 완전한 블랙박스가 됩니다.[5]

4 역주 다중 입력이나 다중 출력 모델에서 summary() 메서드를 호출하면 현재 층이 어떤 층과 연결되었는지 Connected to 열에 나타납니다.

5 역주 call() 메서드 소스를 직접 확인하지 않고서는 모델의 구조를 알 수 없다는 뜻입니다.

7.2.4 여러 방식을 혼합하여 사용하기

중요한 것은 Sequential 모델, 함수형 API, Model 서브클래싱 패턴 중 하나를 선택한다고 다른 패턴의 사용을 제한하지 않는다는 점입니다. 케라스 API로 만든 모든 모델은 Sequential 모델, 함수형 모델 또는 밑바닥부터 만든 서브클래싱 모델인지에 상관없이 부드럽게 서로 상호 운영할 수 있습니다. 각각의 방법은 모두 동일한 워크플로 스펙트럼의 일부분입니다.

예를 들어 함수형 모델에서 서브클래싱 층이나 모델을 사용할 수 있습니다.

코드 7-15 서브클래싱한 모델을 포함하는 함수형 모델 만들기

```
class Classifier(keras.Model):
    def __init__(self, num_classes=2):
        super().__init__()
        if num_classes == 2:
            num_units = 1
            activation = "sigmoid"
        else:
            num_units = num_classes
            activation = "softmax"
        self.dense = layers.Dense(num_units, activation=activation)
    def call(self, inputs):
        return self.dense(inputs)

inputs = keras.Input(shape=(3,))
features = layers.Dense(64, activation="relu")(inputs)
outputs = Classifier(num_classes=10)(features)
model = keras.Model(inputs=inputs, outputs=outputs)
```

반대로 서브클래싱 층이나 모델의 일부로 함수형 모델을 사용할 수 있습니다.

코드 7-16 함수형 모델을 포함하는 서브클래싱 모델 만들기

```
inputs = keras.Input(shape=(64,))
outputs = layers.Dense(1, activation="sigmoid")(inputs)
binary_classifier = keras.Model(inputs=inputs, outputs=outputs)

class MyModel(keras.Model):
    def __init__(self, num_classes=2):
        super().__init__()
        self.dense = layers.Dense(64, activation="relu")
        self.classifier = binary_classifier
```

```python
    def call(self, inputs):
        features = self.dense(inputs)
        return self.classifier(features)

model = MyModel()
```

7.2.5 작업에 적합한 도구 사용하기

케라스 모델 구축을 위해 가장 단순한 워크플로인 Sequential 모델부터 가장 고급인 Model 서브클래싱까지 다양한 워크플로를 배웠습니다. 각각의 워크플로를 언제 사용해야 하나요? 각 방법은 장단점이 있으므로 현재 작업에 가장 잘 맞는 것을 선택하세요.

일반적으로 함수형 API가 쉬운 사용성과 유연성 사이에 적절한 절충점입니다. 층 연결 구조를 활용하여 모델 출력이나 특성 추출과 같은 용도에 잘 맞습니다. 함수형 API를 사용할 수 있다면, 즉 모델을 층의 유향 비순환 그래프로 표현할 수 있다면 Model 서브클래싱보다 이 방식을 사용할 것을 권장합니다.

앞으로 이 책의 모든 예제는 함수형 API를 사용합니다. 왜냐하면 이제부터 다룰 모든 모델을 층의 그래프로 표현할 수 있기 때문입니다. 하지만 서브클래싱 층을 자주 사용하겠습니다. 일반적으로 서브클래싱 층을 포함한 함수형 모델을 사용하면 함수형 API의 장점을 유지하면서 높은 개발 유연성을 제공할 수 있습니다.

7.3 내장된 훈련 루프와 평가 루프 사용하기

DEEP LEARNING

아주 쉬운 것부터 매우 유연한 것까지 한 번에 한 단계씩 전체 워크플로에 접근할 수 있는 복잡성의 단계적 공개 원칙은 모델 훈련에도 적용됩니다. 케라스는 모델 훈련을 위해 다양한 워크플로를 제공합니다. 간단하게 데이터로 `fit()` 메서드를 호출하거나 밑바닥부터 새로운 훈련 알고리즘을 작성할 수 있는 고급 방법도 제공합니다.

이미 compile(), fit(), evaluate(), predict() 워크플로를 잘 알고 있습니다. 기억을 되살리기 위해 다음 코드 7-17을 살펴보세요.

코드 7-17 표준 워크플로: compile(), fit(), evaluate(), predict()

```
from tensorflow.keras.datasets import mnist

def get_mnist_model(): ------- 모델을 만듭니다(나중에 재사용할 수 있도록 별도의 함수로 만듭니다).
    inputs = keras.Input(shape=(28 * 28,))
    features = layers.Dense(512, activation="relu")(inputs)
    features = layers.Dropout(0.5)(features)
    outputs = layers.Dense(10, activation="softmax")(features)
    model = keras.Model(inputs, outputs)
    return model
                                                     데이터를 로드하고 검증을 위해 일부를 떼어 놓습니다.
(images, labels), (test_images, test_labels) = mnist.load_data() -----
images = images.reshape((60000, 28 * 28)).astype("float32") / 255
test_images = test_images.reshape((10000, 28 * 28)).astype("float32") / 255
train_images, val_images = images[10000:], images[:10000]
train_labels, val_labels = labels[10000:], labels[:10000]

model = get_mnist_model()
model.compile(optimizer="rmsprop",
              loss="sparse_categorical_crossentropy",      ---- 옵티마이저, 최소화할 손실 함수, 모니터링할
              metrics=["accuracy"])                              지표를 지정하여 모델을 컴파일합니다.
model.fit(train_images, train_labels,                   fit() 메서드를 사용해서 모델을 훈련합니다.
          epochs=3,                                ---- 본 적 없는 데이터에 대한 성능을 모니터링하
          validation_data=(val_images, val_labels))     기 위해 검증 데이터를 함께 제공합니다.
test_metrics = model.evaluate(test_images, test_labels) ----
predictions = model.predict(test_images) ----     evaluate() 메서드를 사용해서 새로운 데이터에 대한
                                                  손실과 측정 지표를 계산합니다.
      predict() 메서드를 사용하여 새로운 데이터에 대한 분류 확률을 계산합니다.
```

이 간단한 워크플로를 커스터마이징할 수 있는 몇 가지 방법이 있습니다.

- 사용자 정의 측정 지표를 전달합니다.
- fit() 메서드에 **콜백**(callback)을 전달하여 훈련하는 동안 특정 시점에 수행될 행동을 예약합니다.

이에 대해 차례대로 알아보겠습니다.

7.3.1 사용자 정의 지표 만들기

지표(metric)는 모델의 성능을 측정하는 열쇠입니다. 특히 훈련 데이터 성능과 테스트 데이터 성능 사이의 차이를 측정하는 것이 중요합니다. 분류와 회귀에 일반적으로 사용되는 지표는 keras.metrics 모듈에 이미 포함되어 있습니다. 대부분의 경우 여기에 포함된 지표를 사용할 것입니다. 하지만 일반적이지 않은 작업을 한다면 사용자 정의 지표를 만들 수 있어야 합니다. 다행히 간단한 일입니다!

케라스 지표는 keras.metrics.Metric 클래스를 상속한 클래스입니다. 층과 마찬가지로 지표는 텐서플로 변수에 내부 상태를 저장합니다. 층과 다른 점은 이 변수가 역전파로 업데이트되지 않는다는 것입니다. 따라서 상태 업데이트 로직을 update_state() 메서드 안에 직접 작성해야 합니다.

예를 들어 다음은 평균 제곱근 오차(Root Mean Squared Error, RMSE)를 계산하는 간단한 사용자 정의 지표입니다.

코드 7-18 Metric 클래스를 상속하여 사용자 정의 지표 구현하기

```
import tensorflow as tf

class RootMeanSquaredError(keras.metrics.Metric):
    def __init__(self, name="rmse", **kwargs):
        super().__init__(name=name, **kwargs)
        self.mse_sum = self.add_weight(name="mse_sum", initializer="zeros")
        self.total_samples = self.add_weight(
            name="total_samples", initializer="zeros", dtype="int32")

    def update_state(self, y_true, y_pred, sample_weight=None):
        y_true = tf.one_hot(y_true, depth=tf.shape(y_pred)[1])
        mse = tf.reduce_sum(tf.square(y_true - y_pred))
        self.mse_sum.assign_add(mse)
        num_samples = tf.shape(y_pred)[0]
        self.total_samples.assign_add(num_samples)
```

- metric 클래스를 상속합니다.
- 생성자에서 상태 변수를 정의합니다. 층과 마찬가지로 add_weight() 메서드를 사용합니다.
- update_state() 메서드 안에 상태 업데이트 로직을 구현합니다. y_true 매개변수는 배치의 타깃(또는 레이블)이고, y_pred는 이에 해당하는 모델의 예측을 나타냅니다. sample_weight 매개변수는 여기에서 사용하지 않으므로 무시해도 괜찮습니다.
- MNIST 모델의 예측 y_pred는 각 클래스에 대한 확률을 담고 있으므로 정수 레이블인 y_true를 이에 맞추어 원-핫 인코딩으로 변환합니다.

result() 메서드로 현재 지표 값을 반환합니다.

```
def result(self):
    return tf.sqrt(self.mse_sum / tf.cast(self.total_samples, tf.float32))
```

또한, 객체를 다시 생성하지 않고 상태를 초기화하는 방법도 제공해야 합니다. 이렇게 함으로써 지표 객체 하나를 서로 다른 훈련 반복에 사용하거나 훈련과 평가에 모두 사용할 수 있습니다. reset_state() 메서드에서 이를 수행합니다.

```
def reset_state(self):
    self.mse_sum.assign(0.)
    self.total_samples.assign(0)
```

사용자 정의 지표는 내장 지표와 동일한 방식으로 사용할 수 있습니다. 앞서 만든 사용자 정의 지표를 테스트해 보겠습니다.

```
model = get_mnist_model()
model.compile(optimizer="rmsprop",
              loss="sparse_categorical_crossentropy",
              metrics=["accuracy", RootMeanSquaredError()])
model.fit(train_images, train_labels,
          epochs=3,
          validation_data=(val_images, val_labels))
test_metrics = model.evaluate(test_images, test_labels)
```

fit() 메서드가 출력하는 진행 표시줄(progress bar)에 RMSE 값이 표시되는 것을 볼 수 있습니다.

7.3.2 콜백 사용하기

대규모 데이터셋에서 model.fit() 메서드를 사용하여 수십 번의 에포크를 실행하는 것은 종이 비행기를 날리는 것과 조금 비슷합니다. 일단 손을 떠나면 종이 비행기 경로와 착륙 지점을 제어할 방법이 없습니다. 나쁜 결과를 피하려면 (그래서 종이 비행기를 낭비하지 않으려면) 종이 비행기 대신 다른 것을 사용하는 것이 좋습니다. 드론은 주변 환경을 감지한 데이터를 조작부에 전달하여 현재 상태를 바탕으로 자동으로 운전합니다. 케라스 **콜백**(callback)은 model.fit() 호출을 종이 비행기에서 스스로 판단하고 동적으로 결정하는 똑똑한 자동 드론으로 바꾸어 줄 것입니다.

콜백은 fit() 메서드 호출 시 모델에 전달되는 객체(특정 메서드[6]를 구현한 클래스 객체)입니다. 훈련하는 동안 모델은 여러 지점에서 콜백을 호출합니다. 콜백은 모델의 상태와 성능에 대한 모든 정보에 접근하고 훈련 중지, 모델 저장, 가중치 적재 또는 모델 상태 변경 등을 처리할 수 있습니다.

다음은 콜백을 사용하는 몇 가지 사례입니다.

- **모델 체크포인트**(checkpoint) **저장**: 훈련하는 동안 어떤 지점에서 모델의 현재 가중치를 저장합니다.
- **조기 종료**(early stopping): 검증 손실이 더 이상 향상되지 않을 때 훈련을 중지합니다(물론 훈련하는 동안 얻은 가장 좋은 모델을 저장합니다).
- **훈련하는 동안 하이퍼파라미터 값을 동적으로 조정합니다**: 옵티마이저의 학습률 같은 경우입니다.
- **훈련과 검증 지표를 로그에 기록하거나 모델이 학습한 표현이 업데이트될 때마다 시각화합니다**: 앞서 보았던 fit() 메서드의 진행 표시줄이 하나의 콜백입니다!

keras.callbacks 모듈에는 여러 가지 내장 콜백이 포함되어 있습니다(다음은 전체 리스트가 아닙니다).[7]

```
keras.callbacks.ModelCheckpoint
keras.callbacks.EarlyStopping
keras.callbacks.LearningRateScheduler
keras.callbacks.ReduceLROnPlateau
keras.callbacks.CSVLogger
```

콜백 사용법을 익히기 위해 ModelCheckpoint와 EarlyStopping 콜백을 사용한 예를 살펴보겠습니다.

ModelCheckpoint와 EarlyStopping 콜백

모델을 훈련할 때는 미리 예상할 수 없는 것이 많습니다. 특히 최적의 검증 손실을 얻기 위해 얼마나 많은 에포크가 필요한지 알지 못합니다. 지금까지 예제는 적절한 훈련 에포크를 알아내기 위해

6 역주 7.3.3절에서 소개하는 6개의 메서드를 말합니다.

7 역주 케라스 모델은 fit() 메서드가 반환하는 history 객체를 위한 History 콜백, 측정 지표의 평균을 계산하는 BaseLogger 콜백, fit() 메서드에 verbose=0을 지정하지 않았다면 진행 표시줄을 위한 ProgbarLogger 콜백이 자동으로 추가됩니다.

첫 번째 실행에서 과대적합이 시작될 때까지 충분한 에포크로 훈련했습니다. 그런 다음 최적의 에포크 횟수로 처음부터 다시 훈련을 시작했습니다. 당연히 이런 방식은 낭비가 많습니다. 더 좋은 처리 방법은 검증 손실이 더 이상 향상되지 않을 때 훈련을 멈추는 것입니다. EarlyStopping 콜백을 사용하여 이를 구현할 수 있습니다.

EarlyStopping 콜백은 정해진 에포크 동안 모니터링 지표가 향상되지 않을 때 훈련을 중지합니다. 예를 들어 과대적합이 시작되자마자 훈련을 중지할 수 있습니다. 따라서 에포크 횟수를 줄여 다시 모델을 훈련할 필요가 없습니다. 일반적으로 이 콜백은 훈련하는 동안 모델을 계속 저장해 주는 ModelCheckpoint 콜백과 함께 사용합니다. (선택적으로 지금까지 가장 좋은 모델만 저장할 수 있습니다. 즉, 에포크 끝에서 최고의 성능을 낸 모델입니다.)

코드 7-19 fit() 메서드에서 callbacks 매개변수 사용하기

```
callbacks_list = [    # fit() 메서드의 callbacks 매개변수를 사용하여 콜백의 리스트를 모델로 전달합니다. 몇 개의 콜백이라도 전달할 수 있습니다.
    keras.callbacks.EarlyStopping(    # 성능 향상이 멈추면 훈련을 중지합니다.
        monitor="val_accuracy",    # 모델의 검증 정확도를 모니터링합니다.
        patience=2,    # 두 번의 에포크 동안 정확도가 향상되지 않으면 훈련을 중지합니다.
    ),
    keras.callbacks.ModelCheckpoint(    # 매 에포크 끝에서 현재 가중치를 저장합니다.
        filepath="checkpoint_path.h5",    # 모델 파일의 저장 경로
        monitor="val_loss",
        save_best_only=True,    # 이 두 매개변수는 val_loss가 좋아지지 않으면 모델 파일을 덮어쓰지 않는다는 뜻입니다. 훈련하는 동안 가장 좋은 모델이 저장됩니다.
    )
]
model = get_mnist_model()
model.compile(optimizer="rmsprop",
              loss="sparse_categorical_crossentropy",
              metrics=["accuracy"])    # 정확도를 모니터링하므로 모델 지표에 포함되어야 합니다.
model.fit(train_images, train_labels,
          epochs=10,
          callbacks=callbacks_list,
          validation_data=(val_images, val_labels))    # 콜백이 검증 손실과 검증 정확도를 모니터링하기 때문에 fit() 메서드를 호출할 때 validation_data 매개변수로 검증 데이터를 전달해야 합니다. 학습 후 항상 모델을 수동으로 저장할 수 있습니다.
```

model.save('my_checkpoint_path')를 호출하면 됩니다. 저장된 모델은 다음과 같이 로드할 수 있습니다.

```
model = keras.models.load_model("checkpoint_path.keras")
```

7.3.3 사용자 정의 콜백 만들기

내장 콜백에서 제공하지 않는 특정 행동이 훈련 도중 필요하면 자신만의 콜백을 만들 수 있습니다. 콜백은 keras.callbacks.Callback 클래스를 상속받아 구현합니다. 그다음 이름에서 알 수 있듯이 훈련하는 동안 여러 지점에서 호출될 다음과 같은 메서드를 구현합니다.

```
on_epoch_begin(epoch, logs) -------- 각 에포크가 시작할 때 호출됩니다.
on_epoch_end(epoch, logs) -------- 각 에포크가 끝날 때 호출됩니다.
on_batch_begin(batch, logs) -------- 각 배치 처리가 시작하기 전에 호출됩니다.
on_batch_end(batch, logs) -------- 각 배치 처리가 끝난 후에 호출됩니다.
on_train_begin(logs) -------- 훈련이 시작될 때 호출됩니다.
on_train_end(logs) -------- 훈련이 끝날 때 호출됩니다.
```

이 메서드들은 모두 logs 매개변수와 함께 호출됩니다. 이 매개변수 값은 이전 배치, 에포크 또는 훈련 실행에 대한 정보(훈련과 검증 지표 등)가 담긴 딕셔너리입니다. 또한, on_epoch_*와 on_batch_* 메서드는 에포크 인덱스나 배치 인덱스를 첫 번째 매개변수(정수)로 받습니다.

다음은 훈련 도중 배치 손실 값을 리스트에 추가하고 에포크 끝에서 이 값을 그래프로 저장하는 간단한 예입니다.

코드 7-20 Callback 클래스를 상속하여 사용자 정의 콜백 만들기

```
from matplotlib import pyplot as plt

class LossHistory(keras.callbacks.Callback):
    def on_train_begin(self, logs):
        self.per_batch_losses = []
    def on_batch_end(self, batch, logs):
        self.per_batch_losses.append(logs.get("loss"))
    def on_epoch_end(self, epoch, logs):
        plt.clf()
        plt.plot(range(len(self.per_batch_losses)), self.per_batch_losses,
                 label="Training loss for each batch")
        plt.xlabel(f"Batch (epoch {epoch})")
        plt.ylabel("Loss")
        plt.legend()
        plt.savefig(f"plot_at_epoch_{epoch}")
        self.per_batch_losses = []
```

이 콜백을 테스트해 보죠.

```
model = get_mnist_model()
model.compile(optimizer="rmsprop",
              loss="sparse_categorical_crossentropy",
              metrics=["accuracy"])
model.fit(train_images, train_labels,
          epochs=10,
          callbacks=[LossHistory()],
          validation_data=(val_images, val_labels))
```

저장된 손실 그래프는 그림 7-5와 같습니다.

▼ 그림 7-5 손실 그래프를 저장하는 사용자 정의 콜백의 출력 결과

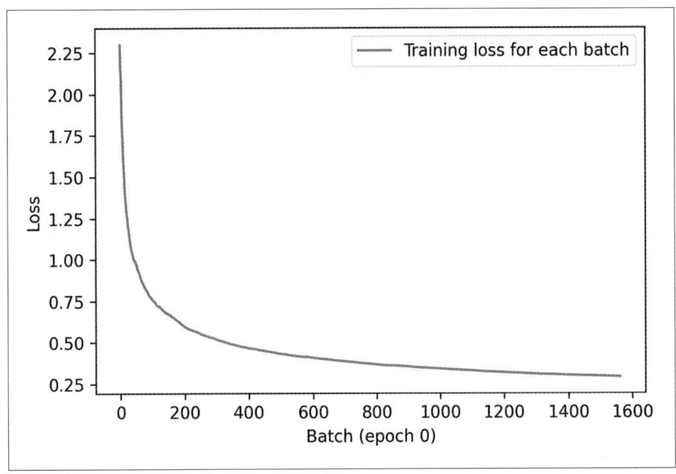

7.3.4 텐서보드를 사용한 모니터링과 시각화

좋은 연구를 하거나 좋은 모델을 개발하려면 실험하는 모델 내부에서 어떤 일이 일어나는지 자주 그리고 많은 피드백을 받아야 합니다. 모델이 얼마나 잘 작동하는지 가능한 많은 정보를 얻는 것이 실험을 하는 목적입니다. 발전은 루프처럼 반복되는 과정을 통해 일어납니다. 한 아이디어가 떠오르면 이 아이디어를 검증할 실험을 계획합니다. 실험을 수행하고 생성된 정보를 가공합니다. 이 정보는 다음 아이디어에 영감을 줍니다. 이 루프를 더 많이 실행할수록 아이디어는 더 정제되고 강력해질 것입니다. 이때 케라스는 가능한 최단 시간에 아이디어를 실험으로 구현하도록 도와줍니다. 고속 GPU를 통해 가능한 빠르게 실험의 결과를 얻도록 도와줄 것입니다. 그렇다면 실험 결과는 어떻게 처리할까요? 여기에 텐서보드(TensorBoard)가 필요합니다(그림 7-6).

▼ 그림 7-6 발전의 반복 루프

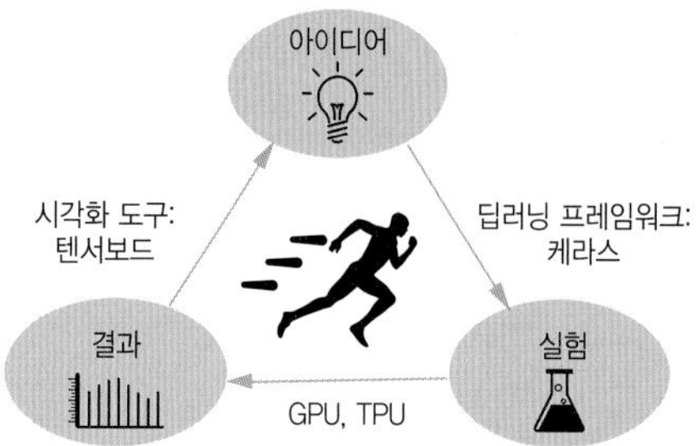

텐서보드(https://www.tensorflow.org/tensorboard)는 로컬에서 실행할 수 있는 브라우저 기반 애플리케이션입니다. 훈련하는 동안 모델 안에서 일어나는 모든 것을 모니터링하기 위한 가장 좋은 방법입니다. 텐서보드를 사용하여 다음과 같은 일을 수행할 수 있습니다.

- 훈련하는 동안 측정 지표를 시각적으로 모니터링합니다.
- 모델 구조를 시각화합니다.
- 활성화 출력과 그레이디언트의 히스토그램을 그립니다.
- 임베딩을 3D로 표현합니다.

모델의 최종 손실 외에 더 많은 정보를 모니터링하면 모델 작동에 대한 명확한 그림을 그릴 수 있습니다. 결국 모델을 더 빠르게 개선할 수 있습니다.

케라스 모델의 `fit()` 메서드와 함께 텐서보드를 사용하는 가장 쉬운 방법은 `keras.callbacks.TensorBoard` 콜백입니다.

가장 간단한 예로는 이 콜백에 로그를 저장할 위치를 지정하기만 하면 됩니다.

```
model = get_mnist_model()
model.compile(optimizer="rmsprop",
              loss="sparse_categorical_crossentropy",
              metrics=["accuracy"])
tensorboard = keras.callbacks.TensorBoard(
    log_dir="/full_path_to_your_log_dir",
)
model.fit(train_images, train_labels,
          epochs=10,
          validation_data=(val_images, val_labels),
          callbacks=[tensorboard])
```

모델이 실행되고 나면 지정한 위치에 로그를 기록할 것입니다. 로컬 컴퓨터에서 파이썬 스크립트를 실행한다면 다음 명령으로 로컬에서 텐서보드를 실행할 수 있습니다. (pip 명령으로 텐서플로를 설치했다면 tensorboard 명령을 사용할 수 있습니다. 만약 이 실행 파일이 없다면 pip install tensorboard와 같이 수동으로 텐서보드를 설치할 수 있습니다.)

```
tensorboard --logdir /full_path_to_your_log_dir
```

이 명령을 실행하고 화면에 출력된 URL에 접속하면 텐서보드 인터페이스를 볼 수 있습니다.

코랩 노트북을 사용한다면 다음 명령을 사용하여 텐서보드 인스턴스를 노트북 일부로 실행할 수 있습니다.

```
%load_ext tensorboard
%tensorboard --logdir /full_path_to_your_log_dir
```

텐서보드 인터페이스에서 훈련과 평가 지표를 실시간 그래프로 모니터링할 수 있습니다(그림 7-7).

▼ 그림 7-7 텐서보드를 사용하여 훈련과 평가 지표를 쉽게 모니터링할 수 있다

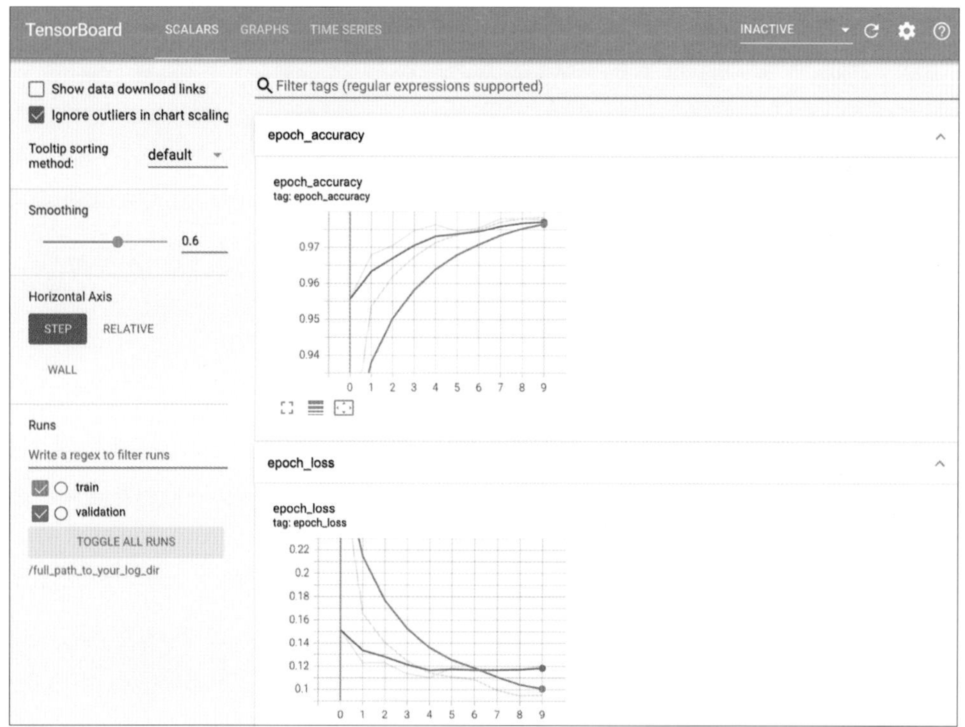

7.4 사용자 정의 훈련, 평가 루프 만들기

fit() 워크플로는 쉬운 사용성과 유연성 사이에서 알맞은 균형을 유지합니다. 대부분의 경우 이를 사용할 것입니다. 하지만 사용자 정의 지표, 사용자 정의 손실, 사용자 정의 콜백이 있음에도 딥러닝 연구자들이 원하는 모든 것을 지원하지는 못합니다.

무엇보다도 내장 fit() 워크플로는 **지도 학습**(supervised learning)에만 초점이 맞추어져 있습니다. 지도 학습은 입력 데이터와 이에 연관된 **타깃**(**레이블** 또는 **애너테이션**이라고도 부릅니다)을 가지며 모델의 예측과 이 타깃의 함수로 손실을 계산합니다. 하지만 모든 형태의 머신 러닝이 카테고리에 속하는 것은 아닙니다. **생성 학습**(generative learning)(12장에서 다룹니다), **자기지도 학습**(self-supervised learning)(타깃을 입력에서 얻습니다), **강화 학습**(reinforcement learning)(강아지를 훈련하는 것처럼 간헐적인 '보상(reward)'으로 학습됩니다) 등 명시적인 타깃이 없는 경우가 있습니다. 일반적인 지도 학습을 하는 경우에도 연구자로서 저수준의 유연성이 필요한 새로운 기능을 추가하고 싶을 수 있습니다.

내장 fit() 메서드로 충분하지 않은 상황이면 자신만의 훈련 로직을 직접 작성해야 합니다. 2장과 3장에서 저수준 훈련 루프를 작성하는 간단한 예를 이미 보았습니다. 다시 정리하면 전형적인 훈련 루프는 다음과 같은 내용이 포함됩니다.

1. 현재 배치 데이터에 대한 손실 값을 얻기 위해 그레이디언트 테이프 안에서 정방향 패스를 실행합니다(모델의 출력을 계산합니다).
2. 모델 가중치에 대한 손실의 그레이디언트를 계산합니다.
3. 현재 배치 데이터에 대한 손실 값을 낮추는 방향으로 모델 가중치를 업데이트합니다.

이런 단계가 필요한 만큼 많은 배치에 대해 반복됩니다. 이것이 fit() 메서드가 처리하는 일입니다. 이 절에서는 밑바닥부터 fit() 메서드를 재구현하는 방법을 알아보겠습니다. 이를 통해 나중에 어떤 훈련 알고리즘도 만들 수 있는 지식을 얻을 수 있을 것입니다.

자세한 내용을 알아보죠.

7.4.1 훈련 vs 추론

지금까지 본 저수준 훈련 루프 예제에서는 predictions = model(inputs)를 통해 단계 1(정방향 계산)을 수행하고 gradients = tape.gradient(loss, model.weights)를 통해 단계 2(그레이디언트 테이프로 계산한 그레이디언트를 추출)를 수행했습니다. 일반적으로 두 가지 중요한 세부 사항을 고려해야 합니다.

Dropout 층과 같은 일부 케라스 층은 **훈련**(training)과 (예측을 만들기 위해 모델을 사용하는) **추론**(inference)에서 동작이 다릅니다. 이런 층은 call() 메서드에 training 불리언(boolean) 매개변수를 제공합니다. dropout(inputs, training=True)와 같이 호출하면 이전 층의 활성화 출력 값을 일부 랜덤하게 제외합니다. 하지만 dropout(inputs, training=False)와 같이 호출하면 아무런 일을 수행하지 않습니다. 함수형 모델과 Sequential 모델도 call() 메서드에서 training 매개변수를 제공합니다. 정방향 패스에서 케라스 모델을 호출할 때는 training=True로 지정해야 하는 것을 기억하세요! 따라서 정방향 패스는 predictions = model(inputs, training=True)가 됩니다.

또한, 모델 가중치 그레이디언트를 추출할 때 tape.gradients(loss, model.weights)가 아니라 tape.gradients(loss, model.trainable_weights)를 사용해야 합니다. 사실 층과 모델에는 두 종류의 가중치가 있습니다.

- **훈련 가능한 가중치**: Dense 층의 커널과 편향처럼 모델의 손실을 최소화하기 위해 역전파로 업데이트됩니다.
- **훈련되지 않는 가중치**: 해당 층의 정방향 패스 동안 업데이트됩니다. 예를 들어 얼마나 많은 배치를 처리했는지 카운트하는 사용자 정의 층이 필요하다면 이 정보를 훈련되지 않는 가중치에 저장하고 배치마다 값을 1씩 증가시킵니다.

케라스에 내장된 층 중에는 훈련되지 않는 가중치를 가진 층은 9장에서 소개할 BatchNormalization뿐입니다. BatchNormalization 층은 처리하는 데이터의 평균과 표준 편차에 대한 정보를 추적하여 (6장에서 배운 개념인) **특성 정규화**(feature normalization)를 실시간으로 근사하기 위해 훈련되지 않는 가중치가 필요합니다.

이 두 가지를 고려하면 지도 학습을 위한 훈련 스텝은 다음과 같이 작성할 수 있습니다.

```
def train_step(inputs, targets):
    with tf.GradientTape() as tape:
        predictions = model(inputs, training=True)
```

```
        loss = loss_fn(targets, predictions)
    gradients = tape.gradients(loss, model.trainable_weights)
    optimizer.apply_gradients(zip(model.trainable_weights, gradients))
```

7.4.2 측정 지표의 저수준 사용법

저수준 훈련 루프에서 (사용자 정의 지표든 내장 지표든) 케라스 지표를 사용하게 될 것입니다. 앞에서 측정 지표 API에 대해 배웠습니다. 단순히 각 배치의 타깃과 예측에 대해 update_state(y_true, y_pred)를 호출하면 됩니다. 그리고 result() 메서드를 사용하여 현재 지표 값을 얻습니다.

```
metric = keras.metrics.SparseCategoricalAccuracy()
targets = [0, 1, 2]
predictions = [[1, 0, 0], [0, 1, 0], [0, 0, 1]]
metric.update_state(targets, predictions)
current_result = metric.result()
print(f"결과: {current_result:.2f}")
```

모델의 손실처럼 스칼라 값의 평균을 추적해야 할 수도 있습니다. keras.metrics.Mean을 사용해서 이를 처리할 수 있습니다.

```
values = [0, 1, 2, 3, 4]
mean_tracker = keras.metrics.Mean()
for value in values:
    mean_tracker.update_state(value)
print(f"평균 지표: {mean_tracker.result():.2f}")
```

(훈련 에포크나 평가를 시작할 때처럼) 현재 결과를 재설정하고 싶을 때 metric.reset_state()를 사용하는 것을 잊지 마세요.

7.4.3 완전한 훈련과 평가 루프

정방향 패스, 역방향 패스, 지표 추적을 fit()과 유사한 훈련 스텝 함수로 연결해 보겠습니다. 이 함수는 데이터와 타깃의 배치를 받고 fit() 진행 표시줄이 출력하는 로그를 반환합니다.

코드 7-21 단계별 훈련 루프 작성하기: 훈련 스텝 함수

```
model = get_mnist_model()

loss_fn = keras.losses.SparseCategoricalCrossentropy()  -------- 손실 함수를 준비합니다.
optimizer = keras.optimizers.RMSprop()  -------- 옵티마이저를 준비합니다.
metrics = [keras.metrics.SparseCategoricalAccuracy()]  -------- 모니터링할 지표 리스트를 준비합니다.
loss_tracking_metric = keras.metrics.Mean()  -------- 손실 평균을 추적할 평균 지표를 준비합니다.

def train_step(inputs, targets):
    with tf.GradientTape() as tape:
        predictions = model(inputs, training=True)  --- 정방향 패스를 실행합니다. training=True를 전달합니다.
        loss = loss_fn(targets, predictions)
    gradients = tape.gradient(loss, model.trainable_weights)
    optimizer.apply_gradients(zip(gradients, model.trainable_weights))  --- 역방향 패스를 실행합니다. model.trainable_weights를 사용합니다.
    logs = {}
    for metric in metrics:
        metric.update_state(targets, predictions)  --- 측정 지표를 계산합니다.
        logs[metric.name] = metric.result()
    loss_tracking_metric.update_state(loss)  --- 손실 평균을 계산합니다.
    logs["loss"] = loss_tracking_metric.result()
    return logs  -------- 지표와 손실의 현재 값을 반환합니다.
```

매 에포크 시작과 평가 전에 지표의 상태를 재설정해야 합니다. 다음은 이를 위한 유틸리티 함수입니다.

코드 7-22 단계별 훈련 루프 작성하기: 지표 재설정

```
def reset_metrics():
    for metric in metrics:
        metric.reset_state()
    loss_tracking_metric.reset_state()
```

이제 완전한 훈련 루프를 구성할 수 있습니다. `tf.data.Dataset` 객체를 사용하여 넘파이 데이터를 크기가 32인 배치로 데이터를 순회하는 반복자로 바꿉니다.

코드 7-23 단계별 훈련 루프 작성하기: 훈련 루프 자체

```
training_dataset = tf.data.Dataset.from_tensor_slices(
    (train_images, train_labels))
training_dataset = training_dataset.batch(32)
epochs = 3
for epoch in range(epochs):
```

```
    reset_metrics()
    for inputs_batch, targets_batch in training_dataset:
        logs = train_step(inputs_batch, targets_batch)
    print(f"{epoch}번째 에포크 결과")
    for key, value in logs.items():
        print(f"...{key}: {value:.4f}")
```

다음은 평가 루프입니다. 간단한 for 루프로 하나의 배치 데이터를 처리하는 test_step() 함수를 반복하여 호출합니다. test_step() 함수는 train_step() 함수 로직의 일부분을 사용합니다. 모델의 가중치를 업데이트하는 코드가 빠져 있습니다. 즉, GradientTape와 옵티마이저에 관련된 부분입니다.

코드 7-24 단계별 평가 루프 작성하기

```
def test_step(inputs, targets):
    predictions = model(inputs, training=False) -------- training=False를 전달합니다.
    loss = loss_fn(targets, predictions)

    logs = {}
    for metric in metrics:
        metric.update_state(targets, predictions)
        logs["val_" + metric.name] = metric.result()
    loss_tracking_metric.update_state(loss)
    logs["val_loss"] = loss_tracking_metric.result()
    return logs

val_dataset = tf.data.Dataset.from_tensor_slices((val_images, val_labels))
val_dataset = val_dataset.batch(32)
reset_metrics()
for inputs_batch, targets_batch in val_dataset:
    logs = test_step(inputs_batch, targets_batch)
print("평가 결과:")
for key, value in logs.items():
    print(f"...{key}: {value:.4f}")
```

축하합니다. 방금 fit() 메서드와 evaluate() 메서드를 구현했습니다! 사실 완전히 똑같지는 않습니다. fit()과 evaluate() 메서드는 대규모 분산 계산과 같은 더 많은 기능을 제공합니다. 이를 위해서는 조금 더 많은 작업이 필요합니다. 또한, 몇 가지 핵심적인 성능 최적화가 포함되어 있습니다.

이런 최적화 중 하나인 텐서플로 함수 컴파일을 살펴보겠습니다.

7.4.4 tf.function으로 성능 높이기

기본적으로 동일한 로직을 구현했지만 아마 직접 작성한 루프가 케라스에 내장된 `fit()`과 `evaluate()` 메서드보다 훨씬 느리게 실행된다는 것을 눈치챘을지 모르겠습니다. 기본적으로 텐서플로 코드는 넘파이나 일반적인 파이썬 코드와 비슷하게 즉시(eagerly) 라인 단위로 실행되기 때문입니다. **즉시 실행**(eager execution)은 코드 디버깅을 쉽게 만들어 줍니다. 하지만 성능 측면에서는 최적이 아닙니다.

텐서플로 코드는 **계산 그래프**(computation graph)로 컴파일하는 것이 더 성능이 좋습니다. 여기에서는 라인 단위로 해석되는 코드에서는 할 수 없는 전역적인 최적화가 가능합니다. 이렇게 만드는 문법은 매우 간단합니다. 다음과 같이 실행하기 전에 컴파일하고 싶은 함수에 `@tf.function` 데코레이터(decorator)를 추가하면 됩니다.

코드 7-25 평가 스텝 함수에 @tf.function 데코레이터 추가하기

```
@tf.function -------- 이 라인만 추가되었습니다.
def test_step(inputs, targets):
    predictions = model(inputs, training=False)
    loss = loss_fn(targets, predictions)

    logs = {}
    for metric in metrics:
        metric.update_state(targets, predictions)
        logs["val_" + metric.name] = metric.result()

    loss_tracking_metric.update_state(loss)
    logs["val_loss"] = loss_tracking_metric.result()
    return logs

val_dataset = tf.data.Dataset.from_tensor_slices((val_images, val_labels))
val_dataset = val_dataset.batch(32)
reset_metrics()

for inputs_batch, targets_batch in val_dataset:
    logs = test_step(inputs_batch, targets_batch)
```

```python
print("평가 결과:")
for key, value in logs.items():
    print(f"...{key}: {value:.4f}")
```

코랩 CPU에서 이 평가 루프를 실행하는 데 1.8초에서 0.8초로 줄었습니다. 훨씬 빨라졌네요!

코드를 디버깅할 때 @tf.function 데코레이터를 쓰지 말고 즉시 실행 모드를 사용하는 것이 좋습니다. 이 방식이 버그를 추적하기 더 쉽습니다. 코드가 제대로 작동하고 성능을 높이고 싶을 때 훈련 스텝과 평가 스텝에 @tf.function 데코레이터를 추가하세요.

7.4.5 fit() 메서드를 사용자 정의 루프로 활용하기

이전 절에서 밑바닥부터 완전한 사용자 정의 훈련 루프를 만들었습니다. 이런 방식이 가장 높은 유연성을 제공하지만 많은 코드를 작성해야 하고 콜백이나 분산 훈련 지원 같은 fit() 메서드가 제공하는 많은 편리한 기능을 사용할 수 없습니다.

사용자 정의 훈련 알고리즘이 필요하지만 케라스에 내장된 훈련 로직의 기능을 활용하고 싶다면 어떨까요? 사실 fit() 메서드와 밑바닥부터 작성한 훈련 루프 사이의 중간 지점이 있습니다. 사용자 정의 훈련 스텝 함수를 제공하고 나머지 처리는 프레임워크에 위임할 수 있습니다.

이렇게 하려면 Model 클래스의 train_step() 메서드를 오버라이딩(overriding)합니다. 이 함수는 fit() 메서드가 배치 데이터마다 호출하는 메서드입니다. 그다음 이전처럼 fit() 메서드를 호출하면 자신만의 학습 알고리즘을 실행시킬 수 있습니다.

간단한 예는 다음과 같습니다.

- keras.Model을 상속한 새로운 클래스를 만듭니다.
- train_step(self, data) 메서드를 오버라이드합니다. 이 메서드의 내용은 이전 절에서 만든 것과 거의 동일합니다. (손실을 포함하여) 측정 지표 이름과 현재 값이 매핑된 딕셔너리를 반환합니다.
- 모델의 Metric 객체들을 반환하는 metrics 속성을 구현합니다. 이를 활용하여 매 에포크 시작이나 evaluate()를 호출할 때 모델이 지표 객체들의 reset_state() 메서드를 자동으로 호출할 수 있습니다. 따라서 수동으로 지표를 재설정할 필요가 없습니다.

코드 7-26 fit()이 사용할 사용자 정의 훈련 스텝 구현하기

```
loss_fn = keras.losses.SparseCategoricalCrossentropy()
loss_tracker = keras.metrics.Mean(name="loss")  ------- 이 객체는 훈련과 평균 과정에서 배치 손실의 평균을 추적합니다.

class CustomModel(keras.Model):
    def train_step(self, data):  ------- train_step 메서드를 오버라이딩합니다.
        inputs, targets = data
        with tf.GradientTape() as tape:
            predictions = self(inputs, training=True)  ------- 모델이 클래스 자체이므로 model(inputs, training=True) 대신에 self(inputs, training=True)를 사용합니다.
            loss = loss_fn(targets, predictions)
        gradients = tape.gradient(loss, self.trainable_weights)
        self.optimizer.apply_gradients(zip(gradients, self.trainable_weights))
        loss_tracker.update_state(loss)  ------- 손실의 평균을 추적하는 loss_tracker를 업데이트합니다.
        return {"loss": loss_tracker.result()}  ------- 평균 손실을 구합니다.

    @property
    def metrics(self):
        return [loss_tracker]  ------- 에포크마다 재설정할 지표는 여기에 나열해야 합니다.
```

이제 사용자 정의 모델의 객체를 만들고 컴파일하고(손실은 모델 밖에서 이미 정의했기 때문에 옵티마이저만 전달합니다), 보통 때처럼 `fit()` 메서드로 훈련할 수 있습니다.

```
inputs = keras.Input(shape=(28 * 28,))
features = layers.Dense(512, activation="relu")(inputs)
features = layers.Dropout(0.5)(features)
outputs = layers.Dense(10, activation="softmax")(features)
model = CustomModel(inputs, outputs)

model.compile(optimizer=keras.optimizers.RMSprop())
model.fit(train_images, train_labels, epochs=3)
```

몇 가지 주의할 점이 있습니다.

- 이 패턴 때문에 함수형 API로 모델을 만드는 데 문제가 되지 않습니다. Sequential 모델, 함수형 모델, 서브클래싱 모델을 만드는지에 상관없이 이 방식을 사용할 수 있습니다.
- 프레임워크가 알아서 처리하기 때문에 `train_step` 메서드를 오버라이딩할 때 `@tf.function` 데코레이터를 사용할 필요가 없습니다.

이제 compile() 메서드를 통해 지표와 손실을 설정하면 어떨까요? compile() 메서드를 호출한 후 다음을 참조할 수 있습니다.

- **self.compiled_loss**: compile() 메서드에 전달한 손실 함수
- **self.compiled_metrics**: compile() 메서드에 전달된 지표 목록이 포함되어 있는 객체입니다. self.compiled_metrics.update_state()를 호출하여 모든 지표를 동시에 업데이트할 수 있습니다.
- **self.metrics**: compile() 메서드에 전달한 실제 지표의 목록. 앞서 loss_tracking_metric으로 수동으로 했던 것과 비슷하게 손실을 추적하는 지표도 포함합니다.

따라서 다음과 같이 쓸 수 있습니다.

```
class CustomModel(keras.Model):
    def train_step(self, data):
        inputs, targets = data
        with tf.GradientTape() as tape:
            predictions = self(inputs, training=True)
            loss = self.compiled_loss(targets, predictions)
        gradients = tape.gradient(loss, self.trainable_weights)
        self.optimizer.apply_gradients(zip(gradients, self.trainable_weights))
        self.compiled_metrics.update_state(targets, predictions)
        return {m.name: m.result() for m in self.metrics}
```

self.compiled_loss를 사용해서 손실을 계산합니다.

self.compiled_metrics로 모델의 지표를 업데이트합니다.

측정 지표 이름과 현재 값을 매핑한 딕셔너리를 반환합니다.

테스트해 보죠.

```
inputs = keras.Input(shape=(28 * 28,))
features = layers.Dense(512, activation="relu")(inputs)
features = layers.Dropout(0.5)(features)
outputs = layers.Dense(10, activation="softmax")(features)
model = CustomModel(inputs, outputs)
model.compile(optimizer=keras.optimizers.RMSprop(),
              loss=keras.losses.SparseCategoricalCrossentropy(),
              metrics=[keras.metrics.SparseCategoricalAccuracy()])
model.fit(train_images, train_labels, epochs=3)
```

내용이 많았지만 이제는 케라스를 사용해서 어떤 작업이라도 수행할 수 있을 만큼 충분히 알게 되었습니다.

7.5 요약

- 케라스는 **복잡성의 단계적 공개** 원칙을 기반으로 다양한 워크플로를 제공합니다. 워크플로는 부드럽게 서로 상호 운영이 가능합니다.
- Sequential 클래스, 함수형 API를 사용하거나 Model 클래스를 상속하여 모델을 만들 수 있습니다. 대부분의 경우 함수형 API를 사용할 것입니다.
- 모델을 훈련하고 평가하는 가장 간단한 방법은 기본으로 제공되는 fit()과 evaluate() 메서드를 사용하는 것입니다.
- 케라스 콜백은 fit() 메서드가 실행되는 동안 모델을 모니터링하고 모델의 상태에 따라 자동으로 행동을 수행할 수 있는 간단한 방법입니다.
- train_step() 메서드를 오버라이딩하여 fit() 메서드의 동작을 완전히 제어할 수도 있습니다.
- fit() 메서드를 넘어서 밑바닥부터 자신만의 훈련 루프를 작성할 수도 있습니다. 완전히 새로운 훈련 알고리즘을 구현하려는 연구자에게 유용한 기능입니다.

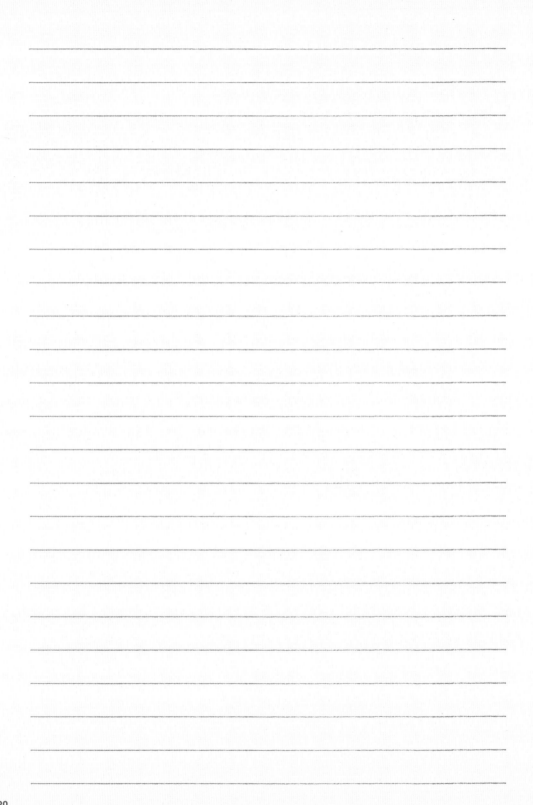

8장

컴퓨터 비전을 위한 딥러닝

이 장에서 다룰 핵심 내용

- 합성곱 신경망(컨브넷) 이해하기
- 과대적합을 줄이기 위해 데이터 증식 기법 사용하기
- 특성 추출을 위해 사전 훈련된 컨브넷 사용하기
- 사전 훈련된 컨브넷을 미세 조정하는 방법

컴퓨터 비전은 딥러닝 초창기의 가장 큰 성공 스토리입니다. 우리는 구글 포토, 구글 이미지 검색, 유튜브, 카메라 앱의 비디오 필터, OCR 소프트웨어 등을 통해 매일 딥러닝 비전 모델을 사용합니다. 이런 모델은 자율 주행, 로봇 공학, AI 기반 의료 진단, 소매점 자동 결제 시스템, 농업 자동화와 같은 첨단 연구 분야의 핵심이기도 합니다.

컴퓨터 비전은 2011~2015년 사이의 초기 딥러닝의 부흥을 이끈 영역입니다. **합성곱 신경망**(convolutional neural network)이라고 부르는 딥러닝 모델의 종류가 그 당시 이미지 분류 대회에서 눈에 띄게 좋은 결과를 얻었습니다. 처음에 댄 크리슨(Dan Ciresan)이 2개의 작은 대회(ICDAR 2011 중국 한자 인식 대회와 IJCNN 2011 독일 교통 표지판 인식 대회)에서 우승했습니다. 그 다음 2012년 가을 힌튼(Hinton) 그룹이 유명한 ILSVRC(ImageNet Large-Scale Visual Recognition Challenge) 대회에서 우승하면서 더 뚜렷해졌습니다. 다른 컴퓨터 비전 작업에서 유망한 결과가 더 많이 빠르게 등장하기 시작했습니다.

흥미롭게도 이런 초기 성공은 그 당시 딥러닝을 주류로 만들기에 충분하지 않았습니다. 주류가 되는 데는 몇 년이 걸렸습니다. 컴퓨터 비전 연구 커뮤니티는 신경망이 아닌 다른 방법에 오랜 시간을 투자했었고 새로운 방법이 생겼다는 이유로 기존 방법을 포기할 준비가 되어 있지 않았습니다. 2013년과 2014년 컴퓨터 비전 분야의 많은 선임 연구자는 딥러닝에 크게 회의적이었습니다. 마침내 2016년이 되어서야 주류가 되었습니다. 2014년 2월 필자의 이전 지도 교수에게 딥러닝으로 전환하라고 말했던 것이 기억납니다. "이건 차세대 혁명이에요."라고 말했죠. 그는 "글쎄 어쩌면 그냥 유행일지 몰라."라고 대답했습니다. 2016년에는 그의 연구실 전체가 딥러닝을 하고 있었습니다. 이제 때가 왔다는 생각을 멈출 수가 없습니다.

이 장에서 소개할 합성곱 신경망은 컨브넷(convnet)이라고도 부릅니다. 이 딥러닝 모델은 이제 거의 대부분의 컴퓨터 비전(computer vision) 애플리케이션에 사용됩니다. 거대 IT 회사가 아니라면 대부분 작은 데이터셋을 다루므로 여기에서도 작은 훈련 데이터셋을 사용한 이미지 분류 문제에 컨브넷을 적용하는 법을 배우겠습니다.

8.1 합성곱 신경망 소개

컨브넷 정의와 컨브넷이 컴퓨터 비전 관련 작업에 잘 맞는 이유에 대해 이론적 배경을 알아봅시다. 하지만 먼저 간단한 컨브넷 예제를 둘러보죠. 2장에서 밀집 연결 신경망(densely connected network)으로 풀었던(이 방식의 테스트 정확도는 97.8%였습니다) MNIST 숫자 이미지 분류에 컨브넷을 사용해 보겠습니다. 기본적인 컨브넷이더라도 2장에서 다룬 완전 연결된 모델의 성능을 훨씬 앞지를 것입니다.

코드 8-1은 기본적인 컨브넷의 모습입니다. Conv2D와 MaxPooling2D 층을 쌓아 올렸습니다. 잠시 후에 이들이 무엇인지 알아보겠습니다. 이전 장에서 소개한 함수형 API를 사용해서 모델을 만들겠습니다.

코드 8-1 간단한 컨브넷 만들기

```
from tensorflow import keras
from tensorflow.keras import layers

inputs = keras.Input(shape=(28, 28, 1))
x = layers.Conv2D(filters=32, kernel_size=3, activation="relu")(inputs)
x = layers.MaxPooling2D(pool_size=2)(x)
x = layers.Conv2D(filters=64, kernel_size=3, activation="relu")(x)
x = layers.MaxPooling2D(pool_size=2)(x)
x = layers.Conv2D(filters=128, kernel_size=3, activation="relu")(x)
x = layers.Flatten()(x)
outputs = layers.Dense(10, activation="softmax")(x)
model = keras.Model(inputs=inputs, outputs=outputs)
```

컨브넷이 배치 차원을 제외하고 (image_height, image_width, image_channels) 크기의 입력 텐서를 사용한다는 점이 중요합니다. 이 예제에서는 MNIST 이미지 포맷인 (28, 28, 1) 크기의 입력을 처리하도록 컨브넷을 설정해야 합니다.

이 컨브넷의 구조를 출력해 보죠.

코드 8-2 모델의 summary() 메서드 출력

```
>>> model.summary()
Model: "model"
_________________________________________________________________
Layer (type)                 Output Shape              Param #
=================================================================
input_1 (InputLayer)         [(None, 28, 28, 1)]       0
_________________________________________________________________
conv2d (Conv2D)              (None, 26, 26, 32)        320
_________________________________________________________________
max_pooling2d (MaxPooling2D) (None, 13, 13, 32)        0
_________________________________________________________________
conv2d_1 (Conv2D)            (None, 11, 11, 64)        18496
_________________________________________________________________
max_pooling2d_1 (MaxPooling2 (None, 5, 5, 64)          0
_________________________________________________________________
conv2d_2 (Conv2D)            (None, 3, 3, 128)         73856
_________________________________________________________________
flatten (Flatten)            (None, 1152)              0
_________________________________________________________________
dense (Dense)                (None, 10)                11530
=================================================================
Total params: 104,202
Trainable params: 104,202
Non-trainable params: 0
_________________________________________________________________
```

Conv2D와 MaxPooling2D 층의 출력은 (height, width, channels) 크기의 랭크-3 텐서입니다. 높이와 너비 차원은 모델이 깊어질수록 작아지는 경향이 있습니다. 채널의 수는 Conv2D 층에 전달된 첫 번째 매개변수에 의해 조절됩니다(32개, 64개 또는 128개).

마지막 Conv2D 층의 출력 크기는 (3, 3, 128)입니다. 즉, 128개의 채널을 가진 3×3 크기의 특성 맵(feature map)입니다. 다음 단계는 이 출력을 밀집 연결 분류기로 주입하는 것입니다. 이 분류기는 Dense 층을 쌓은 것으로 이미 익숙한 구조입니다. 이 분류기는 1D 벡터를 처리하는데, 이전 층의 출력이 랭크-3 텐서입니다. 그래서 Dense 층 이전에 Flatten 층으로 먼저 3D 출력을 1D 텐서로 펼쳐야 합니다.

마지막으로 10개의 클래스를 분류하기 위해 마지막 층의 출력 크기를 10으로 하고 소프트맥스 활성화 함수를 사용합니다.

이제 MNIST 숫자 이미지에 이 컨브넷을 훈련합니다. 2장의 MNIST 예제 코드를 많이 재사용하겠습니다. 소프트맥스 활성화 함수의 출력을 바탕으로 10개의 클래스를 분류하기 때문에 범주형 크로스엔트로피 손실을 사용하겠습니다. 레이블이 정수이므로 희소한 크로스엔트로피 손실인 sparse_categorical_crossentropy를 사용하겠습니다.

코드 8-3 MNIST 이미지에서 컨브넷 훈련하기

```
from tensorflow.keras.datasets import mnist

(train_images, train_labels), (test_images, test_labels) = mnist.load_data()
train_images = train_images.reshape((60000, 28, 28, 1))
train_images = train_images.astype("float32") / 255
test_images = test_images.reshape((10000, 28, 28, 1))
test_images = test_images.astype("float32") / 255
model.compile(optimizer="rmsprop",
              loss="sparse_categorical_crossentropy",
              metrics=["accuracy"])
model.fit(train_images, train_labels, epochs=5, batch_size=64)
```

테스트 데이터에서 모델을 평가해 보죠.

코드 8-4 컨브넷 평가하기

```
>>> test_loss, test_acc = model.evaluate(test_images, test_labels)
>>> print(f"테스트 정확도: {test_acc:.3f}")
테스트 정확도: 0.991
```

2장의 완전 연결 네트워크는 97.8%의 테스트 정확도를 얻은 반면 기본적인 컨브넷은 99.1%의 테스트 정확도를 얻었습니다. 에러율이 (상대적으로) 60%나 줄었습니다. 나쁘지 않군요!

완전 연결된 모델보다 왜 간단한 컨브넷이 더 잘 작동할까요? 이에 대해 알아보기 위해 Conv2D와 MaxPooling2D 층이 어떤 일을 하는지 살펴보겠습니다.

8.1.1 합성곱 연산

완전 연결 층과 합성곱 층 사이의 근본적인 차이는 다음과 같습니다. Dense 층은 입력 특성 공간에 있는 전역 패턴(예를 들어 MNIST 숫자 이미지에서는 모든 픽셀에 걸친 패턴)을 학습하지만 합성곱 층은 지역 패턴을 학습합니다. 이미지일 경우 작은 2D 윈도우(window)로 입력에서 패턴을 찾습니다(그림 8-1). 앞의 예에서 이 윈도우는 모두 3×3 크기였습니다.

▼ 그림 8-1 이미지는 에지(edge), 질감(texture) 등 지역 패턴으로 분해될 수 있다

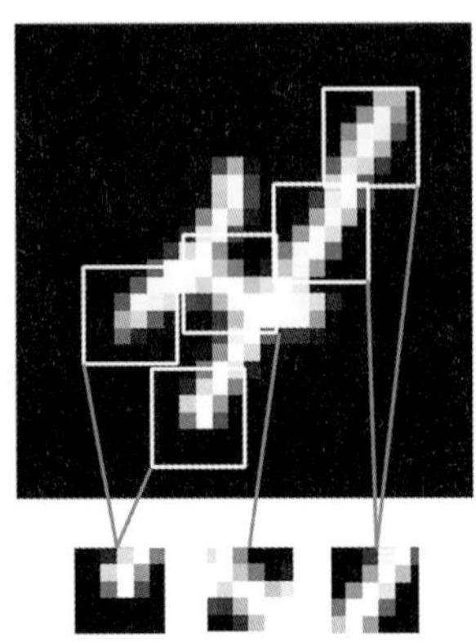

이 핵심 특징은 컨브넷에 두 가지 흥미로운 성질을 제공합니다.

- **학습된 패턴은 평행 이동 불변성**(translation invariant)**을 가집니다.** 컨브넷이 이미지의 오른쪽 아래 모서리에서 어떤 패턴을 학습했다면 다른 곳(예를 들어 왼쪽 위 모서리)에서도 이 패턴을 인식할 수 있습니다. 완전 연결 네트워크는 새로운 위치에 나타난 것은 새로운 패턴으로 학습해야 합니다. 이런 성질은 컨브넷이 이미지를 효율적으로 처리하게 만들어 줍니다(**근본적으로 우리가 보는 세상은 평행 이동으로 인해 다르게 인식되지 않습니다**). 적은 수의 훈련 샘플을 사용해서 일반화 능력을 가진 표현을 학습할 수 있습니다.
- **컨브넷은 패턴의 공간적 계층 구조를 학습할 수 있습니다.** 첫 번째 합성곱 층이 에지 같은 작은 지역 패턴을 학습합니다. 두 번째 합성곱 층은 첫 번째 층의 특성으로 구성된 더 큰 패턴을 학습하는 식입니다(그림 8-2). 이런 방식을 사용하여 컨브넷은 매우 복잡하고 추상적인 시각적 개념을 효과적으로 학습할 수 있습니다. **근본적으로 우리가 보는 세상은 공간적 계층 구조를 가지고 있기 때문입니다.**

합성곱 연산은 **특성 맵**(feature map)이라고 부르는 랭크-3 텐서에 적용됩니다. 이 텐서는 2개의 **공간 축**(**높이**와 **너비**)과 **깊이 축**(**채널** 축이라고도 합니다)으로 구성됩니다. RGB 이미지는 3개의 컬러 채널(빨간색, 녹색, 파란색)을 가지므로 깊이 축의 차원이 3이 됩니다. MNIST 숫자처럼 흑백 이미지는 깊이 축의 차원이 1(회색 톤)입니다. 합성곱 연산은 입력 특성 맵에서 작은 패치(patch)들을 추출하고 이런 모든 패치에 같은 변환을 적용하여 **출력 특성 맵**(output feature map)을 만듭니다.

▼ 그림 8-2 우리가 보는 세상은 시각적 구성 요소들의 공간적인 계층 구조로 구성되어 있으며, 기본적인 직선이나 질감들이 연결되어 눈이나 귀 같은 간단한 구성 요소를 만들고 이들이 모여서 "cat"처럼 고수준의 개념을 만든다

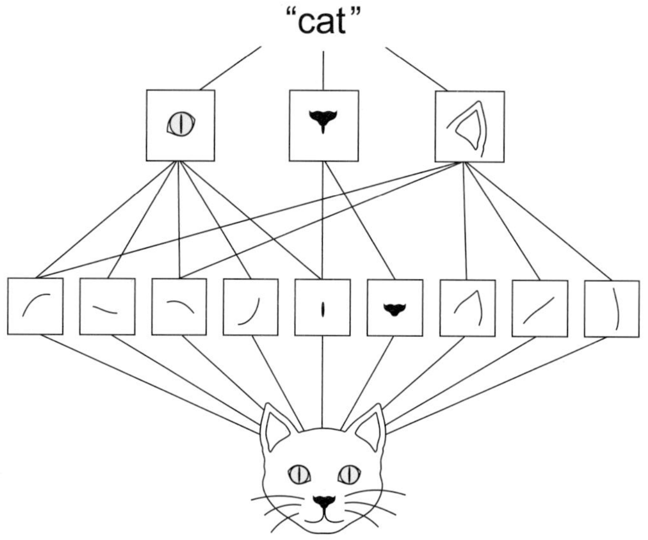

출력 특성 맵도 높이와 너비를 가진 랭크-3 텐서입니다. 출력 텐서의 깊이는 층의 매개변수로 결정되기 때문에 상황에 따라 다릅니다. 이렇게 되면 깊이 축의 채널은 더 이상 RGB 입력처럼 특정 컬러를 의미하지 않습니다. 그 대신 일종의 **필터**(filter)를 의미합니다. 필터는 입력 데이터의 어떤 특성을 인코딩합니다. 예를 들어 고수준으로 보면 하나의 필터가 '입력에 얼굴이 있는지'를 인코딩할 수 있습니다.

MNIST 예제에서는 첫 번째 합성곱 층이 (28, 28, 1) 크기의 특성 맵을 입력으로 받아 (26, 26, 32) 크기의 특성 맵을 출력합니다. 즉, 입력에 대해 32개의 필터를 적용합니다. 32개의 출력 채널 각각은 26×26 크기의 배열 값을 가집니다. 이 값은 입력에 대한 필터의 **응답 맵**(response map)입니다. 입력의 각 위치에서 필터 패턴에 대한 응답을 나타냅니다(그림 8-3).

특성 맵이란 말이 의미하는 것은 다음과 같습니다. 깊이 축에 있는 각 차원은 하나의 **특성**(또는 필터)이고, 랭크-2 텐서인 `output[:, :, n]`은 입력에 대한 이 필터 응답을 나타내는 2D 공간상의 **맵**입니다.

▼ 그림 8-3 응답 맵의 개념: 입력의 각 위치에서 한 패턴의 존재에 대한 2D 맵

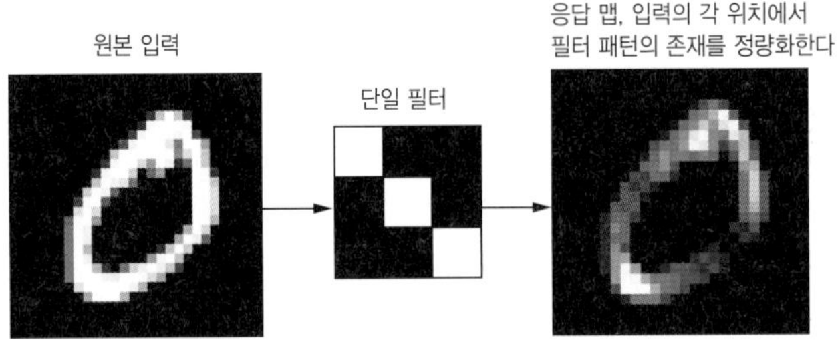

합성곱은 핵심적인 2개의 파라미터로 정의됩니다.

- **입력으로부터 뽑아낼 패치의 크기**: 전형적으로 3×3 또는 5×5 크기를 사용합니다. 이 예에서는 일반적으로 많이 사용하는 3×3 크기를 사용했습니다.
- **특성 맵의 출력 깊이**: 합성곱으로 계산할 필터 개수입니다. 이 예에서는 깊이 32로 시작해서 깊이 128로 끝났습니다.

케라스의 `Conv2D` 층에서 이 파라미터는 `Conv2D(output_depth, (window_height, window_width))`처럼 첫 번째와 두 번째 매개변수로 전달됩니다.

3D 입력 특성 맵 위를 3×3 또는 5×5 크기의 윈도우가 **슬라이딩**(sliding)하면서 모든 위치에서 3D 특성 패치(`(window_height, window_width, input_depth)` 크기)를 추출하는 방식으로 합성곱이 작동합니다. 이런 3D 패치는 **합성곱 커널**(convolution kernel)[1]이라고 불리는 하나의 학습된 가중치 행렬과의 텐서 곱셈을 통해 `(output_depth,)` 크기의 1D 벡터로 변환됩니다. 동일한 커널이 모든 패치에 걸쳐서 재사용됩니다. 변환된 모든 벡터는 `(height, width, output_depth)` 크기의 3D 특성 맵으로 재구성됩니다. 출력 특성 맵의 공간상 위치는 입력 특성 맵의 같은 위치에 대응됩니다(예를 들어 출력의 오른쪽 아래 모서리는 입력의 오른쪽 아래 부근에 해당하는 정보를 담고 있습니다). 3×3 윈도우를 사용하면 3D 패치 `input[i-1:i+2, j-1:j+2, :]`로부터 벡터 `output[i, j, :]`가 만들어집니다. 그림 8-4에 전체 과정이 자세히 나타나 있습니다.

---

1 역주 여기에서 합성곱 커널은 합성곱 층의 필터를 하나의 행렬로 합친 것을 말합니다. 첫 번째 합성곱 층의 커널 크기는 `(3, 3, 1, 32)`고, 두 번째 합성곱 층의 커널 크기는 `(3, 3, 32, 64)`입니다.

❤ 그림 8-4 합성곱 작동 방식[2]

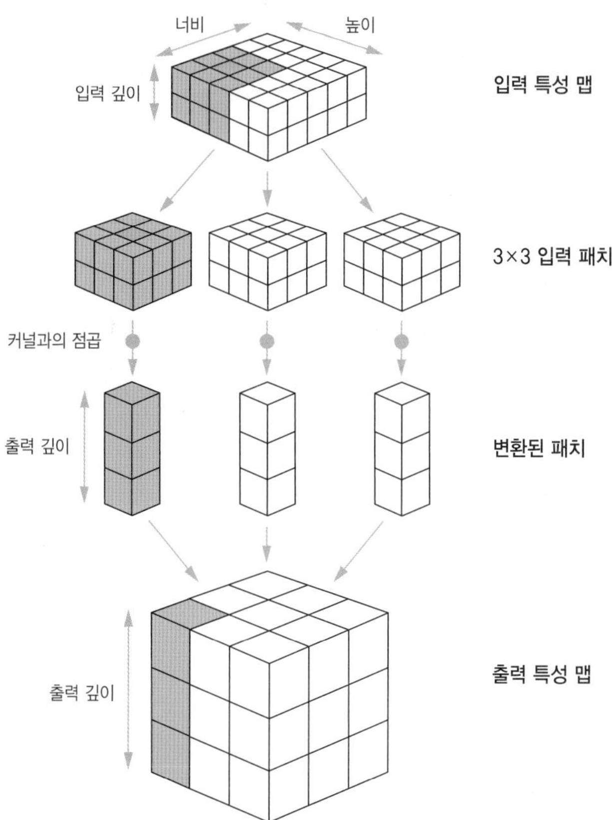

두 가지 이유로 출력 높이와 너비는 입력의 높이, 너비와 다를 수 있습니다.

- 경계 문제. 입력 특성 맵에 패딩을 추가하여 대응할 수 있습니다.
- 잠시 후에 설명할 **스트라이드**(stride)의 사용 여부에 따라 다릅니다.

이 개념을 좀 더 자세히 알아봅시다.

경계 문제와 패딩 이해하기

5×5 크기의 특성 맵을 생각해 보겠습니다(총 25개의 타일이 있다고 생각합니다). 3×3 크기인 윈도우의 중앙을 맞출 수 있는 타일은 3×3 격자를 형성하는 9개뿐입니다(그림 8-5). 따라서 출

2 역주 이 그림에서 출력의 깊이가 3이므로 패치마다 (3, 3, 2) 크기의 필터가 3개 적용된 것입니다. 다르게 말하면 (3, 3, 2, 3) 크기의 커널과 점곱한 것입니다.

력 특성 맵은 3×3 크기가 됩니다. 크기가 조금 줄어들었습니다. 여기에서는 높이와 너비 차원을 따라 정확히 2개의 타일이 줄어들었습니다. 앞선 예에서도 이런 경계 문제를 볼 수 있습니다. 첫 번째 합성곱 층에서 28×28 크기의 입력이 26×26 크기가 되었습니다.

▼ 그림 8-5 5×5 입력 특성 맵에서 가능한 3×3 패치 위치

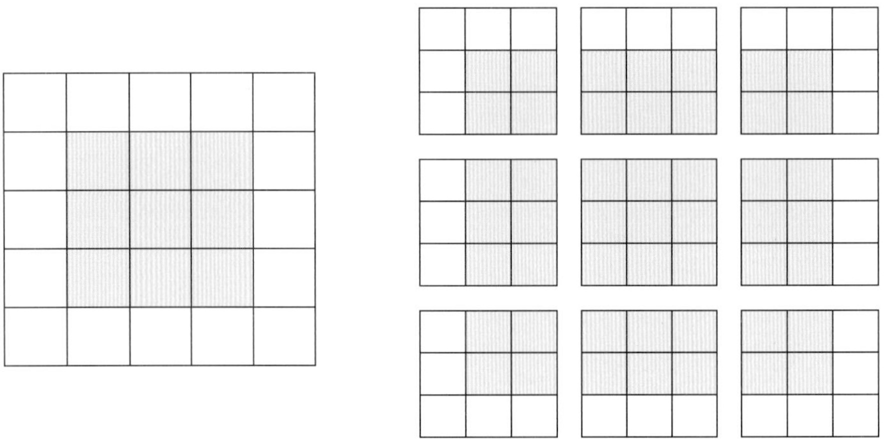

입력과 동일한 높이와 너비를 가진 출력 특성 맵을 얻고 싶다면 **패딩**(padding)을 사용할 수 있습니다. 패딩은 입력 특성 맵의 가장자리에 적절한 개수의 행과 열을 추가합니다.[3] 그래서 모든 입력 타일에 합성곱 윈도우의 중앙을 위치시킬 수 있습니다. 3×3 윈도우라면 위아래에 하나의 행을 추가하고 오른쪽, 왼쪽에 하나의 열을 추가합니다(그림 8-6). 5×5 윈도우라면 2개의 행과 열을 추가합니다.

▼ 그림 8-6 25개의 3×3 패치를 뽑기 위해 5×5 입력에 패딩 추가하기

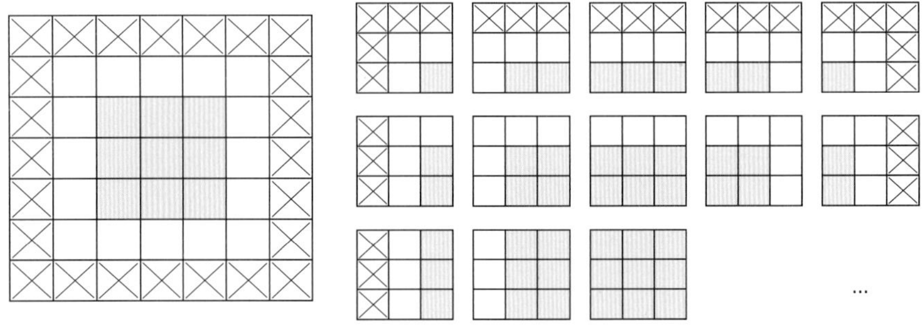

3 역주 추가되는 행과 열은 0으로 채워지기 때문에 제로 패딩(zero padding)이라고도 부릅니다.

`Conv2D` 층에서 패딩은 `padding` 매개변수로 설정할 수 있습니다. 2개의 값이 가능합니다. `"valid"`는 패딩을 사용하지 않는다는 뜻입니다(윈도우를 놓을 수 있는 위치만 사용합니다). `"same"`은 "입력과 동일한 높이와 너비를 가진 출력을 만들기 위해 패딩한다."라는 뜻입니다. `padding` 매개변수의 기본값은 `"valid"`입니다.

합성곱 스트라이드 이해하기

출력 크기에 영향을 미치는 다른 요소는 **스트라이드**입니다. 지금까지 합성곱에 대한 설명은 합성곱 윈도우의 중앙 타일이 연속적으로 지나간다고 가정한 것입니다. 두 번의 연속적인 윈도우 사이의 거리가 **스트라이드**라고 불리는 합성곱의 파라미터입니다. 스트라이드의 기본값은 1입니다. 스트라이드가 1보다 큰 **스트라이드 합성곱**도 가능합니다. 그림 8-7에서 5×5 크기의 입력(패딩 없음)에 스트라이드 2를 사용한 3×3 크기의 윈도우로 합성곱하여 추출한 패치를 볼 수 있습니다.

▼ 그림 8-7 2×2 스트라이드를 사용한 3×3 합성곱의 패치

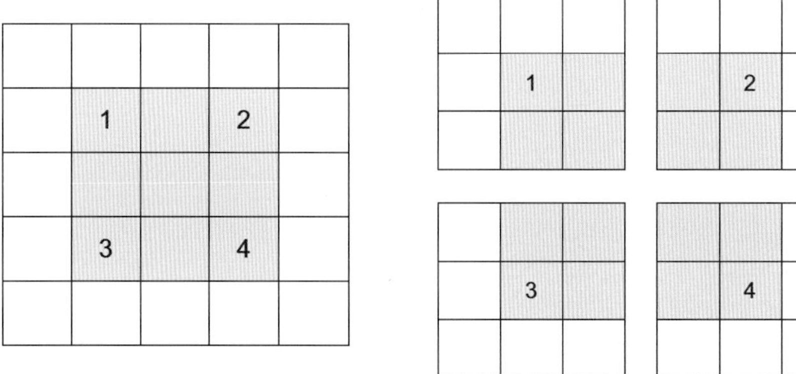

스트라이드 2를 사용했다는 것은 특성 맵의 너비와 높이가 2의 배수로 다운샘플링되었다는 뜻입니다(경계 문제가 있다면 더 줄어듭니다). 스트라이드 합성곱은 분류 모델에서 드물게 사용됩니다. 하지만 다음 장에서 볼 수 있듯이 일부 유형의 모델에서는 유용합니다.[4]

분류 모델에서는 특성 맵을 다운샘플링하기 위해 스트라이드 대신에 첫 번째 컨브넷 예제에 사용된 최대 풀링(max pooling) 연산을 사용하는 경우가 많습니다. 최대 풀링에 대해 좀 더 자세히 알아보겠습니다.

---

4 역주 스트라이드와 패딩에 대한 좀 더 자세한 설명과 시뮬레이션은 역자 블로그의 '딥러닝을 위한 콘볼루션 계산 가이드(https://goo.gl/qvNTyu)'를 참고하세요.

8.1.2 최대 풀링 연산

앞선 컨브넷 예제에서 특성 맵의 크기가 MaxPooling2D 층마다 절반으로 줄어들었습니다. 예를 들어 첫 번째 MaxPooling2D 층 이전에 특성 맵의 크기는 26×26이었는데 최대 풀링 연산으로 13×13으로 줄어들었습니다. 스트라이드 합성곱과 매우 비슷하게 강제적으로 특성 맵을 다운샘플링하는 것이 최대 풀링의 역할입니다.

최대 풀링은 입력 특성 맵에서 윈도우에 맞는 패치를 추출하고 각 채널별로 최댓값을 출력합니다. 합성곱과 개념적으로 비슷하지만 추출한 패치에 학습된 선형 변환(합성곱 커널)을 적용하는 대신 하드코딩된 최댓값 추출 연산을 사용합니다. 합성곱과 가장 큰 차이점은 최대 풀링은 보통 2×2 윈도우와 스트라이드 2를 사용하여 특성 맵을 절반 크기로 다운샘플링한다는 것입니다. 이에 반해 합성곱은 전형적으로 3×3 윈도우와 스트라이드 1을 사용합니다.

왜 이런 식으로 특성 맵을 다운샘플링할까요? 왜 최대 풀링 층을 빼고 큰 특성 맵을 계속 유지하지 않을까요? 이런 방식을 한번 테스트해 보죠. 풀링을 뺀 모델은 다음과 같습니다.

코드 8-5 최대 풀링 층이 빠진 잘못된 구조의 컨브넷

```
inputs = keras.Input(shape=(28, 28, 1))
x = layers.Conv2D(filters=32, kernel_size=3, activation="relu")(inputs)
x = layers.Conv2D(filters=64, kernel_size=3, activation="relu")(x)
x = layers.Conv2D(filters=128, kernel_size=3, activation="relu")(x)
x = layers.Flatten()(x)
outputs = layers.Dense(10, activation="softmax")(x)
model_no_max_pool = keras.Model(inputs=inputs, outputs=outputs)
```

이 모델의 구조는 다음과 같습니다.

```
>>> model_no_max_pool.summary()
Model: "model_1"
_________________________________________________________________
Layer (type)                 Output Shape              Param #
=================================================================
input_2 (InputLayer)         [(None, 28, 28, 1)]       0
_________________________________________________________________
conv2d_3 (Conv2D)            (None, 26, 26, 32)        320
_________________________________________________________________
conv2d_4 (Conv2D)            (None, 24, 24, 64)        18496
_________________________________________________________________
```

```
conv2d_5 (Conv2D)            (None, 22, 22, 128)     73856
_________________________________________________________________
flatten_1 (Flatten)          (None, 61952)           0
_________________________________________________________________
dense_1 (Dense)              (None, 10)              619530
=================================================================
Total params: 712,202
Trainable params: 712,202
Non-trainable params: 0
_________________________________________________________________
```

이 설정에서 무엇이 문제일까요? 두 가지가 있습니다.

- 특성의 공간적 계층 구조를 학습하는 데 도움이 되지 않습니다. 세 번째 층의 3×3 윈도우는 초기 입력의 7×7 윈도우 영역에 대한 정보만 담고 있습니다.[5] 컨브넷에 의해 학습된 고수준 패턴은 초기 입력에 관한 정보가 아주 적어 숫자 분류를 학습하기에 충분하지 않을 것입니다(7×7 픽셀 크기의 창으로 숫자를 보고 분류해 보세요!). 마지막 합성곱 층의 특성이 전체 입력에 대한 정보를 가지고 있어야 합니다.
- 최종 특성 맵은 22×22×128=61,952개의 원소를 가집니다. 아주 많습니다. 이 컨브넷을 펼친 후 10개의 유닛을 가진 Dense 층과 연결한다면 약 50만 개의 가중치 파라미터가 생깁니다. 작은 모델치고는 너무 많은 가중치고, 심각한 과대적합이 발생할 것입니다.

간단히 말해서 다운샘플링을 사용하는 이유는 처리할 특성 맵의 가중치 개수를 줄이기 위해서입니다. 또한, 연속적인 합성곱 층이 (원본 입력에서 커버되는 영역 측면에서) 점점 커진 윈도우를 통해 바라보도록 만들어 필터의 공간적인 계층 구조를 구성합니다.

최대 풀링이 다운샘플링을 할 수 있는 유일한 방법은 아닙니다. 이미 알고 있듯이 앞선 합성곱 층에서 스트라이드를 사용할 수 있습니다. 최댓값을 취하는 최대 풀링 대신에 입력 패치의 채널별 평균값을 계산하여 변환하는 **평균 풀링**(average pooling)을 사용할 수도 있습니다. 하지만 최대 풀링이 다른 방법들보다 더 잘 작동하는 편입니다. 그 이유는 특성이 특성 맵의 각 타일에서 어떤 패턴이나 개념의 존재 여부를 인코딩하는 경향이 있기 때문입니다(그래서 **특성의 지도**(맵)입니다). 따라서 특성의 평균값보다 여러 특성 중 최댓값을 사용하는 것이 더 유용합니다. 가장 납득할 만한 서브샘플링(subsampling) 전략은 먼저 (스트라이드가 없는 합성곱으로) 조밀한 특성 맵을 만들

5 역주 7×7 크기의 입력을 3×3 윈도우로 합성곱하면 5×5로 줄어들고, 다시 한 번 합성곱하면 3×3으로 줄어듭니다. 바꾸어 말하면 두 번째 합성곱을 통과한 특성 맵의 3×3 크기에는 입력에 있는 7×7 크기의 정보만 담겨 있습니다.

고 그다음 작은 패치에 대해 최대로 활성화된 특성을 고르는 것입니다. 이런 방법이 입력에 대해 (스트라이드 합성곱으로) 듬성듬성 윈도우를 슬라이딩하거나 입력 패치를 평균해서 특성 정보를 놓치거나 희석시키는 것보다 낫습니다.

이제 컨브넷의 특성 맵과 합성곱 그리고 최대 풀링에 대한 기본 개념을 이해했을 것입니다. MNIST 숫자 이미지 분류처럼 간단한 문제를 풀기 위해 작은 컨브넷을 만드는 법을 배웠습니다. 그럼 좀 더 유용하고 현실적인 애플리케이션을 만들어 보죠.

DEEP LEARNING

8.2 소규모 데이터셋에서 밑바닥부터 컨브넷 훈련하기

매우 적은 데이터를 사용하여 이미지 분류 모델을 훈련하는 일은 흔한 경우입니다. 여러분이 전문적인 컴퓨터 비전 작업을 한다면 실제로 이런 상황을 마주치게 될 가능성이 높습니다. 보통 '적은' 샘플이란 수백 개에서 수만 개 사이를 의미합니다. 실용적인 예제로 5,000개의 강아지와 고양이 사진(2,500개는 강아지, 2,500개는 고양이)으로 구성된 데이터셋에서 강아지와 고양이 이미지를 분류해 보겠습니다. 훈련을 위해 2,000개의 사진을 사용하고 검증에 1,000개와 테스트에 2,000개의 사진을 사용합니다.

이 절에서 문제를 해결하기 위해 기본적인 전략 하나를 살펴볼 것입니다. 보유한 소규모 데이터셋을 사용하여 처음부터 새로운 모델을 훈련하는 것입니다. 2,000개의 훈련 샘플에서 작은 컨브넷을 어떤 규제 방법도 사용하지 않고 훈련하여 기준이 되는 기본 성능을 만들겠습니다. 이 방법은 약 70%의 분류 정확도를 달성할 것입니다. 이 방법의 주요 이슈는 과대적합이 될 것입니다. 그다음 컴퓨터 비전에서 과대적합을 줄이기 위한 강력한 방법인 **데이터 증식**(data augmentation)을 소개하겠습니다. 데이터 증식을 통해 네트워크의 성능을 80~85% 정확도로 향상시킬 것입니다.

다음 절에서 작은 데이터셋에 딥러닝을 적용하기 위한 핵심적인 기술 두 가지를 살펴보겠습니다. **사전 훈련된 네트워크로 특성을 추출**하는 것(97.5%의 정확도를 얻게 됩니다)과 **사전 훈련된 네트워크를 세밀하게 튜닝**하는 것입니다(최종 모델은 98.5% 정확도를 얻을 것입니다). 이런 세 가지 전략(처음부터 작은 모델 훈련하기, 사전 훈련된 모델을 사용하여 특성 추출하기, 사전 훈련된 모델을 세밀하게 튜닝하기)은 작은 데이터셋에서 이미지 분류 문제를 수행할 때 여러분의 도구 상자에 포함되어 있어야 합니다.

8.2.1 작은 데이터셋 문제에서 딥러닝의 타당성

모델을 훈련하기에 '충분한 샘플'이라는 것은 상대적입니다. 우선 훈련하려는 모델의 크기와 깊이에 상대적입니다. 복잡한 문제를 푸는 컨브넷을 수십 개의 샘플만 사용해서 훈련하는 것은 불가능합니다. 하지만 모델이 작고 규제가 잘 되어 있으며 간단한 작업이라면 수백 개의 샘플로도 충분할 수 있습니다. 컨브넷은 지역적이고 평행 이동으로 변하지 않는 특성을 학습하기 때문에 지각에 관한 문제에서 매우 효율적으로 데이터를 사용합니다. 매우 작은 이미지 데이터셋에서 어떤 종류의 특성 공학을 사용하지 않고 컨브넷을 처음부터 훈련해도 납득할 만한 결과를 만들 수 있습니다. 이 절에서 실제로 이런 결과를 보게 될 것입니다.

거기에 더해 딥러닝 모델은 태생적으로 매우 다목적입니다. 말하자면 대규모 데이터셋에서 훈련시킨 이미지 분류 모델이나 스피치-투-텍스트(speech-to-text) 모델을 조금만 변경해서 완전히 다른 문제에 재사용할 수 있습니다. 특히 컴퓨터 비전에서는 (보통 ImageNet 데이터셋에서 훈련된) 사전 훈련된 모델들이 내려받을 수 있도록 많이 공개되어 있어 매우 적은 데이터에서 강력한 비전 모델을 만드는 데 사용할 수 있습니다. 이것이 딥러닝의 가장 큰 장점 중 하나인 특성 재사용입니다. 바로 다음 절에서 우리가 해 볼 것입니다.

먼저 데이터를 구하는 것부터 시작해 보죠.

8.2.2 데이터 내려받기

여기에서 사용할 강아지 vs 고양이 데이터셋(Dogs vs Cats dataset)은 케라스에 포함되어 있지 않습니다. 컨브넷이 주류가 되기 전인 2013년 후반에 캐글에서 컴퓨터 비전 경연 대회의 일환으로 이 데이터셋을 만들었습니다. 원본 데이터셋을 https://www.kaggle.com/c/dogs-vs-cats/data에서 내려받을 수 있습니다(캐글 계정이 없다면 하나 만들어야 하지만 계정을 만드는 과정은 간단합니다). 캐글 API를 사용하여 이 데이터셋을 코랩으로 내려받을 수 있습니다(296쪽의 '구글 코랩에서 캐글 데이터셋 내려받기'를 참고하세요).

구글 코랩에서 캐글 데이터셋 내려받기[6]

캐글은 프로그램을 사용하여 캐글에 호스팅된 데이터셋을 내려받을 수 있도록 사용하기 쉬운 API를 제공합니다. 예를 들어 이를 사용하여 강아지 vs 고양이 데이터셋을 코랩 노트북에 내려받을 수 있습니다. 이 API는 kaggle 패키지로 제공되며 코랩에는 이미 설치되어 있습니다.[7] 코랩 셀에서 다음 명령을 실행하여 데이터셋을 쉽게 내려받을 수 있습니다.

```
!kaggle competitions download -c dogs-vs-cats
```

하지만 **캐글 사용자만 이 API를 사용할 수 있습니다.** 따라서 앞의 명령을 실행하기 위해서는 먼저 사용자 인증이 필요합니다. kaggle 패키지는 JSON 파일인 ~/.kaggle/kaggle.json에서 로그인 정보를 찾습니다. 이 파일을 만들어 보겠습니다.

1. 먼저 캐글 API 키를 만들어 로컬 컴퓨터로 내려받아야 합니다. 웹 브라우저로 **캐글 웹 사이트에 접속하여 로그인**한 후 Account **페이지로 이동**합니다. 이 페이지에서 **API 섹션**을 찾으세요. 그다음 Create New API Token 버튼을 누르면 kaggle.json 파일이 생성되고 컴퓨터로 내려받기됩니다.

2. 그다음 코랩 노트북으로 이동한 후 셀에서 다음 명령을 실행하여 API 키가 담긴 JSON 파일을 현재 코랩 세션(session)에 업로드하겠습니다.

   ```
   from google.colab import files
   files.upload()
   ```

   이 셀을 실행하면 **파일 선택** 버튼이 나타납니다. 버튼을 누르고 방금 전에 내려받은 kaggle.json 파일을 선택합니다. 그러면 이 파일이 현재 코랩 런타임에 업로드됩니다.

3. 마지막으로 ~/.kaggle 폴더를 만들고(`mkdir ~/.kaggle`) 키 파일을 이 폴더로 복사합니다(`cp kaggle.json ~/.kaggle/`). 보안을 위해 현재 사용자만 이 파일을 읽을 수 있게 합니다(`chmod 600`).

   ```
   !mkdir ~/.kaggle
   !cp kaggle.json ~/.kaggle/
   !chmod 600 ~/.kaggle/kaggle.json
   ```

이제 사용할 데이터를 내려받을 수 있습니다.

```
!kaggle competitions download -c dogs-vs-cats
```

데이터를 처음 내려받을 때 **'403 Forbidden' 에러가 발생할 수 있습니다.** 데이터를 내려받기 전에 이 데이터셋에 연관된 **규칙에 동의**해야 하기 때문입니다. (캐글 계정에 로그인한 상태에서) www.kaggle.com/c/dogs-vs-cats/rules 페이지로 이동한 후 I Understand and Accept 버튼을 누릅니다. 약관 동의는 한 번만 하면 됩니다.

훈련 데이터는 dogs-vs-cats.zip 이름의 압축 파일입니다. 이 파일의 압축을 해제한 후 생성된 train.zip 파일의 압축도 풉니다. 압축 해제할 때(`unzip`) 메시지가 출력되지 않도록 옵션을 추가합니다(`-qq`).

계속

6 역주 코랩의 [Secrets] 탭에 키를 저장해 놓으면 필요할 때 꺼내어 사용할 수 있습니다. 또한, 캐글에서 데이터 다운로드에 문제가 있다면 구글 드라이브에서 코랩으로 바로 내려받을 수 있습니다. 자세한 내용은 번역서 깃허브의 8장 주피터 노트북을 참고하세요.

7 역주 주피터 노트북을 사용하는 경우 터미널에서 `pip install kaggle` 명령으로 설치할 수 있습니다.

```
!unzip -qq dogs-vs-cats.zip
!unzip -qq train.zip
```

데이터셋에 있는 사진들은 중간 정도의 해상도를 가진 컬러 JPEG 파일입니다. 그림 8-8에서 샘플 몇 개를 확인할 수 있습니다.

▼ 그림 8-8 강아지 vs 고양이 데이터셋의 샘플로 이 샘플들은 원본 크기 그대로이며, 샘플들은 크기, 색깔, 배경 등이 제각각이다

당연히 2013년 강아지 vs 고양이 캐글 경연은 컨브넷을 사용한 참가자가 우승했습니다. 최고 성능은 95%의 정확도를 달성했습니다. 이 예제로 (다음 절에서) 참가자들이 사용했던 데이터의 10%보다 적은 양으로 모델을 훈련하고도 이와 아주 근접한 정확도를 달성해 보겠습니다.

이 데이터셋은 2만 5,000개의 강아지와 고양이 이미지(클래스마다 1만 2,500개)를 담고 있고 (압축해서) 543MB 크기입니다. 데이터를 내려받아 압축을 해제한 후 3개의 서브셋이 들어 있는 새로운 데이터셋을 만들 것입니다. 클래스마다 1,000개의 샘플로 이루어진 훈련 세트, 클래스마다 500개의 샘플로 이루어진 검증 세트, 클래스마다 1,000개의 샘플로 이루어진 테스트 세트입니다.[8] 왜 이렇게 할까요? 이 분야에서 경력을 쌓다 보면 수만 개가 아니라 수천 개의 샘플로만 이루

8 역주 사실 캐글 사이트에는 별도의 테스트 데이터가 따로 있습니다. 이 테스트 데이터에는 타깃 레이블이 없고 참가자들은 테스트 데이터의 예측 레이블을 업로드하여 순위를 겨루게 됩니다. 이 책에서는 완전한 예제를 구성하기 위해 훈련 데이터로부터 훈련, 검증, 테스트 세트를 만듭니다.

어진 이미지 데이터셋을 많이 만날 것입니다. 많은 데이터가 있으면 문제가 더 쉬워집니다. 따라서 배울 때는 작은 데이터셋을 사용하는 것이 좋습니다.

앞으로 사용할 3개의 서브셋은 다음과 같은 디렉터리 구조를 가집니다.

```
cats_vs_dogs_small/
...train/
......cat/ -------- 1,000개의 고양이 이미지가 들어 있습니다.
......dog/ -------- 1,000개의 강아지 이미지가 들어 있습니다.
...validation/
......cat/ -------- 500개의 고양이 이미지가 들어 있습니다.
......dog/ -------- 500개의 강아지 이미지가 들어 있습니다.
...test/
......cat/ -------- 1,000개의 고양이 이미지가 들어 있습니다.
......dog/ -------- 1,000개의 강아지 이미지가 들어 있습니다.
```

shutil 패키지를 사용하여 이런 구조를 만들어 보겠습니다.

코드 8-6 이미지를 훈련, 검증, 테스트 디렉터리로 복사하기

```
import os, shutil, pathlib

original_dir = pathlib.Path("train") -------- 원본 데이터셋이 압축 해제되어 있는 디렉터리 경로
new_base_dir = pathlib.Path("cats_vs_dogs_small") -------- 서브셋 데이터를 저장할 디렉터리
def make_subset(subset_name, start_index, end_index):
    for category in ("cat", "dog"):
        dir = new_base_dir / subset_name / category
        os.makedirs(dir)
        fnames = [f"{category}.{i}.jpg"
                  for i in range(start_index, end_index)]
        for fname in fnames:
            shutil.copyfile(src=original_dir / fname,
                            dst=dir / fname)

make_subset("train", start_index=0, end_index=1000)
make_subset("validation", start_index=1000, end_index=1500)
make_subset("test", start_index=1500, end_index=2500)
```

start_index에서 end_index까지의 고양이와 강아지 이미지를 new_base_dir/{subset_name}/cat(또는 /dog)으로 복사하기 위한 유틸리티 함수 'subset_name'은 'train', 'validation', 'test' 중 하나입니다.

카테고리마다 처음 1,000개의 이미지를 훈련 서브셋으로 만듭니다.

카테고리마다 그다음 500개의 이미지를 검증 서브셋으로 만듭니다.

카테고리마다 그다음 1,000개의 이미지를 테스트 서브셋으로 만듭니다.

이제 2,000개의 훈련 이미지, 1,000개의 검증 이미지, 2,000개의 테스트 이미지가 준비되었습니다. 분할된 각 데이터는 클래스마다 동일한 개수의 샘플을 포함합니다. 균형 잡힌 이진 분류 문제이므로 정확도를 사용하여 성능을 측정하겠습니다.

8.2.3 모델 만들기

첫 번째 예제에서 보았던 일반적인 모델 구조를 동일하게 재사용하겠습니다. Conv2D(relu 활성화 함수 사용)와 MaxPooling2D 층을 번갈아 쌓은 컨브넷입니다.

이전보다 이미지가 크고 복잡한 문제이기 때문에 모델을 좀 더 크게 만들겠습니다. Conv2D와 MaxPooling2D 단계를 하나 더 추가합니다. 이렇게 하면 모델의 용량을 늘리고 Flatten 층의 크기가 너무 커지지 않도록 특성 맵의 크기를 줄일 수 있습니다. 180×180 크기(임의로 선택한 것입니다)의 입력으로 시작해서 Flatten 층 이전에 7×7 크기의 특성 맵으로 줄어듭니다.

> Note ☰ 특성 맵의 깊이는 모델에서 점진적으로 증가하지만(32에서 256까지), 특성 맵의 크기는 감소합니다(180×180에서 7×7까지). 이는 거의 모든 컨브넷에서 볼 수 있는 전형적인 패턴입니다.

이진 분류 문제이므로 모델은 하나의 유닛(크기가 1인 Dense 층)과 sigmoid 활성화 함수로 끝납니다. 이 유닛은 모델이 보고 있는 샘플이 한 클래스에 속할 확률을 인코딩할 것입니다.[9]

마지막 작은 차이점 하나는 Rescaling 층으로 모델이 시작되는 것입니다. 이 층은 (원래 [0, 255] 범위의 값인) 이미지 입력을 [0, 1] 범위로 스케일 변환합니다.

코드 8-7 강아지 vs 고양이 분류를 위한 소규모 컨브넷 만들기

```
from tensorflow import keras
from tensorflow.keras import layers

inputs = keras.Input(shape=(180, 180, 3)) -------- 이 모델은 180×180 크기의 RGB 이미지를 기대합니다.
x = layers.Rescaling(1./255)(inputs) -------- 입력을 255로 나누어 [0, 1] 범위로 스케일을 조정합니다.
x = layers.Conv2D(filters=32, kernel_size=3, activation="relu")(x)
x = layers.MaxPooling2D(pool_size=2)(x)
x = layers.Conv2D(filters=64, kernel_size=3, activation="relu")(x)
x = layers.MaxPooling2D(pool_size=2)(x)
x = layers.Conv2D(filters=128, kernel_size=3, activation="relu")(x)
x = layers.MaxPooling2D(pool_size=2)(x)
x = layers.Conv2D(filters=256, kernel_size=3, activation="relu")(x)
x = layers.MaxPooling2D(pool_size=2)(x)
```

9 역주 코드 8-9에 사용된 image_dataset_from_directory 함수는 서브디렉터리의 순서대로 레이블을 할당합니다. 여기에서는 'datasets/cats_and_dogs_small/train' 디렉터리 아래 'cats'와 'dogs'가 순서대로 0, 1 레이블을 가집니다. 즉, 'dogs'가 타깃 클래스가 되므로 최종 시그모이드의 출력은 강아지 이미지일 확률을 인코딩합니다. class_names 매개변수에 원하는 순서대로 디렉터리 이름을 나열한 리스트를 전달하면 레이블이 할당되는 순서를 바꿀 수 있습니다.

```
x = layers.Conv2D(filters=256, kernel_size=3, activation="relu")(x)
x = layers.Flatten()(x)
outputs = layers.Dense(1, activation="sigmoid")(x)
model = keras.Model(inputs=inputs, outputs=outputs)
```

층들을 거치면서 특성 맵의 차원이 어떻게 변하는지 살펴보겠습니다.

```
>>> model.summary()
Model: "model_2"
_________________________________________________________________
Layer (type)                 Output Shape              Param #
=================================================================
input_3 (InputLayer)         [(None, 180, 180, 3)]     0
_________________________________________________________________
rescaling (Rescaling)        (None, 180, 180, 3)       0
_________________________________________________________________
conv2d_6 (Conv2D)            (None, 178, 178, 32)      896
_________________________________________________________________
max_pooling2d_2 (MaxPooling2 (None, 89, 89, 32)        0
_________________________________________________________________
conv2d_7 (Conv2D)            (None, 87, 87, 64)        18496
_________________________________________________________________
max_pooling2d_3 (MaxPooling2 (None, 43, 43, 64)        0
_________________________________________________________________
conv2d_8 (Conv2D)            (None, 41, 41, 128)       73856
_________________________________________________________________
max_pooling2d_4 (MaxPooling2 (None, 20, 20, 128)       0
_________________________________________________________________
conv2d_9 (Conv2D)            (None, 18, 18, 256)       295168
_________________________________________________________________
max_pooling2d_5 (MaxPooling2 (None, 9, 9, 256)         0
_________________________________________________________________
conv2d_10 (Conv2D)           (None, 7, 7, 256)         590080
_________________________________________________________________
flatten_2 (Flatten)          (None, 12544)             0
_________________________________________________________________
dense_2 (Dense)              (None, 1)                 12545
=================================================================
Total params: 991,041
Trainable params: 991,041
Non-trainable params: 0
_________________________________________________________________
```

컴파일 단계에서 이전과 같이 RMSprop 옵티마이저를 선택하겠습니다. 모델의 마지막이 하나의 시그모이드 유닛이기 때문에 이진 크로스엔트로피(binary crossentropy)를 손실로 사용합니다(6장의 표 6-1에서 다양한 경우에 사용할 수 있는 손실 함수 목록을 볼 수 있습니다).

코드 8-8 모델 훈련 설정하기

```
model.compile(loss="binary_crossentropy",
              optimizer="rmsprop",
              metrics=["accuracy"])
```


8.2.4 데이터 전처리

데이터는 네트워크에 주입되기 전에 부동 소수점 타입의 텐서로 적절하게 전처리되어 있어야 합니다. 지금은 데이터가 JPEG 파일로 되어 있으므로 네트워크에 주입하려면 대략 다음 과정을 따릅니다.

1. 사진 파일을 읽습니다.
2. JPEG 콘텐츠를 RGB 픽셀 값으로 디코딩합니다.
3. 그다음 부동 소수점 타입의 텐서로 변환합니다.
4. 동일한 크기의 이미지로 바꿉니다(여기에서는 180×180을 사용합니다).
5. 배치로 묶습니다(하나의 배치는 32개의 이미지로 구성됩니다).

좀 복잡하게 보일 수 있지만 다행히 케라스는 이런 단계를 자동으로 처리하는 유틸리티가 있습니다. 특히 케라스는 image_dataset_from_directory() 함수를 제공합니다. 이 함수를 사용하면 디스크에 있는 이미지 파일을 자동으로 전처리된 텐서의 배치로 변환하는 데이터 파이프라인을 빠르게 구성할 수 있습니다. 여기에서 이 함수를 사용해 보겠습니다.

image_dataset_from_directory(directory)를 호출하면 먼저 directory의 서브디렉터리를 찾습니다. 각 서브디렉터리에는 한 클래스에 해당하는 이미지가 담겨 있다고 가정합니다. 그다음 각 서브디렉터리에 있는 이미지 파일을 인덱싱합니다. 마지막으로 이런 파일을 읽고, 순서를 섞고, 텐서로 디코딩하고, 동일 크기로 변경하고, 배치로 묶어 주는 tf.data.Dataset 객체를 만들어 반환합니다.

코드 8-9 image_dataset_from_directory를 사용하여 이미지 읽기

```
from tensorflow.keras.utils import image_dataset_from_directory

train_dataset = image_dataset_from_directory(
    new_base_dir / "train",
    image_size=(180, 180),
    batch_size=32)
validation_dataset = image_dataset_from_directory(
    new_base_dir / "validation",
    image_size=(180, 180),
    batch_size=32)
test_dataset = image_dataset_from_directory(
    new_base_dir / "test",
    image_size=(180, 180),
    batch_size=32)
```

텐서플로 Dataset 객체 이해하기

텐서플로는 머신 러닝 모델을 위한 효율적인 입력 파이프라인을 만들 수 있는 tf.data API를 제공합니다. 핵심 클래스는 tf.data.Dataset입니다.

Dataset 객체는 반복자(iterator)입니다. 즉, for 루프에 사용할 수 있으며 일반적으로 입력 데이터와 레이블의 배치를 반환합니다. Dataset 객체를 바로 케라스 모델의 fit() 메서드에 전달할 수 있습니다.

Dataset 클래스는 직접 구현하기 어려운 여러 가지 핵심 기능을 처리해 줍니다. 특히 비동기 데이터 프리페칭(prefetching)입니다(이전 배치를 모델이 처리하는 동안 다음 배치 데이터를 전처리하기 때문에 중단 없이 모델을 계속 실행할 수 있습니다).

Dataset 클래스는 데이터셋을 조작하기 위한 함수형 스타일의 API도 제공합니다. 다음은 간단한 예입니다. 랜덤한 넘파이 배열을 사용해서 Dataset 객체를 만들어 보죠. 샘플 1,000개를 만들겠습니다. 각 샘플은 크기가 16인 벡터입니다.

```
import numpy as np
import tensorflow as tf
random_numbers = np.random.normal(size=(1000, 16))
dataset = tf.data.Dataset.from_tensor_slices(random_numbers)
```

from_tensor_slices() 클래스 메서드를 사용하여 하나의 넘파이 배열 또는 넘파이 배열의 튜플이나 딕셔너리에서 Dataset을 만들 수 있습니다.

처음에는 이 데이터셋이 하나의 샘플을 반환합니다.

```
>>> for i, element in enumerate(dataset):
>>>     print(element.shape)
>>>     if i >= 2:
```

계속

```
>>>         break
(16,)
(16,)
(16,)
```

.batch() 메서드를 사용하면 데이터의 배치가 반환됩니다.

```
>>> batched_dataset = dataset.batch(32)
>>> for i, element in enumerate(batched_dataset):
>>>     print(element.shape)
>>>     if i >= 2:
>>>         break
(32, 16)
(32, 16)
(32, 16)
```

일반적으로 다음과 같은 유용한 메서드를 사용할 수 있습니다.

- **.shuffle(buffer_size)**: 버퍼 안의 원소를 섞습니다.
- **.prefetch(buffer_size)**: 장치 활용도를 높이기 위해 GPU 메모리에 로드할 데이터를 미리 준비합니다.
- **.map(callable)**: 임의의 변환을 데이터셋의 각 원소에 적용합니다(callable 함수는 데이터셋이 반환하는 1개의 원소를 입력으로 기대합니다).

특히 .map() 메서드는 자주 사용합니다. 예를 들어 예제 데이터셋의 원소 크기를 (16,)에서 (4, 4)로 변환해 보겠습니다.

```
>>> reshaped_dataset = dataset.map(lambda x: tf.reshape(x, (4, 4)))
>>> for i, element in enumerate(reshaped_dataset):
>>>     print(element.shape)
>>>     if i >= 2:
>>>         break
(4, 4)
(4, 4)
(4, 4)
```

이 책에서 map()을 사용하는 많은 예를 보게 될 것입니다.

이 Dataset 객체의 출력 하나를 살펴보죠. 이 출력은 180×180 RGB 이미지의 배치((32, 180, 180, 3) 크기)와 정수 레이블의 배치((32,) 크기)입니다. 각 배치에는 32개의 샘플(배치 크기)이 있습니다.

코드 8-10 Dataset이 반환하는 데이터와 레이블 크기 확인하기

```
>>> for data_batch, labels_batch in train_dataset:
>>>     print("데이터 배치 크기:", data_batch.shape)
>>>     print("레이블 배치 크기:", labels_batch.shape)
>>>     break
데이터 배치 크기: (32, 180, 180, 3)
레이블 배치 크기: (32,)
```

이 데이터셋에서 모델을 훈련해 보죠. fit() 메서드의 validation_data 매개변수를 사용하여 별도의 Dataset 객체로 검증 지표를 모니터링하겠습니다.

또한, ModelCheckpoint 콜백을 사용하여 에포크가 끝날 때마다 모델을 저장하겠습니다. 콜백에 파일을 저장할 경로와 매개변수 save_best_only=True와 monitor="val_loss"를 지정할 것입니다. 훈련하는 동안 val_loss 값이 이전보다 더 낮을 때만 콜백이 (이전 파일을 덮어쓰는 식으로) 새로운 파일을 저장할 것입니다. 이렇게 하면 저장된 파일에는 언제나 검증 데이터의 성능이 가장 좋은 훈련 에포크의 모델 상태가 들어 있게 됩니다. 결과적으로 과대적합이 시작되는 에포크 횟수로 새로운 모델을 다시 훈련할 필요가 없습니다. 저장된 파일에서 바로 모델을 로드할 수 있습니다.

코드 8-11 Dataset을 사용하여 모델 훈련하기

```
callbacks = [
    keras.callbacks.ModelCheckpoint(
        filepath="convnet_from_scratch.h5",
        save_best_only=True,
        monitor="val_loss")
]
history = model.fit(
    train_dataset,
    epochs=30,
    validation_data=validation_dataset,
    callbacks=callbacks)
```

훈련 데이터와 검증 데이터에 대한 모델의 손실과 정확도를 그래프로 나타내 보겠습니다(그림 8-9).

코드 8-12 훈련 과정의 정확도와 손실 그래프 그리기

```
import matplotlib.pyplot as plt

accuracy = history.history["accuracy"]
val_accuracy = history.history["val_accuracy"]
loss = history.history["loss"]
val_loss = history.history["val_loss"]
epochs = range(1, len(accuracy) + 1)
plt.plot(epochs, accuracy, "bo", label="Training accuracy")
plt.plot(epochs, val_accuracy, "b", label="Validation accuracy")
plt.title("Training and validation accuracy")
plt.legend()
plt.figure()
plt.plot(epochs, loss, "bo", label="Training loss")
plt.plot(epochs, val_loss, "b", label="Validation loss")
plt.title("Training and validation loss")
plt.legend()
plt.show()
```


▼ 그림 8-9 간단한 컨브넷의 훈련과 검증 지표

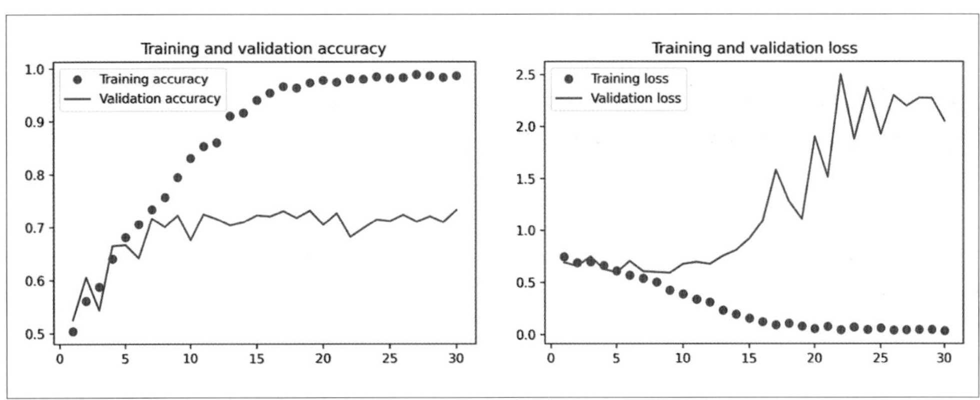

이 그래프는 과대적합의 특성을 보여 줍니다. 훈련 정확도가 시간이 지남에 따라 선형적으로 증가해서 거의 100%에 도달합니다. 반면 검증 정확도는 75%가 최고입니다. 검증 손실은 열 번의 에포크 만에 최솟값에 다다른 이후 더 이상 진전되지 않았습니다. 반면 훈련 손실은 훈련이 진행됨에 따라 선형적으로 계속 감소합니다.

테스트 정확도를 확인해 보죠. 과대적합되기 전의 상태를 평가하기 위해 저장된 파일에서 모델을 로드하겠습니다.

코드 8-13 테스트 세트에서 모델 평가하기

```
test_model = keras.models.load_model("convnet_from_scratch.h5")
test_loss, test_acc = test_model.evaluate(test_dataset)
print(f"테스트 정확도: {test_acc:.3f}")
```

테스트 정확도는 69.5%를 얻었습니다(신경망의 랜덤한 초기화 때문에 1퍼센트 포인트 정도 차이가 날 수 있습니다).

비교적 훈련 샘플의 개수(2,000개)가 적기 때문에 과대적합이 가장 중요한 문제입니다. 드롭아웃이나 가중치 감소(L2 규제)처럼 과대적합을 감소시킬 수 있는 여러 가지 기법을 배웠습니다. 여기에서는 컴퓨터 비전에 특화되어 있어 딥러닝으로 이미지를 다룰 때 매우 일반적으로 사용되는 새로운 방법인 **데이터 증식**을 시도해 보겠습니다.

8.2.5 데이터 증식 사용하기

과대적합은 학습할 샘플이 너무 적어 새로운 데이터에 일반화할 수 있는 모델을 훈련시킬 수 없기 때문에 발생합니다. 무한히 많은 데이터가 주어지면 데이터 분포의 모든 가능한 측면을 모델이 학습할 수 있을 것입니다. 데이터 증식은 기존 훈련 샘플로부터 더 많은 훈련 데이터를 생성하는 방법입니다. 이 방법은 그럴듯한 이미지를 생성하도록 여러 가지 랜덤한 변환을 적용하여 샘플을 늘립니다. 훈련할 때 모델이 정확히 같은 데이터를 두 번 만나지 않도록 하는 것이 목표입니다. 모델이 데이터의 여러 측면을 학습하므로 더 잘 일반화할 수 있습니다.

케라스에서는 모델 시작 부분에 여러 개의 **데이터 증식 층**(data augmentation layer)을 추가할 수 있습니다. 예를 들어 보죠. 다음 Sequential 모델은 몇 개의 랜덤한 이미지 변환을 수행합니다. 컨브넷의 `Rescaling` 층 바로 이전에 이 모델을 추가하겠습니다.

코드 8-14 컨브넷에 추가할 데이터 증식 단계 정의하기

```
data_augmentation = keras.Sequential(
    [
        layers.RandomFlip("horizontal"),
        layers.RandomRotation(0.1),
        layers.RandomZoom(0.2),
    ]
)
```

사용할 수 있는 층은 이보다 더 많습니다(자세한 내용은 케라스 문서를 참고하세요[10]). 이 코드를 간단히 살펴보겠습니다.

- **RandomFlip("horizontal")**: 랜덤하게 50% 이미지를 수평으로 뒤집습니다.[11]
- **RandomRotation(0.1)**: [-10%, +10%] 범위 안에서 랜덤한 값만큼 입력 이미지를 회전합니다. (전체 원에 대한 비율입니다. 각도로 나타내면 [-36도, +36도]에 해당합니다.)[12]
- **RandomZoom(0.2)**: [-20%, +20%] 범위 안에서 랜덤한 비율만큼 이미지를 확대 또는 축소합니다.[13]

증식된 이미지를 확인해 보겠습니다(그림 8-10).

코드 8-15 랜덤하게 증식된 훈련 이미지 출력하기

```
plt.figure(figsize=(10, 10))
for images, _ in train_dataset.take(1):  # take(N)을 사용하여 데이터셋에서 N개의 배치만 샘플링합니다. 이는 N번째 배치 후에 루프를 중단하는 것과 같습니다.
    for i in range(9):
        augmented_images = data_augmentation(images)  # 배치 이미지에 데이터 증식을 적용합니다.
        ax = plt.subplot(3, 3, i + 1)
        plt.imshow(augmented_images[0].numpy().astype("uint8"))  # 배치 출력에서 첫 번째 이미지를 출력합니다. 같은 이미지를 아홉 번 반복하는 동안 매번 다른 증식 결과가 나타납니다.
        plt.axis("off")
```

10 역주 케라스에서 제공하는 이미지 증식 층의 전체 목록은 주소를 참고하세요. https://keras.io/api/layers/preprocessing_layers/image_augmentation/

11 역주 첫 번째 매개변수의 기본값은 horizontal_and_vertical로 수평으로 랜덤하게 뒤집고 그다음 수직으로 랜덤하게 뒤집습니다. vertical로 지정하면 수직으로 랜덤하게 뒤집습니다.

12 역주 양수는 반시계 방향 회전, 음수는 시계 방향 회전을 나타냅니다. 음수와 양수의 범위가 다른 경우 (-0.1, 0.2)와 같이 튜플로 지정할 수 있습니다.

13 역주 양수는 축소, 음수는 확대를 나타냅니다. 음수와 양수의 범위가 다른 경우 (-0.2, 0.3)과 같이 튜플로 지정할 수 있습니다. 기본적으로 높이와 너비가 같은 비율로 변환됩니다. 두 번째 매개변수를 사용하여 너비의 확대/축소 비율을 별도로 지정할 수도 있습니다.

♥ 그림 8-10 랜덤한 데이터 증식으로 생성한 강아지 이미지

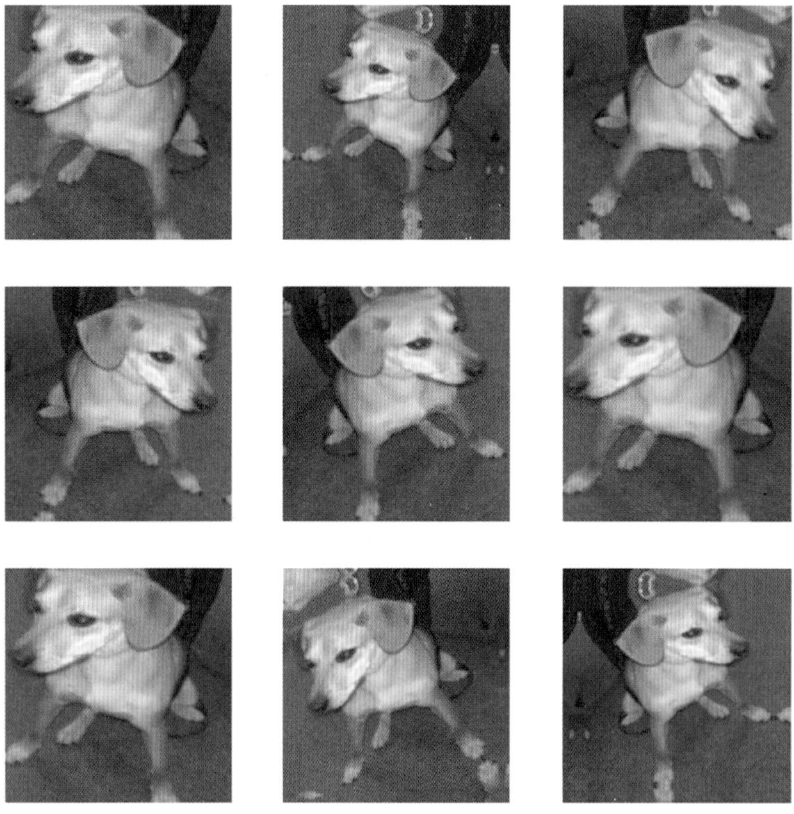

데이터 증식을 사용하여 새로운 모델을 훈련시킬 때 모델에 같은 입력 데이터가 두 번 주입되지 않습니다. 하지만 적은 수의 원본 이미지에서 만들어졌기 때문에 여전히 입력 데이터들 사이에 상호 연관성이 큽니다. 즉, 새로운 정보를 만들어 낼 수 없고 단지 기존 정보의 재조합만 가능합니다. 그렇기 때문에 완전히 과대적합을 제거하기에 충분하지 않을 수 있습니다. 과대적합을 더 억제하기 위해 밀집 연결 분류기 직전에 Dropout 층을 추가하겠습니다.

랜덤한 이미지 증식 층에 대해 마지막으로 알아야 할 한 가지는 Dropout 층처럼 추론할 때 (predict()나 evaluate() 메서드를 호출할 때)는 동작하지 않는다는 것입니다. 즉, 모델을 평가할 때는 데이터 증식과 드롭아웃이 없는 모델처럼 동작합니다.

코드 8-16 이미지 증식과 드롭아웃을 포함한 컨브넷 만들기

```
inputs = keras.Input(shape=(180, 180, 3))
x = data_augmentation(inputs)
x = layers.Rescaling(1./255)(x)
x = layers.Conv2D(filters=32, kernel_size=3, activation="relu")(x)
x = layers.MaxPooling2D(pool_size=2)(x)
x = layers.Conv2D(filters=64, kernel_size=3, activation="relu")(x)
x = layers.MaxPooling2D(pool_size=2)(x)
x = layers.Conv2D(filters=128, kernel_size=3, activation="relu")(x)
x = layers.MaxPooling2D(pool_size=2)(x)
x = layers.Conv2D(filters=256, kernel_size=3, activation="relu")(x)
x = layers.MaxPooling2D(pool_size=2)(x)
x = layers.Conv2D(filters=256, kernel_size=3, activation="relu")(x)
x = layers.Flatten()(x)
x = layers.Dropout(0.5)(x)
outputs = layers.Dense(1, activation="sigmoid")(x)
model = keras.Model(inputs=inputs, outputs=outputs)

model.compile(loss="binary_crossentropy",
              optimizer="rmsprop",
              metrics=["accuracy"])
```

데이터 증식과 드롭아웃을 사용해서 모델을 훈련해 보겠습니다. 훈련에서 과대적합이 훨씬 늦게 일어날 것으로 기대되기 때문에 3배 많은 100 에포크 동안 훈련하겠습니다.

코드 8-17 규제를 추가한 컨브넷 훈련하기

```
callbacks = [
    keras.callbacks.ModelCheckpoint(
        filepath="convnet_from_scratch_with_augmentation.h5",
        save_best_only=True,
        monitor="val_loss")
]
history = model.fit(
    train_dataset,
    epochs=100,
    validation_data=validation_dataset,
    callbacks=callbacks)
```

결과를 그래프로 나타내 보겠습니다(그림 8-11). 데이터 증식과 드롭아웃 덕분에 과대적합이 훨씬 늦은 60~70번째 에포크 근처에서 시작됩니다(원본 모델은 10번째 에포크에서 시작됩니다). 검증 정확도는 80~85% 범위에서 유지됩니다. 이전 모델보다 훨씬 성능이 좋아졌습니다.

▼ 그림 8-11 데이터 증식을 사용한 컨브넷의 훈련과 검증 지표

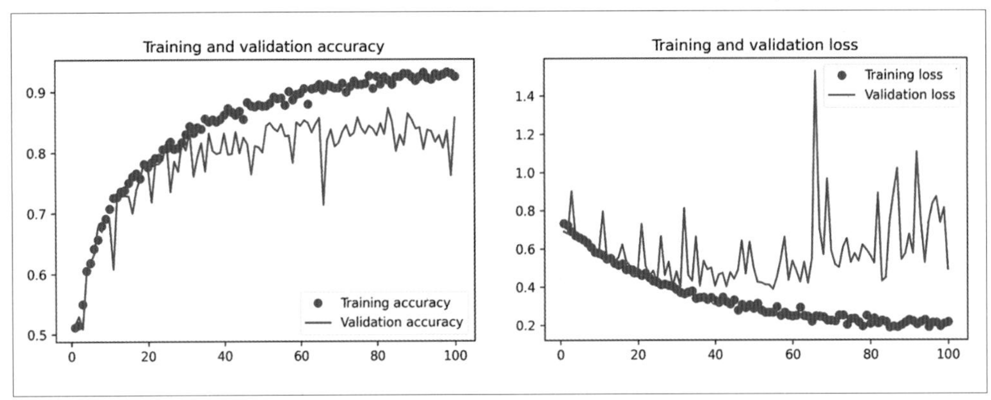

테스트 세트의 정확도를 확인해 보죠.

코드 8-18 테스트 세트에서 모델 훈련하기

```
test_model = keras.models.load_model(
    "convnet_from_scratch_with_augmentation.h5")
test_loss, test_acc = test_model.evaluate(test_dataset)
print(f"테스트 정확도: {test_acc:.3f}")
```

테스트 정확도 83.5%를 얻었습니다. 좋아 보이네요! 코랩을 사용한다면 저장된 파일을 내려받으세요(convnet_from_scratch_with_augmentation.keras). 다음 장에서 이 파일을 사용해서 몇 가지 실험을 수행하겠습니다.

모델의 파라미터를 튜닝하면(합성곱 층의 필터 개수나 모델에 있는 층의 수 등) 90% 정도까지 더 높은 정확도를 얻을 수도 있습니다. 하지만 데이터가 적기 때문에 컨브넷을 처음부터 훈련해서 더 높은 정확도를 달성하기는 어렵습니다. 이런 상황에서 정확도를 높이기 위한 다음 단계는 사전 훈련된 모델을 사용하는 것입니다. 다음 두 절에서 이에 대해 집중적으로 살펴보겠습니다.

8.3 사전 훈련된 모델 활용하기

작은 이미지 데이터셋에 딥러닝을 적용하는 일반적이고 매우 효과적인 방법은 사전 훈련된 모델을 사용하는 것입니다. **사전 훈련된 모델**(pretrained model)은 일반적으로 대규모 이미지 분류 문제를 위해 대량의 데이터셋에서 미리 훈련된 모델입니다. 원본 데이터셋이 충분히 크고 일반적이라면 사전 훈련된 모델에 의해 학습된 특성의 계층 구조는 실제 세상에 대한 일반적인 모델로 효율적인 역할을 할 수 있습니다. 새로운 문제가 원래 작업과 완전히 다른 클래스에 대한 것이더라도 이런 특성은 많은 컴퓨터 비전 문제에 유용합니다. 예를 들어 (대부분 동물이나 생활용품으로 이루어진) ImageNet 데이터셋에 모델을 훈련합니다. 그다음 이 모델을 이미지에서 가구 아이템을 식별하는 것 같은 다른 용도로 사용할 수 있습니다. 학습된 특성을 다른 문제에 적용할 수 있는 이런 유연성은 이전의 많은 얕은 학습 방법과 비교했을 때 딥러닝의 핵심 장점입니다. 이런 방식으로 작은 데이터셋을 가진 문제에도 딥러닝이 효율적으로 작동할 수 있습니다.

여기에서는 (1,400만 개의 레이블된 이미지와 1,000개의 클래스로 이루어진) ImageNet 데이터셋에서 훈련된 대규모 컨브넷을 사용해 보겠습니다. ImageNet 데이터셋은 다양한 종의 강아지와 고양이를 비롯하여 많은 동물을 포함하고 있습니다. 그래서 강아지 vs 고양이 분류 문제에 좋은 성능을 낼 것 같습니다.

캐런 시몬연(Karen Simonyan)과 앤드류 지서먼(Andrew Zisserman)이 2014년에 개발한 VGG16 구조를 사용하겠습니다.[14] VGG16은 조금 오래되었고 최고 수준의 성능에는 못 미치며 최근의 다른 모델보다는 조금 무겁습니다. 하지만 이 모델의 구조가 이전에 보았던 것과 비슷해서 새로운 개념을 도입하지 않고 이해하기 쉽기 때문에 선택했습니다. 아마 VGG가 처음 보는 모델 애칭일지 모르겠습니다. 이런 이름에는 VGG, ResNet, Inception, Xception 등이 있습니다. 컴퓨터 비전을 위해 딥러닝을 계속 공부하다 보면 이런 이름을 자주 만나게 될 것입니다.

사전 훈련된 모델을 사용하는 두 가지 방법이 있습니다. **특성 추출**(feature extraction)과 **미세 조정**(fine tuning)입니다. 이 두 가지를 모두 다루어 보겠습니다. 먼저 특성 추출부터 시작하죠.

14 Karen Simonyan and Andrew Zisserman, "Very Deep Convolutional Networks for Large-Scale Image Recognition," arXiv (2014), https://arxiv.org/abs/1409.1556

8.3.1 사전 훈련된 모델을 사용한 특성 추출

특성 추출은 사전에 학습된 모델의 표현을 사용하여 새로운 샘플에서 흥미로운 특성을 뽑아내는 것입니다. 이런 특성을 사용하여 새로운 분류기를 처음부터 훈련합니다.

앞서 보았듯이 컨브넷은 이미지 분류를 위해 두 부분으로 구성됩니다. 먼저 연속된 합성곱과 풀링 층으로 시작해서 밀집 연결 분류기로 끝납니다. 첫 번째 부분을 모델의 **합성곱 기반 층**(convolutional base)이라고 부르겠습니다. 컨브넷의 경우 특성 추출은 사전에 훈련된 모델의 합성곱 기반 층을 선택하여 새로운 데이터를 통과시키고, 그 출력으로 새로운 분류기를 훈련합니다(그림 8-12).

▼ 그림 8-12 같은 합성곱 기반 층을 유지하면서 분류기 바꾸기

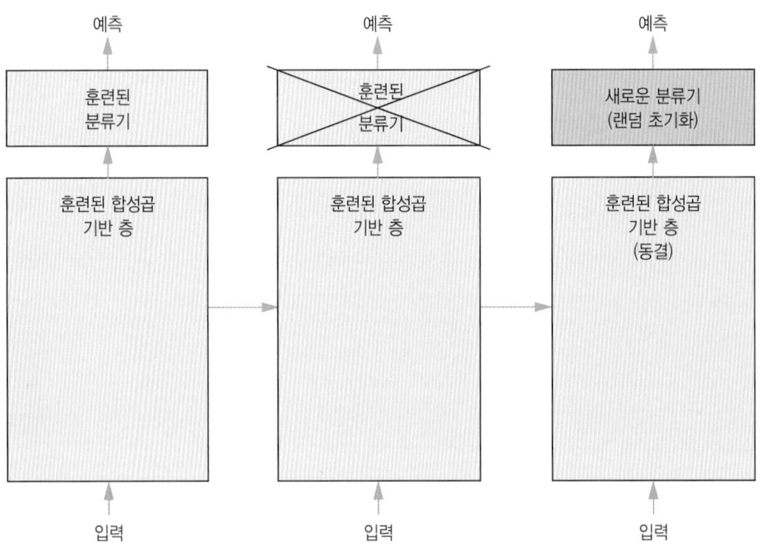

왜 합성곱 층만 재사용할까요? 밀집 연결 분류기도 재사용할 수 있을까요? 일반적으로 권장하지 않습니다. 합성곱 층에 의해 학습된 표현이 더 일반적이어서 재사용이 가능하기 때문입니다. 컨브넷의 특성 맵은 이미지에 대한 일반적인 콘셉트의 존재 여부를 기록한 맵입니다. 주어진 컴퓨터 비전 문제에 상관없이 유용하게 사용할 수 있습니다. 하지만 분류기에서 학습한 표현은 모델이 훈련된 클래스 집합에 특화되어 있습니다. 분류기는 전체 사진에 어떤 클래스가 존재할 확률에 관한 정보만 담고 있습니다. 더군다나 밀집 연결 층에서 찾은 표현은 더 이상 입력 이미지에 있는 객체의 위치 정보를 가지고 있지 않습니다. 밀집 연결 층들은 공간 개념을 제거하지만 합성곱의 특성 맵은 객체 위치를 고려합니다. 객체 위치가 중요한 문제라면 밀집 연결 층에서 만든 특성은 크게 쓸모없습니다.

특정 합성곱 층에서 추출한 표현의 일반성(그리고 재사용성) 수준은 모델에 있는 층의 깊이에 달려 있습니다. 모델의 하위 층은 (에지, 색깔, 질감 등) 지역적이고 매우 일반적인 특성 맵을 추출합니다. 반면 상위 층은 ('강아지 눈'이나 '고양이 귀'처럼) 좀 더 추상적인 개념을 추출합니다. 새로운 데이터셋이 원본 모델이 훈련한 데이터셋과 많이 다르다면 전체 합성곱 기반 층을 사용하는 것보다는 모델의 하위 층 몇 개만 특성 추출에 사용하는 것이 좋습니다.

ImageNet의 클래스 집합에는 여러 종류의 강아지와 고양이를 포함하고 있습니다. 이런 경우 원본 모델의 완전 연결 층에 있는 정보를 재사용하는 것이 도움이 될 것 같습니다. 하지만 새로운 문제의 클래스가 원본 모델의 클래스 집합과 겹치지 않는 좀 더 일반적인 경우를 다루기 위해 여기에서는 완전 연결 층을 사용하지 않겠습니다. ImageNet 데이터셋에 훈련된 VGG16 네트워크의 합성곱 기반 층을 사용하여 강아지와 고양이 이미지에서 유용한 특성을 추출해 보겠습니다. 그런 다음 이 특성으로 강아지 vs 고양이 분류기를 훈련합니다.

VGG16 모델은 케라스에 패키지로 포함되어 있습니다. keras.applications 모듈에서 임포트할 수 있습니다. keras.applications 모듈에서 사용 가능한 이미지 분류 모델은 다음과 같습니다(모두 ImageNet 데이터셋에서 훈련되었습니다).[15]

- Xception
- ResNet
- MobileNet
- EfficientNet
- DenseNet
- 그 외

VGG16 모델을 만들어 보죠.

코드 8-19 VGG16 합성곱 기반 층 만들기

```
conv_base = keras.applications.vgg16.VGG16(
    weights="imagenet",
    include_top=False,
    input_shape=(180, 180, 3))
```

15 역주 이런 모델들은 층의 깊이에 따라 버전이 다양합니다. 예를 들어 VGG16은 합성곱 층 13개, 밀집 연결 층 3개로 이루어진 모델입니다. 케라스에서 제공하는 사전 훈련된 모델의 전체 목록은 공식 문서(https://keras.io/api/applications/)를 참고하세요.

VGG16 함수에 3개의 매개변수를 전달합니다.

- weights는 모델을 초기화할 가중치 체크포인트(checkpoint)를 지정합니다.
- include_top은 네트워크 맨 위에 놓인 밀집 연결 분류기를 포함할지 안 할지 지정합니다. 기본값은 ImageNet의 클래스 1,000개에 대응되는 밀집 연결 분류기를 포함합니다. 별도의 (강아지와 고양이 2개의 클래스를 구분하는) 밀집 연결 층을 추가하려고 하므로 이를 포함시키지 않습니다.
- input_shape은 네트워크에 주입할 이미지 텐서의 크기입니다. 이 매개변수는 선택 사항입니다. 이 값을 지정하지 않으면 네트워크가 어떤 크기의 입력도 처리할 수 있습니다.[16] 여기에서는 합성곱 층과 풀링 층을 거치면서 특성 맵이 어떻게 줄어드는지 (이어지는 summary() 메서드로) 시각화하기 위해 입력 크기를 지정합니다.

다음은 VGG16 합성곱 기반 층의 자세한 구조입니다. 이 구조는 앞서 보았던 간단한 컨브넷과 비슷합니다.

```
>>> conv_base.summary()
Model: "vgg16"
_________________________________________________________________
Layer (type)                 Output Shape              Param #
=================================================================
input_19 (InputLayer)        [(None, 180, 180, 3)]     0
_________________________________________________________________
block1_conv1 (Conv2D)        (None, 180, 180, 64)      1792
_________________________________________________________________
block1_conv2 (Conv2D)        (None, 180, 180, 64)      36928
_________________________________________________________________
block1_pool (MaxPooling2D)   (None, 90, 90, 64)        0
_________________________________________________________________
block2_conv1 (Conv2D)        (None, 90, 90, 128)       73856
_________________________________________________________________
block2_conv2 (Conv2D)        (None, 90, 90, 128)       147584
_________________________________________________________________
block2_pool (MaxPooling2D)   (None, 45, 45, 128)       0
_________________________________________________________________
block3_conv1 (Conv2D)        (None, 45, 45, 256)       295168
_________________________________________________________________
```

16 역주 include_top이 기본값 True이면 합성곱 층 위에 완전 연결 층이 추가되기 때문에 input_shape이 원본 모델과 동일한 (224, 224, 3)이 되어야 합니다.

```
block3_conv2 (Conv2D)          (None, 45, 45, 256)       590080
_________________________________________________________________
block3_conv3 (Conv2D)          (None, 45, 45, 256)       590080
_________________________________________________________________
block3_pool (MaxPooling2D)     (None, 22, 22, 256)       0
_________________________________________________________________
block4_conv1 (Conv2D)          (None, 22, 22, 512)       1180160
_________________________________________________________________
block4_conv2 (Conv2D)          (None, 22, 22, 512)       2359808
_________________________________________________________________
block4_conv3 (Conv2D)          (None, 22, 22, 512)       2359808
_________________________________________________________________
block4_pool (MaxPooling2D)     (None, 11, 11, 512)       0
_________________________________________________________________
block5_conv1 (Conv2D)          (None, 11, 11, 512)       2359808
_________________________________________________________________
block5_conv2 (Conv2D)          (None, 11, 11, 512)       2359808
_________________________________________________________________
block5_conv3 (Conv2D)          (None, 11, 11, 512)       2359808
_________________________________________________________________
block5_pool (MaxPooling2D)     (None, 5, 5, 512)         0
=================================================================
Total params: 14,714,688
Trainable params: 14,714,688
Non-trainable params: 0
_________________________________________________________________
```

최종 특성 맵의 크기는 (5, 5, 512)입니다. 이 특성 위에 밀집 연결 층을 놓을 것입니다.

이 지점에서 두 가지 방식이 가능합니다.

- 새로운 데이터셋에서 합성곱 기반 층을 실행하고 출력을 넘파이 배열로 디스크에 저장합니다. 그다음 이 데이터를 이 책의 4장에서 보았던 것과 비슷한 독립된 밀집 연결 분류기에 입력으로 사용합니다. 합성곱 연산은 전체 과정 중에서 가장 비싼 부분입니다. 이 방식은 모든 입력 이미지에 대해 합성곱 기반 층을 한 번만 실행하면 되기 때문에 빠르고 비용이 적게 듭니다. 하지만 이런 이유 때문에 이 기법에는 데이터 증식을 사용할 수 없습니다.
- 준비한 모델(conv_base) 위에 Dense 층을 쌓아 확장합니다. 그다음 입력 데이터에서 엔드-투-엔드로 전체 모델을 실행합니다. 모델에 노출된 모든 입력 이미지가 매번 합성곱 기반 층을 통과하기 때문에 데이터 증식을 사용할 수 있습니다. 하지만 이런 이유로 이 방식은 첫 번째 방식보다 훨씬 비용이 많이 듭니다.

두 가지 방식을 모두 다루어 보겠습니다. 첫 번째 방식을 구현하는 코드를 살펴봅니다. conv_base에 데이터를 주입하고 출력을 기록합니다. 이 출력을 새로운 모델의 입력으로 사용하겠습니다.

데이터 증식을 사용하지 않는 빠른 특성 추출

먼저 훈련, 검증, 테스트 데이터셋에서 conv_base 모델의 predict() 메서드를 호출하여 넘파이 배열로 특성을 추출하겠습니다.

데이터셋을 순회하면서 VGG16의 특성을 추출해 보죠.

코드 8-20 VGG16 특성과 해당 레이블 추출하기

```
import numpy as np

def get_features_and_labels(dataset):
    all_features = []
    all_labels = []
    for images, labels in dataset:
        preprocessed_images = keras.applications.vgg16.preprocess_input(images)
        features = conv_base.predict(preprocessed_images)
        all_features.append(features)
        all_labels.append(labels)
    return np.concatenate(all_features), np.concatenate(all_labels)

train_features, train_labels = get_features_and_labels(train_dataset)
val_features, val_labels = get_features_and_labels(validation_dataset)
test_features, test_labels = get_features_and_labels(test_dataset)
```

중요한 점은 predict() 메서드가 레이블은 제외하고 이미지만 기대한다는 것입니다. 하지만 현재 데이터셋은 이미지와 레이블을 함께 담고 있는 배치를 반환합니다. 또한, VGG16 모델은 적절한 범위로 픽셀 값을 조정해 주는 keras.applications.vgg16.preprocess_input 함수로 전처리된 입력을 기대합니다.[17]

추출된 특성의 크기는 (samples, 5, 5, 512)입니다.

```
>>> train_features.shape
(2000, 5, 5, 512)
```

17 역주 VGG 모델은 카페(Caffe) 딥러닝 라이브러리에서 훈련되어 정규화 방식이 조금 다릅니다. 입력 데이터의 이미지 채널을 RGB에서 BGR로 바꾸고 ImageNet 데이터셋에서 구한 채널별 평균값 [103.939, 116.779, 123.68]을 뺍니다.

이제 (규제를 위해 드롭아웃을 사용한) 밀집 연결 분류기를 정의하고 방금 저장한 데이터와 레이블에서 훈련할 수 있습니다.

코드 8-21 밀집 연결 분류기 정의하고 훈련하기

```
inputs = keras.Input(shape=(5, 5, 512))
x = layers.Flatten()(inputs) -------- Dense 층에 특성을 주입하기 전에 Flatten 층을 사용합니다.
x = layers.Dense(256)(x)
x = layers.Dropout(0.5)(x)
outputs = layers.Dense(1, activation="sigmoid")(x)
model = keras.Model(inputs, outputs)
model.compile(loss="binary_crossentropy",
              optimizer="rmsprop",
              metrics=["accuracy"])

callbacks = [
    keras.callbacks.ModelCheckpoint(
        filepath="feature_extraction.h5",
        save_best_only=True,
        monitor="val_loss")
]
history = model.fit(
    train_features, train_labels,
    epochs=20,
    validation_data=(val_features, val_labels),
    callbacks=callbacks)
```

2개의 Dense 층만 처리하면 되므로 훈련이 매우 빠릅니다. CPU를 사용하더라도 에포크에 걸리는 시간이 1초 미만입니다.

훈련 과정의 손실과 정확도를 그래프로 나타내 보겠습니다(그림 8-13).

▼ 그림 8-13 특성 추출만 사용한 밀집 연결 분류기의 훈련과 검증 지표

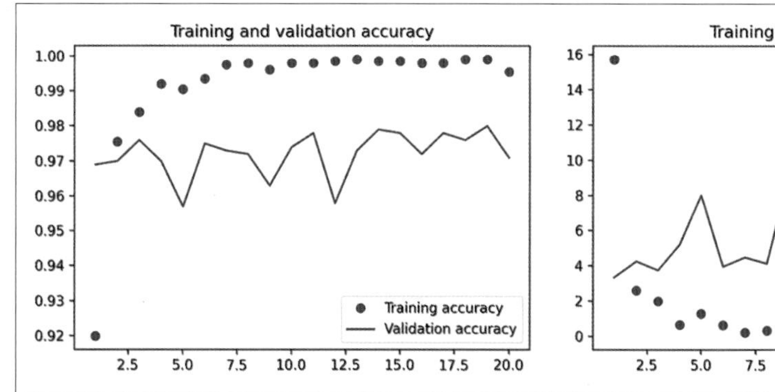

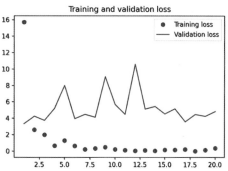

코드 8-22 결과를 그래프로 나타내기

```
import matplotlib.pyplot as plt

acc = history.history["accuracy"]
val_acc = history.history["val_accuracy"]
loss = history.history["loss"]
val_loss = history.history["val_loss"]
epochs = range(1, len(acc) + 1)
plt.plot(epochs, acc, "bo", label="Training accuracy")
plt.plot(epochs, val_acc, "b", label="Validation accuracy")
plt.title("Training and validation accuracy")
plt.legend()
plt.figure()
plt.plot(epochs, loss, "bo", label="Training loss")
plt.plot(epochs, val_loss, "b", label="Validation loss")
plt.title("Training and validation loss")
plt.legend()
plt.show()
```

약 97%의 검증 정확도에 도달했습니다. 이전 절에서 처음부터 훈련시킨 작은 모델에서 얻은 것보다 훨씬 좋습니다. 하지만 ImageNet에는 개와 고양이 샘플이 많기 때문에 약간 공정하지 않은 비교입니다. 다시 말하면 사전 훈련된 모델이 현재 주어진 작업에 딱 맞는 지식을 이미 가지고 있습니다. 사전 훈련된 특성을 사용할 때 항상 이렇지는 않습니다.

하지만 이 그래프는 많은 비율로 드롭아웃을 사용했음에도 훈련을 시작하면서 거의 바로 과대적합되고 있다는 것을 보여 줍니다. 작은 이미지 데이터셋에서는 과대적합을 막기 위해 필수적인 데이터 증식을 사용하지 않았기 때문입니다.

데이터 증식을 사용한 특성 추출

이제 특성 추출을 위해 두 번째로 언급한 방법을 살펴보겠습니다. 이 방법은 훨씬 느리고 비용이 많이 들지만 훈련하는 동안 데이터 증식 기법을 사용할 수 있습니다. conv_base와 새로운 밀집 분류기를 연결한 모델을 만들고 입력 데이터를 사용하여 엔드-투-엔드로 실행합니다.

이렇게 하려면 먼저 **합성곱 기반 층을 동결**해야 합니다. 하나 이상의 층을 **동결**(freezing)한다는 것은 훈련하는 동안 가중치가 업데이트되지 않도록 막는다는 뜻입니다. 이렇게 하지 않으면 합성곱 기반 층에 의해 사전에 학습된 표현이 훈련하는 동안 수정될 것입니다. 맨 위의 Dense 층은 랜덤하게 초기화되었기 때문에 매우 큰 가중치 업데이트 값이 네트워크에 전파될 것입니다. 이는 사전에 학습된 표현을 크게 훼손하게 됩니다.

케라스에서는 trainable 속성을 False로 설정하여 층이나 모델을 동결할 수 있습니다.

코드 8-23 VGG16 합성곱 기반 층을 만들고 동결하기

```
conv_base = keras.applications.vgg16.VGG16(
    weights="imagenet",
    include_top=False)
conv_base.trainable = False
```

trainable 속성을 False로 지정하면 층이나 모델의 훈련 가능한 가중치 리스트가 텅 비게 됩니다.

코드 8-24 동결하기 전과 후에 훈련 가능한 가중치 리스트 출력하기

```
>>> conv_base.trainable = True
>>> print("합성곱 기반 층을 동결하기 전의 훈련 가능한 가중치 개수:",
          len(conv_base.trainable_weights))
합성곱 기반 층을 동결하기 전의 훈련 가능한 가중치 개수: 26
>>> conv_base.trainable = False
>>> print("합성곱 기반 층을 동결한 후의 훈련 가능한 가중치 개수:",
          len(conv_base.trainable_weights))
합성곱 기반 층을 동결한 후의 훈련 가능한 가중치 개수: 0
```

이제 다음을 연결하여 새로운 모델을 만들 수 있습니다.

1. 데이터 증식 단계
2. 동결된 합성곱 기반 층
3. 밀집 분류기

코드 8-25 데이터 증식 단계와 밀집 분류기를 합성곱 기반 층에 추가하기

```
data_augmentation = keras.Sequential(
    [
        layers.RandomFlip("horizontal"),
        layers.RandomRotation(0.1),
        layers.RandomZoom(0.2),
    ]
)
```

```
inputs = keras.Input(shape=(180, 180, 3))
x = data_augmentation(inputs) -------- 데이터 증식을 적용합니다.
x = keras.applications.vgg16.preprocess_input(x) -------- 입력 값의 스케일을 조정합니다.
x = conv_base(x)
x = layers.Flatten()(x)
x = layers.Dense(256)(x)
x = layers.Dropout(0.5)(x)
outputs = layers.Dense(1, activation="sigmoid")(x)
model = keras.Model(inputs, outputs)
model.compile(loss="binary_crossentropy",
              optimizer="rmsprop",
              metrics=["accuracy"])
```

이렇게 설정하면 추가한 2개의 Dense 층 가중치만 훈련될 것입니다. 층마다 2개씩(가중치 행렬과 편향 벡터) 총 4개의 텐서가 훈련됩니다. 변경 사항을 적용하려면 먼저 모델을 컴파일해야 합니다. 컴파일 단계 후에 trainable 속성을 변경하면 반드시 모델을 다시 컴파일해야 합니다. 그렇지 않으면 변경 사항이 적용되지 않습니다.

모델을 훈련해 보죠. 데이터 증식 덕분에 과대적합이 시작되기까지 훨씬 오래 걸릴 것입니다. 따라서 더 많은 에포크 동안 훈련할 수 있습니다. 50번의 에포크를 시도해 보죠.

Note ☰ 이 기법은 연산 비용이 크기 때문에 GPU를 사용할 수 있을 때 시도해야 합니다(예를 들어 코랩의 무료 GPU 런타임). CPU에서는 적용하기 힘듭니다. GPU를 사용할 수 없다면 첫 번째 방법을 사용하세요.

```
callbacks = [
    keras.callbacks.ModelCheckpoint(
        filepath="feature_extraction_with_data_augmentation.h5",
        save_best_only=True,
        monitor="val_loss")
]
history = model.fit(
    train_dataset,
    epochs=50,
    validation_data=validation_dataset,
    callbacks=callbacks)
```

결과를 다시 그래프로 나타내 보겠습니다(그림 8-14). 여기에서 볼 수 있듯이 검증 정확도가 98%에 도달했습니다. 이전 모델보다 크게 향상되었습니다.

▼ 그림 8-14 데이터 증식과 특성 추출을 사용한 밀집 연결 분류기의 훈련과 검증 지표

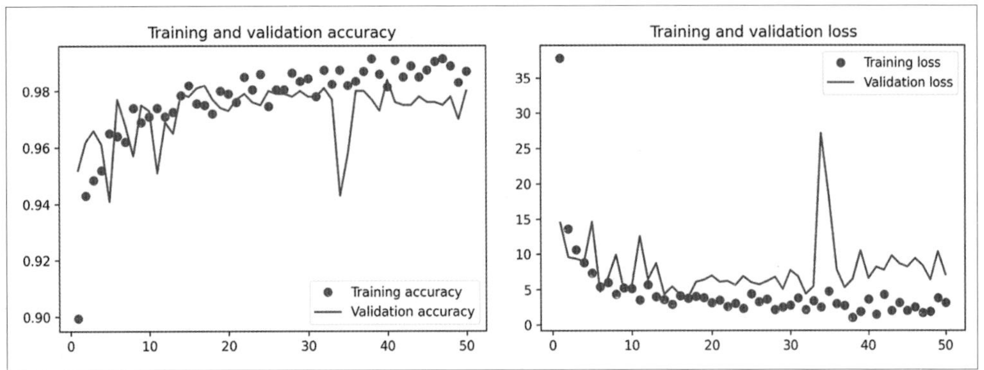

테스트 정확도를 확인해 보겠습니다.

코드 8-26 테스트 세트에서 모델 평가하기

```
test_model = keras.models.load_model(
    "feature_extraction_with_data_augmentation.h5")
test_loss, test_acc = test_model.evaluate(test_dataset)
print(f"테스트 정확도: {test_acc:.3f}")
```

테스트 정확도 97.5%를 얻었습니다. 이전에 얻은 테스트 정확도에 비해 조금만 향상된 것으로 검증 데이터의 좋은 결과를 감안할 때 약간 실망스럽습니다.[18] 모델의 정확도는 항상 평가하려는 샘플 세트에 따라 달라집니다! 일부 샘플 세트는 다른 세트에 비해 어려울 수 있으며 한 세트에서 좋은 결과가 다른 모든 세트에 항상 적용되는 것은 아닙니다.

8.3.2 사전 훈련된 모델 미세 조정하기

모델을 재사용하는 데 널리 사용되는 또 하나의 기법은 특성 추출을 보완하는 **미세 조정**입니다(그림 8-15). 미세 조정은 특성 추출에 사용했던 동결 모델의 상위 층 몇 개를 동결에서 해제하고 모델에 새로 추가한 층(여기에서는 밀집 연결 분류기)과 함께 훈련하는 것입니다. 주어진 문제에 조금 더 밀접하게 재사용 모델의 표현을 일부 조정하기 때문에 미세 조정이라고 부릅니다.

18 역주 데이터 증식을 사용하지 않는 특성 추출의 경우에도 97% 이상의 정확도를 얻을 수 있습니다.

▼ 그림 8-15 VGG16 네트워크에서 마지막 합성곱 블록에 대한 미세 조정

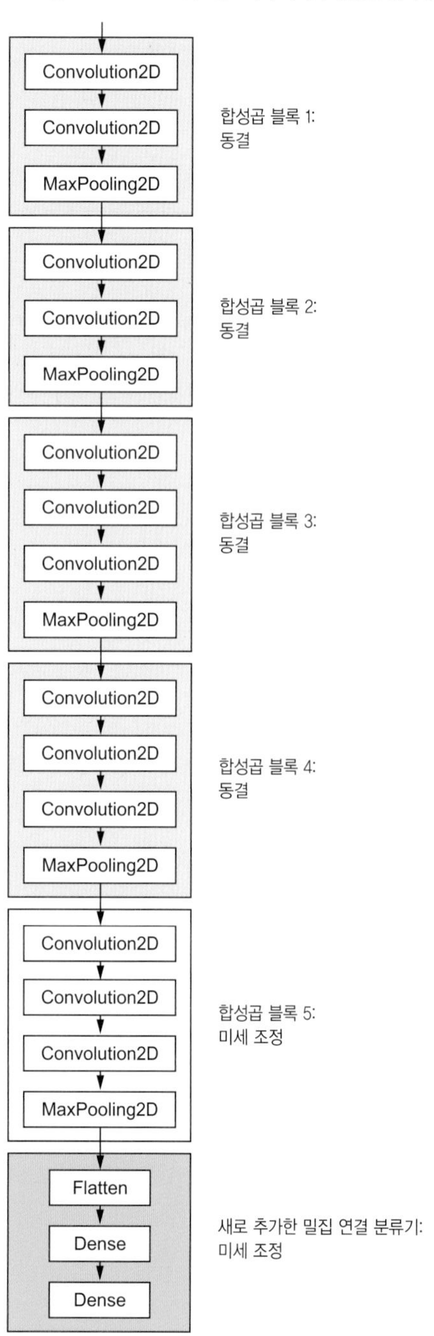

앞서 랜덤하게 초기화된 상단 분류기를 훈련하기 위해 VGG16의 합성곱 기반 층을 동결해야 한다고 말했습니다. 같은 이유로 맨 위에 있는 분류기가 훈련된 후 합성곱 기반의 상위 층을 미세 조

정할 수 있습니다. 분류기가 미리 훈련되지 않으면 훈련되는 동안 너무 큰 오차 신호가 네트워크에 전파됩니다. 이는 미세 조정될 층들이 사전에 학습한 표현들을 망가뜨리게 될 것입니다. 네트워크를 미세 조정하는 단계는 다음과 같습니다.

1. 사전에 훈련된 기반 네트워크 위에 새로운 네트워크를 추가합니다.
2. 기반 네트워크를 동결합니다.
3. 새로 추가한 네트워크를 훈련합니다.
4. 기반 네트워크에서 일부 층의 동결을 해제합니다. ('배치 정규화(batch normalization)' 층은 동결 해제하면 안 됩니다. VGG16에는 이런 층이 없기 때문에 여기에서는 해당되지 않습니다. 배치 정규화와 미세 조정에 대한 영향은 다음 장에서 설명하겠습니다.)
5. 동결을 해제한 층과 새로 추가한 층을 함께 훈련합니다.

처음 세 단계는 특성 추출을 할 때 이미 완료했습니다. 네 번째 단계를 진행해 보죠. conv_base의 동결을 해제하고 개별 층을 동결하겠습니다.

기억을 되살리기 위해 합성곱 기반 층의 구조를 다시 확인해 보겠습니다.

```
>>> conv_base.summary()
Model: "vgg16"
_________________________________________________________________
Layer (type)                Output Shape              Param #
=================================================================
input_19 (InputLayer)       [(None, 180, 180, 3)]     0
_________________________________________________________________
block1_conv1 (Conv2D)       (None, 180, 180, 64)      1792
_________________________________________________________________
block1_conv2 (Conv2D)       (None, 180, 180, 64)      36928
_________________________________________________________________
block1_pool (MaxPooling2D)  (None, 90, 90, 64)        0
_________________________________________________________________
block2_conv1 (Conv2D)       (None, 90, 90, 128)       73856
_________________________________________________________________
block2_conv2 (Conv2D)       (None, 90, 90, 128)       147584
_________________________________________________________________
block2_pool (MaxPooling2D)  (None, 45, 45, 128)       0
_________________________________________________________________
block3_conv1 (Conv2D)       (None, 45, 45, 256)       295168
_________________________________________________________________
```

```
block3_conv2 (Conv2D)        (None, 45, 45, 256)       590080
_________________________________________________________________
block3_conv3 (Conv2D)        (None, 45, 45, 256)       590080
_________________________________________________________________
block3_pool (MaxPooling2D)   (None, 22, 22, 256)       0
_________________________________________________________________
block4_conv1 (Conv2D)        (None, 22, 22, 512)       1180160
_________________________________________________________________
block4_conv2 (Conv2D)        (None, 22, 22, 512)       2359808
_________________________________________________________________
block4_conv3 (Conv2D)        (None, 22, 22, 512)       2359808
_________________________________________________________________
block4_pool (MaxPooling2D)   (None, 11, 11, 512)       0
_________________________________________________________________
block5_conv1 (Conv2D)        (None, 11, 11, 512)       2359808
_________________________________________________________________
block5_conv2 (Conv2D)        (None, 11, 11, 512)       2359808
_________________________________________________________________
block5_conv3 (Conv2D)        (None, 11, 11, 512)       2359808
_________________________________________________________________
block5_pool (MaxPooling2D)   (None, 5, 5, 512)         0
=================================================================
Total params: 14,714,688
Trainable params: 14,714,688
Non-trainable params: 0
_________________________________________________________________
Total params: 14714688
```

마지막 3개의 합성곱 층을 미세 조정하겠습니다. 즉, block4_pool까지 모든 층은 동결되고 block5_conv1, block5_conv2, block5_conv3 층은 학습 대상이 됩니다.

왜 더 많은 층을 미세 조정하지 않을까요? 왜 전체 합성곱 기반 층을 미세 조정하지 않을까요? 그렇게 할 수도 있지만 다음 사항을 고려해야 합니다.

- 합성곱 기반 층에 있는 하위 층들은 좀 더 일반적이고 재사용 가능한 특성들을 인코딩합니다. 반면 상위 층은 좀 더 특화된 특성을 인코딩합니다. 새로운 문제에 재활용하도록 수정이 필요한 것은 구체적인 특성이므로 이들을 미세 조정하는 것이 유리합니다. 하위 층으로 갈수록 미세 조정에 대한 효과가 감소합니다.
- 훈련해야 할 파라미터가 많을수록 과대적합의 위험이 커집니다. 합성곱 기반 층은 1,500만 개의 파라미터를 가지고 있습니다. 작은 데이터셋으로 전부 훈련하려고 하면 매우 위험합니다.

그러므로 이런 상황에서는 합성곱 기반 층에서 최상위 2~3개의 층만 미세 조정하는 것이 좋습니다. 앞선 예제 코드에 이어서 미세 조정을 설정해 보죠.

코드 8-27 마지막에서 네 번째 층까지 모든 층 동결하기

```
conv_base.trainable = True
for layer in conv_base.layers[:-4]:
    layer.trainable = False
```

이제 이 모델의 미세 조정을 시작하겠습니다. 학습률을 낮춘 RMSProp 옵티마이저를 사용합니다. 학습률을 낮추는 이유는 미세 조정하는 3개의 층에서 학습된 표현을 조금씩 수정하기 위해서입니다. 변경량이 너무 크면 학습된 표현에 나쁜 영향을 끼칠 수 있습니다.

코드 8-28 모델 미세 조정하기

```
model.compile(loss="binary_crossentropy",
              optimizer=keras.optimizers.RMSprop(learning_rate=1e-5),
              metrics=["accuracy"])

callbacks = [
    keras.callbacks.ModelCheckpoint(
        filepath="fine_tuning.h5",
        save_best_only=True,
        monitor="val_loss")
]
history = model.fit(
    train_dataset,
    epochs=30,
    validation_data=validation_dataset,
    callbacks=callbacks)
```

이제 마지막으로 테스트 데이터에서 이 모델을 평가하겠습니다.

```
model = keras.models.load_model("fine_tuning.h5")
test_loss, test_acc = model.evaluate(test_dataset)
print(f"테스트 정확도: {test_acc:.3f}")
```

98.5% 정도의 테스트 정확도를 얻을 것입니다(여기에서도 여러분의 결과는 1퍼센트 포인트 정도 차이 날 수 있습니다). 이 데이터셋을 사용한 원래 캐글 경연 대회의 최상위 결과 중 하나에 해당합니다. 하지만 강아지와 고양이에 대한 사전 지식이 이미 포함되어 있는 사전 훈련된 특성을 사용했기 때문에 공정한 비교는 아닙니다. 그 당시 대회 참가자들은 이를 사용할 수 없었습니다.

긍정적으로 보면 최신 딥러닝 기법을 활용하여 대회에서 제공하는 훈련 데이터의 일부분(약 10%)만 사용해서 이런 결과를 달성했습니다. 2만 개의 샘플에서 훈련하는 것과 2,000개의 샘플에서 훈련하는 것 사이에는 아주 큰 차이점이 있습니다!

이제 이미지 분류 문제, 특히 작은 데이터셋을 다루기 위해 필요한 일련의 도구를 확실하게 익혔습니다.

8.4 요약

DEEP LEARNING

- 컨브넷은 컴퓨터 비전 작업에 가장 뛰어난 머신 러닝 모델입니다. 아주 작은 데이터셋에서도 처음부터 훈련해서 괜찮은 성능을 낼 수 있습니다.
- 컨브넷은 시각적 세상을 표현하기 위한 패턴과 개념의 계층 구조를 학습합니다.
- 작은 데이터셋에서는 과대적합이 큰 문제입니다. 데이터 증식은 이미지 데이터를 다룰 때 과대적합을 막을 수 있는 강력한 방법입니다.
- 특성 추출 방식으로 새로운 데이터셋에 기존 컨브넷을 쉽게 재사용할 수 있습니다. 작은 이미지 데이터셋으로 작업할 때 효과적인 기법입니다.
- 특성 추출을 보완하기 위해 미세 조정을 사용할 수 있습니다. 미세 조정은 기존 모델에서 사전에 학습한 표현의 일부를 새로운 문제에 적응시킵니다. 이 기법은 조금 더 성능을 끌어올립니다.

9장

컴퓨터 비전을 위한 고급 딥러닝

이 장에서 다룰 핵심 내용

- 다양한 컴퓨터 비전의 분야: 이미지 분류, 이미지 분할, 객체 탐지
- 최신 컨브넷 아키텍처 패턴: 잔차 연결, 배치 정규화, 깊이별 분리 합성곱
- 컨브넷이 학습한 것을 시각화하고 이해하기 위한 기법

이전 장에서 (Conv2D와 MaxPooling2D 층을 쌓은) 간단한 모델과 (이미지를 이진 분류하는) 간단한 예제를 통해 컴퓨터 비전에 딥러닝을 처음 적용해 보았습니다. 하지만 컴퓨터 비전에는 이미지 분류 외에도 더 많은 것이 있습니다! 이 장에서 컴퓨터 비전의 다양한 애플리케이션과 고급 모범 사례에 대해 조금 더 자세히 알아보겠습니다.

9.1 세 가지 주요 컴퓨터 비전 작업

지금까지 이미지 분류 모델을 주로 다루었습니다. 모델이 이미지를 받고 레이블을 출력합니다. 레이블은 "이 이미지에는 고양이가 들어가 있고 저 이미지에는 강아지가 들어가 있는 것 같군요."처럼 해석할 수 있습니다. 하지만 이미지 분류는 컴퓨터 비전에 적용할 수 있는 여러 딥러닝 애플리케이션 중 하나에 불과합니다. 일반적으로 3개의 주요 컴퓨터 비전 작업을 알아 둘 필요가 있습니다.

- **이미지 분류**(image classification): 이미지에 하나 이상의 레이블을 할당하는 것이 목표입니다. 단일 레이블 분류(하나의 이미지는 다른 범주에 배타적으로 한 범주에만 속합니다)이거나 다중 레이블 분류(이미지가 속한 모든 레이블을 할당합니다, 그림 9-1)일 수 있습니다. 예를 들어 구글 포토 앱에서 키워드 검색을 할 때 서버에서는 대규모 다중 레이블 분류 모델이 실행됩니다. 이 모델은 수백만 개의 이미지에서 훈련되고 2만 개 이상의 클래스를 가지고 있습니다.
- **이미지 분할**(image segmentation): 이미지를 다른 영역으로 '나누'거나 '분할'하는 것이 목표입니다. 각 영역은 일반적으로 하나의 범주를 나타냅니다(그림 9-1). 예를 들어 줌(Zoom)이나 구글 밋(Google Meet)은 화상 회의를 하는 동안 사용자가 지정한 이미지를 배경으로 출력합니다. 이때 이미지 분할 모델을 사용하여 픽셀 수준에서 여러분의 얼굴과 배경을 분리합니다.
- **객체 탐지**(object detection): 이미지에 있는 관심 객체 주변에 (**바운딩 박스**(bounding box)라고 부르는) 사각형을 그리는 것이 목표입니다. 각 사각형은 하나의 클래스에 연관됩니다. 예를 들어 자율 주행 자동차는 객체 탐지 모델을 사용하여 카메라 화면에서 자동차, 보행자, 표지판 등을 감지할 수 있습니다.

▼ 그림 9-1 세 가지 주요 컴퓨터 비전 작업: 분류, 분할, 탐지

단일 레이블 분류

- ◉ Biking
- ○ Running
- ○ Swimming

다중 레이블 분류

- ☑ Bike
- ☑ Person
- ☐ Boat
- ☑ Tree
- ☐ Car
- ☐ House

이미지 분할

객체 탐지

또한, 컴퓨터 비전을 위한 딥러닝은 세 가지 이외에도 여러 가지 틈새 분야에 해당하는 작업이 있습니다. 예를 들어 이미지 유사도 평가(image similarity scoring)(두 이미지가 시각적으로 얼마나 비슷한지 추정하기), 키포인트 감지(keypoint detection)(얼굴 특징과 같이 이미지에서 관심 속성을 정확히 짚어 내기), 포즈 추정(pose estimation), 3D 메시 추정(mesh estimation) 등입니다. 하지만 처음에 모든 머신 러닝 엔지니어가 알아야 할 기초는 이미지 분류, 이미지 분할, 객체 탐지입니다. 대부분의 컴퓨터 비전 애플리케이션은 이 셋 중 하나로 분류할 수 있습니다.

이전 장에서 이미지 분류 예제를 보았습니다. 그다음으로 이미지 분할에 대해 알아보죠. 이미지 분할은 매우 유용하고 다재다능한 기법이며 지금까지 배운 내용으로 쉽게 접근할 수 있습니다.

객체 탐지는 입문서에 담기에는 너무 전문적이고 복잡하기 때문에 다루지 않겠습니다. 그 대신 keras.io에서 약 450줄의 케라스 코드로 객체 탐지 모델을 밑바닥부터 만들고 훈련하는 RetinaNet 예제를 참고하세요(https://keras.io/examples/vision/retinanet/).

9.2 이미지 분할 예제

딥러닝을 사용한 이미지 분할은 모델을 사용하여 이미지 안의 각 픽셀에 클래스를 할당하는 것입니다. 즉, 이미지를 여러 다른 영역('배경'과 '전경' 또는 '도로', '자동차', '보도')으로 분할합니다. 이런 종류의 기술은 이미지와 비디오 편집, 자율 주행, 로봇 공학, 의료 영상 등 여러 가지 유용한 애플리케이션을 만드는 데 사용할 수 있습니다.

이미지 분할에는 두 가지 종류가 있습니다.

- **시맨틱 분할**(semantic segmentation): 각 픽셀이 독립적으로 'cat'과 같은 하나의 의미를 가진 범주로 분류됩니다. 이미지에 2개의 고양이가 있다면 이에 해당되는 모든 픽셀은 동일한 'cat' 범주로 매핑됩니다(그림 9-2).
- **인스턴스 분할**(instance segmentation): 이미지 픽셀을 범주로 분류하는 것뿐만 아니라 개별 객체 인스턴스를 구분합니다. 이미지에 2개의 고양이가 있다면 인스턴스 분할은 'cat 1'과 'cat 2'를 2개의 별개 클래스로 다룹니다(그림 9-2).

▼ 그림 9-2 시맨틱 분할과 인스턴스 분할

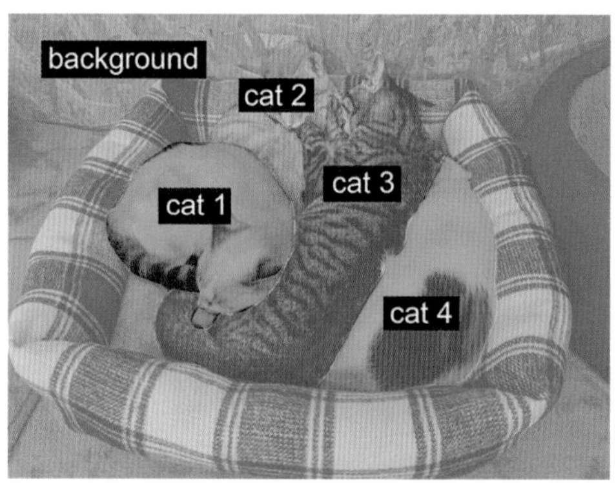

이 예제에서는 시맨틱 분할에 초점을 맞추겠습니다. 여기에서도 고양이과 강아지 이미지를 사용하지만 이번에는 주 피사체를 배경에서 분리하는 방법을 배우겠습니다.

이를 위해 Oxford-IIIT Pets 데이터셋(https://www.robots.ox.ac.uk/~vgg/data/pets/)을 사용하겠습니다. 이 데이터셋은 다양한 품종의 고양이와 강아지 사진 7,390개와 각 사진의 전경-배경 분할 마스크를 포함하고 있습니다. **분할 마스크**(segmentation mask)는 이미지 분할에서 레이블에 해당합니다. 입력 이미지와 동일한 크기의 이미지고 컬러 채널은 하나입니다. 각 정수 값은 입력 이미지에서 해당 픽셀의 클래스를 나타냅니다. 이 데이터셋의 경우 분할 마스크의 픽셀은 3개의 정수 값 중 하나를 가집니다.

- 1(전경)
- 2(배경)
- 3(윤곽)

먼저 wget과 tar 셸 명령으로 데이터셋을 내려받고 압축을 풉니다.

```
!wget http://www.robots.ox.ac.uk/~vgg/data/pets/data/images.tar.gz
!wget http://www.robots.ox.ac.uk/~vgg/data/pets/data/annotations.tar.gz
!tar -xf images.tar.gz
!tar -xf annotations.tar.gz
```

입력 사진은 images/ 폴더에 JPG 파일로 저장되어 있습니다(예를 들어 images/Abyssinian_1.jpg). 이에 해당하는 분할 마스크는 annotations/trimaps/ 폴더에 같은 이름의 PNG 파일로 저장되어 있습니다(예를 들어 annotations/trimaps/Abyssinian_1.png).

입력 파일 경로와 분할 마스크 파일 경로를 각각 리스트로 구성해 보겠습니다.

```
import os

input_dir = "images/"
target_dir = "annotations/trimaps/"

input_img_paths = sorted(
    [os.path.join(input_dir, fname)
     for fname in os.listdir(input_dir)
     if fname.endswith(".jpg")])
target_paths = sorted(
    [os.path.join(target_dir, fname)
     for fname in os.listdir(target_dir)
     if fname.endswith(".png") and not fname.startswith(".")])
```

입력과 분할 마스크는 어떤 모습일까요? 잠깐 살펴보겠습니다. 샘플 이미지는 다음과 같습니다(그림 9-3).

```
import matplotlib.pyplot as plt
from tensorflow.keras.utils import load_img, img_to_array
```

```
plt.axis("off")
plt.imshow(load_img(input_img_paths[9])) -------- 인덱스 9에 해당하는 입력 이미지를 출력합니다.
```

▼ 그림 9-3 샘플 이미지

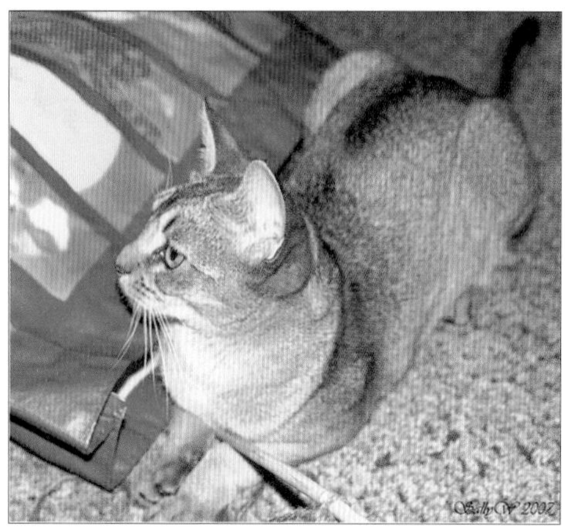

이에 해당하는 타깃(분할 마스크)은 다음과 같습니다(그림 9-4).

```
def display_target(target_array):
    normalized_array = (target_array.astype("uint8") - 1) * 127 --------
    plt.axis("off")
    plt.imshow(normalized_array[:, :, 0])

img = img_to_array(load_img(target_paths[9], color_mode="grayscale")) --------
display_target(img)
```

원래 레이블은 1, 2, 3입니다. 여기에 1을 빼서 0~2 범위로 만듭니다. 그다음 127을 곱해서 레이블 값을 0(검은색), 127(회색), 254(거의 흰색)로 만듭니다.

color_mode="grayscale"로 지정하여 로드한 이미지를 하나의 컬러 채널이 있는 것처럼 다룹니다.

▼ 그림 9-4 타깃 마스크

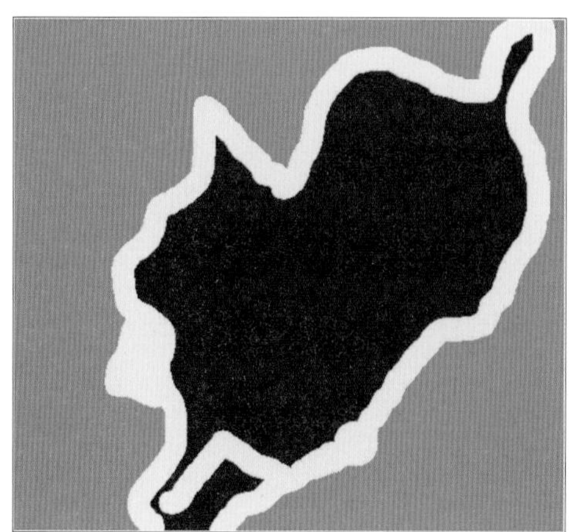

그다음 입력과 타깃을 2개의 넘파이 배열로 로드하고 이 배열을 훈련과 검증 세트로 나눕니다. 데이터셋이 매우 작기 때문에 모두 메모리로 로드할 수 있습니다.

```
import numpy as np
import random

img_size = (200, 200)  # 입력과 타깃을 모두 200×200 크기로 변경합니다.
num_imgs = len(input_img_paths)  # 데이터에 있는 전체 샘플 개수

random.Random(1337).shuffle(input_img_paths)  # (원래 품종별로 정렬되어 있기 때문에) 파일 경로를 뒤섞
random.Random(1337).shuffle(target_paths)     # 습니다. 입력 경로와 타깃 경로가 동일한 순서를 유지하
                                              # 도록 두 명령에 같은 시드(seed)(1337)를 사용합니다.

def path_to_input_image(path):
    return img_to_array(load_img(path, target_size=img_size))
def path_to_target(path):
    img = img_to_array(
        load_img(path, target_size=img_size, color_mode="grayscale"))
    img = img.astype("uint8") - 1  # 레이블이 0, 1, 2가 되도록 1을 뺍니다.
    return img

# 전체 이미지를 input_imgs에 float32 배열로 로드하고 타깃 마스크는 targets에 uint8로 로드합니다(같은
# 순서로). 입력은 3개의 채널(RGB 값)을 가지고 타깃은 (정수 레이블을 담은) 하나의 채널을 가집니다.
input_imgs = np.zeros((num_imgs,) + img_size + (3,), dtype="float32")
targets = np.zeros((num_imgs,) + img_size + (1,), dtype="uint8")
for i in range(num_imgs):
    input_imgs[i] = path_to_input_image(input_img_paths[i])
    targets[i] = path_to_target(target_paths[i])

num_val_samples = 1000  # 검증에 1,000개의 샘플을 사용합니다.
train_input_imgs = input_imgs[:-num_val_samples]  # 데이터를 훈련 세트와 검증 세트로 나눕니다.
train_targets = targets[:-num_val_samples]
val_input_imgs = input_imgs[-num_val_samples:]
val_targets = targets[-num_val_samples:]
```

이제 모델을 정의해 보죠.

```
from tensorflow import keras
from tensorflow.keras import layers

def get_model(img_size, num_classes):
    inputs = keras.Input(shape=img_size + (3,))
    x = layers.Rescaling(1./255)(inputs)  # 입력 이미지를 [0-1] 범위로 만드는 것을 잊지 마세요.
    # 패딩이 특성 맵 크기에 영향을 미치지 않도록 모두 padding="same"으로 지정합니다.
    x = layers.Conv2D(64, 3, strides=2, activation="relu", padding="same")(x)
    x = layers.Conv2D(64, 3, activation="relu", padding="same")(x)
```

```
    x = layers.Conv2D(128, 3, strides=2, activation="relu", padding="same")(x)
    x = layers.Conv2D(128, 3, activation="relu", padding="same")(x)
    x = layers.Conv2D(256, 3, strides=2, padding="same", activation="relu")(x)
    x = layers.Conv2D(256, 3, activation="relu", padding="same")(x)

    x = layers.Conv2DTranspose(256, 3, activation="relu", padding="same")(x)
    x = layers.Conv2DTranspose(
        256, 3, activation="relu", padding="same", strides=2)(x)
    x = layers.Conv2DTranspose(128, 3, activation="relu", padding="same")(x)
    x = layers.Conv2DTranspose(
        128, 3, activation="relu", padding="same", strides=2)(x)
    x = layers.Conv2DTranspose(64, 3, activation="relu", padding="same")(x)
    x = layers.Conv2DTranspose(
        64, 3, activation="relu", padding="same", strides=2)(x)

    outputs = layers.Conv2D(num_classes, 3, activation="softmax",
                            padding="same")(x)

    model = keras.Model(inputs, outputs)
    return model

model = get_model(img_size=img_size, num_classes=3)
model.summary()
```

각 출력 픽셀을 3개의 범주 중 하나로 분류하기 위해 3개의 필터와 소프트맥스 활성화 함수를 가진 Conv2D 층으로 모델을 종료합니다

model.summary() 출력 결과는 다음과 같습니다.

```
Model: "model"
_________________________________________________________________
Layer (type)                Output Shape              Param #
=================================================================
input_1 (InputLayer)        [(None, 200, 200, 3)]     0
_________________________________________________________________
rescaling (Rescaling)       (None, 200, 200, 3)       0
_________________________________________________________________
conv2d (Conv2D)             (None, 100, 100, 64)      1792
_________________________________________________________________
conv2d_1 (Conv2D)           (None, 100, 100, 64)      36928
_________________________________________________________________
conv2d_2 (Conv2D)           (None, 50, 50, 128)       73856
_________________________________________________________________
conv2d_3 (Conv2D)           (None, 50, 50, 128)       147584
_________________________________________________________________
```

```
conv2d_4 (Conv2D)            (None, 25, 25, 256)      295168
_________________________________________________________________
conv2d_5 (Conv2D)            (None, 25, 25, 256)      590080
_________________________________________________________________
conv2d_transpose (Conv2DTran (None, 25, 25, 256)      590080
_________________________________________________________________
conv2d_transpose_1 (Conv2DTr (None, 50, 50, 256)      590080
_________________________________________________________________
conv2d_transpose_2 (Conv2DTr (None, 50, 50, 128)      295040
_________________________________________________________________
conv2d_transpose_3 (Conv2DTr (None, 100, 100, 128)    147584
_________________________________________________________________
conv2d_transpose_4 (Conv2DTr (None, 100, 100, 64)     73792
_________________________________________________________________
conv2d_transpose_5 (Conv2DTr (None, 200, 200, 64)     36928
_________________________________________________________________
conv2d_6 (Conv2D)            (None, 200, 200, 3)      1731
=================================================================
Total params: 2,880,643
Trainable params: 2,880,643
Non-trainable params: 0
_________________________________________________________________
```

이 모델의 처음 절반은 이미지 분류에서 사용하는 컨브넷과 닮았습니다. `Conv2D` 층을 쌓고 점진적으로 필터 개수를 늘립니다. 이미지를 절반으로 세 번 다운샘플링(downsampling)하여 마지막 합성곱 층의 활성화 출력은 (25, 25, 256)으로 끝납니다. 이 모델에서 처음 절반의 목적은 이미지를 작은 특성 맵으로 인코딩하는 것입니다. 공간상의 각 위치(픽셀)는 원본 이미지에 있는 더 큰 영역에 대한 정보를 담고 있습니다. 이를 일종의 압축으로 이해할 수 있습니다.

이 모델의 처음 절반과 이전에 보았던 분류 모델 사이의 큰 차이점 하나는 다운샘플링 방식입니다. 이전 장의 이미지 분류 컨브넷은 `MaxPooling2D` 층을 사용하여 특성 맵을 다운샘플링했습니다. 여기에서는 합성곱 층마다 **스트라이드**(stride)를 추가하여 다운샘플링합니다(합성곱 스트라이드에 대한 자세한 내용은 8.1.1절의 '합성곱 스트라이드 이해하기'를 참고하세요). 이미지 분할의 경우 모델의 출력으로 픽셀별 타깃 마스크를 생성해야 하므로 정보의 공간상 위치에 많은 관심을 두기 때문입니다. 2×2 최대 풀링을 사용하면 풀링 윈도우 안의 위치 정보가 완전히 삭제됩니다. 윈도우마다 하나의 스칼라 값을 반환하며 이 값이 윈도우 내의 네 위치 중 어디에서 왔는지 전혀 정보가 없습니다. 따라서 최대 풀링은 분류 작업에는 잘 맞지만 분할 작업에는 상당한 해를 끼칠 수 있습니다. 반면 스트라이드 합성곱은 위치 정보를 유지하면서 특성 맵을 다운샘플링하는 작업에 더 잘 맞습니다. 이 책에서는 12장의 생성 모델처럼 특성 위치를 고려하는 모델의 경우 최대 풀링 대신에 스트라이드를 사용하겠습니다.

이 모델의 나머지 절반은 Conv2DTranspose 층을 쌓은 것입니다. 이 층이 무엇일까요? 모델의 처음 절반은 (25, 25, 256) 크기의 특성 맵을 출력합니다. 하지만 최종 출력은 타깃 마스크의 크기인 (200, 200, 3)과 동일해야 합니다. 따라서 지금까지 적용한 변환을 거꾸로 적용할 필요가 있습니다. 다운샘플링이 아니라 특성 맵을 업샘플링(upsampling)하는 것입니다. 이것이 Conv2DTranspose 층을 두는 목적입니다. 이 층을 업샘플링을 학습하는 합성곱 층으로 생각할 수 있습니다. (100, 100, 64) 크기의 입력을 Conv2D(128, 3, strides=2, padding="same") 층에 통과시키면 출력 크기는 (50, 50, 128)이 됩니다. 이 출력을 Conv2DTranspose(64, 3, strides=2, padding="same") 층에 통과시키면 원본과 동일한 (100, 100, 64) 크기가 출력됩니다. 따라서 Conv2D 층을 쌓아 입력을 (25, 25, 256) 크기의 특성 맵으로 압축한 후 Conv2DTranspose 층을 연속으로 적용하여 (200, 200, 3) 크기의 이미지를 다시 얻을 수 있습니다.

이제 모델을 컴파일하고 훈련합니다.

```
model.compile(optimizer="rmsprop", loss="sparse_categorical_crossentropy")
callbacks = [
    keras.callbacks.ModelCheckpoint("oxford_segmentation.h5",
                                    save_best_only=True)
]
history = model.fit(train_input_imgs, train_targets,
                    epochs=50,
                    callbacks=callbacks,
                    batch_size=64,
                    validation_data=(val_input_imgs, val_targets))
```

훈련과 검증 손실을 그래프로 나타내 보겠습니다(그림 9-5).

```
epochs = range(1, len(history.history["loss"]) + 1)
loss = history.history["loss"]
val_loss = history.history["val_loss"]
plt.figure()
plt.plot(epochs, loss, "bo", label="Training loss")
plt.plot(epochs, val_loss, "b", label="Validation loss")
plt.title("Training and validation loss")
plt.legend()
```

▼ 그림 9-5 훈련과 검증 손실 곡선

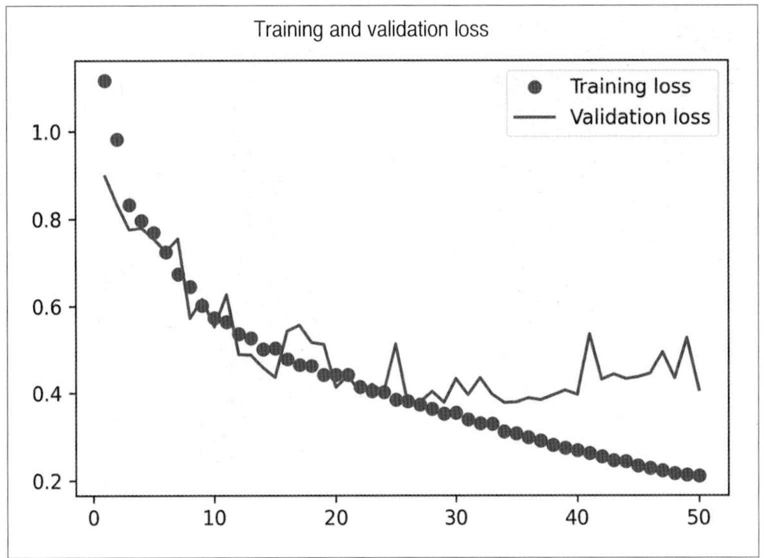

중간 즈음인 에포크 25 근처에서 과대적합이 시작되는 것을 볼 수 있습니다. 검증 손실을 기준으로 최상의 모델을 다시 로드하여 분할 마스크를 예측하는 방법을 알아보겠습니다(그림 9-6).

```
from tensorflow.keras.utils import array_to_img

model = keras.models.load_model("oxford_segmentation.h5")

i = 4
test_image = val_input_imgs[i]
plt.axis("off")
plt.imshow(array_to_img(test_image))

mask = model.predict(np.expand_dims(test_image, 0))[0]

def display_mask(pred): -------- 모델 예측을 출력하기 위한 유틸리티 함수
    mask = np.argmax(pred, axis=-1)
    mask *= 127
    plt.axis("off")
    plt.imshow(mask)

display_mask(mask)
```

▼ 그림 9-6 테스트 이미지와 예측된 분할 마스크

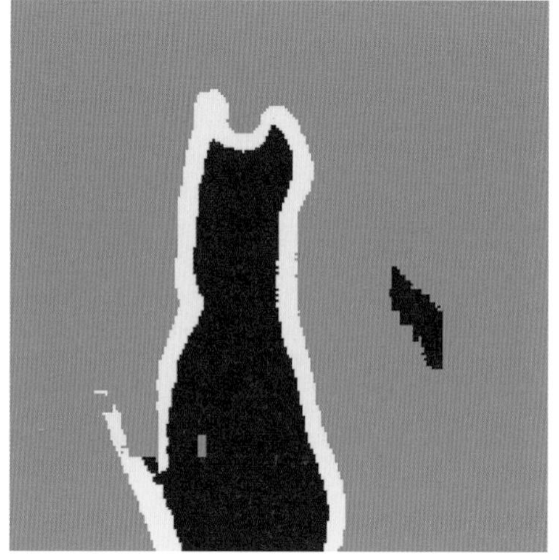

전경과 배경에 있는 기하학적 모양 때문에 예측된 마스크에 부수적으로 생긴 작은 흔적이 몇 개 있습니다. 그럼에도 모델은 잘 동작하는 것 같습니다.

이제 8장 전체와 9장의 전반부를 통해 이미지 분류와 이미지 분할을 수행하는 방법을 배웠습니다. 지금까지 배운 것으로 많은 것을 수행할 수 있습니다. 하지만 실전 문제를 풀기 위해 숙련된 엔지니어가 개발한 컨브넷은 지금까지 예제에서 사용한 것처럼 간단하지 않습니다. 최고 수준의 모델을 구성하기 위해 전문가가 빠르고 정확한 결정을 내릴 수 있도록 만드는 멘탈 모델과 사고 과정이 아직 부족합니다. 이 간격을 좁히기 위해 **아키텍처 패턴**(architecture pattern)에 대해 배워야 합니다. 이에 대해 알아보겠습니다.

DEEP LEARNING

9.3 최신 컨브넷 아키텍처 패턴

모델의 '아키텍처(architecture)'는 모델을 만드는 데 사용된 일련의 선택입니다. 사용할 층, 층의 설정, 층을 연결하는 방법 등입니다. 이런 선택이 모델의 **가설 공간**(hypothesis space)을 정의합니다. 경사 하강법이 검색할 수 있는 가능한 함수의 공간으로 파라미터는 모델의 가중치입니다. 특성 공학과 마찬가지로 좋은 가설 공간은 현재 문제와 솔루션에 대한 **사전 지식**(prior knowledge)을 인코딩합니다. 예를 들어 합성곱 층을 사용한다는 것은 입력 이미지에 있는 패턴이 이동 불변성이 있음을 미리 알고 있다는 뜻입니다. 데이터에서 효율적으로 학습하기 위해 찾고 있는 것에 대한 가정을 해야 합니다.

모델 아키텍처가 성공과 실패를 가름하는 경우가 많습니다. 적절하지 않은 아키텍처를 선택하면 모델이 차선의 성능에 갇힐 수 있으며 많은 양의 훈련 데이터가 도움이 되지 않을 것입니다. 반대로 좋은 모델 아키텍처는 학습을 가속하고 모델이 훈련 데이터를 효율적으로 사용하게 만들어 대규모 데이터셋의 필요성을 줄여 줍니다. 좋은 모델 아키텍처는 탐색 공간의 크기를 줄이거나 탐색 공간의 좋은 위치에 쉽게 수렴할 수 있는 구조입니다. 특성 공학이나 데이터 큐레이션과 마찬가지로 모델 아키텍처는 경사 하강법이 해결할 문제를 간단하게 만드는 것입니다. 경사 하강법은 똑똑하지 않은 검색 방법이기 때문에 도움이 필요하다는 것을 기억하세요.

모델 아키텍처는 과학보다는 예술에 가깝습니다. 숙련된 머신 러닝 엔지니어는 첫 번째 시도에서 고성능 모델을 직관적으로 조합할 수 있습니다. 하지만 초보자는 종종 훈련된 모델을 만드는 데 어려움을 겪습니다. 여기에서 키워드는 '직관적'입니다. 누구도 어떤 것이 잘되고 어떤 것이 잘 안되는지 명확하게 설명할 수 없습니다. 전문가는 다양한 실전 경험을 통해 얻은 능력인 패턴 매칭에 의존합니다. 여러분은 이 책을 통해 자신만의 직관을 기를 것입니다. 하지만 직관이 전부는 아닙니다. 실제 과학에서는 그렇지 않지만 다른 공학 분야에서처럼 모범 사례가 있습니다.

이어지는 절에서 몇 가지 핵심적인 컨브넷 아키텍처의 모범 사례를 알아보겠습니다. 특히 **잔차 연결**(residual connection), **배치 정규화**(batch normalization), **분리 합성곱**(separable convolution)입니다. 이런 층을 사용하는 방법을 마스터하면 매우 효율적인 이미지 모델을 만들 수 있을 것입니다. 이런 기술을 강아지 vs 고양이 분류 문제에 적용해 보겠습니다.

먼저 거시적인 관점에서 시스템 아키텍처에 대한 모듈화-계층화-재사용(Modularity-Hierarchy-Reuse, MHR) 공식을 알아보겠습니다.

9.3.1 모듈화, 계층화 그리고 재사용

복잡한 시스템을 단순하게 만들고 싶다면 일반적으로 적용할 수 있는 방법이 있습니다. 수프처럼 형태를 알아보기 힘든 복잡한 구조를 **모듈화**(modularity)하고, 모듈을 **계층화**(hierarchy)하고, 같은 모듈을 적절하게 여러 곳에서 **재사용**(reuse)하는 것입니다(여기에서 재사용은 **추상화**(abstraction)의 다른 말입니다). 이것이 MHR(Modularity-Hierarchy-Reuse) 공식입니다. '아키텍처(architecture)'라는 용어가 사용되는 거의 모든 영역에 있는 시스템 구조의 기초가 됩니다. 대성당, 사람의 몸, 미국 해군, 케라스 코드를 포함하여 의미 있는 복잡성을 가진 모든 시스템 조직의 핵심입니다(그림 9-7).

▼ 그림 9-7 복잡한 시스템은 계층적 구조를 따르고 여러 번 재사용되는 고유한 모듈로 구성된다(동일한 청사진을 가진 4개의 팔다리 또는 20개의 손 · 발가락)

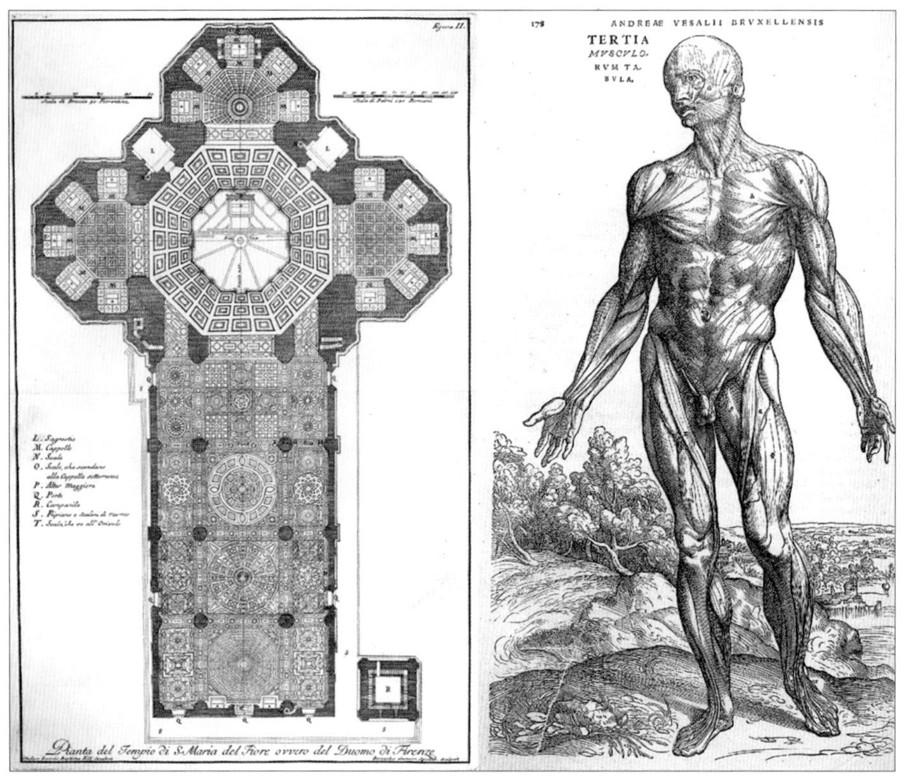

소프트웨어 엔지니어라면 이미 다음과 같은 원칙을 잘 알고 있을 것입니다. 효율적인 코드는 모듈화되고 계층적이며 동일한 것을 두 번 구현하지 않습니다. 그 대신 재사용 가능한 클래스와 함수를 사용합니다. 이런 원칙에 따라 코드를 리팩터링하면 이를 '소프트웨어 아키텍처'를 수행했다고 말할 수 있습니다.

딥러닝 자체는 경사 하강법을 통한 연속적인 최적화에 이런 방법을 적용한 것뿐입니다. 전통적인 최적화 기법(연속적인 함수 공간에 대한 경사 하강법)을 사용해서 탐색 공간을 모듈(층)로 구조화하여 깊게 계층을 구성합니다(가장 단순한 것은 순서대로 쌓은 것입니다). 여기에서 모든 것을 재사용할 수 있습니다(예를 들어 합성곱은 다른 공간 위치에서 동일한 정보를 재사용하는 것입니다).

비슷하게 딥러닝 모델 아키텍처는 모듈화, 계층화, 재사용을 영리하게 활용하는 것입니다. 인기 있는 모든 컨브넷 아키텍처는 층으로만 구성되어 있지 않고 반복되는 층 그룹('블록(block)' 또는 '모듈(module)'이라고 부릅니다)으로 구성되어 있습니다. 예를 들어 이전 장에서 사용한 VGG16 구조는 '합성곱, 합성곱, 최대 풀링' 블록이 반복되는 구조입니다(그림 9-8).

또한, 대부분의 컨브넷은 피라미드(pyramid)와 같은 구조(계층 구조)를 가지는 경우가 많습니다. 예를 들어 이전 장에서 만든 첫 번째 컨브넷에서 사용한 합성곱 필터 개수는 32, 64, 128입니다. 필터 개수가 층이 깊어질수록 늘어납니다. 반면 특성 맵의 크기는 줄어듭니다. VGG16 모델의 블록에서도 동일한 패턴을 볼 수 있습니다(그림 9-8).

▼ 그림 9-8 VGG16 아키텍처: 층 블록이 반복되고 특성 맵은 피라미드와 같은 구조를 띤다

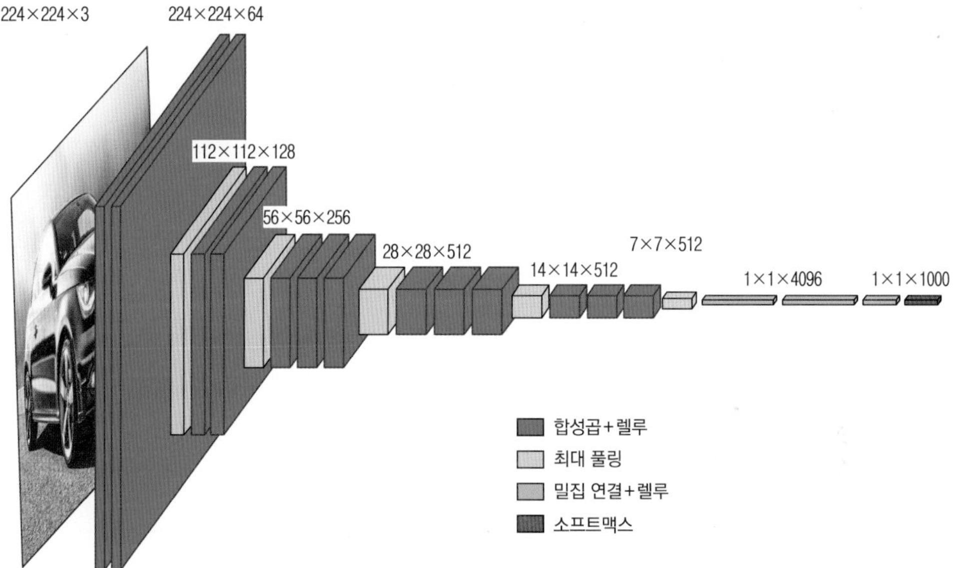

계층 구조가 깊으면 특성 재사용과 이로 인한 추상화를 장려하기 때문에 본질적으로 좋습니다. 일반적으로 작은 층을 깊게 쌓은 모델이 큰 층을 얇게 쌓은 것보다 성능이 좋습니다. 하지만 **그레이디언트 소실**(vanishing gradient) 문제 때문에 층을 쌓을 수 있는 정도에 한계가 있습니다. 이런 문제가 첫 번째 핵심 아키텍처 패턴인 잔차 연결을 탄생시켰습니다.

딥러닝 연구에서 절제 연구의 중요성

딥러닝 아키텍처는 계획적이라기보다 진화적으로 발전하는 경우가 많습니다. 반복적으로 시도하고 잘 동작하는 것을 선택하여 개발됩니다. 복잡한 딥러닝 구조를 실험하는 경우 생물학적 시스템과 매우 비슷하게 성능의 손실 없이 몇 개의 모듈을 제거할 수 있습니다(또는 훈련된 특성을 랜덤한 특성으로 바꿀 수 있습니다).

이는 딥러닝 연구자들 앞에 놓인 인센티브 때문에 더욱 악화됩니다. 시스템을 필요 이상으로 복잡하게 만들어 더 흥미롭거나 더 참신하게 보이게 함으로써 논문이 동료 심사(peer review)를 통과할 가능성을 높일 수 있습니다. 많은 딥러닝 논문을 읽어 보면 의도적으로 명확한 설명과 신뢰 있는 결과를 피하는 식으로 스타일과 내용 면에서 동료 심사에 최적화되어 있는 경우가 많습니다. 예를 들어 딥러닝 논문에 있는 수학은 개념을 명확하게 공식화하거나 뻔하지 않은 결과를 유도하기 위해 사용되는 경우가 드뭅니다. 오히려 비싼 정장을 입은 판매원처럼 진지함의 신호로 활용됩니다.

연구의 목표는 단순히 논문 출판만이 아니라 신뢰할 수 있는 지식을 생성하는 것이어야 합니다. 시스템에서 인과 관계(causality)를 이해하는 것이 신뢰할 수 있는 지식을 생성하는 가장 쉬운 방법입니다. 매우 적은 노력으로 인과 관계를 확인하는 방법이 있습니다. 바로 **절제 연구**(ablation study)입니다. 절제 연구는 체계적으로 시스템의 일부를 제거하여 단순하게 만들고 실제로 어디에서 성능 향상이 오는지 확인하는 것입니다. X + Y + Z가 좋은 결과를 낸다면 X, Y, Z, X + Y, X + Z, Y + Z를 시도해 보고 어떤 일이 일어나는지 확인해 보세요.

딥러닝 연구자가 된다면 연구 과정의 잡음을 제거하고 모델에 대한 절제 연구를 수행하세요. 항상 다음과 같은 질문을 해 보세요. "더 간단하게 설명할 수 없을까? 추가된 복잡성이 정말 필요할까? 그렇다면 왜 필요할까?"

9.3.2 잔차 연결

아마 '옮겨 말하기(Telephone)' 게임에 대해 알고 있을 것입니다(영국에서는 Chinese whispers라고 부르고, 프랑스에서는 téléphone arabe라고 부릅니다). 첫 사람의 귀에 초기 메시지를 전달하면 그 사람이 다음 사람의 귀에 들은 말을 전달하는 식으로 진행되는데, 보통 마지막 사람이 들은 메시지는 원래 버전과 거의 유사하지 않습니다. 이는 정보가 잡음이 있는 채널을 통해 순차적으로 전달될 때 일어나는 에러 누적에 대한 재미있는 은유입니다.

순차적인 딥러닝 모델에서 역전파는 옮겨 말하기 게임과 매우 비슷합니다. 다음과 같이 함수가 연결되어 있다고 생각해 보죠.

$$y = f4(f3(f2(f1(x))))$$

이 게임은 $f4$의 출력에 기록된 오차(모델의 손실)를 기반으로 연결된 각 함수의 파라미터를 조정하는 것입니다. $f1$을 조정하려면 $f2$, $f3$, $f4$에 오차 정보를 통과시켜야 합니다. 하지만 연속적으로 놓인 각 함수에는 일정량의 잡음이 있습니다. 함수 연결이 너무 깊으면 이 잡음이 그레이디언트 정보를 압도하기 시작하고 역전파가 동작하지 않게 됩니다. 즉, 모델이 전혀 훈련되지 않을 것입니다. 이를 **그레이디언트 소실**(vanishing gradient) 문제라고 합니다.

해결 방법은 간단합니다. 연결된 각 함수를 비파괴적으로 만들면 됩니다. 즉, 이전 입력에 담긴 잡음 없는 정보를 유지시킵니다. 이를 구현하는 가장 쉬운 방법이 **잔차 연결**(residual connection)입니다. 정말 간단합니다. 층이나 블록의 입력을 출력에 더하기만 하면 됩니다(그림 9-9). 잔차 연결은 파괴적이거나 잡음이 있는 블록(예를 들어 relu 활성화 함수나 드롭아웃 층을 가진 블록)을 돌아가는 정보의 지름길(information shortcut)과 같습니다. 이전 층의 오차 그레이디언트 정보가 잡음 없이 네트워크 깊숙히 전파되게 만듭니다. 이 기법은 2015년 (마이크로소프트의 He 등이 개발한[1]) ResNet 모델과 함께 소개되었습니다.

▼ 그림 9-9 처리 블록을 돌아가는 잔차 연결

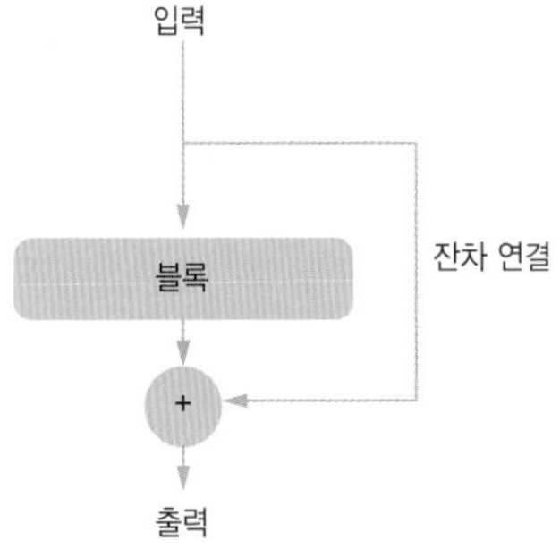

잔차 연결은 다음과 같이 구현할 수 있습니다.

코드 9-1 잔차 연결 의사 코드

```
x = ...  -------- 입력 텐서
residual = x  -------- 원본 입력을 별도로 저장합니다. 이를 잔차라고 부릅니다.
x = block(x)  -------- 이 계산 블록은 파괴적이거나 잡음이 있을 수 있지만 괜찮습니다.
x = add([x, residual])  -------- 원본 입력을 층의 출력에 더합니다. 따라서 최종 출력은 항상 원본 입력의 전체 정보를 보존합니다.
```

1 Kaiming He et al., "Deep Residual Learning for Image Recognition," Conference on Computer Vision and Pattern Recognition (2015), https://arxiv.org/abs/1512.03385

입력을 블록의 출력에 다시 더하는 것은 출력 크기가 입력과 같아야 한다는 것을 의미합니다. 하지만 블록에 필터 개수가 늘어난 합성곱 층이나 최대 풀링 층이 들어 있는 경우에는 그렇지 않습니다. 이런 경우에는 활성화 함수가 없는 1×1 Conv2D 층을 사용하여 잔차를 원하는 출력 크기로 선형적으로 투영할 수 있습니다(코드 9-2). 블록에 있는 합성곱 층은 패딩 때문에 공간 방향으로 다운샘플링되지 않도록 일반적으로 padding="same"을 사용합니다. 또는 최대 풀링 층으로 인한 다운샘플링에 맞추기 위해 잔차 투영에 스트라이드를 사용할 수 있습니다(코드 9-3).

코드 9-2 필터 개수가 변경되는 잔차 블록[2]

```
from tensorflow import keras
from tensorflow.keras import layers

inputs = keras.Input(shape=(32, 32, 3))
x = layers.Conv2D(32, 3, activation="relu")(inputs)
residual = x  # 잔차를 따로 저장합니다.
x = layers.Conv2D(64, 3, activation="relu", padding="same")(x)
residual = layers.Conv2D(64, 1)(residual)
x = layers.add([x, residual])
```

- 잔차 블록에 해당하는 층입니다. 이 층은 출력 필터를 32개에서 64개로 증가시킵니다. 패딩으로 인해 다운샘플링이 되지 않도록 padding="same"으로 지정합니다.
- 잔차는 32개의 필터만 있으므로 1×1 Conv2D를 사용하여 적절한 크기로 투영합니다.
- 이제 블록 출력과 잔차의 크기가 같으므로 더할 수 있습니다.

코드 9-3 최대 풀링 층을 가진 잔차 블록

```
inputs = keras.Input(shape=(32, 32, 3))
x = layers.Conv2D(32, 3, activation="relu")(inputs)
residual = x  # 잔차를 따로 저장합니다.
x = layers.Conv2D(64, 3, activation="relu", padding="same")(x)
x = layers.MaxPooling2D(2, padding="same")(x)
residual = layers.Conv2D(64, 1, strides=2)(residual)
x = layers.add([x, residual])
```

- 이 잔차 블록은 2×2 최대 풀링 층을 포함하여 2개의 층으로 구성됩니다. 패딩으로 인해 다운샘플링이 되지 않도록 합성곱 층과 최대 풀링 층에 padding="same"을 지정합니다.[3]
- 최대 풀링 층으로 인한 다운샘플링에 맞추기 위해 잔차 투영에 strides=2를 사용합니다.
- 이제 블록 출력과 잔차의 크기가 같으므로 더할 수 있습니다.

조금 더 구체적으로 다음은 여러 개의 블록으로 구성된 간단한 컨브넷의 예입니다. 각 블록은 2개의 합성곱 층과 하나의 선택적인 최대 풀링 층으로 이루어져 있고 각 블록마다 잔차 연결을 가집니다.

---

2 역주 잔차 연결이 적용된 블록을 잔차 블록이라고 부릅니다.

3 역주 풀링에 SAME 패딩을 사용하면 윈도우 크기보다 작은 개수의 경계 픽셀이 남을 때 부족한 만큼 패딩을 추가합니다. 예를 들어 3×3 크기의 특성 맵에서 VALID 패딩으로 2×2 풀링을 하면 오른쪽과 아래의 1픽셀은 사용되지 않고 1×1 특성 맵이 만들어집니다. SAME 패딩으로 2×2 풀링을 하면 오른쪽과 아래에 1픽셀씩 패딩이 추가되어 2×2 특성 맵이 출력됩니다.

```
inputs = keras.Input(shape=(32, 32, 3))
x = layers.Rescaling(1./255)(inputs)
                        잔차 연결을 가진 합성곱 블록을 적용하는 유틸리티 함수. 선택적으로 최대 풀링을 추가합니다.
def residual_block(x, filters, pooling=False):
    residual = x
    x = layers.Conv2D(filters, 3, activation="relu", padding="same")(x)
    x = layers.Conv2D(filters, 3, activation="relu", padding="same")(x)
    if pooling:
        x = layers.MaxPooling2D(2, padding="same")(x)
        residual = layers.Conv2D(filters, 1, strides=2)(residual)    최대 풀링을 사용하면 잔차를 원하는 크기로 투영하기 위해 스트라이드 합성곱을 추가합니다.
    elif filters != residual.shape[-1]:
        residual = layers.Conv2D(filters, 1)(residual)    최대 풀링을 사용하지 않으면 채널 수가 바뀐 경우에만 잔차를 투영합니다.
    x = layers.add([x, residual])
    return x

x = residual_block(x, filters=32, pooling=True)    첫 번째 블록
x = residual_block(x, filters=64, pooling=True)    두 번째 블록. 블록마다 필터 개수가 증가합니다.
x = residual_block(x, filters=128, pooling=False)    마지막 블록은 바로 다음에 전역 평균 풀링(global average pooling)을 사용하기 때문에 최대 풀링이 필요하지 않습니다.[4]

x = layers.GlobalAveragePooling2D()(x)
outputs = layers.Dense(1, activation="sigmoid")(x)
model = keras.Model(inputs=inputs, outputs=outputs)
model.summary()
```

이 모델의 summary() 메서드 출력은 다음과 같습니다.

```
Model: "model"
_____________________________________________________________________________________
Layer (type)                 Output Shape          Param #    Connected to
=====================================================================================
input_1 (InputLayer)         [(None, 32, 32, 3)]   0

_____________________________________________________________________________________
rescaling (Rescaling)        (None, 32, 32, 3)     0          input_1[0][0]
_____________________________________________________________________________________
conv2d (Conv2D)              (None, 32, 32, 32)    896        rescaling[0][0]
_____________________________________________________________________________________
conv2d_1 (Conv2D)            (None, 32, 32, 32)    9248       conv2d[0][0]
_____________________________________________________________________________________
```

4 역주 GlobalAveragePooling2D 층은 (samples, height, width, channels) 크기의 텐서를 입력받고 (samples, channels) 크기의 텐서를 출력합니다. 즉, 특성 맵의 공간 차원 전체에 대한 풀링입니다.

```
max_pooling2d (MaxPooling2D)    (None, 16, 16, 32)  0        conv2d_1[0][0]
__________________________________________________________________________________________________
conv2d_2 (Conv2D)               (None, 16, 16, 32)  128      rescaling[0][0]
__________________________________________________________________________________________________
add (Add)                       (None, 16, 16, 32)  0        max_pooling2d[0][0]
                                                             conv2d_2[0][0]
__________________________________________________________________________________________________
conv2d_3 (Conv2D)               (None, 16, 16, 64)  18496    add[0][0]
__________________________________________________________________________________________________
conv2d_4 (Conv2D)               (None, 16, 16, 64)  36928    conv2d_3[0][0]
__________________________________________________________________________________________________
max_pooling2d_1 (MaxPooling2D)  (None, 8, 8, 64)    0        conv2d_4[0][0]
__________________________________________________________________________________________________
conv2d_5 (Conv2D)               (None, 8, 8, 64)    2112     add[0][0]
__________________________________________________________________________________________________
add_1 (Add)                     (None, 8, 8, 64)    0        max_pooling2d_1[0][0]
                                                             conv2d_5[0][0]
__________________________________________________________________________________________________
conv2d_6 (Conv2D)               (None, 8, 8, 128)   73856    add_1[0][0]
__________________________________________________________________________________________________
conv2d_7 (Conv2D)               (None, 8, 8, 128)   147584   conv2d_6[0][0]
__________________________________________________________________________________________________
conv2d_8 (Conv2D)               (None, 8, 8, 128)   8320     add_1[0][0]
__________________________________________________________________________________________________
add_2 (Add)                     (None, 8, 8, 128)   0        conv2d_7[0][0]
                                                             conv2d_8[0][0]
__________________________________________________________________________________________________
global_average_pooling2d (Globa (None, 128)         0        add_2[0][0]
__________________________________________________________________________________________________
dense (Dense)                   (None, 1)           129      global_average_
                                                             pooling2d[0][0]
==================================================================================================
Total params: 297,697
Trainable params: 297,697
Non-trainable params: 0
__________________________________________________________________________________________________
```

잔차 연결을 사용하면 그레이디언트 소실에 대해 걱정하지 않고 원하는 깊이의 네트워크를 만들 수 있습니다.

이제 다음 핵심 컨브넷 아키텍처인 **배치 정규화**(batch normalization)에 대해 알아보죠.

9.3.3 배치 정규화

정규화(normalization)는 머신 러닝 모델에 주입되는 샘플들을 균일하게 만드는 광범위한 방법입니다. 이 방법은 모델이 학습하고 새로운 데이터에 잘 일반화되도록 돕습니다. 데이터 정규화의 가장 일반적인 형태는 이미 이 책에서 여러 번 나왔습니다. 데이터에서 평균을 빼서 데이터를 원점에 맞추고 표준 편차로 나누어 데이터의 분산을 1로 만드는 것입니다. 즉, 데이터가 정규 분포(가우스 분포)를 따른다고 가정하고 이 분포를 원점에 맞추고 분산이 1이 되도록 조정한 것입니다.

```
normalized_data = (data - np.mean(data, axis=...)) / np.std(data, axis=...)
```

이 책의 이전 예제들은 모델에 데이터를 주입하기 전에 정규화했습니다. 하지만 데이터 정규화는 네트워크에서 일어나는 모든 변환 후에도 필요할 수 있습니다. Dense나 Conv2D 층에 들어가는 데이터의 평균이 0이고 분산이 1이더라도 출력되는 데이터가 동일한 분포를 가질 것이라고 기대하기 어렵습니다. 활성화 함수의 출력을 정규화하면 도움이 될까요?

배치 정규화(batch normalization)가 바로 이런 역할을 합니다. 배치 정규화는 2015년 아이오페와 세게디가 제안한 층의 한 종류입니다[5](케라스는 BatchNormalization 클래스로 제공합니다). 훈련하는 동안 평균과 분산이 바뀌더라도 이에 적응하여 데이터를 정규화합니다. 훈련하는 동안 현재 배치 데이터의 평균과 분산을 사용하여 샘플을 정규화합니다. (대표성을 가질 만큼 충분히 큰 배치 데이터를 얻을 수 없는) 추론에서는 훈련에서 본 배치 데이터에서 구한 평균과 분산의 지수 이동 평균을 사용합니다.[6]

원본 논문에서 배치 정규화는 '내부 공변량 변화(internal covariate shift)를 감소'시키기 때문이라고 언급되었지만 배치 정규화가 왜 도움이 되는지 확실히 아는 사람은 없습니다. 다양한 가설이 있지만 확실한 것은 없습니다. 딥러닝에서는 이런 것이 많습니다. 딥러닝은 정확히 과학이라기보다 끊임없이 변하고 경험적으로 추구되는 엔지니어링 모범 사례의 집합이며 믿기 힘든 설명으로 얽혀 있습니다. 이따금 읽고 있는 책이 어떻게 해야 하는지 알려 주지만 왜 작동하는지는 만족스럽게 설명하지 못한다는 것을 느낄 것입니다. 이는 방법은 알지만 이유는 모르기 때문입니다. 믿을 수 있는 설명이 있다면 이를 꼭 언급하겠습니다. 배치 정규화는 이런 경우에 해당하지 않습니다.

5 Sergey Ioffe and Christian Szegedy, "Batch Normalization: Accelerating Deep Network Training by Reducing Internal Covariate Shift," Proceedings of the 32nd International Conference on Machine Learning (2015), https://arxiv.org/abs/1502.03167

6 역주 배치 정규화는 입력 배치의 평균과 표준 편차를 지수 이동 평균으로 계산하여 전체 데이터셋의 평균과 표준 편차를 대신합니다. 이 값은 테스트 데이터에 배치 정규화가 적용될 때 사용됩니다. 지수 이동 평균은 v = v × momentum + v_new × (1 - momentum)와 같이 계산합니다. momentum이 클수록 이전 값(v)의 관성이 크며 새로운 값(v_new)이 미치는 영향이 적습니다. 케라스의 BatchNormalization 클래스의 momentum 기본값은 0.99입니다.

실제로 배치 정규화의 주요 효과는 잔차 연결과 매우 흡사하게 그레이디언트의 전파를 도와주는 것으로 보입니다. 결국 더 깊은 네트워크를 구성할 수 있습니다. 매우 깊은 네트워크라면 여러 개의 BatchNormalization 층을 포함해야 훈련할 수 있습니다. 예를 들어 케라스에 포함된 고급 컨브넷 구조는 배치 정규화를 많이 사용합니다. 여기에는 ResNet50, EfficientNet, Xception 등이 있습니다.

BatchNormalization 층은 Dense, Conv2D 등을 포함하여 어떤 층 다음에도 사용할 수 있습니다.

```
x = ...
x = layers.Conv2D(32, 3, use_bias=False)(x)  -------- Conv2D 층의 출력이 정규화되기 때문에 편향 벡터가 필요하지 않습니다.
x = layers.BatchNormalization()(x)
```

Note ☰ Dense 층과 Conv2D 층은 모두 편향 벡터를 가집니다. 학습되는 이 변수는 층을 순수한 선형 변환이 아니라 아핀 변환으로 만드는 것이 목적입니다. 예를 들어 Conv2D는 y = conv(x, kernel) + bias를 반환하고 Dense는 y = dot(x, kernel) + bias를 반환합니다. 정규화 단계는 층 출력의 평균을 0에 맞추기 때문에 BatchNormalization을 사용할 때 편향 벡터가 더 이상 필요하지 않습니다. use_bias=False 옵션을 사용하면 편향을 제외한 층을 만들 수 있는데, 이렇게 하면 층을 약간 더 가볍게 만들 수 있습니다.

중요한 점은 일반적으로 활성화 층 이전에 배치 정규화 층을 놓는 것이 좋습니다(아직 논란의 여지가 있습니다). 따라서 코드 9-4와 같이 하지 말고 코드 9-5와 같이 하세요.

코드 9-4 피해야 할 배치 정규화 사용법

```
x = layers.Conv2D(32, 3, activation="relu")(x)
x = layers.BatchNormalization()(x)
```

코드 9-5 배치 정규화 사용법: 활성화 층이 마지막에 온다

```
x = layers.Conv2D(32, 3, use_bias=False)(x)  -------- 활성화 함수를 지정하지 않습니다.
x = layers.BatchNormalization()(x)
x = layers.Activation("relu")(x)  -------- BatchNormalization 층 다음에 활성화 층을 놓습니다.
```

직관적으로 보았을 때 이렇게 하는 이유는 배치 정규화가 입력 평균을 0으로 만들지만 relu 활성화 함수는 0을 기준으로 값을 통과시키거나 삭제하기 때문입니다. 활성화 함수 이전에 정규화를 수행하면 relu 함수의 활용도가 극대화됩니다. 즉, 순서에 대한 이 모범 사례가 매우 중요한 것은 아닙니다. 합성곱, 활성화 함수 그다음에 배치 정규화를 사용해도 모델은 여전히 훈련될 것이며 항상 더 나쁜 결과가 되지는 않습니다.

> **배치 정규화와 미세 조정**
>
> 배치 정규화는 여러 특이 사항이 있습니다. 대표적인 것 중 하나로 미세 조정과 관련이 있습니다. BatchNormalization 층이 있는 모델을 미세 조정할 때 이 층들을 동결하는 것이 좋습니다(trainable 속성을 False로 설정합니다). 그렇지 않으면 내부 평균과 분산이 계속 업데이트되어 Conv2D 층에 적용할 매우 작은 업데이트를 방해할 수 있습니다.

이제 마지막 아키텍처 패턴인 깊이별 분리 합성곱을 알아보겠습니다.

9.3.4 깊이별 분리 합성곱

Conv2D를 대체하면서 더 작고(훈련할 모델 파라미터가 더 적고) 더 가볍고(부동 소수점 연산이 더 적고) 모델의 성능을 몇 퍼센트 포인트 높일 수 있는 층이 있다면 어떨까요? 이것이 **깊이별 분리 합성곱**(depthwise separable convolution) 층이 하는 일입니다(케라스에서는 SeparableConv2D에 구현되어 있습니다). 이 층은 입력 채널별로 따로따로 공간 방향의 합성곱을 수행합니다. 그다음 그림 9-10과 같이 점별 합성곱(pointwise convolution)(1×1 합성곱)을 통해 출력 채널을 합칩니다.

▼ 그림 9-10 깊이별 분리 합성곱: 깊이별 합성곱 다음에 점별 합성곱이 뒤따른다

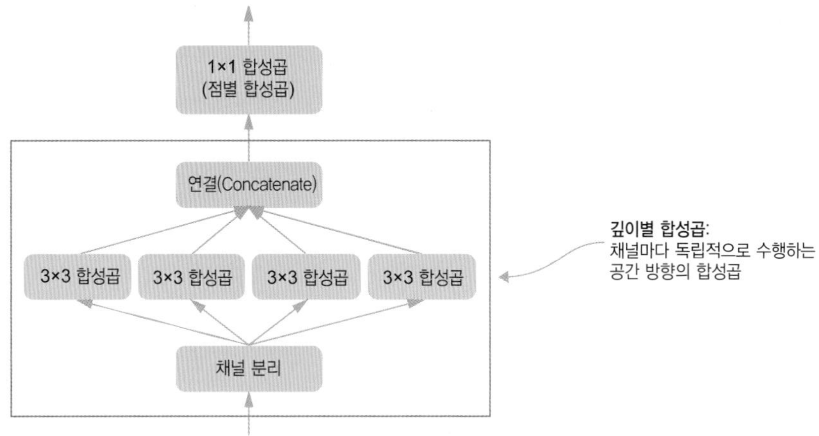

이는 공간 특성의 학습과 채널 방향 특성의 학습을 분리하는 효과를 냅니다. 합성곱이 이미지상의 패턴이 특정 위치에 묶여 있지 않다는 가정에 의존하는 것처럼, 깊이별 분류 합성곱은 중간 활성화에 있는 **공간상의 위치**가 **높은 상관관계**를 가지지만 채널 간에는 **매우 독립적**이라는 가정에 의존합니다. 심층 신경망에 의해 학습되는 이미지 표현의 경우 이 가정이 일반적으로 맞기 때문에 모

델이 훈련 데이터를 더 효율적으로 사용하게 도와주는 유용한 가정입니다. 처리할 정보 구조에 대한 강한 가정을 가진 모델은 이 가정이 맞는 한 더 좋은 모델입니다.

깊이별 분리 합성곱은 일반 합성곱보다 훨씬 적은 개수의 파라미터를 사용하고 더 적은 수의 연산을 수행하면서 유사한 표현 능력을 가지고 있습니다. 수렴이 더 빠르고 쉽게 과대적합되지 않는 작은 모델을 만듭니다. 이런 장점은 제한된 데이터로 밑바닥부터 작은 모델을 훈련할 때 특히 중요합니다.

대규모 모델에 적용된 사례로는 케라스에 포함된 고성능 컨브넷인 Xception 구조의 기반으로 깊이별 분리 합성곱이 사용되었습니다. 필자의 논문 "Xception: Deep Learning with Depthwise Separable Convolutions."[7]에서 깊이별 분리 합성곱에 대한 좀 더 자세한 이론적 배경을 읽을 수 있습니다.

하드웨어, 소프트웨어, 알고리즘의 공진화(co-evolution)

3×3 윈도우, 입력 채널이 64개, 출력 채널이 64개인 일반 합성곱을 생각해 보죠. 훈련 가능한 파라미터는 3*3*64*64 = 36,864개입니다.[8] 이를 이미지에 적용하면 파라미터 개수에 비례하는 부동 소수점 연산을 많이 실행합니다. 반면 동일한 설정에서 깊이별 분리 합성곱의 경우 훈련 가능한 파라미터는 3*3*64 + 64*64 = 4,672개이며[9] 이에 비례하여 부동 소수점 연산이 더 적습니다. 이런 효율성은 필터 개수나 합성곱 윈도우 크기를 더 늘릴수록 향상됩니다.

결과적으로 깊이별 분리 합성곱이 극적으로 빠를 것이라고 기대할 수 있습니다. 그렇지 않나요? 잠시만요. 이 알고리즘을 간단한 CUDA 또는 C 구현으로 작성한다면 맞습니다. 실제로 병렬화된 C 구현으로 CPU에서 실행한다면 의미 있는 속도 향상을 볼 수 있습니다. 하지만 실전에서는 아마도 GPU를 사용할 것입니다. 실행하려는 이 알고리즘은 '간단한' CUDA 구현과는 거리가 멉니다. 이 구현은 기계어 명령 수준까지 특별하게 최적화된 코드인 **cuDNN 커널**입니다. NVIDIA 하드웨어에서 cuDNN 합성곱은 매일 수많은 엑사플롭스(exaFLOPS) 연산을 담당하기 때문에 이 코드를 최적화하는 데 많은 노력을 쏟는 것이 합리적입니다. 하지만 이런 극도로 상세한 최적화 때문에 다른 접근 방식은 성능을 향상할 수 있는 기회를 거의 찾지 못합니다. 깊이별 분리 합성곱처럼 본질적인 장점이 상당히 있는 경우에도 그렇습니다.

계속

7 François Chollet, "Xception: Deep Learning with Depthwise Separable Convolutions," Conference on Computer Vision and Pattern Recognition (2017), https://arxiv.org/abs/1610.02357

8 역주 이 수치는 편향을 고려하지 않은 것입니다. 필터 하나의 크기는 (윈도우 크기 x 채널 크기 + 편향)이므로 파라미터 개수는 (3*3*64 + 1) = 577이 됩니다. 출력 채널이 64, 즉 필터 개수가 64개이므로 훈련 가능한 전체 파라미터 개수는 577*64 = 36,928입니다.

9 역주 이 수치는 편향을 고려하지 않은 것입니다. 먼저 채널마다 3×3 필터가 적용되므로 3*3*64 = 576개의 파라미터가 있습니다. 점별 합성곱은 필터 크기는 1*1*64고 필터마다 편향이 있습니다. 이런 필터가 64개가 있으므로 점별 합성곱의 파라미터 개수는 (1*1*64 + 1)*64 = 4,160개가 됩니다. 따라서 깊이별 분리 합성곱의 총 파라미터 개수는 576 + 4,160 = 4,736입니다.

NVIDIA에 반복적으로 요청했지만 깊이별 분리 합성곱은 일반적인 합성곱과 동일한 수준의 소프트웨어와 하드웨어 최적화 혜택을 거의 받지 못하고 있습니다. 그 결과 파라미터 개수와 부동 소수점 연산이 크게 적음에도 일반 합성곱과 비슷한 속도를 내는 데 그치고 있습니다. 하지만 깊이별 분리 합성곱이 속도 향상에 도움이 되지 않더라도 여전히 좋은 아이디어입니다. 적은 파라미터 개수는 과대적합의 위험이 줄어든다는 의미입니다. 채널 사이에 상관관계가 없다는 가정 덕분에 모델 수렴이 빨라지고 더 강력한 표현을 만들어 줍니다.

이런 약간의 불편함은 다른 상황에서는 뛰어넘을 수 없는 벽이 될 수 있습니다. 딥러닝의 하드웨어와 소프트웨어 전체 생태계가 특정 알고리즘 집합(특히 역전파로 훈련되는 컨브넷)에 미세하게 최적화되어 있기 때문에 이 경로를 벗어나려면 매우 높은 비용이 발생합니다. 그레이디언트가 없는 최적화나 스파이킹 신경망(spiking neural network)과 같은 다른 알고리즘을 실험할 때 직접 만든 병렬 C++나 CUDA 구현 등이 아무리 영리하고 효율적인 아이디어라도 종전의 컨브넷보다 훨씬 느릴 것입니다. 여러분의 방법이 더 낫다고 하더라도 다른 연구자들이 사용하게 만드는 것은 어려운 일이 됩니다.

현대 딥러닝은 하드웨어, 소프트웨어, 알고리즘 사이의 공진화 과정의 산물입니다. NVIDIA GPU와 CUDA가 초기 역전파로 훈련되는 컨브넷의 성공을 이끌었고, 이런 알고리즘을 위해 NVIDIA가 하드웨어와 소프트웨어를 최적화하도록 만들었고, 결국 이런 방법을 사용하는 연구 커뮤니티를 통합시켰습니다. 이 시점에서 다른 방법을 찾으려면 전체 생태계를 수년간에 걸쳐 다시 설계해야 합니다.

9.3.5 Xception 유사 모델에 모두 적용하기

지금까지 배운 컨브넷 아키텍처 원칙을 정리하면 다음과 같습니다.

- 모델은 반복되는 층 **블록**으로 조직되어야 합니다. 블록은 일반적으로 여러 개의 합성곱 층과 최대 풀링 층으로 구성됩니다.
- 특성 맵의 공간 방향 크기가 줄어듦에 따라 층의 필터 개수는 증가해야 합니다.
- 깊고 좁은 아키텍처가 넓고 얕은 것보다 낫습니다.
- 층 블록에 잔차 연결을 추가하면 깊은 네트워크를 훈련하는 데 도움이 됩니다.
- 합성곱 층 다음에 배치 정규화 층을 추가하면 도움이 될 수 있습니다.
- `Conv2D` 층을 파라미터 효율성이 더 좋은 `SeparableConv2D` 층으로 바꾸면 도움이 될 수 있습니다.

이런 아이디어를 하나의 모델에 적용해 보겠습니다. 이 모델은 작은 버전의 Xception 모델과 비슷합니다. 이 모델을 이전 장에서 본 강아지 vs 고양이 데이터셋에 적용해 보겠습니다. 데이터 로딩과 모델 훈련은 8.2.5절에서 사용한 방식을 그대로 재사용합니다. 하지만 모델 정의는 다음과 같은 컨브넷으로 바꿉니다.

```
inputs = keras.Input(shape=(180, 180, 3))
x = data_augmentation(inputs)
x = layers.Rescaling(1./255)(x)
x = layers.Conv2D(filters=32, kernel_size=5, use_bias=False)(x)

for size in [32, 64, 128, 256, 512]:
    residual = x

    x = layers.BatchNormalization()(x)
    x = layers.Activation("relu")(x)
    x = layers.SeparableConv2D(size, 3, padding="same", use_bias=False)(x)

    x = layers.BatchNormalization()(x)
    x = layers.Activation("relu")(x)
    x = layers.SeparableConv2D(size, 3, padding="same", use_bias=False)(x)

    x = layers.MaxPooling2D(3, strides=2, padding="same")(x)

    residual = layers.Conv2D(
        size, 1, strides=2, padding="same", use_bias=False)(residual)
    x = layers.add([x, residual])

x = layers.GlobalAveragePooling2D()(x)
x = layers.Dropout(0.5)(x)
outputs = layers.Dense(1, activation="sigmoid")(x)
model = keras.Model(inputs=inputs, outputs=outputs)
```

- `data_augmentation(inputs)`: 데이터 증식 설정은 이전과 동일합니다.
- `layers.Rescaling(1./255)`: 입력 데이터의 스케일 조정을 잊지 마세요!
- `layers.Conv2D(filters=32, ...)`: 분리 합성곱의 이면에 있는 "특성 채널은 대체적으로 독립적이다."라는 가정은 RGB 이미지에는 맞지 않습니다! 빨간색, 녹색, 파란색 컬러 채널은 실제로 매우 높은 상관관계를 가집니다. 따라서 이 모델의 첫 번째 층은 일반적인 Conv2D입니다. 그다음부터 SeparableConv2D를 사용하겠습니다.
- `for` 루프: 특성 맵 깊이를 증가시키면서 합성곱 블록을 연속적으로 적용합니다. 각 블록은 배치 정규화 층을 적용한 2개의 깊이별 분리 합성곱 층과 하나의 최대 풀링 층으로 구성됩니다. 블록마다 잔차 연결이 추가됩니다.
- `layers.GlobalAveragePooling2D()`: 원래 모델에서는 Dense 층 이전에 Flatten 층을 사용했습니다. 여기에서는 GlobalAveragePooling2D 층을 사용합니다.
- `layers.Dropout(0.5)`: 원래 모델과 마찬가지로 규제를 위해 드롭아웃 층을 사용합니다.

이 컨브넷의 훈련 가능한 파라미터 개수는 72만 1,857개로 원본 모델의 파라미터 개수 99만 1,041개보다 조금 적습니다. 하지만 여전히 동일한 성능 범위 안에 있습니다. 그림 9-11은 훈련과 검증 곡선을 보여 줍니다.

▼ 그림 9-11 Xception 유사 모델의 훈련과 검증 지표

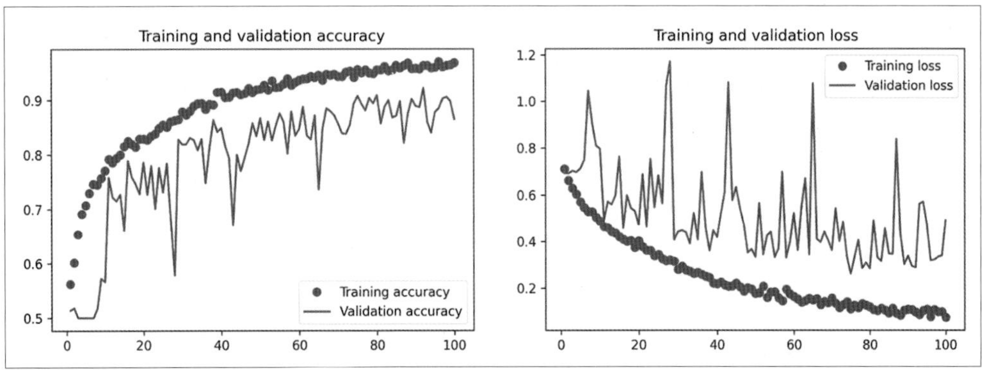

새로운 모델은 90.8%의 테스트 정확도를 달성합니다. 이에 비해 이전 장의 단순한 모델은 83.5%를 달성했습니다. 여기에서 볼 수 있듯이 아키텍처 모범 사례를 따르면 모델 성능에 즉각적이고 괄목할 만한 영향을 줄 수 있습니다!

이 시점에서 성능을 더 향상시키려면 모델의 파라미터를 체계적으로 튜닝해야 합니다. 이 주제는 13장에서 자세히 다루겠습니다. 여기에서는 이 과정을 거치지 않았으므로 이 모델의 구성은 순수하게 앞서 소개한 모범 사례와 모델 크기에 대한 약간의 직관을 기반으로 합니다.

일반적으로 이런 아키텍처 모범 사례는 이미지 분류뿐만 아니라 컴퓨터 비전과 관련이 있습니다. 예를 들어 Xception은 최신 이미지 분할 모델인 DeepLabV3+[10]의 표준 합성곱 기반으로 사용됩니다.

이것으로 핵심적인 컨브넷 아키텍처 모범 사례에 대한 소개를 마칩니다. 이런 원칙을 사용하면 다양한 종류의 컴퓨터 비전 작업에서 높은 성능을 발휘하는 모델을 개발할 수 있을 것입니다. 여러분은 숙련된 컴퓨터 비전 기술자가 되는 길을 잘 밟아 가고 있습니다. 전문성을 더 기르기 위해 마지막으로 다루어야 할 중요한 주제는 모델이 예측을 만드는 방법을 해석하는 것입니다.

10 Liang-Chieh Chen et al., "Encoder-Decoder with Atrous Separable Convolution for Semantic Image Segmentation," ECCV (2018), https://arxiv.org/abs/1802.02611

9.4 컨브넷이 학습한 것 해석하기

컴퓨터 비전 애플리케이션을 구축할 때 근본적인 문제는 **해석 가능성**(interpretability)입니다. 특정 이미지에서 볼 수 있는 것은 트럭뿐인데 모델은 냉장고가 들어 있다고 생각하는 이유는 무엇일까요? 특히 의료 영상을 분석하는 것처럼 사람의 전문성을 보완하는 데 딥러닝을 사용하는 경우와 관련이 많습니다. 컨브넷이 학습한 것을 시각화하고 컨브넷이 내린 결정을 이해하는 다양한 기법을 소개하면서 이 장을 마치겠습니다.

딥러닝 모델을 '블랙박스' 같다고 자주 이야기합니다. 모델이 학습한 표현을 사람이 이해하기 쉬운 형태를 뽑아내거나 제시하기 어렵기 때문입니다. 일부 딥러닝 모델에서는 이 말이 어느 정도 맞지만 컨브넷에서는 전혀 아닙니다. 컨브넷의 표현은 시각적인 개념을 학습한 것이기 때문에 시각화하기 아주 좋습니다. 2013년부터 이런 표현들을 시각화하고 해석하는 다양한 기법이 개발되었습니다. 여기에서 모두 다룰 수는 없지만, 가장 사용이 편하고 유용한 세 가지 기법을 알아보겠습니다.

- **컨브넷 중간층의 출력(중간층에 있는 활성화)을 시각화하기**: 연속된 컨브넷 층이 입력을 어떻게 변형시키는지 이해하고 개별적인 컨브넷 필터의 의미를 파악하는 데 도움이 됩니다.
- **컨브넷 필터를 시각화하기**: 컨브넷의 필터가 찾으려는 시각적인 패턴과 개념이 무엇인지 상세하게 이해하는 데 도움이 됩니다.
- **클래스 활성화에 대한 히트맵**(heatmap)[11]**을 이미지에 시각화하기**: 어떤 클래스에 속하는 데 이미지의 어느 부분이 기여했는지 이해하고 이미지에서 객체의 위치를 추정(localization)하는 데 도움이 됩니다.

첫 번째 방법인 활성화 출력을 시각화하는 기법을 위해 8.2절의 강아지 vs 고양이 분류 문제에서 밑바닥부터 훈련시킨 작은 컨브넷을 사용하겠습니다. 다른 두 가지 방법을 위해서는 사전 훈련된 Xception 모델을 사용하겠습니다.

11 역주 데이터를 컬러 색상의 강도로 표현하는 그래프를 히트맵 그래프라고 합니다. 히트맵에 사용하는 전형적인 컬러맵(colormap)은 파란색(낮은 값), 녹색, 빨간색(높은 값)을 사용하는 제트(jet) 컬러맵입니다. 코드 9-27에서 제트 컬러맵을 사용합니다.

9.4.1 중간 활성화 시각화

중간층의 활성화 시각화는 어떤 입력이 주어졌을 때 모델에 있는 여러 합성곱과 풀링 층이 반환하는 값을 그리는 것입니다(층의 출력을 종종 활성화 함수의 출력인 활성화(activation)라고 부릅니다). 이 방법은 네트워크에 의해 학습된 필터들이 어떻게 입력을 분해하는지 보여 줍니다. 너비, 높이, 깊이(채널) 3개의 차원에 대해 특성 맵을 시각화하는 것이 좋습니다. 각 채널은 비교적 독립적인 특성을 인코딩하므로 특성 맵의 각 채널 내용을 독립적인 2D 이미지로 그리는 것이 괜찮은 방법입니다. 8.2절에서 저장했던 모델을 로드해서 시작해 보죠.

```
>>> from tensorflow import keras
>>> model = keras.models.load_model(
    "convnet_from_scratch_with_augmentation.h5")
>>> model.summary()
Model: "model_1"
_________________________________________________________________
Layer (type)                Output Shape              Param #
=================================================================
input_2 (InputLayer)        [(None, 180, 180, 3)]     0
_________________________________________________________________
sequential (Sequential)     (None, 180, 180, 3)       0
_________________________________________________________________
rescaling_1 (Rescaling)     (None, 180, 180, 3)       0
_________________________________________________________________
conv2d_5 (Conv2D)           (None, 178, 178, 32)      896
_________________________________________________________________
max_pooling2d_4 (MaxPooling2 (None, 89, 89, 32)       0
_________________________________________________________________
conv2d_6 (Conv2D)           (None, 87, 87, 64)        18496
_________________________________________________________________
max_pooling2d_5 (MaxPooling2 (None, 43, 43, 64)       0
_________________________________________________________________
conv2d_7 (Conv2D)           (None, 41, 41, 128)       73856
_________________________________________________________________
max_pooling2d_6 (MaxPooling2 (None, 20, 20, 128)      0
_________________________________________________________________
conv2d_8 (Conv2D)           (None, 18, 18, 256)       295168
_________________________________________________________________
max_pooling2d_7 (MaxPooling2 (None, 9, 9, 256)        0
_________________________________________________________________
conv2d_9 (Conv2D)           (None, 7, 7, 256)         590080
_________________________________________________________________
```

```
flatten_1 (Flatten)          (None, 12544)          0
_________________________________________________________________
dropout (Dropout)            (None, 12544)          0
_________________________________________________________________
dense_1 (Dense)              (None, 1)              12545
=================================================================
Total params: 991,041
Trainable params: 991,041
Non-trainable params: 0
_________________________________________________________________
```

그다음 이 네트워크를 훈련할 때 사용했던 이미지가 아닌 다른 고양이 사진 하나를 입력 이미지로 선택합니다.

코드 9-6 1개의 이미지 전처리하기

```
from tensorflow import keras
import numpy as np

img_path = keras.utils.get_file(
    fname="cat.jpg",
    origin="https://img-datasets.s3.amazonaws.com/cat.jpg")   # 테스트 이미지를 내려받습니다.

def get_img_array(img_path, target_size):
    img = keras.utils.load_img(
        img_path, target_size=target_size)   # 이미지 파일을 로드하고 크기를 변경합니다.
    array = keras.utils.img_to_array(img)   # 이미지를 (180, 180, 3) 크기의 float32 넘파이 배열로 변환합니다.
    array = np.expand_dims(array, axis=0)   # 배열을 단일 이미지의 '배치'로 변환하기 위해 차원을 추가합니다. 이제 배열의 크기는 (1, 180, 180, 3)입니다.
    return array

img_tensor = get_img_array(img_path, target_size=(180, 180))
```

이 이미지를 출력해 보죠(그림 9-12).

코드 9-7 테스트 이미지 출력하기

```
import matplotlib.pyplot as plt

plt.axis("off")
plt.imshow(img_tensor[0].astype("uint8"))
plt.show()
```

▼ 그림 9-12 테스트 고양이 이미지

확인하고 싶은 특성 맵을 추출하기 위해 이미지 배치를 입력으로 받아 모든 합성곱과 풀링 층의 활성화를 출력하는 케라스 모델을 만들겠습니다.

코드 9-8 층 활성화를 반환하는 모델 만들기

```
from tensorflow.keras import layers

layer_outputs = []
layer_names = []
for layer in model.layers:
    if isinstance(layer, (layers.Conv2D, layers.MaxPooling2D)):   # 모든 Conv2D와 MaxPooling2D 층의 출력을 하나의 리스트에 추가합니다.
        layer_outputs.append(layer.output)
        layer_names.append(layer.name)   # 나중을 위해 층 이름을 저장합니다.
activation_model = keras.Model(inputs=model.input, outputs=layer_outputs)   # 모델 입력이 주어졌을 때 층의 출력을 반환하는 모델을 만듭니다.
```

입력 이미지가 주입될 때 이 모델은 원본 모델의 활성화 값을 반환합니다. 7장에서 다중 출력 모델에 대해 배운 이후로 이 책에서는 이 모델이 처음 나오는 다중 출력 모델입니다. 지금까지 본 모델은 정확히 하나의 입력과 하나의 출력만 가졌습니다. 이 모델은 하나의 입력과 층의 활성화마다 하나씩 총 9개의 출력을 가집니다.

코드 9-9 층 활성화 계산하기

```
activations = activation_model.predict(img_tensor)
```

층 활성화마다 배열 하나씩 총 9개의 넘파이 배열로 구성된 리스트를 반환합니다.

예를 들어 다음은 고양이 이미지에 대한 첫 번째 합성곱 층의 활성화 값입니다.

```
>>> first_layer_activation = activations[0]
>>> print(first_layer_activation.shape)
(1, 178, 178, 32)
```

이 활성화는 32개의 채널을 가진 178×178 크기의 특성 맵입니다. 원본 모델의 첫 번째 층 활성화 중에서 여섯 번째 채널을 그려 보겠습니다(그림 9-13).

코드 9-10 여섯 번째 채널 시각화하기

```
import matplotlib.pyplot as plt

plt.matshow(first_layer_activation[0, :, :, 5], cmap="viridis")
plt.show()
```

▼ 그림 9-13 테스트 고양이 이미지에서 첫 번째 층의 활성화 중 여섯 번째 채널

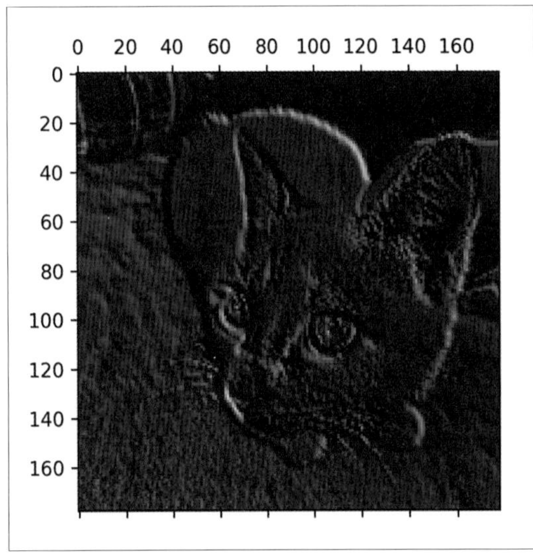

이 채널은 대각선 에지를 감지하도록 인코딩된 것 같습니다. 합성곱 층이 학습한 필터는 결정적이지 않기 때문에 여러분이 그린 채널 이미지는 책과 다를 수 있습니다.

이제 네트워크의 모든 활성화를 시각화해 보겠습니다(그림 9-14). 각 층의 활성화에 있는 모든 채널을 그리기 위해 하나의 큰 이미지 그리드(grid)에 추출한 결과를 나란히 쌓겠습니다.

코드 9-11 모든 층의 활성화에 있는 전체 채널 시각화하기

```
images_per_row = 16
for layer_name, layer_activation in zip(layer_names, activations):
    n_features = layer_activation.shape[-1]
    size = layer_activation.shape[1]
    n_cols = n_features // images_per_row
    display_grid = np.zeros(((size + 1) * n_cols - 1,
                             images_per_row * (size + 1) - 1))
    for col in range(n_cols):
        for row in range(images_per_row):
            channel_index = col * images_per_row + row
            channel_image = layer_activation[0, :, :, channel_index].copy()
            if channel_image.sum() != 0:
                channel_image -= channel_image.mean()
                channel_image /= channel_image.std()
                channel_image *= 64
                channel_image += 128
            channel_image = np.clip(channel_image, 0, 255).astype("uint8")
            display_grid[
                col * (size + 1): (col + 1) * size + col,
                row * (size + 1): (row + 1) * size + row] = channel_image
    scale = 1. / size
    plt.figure(figsize=(scale * display_grid.shape[1],
                        scale * display_grid.shape[0]))
    plt.title(layer_name)
    plt.grid(False)
    plt.axis("off")
    plt.imshow(display_grid, aspect="auto", cmap="viridis")
```

활성화(그리고 해당 층 이름)에 대해 루프를 순회합니다.

층 활성화 크기는 (1, size, size, n_features)입니다.

활성화에 있는 모든 채널을 출력하기 위한 빈 그리드를 준비합니다.

하나의 채널(또는 특성) 이미지입니다.

채널 값을 [0, 255] 범위로 정규화합니다.[12] 모두 0인 채널은 그대로 둡니다.

빈 그리드에 채널 행렬을 저장합니다.

그리드를 출력합니다.

12 역주 먼저 평균을 빼고 표준 편차로 나누어 표준 점수(standard score)로 바꿉니다. 그다음 0~255 사이의 값이 표준 점수 2.0 이내(약 95% 정도가 포함됩니다)에 놓이도록 증폭시킨 후 클리핑했습니다.

9 컴퓨터 비전을 위한 고급 딥러닝

▼ 그림 9-14 테스트 고양이 이미지에서 각 층의 활성화에 있는 모든 채널

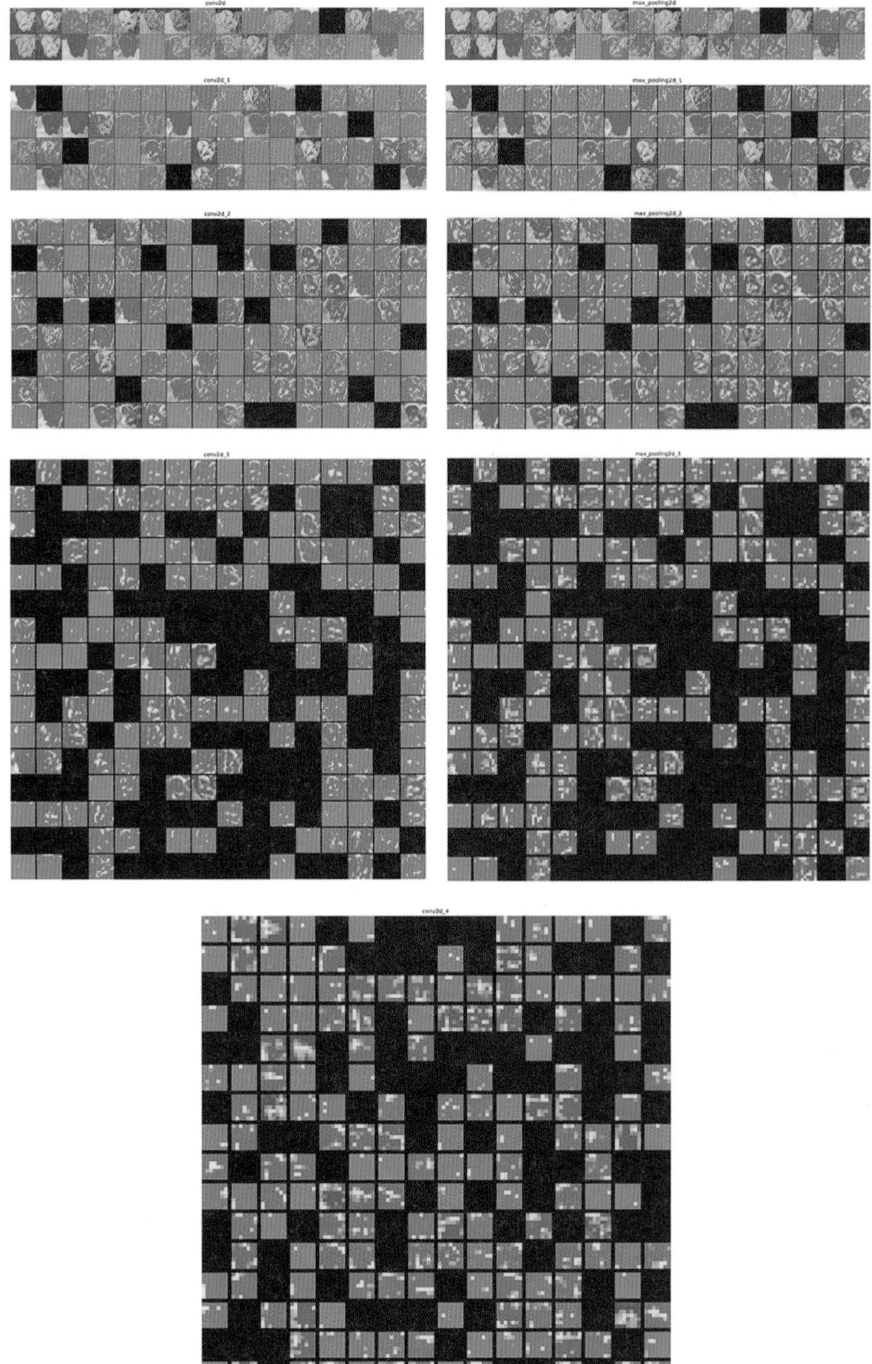

몇 가지 주목할 내용이 있습니다.

- 첫 번째 층은 여러 종류의 에지 감지기를 모아 놓은 것 같습니다. 이 단계의 활성화에는 초기 이미지에 있는 거의 모든 정보가 유지됩니다.
- 층이 깊어질수록 활성화는 점점 더 추상적으로 되고 시각적으로 이해하기 어려워집니다. '고양이 귀'와 '고양이 눈'처럼 고수준 개념을 인코딩하기 시작합니다. 깊은 층의 표현은 이미지의 시각적 콘텐츠에 관한 정보가 점점 줄어들고 이미지의 클래스에 관한 정보가 점점 증가합니다.
- 비어 있는 활성화가 층이 깊어짐에 따라 늘어납니다. 첫 번째 층에서는 거의 모든 필터가 입력 이미지에 활성화되었지만 층을 올라가면서 활성화되지 않는 필터들이 생깁니다. 이는 필터에 인코딩된 패턴이 입력 이미지에 나타나지 않았다는 것을 의미합니다.

심층 신경망이 학습한 표현에서 일반적으로 나타나는 중요한 특징을 조금 전 확인했습니다. 층에서 추출한 특성은 층의 깊이에 따라 점점 더 추상적으로 됩니다. 깊은 층의 활성화에는 특정 입력에 관한 정보가 점점 줄어들고 타깃에 관한 정보(이 경우에는 강아지 또는 고양이 이미지의 클래스)는 점점 더 증가합니다. 심층 신경망은 입력되는 원본 데이터(여기에서는 RGB 포맷의 사진)에 대한 정보 정제 파이프라인처럼 작동합니다. 반복적인 변환을 통해 관계없는 정보(예를 들어 이미지에 있는 특정 요소)를 걸러 내고 유용한 정보는 강조되고 개선됩니다(여기에서는 이미지의 클래스).

사람과 동물이 세상을 인지하는 방식이 이와 비슷합니다. 사람은 몇 초 동안 한 장면을 보고 난 후 그 안에 있었던 추상적인 물체(자전거, 나무)를 기억할 수 있습니다. 하지만 이 물체의 구체적인 모양을 기억하지 못합니다. 사실 기억을 더듬어 일반적인 자전거를 그려 보면 평생 수천 개의 자전거를 보았더라도 조금이라도 비슷하게 그릴 수 없습니다(예를 들어 그림 9-15). 실제로 한번 해보면 진짜 그런지 알 수 있습니다. 우리 뇌는 시각적 입력에서 관련성이 적은 요소를 필터링하여 고수준 개념으로 변환합니다. 이렇게 완전히 추상적으로 학습하기 때문에 눈으로 본 것을 자세히 기억하기는 매우 어렵습니다.

▼ 그림 9-15 왼쪽: 기억에 의존하여 자전거 그리기. 오른쪽: 실제 자전거 모습

9.4.2 컨브넷 필터 시각화하기

컨브넷이 학습한 필터를 조사하는 또 다른 간편한 방법은 각 필터가 반응하는 시각적 패턴을 그려 보는 것입니다. 빈 입력 이미지에서 시작해서 특정 필터의 응답을 최대화하기 위해 컨브넷 입력 이미지에 경사 상승법[13]을 적용합니다. 결과적으로 입력 이미지는 선택된 필터가 최대로 응답하는 이미지가 될 것입니다.

ImageNet에서 사전 훈련된 Xception 모델의 필터를 사용해 보겠습니다. 전체 과정은 간단합니다. 특정 합성곱 층의 한 필터 값을 최대화하는 손실 함수를 정의합니다. 이 활성화 값을 최대화하기 위해 입력 이미지를 변경하도록 확률적 경사 상승법을 사용합니다. 이는 GradientTape 객체를 사용하여 저수준 훈련 루프를 구현하는 두 번째 예입니다(첫 번째는 2장에 있습니다).

먼저 ImageNet 데이터셋에서 사전 훈련된 가중치를 로드하여 Xception 모델을 만들어 보죠.

코드 9-12 Xception 합성곱 기반 모델 만들기

```
model = keras.applications.xception.Xception(
    weights="imagenet",
    include_top=False)  -------- 이 경우 분류 층은 필요 없으므로 모델의 상단부를 제외시킵니다.
```

13 역주 경사 상승법은 손실 함수의 값이 커지는 방향으로 그레이디언트를 업데이트하기 때문에 경사 하강법과 반대이지만, 학습 과정은 동일합니다. 이 절에서는 두 용어를 섞어 사용하는데 번역서에서는 혼동을 피하기 위해 경사 상승법으로 통일했습니다.

이 모델의 합성곱 층인 Conv2D와 SeparableConv2D 층에 관심이 있습니다. 이런 층의 출력을 얻으려면 이름을 알아야 합니다. 깊이 순서대로 이름을 출력해 보죠.

코드 9-13 Xception에 있는 모든 합성곱 층의 이름 출력하기

```
for layer in model.layers:
    if isinstance(layer, (keras.layers.Conv2D, keras.layers.SeparableConv2D)):
        print(layer.name)
```

SeparableConv2D 층의 이름은 모두 block6_sepconv1, block7_sepconv2와 같은 식입니다. Xception은 여러 개의 합성곱 층을 담은 블록으로 구성되어 있습니다.

이제 특정 층의 출력을 반환하는 두 번째 모델, 즉 특성 추출 모델을 만들어 보죠. 함수형 API를 사용한 모델이므로 분석하기 용이합니다. 한 층의 output을 추출하여 새 모델에 재사용할 수 있습니다. Xception 전체 코드를 복사할 필요가 없습니다.

코드 9-14 특성 추출 모델 만들기

```
layer_name = "block3_sepconv1"  # Xception 합성곱 기반에 있는 다른 층의 이름으로 바꿀 수 있습니다.
layer = model.get_layer(name=layer_name)  # 관심 대상인 층의 객체입니다.
feature_extractor = keras.Model(inputs=model.input, outputs=layer.output)
# model.input과 layer.output을 사용해서 입력 이미지가 주어졌을 때 해당 층의 출력을 반환하는 모델을 만듭니다.
```

이 모델을 사용하려면 어떤 입력 데이터에서 모델을 호출하면 됩니다(Xception 모델의 입력은 keras.applications.xception.preprocess_input 함수로 전처리되어야 합니다).

코드 9-15 특성 추출 모델 사용하기

```
activation = feature_extractor(
    keras.applications.xception.preprocess_input(img_tensor)
)
```

특성 추출 모델을 사용해서 입력 이미지가 층의 필터를 얼마나 활성화하는지 정량화된 스칼라 값을 반환하는 함수를 정의해 보겠습니다. 이 함수가 경사 상승법 과정 동안 최대화할 '손실 함수'가 됩니다.

```
import tensorflow as tf

def compute_loss(image, filter_index):  # 이 손실 함수는 이미지 텐서와 필터 인덱스(정수)를 입력으로 받습니다.
    activation = feature_extractor(image)
    filter_activation = activation[:, 2:-2, 2:-2, filter_index]
    return tf.reduce_mean(filter_activation)  # 이 필터에 대한 활성화 값의 평균을 반환합니다.
```

손실에 경계 픽셀을 제외시켜 경계에 나타나는 부수 효과를 제외시킵니다. 활성화 테두리를 따라 두 픽셀을 제외합니다.

model.predict(x)와 model(x)의 차이

이전 장에서 특성 추출을 위해 predict(x)를 사용했습니다. 여기에서는 model(x)를 사용합니다. 무엇이 다를까요?

y = model.predict(x)와 y = model(x) 둘 다 '입력 x로 모델을 실행하여 얻은 출력 y'를 의미합니다(여기에서 x는 입력 데이터의 배열입니다). 하지만 완전히 동일하지는 않습니다.

predict()는 배치로 데이터를 순회하면서 모델 출력을 넘파이 배열로 추출합니다(사실 predict(x, batch_size=64)와 같이 배치 크기를 지정할 수 있습니다[14]). 대략 다음과 같습니다.

```
def predict(x):
    y_batches = []
    for x_batch in get_batches(x):
        y_batch = model(x).numpy()
        y_batches.append(y_batch)
    return np.concatenate(y_batches)
```

이는 predict(x) 메서드가 매우 큰 배열을 처리할 수 있다는 의미입니다. 반면 model(x)는 모두 메모리 내에서 처리하며 확장성이 없습니다. 하지만 predict(x)는 미분 가능하지 않습니다. 즉, GradientTape 범위 안에서 이 메서드를 호출할 때 그레이디언트를 구할 수 없습니다.

모델 호출의 그레이디언트를 계산하려면 model(x)를 사용하고 출력 값만 필요하다면 predict(x)를 사용해야 합니다. 다른 말로 하면 (지금처럼) 저수준 경사 하강법 루프를 작성하는 것이 아니라면 항상 predict() 메서드를 사용하세요.

GradientTape를 사용해서 경사 상승법 단계를 구성해 보죠. 속도를 높이기 위해 @tf.function 데코레이터를 사용하겠습니다.

14 역주 batch_size 매개변수를 지정하지 않으면 기본값으로 32가 됩니다.

경사 상승법 과정을 부드럽게 하기 위해 사용하는 한 가지 기법은 그레이디언트 텐서를 L2 노름(텐서에 있는 값을 제곱한 합의 제곱근)으로 나누어 정규화하는 것입니다.[15] 이렇게 하면 입력 이미지에 적용할 수정량의 크기를 항상 일정 범위 안에 놓을 수 있습니다.

코드 9-16 확률적 경사 상승법을 사용한 손실 최대화

```
@tf.function
def gradient_ascent_step(image, filter_index, learning_rate):
    with tf.GradientTape() as tape:
        tape.watch(image)
        loss = compute_loss(image, filter_index)
    grads = tape.gradient(loss, image)
    grads = tf.math.l2_normalize(grads)
    image += learning_rate * grads
    return image
```

- `tape.watch(image)`: 이미지 텐서는 텐서플로 변수가 아니기 때문에 명시적으로 지정합니다(그레이디언트 테이프는 텐서플로 변수만 자동으로 감시합니다).
- `loss = compute_loss(...)`: 현재 이미지가 필터를 얼마나 활성화하는지 나타내는 스칼라 손실을 계산합니다.
- `grads = tape.gradient(loss, image)`: 이미지에 대한 손실의 그레이디언트를 계산합니다.
- `grads = tf.math.l2_normalize(grads)`: '그레이디언트 정규화 트릭'을 적용합니다.
- `image += learning_rate * grads`: 필터를 더 강하게 활성화시키는 방향으로 이미지를 조금 이동합니다.
- `return image`: 반복 루프에서 이 스텝 함수를 실행할 수 있도록 업데이트된 이미지를 반환합니다.

이제 모든 것이 준비되었습니다. 층 이름과 필터 인덱스를 입력으로 받고, 지정된 필터의 활성화를 최대화하는 패턴을 나타내는 텐서를 반환하는 파이썬 함수를 만들어 보겠습니다.

코드 9-17 필터 시각화 생성 함수

```
img_width = 200
img_height = 200
def generate_filter_pattern(filter_index):
    iterations = 30
    learning_rate = 10.
    image = tf.random.uniform(
        minval=0.4,
        maxval=0.6,
        shape=(1, img_width, img_height, 3))
    for i in range(iterations):
        image = gradient_ascent_step(image, filter_index, learning_rate)
    return image[0].numpy()
```

- `iterations = 30`: 경사 상승법 단계를 적용할 횟수
- `learning_rate = 10.`: 학습률
- `image = tf.random.uniform(...)`: 랜덤한 값으로 이미지 텐서를 초기화합니다. (Xception 모델은 [-1, 1] 범위의 입력 값을 기대합니다. 여기에서는 0.5를 중심으로 범위를 선택합니다.)
- `image = gradient_ascent_step(...)`: 손실 함수를 최대화하도록 이미지 텐서 값을 반복적으로 업데이트합니다.

15 역주 이런 기법을 그레이디언트 클리핑(gradient clipping)이라고 합니다. 여기에서는 l2_normalize() 함수를 사용하여 그레이디언트의 L2 노름을 1로 만듭니다.

결과 이미지 텐서는 (200, 200, 3) 크기의 부동 소수점 텐서입니다. 이 텐서 값은 [0, 255] 사이의 정수가 아닙니다. 따라서 출력 가능한 이미지로 변경하기 위해 후처리할 필요가 있습니다. 이를 위해 간단한 함수를 정의하여 사용하겠습니다.

코드 9-18 텐서를 이미지로 변환하기 위한 유틸리티 함수

```
def deprocess_image(image):
    image -= image.mean()
    image /= image.std()
    image *= 64
    image += 128
    image = np.clip(image, 0, 255).astype("uint8")
    image = image[25:-25, 25:-25, :]
    return image
```

- `image -= image.mean()` ~ `image = np.clip(image, 0, 255).astype("uint8")`: [0, 255] 범위로 이미지 텐서를 정규화합니다.
- `image = image[25:-25, 25:-25, :]`: 부수 효과를 피하기 위해 경계 픽셀을 제외시킵니다.

이 함수를 실행해 보죠(그림 9-16).

```
>>> plt.axis("off")
>>> plt.imshow(deprocess_image(generate_filter_pattern(filter_index=2)))
>>> plt.show()
```

▼ 그림 9-16 block3_sepconv1 층에 있는 세 번째 채널이 최대로 반응하는 패턴

block3_sepconv1 층에 있는 세 번째 필터는 약간 물이나 털 같은 수평 패턴에 반응하는 것 같습니다.

이제 재미있는 부분입니다. 층의 모든 필터를 시각화하거나 모델에 있는 모든 층의 필터를 시각화할 수 있습니다.

코드 9-19 층에 있는 모든 필터의 응답 패턴에 대한 그리드 생성하기

```
all_images = [] -------- 층에 있는 처음 64개의 필터를 시각화하여 저장합니다.
for filter_index in range(64):
    print(f"{filter_index}번 필터 처리중")
    image = deprocess_image(
        generate_filter_pattern(filter_index)
    )
    all_images.append(image)

margin = 5 -------- 필터 시각화를 출력할 빈 이미지를 준비합니다.
n = 8
cropped_width = img_width - 25 * 2
cropped_height = img_height - 25 * 2
width = n * cropped_width + (n - 1) * margin
height = n * cropped_height + (n - 1) * margin
stitched_filters = np.zeros((width, height, 3))

for i in range(n): -------- 저장된 필터로 이미지를 채웁니다.
    for j in range(n):
        image = all_images[i * n + j]
        stitched_filters[
            (cropped_width + margin) * i : (cropped_width + margin) * i + cropped_width,
            (cropped_height + margin) * j : (cropped_height + margin) * j
            + cropped_height,
            :,
        ] = image

keras.utils.save_img( -------- 이미지를 디스크에 저장합니다.
    f"filters_for_layer_{layer_name}.png", stitched_filters)
```

이런 필터 시각화(그림 9-17)를 통해 컨브넷 층이 바라보는 방식을 이해할 수 있습니다. 컨브넷의 각 층은 필터의 조합으로 입력을 표현할 수 있는 일련의 필터를 학습합니다. 이는 푸리에 변환(Fourier transform)을 사용하여 신호를 일련의 코사인 함수로 분해할 수 있는 것과 비슷합니다. 이 컨브넷 필터들은 모델의 층이 깊어질수록 점점 더 복잡해지고 개선됩니다.

* 모델에 있는 첫 번째 층의 필터는 간단한 대각선 방향의 에지와 색깔(또는 어떤 경우에 색깔이 있는 에지)을 인코딩합니다.
* block4_sepconv1과 같이 조금 더 나중에 있는 층의 필터는 에지나 색깔의 조합으로 만들어진 간단한 질감을 인코딩합니다.
* 더 뒤에 있는 층의 필터는 깃털, 눈, 나뭇잎 등 자연적인 이미지에서 찾을 수 있는 질감을 닮아 가기 시작합니다.

▼ 그림 9-17 block2_sepconv1, block4_sepconv1, block8_sepconv1 층의 필터 패턴

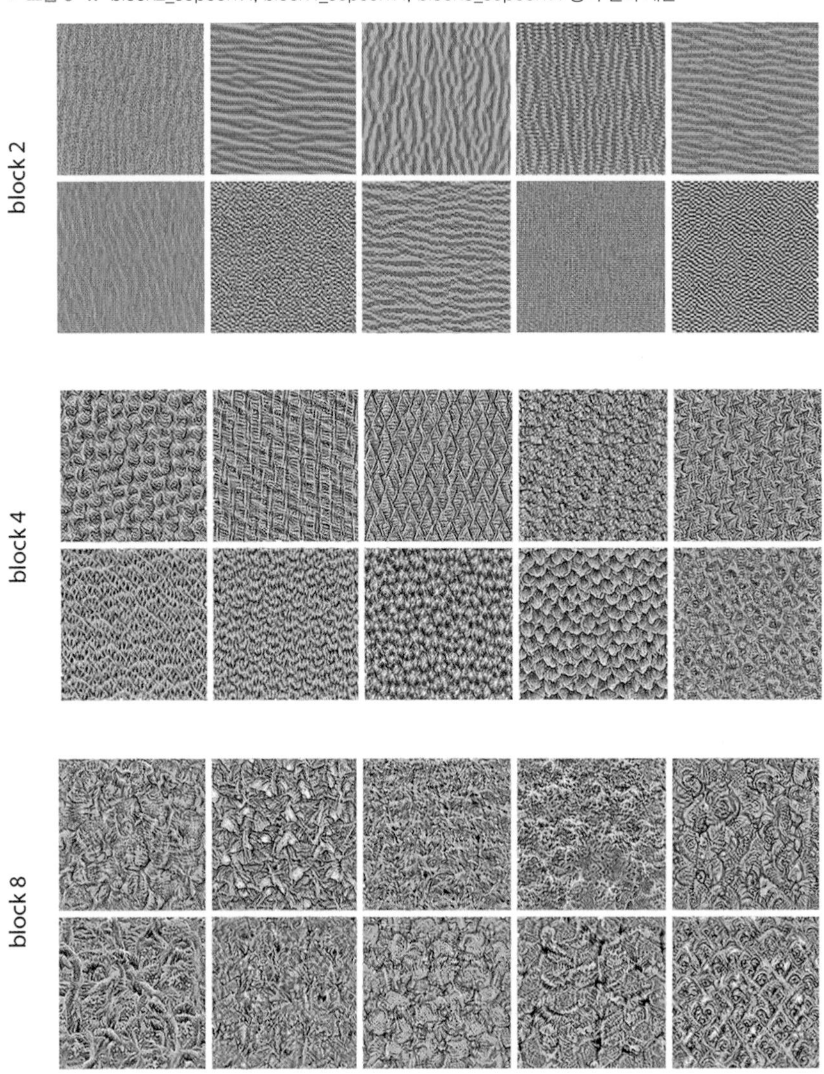

9.4.3 클래스 활성화의 히트맵 시각화하기

마지막으로 한 가지 시각화 기법을 더 소개하겠습니다. 이 방법은 이미지의 어느 부분이 컨브넷의 최종 분류 결정에 기여하는지 이해하는 데 유용합니다. 분류에 실수가 있는 경우 컨브넷의 결정 과정을 '디버깅'하는 데 도움이 됩니다(**모델 해석 가능성**(model interpretability)이라고 부르는 분야입니다). 또한, 이미지에 특정 물체가 있는 위치를 파악하는 데 사용할 수도 있습니다.

이 종류의 기법을 일반적으로 **클래스 활성화 맵**(Class Activation Map, CAM) 시각화라고 부릅니다. 입력 이미지에 대한 클래스 활성화의 히트맵을 만드는 방법입니다. 클래스 활성화 히트맵은 특정 출력 클래스에 대해 입력 이미지의 모든 위치를 계산한 2D 점수 그리드입니다. 클래스에 대해 각 위치가 얼마나 중요한지 알려 줍니다. 예를 들어 강아지 vs 고양이 컨브넷에 한 이미지를 주입하면 CAM 시각화는 고양이 클래스에 대한 히트맵을 생성하여 이미지에서 고양이와 비슷한 부분을 알려 줍니다. 강아지 클래스에 대한 히트맵은 이미지에서 강아지와 같은 부분을 알려 줍니다.

여기에서 사용할 구체적인 구현은 "Grad-CAM: Visual Explanations from Deep Networks via Gradient-based Localization."[16]에 기술되어 있습니다.

Grad-CAM은 입력 이미지가 주어지면 합성곱 층에 있는 특성 맵의 출력을 추출합니다. 그다음 특성 맵의 모든 채널 출력에 채널에 대한 클래스의 그레이디언트 평균을 곱합니다. 이 기법을 직관적으로 이해하는 방법은 다음과 같습니다. '입력 이미지가 각 채널을 활성화하는 정도'에 대한 공간적인 맵을 '클래스에 대한 각 채널의 중요도'로 가중치를 부여하여 '입력 이미지가 클래스를 활성화하는 정도'에 대한 공간적인 맵을 만드는 것입니다.

사전 훈련된 Xception 모델을 다시 사용하여 이 기법을 시연해 보겠습니다.

코드 9-20 사전 훈련된 가중치로 Xception 네트워크 로드하기

```
model = keras.applications.xception.Xception(weights="imagenet")
```

이전의 모든 예제에서는 제외했던 최상위 밀집 연결 층을 포함합니다.

그림 9-18에 있는 초원을 걷는 어미와 새끼 아프리카 코끼리의 이미지를 적용해 보겠습니다. 이 이미지를 Xception 모델이 인식할 수 있도록 변환해 보죠. 이 모델은 299×299 크기의 이미지에서 훈련되었고 `keras.applications.xception.preprocess_input` 함수에 있는 몇 가지 규칙에 따라 전처리되었습니다. 그러므로 이 이미지를 로드해서 299×299 크기로 변경하고 넘파이 `float32` 텐서로 바꾼 후 이 전처리 함수를 적용해야 합니다.

16 Ramprasaath R. Selvaraju et al., arXiv (2017), https://arxiv.org/abs/1610.02391

코드 9-21 Xception 모델에 맞게 입력 이미지 전처리하기

```
img_path = keras.utils.get_file(
    fname="elephant.jpg",                                    이미지를 내려받고 img_path 경로 아래 저장합니다.
    origin="https://img-datasets.s3.amazonaws.com/elephant.jpg")

                                                             299×299 크기의 PIL(Python Imaging
def get_img_array(img_path, target_size):                    Library) 이미지를 반환합니다.
    img = keras.utils.load_img(img_path, target_size=target_size)
    array = keras.utils.img_to_array(img)  (299, 299, 3) 크기의 float32 넘파이 배열을 반환합니다.
    array = np.expand_dims(array, axis=0)  배열을 (1, 299, 299, 3) 크기의 배치로 변환하기 위해 차원을 추가합니다.
    array = keras.applications.xception.preprocess_input(array)
    return array                                             배치를 전처리(채널별 컬러 정규화)합니다.[17]

img_array = get_img_array(img_path, target_size=(299, 299))
```

▼ 그림 9-18 아프리카 코끼리 테스트 이미지

이제 이 이미지에서 사전 훈련된 네트워크를 실행하고 예측 벡터를 이해하기 쉽게 디코딩합니다.[18]

```
>>> preds = model.predict(img_array)
>>> print(keras.applications.xception.decode_predictions(preds, top=3)[0])
[("n02504458", "African_elephant", 0.8699266),
```

17 역주 입력 값을 127.5로 나눈 후 1을 빼서 −1~1 사이로 정규화합니다.

18 역주 decode_predictions() 함수는 예측 결과에서 top 매개변수에 지정된 개수의 최상위 항목을 클래스 레이블과 함께 반환해 줍니다.

```
("n01871265", "tusker", 0.076968715),
("n02504013", "Indian_elephant", 0.02353728)]
```

이 이미지에 대한 상위 3개의 예측 클래스는 다음과 같습니다.

- 아프리카 코끼리(87% 확률)
- 코끼리(7% 확률)
- 인도 코끼리(2% 확률)

이 네트워크는 이미지가 아프리카 코끼리를 담고 있다고 인식했습니다. 예측 벡터에서 최대로 활성화된 항목은 '아프리카 코끼리' 클래스에 대한 것으로 386번 인덱스입니다.

```
>>> np.argmax(preds[0])
386
```

이미지에서 가장 아프리카 코끼리와 같은 부위를 시각화하기 위해 Grad-CAM 처리 과정을 구현하겠습니다.

먼저 입력 이미지를 마지막 합성곱 층의 활성화에 매핑하는 모델을 만듭니다.

코드 9-22 마지막 합성곱 출력을 반환하는 모델 만들기

```
last_conv_layer_name = "block14_sepconv2_act"
classifier_layer_names = [
    "avg_pool",
    "predictions",
]
last_conv_layer = model.get_layer(last_conv_layer_name)
last_conv_layer_model = keras.Model(model.inputs, last_conv_layer.output)
```

그다음 마지막 합성곱 층의 활성화를 최종 클래스 예측에 매핑하는 모델을 만듭니다.

코드 9-23 마지막 합성곱 출력 위에 있는 분류기에 적용하기 위한 모델 만들기

```
classifier_input = keras.Input(shape=last_conv_layer.output.shape[1:])
x = classifier_input
for layer_name in classifier_layer_names:
    x = model.get_layer(layer_name)(x)
classifier_model = keras.Model(classifier_input, x)
```

그다음 마지막 합성곱 층의 활성화에 대한 최상위 예측 클래스의 그레이디언트를 계산합니다.

코드 9-24 최상위 예측 클래스의 그레이디언트 계산하기

```
import tensorflow as tf

with tf.GradientTape() as tape:
    last_conv_layer_output = last_conv_layer_model(img_array)
    tape.watch(last_conv_layer_output)
    preds = classifier_model(last_conv_layer_output)
    top_pred_index = tf.argmax(preds[0])
    top_class_channel = preds[:, top_pred_index]

grads = tape.gradient(top_class_channel, last_conv_layer_output)
```

- `last_conv_layer_output = …` / `tape.watch(…)`: 마지막 합성곱 층의 활성화를 계산하고 그레이디언트 테이프로 감시합니다.
- `preds = …` ~ `top_class_channel = …`: 최상위 예측 클래스에 해당하는 활성화 채널을 추출합니다.
- `grads = …`: 마지막 합성곱 층의 출력 특성 맵에 대한 최상위 예측 클래스의 그레이디언트를 계산합니다.

이제 그레이디언트 텐서를 평균하고 중요도 가중치를 적용하여 클래스 활성화 히트맵을 만듭니다.

코드 9-25 그레이디언트를 평균하고 채널 중요도 가중치 적용하기

```
pooled_grads = tf.reduce_mean(grads, axis=(0, 1, 2)).numpy()
last_conv_layer_output = last_conv_layer_output.numpy()[0]
for i in range(pooled_grads.shape[-1]):
    last_conv_layer_output[:, :, i] *= pooled_grads[i]
heatmap = np.mean(last_conv_layer_output, axis=-1)
```

- `pooled_grads = …`: 이 벡터의 각 원소는 어떤 채널에 대한 그레이디언트의 평균 강도입니다. 최상위 예측 클래스에 대한 각 채널의 중요도를 정량화한 것입니다.
- `for i in …`: 마지막 합성곱 층의 출력에 있는 각 채널에 '채널의 중요도'를 곱합니다.
- `heatmap = …`: 만들어진 특성 맵을 채널별로 평균하면 클래스 활성화 히트맵이 됩니다.

시각화를 위해 히트맵을 0과 1 사이로 정규화하겠습니다. 최종 결과는 그림 9-19와 같습니다.

코드 9-26 히트맵 후처리하기

```
heatmap = np.maximum(heatmap, 0)
heatmap /= np.max(heatmap)
plt.matshow(heatmap)
plt.show()
```

▼ 그림 9-19 클래스 활성화 히트맵[19]

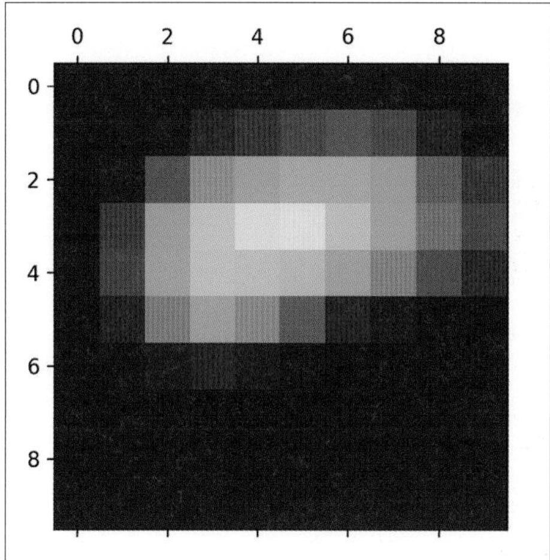

마지막으로 앞에서 얻은 히트맵에 원본 그림을 겹친 이미지를 만들어 보겠습니다(그림 9-20).

코드 9-27 원본 이미지 위에 히트맵 그리기

```
import matplotlib.cm as cm

img = keras.utils.load_img(img_path)              # 원본 이미지를 로드합니다.
img = keras.utils.img_to_array(img)
heatmap = np.uint8(255 * heatmap)                 # 히트맵을 0~255 범위로 조정합니다.

jet = cm.get_cmap("jet")                          # 'jet' 컬러맵을 사용해서 히트맵의 색을 바꿉니다.
jet_colors = jet(np.arange(256))[:, :3]
jet_heatmap = jet_colors[heatmap]

jet_heatmap = keras.utils.array_to_img(jet_heatmap)          # 새로운 히트맵을 담을 이미지를 만듭니다.
jet_heatmap = jet_heatmap.resize((img.shape[1], img.shape[0]))
jet_heatmap = keras.utils.img_to_array(jet_heatmap)

superimposed_img = jet_heatmap * 0.4 + img                    # 히트맵에 40% 투명도를 주고 원본 이미지를 합칩니다.
superimposed_img = keras.utils.array_to_img(superimposed_img)

save_path = "elephant_cam.jpg"                    # 합친 이미지를 저장합니다.
superimposed_img.save(save_path)
```

19 역주 matplotlib의 기본 컬러맵은 viridis로 노란색이 가장 높은 값을 나타냅니다.

▼ 그림 9-20 테스트 이미지에 겹친 아프리카 코끼리 클래스 활성화 히트맵

이 시각화 기법은 2개의 중요한 질문에 대한 답을 줍니다.

- 왜 네트워크가 이 이미지에 아프리카 코끼리가 있다고 생각하는가?
- 아프리카 코끼리가 사진 어디에 있는가?

특히 코끼리 새끼의 귀가 강하게 활성화된 점이 흥미롭습니다. 아마도 이것은 네트워크가 아프리카 코끼리와 인도 코끼리의 차이를 구분하는 방법일 것입니다.[20]

9.5 요약

DEEP LEARNING

- 딥러닝으로 다룰 수 있는 3개의 주요 컴퓨터 비전 작업은 이미지 분류, 이미지 분할, 객체 탐지입니다.

20 역주 인도 코끼리는 아프리카 코끼리보다 작은 귀를 가진 것이 특징입니다.

- 최신 컨브넷 아키텍처의 모범 사례를 따르면 모델의 성능을 최대한 높이는 데 도움이 될 것입니다. 이런 모범 사례에는 잔차 연결, 배치 정규화, 깊이별 분리 합성곱이 포함됩니다.
- 컨브넷이 학습한 표현을 쉽게 분석할 수 있습니다. 컨브넷은 블랙박스가 아닙니다!
- 클래스 활성화 히트맵을 포함하여 컨브넷이 학습한 필터를 시각화할 수 있습니다.

10장

시계열을 위한 딥러닝

이 장에서 다룰 핵심 내용

- 시계열 데이터를 포함한 머신 러닝 작업의 예
- 순환 신경망(RNN) 이해하기
- RNN을 온도 예측 예제에 적용하기
- 고급 RNN 사용 패턴

10.1 다양한 종류의 시계열 작업

시계열(timeseries) 데이터는 일정한 간격으로 측정하여 얻은 모든 데이터를 말합니다. 예를 들어 주식의 일별 가격, 도시의 시간별 전력 소모량, 상점의 주간별 판매량 등이 해당됩니다. 시계열은 자연 현상(예를 들어 지진 활동, 강에 있는 물고기 개체 수의 변화, 한 지역의 날씨)이나 인간의 활동 패턴(예를 들어 웹 사이트 방문자, 국가의 GDP, 신용 카드 거래) 어디에서나 볼 수 있습니다. 지금까지 보았던 데이터와 달리 시계열을 다루려면 시스템의 역학(dynamics)을 이해해야 합니다. 주기성, 시간에 따른 트렌드, 규칙적인 형태와 급격한 증가 등입니다.

가장 일반적인 시계열 관련 작업은 **예측**(forecasting)입니다. 현시점의 시계열 데이터 다음에 일어날 것을 예측하는 것입니다. 몇 시간 후의 전력 소모량을 예측하면 수요를 예상할 수 있습니다. 몇 달 후의 수익을 예측하면 예산을 계획할 수 있습니다. 며칠 후의 날씨를 예측하면 일정을 계획할 수 있습니다. 이 장의 초점은 예측입니다. 하지만 시계열로 할 수 있는 작업은 실제로 다양합니다.

- **분류**: 하나 이상의 범주형 레이블을 시계열에 부여합니다. 예를 들어 웹 사이트의 방문자 활동에 대한 시계열이 주어지면 이 방문자가 봇(bot)인지 사람인지 분류합니다.
- **이벤트 감지**: 연속된 데이터 스트림에서 예상되는 특정 이벤트 발생을 식별합니다. 특히 유용한 애플리케이션은 '핫워드(hotword) 감지'로 모델이 오디오 스트림을 모니터링하다가 '오케이 구글' 또는 '안녕 알렉사'와 같은 시작 단어를 감지합니다.
- **이상치 탐지**(anomaly detection): 연속된 데이터 스트림에서 발생하는 비정상적인 현상을 감지합니다. 회사 네트워크에 비정상적인 활동이 있나요? 외부 공격일 수 있습니다. 제조 라인에 비정상적인 값이 측정되었나요? 사람이 가서 확인해 보아야 합니다. 이상치 탐지는 일반적으로 비지도 학습(unsupervised learning)으로 수행됩니다.[1] 어떤 종류의 이상치를 찾는지 모르는 경우가 많아 구체적인 이상치 샘플로 훈련할 수 없기 때문입니다.

시계열을 다룰 때 매우 다양한 분야에 특화된 데이터 표현 기법을 볼 수 있습니다. 예를 들어 시계열 값을 여러 다른 주파수 성분으로 분리하는 **푸리에 변환**(Fourier transform)에 대해 들어 보았을 것입니다. 푸리에 변환은 주로 주기와 진동이 특징인 데이터(소리, 고층 건물의 진동, 뇌파 등)를 처리할 때 매우 유용할 수 있습니다. 딥러닝에서는 푸리에 분석(또는 멜-주파수(Mel-frequency) 분

1 역주 비지도 학습은 타깃, 즉 레이블이 없는 데이터셋을 사용합니다. 대표적인 비지도 학습은 군집(clustering), 이상치 탐지, 시각화, 차원 축소 등입니다.

석)과 다른 도메인 특화된 표현을 특성 공학의 형태로 사용하여 모델 훈련 전에 데이터를 전처리함으로써 모델이 처리할 작업을 더 쉽게 만들 수 있습니다. 하지만 여기에서는 이런 기법에 대해 다루지 않습니다. 그 대신 모델링 부분에 초점을 맞춥니다.

이 장에서는 순환 신경망(Recurrent Neural Network, RNN)에 대해 배우고 시계열 예측에 적용하는 방법을 알아보겠습니다.

10.2 온도 예측 문제

DEEP LEARNING

이 장에서 모든 코드 예제는 한 문제를 다룹니다. 건물 지붕 위의 센서에서 최근에 기록한 기압, 습도와 같은 매시간 측정값의 시계열이 주어졌을 때 24시간 뒤의 온도를 예측하는 것입니다. 앞으로 보게 되겠지만 꽤 어려운 문제입니다!

이 온도 예측 작업을 사용하여 시계열 데이터가 지금까지 보았던 데이터셋의 종류와 근본적으로 다르다는 것을 강조하겠습니다. 밀집 연결 네트워크와 합성곱 네트워크가 이런 종류의 데이터셋을 잘 처리하는 데 적절하지 않으며 순환 신경망이 이런 종류의 문제에 뛰어나다는 것을 보게 될 것입니다.

이 데이터는 독일 예나(Jena)시에 있는 막스 플랑크 생물지구화학연구소(Max Planck Institute for Biogeochemistry)의 기상 관측소에서 수집한 것입니다.[2] 이 데이터셋에는 수년간에 걸쳐 (온도, 기압, 습도, 풍향 등) 14개의 관측치가 10분마다 기록되어 있습니다. 원본 데이터는 2003년부터 기록되어 있지만 이 예제에서는 2009~2016년 사이의 데이터만 사용합니다.

먼저 데이터를 내려받고 압축을 풉니다.

```
!wget https://s3.amazonaws.com/keras-datasets/jena_climate_2009_2016.csv.zip
!unzip jena_climate_2009_2016.csv.zip
```

데이터를 살펴보겠습니다.

2 Adam Erickson and Olaf Kolle, www.bgc-jena.mpg.de/wetter

코드 10-1 예나 날씨 데이터셋 조사하기

```
import os
fname = os.path.join("jena_climate_2009_2016.csv")

with open(fname) as f:
    data = f.read()

lines = data.split("\n")
header = lines[0].split(",")
lines = lines[1:]
print(header)
print(len(lines))
```

출력된 줄 수는 42만 451줄입니다(줄마다 하나의 타임스텝이고 날짜와 14개의 날씨 정보가 레코드입니다). 헤더는 다음과 같습니다.

```
["Date Time",
 "p (mbar)",
 "T (degC)",
 "Tpot (K)",
 "Tdew (degC)",
 "rh (%)",
 "VPmax (mbar)",
 "VPact (mbar)",
 "VPdef (mbar)",
 "sh (g/kg)",
 "H2OC (mmol/mol)",
 "rho (g/m**3)",
 "wv (m/s)",
 "max. wv (m/s)",
 "wd (deg)"]
```

42만 551개의 데이터 전체를 넘파이 배열로 바꿉니다. 온도(섭씨)를 하나의 배열로 만들고 나머지 데이터를 또 다른 배열로 만듭니다. 두 번째 배열이 미래 온도를 예측하기 위해 사용할 특성입니다. 'Date Time' 열은 제외시킵니다.

코드 10-2 데이터 파싱

```
import numpy as np

temperature = np.zeros((len(lines),))
raw_data = np.zeros((len(lines), len(header) - 1))
```

```
for i, line in enumerate(lines):
    values = [float(x) for x in line.split(",")[1:]]
    temperature[i] = values[1] -------- 두 번째 열을 'temperature' 배열에 저장합니다.
    raw_data[i, :] = values[:] -------- (온도를 포함하여) 모든 열을 'raw_data' 배열에 저장합니다.
```

그림 10-1은 시간에 따른 온도(섭씨) 그래프입니다. 이 그래프에서 매년 온도에 주기성이 있다는 것을 잘 볼 수 있습니다(이 데이터의 범위는 8년입니다).

코드 10-3 전체 온도를 그래프로 그리기

```
from matplotlib import pyplot as plt

plt.plot(range(len(temperature)), temperature)
plt.show()
```


▼ 그림 10-1 데이터셋의 전체 기간의 온도(℃)

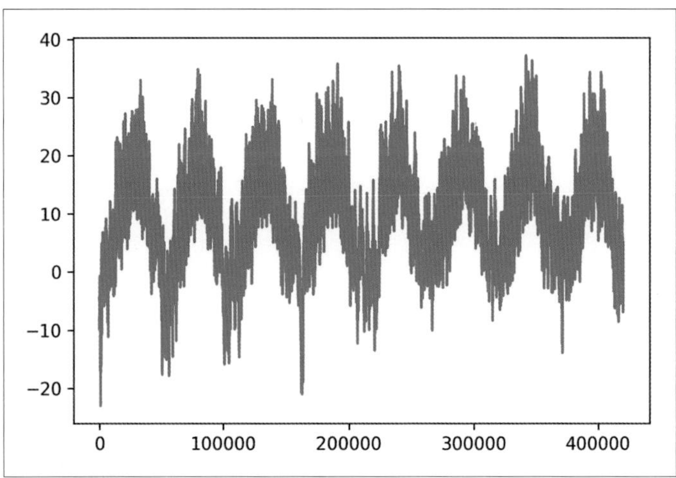

그림 10-2는 기간을 좁혀서 처음 10일간 온도 데이터를 나타낸 그래프입니다. 10분마다 데이터가 기록되므로 하루에 총 144개의 데이터 포인트가 있습니다.

코드 10-4 처음 10일간의 온도를 그래프로 그리기

```
plt.plot(range(1440), temperature[:1440])
plt.show()
```

▼ 그림 10-2 데이터셋의 처음 10일간 온도(℃)

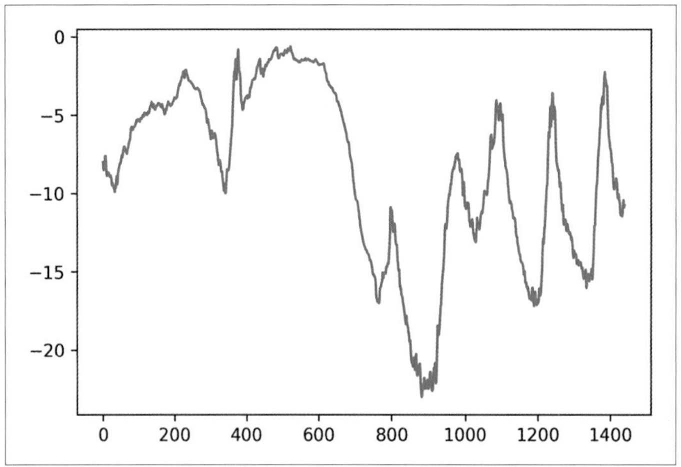

이 그래프에서 일별 주기성을 볼 수 있습니다. 특히 마지막 4일간을 보면 확실합니다. 이 10일의 기간은 아주 추운 겨울에 해당합니다.[3]

> **항상 데이터에서 주기성을 찾으세요.**
>
> 여러 시간 범위에 걸친 주기성은 시계열 데이터에서 중요하고 매우 일반적인 성질입니다. 날씨, 쇼핑몰 주차 공간, 웹 사이트 트래픽, 식료품점 판매량, 피트니스 트래커(fitness tracker)에 기록된 걸음 수 등 어디에서나 일별 주기와 연간 주기성을 볼 수 있습니다(사람이 생성한 데이터도 매주 주기성을 가지는 경향이 있습니다). 데이터를 탐색할 때 이런 패턴을 찾아보세요.

이 데이터셋에서 지난 몇 달간 데이터를 사용하여 다음 달의 평균 온도를 예측하는 문제는 쉬운 편입니다. 연간 데이터 주기성은 안정적이기 때문입니다. 하지만 하루하루 데이터를 살펴보면 온도 변화는 매우 불안정합니다. 일자별 수준의 시계열 데이터를 예측할 수 있을까요? 직접 확인해 보겠습니다.

모든 예제에서 처음 50%의 데이터를 훈련에 사용하고 다음 25%를 검증, 마지막 25%를 테스트에 사용하겠습니다. 시계열 데이터를 다룰 때 검증 데이터와 테스트 데이터가 훈련 데이터보다 최신이어야 합니다. 미래에서 과거를 예측하는 것이 아니라 과거를 바탕으로 미래를 예측하기 때문입니다. 이런 구도에 맞게 검증 세트와 테스트 세트를 분할해야 합니다. 시간 축을 거꾸로 하면 어떤 문제는 아주 쉽게 해결됩니다!

---

3 역주 2009년 1월 1일 0시 10분부터 1월 11일 0시 0분까지 데이터입니다.

코드 10-5 각 분할에 사용할 샘플 개수 계산하기

```
>>> num_train_samples = int(0.5 * len(raw_data))
>>> num_val_samples = int(0.25 * len(raw_data))
>>> num_test_samples = len(raw_data) - num_train_samples - num_val_samples
>>> print("num_train_samples:", num_train_samples)
>>> print("num_val_samples:", num_val_samples)
>>> print("num_test_samples:", num_test_samples)
num_train_samples: 210225
num_val_samples: 105112
num_test_samples: 105114
```

10.2.1 데이터 준비

이 문제의 정확한 정의는 다음과 같습니다. 한 시간에 한 번씩 샘플링된 5일간의 데이터가 주어졌을 때 24시간 뒤의 온도를 예측할 수 있을까요?

먼저 데이터를 신경망에 주입할 수 있는 형태로 전처리해 보겠습니다. 이 작업은 쉽습니다. 데이터가 이미 수치형이기 때문에 어떤 벡터화도 필요하지 않습니다. 하지만 이 데이터에 있는 시계열은 스케일이 각기 다릅니다(예를 들어 mbar로 측정된 기압은 약 1,000이지만 H2OC는 mmol/mol로 측정되어 약 3 정도입니다). 각 시계열을 독립적으로 정규화하여 비슷한 범위를 가진 작은 값으로 바꾸겠습니다. 처음 21만 225의 타임스텝(timestep)을 훈련 데이터로 사용하므로 이 범위에서 평균과 표준 편차를 계산합니다.[4]

코드 10-6 데이터 정규화

```
mean = raw_data[:num_train_samples].mean(axis=0)
raw_data -= mean
std = raw_data[:num_train_samples].std(axis=0)
raw_data /= std
```

4 역주 훈련 데이터에서 얻은 통계 값으로 검증 데이터와 테스트 데이터를 포함해서 전체 데이터를 전처리해야 합니다.

이제 과거 5일치 데이터와 24시간 뒤 타깃 온도의 배치를 반환하는 Dataset 객체를 만들어 보죠. 이 데이터셋에 있는 샘플은 중복이 많습니다(샘플 N과 샘플 N + 1은 대부분의 타임스텝이 중복되어 있습니다[5]). 모든 샘플을 메모리에 적재하면 낭비가 심합니다. 그 대신 raw_data와 temperature 배열만 메모리에 유지하고 그때그때 샘플을 생성하겠습니다.

파이썬 제너레이터를 만들어 처리할 수 있지만 케라스에 내장된 데이터셋 유틸리티(timeseries_dataset_from_array())가 있습니다. 이를 사용하면 수고를 덜 수 있습니다. 이 함수는 모든 종류의 시계열 예측 작업에 일반적으로 사용할 수 있습니다.

timeseries_dataset_from_array() 이해하기

timeseries_dataset_from_array() 함수의 작동 방식을 이해하기 위해 간단한 예를 살펴보죠. 시계열 데이터 배열을 (data 매개변수에) 제공하면 timeseries_dataset_from_array() 함수가 원본 시계열에서 추출한 윈도우를 제공합니다(이를 '시퀀스(sequence)'라고 부릅니다).

예를 들어 data = [0 1 2 3 4 5 6]과 sequence_length=3을 timeseries_dataset_from_array() 함수에 전달하면 [0 1 2], [1 2 3], [2 3 4], [3 4 5], [4 5 6]과 같은 샘플을 생성합니다.

timeseries_dataset_from_array() 함수에 targets 매개변수로 타깃 배열을 전달할 수 있습니다. targets 배열의 첫 번째 원소는 data 배열에서 생성될 첫 번째 시퀀스에 대한 타깃에 해당되어야 합니다. 따라서 시계열 예측을 수행한다면 targets는 약간의 시간 차를 두고 data 배열과 동일해야 합니다.

예를 들어 data = [0 1 2 3 4 5 6 ...]과 sequence_length=3인 경우 targets = [3 4 5 6 ...]을 전달하여 이 시계열에서 다음 스텝을 예측하는 데이터셋을 만들 수 있습니다. 한번 테스트해 보죠.

```
import numpy as np
from tensorflow import keras

int_sequence = np.arange(10) -------- 0에서 9까지 정렬된 정수 배열을 만듭니다.
dummy_dataset = keras.utils.timeseries_dataset_from_array(
    data=int_sequence[:-3], -------- 생성할 시퀀스는 [0 1 2 3 4 5 6]에서 샘플링됩니다.
    targets=int_sequence[3:], -------- data[N]에서 시작하는 시퀀스의 타깃은 data[N + 3]이 됩니다.
    sequence_length=3, -------- 이 시퀀스의 길이는 3스텝입니다.
    batch_size=2, -------- 이 시퀀스의 배치 크기는 2입니다.
)

for inputs, targets in dummy_dataset:
    for i in range(inputs.shape[0]):
        print([int(x) for x in inputs[i]], int(targets[i]))
```

계속

5 역주 타임스텝 N에서 시작하는 샘플과 타임스텝 N + 1에서 시작하는 샘플에는 많은 데이터 포인트가 중복되어 있다는 의미입니다.

이 코드는 다음과 같은 결과를 출력합니다.

```
[0, 1, 2] 3
[1, 2, 3] 4
[2, 3, 4] 5
[3, 4, 5] 6
[4, 5, 6] 7
```

timeseries_dataset_from_array()를 사용해서 훈련, 검증, 테스트를 위해 3개의 데이터셋을 만들겠습니다.

다음과 같은 매개변수 값을 사용하겠습니다.

- **sampling_rate = 6**: 시간당 하나의 데이터 포인트가 샘플링됩니다. 즉, 6개의 데이터 포인트 중 하나만 사용하겠습니다.
- **sequence_length = 120**: 이전 5일간(120시간) 데이터를 사용합니다.
- **delay = sampling_rate * (sequence_length + 24 - 1)**: 시퀀스의 타깃은 시퀀스 끝에서 24시간 후의 온도입니다.

훈련 데이터셋을 만들 때 처음 50%의 데이터만 사용하기 위해 start_index=0과 end_index=num_train_samples로 지정합니다. 검증 데이터셋의 경우 그다음 25%를 사용하기 위해 start_index=num_train_samples와 end_index=num_train_samples + num_val_samples로 지정합니다. 마지막으로 테스트 데이터셋의 경우 남은 샘플을 사용하기 위해 start_index=num_train_samples + num_val_samples로 지정합니다.

코드 10-7 훈련, 검증, 테스트 데이터셋 만들기

```
sampling_rate = 6
sequence_length = 120
delay = sampling_rate * (sequence_length + 24 - 1)
batch_size = 256

train_dataset = keras.utils.timeseries_dataset_from_array(
    raw_data[:-delay],
    targets=temperature[delay:],
    sampling_rate=sampling_rate,
    sequence_length=sequence_length,
    shuffle=True,
```

```
    batch_size=batch_size,
    start_index=0,
    end_index=num_train_samples)

val_dataset = keras.utils.timeseries_dataset_from_array(
    raw_data[:-delay],
    targets=temperature[delay:],
    sampling_rate=sampling_rate,
    sequence_length=sequence_length,
    shuffle=True,
    batch_size=batch_size,
    start_index=num_train_samples,
    end_index=num_train_samples + num_val_samples)

test_dataset = keras.utils.timeseries_dataset_from_array(
    raw_data[:-delay],
    targets=temperature[delay:],
    sampling_rate=sampling_rate,
    sequence_length=sequence_length,
    shuffle=True,
    batch_size=batch_size,
    start_index=num_train_samples + num_val_samples)
```

각 데이터셋은 (samples, targets) 크기의 튜플을 반환합니다. samples는 256개의 샘플로 이루어진 배치입니다. 각 샘플은 연속된 120시간의 입력 데이터를 담고 있습니다. targets는 256개의 타깃 온도에 해당하는 배열입니다. 샘플이 랜덤하게 섞여 있기 때문에 배치에 있는 연속된 두 샘플(예를 들어 samples[0]과 samples[1])이 꼭 시간적으로 가까운 것은 아닙니다.[6]

코드 10-8 훈련 데이터셋의 배치 크기 확인하기

```
>>> for samples, targets in train_dataset:
>>>     print("샘플 크기:", samples.shape)
>>>     print("타깃 크기:", targets.shape)
>>>     break
샘플 크기: (256, 120, 14)
타깃 크기: (256,)
```

6 역주 훈련 데이터를 순서대로 학습하는 것보다 랜덤하게 선택한 샘플을 사용하여 손실 함수를 탐험하면 지역 최솟값을 벗어나기 쉽고 데이터셋에 과대적합되는 것을 줄일 수 있습니다. 이것이 확률적 경사 하강법(SGD)의 핵심 아이디어입니다. 보통은 에포크마다 전체 데이터셋을 무작위로 섞지만 예나 온도 데이터셋은 시계열 데이터이기 때문에 전체를 섞는 대신 임의의 위치에서 시퀀스를 추출합니다.

10.2.2 상식 수준의 기준점

블랙박스 같은 딥러닝 모델을 사용하여 온도 예측 문제를 풀기 전에 간단한 상식 수준의 해법을 시도해 보겠습니다. 이는 정상적인 문제인지 확인하기 위한 용도이며 고수준 머신 러닝 모델이라면 뛰어넘어야 할 기준점이 됩니다. 이런 상식 수준의 해법은 알려진 해결책이 없는 새로운 문제를 다루어야 할 때 유용합니다. 고전적인 예는 일부 클래스가 월등히 많아 불균형한 분류 작업의 경우입니다. 데이터셋에 클래스 A의 샘플이 90%, 클래스 B의 샘플이 10%가 있다면, 이 분류 문제에 대한 상식 수준의 접근법은 새로운 샘플을 항상 클래스 'A'라고 예측하는 것입니다. 이 분류기는 대략 90%의 정확도를 낼 것입니다. 머신 러닝 기반의 모델이라면 90% 이상을 달성해야 유용하다고 볼 수 있습니다. 이따금 이런 기본적인 기준점을 넘어서기가 아주 어려운 경우가 있습니다.

이 경우 시계열 데이터는 연속성이 있고 일자별로 주기성을 가진다고 가정할 수 있습니다(오늘 온도는 내일 온도와 비슷할 가능성이 높습니다). 그렇기 때문에 상식 수준의 해결책은 지금으로부터 24시간 후 온도는 지금과 동일하다고 예측하는 것입니다. 이 방법을 다음과 같이 정의된 평균 절댓값 오차(MAE)로 평가해 보겠습니다.

```
np.mean(np.abs(preds - targets))
```

다음 코드 10-9는 평가 루프입니다.

코드 10-9 상식 수준 모델의 MAE 계산하기

```
def evaluate_naive_method(dataset):
    total_abs_err = 0.
    samples_seen = 0
    for samples, targets in dataset:
        preds = samples[:, -1, 1] * std[1] + mean[1]
        total_abs_err += np.sum(np.abs(preds - targets))
        samples_seen += samples.shape[0]
    return total_abs_err / samples_seen

print(f"검증 MAE: {evaluate_naive_method(val_dataset):.2f}")
print(f"테스트 MAE: {evaluate_naive_method(test_dataset):.2f}")
```

온도 특성은 칼럼 인덱스 1에 있습니다. 따라서 samples[:, -1, 1]이 입력 시퀀스에 있는 마지막 온도 측정값입니다. 특성을 정규화했기 때문에 온도를 섭씨로 바꾸려면 표준 편차를 곱하고 평균을 더해야 합니다.[7]

7 역주 정규화하지 않은 temperature 배열로 타깃을 만들었기 때문에 예측을 비교하려면 먼저 섭씨로 복원해야 합니다.

상식 수준의 모델은 섭씨 2.44도의 검증 MAE와 2.62도의 테스트 MAE를 달성했습니다. 따라서 24시간 후의 온도를 항상 현재와 같다고 예측하면 평균적으로 2.5도 정도 차이가 날 것입니다. 아주 나쁘지는 않지만 이런 규칙을 기반으로 날씨 예보 서비스를 시작하지는 않을 것입니다. 이제 딥러닝 모델이 더 나은지 시도해 보겠습니다.

10.2.3 기본적인 머신 러닝 모델 시도해 보기

머신 러닝 모델을 시도하기 전에 상식 수준의 기준점을 세워 놓았습니다. 비슷하게 RNN처럼 복잡하고 연산 비용이 많이 드는 모델을 시도하기 전에 간단하고 손쉽게 만들 수 있는 머신 러닝 모델(예를 들어 소규모의 완전 연결 네트워크)을 먼저 만드는 것이 좋습니다. 이를 바탕으로 더 복잡한 방법을 도입하는 근거가 마련되고 실제적인 이득도 얻게 될 것입니다.

다음 코드 10-10은 데이터를 펼쳐서 2개의 Dense 층을 통과시키는 완전 연결 네트워크를 보여 줍니다. 전형적인 회귀 문제이므로 마지막 Dense 층에 활성화 함수를 두지 않았습니다. 손실 함수로 MAE 대신 평균 제곱 오차(MSE)를 사용합니다. MSE는 원점에서 미분 가능하기 때문에 경사 하강법에 잘 맞습니다.[8] compile() 메서드에 모니터링할 지표로 MAE를 추가합니다.

코드 10-10 밀집 연결 모델 훈련하고 평가하기

```
from tensorflow import keras
from tensorflow.keras import layers

inputs = keras.Input(shape=(sequence_length, raw_data.shape[-1]))
x = layers.Flatten()(inputs)
x = layers.Dense(16, activation="relu")(x)
outputs = layers.Dense(1)(x)
model = keras.Model(inputs, outputs)

callbacks = [
    keras.callbacks.ModelCheckpoint("jena_dense.h5", -------- 콜백을 사용해서 최상의 모델을 저장합니다.
                                    save_best_only=True)
]
model.compile(optimizer="rmsprop", loss="mse", metrics=["mae"])
history = model.fit(train_dataset,
                    epochs=10,
```

8 역주 절댓값 함수는 원점에서 미분 가능하지 않지만 텐서플로의 경우 원점에서 MAE의 그레이디언트로 0을 대신 사용합니다. MSE는 오차에 비례하여 그레이디언트가 증가하기 때문에 MAE보다 학습에 유리합니다.

```
                    validation_data=val_dataset,
                    callbacks=callbacks)

model = keras.models.load_model("jena_dense.h5")
print(f"테스트 MAE: {model.evaluate(test_dataset)[1]:.2f}")
```

최상의 모델을 다시 로드하고 테스트 데이터에서 평가합니다.

훈련과 검증 손실 곡선을 그려 보죠(그림 10-3).

코드 10-11 결과 그래프 그리기

```
import matplotlib.pyplot as plt

loss = history.history["mae"]
val_loss = history.history["val_mae"]
epochs = range(1, len(loss) + 1)
plt.figure()
plt.plot(epochs, loss, "bo", label="Training MAE")
plt.plot(epochs, val_loss, "b", label="Validation MAE")
plt.title("Training and validation MAE")
plt.legend()
plt.show()
```

▼ 그림 10-3 예나 온도 예측 작업에서 간단한 밀집 연결 네트워크의 훈련과 검증 MAE

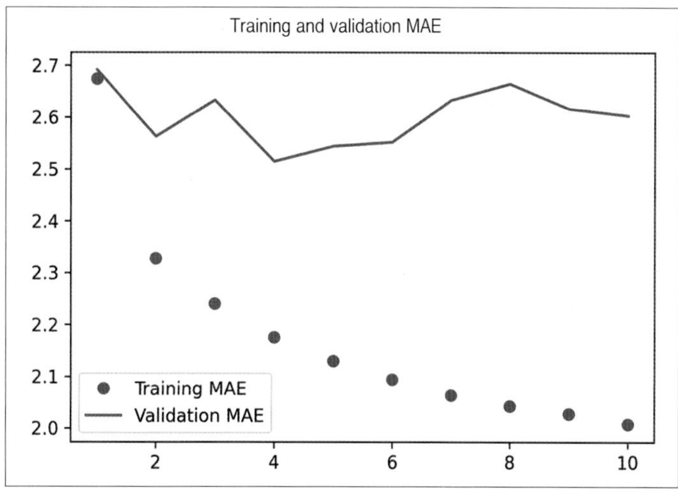

일부 검증 손실은 학습을 사용하지 않은 기준점에 가깝지만 안정적이지 못합니다. 앞서 기준 모델을 만든 것이 도움이 됩니다. 이 문제는 기준 모델의 성능을 앞지르기가 쉽지 않습니다. 우리가 적용한 상식에는 머신 러닝 모델이 찾지 못한 핵심 정보가 많이 포함되어 있습니다.

간단하고 괜찮은 성능을 내는 모델(상식 수준의 기준 모델)이 데이터와 타깃을 매핑할 수 있다면 왜 훈련한 모델은 이를 찾지 못하고 성능이 낮을까요? 문제 해결을 위해 탐색하는 모델의 공간, 즉 가설 공간은 우리가 매개변수로 설정한 2개의 층을 가진 네트워크의 모든 가능한 가중치 조합입니다. 상식 수준의 모델은 이 공간에서 표현할 수 있는 수백만 가지 중 하나일 뿐입니다. 이는 모래사장에서 바늘을 찾는 것과 같습니다. 기술적으로 가설 공간에 좋은 솔루션이 존재한다는 것이 경사 하강법으로 찾을 수 있다는 의미는 아니기 때문입니다.

이것이 일반적으로 머신 러닝이 가진 심각한 제약 사항입니다. 특정한 종류의 간단한 모델을 찾도록 학습 알고리즘을 하드코딩하지 않았다면, 종종 간단한 문제를 위한 간략한 해결책을 찾지 못할 수 있습니다. 이것이 좋은 특성 공학과 문제와 관련된 아키텍처 구조를 활용하는 것이 중요한 이유입니다. 즉, 모델이 찾아야 할 것을 정확하게 알려 주어야 합니다.

10.2.4 1D 합성곱 모델 시도해 보기

올바른 아키텍처 구조를 활용하는 측면을 보면 입력 시퀀스가 일별 주기를 가지기 때문에 합성곱 모델을 적용할 수 있습니다. 시간 축에 대한 합성곱은 다른 날에 있는 동일한 표현을 재사용할 수 있습니다. 마치 공간 방향 합성곱이 이미지에서 다른 위치에 있는 같은 표현을 재사용하는 것과 같습니다.

이미 Conv2D와 SeparableConv2D 층에 대해 배웠습니다. 이 층들은 작은 윈도우로 2D 그리드 위를 이동하면서 입력을 바라봅니다. 1D 그리고 심지어 3D 합성곱도 있습니다. Conv1D, SeparableConv1D, Conv3D입니다.[9] Conv1D 층은 1D 윈도우를 사용하여 입력 시퀀스를 슬라이딩합니다. Conv3D 층은 정육면체 윈도우를 사용하여 입력 볼륨 위를 슬라이딩합니다.

따라서 2D 컨브넷과 매우 유사한 1D 컨브넷을 만들 수 있습니다. 평행 이동 불변성 가정을 따르는 어떤 시퀀스 데이터에도 잘 맞습니다(즉, 시퀀스 위로 윈도우를 슬라이딩하면 윈도우 안의 내용이 위치에 상관없이 동일한 성질을 가진다는 의미입니다).

이를 온도 예측 문제에 적용해 보겠습니다. 초기 윈도우 길이는 24로 정합니다. 따라서 한 번(한 주기)에 24시간의 데이터를 보게 됩니다. (MaxPooling1D 층으로) 시퀀스를 다운샘플링하기 때문에 그에 맞추어 윈도우의 크기를 줄이겠습니다.

9 SeparableConv3D 층은 없습니다. 기술적인 이유가 있는 것은 아니고 단지 구현하지 않은 것뿐입니다.

```
inputs = keras.Input(shape=(sequence_length, raw_data.shape[-1]))
x = layers.Conv1D(8, 24, activation="relu")(inputs)
x = layers.MaxPooling1D(2)(x)
x = layers.Conv1D(8, 12, activation="relu")(x)
x = layers.MaxPooling1D(2)(x)
x = layers.Conv1D(8, 6, activation="relu")(x)
x = layers.GlobalAveragePooling1D()(x)
outputs = layers.Dense(1)(x)
model = keras.Model(inputs, outputs)

callbacks = [
    keras.callbacks.ModelCheckpoint("jena_conv.h5",
                                    save_best_only=True)
]
model.compile(optimizer="rmsprop", loss="mse", metrics=["mae"])
history = model.fit(train_dataset,
                    epochs=10,
                    validation_data=val_dataset,
                    callbacks=callbacks)

model = keras.models.load_model("jena_conv.h5")
print(f"테스트 MAE: {model.evaluate(test_dataset)[1]:.2f}")
```

그림 10-4에 훈련과 검증 손실 곡선이 나타나 있습니다.

▼ 그림 10-4 예나 온도 예측 작업에 적용한 1D 컨브넷의 훈련과 검증 MAE

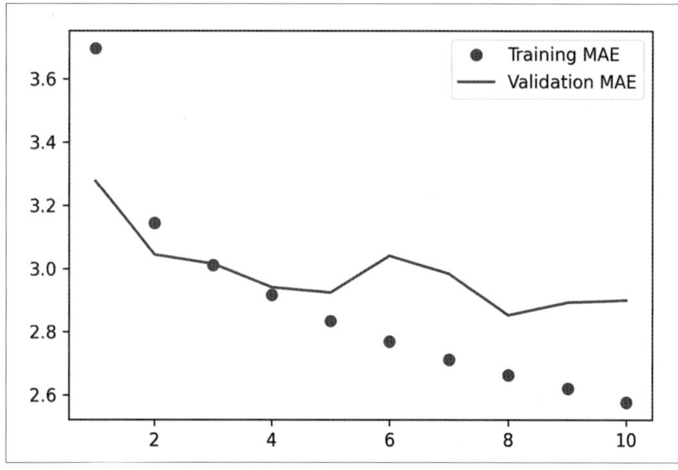

결과를 보면 이 모델은 밀집 연결 모델보다 더 성능이 나쁩니다. 약 2.9도의 검증 MAE를 달성하여 상식 수준의 모델과 차이가 큽니다. 무엇이 문제일까요? 두 가지가 있습니다.

- 첫째, 날씨 데이터는 평행 이동 불변성 가정을 많이 따르지 않습니다. 데이터에 일별 주기성이 있지만 아침 데이터는 저녁이나 한밤중의 데이터와 성질이 다릅니다. 날씨 데이터는 매우 특정한 시간 범위에 대해서만 평행 이동 불변성을 가집니다.
- 둘째, 이 데이터는 순서가 많이 중요합니다. 최근 데이터가 5일 전 데이터보다 내일 온도를 예측하는 데 훨씬 더 유용합니다. 1D 컨브넷은 이런 사실을 활용할 수 없습니다. 특히 최대 풀링과 전역 평균 풀링 층 때문에 순서 정보가 많이 삭제됩니다.

10.2.5 첫 번째 순환 신경망

밀집 연결 모델이나 합성곱 모델이 잘 작동하지 않았지만 그렇다고 이 문제에 머신 러닝이 적합하지 않다는 뜻은 아닙니다. 밀집 연결 모델은 시계열 데이터를 펼쳤기 때문에 입력 데이터에서 시간 개념을 잃어버렸습니다. 합성곱 모델은 데이터의 모든 부분을 비슷한 방식으로 처리했으며 풀링을 적용하여 순서 정보를 잃어버렸습니다. 이런 방법 대신 인과 관계와 순서가 의미 있는 시퀀스 데이터를 그대로 사용해 보겠습니다.

이런 문제를 위해 특별히 고안된 신경망 구조가 순환 신경망입니다. 그중에서도 LSTM(Long Short-Term Memory) 층이 오랫동안 인기가 많았습니다. 잠시 후에 이 모델이 어떻게 작동하는지 알아보겠습니다. 지금은 LSTM 층을 일단 적용해 보죠.

코드 10-12 간단한 LSTM 기반 모델

```
inputs = keras.Input(shape=(sequence_length, raw_data.shape[-1]))
x = layers.LSTM(16)(inputs)
outputs = layers.Dense(1)(x)
model = keras.Model(inputs, outputs)

callbacks = [
    keras.callbacks.ModelCheckpoint("jena_lstm.h5",
                                    save_best_only=True)
]
model.compile(optimizer="rmsprop", loss="mse", metrics=["mae"])
history = model.fit(train_dataset,
                    epochs=10,
                    validation_data=val_dataset,
                    callbacks=callbacks)
model = keras.models.load_model("jena_lstm.h5")
print(f"테스트 MAE: {model.evaluate(test_dataset)[1]:.2f}")
```

그림 10-5가 실행 결과입니다. 훨씬 좋네요! 가장 낮은 검증 MAE는 2.36도고 테스트 MAE는 2.55도를 달성했습니다. LSTM 기반 모델이 드디어 상식 수준의 모델을 (아직은 약간이지만) 앞질렀으며 이 작업에서 머신 러닝의 가치를 보여 줍니다.

▼ 그림 10-5 예나 온도 예측 작업에 적용한 LSTM 기반 모델의 훈련과 검증 MAE(이 그래프에서 에포크 1의 훈련 MAE(7.75)가 너무 높아 그래프 스케일을 압도하므로 제외시켰다)

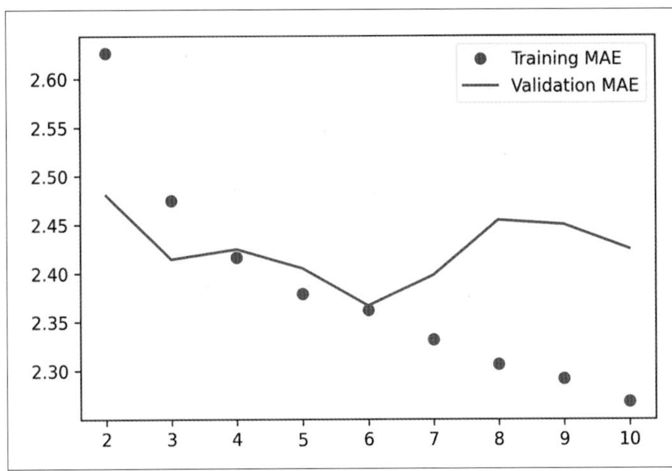

LSTM 모델이 밀집 연결 모델이나 컨브넷보다 뛰어난 성능을 내는 이유는 무엇일까요? 이 모델을 더 개선할 수 있을까요? 이에 대한 답을 얻기 위해 순환 신경망에 대해 자세히 알아보겠습니다.

DEEP LEARNING

10.3 순환 신경망 이해하기

밀집 연결 네트워크나 컨브넷처럼 지금까지 본 모든 신경망의 특징은 메모리가 없다는 것입니다. 네트워크에 주입되는 입력은 개별적으로 처리되며 입력 간에 유지되는 상태가 없습니다. 이런 네트워크로 시퀀스나 시계열 데이터 포인트를 처리하려면 네트워크에 전체 시퀀스를 주입해야 합니다. 즉, 전체 시퀀스를 하나의 데이터 포인트로 변환해야 합니다. 예를 들어 밀집 연결 모델에서 보았듯이 5일치 데이터를 펼쳐서 하나의 큰 벡터로 만들어 처리했습니다. 이런 네트워크를 **피드포워드 네트워크**(feedforward network)라고 합니다.

이와 반대로 사람은 문장을 읽을 때 이전에 나온 것을 기억하면서 단어별로 또는 한눈에 들어오는 만큼씩 처리합니다. 이는 문장에 있는 의미를 자연스럽게 표현하도록 도와줍니다. 생물학적 지능은 정보 처리를 위한 내부 모델을 유지하면서 점진적으로 정보를 처리합니다. 이 모델은 과거 정보를 사용하여 구축되며 새롭게 얻은 정보를 계속 업데이트합니다.

비록 극단적으로 단순화시킨 버전이지만 **순환 신경망**(Recurrent Neural Network, RNN)은 같은 원리를 적용한 것입니다. 시퀀스의 원소를 순회하면서 지금까지 처리한 정보를 **상태**(state)에 저장합니다. 실제로 RNN은 내부에 루프(loop)를 가진 신경망의 한 종류입니다(그림 10-6).

▼ 그림 10-6 순환 신경망: 루프를 가진 네트워크

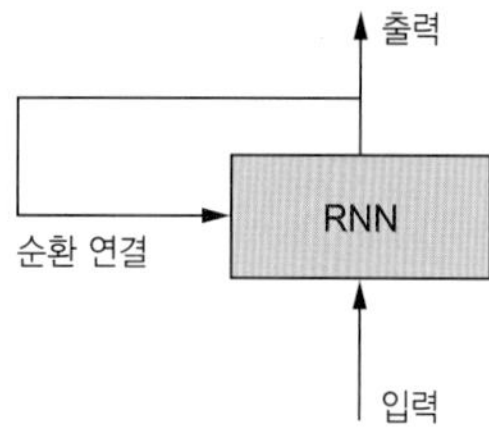

RNN의 상태는 (배치에 있는 2개의 다른 샘플처럼) 2개의 다른 시퀀스를 처리하는 사이에 재설정됩니다. 따라서 하나의 시퀀스를 여전히 하나의 데이터 포인트, 즉 네트워크에 주입되는 하나의 입력으로 간주할 수 있습니다. 이 데이터 포인트가 한 번에 처리되지 않는다는 것이 다릅니다. 그 대신 네트워크는 내부적으로 시퀀스의 원소를 순회합니다.

루프와 상태에 대한 개념을 명확히 하기 위해 간단한 RNN 정방향 계산을 구현해 보죠. 이 RNN은 (timesteps, input_features) 크기의 랭크-2 텐서로 인코딩된 벡터의 시퀀스를 입력받습니다. 타임스텝을 따라 루프를 돌면서 각 타임스텝 t에서 현재 상태와 (크기가 (input_features,)인) 입력을 연결하여 출력을 계산합니다. 그다음 이 출력을 다음 스텝의 상태로 설정합니다. 첫 번째 타임스텝에서는 이전 출력이 정의되지 않으므로 현재 상태가 없습니다. 이때는 네트워크의 **초기 상태**(initial state)인 0 벡터로 상태를 초기화합니다.

RNN을 의사 코드(pseudocode)로 표현하면 다음과 같습니다.

코드 10-13 의사 코드로 표현한 RNN

```
state_t = 0 -------- 타임스텝 t의 상태입니다.
for input_t in input_sequence: -------- 시퀀스의 원소를 반복합니다.
    output_t = f(input_t, state_t)
    state_t = output_t -------- 출력은 다음 반복을 위한 상태가 됩니다.
```

f 함수는 입력과 상태를 출력으로 변환합니다. 이를 2개의 행렬 W와 U 그리고 편향 벡터를 사용하는 변환으로 바꿀 수 있습니다. 피드포워드 네트워크의 밀집 연결 층에서 수행되는 변환과 비슷합니다.

코드 10-14 좀 더 자세한 의사 코드로 표현한 RNN

```
state_t = 0
for input_t in input_sequence:
    output_t = activation(dot(W, input_t) + dot(U, state_t) + b)
    state_t = output_t
```

완전하게 이해하기 위해 간단한 RNN의 정방향 계산을 넘파이로 구현해 보죠.

코드 10-15 넘파이로 구현한 간단한 RNN

```
import numpy as np

timesteps = 100 -------- 입력 시퀀스에 있는 타임스텝의 수
input_features = 32 -------- 입력 특성의 차원
output_features = 64 -------- 출력 특성의 차원
inputs = np.random.random((timesteps, input_features)) -------- 입력 데이터: 예제를 위한 랜덤한 잡음
state_t = np.zeros((output_features,)) -------- 초기 상태: 0 벡터
W = np.random.random((output_features, input_features))
U = np.random.random((output_features, output_features))
b = np.random.random((output_features,))
    -------- 랜덤한 가중치 행렬을 만듭니다.
successive_outputs = []
for input_t in inputs: -------- input_t는 (input_features,) 크기의 벡터입니다.
    output_t = np.tanh(np.dot(W, input_t) + np.dot(U, state_t) + b)
    -------- 입력과 현재 상태(이전 출력)를 연결하여 현재 출력을 얻습니다. tanh 함수를 사용해서 비선형성을 추가합니다(다른 활성화 함수도 사용할 수 있습니다).
    successive_outputs.append(output_t) -------- 출력을 리스트에 저장합니다.
    state_t = output_t -------- 다음 타임스텝을 위해 네트워크의 상태를 업데이트합니다.[10]
final_output_sequence = np.stack(successive_outputs, axis=0)
    -------- 최종 출력은 (timesteps, output_features) 크기의 랭크-2 텐서입니다.
```

아주 쉽네요. 요약하면 RNN은 반복할 때 이전에 계산한 정보를 재사용하는 for 루프에 지나지 않습니다. 물론 이 정의에 맞는 RNN의 종류는 많습니다. 이 예는 가장 간단한 RNN의 형태입니다. RNN은 스텝(step) 함수에 의해 특화됩니다. 이 예에서는 다음과 같습니다(그림 10-7).

```
output_t = np.tanh(np.dot(W, input_t) + np.dot(U, state_t) + b)
```

10 역주 기본 RNN의 상태를 은닉 상태(hidden state)라고도 부릅니다. 은닉 상태는 이전 타임스텝의 출력입니다.

▼ 그림 10-7 시간에 따라 펼쳐진 간단한 RNN[11]

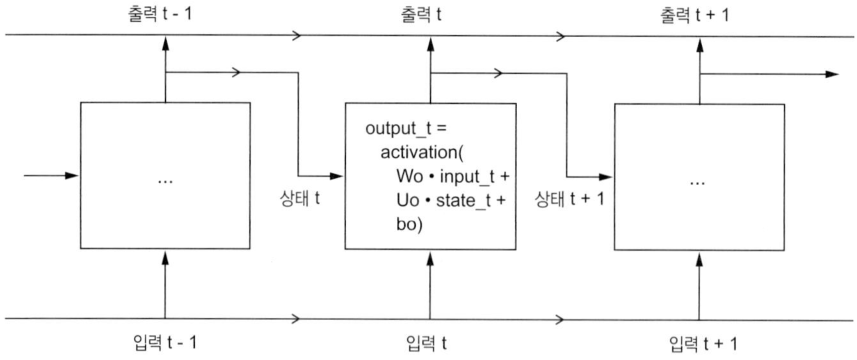

Note ≡ 이 예에서 최종 출력은 (timesteps, output_features) 크기의 랭크-2 텐서입니다. 각 타임스텝은 시간 t에서의 출력을 나타냅니다. 출력 텐서의 각 타임스텝 t에는 입력 시퀀스에 있는 타임스텝 0에서 t까지 전체 과거에 대한 정보를 담고 있습니다. 이런 이유 때문에 많은 경우 전체 출력 시퀀스가 필요하지 않습니다. 전체 시퀀스에 대한 정보를 이미 담고 있으므로 마지막 출력(루프의 마지막 output_t)만 있으면 됩니다.

10.3.1 케라스의 순환 층

넘파이로 간단하게 구현한 과정이 실제 케라스의 SimpleRNN 층에 해당합니다.

SimpleRNN이 한 가지 다른 점은 넘파이 예제처럼 하나의 시퀀스가 아니라 케라스의 다른 층과 마찬가지로 시퀀스의 배치를 처리한다는 것입니다. 즉, (timesteps, input_features) 크기가 아니라 (batch_size, timesteps, input_features) 크기의 입력을 받습니다. 시작할 때 Input() 함수의 shape 매개변수에 timesteps 항목을 None으로 지정할 수 있습니다. 이렇게 하면 임의의 길이를 가진 시퀀스를 처리할 수 있습니다.

코드 10-16 어떤 길이의 시퀀스도 처리할 수 있는 RNN 층

```
num_features = 14
inputs = keras.Input(shape=(None, num_features))
outputs = layers.SimpleRNN(16)(inputs)
```

11 역주 그림 10-7은 그림 10-6과 같은 순환 네트워크를 타임스텝에 따라 실행되는 모습을 표현한 것입니다. RNN은 종종 이와 같이 시간에 따라 펼친 그림으로 자주 나타냅니다. 이런 표현 때문에 타임스텝마다 다른 W, U, b가 있다고 오해하기 쉽습니다. 코드 10-15에서 볼 수 있듯이 RNN은 모든 타임스텝에 걸쳐 동일한 W, U, b를 사용합니다.

모델이 가변 길이 시퀀스를 처리해야 한다면 특히 유용합니다. 하지만 시퀀스 길이가 모두 같다면 완전한 입력 크기를 지정하는 것이 좋습니다. model.summary()가 출력 길이 정보를 제공할 수 있고(이 정보는 언제나 유용합니다) 일부 성능 최적화를 활용할 수 있습니다(이 장의 뒷부분에 나오는 'RNN 런타임 성능'을 참고하세요).

케라스에 있는 모든 순환 층(SimpleRNN, LSTM, GRU)은 두 가지 모드로 실행할 수 있습니다. 각 타임스텝의 출력을 모은 전체 시퀀스((batch_size, timesteps, output_features) 크기의 랭크-3 텐서)를 반환하거나 입력 시퀀스의 마지막 출력((batch_size, output_features) 크기의 랭크-2 텐서)만 반환할 수 있습니다. 이 두 모드는 생성자의 return_sequences 매개변수로 제어할 수 있습니다. SimpleRNN을 사용하여 마지막 타임스텝의 출력만 반환하는 예를 살펴보죠.

코드 10-17 마지막 출력 스텝만 반환하는 RNN 층

```
>>> num_features = 14
>>> steps = 120
>>> inputs = keras.Input(shape=(steps, num_features))
>>> outputs = layers.SimpleRNN(16, return_sequences=False)(inputs)
>>> print(outputs.shape)
(None, 16)
```

return_sequences=False가 기본값입니다.

다음 예는 전체 상태 시퀀스를 반환합니다.

코드 10-18 전체 출력 시퀀스를 반환하는 RNN 층

```
>>> num_features = 14
>>> steps = 120
>>> inputs = keras.Input(shape=(steps, num_features))
>>> outputs = layers.SimpleRNN(16, return_sequences=True)(inputs)
>>> print(outputs.shape)
(120, 16)
```

네트워크의 표현력을 증가시키기 위해 여러 개의 순환 층을 차례대로 쌓는 것이 유용할 때가 있습니다. 이런 설정에서는 중간층들이 전체 출력 시퀀스를 반환하도록 설정해야 합니다.

코드 10-19 스태킹(stacking) RNN 층

```
inputs = keras.Input(shape=(steps, num_features))
x = layers.SimpleRNN(16, return_sequences=True)(inputs)
x = layers.SimpleRNN(16, return_sequences=True)(x)
outputs = layers.SimpleRNN(16)(x)
```

실제로는 SimpleRNN 층을 거의 사용하지 않을 것입니다. 일반적으로 실전에 쓰기에는 너무 단순합니다. SimpleRNN은 이론적으로 시간 t에서 이전의 모든 타임스텝의 정보를 유지할 수 있습니다. 하지만 실제로는 긴 시간에 걸친 의존성은 학습할 수 없습니다. 층이 많은 일반 네트워크(피드포워드 네트워크)에서 나타나는 것과 비슷한 현상인 그레이디언트 소실(vanishing gradient) 문제 때문입니다.[12] 즉, 피드포워드 네트워크에 층을 많이 추가할수록 훈련하기 어려워지는 것과 같습니다. 1990년대 초 호크라이터(Hochreiter), 슈미트후버(Schmidhuber), 벤지오(Bengio)가 이런 현상에 대한 이론적인 원인을 연구했습니다.[13]

다행히 SimpleRNN이 케라스에 있는 유일한 순환 층이 아닙니다. 이 문제를 해결하기 위해 고안된 LSTM과 GRU 층이 있습니다.

LSTM 층을 살펴보죠. 장·단기 메모리(Long Short-Term Memory, LSTM) 알고리즘은 호크라이터와 슈미트후버가 1997년에 개발했습니다.[14] 이 알고리즘은 그레이디언트 소실 문제에 대한 연구의 결정체입니다.

이 층은 앞서 보았던 SimpleRNN의 한 변종으로 정보를 여러 타임스텝에 걸쳐 나르는 방법이 추가됩니다. 처리할 시퀀스에 나란히 작동하는 컨베이어 벨트를 생각해 보세요. 시퀀스의 어느 지점에서 추출된 정보가 컨베이어 벨트 위로 올라가 필요한 시점의 타임스텝으로 이동하여 떨굽니다. 이것이 LSTM이 하는 일입니다. 나중을 위해 정보를 저장함으로써 처리 과정에서 오래된 시그널이 점차 소실되는 것을 막아 줍니다. 이는 9장에서 배웠던 **잔차 연결**을 떠올리게 합니다. 두 아이디어는 매우 비슷합니다.

이를 자세하게 이해하기 위해 SimpleRNN 셀(cell)[15]부터 그려 보겠습니다(그림 10-8). 가중치 행렬 여러 개가 나오므로 출력(output)을 나타내는 문자 o로 셀에 있는 W와 U 행렬을 표현하겠습니다(Wo와 Uo).

---

12 역주 순환 신경망의 역전파는 그림 10-7과 같이 타임스텝에 따라 네트워크가 펼쳐진 것처럼 진행됩니다. 이를 BPTT(BackPropagation Through Time)라고 합니다. 역전파가 진행되는 동안 타임스텝마다 동일한 가중치를 사용하기 때문에 타임스텝이 길어질수록 그레이디언트 값이 급격히 줄어들거나(vanishing gradient problem) 급격히 증가할 수 있습니다(exploding gradient problem).

13 예를 들어 다음을 참고하세요. Yoshua Bengio, Patrice Simard, and Paolo Frasconi, "Learning Long-Term Dependencies with Gradient Descent Is Difficult," IEEE Transactions on Neural Networks 5, no. 2 (1994)

14 Sepp Hochreiter and Jürgen Schmidhuber, "Long Short-Term Memory," Neural Computation 9, no. 8 (1997)

15 역주 RNN에서는 층을 종종 셀이라고 표현합니다.

▼ 그림 10-8 LSTM 층의 시작점: SimpleRNN

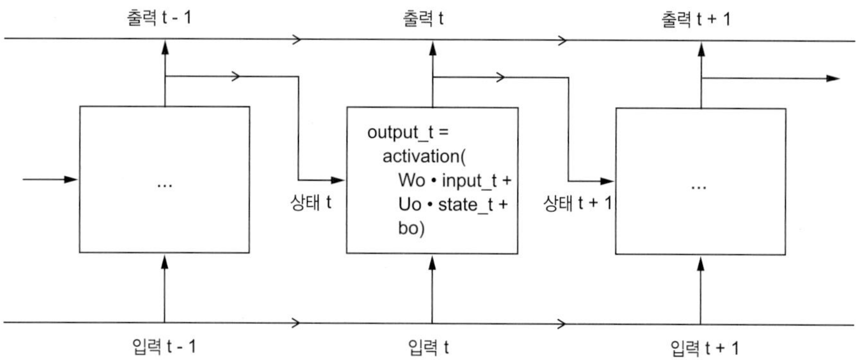

그림 10-8에 타임스텝을 가로질러 정보를 나르는 데이터 흐름을 추가해 보죠. 타임스텝 n에서 이 값을 이동 상태 c_t라고 부르겠습니다. 여기에서 c는 이동(carry)을 의미합니다.[16] 이 정보를 사용하여 셀이 다음과 같이 바뀝니다. 이동 상태는 입력 연결과 순환 연결(상태)에 연결됩니다(가중치 행렬과 점곱한 후 편향을 더하고 활성화 함수를 적용하는 밀집 연결 층과 같은 변환을 통해). 그런 후 다음 타임스텝으로 전달될 상태에 영향을 미칩니다(활성화 함수와 곱셈 연산을 통해). 개념적으로 보면 데이터를 실어 나르는 이 흐름이 다음 출력과 상태를 조절합니다(그림 10-9). 여기까지는 간단합니다.

▼ 그림 10-9 SimpleRNN에서 LSTM으로: 이동 트랙 추가

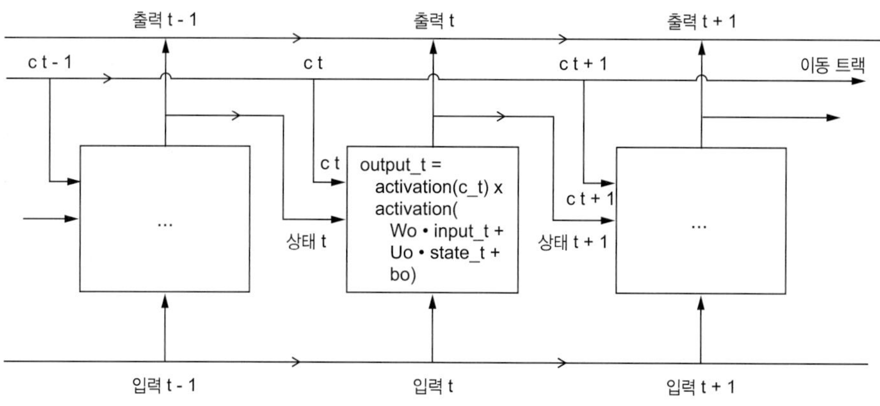

16 역주 일반적으로 이를 셀 상태(cell state)라고 부릅니다. 번역서에서는 혼동을 줄이기 위해 RNN의 은닉 상태를 그냥 상태로, 셀 상태를 이동 상태로 부르겠습니다.

이제 복잡한 부분은 데이터 흐름에서 다음 이동 상태(c_t+1)가 계산되는 방식입니다. 여기에는 3개의 다른 변환이 관련되어 있습니다. 3개 모두 SimpleRNN과 같은 형태를 가집니다.

```
y = activation(dot(state_t, U) + dot(input_t, W) + b)
```

하지만 3개의 변환 모두 자신만의 가중치 행렬을 가집니다. 각각 i, f, k로 표시하겠습니다. 다음이 지금까지 설명한 내용입니다(약간 이상하게 보일 수 있지만 곧 설명하니 조금만 기다려 주세요).

코드 10-20 LSTM 구조의 의사 코드(1/2)[17]

```
output_t = activation(c_t) * activation(dot(input_t, Wo) + dot(state_t, Uo) + bo)
i_t = activation(dot(state_t, Ui) + dot(input_t, Wi) + bi)
f_t = activation(dot(state_t, Uf) + dot(input_t, Wf) + bf)
k_t = activation(dot(state_t, Uk) + dot(input_t, Wk) + bk)
```

i_t, f_t, k_t를 결합하여 새로운 이동 상태(c_t+1)를 구합니다.

코드 10-21 LSTM 구조의 의사 코드(2/2)

```
c_t+1 = i_t * k_t + c_t * f_t
```

그림 10-10에 이를 추가했습니다. 이것이 전부입니다. 아주 복잡하지 않네요. 조금 까다로울 뿐입니다.

▼ 그림 10-10 LSTM 구조

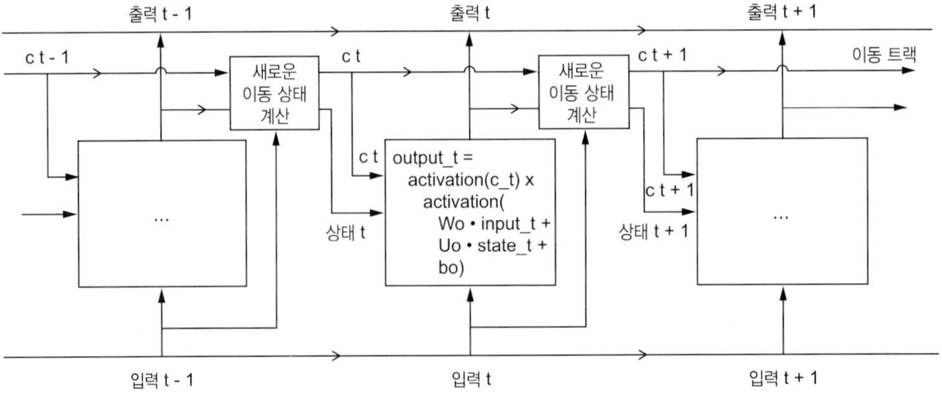

17 역주 output_t에 적용되는 활성화 함수는 순서대로 tanh와 sigmoid 함수입니다. i_t, f_t에는 sigmoid 활성화 함수가 적용되고 k_t에는 tanh 활성화 함수가 적용됩니다.

이 연산들이 하는 일을 해석하면 각 의미에 대해 통찰을 얻을 수 있습니다. 예를 들어 c_t와 f_t의 곱셈은 이동을 위한 데이터 흐름에서 관련이 적은 정보를 의도적으로 삭제한다고 볼 수 있습니다. 한편 i_t와 k_t는 현재에 대한 정보를 제공하고 이동 트랙을 새로운 정보로 업데이트합니다.[18] 하지만 결국 이런 해석은 큰 의미가 없습니다. 이 연산들이 실제로 하는 일은 연산에 관련된 가중치 행렬에 따라 결정되기 때문입니다. 이 가중치는 엔드-투-엔드 방식으로 학습됩니다. 이 과정은 훈련 반복마다 매번 새로 시작되며 이런저런 연산들에 특정 목적을 부여하기가 불가능합니다. RNN 셀의 구조는 가설 공간을 결정합니다. 훈련할 때 이 공간에서 좋은 모델 파라미터를 찾습니다. 셀의 구조가 셀이 하는 일을 결정하지 않습니다. 이는 셀의 가중치에 달려 있습니다. 같은 셀이더라도 다른 가중치를 가지는 경우 매우 다른 작업을 수행합니다. 따라서 RNN 셀을 구성하는 연산 조합은 엔지니어링적인 설계가 아니라 가설 공간의 제약 조건으로 해석하는 것이 낫습니다.

확실히 RNN 셀의 구현 방법 같은 제약 조건의 선택을 엔지니어보다 (유전 알고리즘이나 강화 학습 알고리즘 같은) 최적화 알고리즘에 맡기면 더 나아 보일 것입니다. 미래에는 이런 식으로 네트워크를 만들게 될 것입니다. 요약하면 LSTM 셀의 구체적인 구조에 대해 이해할 필요가 전혀 없습니다. 이를 이해하는 것이 우리가 해야 할 일이 아닙니다. LSTM 셀의 역할만 기억하면 됩니다. 바로 과거 정보를 나중에 다시 주입하여 그레이디언트 소실 문제를 해결하는 것입니다.

10.4 순환 신경망의 고급 사용법

DEEP LEARNING

지금까지 다음과 같은 내용을 배웠습니다.

- RNN이 무엇인지와 RNN의 작동 방식
- LSTM이 무엇인지와 단순한 RNN보다 긴 시퀀스를 잘 처리하는 이유
- 케라스 RNN 층을 사용하여 시퀀스 데이터를 처리하는 방법

18 역주 이런 해석 때문에 c_t * f_t를 삭제 게이트(forget gate), i_t * k_t를 입력 게이트(input gate)라고 부릅니다. 또한, output_t의 계산식을 출력 게이트(output gate)라고 부르기도 합니다.

다음으로 RNN의 여러 가지 고급 기능을 알아보겠습니다. 딥러닝 시퀀스 모델을 최대한 활용하는 데 도움이 될 것입니다. 이 절이 끝나면 케라스에서 순환 신경망을 사용하기 위해 필요한 대부분을 알게 될 것입니다.

다음과 같은 내용을 다루겠습니다.

- **순환 드롭아웃**(recurrent dropout): 드롭아웃의 한 종류로 순환 층에서 과대적합을 방지하기 위해 사용합니다.
- **스태킹 순환 층**(stacking recurrent layer): 모델의 표현 능력(representational power)을 증가시킵니다(그 대신 계산 비용이 많이 듭니다).
- **양방향 순환 층**(bidirectional recurrent layer): 순환 네트워크에 같은 정보를 다른 방향으로 주입하여 정확도를 높이고 기억을 좀 더 오래 유지시킵니다.

이런 기술을 사용해서 온도 예측 RNN을 개선해 보겠습니다.

10.4.1 과대적합을 감소하기 위해 순환 드롭아웃 사용하기

상식 수준의 기준점을 넘어선 첫 모델인 10.2.5절에 사용한 LSTM 기반 모델을 다시 사용해 보겠습니다. 훈련 손실과 검증 손실 곡선을 보면 모델이 과대적합인지 알 수 있습니다. 몇 번의 에포크 이후에 훈련 손실과 검증 손실이 현저하게 벌어지기 시작합니다. 이런 현상을 해결하기 위해 잘 알려진 드롭아웃 기법을 이미 보았습니다. 훈련 데이터를 층에 주입할 때 데이터에 있는 우연한 상관관계를 깨뜨리기 위해 입력 층의 유닛을 랜덤하게 끄는 기법입니다. 하지만 순환 신경망에 드롭아웃을 올바르게 적용하는 일은 간단하지 않습니다.

순환 층 이전에 드롭아웃을 적용하면 규제에 도움이 되는 것보다 학습에 더 방해되는 것으로 오랫동안 알려졌습니다. 2016년 야린 갈(Yarin Gal)이 베이지안 딥러닝에 관한 박사 논문[19]에서 순환 네트워크에 적절하게 드롭아웃을 사용하는 방법을 알아냈습니다. 타임스텝마다 랜덤하게 드롭아웃 마스크를 바꾸는 것이 아니라 동일한 드롭아웃 마스크(동일한 패턴으로 유닛을 드롭아웃합니다)를 모든 타임스텝에 적용해야 합니다. GRU나 LSTM 같은 순환 게이트에 의해 만들어지는 표현을 규제하려면 순환 층 내부 계산에 사용된 활성화 함수에 타임스텝마다 동일한 드롭아웃 마스크를 적용해야 합니다(순환 드롭 아웃 마스크). 모든 타임스텝에 동일한 드롭아웃 마스크를 적용하면

19 Yarin Gal, "Uncertainty in Deep Learning," PhD thesis (2016), http://mng.bz/WBq1

네트워크가 학습 오차를 타임스텝에 걸쳐 적절하게 전파할 수 있습니다. 타임스텝마다 랜덤한 드롭아웃 마스크를 적용하면 오차 신호가 전파되는 것을 방해하고 학습 과정에 해를 끼칩니다.

야린 갈은 케라스를 사용하여 연구했고 케라스 순환 층에 이 기능을 구현하는 데 도움을 주었습니다. 케라스에 있는 모든 순환 층은 2개의 드롭아웃 매개변수를 가지고 있습니다. dropout은 층의 입력에 대한 드롭아웃 비율을 정하는 부동 소수점 값입니다. recurrent_dropout은 순환 상태의 드롭아웃 비율을 정합니다.[20] 첫 번째 LSTM 예제의 LSTM 층에 순환 드롭아웃을 적용하여 과대적합에 어떤 영향을 미치는지 살펴보겠습니다.

드롭아웃 덕분에 규제를 위해 네트워크 크기에 신경 쓸 필요가 없습니다. 2배 더 많은 유닛을 가진 LSTM 층을 사용하겠습니다. (규제가 없으면 이 네트워크는 시작하자마자 과대적합됩니다. 직접 테스트해 보세요.) 아마도 표현력이 더 좋아질 것입니다. 드롭아웃으로 규제된 네트워크는 완전히 수렴하는 데 언제나 훨씬 더 오래 걸립니다. 따라서 에포크를 2배 더 늘려 네트워크를 훈련하겠습니다.

코드 10-22 드롭아웃 규제를 적용한 LSTM 모델 훈련하고 평가하기

```
inputs = keras.Input(shape=(sequence_length, raw_data.shape[-1]))
x = layers.LSTM(32, recurrent_dropout=0.25)(inputs)
x = layers.Dropout(0.5)(x) -------- Dense 층에 규제를 추가하기 위해 LSTM 층 뒤에도 Dropout 층을 추가합니다.
outputs = layers.Dense(1)(x)
model = keras.Model(inputs, outputs)

callbacks = [
    keras.callbacks.ModelCheckpoint("jena_lstm_dropout.h5",
                                    save_best_only=True)
]
model.compile(optimizer="rmsprop", loss="mse", metrics=["mae"])
history = model.fit(train_dataset,
                    epochs=50,
                    validation_data=val_dataset,
                    callbacks=callbacks)
```

20 역주 LSTM 셀의 경우 코드 10-20의 input_t에 dropout 비율이 적용되고 state_t에 recurrent_dropout 비율이 적용됩니다. 주의할 점은 코드 10-20에 사용되는 4개의 input_t에 각기 다른 드롭아웃 마스크가 적용된다는 것입니다. 마찬가지로 4개의 state_t에도 각기 다른 드롭아웃 마스크가 적용됩니다. 주석 22에 있는 GRU 셀의 경우 z_t, r_t, g_t 계산에 사용되는 3개의 input_t와 state_t에도 각기 다른 드롭아웃 마스크가 적용됩니다. output_t 계산에 사용되는 state_t에는 드롭아웃 마스크를 적용하지 않습니다.

그림 10-11에 결과가 나타나 있습니다. 성공이네요! 20번째 에포크까지 과대적합이 일어나지 않았습니다. 최저 2.27도의 검증 MAE와 최저 2.45도의 테스트 MAE를 달성했습니다. 나쁘지 않네요.

RNN 런타임(runtime) 성능

이 장에 있는 모델처럼 파라미터 개수가 매우 적은 순환 신경망은 GPU보다 멀티코어 CPU에서 더 빠른 경향이 있습니다. 작은 행렬 곱셈만 포함하며 for 루프 때문에 연속된 곱셈이 잘 병렬화되지 않기 때문입니다. 하지만 대규모 RNN은 GPU가 도움이 될 수 있습니다.

기본 매개변수로 설정된 케라스 LSTM과 GRU 층을 GPU에서 사용할 때 cuDNN 커널을 활용할 수 있습니다. cuDNN은 NVIDIA가 제공하는 고도로 최적화된 저수준 알고리즘 구현입니다(이전 장에서 언급한 적이 있습니다). 항상 그렇듯이 cuDNN 커널은 빠르지만 유연하지 못한 장점을 가집니다. 기본 커널에서 지원하지 않는 것을 수행하려면 속도가 크게 느려지는 것을 경험할 것입니다. 이 때문에 다소간 NVIDIA가 제공하는 기능을 고수하게 됩니다. 예를 들어 LSTM과 GRU cuDNN 커널은 순환 드롭아웃을 지원하지 않습니다. 따라서 층에 순환 드롭아웃을 추가하면 (계산 비용은 동일하지만) 일반적으로 GPU보다 2배에서 5배 정도 느린 일반 텐서플로 구현을 사용하게 됩니다.

cuDNN을 사용할 수 없을 때 RNN 층의 속도를 높이는 방법으로 층을 **언롤링**(unrolling)할 수 있습니다. for 루프를 언롤링하면 루프를 제거하고 루프의 내용을 단순히 N번 기술합니다. RNN의 for 루프의 경우 언롤링하면 텐서플로가 계산 그래프를 최적화하는 데 도움이 될 수 있습니다. 하지만 RNN의 메모리 사용량을 상당히 증가시킵니다. 따라서 (100 스텝 또는 그 이하의) 비교적 작은 시퀀스에만 가능합니다. 또한, 모델이 데이터에 있는 타임스텝 수를 미리 알 수 있는 경우에만 사용할 수 있습니다(즉, Input() 함수에 전달하는 shape 매개변수 값에 None 항목이 없는 경우입니다). 다음과 같이 사용합니다.

```
inputs = keras.Input(shape=(sequence_length, num_features))   # sequence_length는 None이 되어서는 안 됩니다.
x = layers.LSTM(32, recurrent_dropout=0.2, unroll=True)(inputs)   # unroll=True를 전달하여 언롤링합니다.
```

▼ 그림 10-11 예나 온도 예측 작업에 드롭아웃 규제를 사용한 LSTM 모델의 훈련과 검증 손실

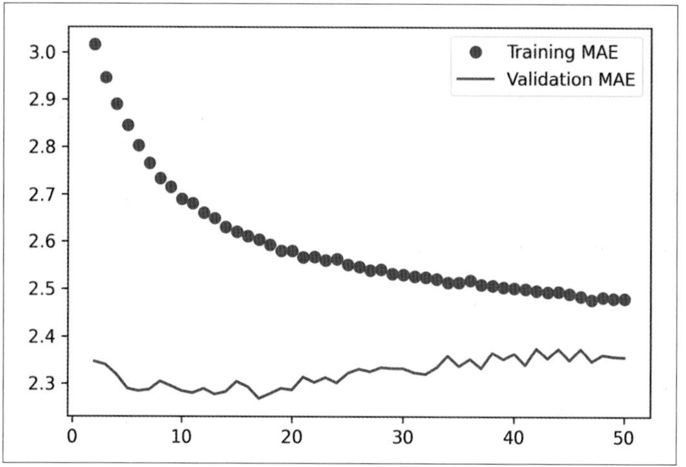

10.4.2 스태킹 순환 층

과대적합은 더 이상 없지만 성능상 병목이 있는 것 같으므로 네트워크의 용량과 표현력을 늘려야 합니다. 일반적인 머신 러닝 작업 흐름을 기억하세요. (드롭아웃 등을 사용하여 과대적합을 줄이는 기본 단계를 거쳤다 가정하고) 과대적합이 일어날 때까지 모델의 용량을 늘리는 것이 좋습니다. 너무 많이 과대적합되지 않는 한 아직 충분한 용량에 도달한 것이 아닙니다.

네트워크의 용량을 늘리려면 일반적으로 층에 있는 유닛의 개수를 늘리거나 층을 더 많이 추가합니다. 순환 층 스태킹은 더 강력한 순환 네트워크를 만드는 고전적인 방법입니다. 예를 들어 얼마 전까지 구글 번역 알고리즘은 7개의 대규모 LSTM 층을 쌓은 대규모 모델을 사용했습니다.[21]

케라스에서 순환 층을 차례대로 쌓으려면 모든 중간층은 마지막 타임스텝 출력만 아니고 전체 시퀀스(랭크-3 텐서)를 출력해야 합니다. 이미 배웠듯이 return_sequences=True로 지정하면 됩니다.

21 역주 2016년에 나온 논문(https://arxiv.org/abs/1609.08144)에 구글의 기계 번역 시스템이 잘 소개되어 있습니다. 논문에서는 양방향 RNN 층을 각기 나누어 8개의 LSTM 층으로 설명되어 있습니다.

다음 예에서 드롭아웃 규제를 사용한 2개의 순환 층을 스태킹해 보겠습니다. 변화를 주어 LSTM 대신에 GRU(Gated Recurrent Unit)[22]를 사용하겠습니다. GRU는 LSTM과 매우 비슷합니다. GRU를 LSTM 구조의 간단하고 간소화된 버전으로 생각할 수 있습니다. 순환 신경망이 소규모 연구 커뮤니티에서 새로운 관심을 받기 시작했을 때 조경현 등이 2014년에 GRU를 소개했습니다.[23]

코드 10-23 드롭아웃 규제와 스태킹을 적용한 GRU 모델을 훈련하고 평가하기

```
inputs = keras.Input(shape=(sequence_length, raw_data.shape[-1]))
x = layers.GRU(32, recurrent_dropout=0.5, return_sequences=True)(inputs)
x = layers.GRU(32, recurrent_dropout=0.5)(x)
x = layers.Dropout(0.5)(x)
outputs = layers.Dense(1)(x)
model = keras.Model(inputs, outputs)

callbacks = [
    keras.callbacks.ModelCheckpoint("jena_stacked_gru_dropout.h5",
                                    save_best_only=True)
]
model.compile(optimizer="rmsprop", loss="mse", metrics=["mae"])
history = model.fit(train_dataset,
                    epochs=50,
                    validation_data=val_dataset,
                    callbacks=callbacks)
model = keras.models.load_model("jena_stacked_gru_dropout.h5")
print(f"테스트 MAE: {model.evaluate(test_dataset)[1]:.2f}")
```

그림 10-12는 실행 결과입니다. 2.39도의 테스트 MAE를 달성했습니다(기준 성능보다 8.8% 향상되었습니다). 추가된 층이 극적이지는 않지만 성능을 조금 향상시켰습니다. 여기에서는 네트워크의 용량을 늘리는 것이 도움이 되지 않는다고 볼 수 있습니다.

22 역주 GRU 셀의 상태는 하나이며 1개의 게이트가 삭제 게이트와 입력 게이트의 역할을 합니다. GRU 셀의 의사 코드를 코드 10-20과 같은 형태로 표현하면 다음과 같습니다.

```
output_t = z_t x state_t + (1 - z_t) x g_t
z_t = sigmoid(dot(state_t, Uz) + dot(input_t, Wz) + bz)
r_t = sigmoid(dot(state_t, Ur) + dot(input_t, Wr) + br)
g_t = tanh(dot(r_t x state_t, Ug) + dot(input_t, Wg) + bg)
```

GRU 셀에 대한 좀 더 자세한 설명은 〈핸즈온 머신러닝 2판〉(한빛미디어, 2020)의 15장을 참고하세요.

23 Cho et al., "On the Properties of Neural Machine Translation: Encoder-Decoder Approaches" (2014), https://arxiv.org/abs/1409.1259

▼ 그림 10-12 예나 온도 예측 작업에 적용한 스태킹 GRU 네트워크의 훈련과 검증 손실

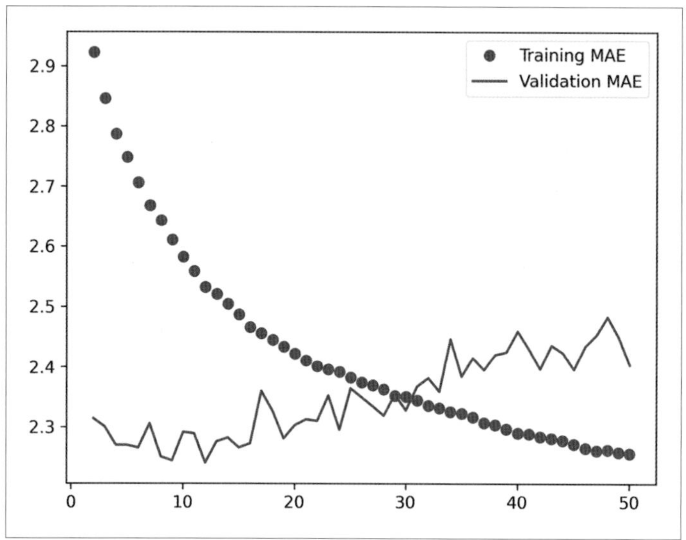

10.4.3 양방향 RNN 사용하기

이 절에서 소개할 마지막 기법은 **양방향 RNN**(bidirectional RNN)입니다. 양방향 RNN은 RNN의 한 변종이고 특정 작업에서 기본 RNN보다 훨씬 좋은 성능을 냅니다. 자연어 처리에서는 맥가이버 칼이라고 할 정도로 즐겨 사용됩니다.

RNN은 특히 순서에 민감합니다. 즉, 입력 시퀀스의 타입스텝 순서대로 처리합니다. 타입스텝을 섞거나 거꾸로 하면 RNN이 시퀀스에서 학습하는 표현을 완전히 바꾸어 버립니다. 이는 온도 예측처럼 순서에 의미가 있는 문제에 잘 맞는 이유이기도 합니다. 양방향 RNN은 RNN이 순서에 민감하다는 성질을 사용합니다. 앞서 보았던 GRU나 LSTM 같은 RNN 2개를 사용합니다. 각 RNN은 입력 시퀀스를 한 방향(시간 순서나 반대 순서)으로 처리한 후 각 표현을 합칩니다. 시퀀스를 양쪽 방향으로 처리하기 때문에 양방향 RNN은 단방향 RNN이 놓치기 쉬운 패턴을 감지할 수 있습니다.

놀랍게도 이 절에 있는 RNN 층이 시간의 순서대로 (오래된 타임스텝이 먼저 나오도록) 시퀀스를 처리하는 것은 근거 없는 결정입니다. 적어도 이 결정을 궁금해 하지 않았습니다. 시간의 반대 방향으로 (최근 타임스텝이 먼저 나오도록) 입력 시퀀스를 처리하면 만족할 만한 RNN 성능을 낼 수 있을까요? 이를 시도해 보고 결과를 확인해 보겠습니다. 해야 할 일은 입력 시퀀스를 시간 차원을

따라 거꾸로 생성하는 데이터 제너레이터를 만드는 것뿐입니다(제너레이터 함수의 마지막 줄을 `yield samples[:, ::-1, :], targets`로 바꿉니다). 이 절의 첫 번째 예제와 동일하게 LSTM 기반의 모델을 훈련합니다. 그림 10-13은 훈련 결과입니다.

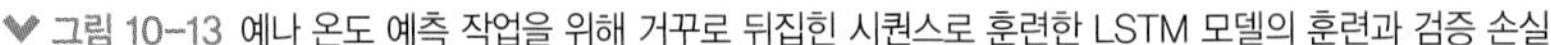

그림 10-13 예나 온도 예측 작업을 위해 거꾸로 뒤집힌 시퀀스로 훈련한 LSTM 모델의 훈련과 검증 손실

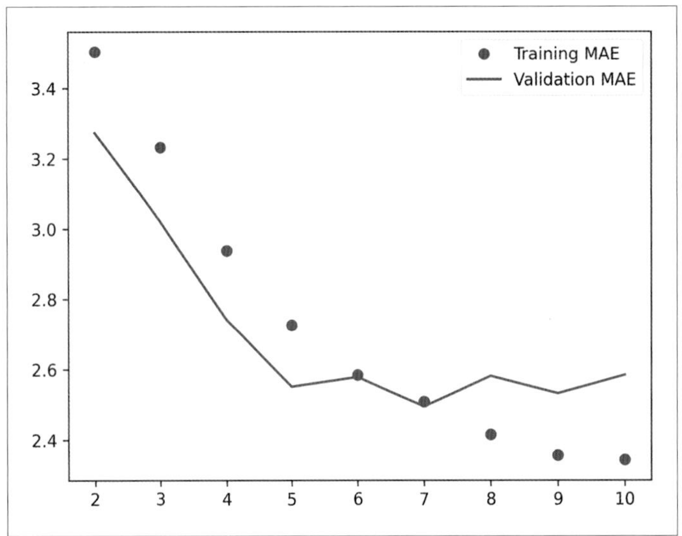

순서를 뒤집은 LSTM은 상식 수준의 기준점보다도 성능이 낮습니다. 이 경우에는 시간 순서대로 처리하는 것이 중요한 역할을 합니다. 사실 이는 당연합니다. 일반적으로 LSTM 층은 먼 과거보다 최근 내용을 잘 기억합니다. 또한, 최근에 가까운 날씨 데이터 포인트일수록 오래된 데이터 포인트보다 예측에 유용합니다(상식 수준의 기준점이 꽤 강력한 이유입니다). 따라서 시간 순서대로 처리하는 네트워크가 거꾸로 처리하는 것보다 성능이 높아야만 합니다.

하지만 자연어 처리를 포함하여 다른 많은 문제에서는 그렇지 않습니다. 문장을 이해하는 데 단어의 중요성은 단어가 문장 어디에 놓여 있는지에 따라 결정되지 않습니다. 텍스트 데이터셋에는 순서를 뒤집어 처리하는 것이 시간 순서대로 처리하는 것과 거의 동일하게 잘 작동합니다. 사람은 텍스트를 거꾸로 읽을 수 있습니다(시도해 보세요!). 언어를 이해하는 데 단어의 순서가 중요하지만 결정적이지 않습니다.

거꾸로 된 시퀀스에서 훈련한 RNN은 원래 시퀀스에서 훈련한 것과는 다른 표현을 학습합니다. 이와 비슷하게 시작할 때 죽고 마지막 날 태어나는 삶처럼 실제 세상의 시간이 거꾸로 흘러간다면 우리의 정신 세계는 달라질 것입니다. 머신 러닝에서 다른 표현이 유용하다면 항상 사용할 가치가 있습니다. 이 표현이 많이 다를수록 더 좋습니다. 이 표현이 데이터를 바라보는 새로운 시각을 제공하고 다른 방식에서는 놓칠 수 있는 데이터의 특징을 잡아냅니다. 이런 표현은 작업 성능을 올리는 데 도움을 줍니다. 이것이 13장에서 살펴볼 **앙상블**(ensemble) 개념입니다.

양방향 RNN은 이 아이디어를 사용하여 시간 순서대로 처리하는 RNN의 성능을 향상시킵니다. 입력 시퀀스를 양쪽 방향으로 바라보기 때문에(그림 10-14), 잠재적으로 풍부한 표현을 얻고 시간 순서대로 처리할 때 놓칠 수 있는 패턴을 감지할 수 있습니다.

▼ 그림 10-14 양방향 RNN 층의 동작 방식

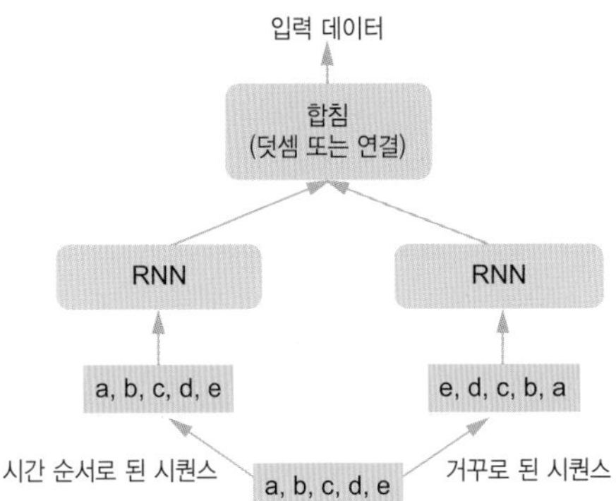

케라스에서는 Bidirectional 층을 사용하여 양방향 RNN을 만듭니다. 이 클래스는 첫 번째 매개변수로 순환 층의 객체를 전달받습니다. Bidirectional 클래스는 전달받은 순환 층으로 새로운 두 번째 객체를 만듭니다. 하나는 시간 순서대로 입력 시퀀스를 처리하고, 다른 하나는 반대 순서로 입력 시퀀스를 처리합니다. 온도 예측 작업에 이를 적용해 보죠.

코드 10-24 양방향 LSTM 모델 훈련하고 평가하기

```
inputs = keras.Input(shape=(sequence_length, raw_data.shape[-1]))
x = layers.Bidirectional(layers.LSTM(16))(inputs)
outputs = layers.Dense(1)(x)
model = keras.Model(inputs, outputs)
model.compile(optimizer="rmsprop", loss="mse", metrics=["mae"])
history = model.fit(train_dataset,
                    epochs=10,
                    validation_data=val_dataset)
```

이 모델은 평범한 LSTM 층만큼 성능이 좋지 않습니다. 이유는 쉽게 이해할 수 있습니다. 모든 예측 성능은 시간 순서대로 처리하는 네트워크의 절반에서 옵니다. 시간 반대 순서로 처리하는 절반은 이런 작업에 성능이 매우 좋지 않기 때문입니다(최근 정보가 오래전 정보보다 훨씬 더 중요합니

다). 동시에 시간 반대 순서로 처리하는 층 때문에 네트워크의 용량이 2배가 되고 훨씬 더 일찍 과대적합이 시작됩니다.

하지만 양방향 RNN은 텍스트 데이터 또는 순서가 중요한 (하지만 사용하는 순서는 중요하지 않은) 다른 종류의 데이터에 잘 맞습니다. 사실 (다음 장에서 배울 트랜스포머(Transformer) 구조가 등장하기 전) 2016년 잠시 동안 양방향 LSTM 층이 많은 자연어 처리 작업에서 최고 수준의 성능을 냈습니다.

10.4.4 더 나아가서

온도 예측 문제의 성능을 향상하기 위해 시도해 볼 수 있는 것이 많이 있습니다.

- 스태킹한 각 순환 층의 유닛 개수와 드롭아웃의 양을 조정합니다. 지금 설정은 대부분 임의로 한 것이라 최적화가 덜 되었을 것입니다.
- RMSprop 옵티마이저의 학습률을 조정하거나 다른 옵티마이저를 사용합니다.
- 순환 층 위에 놓을 회귀 모델을 위해 하나가 아니라 여러 개의 Dense 층을 쌓습니다.
- 모델의 입력을 개선합니다. 더 길거나 짧은 시퀀스를 테스트해 보거나 샘플링 간격(sampling_rate)을 바꿉니다. 또는 특성 공학을 수행합니다.

늘 그렇듯이 딥러닝은 과학보다는 예술에 가깝습니다. 어떤 문제에 적합하거나 그렇지 않은 가이드라인은 제시할 수 있지만 결국 모든 데이터셋은 다릅니다. 경험을 바탕으로 여러 가지 전략을 평가해 보아야 합니다. 현재는 문제를 해결하는 최선의 방법을 미리 알 수 있는 이론이 없습니다. 여러 시도를 반복해야 합니다.

필자 경험으로 보면 머신 러닝이 아닌 기준점에서 10%를 향상시키는 것이 이 데이터셋에서 최선일 것입니다. 이는 훌륭하지는 않지만 의미 있는 결과입니다. 넓은 범위에 걸쳐 여러 지역의 날씨 데이터가 있다면 가까운 미래의 날씨를 예측하기 쉽지만 한 지역의 측정값만 있다면 예측하기 어렵습니다. 현재 위치의 날씨 변화는 주변 지역의 날씨 패턴에 따라 달라집니다.

주식 시장과 머신 러닝

일부 독자들은 여기에서 소개한 기법을 주식 시장의 증권 가격(또는 환율 등)을 예측하는 데 사용하려고 할 것입니다. 하지만 주식 시장은 날씨 패턴 같은 자연 현상과는 훨씬 다른 통계적 특성이 있습니다. 주식 시장에서 과거 성과는 미래의 기대 수익을 위한 좋은 예측 특성이 아닙니다. 이는 마치 백미러를 보고 운전하는 것과 같습니다. 머신 러닝은 날씨, 전력 사용량, 상점 안의 유동 인구 등 과거를 미래에 대한 좋은 예측 지표로 쓸 수 있는 데이터셋에 적용할 수 있습니다.

모든 거래는 기본적으로 **정보 차익거래**(information arbitrage)라는 것을 항상 기억하세요. 시장에 참여하고 있는 다른 사람이 놓친 데이터나 통찰을 활용하여 이익을 얻습니다. 주식 시장에서 이기기 위해 잘 알려진 머신 러닝 기법과 공개된 데이터를 사용하면 결국 막다른 골목에 다다를 것입니다. 다른 사람들과 비교해서 정보 이점이 없기 때문입니다. 아무것도 얻지 못하고 시간과 자원을 낭비할 가능성이 높습니다.

10.5 요약

- 5장에서 처음 배웠던 것처럼 새로운 문제를 해결할 때는 선택한 지표에서 상식 수준의 기준점을 설정하는 것이 좋습니다. 기준점을 가지고 있지 않으면 실제로 향상되었는지 알 수 없습니다.
- 추가 비용이 합리적인지 판단하기 위해 계산 비용이 높은 모델 전에 간단한 모델을 시도합니다. 이따금 간단한 모델이 최선일 경우가 있습니다.
- 시간 순서가 중요한 데이터, 특히 시계열 데이터가 있다면 순환 신경망이 적합합니다. 시계열 데이터를 펼쳐서 처리하는 모델의 성능을 쉽게 앞지를 것입니다. 케라스에서 핵심적인 RNN 층 2개는 LSTM 층과 GRU 층입니다.
- 순환 네트워크에 드롭아웃을 사용하려면 타임스텝 동안 일정한 드롭아웃 마스크와 순환 드롭아웃 마스크를 사용해야 합니다. 둘 다 케라스 순환 층에 포함되어 있습니다. 순환 층에 있는 `recurrent_dropout` 매개변수를 사용하면 됩니다.
- 스태킹 RNN은 단일 RNN 층보다 더 강력한 표현 능력을 제공합니다. 하지만 계산 비용이 많이 들기 때문에 항상 시도할 가치가 있지는 않습니다. (기계 번역 같은) 복잡한 문제에서 확실히 도움이 되지만 작고 간단한 문제에서는 항상 그렇지 않습니다.

11장

텍스트를 위한 딥러닝

이 장에서 다룰 핵심 내용

- 머신 러닝 애플리케이션을 위해 텍스트 데이터 전처리하기
- BoW(Bag-of-Words) 방식과 시퀀스 모델링 방식으로 텍스트 처리하기
- 트랜스포머(Transformer) 아키텍처
- 시퀀스-투-시퀀스(sequence-to-sequence) 학습

11.1 자연어 처리 소개

컴퓨터 과학에서 한국어나 영어 같은 사람의 언어를 어셈블리(assembly), LISP, XML 같은 기계를 위해 고안된 언어와 구별하기 위해 자연어(natural language)라고 부릅니다. 모든 기계어는 설계된 것입니다. 엔지니어가 해당 언어로 쓸 수 있는 문장과 이 문장의 의미를 기술하는 일련의 규칙을 작성합니다. 규칙이 먼저고 규칙이 완성된 후에야 이 언어를 사용합니다. 사람 언어는 반대입니다. 먼저 사용되고 나중에 규칙이 생깁니다. 자연어는 생물 유기체와 매우 비슷하게 진화 과정에 의해 형성됩니다. 그래서 '자연'입니다. 영어 문법과 같은 '규칙'은 나중에 체계화되며 사용자에 의해 종종 무시되거나 깨집니다. 결과적으로 기계어는 매우 구조적이고 엄격하며, 고정된 어휘에서 정확하게 정의된 개념을 표현하기 위해 정확한 문법 규칙을 사용합니다. 반면 자연어는 복잡하고, 모호하고, 혼란스럽고, 불규칙하고, 끊임없이 변화합니다.

자연어를 이해할 수 있는 알고리즘을 만드는 것은 큰 일입니다. 언어, 특히 텍스트는 사람의 의사소통과 문화 생산의 대부분을 뒷받침합니다. 인터넷은 대부분 텍스트입니다. 언어는 거의 모든 지식을 저장하는 방법입니다. 사람의 생각 자체가 대부분 언어에 기반을 둡니다. 하지만 자연어를 이해하는 능력은 오랫동안 기계가 달성하지 못했습니다. 어떤 사람들은 LISP의 규칙 집합을 작성하는 것처럼 '영어의 규칙 집합'을 작성할 수 있을 것이라고 단순히 생각했습니다. 그래서 초기 자연어 처리(Natural Language Processing, NLP) 시스템은 '응용 언어학(applied linguistics)'의 입장에서 시도되었습니다. 엔지니어와 언어학자는 복잡한 규칙 집합을 직접 만들어 기초적인 기계 번역(machine translation)을 수행하거나 간단한 챗봇(chatbot)을 만들었습니다. 1960년대 유명한 ELIZA 프로그램이 패턴 매칭(pattern matching)을 사용해서 매우 기초적인 대화를 수행했습니다. 하지만 언어는 규칙에 맞지 않으며 쉽게 체계화할 수 없습니다. 수십 년간의 노력에도 이런 시스템의 능력은 여전히 실망스러웠습니다.

수동으로 규칙을 만드는 방법이 1990년대까지 지배적이었습니다. 하지만 1980년대 후반부터 빠른 컴퓨터와 많은 데이터를 사용할 수 있게 되면서 더 나은 대안이 등장했습니다. 임시 규칙으로 가득한 시스템을 만들 때 영리한 엔지니어라면 다음과 같은 의문을 품을 수 있습니다. "데이터를 사용하여 이런 규칙을 찾는 과정을 자동화할 수 없을까? 직접 규칙을 만들지 않고 어떤 종류의 규칙 공간 내에서 검색할 수 없을까?" 이 엔지니어는 우연히 머신 러닝을 전공했고 이런 사람들이

1980년대 후반에 자연어 처리에 머신 러닝 방법을 적용하기 시작했습니다. 초기 시도는 결정 트리 기반이었습니다. 이전 시스템의 if/then/else 같은 규칙을 자동으로 개발하려는 의도였습니다. 그다음 로지스틱 회귀와 같은 통계적 방법이 빠르게 퍼졌습니다. 시간이 지남에 따라 학습된 파라미터를 가진 모델이 완전히 자리를 잡았고 언어학은 유용한 도구라기보다 장애물처럼 되어 버렸습니다. 초기 음성 인식 연구자인 프레데릭 제리넥(Frederick Jelinek)은 1990년대에 "언어학자를 해고할 때마다 음성 인식기 성능이 올라간다."라고 농담을 했습니다.

이것이 현대적인 NLP입니다. 머신 러닝과 대규모 데이터셋을 사용해서 컴퓨터에 언어를 이해하는 능력을 부여하는 고상한 목표를 달성하는 것이 아닙니다. 입력으로 언어를 받아 유용한 어떤 것을 반환하는 것입니다. 예를 들어 다음과 같습니다.

- "이 글의 주제는 무엇인가요?" (텍스트 분류)
- "이 텍스트에 부적절한 내용이 들어 있나요??" (콘텐츠 필터링)
- "이 텍스트가 긍정적인가요? 아니면 부정적인가요?" (감성 분석)
- "문장을 완성하기 위해 다음 단어는 무엇이 되어야 하나요?" (언어 모델링)
- "이 문장은 독일어로 어떻게 되나요?" (번역)
- "이 글을 하나의 문단으로 요약하면 어떻게 되나요?" (요약)
- 기타

당연히 이 장에서 훈련하는 텍스트 처리 모델이 언어를 사람처럼 이해하는 것이 아니라는 점을 명심하세요. 모델은 입력에 있는 통계적인 규칙성을 찾는 것뿐이며 이는 여러 가지 간단한 작업을 잘 수행하는 데 충분합니다. 컴퓨터 비전은 픽셀에 적용하는 패턴 인식인 것처럼 NLP는 단어, 문장, 문단에 적용되는 패턴 인식입니다.

NLP 도구(결정 트리, 로지스틱 회귀)는 1990년대에서 2010년대까지 느리게 발전했습니다. 대부분의 연구자들의 관심사는 특성 공학이었습니다. 필자가 2013년 캐글의 NLP 대회에서 처음 우승했을 때 아마 예상할 수 있겠지만 필자의 모델은 결정 트리와 로지스틱 회귀였습니다. 하지만 2014~2015년 즈음에 마침내 상황이 바뀌기 시작했습니다. 많은 연구자가 순환 신경망, 특히 LSTM의 언어 이해 능력을 분석하기 시작했습니다. LSTM은 1990년대 후반에 나온 시퀀스 처리 알고리즘으로 그때까지 잘 알려지지 않았습니다.

2015년 초 순환 신경망에 대한 관심이 다시 커지면서 케라스가 가장 처음 오픈 소스로 사용하기 쉬운 LSTM 구현을 제공했습니다. 그 전까지는 쉽게 재사용할 수 없는 '연구 코드'만 있었습니다. 2015년부터 2017년까지 순환 신경망이 급성장하는 NLP 분야를 지배했습니다. 특히 양방향 LSTM 모델이 요약(summarization)에서 질문-대답(question-answering), 기계 번역까지 많은 중요 작업에서 최고 수준의 성능을 달성했습니다.

마지막으로 2017~2018년 즈음에 새로운 아키텍처가 나와서 RNN을 대체했습니다. 이 장의 후반에서 배울 트랜스포머(Transformer)입니다. 트랜스포머가 짧은 기간 동안 이 분야에서 상당한 진전을 이루어냈습니다. 오늘날 대부분의 NLP 시스템은 트랜스포머를 기반으로 합니다.

그럼 상세한 내용을 알아보죠. 이 장은 기초부터 트랜스포머를 사용한 기계 번역까지 담고 있습니다.

DEEP LEARNING

11.2 텍스트 데이터 준비

미분 가능한 함수인 딥러닝 모델은 수치 텐서만 처리할 수 있습니다. 원시 텍스트를 입력으로 사용할 수 없습니다. **텍스트 벡터화**(vectorization)는 텍스트를 수치 텐서로 바꾸는 과정입니다. 텍스트 벡터화 과정은 다양한 모양과 형식을 띠지만 모두 동일한 템플릿을 따릅니다(그림 11-1).

- 먼저 처리하기 쉽도록 텍스트를 **표준화**(standardization)합니다. 소문자로 바꾸거나 구두점을 제거하는 등입니다.
- 텍스트를 (**토큰**(token)이라고 부르는) 단위로 분할합니다. 예를 들어 문자, 단어, 단어의 그룹입니다. 이를 **토큰화**(tokenization)라고 부릅니다.
- 각 토큰을 수치 벡터로 바꿉니다. 일반적으로 먼저 데이터에 등장하는 모든 토큰을 **인덱싱**(indexing)합니다.

▼ 그림 11-1 원시 텍스트를 벡터로 바꾸기

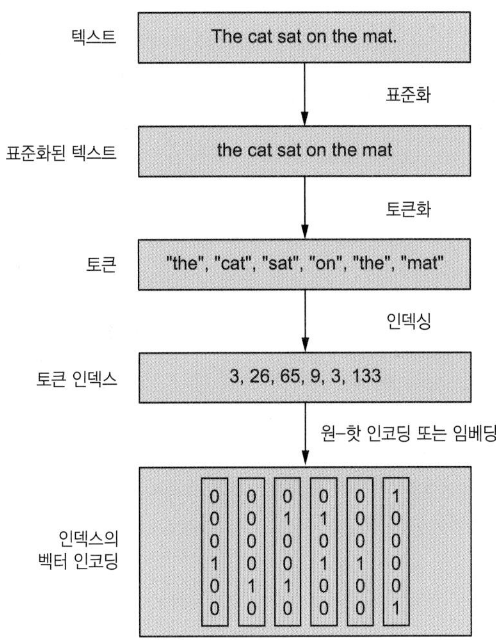

각 단계를 하나씩 알아보겠습니다.

11.2.1 텍스트 표준화

다음과 같은 두 문장을 생각해 보죠.

- "sunset came. i was staring at the Mexico sky. isnt nature splendid??"
- "Sunset came; I stared at the México sky. isn't nature splendid?"

두 문장은 매우 비슷합니다. 사실 거의 동일합니다. 하지만 두 문장을 바이트 문자열로 바꾼다면 매우 다른 표현이 됩니다. "i"와 "I" 문자가 다르고, "Mexico"와 "México" 단어가 다르고, "isnt"와 "isn't"가 다르기 때문입니다. 머신 러닝 모델은 "i"와 "I"가 같은 문자고, "é"는 "e"에 악센트 부호를 추가한 것이고, "staring"과 "stared"가 동일한 동사라는 것을 알지 못합니다.

텍스트 표준화는 모델이 인코딩 차이를 고려하지 않도록 이를 제거하기 위한 기초적인 특성 공학의 한 형태입니다. 이는 머신 러닝에만 국한된 것은 아니며 검색 엔진을 만들 때도 동일한 작업을 수행해야 합니다.

가장 간단하고 널리 사용되는 표준화 방법 중 하나는 '소문자로 바꾸고 구두점 문자를 삭제'하는 것입니다. 앞의 두 문장에 이를 적용하면 다음과 같이 바뀝니다.

- "sunset came i was staring at the mexico sky isnt nature splendid"
- "sunset came i stared at the méxico sky isnt nature splendid"

두 문장이 훨씬 더 비슷해졌습니다. 자주 사용하는 또 다른 변환은 특수 문자를 표준 형태로 바꾸는 것입니다. "é"를 "e"로, "æ"를 "ae"로 바꾸는 식입니다. 그러면 토큰 "méxico"는 "mexico"가 됩니다.

마지막으로 머신 러닝에서 드물게 사용되는 고급 표준화 패턴은 **어간 추출**(stemming)입니다. (동사의 여러 활용 형태처럼) 어형이 변형된 단어를 공통된 하나의 표현으로 바꾸는 것입니다. "caught"와 "been catching"을 "[catch]"로 바꾸거나 "cats"를 "[cat]"으로 바꾸는 식입니다. 어간 추출을 사용하면 "was staring"과 "stared"가 "[stare]"가 됩니다. 비슷한 이 두 문장이 결국 동일한 인코딩을 가지게 됩니다.

- "sunset came i [stare] at the mexico sky isnt nature splendid"

이런 표준화 기법을 사용하면 모델에 필요한 훈련 데이터가 줄어들고 일반화가 더 잘됩니다. "Sunset"과 "sunset"이 같은 의미라는 것을 학습하기 위해 많은 샘플이 필요하지 않고, 훈련 세트에 "mexico"만 있더라도 "México"를 이해할 수 있습니다. 물론 표준화는 일정량의 정보를 삭제할 수도 있다는 것을 항상 유념하세요. 예를 들어 인터뷰 기사에서 질문을 추출하는 모델을 만든다면 "?"는 이런 작업에 유용한 신호이므로 삭제하지 말고 반드시 별도의 토큰으로 다루어야 합니다.

11.2.2 텍스트 분할(토큰화)

텍스트를 표준화하고 나면 벡터화할 단위(토큰)로 나누어야 합니다. 이 단계를 **토큰화**(tokenization)라고 부릅니다. 세 가지 방법으로 이를 수행할 수 있습니다.

- **단어 수준 토큰화**: 토큰이 공백으로 (또는 구두점으로) 구분된 부분 문자열입니다. 비슷한 다른 방법은 가능한 경우 단어를 부분 단어(subword)로 더 나누는 것입니다. 예를 들어 "staring"을 "star+ing"로 다루고, "called"를 "call+ed"로 다룹니다.

* **N-그램**(N-gram) **토큰화**: 토큰이 N개의 연속된 단어 그룹입니다. 예를 들어 "the cat" 또는 "he was"는 2-그램(또는 바이그램(bigram)) 토큰입니다.
* **문자 수준 토큰화**: 각 문자가 하나의 토큰입니다. 실제로 이런 방식은 잘 쓰이지 않습니다. 텍스트 생성이나 음성 인식 같은 특별한 작업에서만 사용합니다.

일반적으로 단어 수준 토큰화나 N-그램 토큰화를 항상 사용할 것입니다. 두 종류의 텍스트 처리 모델이 있습니다. 단어의 순서를 고려하는 **시퀀스 모델**(sequence model)과 입력 단어의 순서를 무시하고 집합으로 다루는 **BoW 모델**(Bag-of-Words model)입니다. 시퀀스 모델을 만든다면 단어 수준 토큰화를 사용하고, BoW 모델을 만든다면 N-그램 토큰화를 사용합니다. N-그램은 인공적으로 모델에 국부적인 단어 순서에 대한 소량의 정보를 주입하는 방법입니다. 이 장에서 각 모델의 유형과 언제 사용하는지에 대해 자세히 알아보겠습니다.

N-그램과 BoW

단어 N-그램은 문장에서 추출한 N개(또는 그 이하)의 연속된 단어 그룹입니다. 같은 개념이 단어 대신 문자에도 적용될 수 있습니다.

다음은 간단한 예입니다. "the cat sat on the mat."이란 문장을 생각해 보죠. 이 문장은 다음 2-그램의 집합으로 분해할 수 있습니다.

```
{"the", "the cat", "cat", "cat sat", "sat",
 "sat on", "on", "on the", "the mat", "mat"}
```

또한, 다음 3-그램의 집합으로도 분해할 수 있습니다.

```
{"the", "the cat", "cat", "cat sat", "the cat sat",
 "sat", "sat on", "on", "cat sat on", "on the",
 "sat on the", "the mat", "mat", "on the mat"}
```

이런 집합을 각각 2-그램 가방(bag of 2-gram) 또는 3-그램 가방(bag of 3-gram)이라고 합니다. 가방(bag)이란 용어는 다루고자 하는 것이 리스트나 시퀀스가 아니라 토큰의 집합이라는 사실을 의미합니다. 이 토큰에는 특정한 순서가 없습니다. 이런 종류의 토큰화 방법을 BoW(또는 Bag-of-N-gram)라고 합니다.

BoW가 순서가 없는 토큰화 방법이기 때문에(생성된 토큰은 시퀀스가 아니라 집합으로 간주되고 문장의 일반적인 구조가 사라집니다), 딥러닝 모델보다 얕은 학습 방법의 언어 처리 모델에 사용되는 경향이 있습니다. N-그램을 추출하는 것은 일종의 특성 공학입니다. 딥러닝 시퀀스 모델은 이런 수동적인 방식을 계층적인 특성 학습으로 대체합니다. 1D 컨브넷, 순환 신경망, 트랜스포머로 단어와 문자 그룹에 대한 특성을 학습할 수 있습니다. 이 방식들은 그룹들을 명시적으로 알려 주지 않아도 연속된 단어나 문자의 시퀀스에 노출되면 자동으로 학습합니다.

11.2.3 어휘 사전 인덱싱

텍스트를 토큰으로 나눈 후 각 토큰을 수치 표현으로 인코딩해야 합니다. 토큰을 해싱(hashing)하여 고정 크기의 이진 벡터로 바꾸는 것처럼 상태가 없는 방식을 사용할 수 있습니다. 하지만 실전에서는 훈련 데이터에 있는 모든 토큰의 인덱스(어휘 사전(vocabulary))를 만들어 어휘 사전의 각 항목에 고유한 정수를 할당하는 방법을 사용합니다.

예를 들어 다음과 같습니다.

```
vocabulary = {}
for text in dataset:
    text = standardize(text)
    tokens = tokenize(text)
    for token in tokens:
        if token not in vocabulary:
            vocabulary[token] = len(vocabulary)
```

그다음 이 정수를 신경망이 처리할 수 있도록 원-핫 벡터 같은 벡터 인코딩으로 바꿀 수 있습니다.

```
def one_hot_encode_token(token):
    vector = np.zeros((len(vocabulary),))
    token_index = vocabulary[token]
    vector[token_index] = 1
    return vector
```

이 단계에서는 훈련 데이터에서 가장 많이 등장하는 2만 개 또는 3만 개 단어로만 어휘 사전을 제한하는 것이 보통입니다. 텍스트 데이터는 일반적으로 고유한 토큰이 굉장히 많습니다. 이런 토큰은 대부분 한 번 또는 두 번 등장합니다. 따라서 이런 드문 토큰을 인덱싱하면 특성 공간이 과도하게 커지게 되며 대부분의 특성은 거의 아무런 정보가 없을 것입니다.

4장과 5장에서 IMDB 데이터셋으로 첫 번째 딥러닝 모델을 훈련했던 것을 기억하나요? `keras.datasets.imdb`에서 가져온 데이터는 이미 정수 시퀀스로 전처리되어 있었습니다. 각 정수는 하나의 단어를 나타냅니다. 그때 `num_words=10000`으로 설정하여 어휘 사전을 훈련 데이터에서 가장 많이 등장하는 1만 개 단어로 제한했습니다.

여기에 간과해서는 안 되는 중요한 사항이 있습니다. 어휘 사전 인덱스에서 새로운 토큰을 찾을 때 이 토큰이 항상 존재하지 않을 수 있습니다. 훈련 데이터에 "cherimoya" 단어가 포함되지 않을 수 있으므로 (또는 매우 드문 단어라 어휘 사전에서 제외되었을 수 있으므로) `token_index = vocabulary["cherimoya"]`를 실행하면 `KeyError` 에러가 발생합니다. 이런 상황을 다루기 위해 '예

외 어휘(out of vocabulary)' 인덱스를 사용합니다(약어로 OOV 인덱스라고 합니다). 이 인덱스는 어휘 사전에 없는 모든 토큰에 대응됩니다. 이 인덱스는 일반적으로 1입니다. 실제로 `token_index = vocabulary.get(token, 1)`과 같습니다. 정수 시퀀스를 단어로 디코딩할 때 1을 "[UNK]" 같은 문자("OOV 토큰"이라고 부릅니다)로 바꿉니다.

왜 0이 아니고 1을 사용할까요? 0은 이미 사용되는 토큰이기 때문입니다. 일반적으로 사용하는 특별한 토큰이 2개 있습니다. OOV 토큰(인덱스 1)과 마스킹(masking) 토큰(인덱스 0)입니다. OOV 토큰이 '인식할 수 없는 단어'라는 의미인 반면 마스킹 토큰은 '단어가 아니라 무시할 수 있는 토큰'이라는 뜻입니다. 특히 시퀀스 데이터를 패딩하기 위해 사용합니다. 배치 데이터는 동일해야 하기 때문에 배치에 있는 모든 시퀀스는 길이가 같아야 합니다. 따라서 길이가 짧은 시퀀스는 가장 긴 시퀀스 길이에 맞추어 패딩됩니다. 시퀀스 `[5, 7, 124, 4, 89]`와 `[8, 34, 21]`을 가진 배치 데이터가 있다면 다음과 같이 패딩됩니다.

```
[[5,  7, 124, 4, 89]
 [8, 34,  21, 0,  0]]
```

4장과 5장에서 사용한 IMDB 데이터셋의 정수 시퀀스 배치는 이런 식으로 0으로 패딩되어 있습니다.

11.2.4 TextVectorization 층 사용하기

지금까지 소개한 모든 단계는 파이썬으로 쉽게 구현할 수 있습니다. 아마도 다음과 같을 것입니다.

```
import string

class Vectorizer:
    def standardize(self, text):
        text = text.lower()
        return "".join(char for char in text
                       if char not in string.punctuation)

    def tokenize(self, text):
        return text.split()

    def make_vocabulary(self, dataset):
        self.vocabulary = {"": 0, "[UNK]": 1}
```

```
        for text in dataset:
            text = self.standardize(text)
            tokens = self.tokenize(text)
            for token in tokens:
                if token not in self.vocabulary:
                    self.vocabulary[token] = len(self.vocabulary)
        self.inverse_vocabulary = dict(
            (v, k) for k, v in self.vocabulary.items())

    def encode(self, text):
        text = self.standardize(text)
        tokens = self.tokenize(text)
        return [self.vocabulary.get(token, 1) for token in tokens]

    def decode(self, int_sequence):
        return " ".join(
            self.inverse_vocabulary.get(i, "[UNK]") for i in int_sequence)

vectorizer = Vectorizer()
dataset = [
    "I write, erase, rewrite",    ---
    "Erase again, and then",      --- 호쿠시(Hokushi) 시인의 하이쿠(Haiku)
    "A poppy blooms.",            ---
]
vectorizer.make_vocabulary(dataset)
```

다음과 같이 사용합니다.

```
>>> test_sentence = "I write, rewrite, and still rewrite again"
>>> encoded_sentence = vectorizer.encode(test_sentence)
>>> print(encoded_sentence)
[2, 3, 5, 7, 1, 5, 6]
>>> decoded_sentence = vectorizer.decode(encoded_sentence)
>>> print(decoded_sentence)
"i write rewrite and [UNK] rewrite again"
```

하지만 이런 방식은 성능이 높지 않습니다. 실전에서는 빠르고 효율적인 케라스 TextVectorization 층을 사용할 것입니다. 이 층은 tf.data 파이프라인이나 케라스 모델에 사용할 수 있습니다.

TextVectorization 층은 다음과 같이 사용합니다.

```python
from tensorflow.keras.layers import TextVectorization
text_vectorization = TextVectorization(
    output_mode="int",
)
```
정수 인덱스로 인코딩된 단어 시퀀스를 반환하도록 층을 설정합니다. 여러 가지 다른 출력 모드도 있습니다. 잠시 후에 사용해 보겠습니다.

기본적으로 TextVectorization 층은 텍스트 표준화를 위해 소문자로 바꾸고 구두점을 제거하며 토큰화를 위해 공백으로 나눕니다. 하지만 표준화와 토큰화를 위해 사용자 정의 함수를 제공할 수 있어 어떤 경우도 처리할 수 있을 만큼 충분히 유연합니다. 이런 사용자 정의 함수는 일반적인 파이썬 문자열이 아니라 tf.string 텐서를 처리해야 합니다! 예를 들어 이 층의 기본적인 동작은 다음 함수와 동일합니다.

```python
import re
import string
import tensorflow as tf

def custom_standardization_fn(string_tensor):
    lowercase_string = tf.strings.lower(string_tensor)   # 문자열을 소문자로 바꿉니다.
    return tf.strings.regex_replace(   # 구두점 문자를 빈 문자열로 바꿉니다.
        lowercase_string, f"[{re.escape(string.punctuation)}]", "")

def custom_split_fn(string_tensor):
    return tf.strings.split(string_tensor)   # 공백을 기준으로 문자열을 나눕니다.

text_vectorization = TextVectorization(
    output_mode="int",
    standardize=custom_standardization_fn,
    split=custom_split_fn,
)
```

텍스트 말뭉치(corpus)[1]의 어휘 사전을 인덱싱하려면 문자열을 반환하는 Dataset 객체나 파이썬 문자열의 리스트로 이 층의 adapt() 메서드를 호출하면 됩니다.

```python
dataset = [
    "I write, erase, rewrite",
    "Erase again, and then",
    "A poppy blooms.",
]
text_vectorization.adapt(dataset)
```

1 역주 텍스트 처리 분야에서는 훈련 데이터를 말뭉치라고도 부릅니다.

get_vocabulary() 메서드를 사용하여 계산된 어휘 사전을 추출할 수 있습니다. 정수 시퀀스로 인코딩된 텍스트를 단어로 다시 변환할 때 유용합니다. 어휘 사전의 처음 두 항목은 마스킹 토큰(인덱스 0)과 OOV 토큰(인덱스 1)입니다. 어휘 사전의 항목은 빈도 순으로 정렬되어 있습니다. 따라서 실제 데이터셋의 경우 "the"나 "a" 같은 매우 흔한 단어가 먼저 나옵니다.

코드 11-1 어휘 사전 출력하기

```
>>> text_vectorization.get_vocabulary()
["", "[UNK]", "erase", "write", ...]
```

예시 문장을 인코딩하고 디코딩해 보겠습니다.

```
>>> vocabulary = text_vectorization.get_vocabulary()
>>> test_sentence = "I write, rewrite, and still rewrite again"
>>> encoded_sentence = text_vectorization(test_sentence)
>>> print(encoded_sentence)
tf.Tensor([ 7  3  5  9  1  5 10], shape=(7,), dtype=int64)
>>> inverse_vocab = dict(enumerate(vocabulary))
>>> decoded_sentence = " ".join(inverse_vocab[int(i)] for i in encoded_sentence)
>>> print(decoded_sentence)
"i write rewrite and [UNK] rewrite again"
```

tf.data 파이프라인 또는 모델의 일부로 TextVectorization 층 사용하기

TextVectorization 층은 대부분 딕셔너리 룩업(lookup) 연산이기 때문에 GPU(또는 TPU)에서 실행할 수 없고 CPU에서만 실행됩니다. 따라서 모델을 GPU에서 훈련한다면 TextVectorization 층이 CPU에서 실행된 후 그 출력을 GPU로 보낼 것입니다. 이는 성능에 큰 영향을 미칩니다.

TextVectorization 층을 사용하는 방법이 두 가지입니다. 첫 번째 방법은 다음과 같이 tf.data 파이프라인에 넣는 것입니다.

string_dataset은 문자열 텐서를 반환하는 데이터셋입니다.

```
int_sequence_dataset = string_dataset.map(
    text_vectorization,
    num_parallel_calls=4)
```

num_parallel_calls 매개변수를 사용하여 여러 개의 CPU 코어에서 map() 메서드를 병렬화합니다.

두 번째 방법은 (결국 케라스 층이기 때문에) 다음과 같이 모델의 일부로 만드는 것입니다.

계속

```
text_input = keras.Input(shape=(), dtype="string")  # 문자열을 기대하는 심볼릭 입력을 만듭니다.
vectorized_text = text_vectorization(text_input)  # 텍스트 벡터화 층을 적용합니다.
embedded_input = keras.layers.Embedding(...)(vectorized_text)
output = ...
model = keras.Model(text_input, output)
```
일반적인 함수형 API 모델처럼 그 위에 새로운 층을 추가할 수 있습니다.

둘 사이에는 중요한 차이점이 있습니다. 벡터화 단계가 모델의 일부이면 모델의 나머지 부분과 동기적으로 수행됩니다. 훈련 단계마다 (GPU에 놓인) 모델의 나머지 부분이 실행되기 위해 (CPU에 놓인) `TextVectorization` 층의 출력이 준비되기를 기다린다는 의미입니다. 반면 `tf.data` 파이프라인에 이 층을 넣으면 CPU에서 데이터 처리를 비동기적으로 수행할 수 있습니다. 즉, GPU가 벡터화된 데이터 배치에서 모델을 실행할 때 CPU가 원시 문자열의 다음 배치를 벡터화합니다.

따라서 모델을 GPU나 TPU에서 훈련한다면 최상의 성능을 얻기 위해 첫 번째 방법을 사용하는 것이 좋습니다. 이 장의 모든 예제는 이 방식을 사용합니다. CPU에서 훈련할 때는 동기적인 처리도 괜찮습니다. 어떤 방식을 사용하는지에 상관없이 CPU 코어를 100% 활용하게 될 것입니다.

모델을 제품 환경에 배포해야 한다면 두 번째 방법에 있는 코드처럼 원시 문자열을 입력으로 받는 모델을 준비해야 합니다. 그렇지 않으면 (자바스크립트일 수도 있는) 제품 환경에서 텍스트 표준화와 토큰화를 다시 구현해야 합니다. 전처리에 작은 차이가 생기면 모델의 정확도를 손상시킬 위험이 있습니다. 다행히 `TextVectorization` 층을 사용하면 모델에 텍스트 전처리를 바로 포함시켜 쉽게 배포할 수 있습니다. 심지어 `tf.data` 파이프라인의 일부로 이 층을 사용하는 경우에도 가능합니다. 잠시 후 '원시 문자열을 처리하는 모델 내보내기'에서 추론만 수행하는 훈련 모델을 만드는 방법을 알아보겠습니다.

텍스트 전처리에 관해 필요한 모든 것을 배웠습니다. 이제 모델링 단계로 넘어가 봅시다.

11.3 단어 그룹을 표현하는 두 가지 방법: 집합과 시퀀스

DEEP LEARNING

머신 러닝 모델이 개별 단어를 어떻게 표현해야 하는지는 비교적 논쟁이 없는 영역입니다. 단어는 범주형 특성(미리 정의된 집합에 있는 값)이고 이를 처리하는 방법은 정해져 있습니다. 단어를 특성 공간의 차원으로 인코딩하거나 범주 벡터(이 경우 단어 벡터)로 인코딩합니다. 하지만 더 중요한 것은 단어를 문장으로 구성하는 방식인 단어 순서를 인코딩하는 방법입니다.

자연어에서 순서 문제는 흥미로운 문제입니다. 시계열의 타임스텝과 달리 문장에 있는 단어는 자연스럽고 표준이 되는 순서가 없습니다. 언어가 다르면 비슷한 단어를 매우 다른 방식으로 나열합니다. 예를 들어 영어의 문장 구조는 일본어와 매우 다릅니다. 한 언어 안에서도 단어를 약간 섞어서 다른 방식으로 같은 것을 말할 수 있습니다. 또한, 짧은 문장에서 단어를 완전히 무작위로 섞으면 많은 경우에 모호할 것처럼 보이지만 대부분 무엇을 말하는지 이해할 수 있습니다. 순서는 확실히 중요하지만 의미와 관계는 간단하지 않습니다.

어떻게 단어의 순서를 표현하는지는 여러 종류의 NLP 아키텍처를 발생시키는 핵심 질문입니다. 가장 쉬운 방법은 순서를 무시하고 텍스트를 단어의 (순서가 없는) 집합으로 처리하는 것입니다. 이것이 **BoW 모델**입니다. 시계열의 타임스텝처럼 한 번에 하나의 단어씩 등장하는 순서대로 처리해야 한다고 결정할 수도 있습니다. 이런 경우 이전 장에서 보았던 순환 신경망을 활용할 수 있습니다. 마지막으로 하이브리드 방식도 가능합니다. 트랜스포머 아키텍처는 기술적으로 순서에 구애받지 않지만 처리하는 표현에 단어 위치 정보를 주입합니다. 이를 통해 순서를 고려하면서 (RNN과 달리) 문장의 여러 부분을 동시에 볼 수 있습니다. 단어 순서를 고려하기 때문에 RNN과 트랜스포머 모두 **시퀀스 모델**이라고 부릅니다.

역사적으로 초기 머신 러닝 NLP 애플리케이션은 대부분 BoW 모델을 사용했습니다. 순환 신경망이 재발견되면서 2015년이 되어서야 시퀀스 모델에 대해 관심이 생기기 시작했습니다. 오늘날에도 여전히 두 방식 모두 사용됩니다. 어떻게 동작하는지 언제 어떤 모델을 사용하는지 알아보겠습니다.

잘 알려진 텍스트 분류 문제인 IMDB 영화 리뷰 감성 분류 데이터셋에서 두 방식을 적용해 보겠습니다. 4장과 5장에서 미리 벡터화된 IMDB 데이터셋을 사용했습니다. 여기에서는 실전에서 새로운 텍스트 분류 문제를 다루는 것처럼 원시 IMDB 텍스트 데이터를 처리해 보겠습니다.

11.3.1 IMDB 영화 리뷰 데이터 준비하기

먼저 앤드류 마스(Andrew Maas)의 스탠포드 페이지에서 데이터셋을 내려받고 압축을 풀어 보겠습니다.

```
!curl -O https://ai.stanford.edu/~amaas/data/sentiment/aclImdb_v1.tar.gz
!tar -xf aclImdb_v1.tar.gz
```

다음과 같은 구조를 가진 aclImdb 디렉터리가 생깁니다.

```
aclImdb/
...train/
......pos/
......neg/
...test/
......pos/
......neg/
```

예를 들어 train/pos/ 디렉터리에는 1만 2,500개의 텍스트 파일이 담겨 있습니다. 각 파일은 훈련 데이터로 사용할 긍정적인 영화 리뷰의 텍스트를 담고 있으며, 부정적인 리뷰는 "neg" 디렉터리에 담겨 있습니다. 모두 합해서 훈련용으로 2만 5,000개의 텍스트 파일이 있고 테스트를 위해 또 다른 2만 5,000개의 파일이 있습니다.

train/unsup 디렉터리도 있습니다. 이 디렉터리는 필요하지 않으므로 삭제합니다.

```
!rm -r aclImdb/train/unsup
```


텍스트 파일의 내용을 잠시 살펴보겠습니다. 텍스트 데이터나 이미지 데이터를 다룰 때 모델링으로 들어가기 전에 데이터가 어떤 모습인지 항상 조사해야 합니다. 실제 모델이 하는 작업에 대한 직관을 기를 수 있습니다.

```
!cat aclImdb/train/pos/4077_10.txt
```

다음으로 훈련 텍스트 파일에서 20%를 새로운 디렉터리 aclImdb/val로 덜어 내어 검증 세트를 만들어 봅시다.

```
import os, pathlib, shutil, random

base_dir = pathlib.Path("aclImdb")
val_dir = base_dir / "val"
train_dir = base_dir / "train"
for category in ("neg", "pos"):
    os.makedirs(val_dir / category)
    files = os.listdir(train_dir / category)
    random.Random(1337).shuffle(files)
    num_val_samples = int(0.2 * len(files))
    val_files = files[-num_val_samples:]
    for fname in val_files:
        shutil.move(train_dir / category / fname,
                    val_dir / category / fname)
```

코드를 여러 번 실행해도 동일한 검증 세트가 만들어지도록 랜덤 시드를 지정하여 훈련 파일 목록을 섞습니다.

훈련 파일 중 20%를 검증 세트로 덜어 냅니다.

파일을 aclImdb/val/neg와 aclImdb/val/pos로 옮깁니다.

8장에서 image_dataset_from_directory 유틸리티를 사용해서 디렉터리 구조를 바탕으로 이미지와 레이블의 배치 Dataset을 만들었습니다. 텍스트 파일에 대해서도 동일한 방식으로 text_dataset_from_directory 유틸리티를 적용할 수 있습니다. 훈련, 검증, 테스트를 위한 3개의 Dataset 객체를 만들어 보겠습니다.

```
from tensorflow import keras
batch_size = 32

train_ds = keras.utils.text_dataset_from_directory(
    "aclImdb/train", batch_size=batch_size
)
val_ds = keras.utils.text_dataset_from_directory(
    "aclImdb/val", batch_size=batch_size
)
test_ds = keras.utils.text_dataset_from_directory(
    "aclImdb/test", batch_size=batch_size
)
```

이 라인을 실행하면 "Found 20000 files belonging to 2 classes"가 출력될 것입니다. "Found 70000 files belonging to 3 classes"처럼 출력된다면 aclImdb/train/unsup 디렉터리를 삭제하고 다시 실행하세요.

이 데이터셋은 텐서플로의 tf.string 텐서인 입력과 "0" 또는 "1"로 인코딩된 int32 텐서인 타깃을 반환합니다.

코드 11-2 첫 번째 배치의 크기와 dtype 출력하기

```
>>> for inputs, targets in train_ds:
>>>     print("inputs.shape:", inputs.shape)
>>>     print("inputs.dtype:", inputs.dtype)
>>>     print("targets.shape:", targets.shape)
>>>     print("targets.dtype:", targets.dtype)
>>>     print("inputs[0]:", inputs[0])
>>>     print("targets[0]:", targets[0])
>>>     break
inputs.shape: (32,)
inputs.dtype: <dtype: "string">
targets.shape: (32,)
targets.dtype: <dtype: "int32">
inputs[0]: tf.Tensor(b"This string contains the movie review.", shape=(), dtype=string)
targets[0]: tf.Tensor(1, shape=(), dtype=int32)
```

모든 것이 준비되었습니다. 이제 이 데이터에서 무언가를 학습해 보죠.

11.3.2 단어를 집합으로 처리하기: BoW 방식

머신 러닝 모델로 텍스트를 처리하기 위해 인코딩하는 가장 간단한 방법은 순서를 무시하고 토큰의 집합으로 다루는 것입니다. 개별 단어(유니그램(unigram))를 사용하거나 또는 연속된 토큰 그룹(N-그램)으로 국부적인 순서 정보를 유지할 수 있습니다.

이진 인코딩을 사용한 유니그램

개별 단어의 집합을 사용하면 "the cat sat on the mat" 문장은 다음과 같이 표현됩니다.

```
{"cat", "mat", "on", "sat", "the"}
```

이 인코딩은 전체 텍스트를 하나의 벡터로 표현할 수 있다는 것이 장점입니다. 벡터의 각 원소는 한 단어의 존재 유무를 표시합니다. 예를 들어 (멀티-핫(multi-hot)) 이진 인코딩(binary encoding)을 사용하면 하나의 텍스트를 어휘 사전에 있는 단어 개수만큼의 차원을 가진 벡터로 인코딩합니다. 텍스트에 있는 단어에 해당하는 차원은 1이고 나머지는 0입니다. 4장과 5장에서 텍스트 데이터를 다룰 때 했던 방식입니다. 여기에서도 적용해 보겠습니다.

먼저 원시 텍스트를 TextVectorization 층으로 처리하여 멀티-핫 인코딩된 이진 단어 벡터로 만듭니다. 이 층은 하나의 단어씩 처리합니다(즉, 유니그램입니다).

코드 11-3 TextVectorization 층으로 데이터 전처리하기

```
text_vectorization = TextVectorization(
    max_tokens=20000,
    output_mode="multi_hot",
)
text_only_train_ds = train_ds.map(lambda x, y: x)
text_vectorization.adapt(text_only_train_ds)
binary_1gram_train_ds = train_ds.map(
    lambda x, y: (text_vectorization(x), y),
    num_parallel_calls=4)
binary_1gram_val_ds = val_ds.map(
    lambda x, y: (text_vectorization(x), y),
    num_parallel_calls=4)
binary_1gram_test_ds = test_ds.map(
    lambda x, y: (text_vectorization(x), y),
    num_parallel_calls=4)
```

- max_tokens=20000: 가장 많이 등장하는 2만 개 단어로 어휘 사전을 제한합니다. 그렇지 않으면 훈련 데이터에 있는 모든 단어를 인덱싱하게 됩니다. 아마도 수만 개의 단어가 한 번 또는 두 번만 등장하면 유용하지 않을 것입니다. 일반적으로 텍스트 분류에서 2만 개는 적절한 어휘 사전 크기입니다.
- output_mode="multi_hot": 멀티-핫 이진 벡터로 출력 토큰을 인코딩합니다.
- text_only_train_ds: (레이블 없이) 원시 텍스트 입력만 반환하는 데이터셋을 준비합니다.
- adapt(): adapt() 메서드로 이 데이터셋의 어휘 사전을 인덱싱합니다.
- binary_1gram_*_ds: 훈련, 검증, 테스트 데이터셋을 전처리합니다. 다중 CPU 코어를 활용하기 위해 num_parallel_calls 매개변수를 지정합니다.

이 데이터셋 중 하나의 출력을 확인해 보죠.

코드 11-4 이진 유니그램 데이터셋의 출력 확인하기

```
>>> for inputs, targets in binary_1gram_train_ds:
>>>     print("inputs.shape:", inputs.shape)
>>>     print("inputs.dtype:", inputs.dtype)
>>>     print("targets.shape:", targets.shape)
>>>     print("targets.dtype:", targets.dtype)
>>>     print("inputs[0]:", inputs[0])
>>>     print("targets[0]:", targets[0])
>>>     break
inputs.shape: (32, 20000) -------- 입력은 20,000차원 벡터의 배치입니다.
inputs.dtype: <dtype: "float32">
targets.shape: (32,)
targets.dtype: <dtype: "int32">                                  이런 벡터는 전부 0과 1로 구성됩니다.
inputs[0]: tf.Tensor([1. 1. 1. ... 0. 0. 0.], shape=(20000,), dtype=float32) -------┘
targets[0]: tf.Tensor(1, shape=(), dtype=int32)
```

그다음 이 절의 모든 예제에서 사용할 모델 생성 함수를 만들어 보죠.

코드 11-5 모델 생성 유틸리티

```
from tensorflow import keras
from tensorflow.keras import layers

def get_model(max_tokens=20000, hidden_dim=16):
    inputs = keras.Input(shape=(max_tokens,))
    x = layers.Dense(hidden_dim, activation="relu")(inputs)
    x = layers.Dropout(0.5)(x)
    outputs = layers.Dense(1, activation="sigmoid")(x)
    model = keras.Model(inputs, outputs)
    model.compile(optimizer="rmsprop",
                  loss="binary_crossentropy",
                  metrics=["accuracy"])
    return model
```

마지막으로 모델을 훈련하고 테스트해 보겠습니다.

코드 11-6 이진 유니그램 모델 훈련하고 테스트하기

```
model = get_model()
model.summary()
callbacks = [
    keras.callbacks.ModelCheckpoint("binary_1gram.h5",
                                    save_best_only=True)
]
model.fit(binary_1gram_train_ds.cache(),
          validation_data=binary_1gram_val_ds.cache(),
          epochs=10,
          callbacks=callbacks)
model = keras.models.load_model("binary_1gram.h5")
print(f"테스트 정확도: {model.evaluate(binary_1gram_test_ds)[1]:.3f}")
```

데이터셋의 cache() 메서드를 호출하여 메모리에 캐싱합니다. 이렇게 하면 첫 번째 에포크에서 한 번만 전처리하고 이후 에포크에서는 전처리된 텍스트를 재사용합니다. 메모리에 들어갈 만큼 작은 데이터일 때 사용할 수 있습니다.

테스트 정확도 89.2%를 얻을 수 있습니다. 나쁘지 않네요! 이 경우 데이터셋이 (긍정 샘플과 부정 샘플 개수가 같은) 균형 잡힌 이진 분류 데이터셋이기 때문에 실제 모델을 훈련하지 않고 얻을 수 있는 '단순한 기준점'은 50%입니다. 외부 데이터를 활용하지 않고 이 데이터셋에서 달성할 수 있는 최상의 테스트 정확도는 약 95%입니다.

이진 인코딩을 사용한 바이그램

하나의 개념이 여러 단어로 표현될 수 있기 때문에 단어 순서를 무시하는 것은 매우 파괴적입니다. 예를 들어 "United States"는 "states"와 "united" 단어의 개별적 의미와 많이 다른 개념을 제공합니다. 이런 이유 때문에 단일 단어가 아닌 N-그램을 사용하여 국부적인 순서 정보를 BoW 표현에 추가하게 됩니다(바이그램을 가장 널리 사용합니다).

바이그램을 사용하면 앞의 예시 문장은 다음과 같이 표현됩니다.

```
{"the", "the cat", "cat", "cat sat", "sat",
 "sat on", "on", "on the", "the mat", "mat"}
```

TextVectorization 층은 바이그램, 트라이그램(trigram)을 포함하여 임의의 N-그램을 반환할 수 있습니다. 다음 코드 11-7과 같이 ngrams=N 매개변수를 전달하면 됩니다.[2]

2 역주 ngrams 매개변수에 정수 튜플을 전달하여 N-그램의 범위를 지정할 수 있습니다. 예를 들어 ngrams=(2, 3)은 유니그램을 제외하고 두 단어와 세 단어로 구성된 어휘 사전을 만듭니다.

코드 11-7 바이그램을 반환하는 TextVectorization 층 만들기

```
text_vectorization = TextVectorization(
    ngrams=2,
    max_tokens=20000,
    output_mode="multi_hot",
)
```

이진 인코딩된 바이그램에서 훈련한 모델의 성능을 확인해 보겠습니다.

코드 11-8 이진 바이그램 모델 훈련하고 테스트하기

```
text_vectorization.adapt(text_only_train_ds)
binary_2gram_train_ds = train_ds.map(
    lambda x, y: (text_vectorization(x), y),
    num_parallel_calls=4)
binary_2gram_val_ds = val_ds.map(
    lambda x, y: (text_vectorization(x), y),
    num_parallel_calls=4)
binary_2gram_test_ds = test_ds.map(
    lambda x, y: (text_vectorization(x), y),
    num_parallel_calls=4)

model = get_model()
model.summary()
callbacks = [
    keras.callbacks.ModelCheckpoint("binary_2gram.h5",
                                    save_best_only=True)
]
model.fit(binary_2gram_train_ds.cache(),
          validation_data=binary_2gram_val_ds.cache(),
          epochs=10,
          callbacks=callbacks)
model = keras.models.load_model("binary_2gram.h5")
print(f"테스트 정확도: {model.evaluate(binary_2gram_test_ds)[1]:.3f}")
```

이제 테스트 정확도 90.4%가 나옵니다. 크게 향상되었습니다! 이는 국부적인 순서가 매우 중요하다는 것을 말해 줍니다.

TF-IDF 인코딩을 사용한 바이그램

이 표현에서는 개별 단어나 N-그램의 등장 횟수를 카운트한 정보를 추가할 수 있습니다. 즉, 텍스트에 대한 단어의 히스토그램(histogram)을 사용합니다.

```
{"the": 2, "the cat": 1, "cat": 1, "cat sat": 1, "sat": 1,
 "sat on": 1, "on": 1, "on the": 1, "the mat: 1", "mat": 1}
```

텍스트 분류 작업을 한다면 한 샘플에 단어가 얼마나 많이 등장하는지가 중요합니다. 감성 분류에 상관없이 충분히 긴 영화 리뷰라면 "terrible"이란 단어를 포함할 수 있습니다. 하지만 "terrible"이 많이 포함된 리뷰는 부정적인 리뷰일 가능성이 높습니다.

TextVectorization 층으로 바이그램 등장 횟수를 카운트하는 코드는 다음 코드 11-9와 같습니다.

코드 11-9 토큰 카운트를 반환하는 TextVectorization 층

```
text_vectorization = TextVectorization(
    ngrams=2,
    max_tokens=20000,
    output_mode="count"
)
```

물론 일부 단어는 텍스트에 상관없이 다른 단어보다 많이 등장합니다. "the", "a", "is", "are" 단어는 분류 작업에 거의 쓸모없는 특성임에도 항상 단어 카운트 히스토그램을 압도하여 다른 단어의 카운트를 무색하게 만듭니다. 이 문제를 어떻게 해결할 수 있을까요?

예상했겠지만 정규화를 사용합니다. (전체 훈련 데이터셋에서 계산된) 평균을 빼고 분산으로 나누어 단어 카운트를 정규화할 수 있습니다. 이 방식은 합리적입니다. 다만 벡터화된 문장 대부분은 거의 전체가 0으로 구성됩니다(앞에 언급한 예시 문장의 경우 0이 아닌 원소가 10개이고 나머지 1만 9,990개의 원소는 0입니다). 이런 속성을 '희소성(sparsity)'이라고 부릅니다. 계산 부하를 줄이고 과대적합의 위험을 감소시키기 때문에 매우 좋은 속성입니다. 각 특성에서 평균을 빼면 희소성이 깨집니다. 따라서 나눗셈만 이용하는 정규화 방식을 사용해야 합니다. 그럼 분모로 어떤 값을 사용해야 할까요? 가장 좋은 방법은 **TF-IDF 정규화**입니다. TF-IDF는 '단어 빈도-역문서 빈도(Term Frequency-Inverse Document Frequency)'의 약어입니다.

TF-IDF 정규화 이해하기

한 문장에 한 단어가 많이 등장할수록 이 단어는 문서를 이해하는 데 더 중요합니다. 마찬가지로 데이터셋에 있는 모든 문서에 걸쳐 단어가 등장하는 빈도도 중요합니다. 거의 모든 단어에 등장하는 ("the"나 "a" 같은) 단어는 별로 유용하지 않았습니다. 반면 전체 텍스트 중 일부에서만 나타나는 ("Herzog" 같은) 단어는 매우 독특하므로 중요합니다. TF-IDF는 두 아이디어를 합친 측정 방법입니다. 현재 문서에 단어가 등장하는 횟수인 '단어 빈도'로 해당 단어에 가중치를 부여하고, 데이터셋 전체에 단어가 등장하는 횟수인 '문서 빈도'로 나눕니다. 예를 들어 다음과 같이 계산할 수 있습니다.[3]

```
def tfidf(term, document, dataset):
    term_freq = document.count(term)
    doc_freq = math.log(sum(doc.count(term) for doc in dataset) + 1)
    return term_freq / doc_freq
```

TF-IDF는 널리 사용되는 방법이기 때문에 TextVectorization 층에 구현되어 있습니다. output_mode 매개변수를 "tf_idf"로 바꾸기만 하면 사용할 수 있습니다.

코드 11-10 TF-IDF 가중치가 적용된 출력을 반환하는 TextVectorization 층

```
text_vectorization = TextVectorization(
    ngrams=2,
    max_tokens=20000,
    output_mode="tf_idf",
)
```

이 방식으로 새 모델을 훈련해 보겠습니다.

코드 11-11 TF-IDF 바이그램 모델 훈련하고 테스트하기

```
text_vectorization.adapt(text_only_train_ds)  -------- adapt() 메서드를 호출하면 어휘 사전과
                                                        TF-IDF 가중치를 학습합니다.

tfidf_2gram_train_ds = train_ds.map(
    lambda x, y: (text_vectorization(x), y),
    num_parallel_calls=4)
tfidf_2gram_val_ds = val_ds.map(
    lambda x, y: (text_vectorization(x), y),
    num_parallel_calls=4)
tfidf_2gram_test_ds = test_ds.map(
```

3 역주 TextVectorization 층에서 계산하는 실제 역문서 빈도 식은 math.log(1 + num_documents / (1 + token_document_counts))입니다. num_documents는 훈련 데이터에 있는 전체 샘플 개수고 token_document_counts는 단어가 문서에 등장하는 횟수입니다.

```
    lambda x, y: (text_vectorization(x), y),
    num_parallel_calls=4)

model = get_model()
model.summary()
callbacks = [
    keras.callbacks.ModelCheckpoint("tfidf_2gram.h5",
                                    save_best_only=True)
]
model.fit(tfidf_2gram_train_ds.cache(),
          validation_data=tfidf_2gram_val_ds.cache(),
          epochs=10,
          callbacks=callbacks)
model = keras.models.load_model("tfidf_2gram.h5")
print(f"테스트 정확도: {model.evaluate(tfidf_2gram_test_ds)[1]:.3f}")
```

이 모델은 IMDB 분류 작업에서 89.8% 정확도를 달성합니다. 여기에서는 이 방식이 특별하게 도움이 되는 것 같지 않습니다. 하지만 많은 텍스트 분류 데이터셋에서 기본 이진 인코딩에 비해 TF-IDF를 사용했을 때 일반적으로 1퍼센트 포인트의 성능을 높일 수 있습니다.

원시 문자열을 처리하는 모델 내보내기

이전 예제에서 tf.data 파이프라인의 일부로 텍스트 표준화, 분할, 인덱싱을 수행했습니다. 하지만 이 파이프라인과 독립적으로 실행되는 모델을 내보내야 한다면 자체적인 텍스트 전처리를 사용해야 합니다. (그렇지 않으면 제품 환경에서 다시 구현해야 합니다. 이것이 어려운 작업일 수도 있고 훈련 데이터와 제품 환경에서 얻은 데이터 사이에 미묘한 차이를 만들 수 있습니다.) 다행히 이 작업은 쉽습니다.

TextVectorization 층을 재사용하는 새로운 모델을 만들고 방금 훈련된 모델을 추가하면 됩니다.

```
inputs = keras.Input(shape=(1,), dtype="string")    # 하나의 입력 샘플은 하나의 문자열입니다.
processed_inputs = text_vectorization(inputs)    # 텍스트 전처리를 수행합니다.
outputs = model(processed_inputs)    # 이전에 훈련된 모델을 적용합니다.
inference_model = keras.Model(inputs, outputs)    # 엔드-투-엔드 모델을 만듭니다.
```

만들어진 모델을 사용해서 원시 문자열의 배치를 처리할 수 있습니다.

```
import tensorflow as tf

raw_text_data = tf.convert_to_tensor([
    ["That was an excellent movie, I loved it."],
])
predictions = inference_model(raw_text_data)
print(f"긍정적인 리뷰일 확률: {float(predictions[0] * 100):.2f} 퍼센트")
```

11.3.3 단어를 시퀀스로 처리하기: 시퀀스 모델 방식

이전 몇 개의 예제는 단어 순서가 중요하다는 것을 보여 줍니다. 바이그램과 같이 수동으로 만든 순서 기반의 특성이 성능을 크게 높였습니다. 딥러닝의 역사는 수동으로 만드는 특성 공학에서 모델에 데이터를 노출하여 스스로 특성을 학습하도록 바꾸었습니다. 순서 기반의 특성을 수동으로 만드는 대신 원시 단어 시퀀스를 모델에 전달하여 스스로 이런 특성을 학습하도록 하면 어떨까요? 이것이 **시퀀스 모델**(sequence model)입니다.

시퀀스 모델을 구현하려면 먼저 입력 샘플을 정수 인덱스의 시퀀스로 표현해야 합니다(하나의 정수가 하나의 단어를 나타냅니다). 그다음 각 정수를 벡터로 매핑하여 벡터 시퀀스를 얻습니다. 마지막으로 이 벡터 시퀀스를 1D 컨브넷, RNN, 트랜스포머와 같이 인접한 벡터의 특징을 비교할 수 있는 층에 전달합니다.

2016~2017년 사이에 양방향 RNN(특히 양방향 LSTM)이 시퀀스 모델링에서 최고의 성능을 낸다고 간주되었습니다. 이 아키텍처를 이미 다루어 보았기 때문에 첫 번째 시퀀스 모델에 사용해 보겠습니다. 하지만 요즘에는 잠시 후에 다룰 트랜스포머를 사용하여 대부분 시퀀스 모델링을 수행합니다. 이상하게도 1D 컨브넷은 NLP에서 인기가 높지 않았습니다. 하지만 경험에 비추어 보면 깊이별 분리 1D 합성곱으로 구성된 잔차 블록은 계산 비용을 크게 절약하면서 양방향 LSTM에 견줄 만한 성능을 달성할 수 있습니다.

첫 번째 예제

첫 번째 시퀀스 모델을 만들어 보겠습니다. 먼저 정수 시퀀스를 반환하는 데이터셋을 준비합니다.

코드 11-12 정수 시퀀스 데이터셋 준비하기

```
from tensorflow.keras import layers

max_length = 600
max_tokens = 20000
text_vectorization = layers.TextVectorization(
    max_tokens=max_tokens,
    output_mode="int",
    output_sequence_length=max_length,  -------- 적당한 입력 크기를 유지하기 위해 입력에서 600개 단어 이후는 잘라 버립니다. 평균 리뷰 길이가 233개의 단어고 600개의 단어보다 긴 리뷰는 5%뿐이므로 합리적인 선택입니다.
)
text_vectorization.adapt(text_only_train_ds)
int_train_ds = train_ds.map(
    lambda x, y: (text_vectorization(x), y),
```

```
    num_parallel_calls=4)
int_val_ds = val_ds.map(
    lambda x, y: (text_vectorization(x), y),
    num_parallel_calls=4)
int_test_ds = test_ds.map(
    lambda x, y: (text_vectorization(x), y),
    num_parallel_calls=4)
```

그다음 모델을 만듭니다. 정수 시퀀스를 벡터 시퀀스로 바꾸는 가장 간단한 방법은 정수를 원-핫 인코딩하는 것입니다(각 차원은 어휘 사전에 있는 하나의 단어를 표현합니다). 원-핫 벡터 위에 간단한 양방향 LSTM 층을 추가하겠습니다.

코드 11-13 원-핫 인코딩된 벡터 시퀀스로 시퀀스 모델 만들기

```
import tensorflow as tf

inputs = keras.Input(shape=(None,), dtype="int64") -------- 입력은 정수 시퀀스입니다.
embedded = tf.one_hot(inputs, depth=max_tokens) -------- 정수를 20,000차원의 이진 벡터로 인코딩합니다.
x = layers.Bidirectional(layers.LSTM(32))(embedded) -------- 양방향 LSTM 층을 추가합니다.
x = layers.Dropout(0.5)(x)
outputs = layers.Dense(1, activation="sigmoid")(x) -------- 마지막으로 분류 층을 추가합니다.
model = keras.Model(inputs, outputs)
model.compile(optimizer="rmsprop",
              loss="binary_crossentropy",
              metrics=["accuracy"])
model.summary()
```

이 모델을 훈련해 보겠습니다.

코드 11-14 첫 번째 시퀀스 모델 훈련하기

```
callbacks = [
    keras.callbacks.ModelCheckpoint("one_hot_bidir_lstm.h5",
                                    save_best_only=True)
]
model.fit(int_train_ds, validation_data=int_val_ds, epochs=10,
          callbacks=callbacks)
model = keras.models.load_model("one_hot_bidir_lstm.h5")
print(f"테스트 정확도: {model.evaluate(int_test_ds)[1]:.3f}")
```

결과를 보면 첫째, 이 모델의 훈련은 매우 느립니다. 특히 이전 절에 있는 가벼운 모델과 비교했을 때 그렇습니다. 입력 크기가 크기 때문입니다. 각 입력 샘플은 (600, 20000) 크기의 행렬로 인코딩되어 있습니다(샘플당 600개의 단어가 있고 각 단어는 2만 개의 단어 중 하나입니다). 결국 하나의 영화 리뷰는 1,200만 개의 부동 소수점으로 이루어집니다. 따라서 양방향 LSTM이 해야 할 일이 많습니다. 둘째, 이 모델의 테스트 정확도는 87%에 그칩니다. (매우 빠른) 이진 유니그램 모델만큼 성능이 좋지 않습니다.

가장 손쉽게 할 수 있지만 원-핫 인코딩으로 단어를 벡터로 바꾸는 것은 확실히 좋은 생각이 아닙니다. 더 나은 방법은 **단어 임베딩**(word embedding)입니다.

단어 임베딩 이해하기

원-핫 인코딩으로 무언가를 인코딩했다면 특성 공학을 수행한 것입니다. 즉, 특성 공간의 구조에 대한 기초적인 가정을 모델에 주입한 것입니다. 이 가정은 인코딩하는 토큰은 서로 독립적이라는 것을 의미합니다. 사실 원-핫 벡터는 서로 모두 직교합니다. 단어의 경우 이런 가정은 명백히 잘못되었습니다. 단어는 구조적인 공간을 형성합니다. 다시 말해 단어에 공유되는 정보가 있습니다. 단어 "movie"와 "film"은 대부분의 문장에서 동일한 의미로 사용되기 때문에 "movie"를 나타내는 벡터는 "film"을 나타내는 벡터와 직교해서는 안 됩니다. 두 단의 벡터가 동일하거나 매우 가까워야 합니다.

조금 더 추상적으로 말하면, 두 단어 벡터 사이의 기하학적 관계는 단어 사이의 의미 관계를 반영해야 합니다. 예를 들어 합리적인 단어 벡터 공간에서는 동의어가 비슷한 단어 벡터로 임베딩될 것이라고 기대할 수 있습니다. 이런 공간에서는 일반적으로 두 단어 벡터 사이의 기하학적 거리(예를 들어 코사인 거리나 L2 거리)가 단어 사이의 '의미 거리'에 연관되어 있다고 생각할 수 있습니다. 다른 의미를 가지는 단어는 서로 멀리 떨어져 있고 관련이 있는 단어는 가까이 놓여 있어야 합니다.

단어 임베딩(word embedding)은 정확히 이를 위한 단어의 벡터 표현입니다. 사람의 언어를 구조적인 기하학적 공간에 매핑합니다.

원-핫 인코딩은 (대부분 0이라) 희소하고 (어휘 사전에 있는 단어 개수와 같은 차원을 가지기 때문에) 고차원인 이진 벡터를 만들지만, 단어 임베딩은 저차원의 부동 소수점 벡터입니다(즉, 희소한 벡터가 아니라 밀집 벡터입니다). 그림 11-2를 참고하세요. 256차원, 512차원, 또는 1,024차원의 단어 임베딩을 사용해서 매우 큰 어휘 사전을 다루는 것을 종종 볼 수 있습니다. 반면 원-핫 인코딩된 단어는 일반적으로 20,000차원 이상의 벡터를 만듭니다(이 경우 토큰 2만 개의 어휘 사전을 나타내기 위해서입니다). 따라서 단어 임베딩은 많은 정보를 더 적은 차원으로 압축합니다.

▼ 그림 11-2 원-핫 인코딩이나 해싱으로 얻은 단어 표현은 희소하고, 고차원이며, 하드코딩되어 있다. 단어 임베딩은 밀집 벡터고 비교적 저차원이며 데이터로부터 학습된다

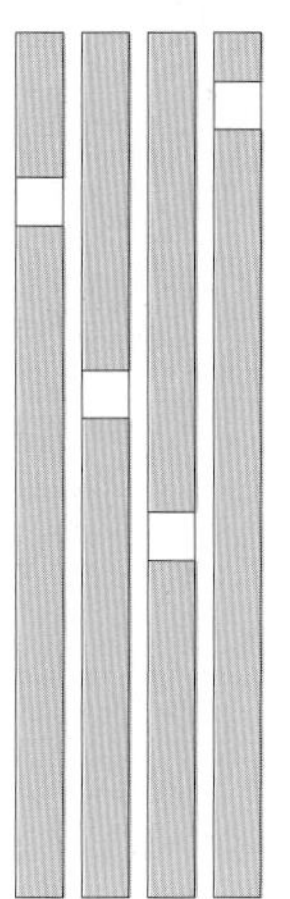

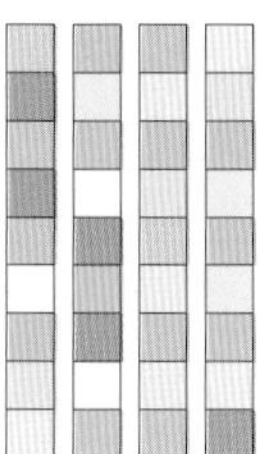

원-핫 단어 벡터
- 희소
- 고차원
- 하드코딩

단어 임베딩
- 밀집
- 저차원
- 데이터로부터 학습

밀집 표현이라는 점 외에도 단어 임베딩은 구조적인 표현이며 이 구조는 데이터로부터 학습됩니다. 비슷한 단어는 가까운 위치에 임베딩됩니다. 더 나아가 임베딩 공간의 특정 방향이 의미를 가질 수 있습니다. 명확한 이해를 위해 구체적인 예를 살펴보겠습니다.

그림 11-3에서 4개의 단어 cat, dog, wolf, tiger가 2D 평면에 임베딩되어 있습니다. 이 벡터 표현을 사용하여 단어 간의 의미 관계를 기하학적 변환으로 인코딩할 수 있습니다. 예를 들어 cat에서 tiger로 이동하는 것과 dog에서 wolf로 이동하는 것을 같은 벡터로 나타낼 수 있습니다. 이 벡터는 '애완동물에서 야생 동물로 이동'하는 것으로 해석할 수 있습니다. 비슷하게 dog에서 cat으로 이동하는 것과 wolf에서 tiger로 이동하는 벡터는 '개과에서 고양이과로 이동'하는 벡터로 해석할 수 있습니다.

▼ 그림 11-3 간단한 단어 임베딩 공간의 예

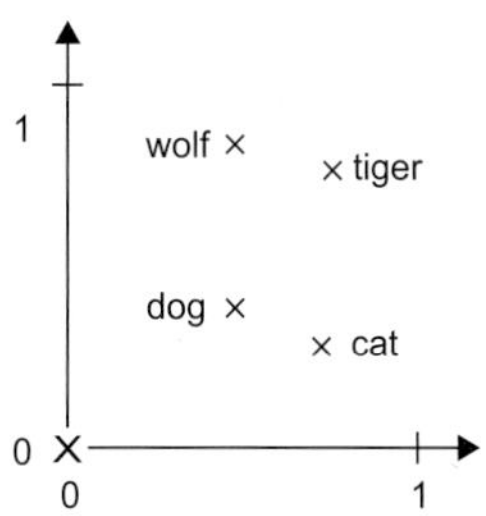

실제 단어 임베딩 공간에서 의미 있는 기하학적 변환의 일반적인 예는 '성별' 벡터와 '복수(plural)' 벡터입니다. 예를 들어 'king' 벡터에 'female' 벡터를 더하면 'queen' 벡터가 됩니다. 'plural' 벡터를 더하면 'kings'가 됩니다. 단어 임베딩 공간에는 일반적으로 이런 해석 가능하고 잠재적으로 유용한 수천 개의 벡터가 있습니다.

실제로 이런 임베딩 공간을 어떻게 사용하는지 살펴보겠습니다. 단어 임베딩을 만드는 방법은 두 가지입니다.

- 현재 작업(예를 들어 문서 분류나 감성 예측)과 함께 단어 임베딩을 학습합니다. 이런 설정에서는 랜덤한 단어 벡터로 시작하여 신경망의 가중치를 학습하는 것과 같은 방식으로 단어 벡터를 학습합니다.
- 현재 풀어야 할 문제와 다른 머신 러닝 작업에서 미리 계산된 단어 임베딩을 모델에 로드합니다. 이를 **사전 훈련된 단어 임베딩**(pretrained word embedding)이라고 부릅니다.

두 방법을 각각 살펴보겠습니다.

Embedding 층으로 단어 임베딩 학습하기

사람의 언어를 완벽하게 매핑해서 어떤 자연어 처리 작업에도 사용할 수 있는 이상적인 단어 임베딩 공간이 있을까요? 아마도 가능하겠지만 아직까지 이런 종류의 공간은 만들지 못했습니다. 또한, 사람의 언어라는 것도 없습니다. 세상에는 많은 다른 언어가 있고 언어는 특정 문화와 환경을 반영하기 때문에 서로 동일하지 않습니다. 실제로 좋은 단어 임베딩 공간을 만드는 것은 문제에 따라 크게 달라집니다. 영어로 된 영화 리뷰의 감성 분석 모델을 위한 완벽한 단어 임베딩 공간은 영어 법률 문서 분류 모델을 위한 완벽한 임베딩 공간과는 다를 것 같습니다. 특정한 의미 관계의 중요성이 작업에 따라 다르기 때문입니다.

따라서 새로운 작업에는 새로운 임베딩을 학습하는 것이 타당합니다. 다행히 역전파를 사용하여 쉽게 만들 수 있고 케라스를 사용하면 더 쉽습니다. `Embedding` 층의 가중치를 학습하면 됩니다.

코드 11-15 Embedding 층 만들기

```
embedding_layer = layers.Embedding(input_dim=max_tokens, output_dim=256)
```

Embedding 층은 적어도 2개의 매개변수가 필요합니다. 가능한 토큰의 개수와 임베딩 차원(여기에서는 256)입니다.

Embedding 층은 (특정 단어를 나타내는) 정수 인덱스를 밀집 벡터로 매핑하는 딕셔너리로 이해하는 것이 가장 좋습니다. 정수를 입력으로 받아 내부 딕셔너리에서 이 정수에 연관된 벡터를 찾아 반환합니다. 사실상 딕셔너리 룩업(lookup)입니다(그림 11-4).

▼ 그림 11-4 Embedding 층

단어 인덱스 ⟶ Embedding 층 ⟶ 해당 단어 벡터

Embedding 층은 크기가 (batch_size, sequence_length)인 랭크-2 정수 텐서를 입력으로 받습니다. 각 항목은 정수의 시퀀스입니다. 이 층은 크기가 (batch_size, sequence_length, embedding_dimensionality)인 랭크-3 부동 소수점 텐서를 반환합니다.

Embedding 층을 만들 때 가중치(토큰 벡터를 위한 내부 딕셔너리)는 다른 층과 마찬가지로 랜덤하게 초기화됩니다. 훈련하면서 이 단어 벡터는 역전파를 통해 점차 조정되고 후속 모델이 사용할 수 있도록 임베딩 공간을 구성합니다. 훈련이 끝나면 임베딩 공간은 특정 문제에 전문화된 여러 가지 구조를 가지게 됩니다.

Embedding 층을 포함한 모델을 만들고 성능을 확인해 보겠습니다.

코드 11-16 밑바닥부터 훈련하는 Embedding 층을 사용한 모델

```
inputs = keras.Input(shape=(None,), dtype="int64")
embedded = layers.Embedding(input_dim=max_tokens, output_dim=256)(inputs)
x = layers.Bidirectional(layers.LSTM(32))(embedded)
x = layers.Dropout(0.5)(x)
outputs = layers.Dense(1, activation="sigmoid")(x)
model = keras.Model(inputs, outputs)
model.compile(optimizer="rmsprop",
              loss="binary_crossentropy",
              metrics=["accuracy"])
model.summary()

callbacks = [
    keras.callbacks.ModelCheckpoint("embeddings_bidir_lstm.h5",
                                    save_best_only=True)
]
model.fit(int_train_ds, validation_data=int_val_ds, epochs=10,
          callbacks=callbacks)
model = keras.models.load_model("embeddings_bidir_lstm.h5")
print(f"테스트 정확도: {model.evaluate(int_test_ds)[1]:.3f}")
```

(LSTM이 20,000차원이 아니라 256차원 벡터를 처리하기 때문에) 이 모델은 원-핫 모델보다 훨씬 빠르고 테스트 정확도는 비슷합니다(87%). 하지만 여전히 기본적인 바이그램 모델의 결과보다 차이가 납니다. 이유 중 하나는 이 모델이 약간 적은 데이터를 사용하기 때문입니다. 바이그램 모델은 전체 리뷰를 처리하지만 이 시퀀스 모델은 600개의 단어 이후 시퀀스는 잘라 버립니다.

패딩과 마스킹 이해하기

입력 시퀀스가 0으로 가득 차 있으면 모델의 성능에 나쁜 영향을 미칩니다. 이는 TextVectorization 층에 output_sequence_length=max_length 옵션을 사용했기 때문입니다(이 예에서 max_length는 600입니다). 600개의 토큰보다 긴 문장은 600개의 토큰 길이로 잘립니다. 600개의 토큰보다 짧은 문장은 600개의 토큰이 되도록 끝에 0을 채웁니다. 이렇게 해서 다른 시퀀스와 연결하여 연속적인 배치를 형성할 수 있습니다.

두 RNN 층이 병렬로 실행되는 양방향 RNN을 사용합니다. 한 층은 원래 순서대로 토큰을 처리하고 다른 층은 동일한 토큰을 거꾸로 처리합니다. 원래 순서대로 토큰을 바라보는 RNN 층은 마지막에 패딩이 인코딩된 벡터만 처리하게 됩니다. 원래 문장이 짧다면 수백 번 이를 반복할 수 있습니다. 이 RNN의 내부 상태에 저장된 정보는 이 의미 없는 입력을 처리하면서 점차 사라지게 될 것입니다.

RNN 층이 이런 패딩을 건너뛰게 만들 방법이 필요합니다. 이를 위한 API가 **마스킹**(masking)입니다.

Embedding 층은 입력 데이터에 상응하는 '마스킹'을 생성할 수 있습니다. 이 마스킹은 1과 0으로 이루어진 (batch_size, sequence_length) 크기의 텐서입니다(또는 True/False 불리언). mask[i, t] 원소는 샘플 i의 타임스텝 t를 건너뛰어야 할지 말아야 할지를 나타냅니다(mask[i, t]가 0 또는 False이면 이 타임스텝을 건너뛰고 그렇지 않으면 처리합니다).

기본적으로 이 옵션은 활성화되어 있지 않습니다. 이를 활성화하려면 Embedding 층에 mask_zero=True를 지정합니다. Embedding 층의 compute_mask() 메서드로 어떤 입력에 대한 마스킹을 추출할 수 있습니다.

```
>>> embedding_layer = Embedding(input_dim=10, output_dim=256, mask_zero=True)
>>> some_input = [
... [4, 3, 2, 1, 0, 0, 0],
... [5, 4, 3, 2, 1, 0, 0],
... [2, 1, 0, 0, 0, 0, 0]]
>>> mask = embedding_layer.compute_mask(some_input)
```

```
<tf.Tensor: shape=(3, 7), dtype=bool, numpy=
array([[ True,  True,  True,  True, False, False, False],
       [ True,  True,  True,  True,  True, False, False],
       [ True,  True, False, False, False, False, False]])>
```

실전에서는 수동으로 마스킹을 관리할 필요가 거의 없습니다. 케라스가 마스킹을 처리할 수 있는 모든 층에 (시퀀스에 부착된 메타데이터(metadata)의 일부로) 자동으로 전달합니다.[4] 이 마스킹을 사용하여 RNN 층은 마스킹된 스텝을 건너뜁니다. 모델이 전체 시퀀스를 반환한다면 손실 함수도 마스킹을 사용하여 출력 시퀀스에서 마스킹된 스텝을 건너뛸 것입니다.

마스킹을 활성화하여 모델을 다시 훈련해 보겠습니다.

코드 11-17 마스킹을 활성화한 Embedding 층 사용하기

```
inputs = keras.Input(shape=(None,), dtype="int64")
embedded = layers.Embedding(
    input_dim=max_tokens, output_dim=256, mask_zero=True)(inputs)
x = layers.Bidirectional(layers.LSTM(32))(embedded)
x = layers.Dropout(0.5)(x)
outputs = layers.Dense(1, activation="sigmoid")(x)
model = keras.Model(inputs, outputs)
model.compile(optimizer="rmsprop",
              loss="binary_crossentropy",
              metrics=["accuracy"])
model.summary()
callbacks = [
    keras.callbacks.ModelCheckpoint("embeddings_bidir_lstm_with_masking.h5",
                                    save_best_only=True)
]
model.fit(int_train_ds, validation_data=int_val_ds, epochs=10,
          callbacks=callbacks)
model = keras.models.load_model("embeddings_bidir_lstm_with_masking.h5")
print(f"테스트 정확도: {model.evaluate(int_test_ds)[1]:.3f}")
```

이번에는 88% 테스트 정확도를 달성했습니다. 적지만 성능이 향상되었습니다.

4 역주 Embedding 층이 반환하는 텐서의 _keras_mask 속성에 compute_mask() 메서드로 계산한 마스킹이 저장되어 있습니다.

사전 훈련된 단어 임베딩 사용하기

이따금 훈련 데이터가 부족하면 작업에 맞는 단어 임베딩을 학습할 수 없습니다. 이런 경우에는 풀려는 문제와 함께 단어 임베딩을 학습하는 대신에 미리 계산된 임베딩 공간의 임베딩 벡터를 로드할 수 있습니다. 이런 임베딩 공간은 뛰어난 구조와 유용한 성질을 가지고 있어 언어 구조의 일반적인 측면을 잡아낼 수 있습니다. 자연어 처리에서 사전 훈련된 단어 임베딩을 사용하는 이유는 이미지 분류 문제에서 사전 훈련된 컨브넷을 사용하는 이유와 거의 동일합니다. 충분한 데이터가 없어 자신만의 좋은 특성을 학습하지 못하지만 꽤 일반적인 특성이 필요할 때입니다. 이런 경우에는 다른 문제에서 학습한 특성을 재사용하는 것이 합리적입니다.

단어 임베딩은 일반적으로 (문장이나 문서에서 함께 등장하는 단어를 관찰하는) 단어 출현 통계를 사용하여 계산됩니다. 여기에는 여러 가지 기법이 사용되는데 신경망을 사용하는 것도 있고 그렇지 않은 방법도 있습니다. 단어를 위한 밀집된 저차원 임베딩 공간을 비지도 학습 방법으로 계산하는 아이디어는 요슈아 벤지오 등이 2000년대 초에 조사했습니다.[5] 연구나 산업 애플리케이션에 적용되기 시작된 것은 Word2vec 알고리즘(https://code.google.com/archive/p/word2vec)이 등장한 이후입니다. 이 알고리즘은 2013년 구글의 토마스 미코로프(Tomas Mikolov)가 개발했으며, 가장 유명하고 성공적인 단어 임베딩 방법입니다. Word2vec의 차원은 성별처럼 구체적인 의미가 있는 속성을 잡아 냅니다.

케라스의 Embedding 층을 위해 내려받을 수 있는 미리 계산된 단어 임베딩 데이터베이스가 여럿 있습니다. Word2vec은 그중 하나입니다. 인기 있는 또 다른 하나는 2014년 스탠포드 대학의 연구자들이 개발한 GloVe(Global Vectors for Word Representation)(https://nlp.stanford.edu/projects/glove)입니다. 이 임베딩 기법은 단어의 동시 출현(co-occurrence)[6] 통계를 기록한 행렬을 분해하는 기법을 사용합니다. 이 개발자들은 위키피디아(Wikipedia) 데이터와 커먼 크롤(Common Crawl) 데이터에서 가져온 수백만 개의 영어 토큰에 대해 임베딩을 미리 계산해 놓았습니다.

GloVe 임베딩을 케라스 모델에 어떻게 사용하는지 알아보죠. Word2vec 임베딩이나 다른 단어 임베딩 데이터베이스도 방법은 같습니다.[7] 먼저 GloVe 파일을 내려받고 파싱해 보겠습니다. 그 다음 단어 벡터를 케라스 Embedding 층으로 로드하여 새로운 모델을 만들어 보겠습니다.

---

5 Yoshua Bengio et al., "A Neural Probabilistic Language Model," Journal of Machine Learning Research (2003)

6 역주 언어학에서 형태소나 음소가 올바른 문법의 문장 안에 동시에 나타나는 것을 공기(共起, co-occurrence)라고 합니다(출처: 표준국어대사전). 여기에서는 이해하기 쉬운 표현으로 옮겼습니다.

7 역주 Word2vec을 비롯하여 사전 훈련된 다양한 단어 임베딩은 다음 주소를 참고하세요. https://bit.ly/2KAz06c

먼저 2014년 영어 위키피디아 데이터셋에서 미리 계산된 GloVe 단어 임베딩을 내려받습니다. 이 파일은 822MB 크기의 압축 파일이고 40만 개의 단어(또는 단어가 아닌 토큰)에 대한 100차원 임베딩 벡터를 담고 있습니다.

```
!wget http://nlp.stanford.edu/data/glove.6B.zip
!unzip -q glove.6B.zip
```

압축 해제한 파일(.txt 파일)을 파싱하여 단어(즉, 문자열)와 이에 상응하는 벡터 표현을 매핑하는 인덱스를 만듭니다.

코드 11-18 GloVe 단어 임베딩 파일 파싱하기

```
import numpy as np

path_to_glove_file = "glove.6B.100d.txt"
embeddings_index = {}
with open(path_to_glove_file) as f:
    for line in f:
        word, coefs = line.split(maxsplit=1)
        coefs = np.fromstring(coefs, "f", sep=" ")
        embeddings_index[word] = coefs

print(f"단어 벡터 개수: {len(embeddings_index)}")
```

그다음 Embedding 층에 로드할 수 있는 임베딩 행렬을 만들어 보겠습니다. 이 행렬의 크기는 (max_words, embedding_dim)이어야 합니다. 이 행렬의 i번째 원소는 (토큰화로 만든) 단어 인덱스의 i번째 단어에 상응하는 embedding_dim 차원의 벡터입니다.

코드 11-19 GloVe 단어 임베딩 행렬 준비하기

```
embedding_dim = 100

vocabulary = text_vectorization.get_vocabulary()  # TextVectorization 층에 인덱싱된 단어를 추출합니다.
word_index = dict(zip(vocabulary, range(len(vocabulary))))  # 어휘 사전에 있는 단어와 인덱스를 매핑합니다.

embedding_matrix = np.zeros((max_tokens, embedding_dim))  # GloVe 벡터로 채울 행렬을 준비합니다.
for word, i in word_index.items():
    if i < max_tokens:
        embedding_vector = embeddings_index.get(word)
    if embedding_vector is not None:
        embedding_matrix[i] = embedding_vector  # 인덱스 i에 대한 단어 벡터로 행렬의 i번째 항목을 채웁니다. 임베딩 인덱스에 없는 단어는 모두 0이 됩니다.
```

마지막으로 Constant 초기화를 사용하여 Embedding 층에 사전 훈련된 임베딩을 로드합니다. 훈련하는 동안 사전 훈련된 표현이 변경되지 않도록 trainable=False로 이 층을 동결합니다.

```
embedding_layer = layers.Embedding(
    max_tokens,
    embedding_dim,
    embeddings_initializer=keras.initializers.Constant(embedding_matrix),
    trainable=False,
    mask_zero=True,
)
```

이제 새로운 모델을 훈련할 준비가 되었습니다. 이전 모델과 동일하지만 처음부터 학습한 256차원의 임베딩이 아니라 100차원의 사전 훈련된 GloVe 임베딩을 사용합니다.

코드 11-20 사전 훈련된 임베딩을 사용하는 모델

```
inputs = keras.Input(shape=(None,), dtype="int64")
embedded = embedding_layer(inputs)
x = layers.Bidirectional(layers.LSTM(32))(embedded)
x = layers.Dropout(0.5)(x)
outputs = layers.Dense(1, activation="sigmoid")(x)
model = keras.Model(inputs, outputs)
model.compile(optimizer="rmsprop",
              loss="binary_crossentropy",
              metrics=["accuracy"])
model.summary()

callbacks = [
    keras.callbacks.ModelCheckpoint("glove_embeddings_sequence_model.h5",
                                    save_best_only=True)
]
model.fit(int_train_ds, validation_data=int_val_ds, epochs=10,
          callbacks=callbacks)
model = keras.models.load_model("glove_embeddings_sequence_model.h5")
print(f"테스트 정확도: {model.evaluate(int_test_ds)[1]:.3f}")
```

이 작업에서는 사전 훈련된 임베딩이 별로 도움이 되지 않는 것 같습니다. 작업에 특화된 임베딩 공간을 밑바닥부터 학습하기에 충분한 샘플이 데이터셋에 있기 때문입니다. 하지만 작은 데이터셋을 다룰 때는 사전 훈련된 임베딩을 사용하면 크게 도움이 될 수 있습니다.

11.4 트랜스포머 아키텍처

2017년부터 새로운 모델 아키텍처인 트랜스포머(Transformer)가 대부분의 자연어 처리 작업에서 순환 신경망을 앞지르기 시작했습니다.

트랜스포머는 바스와니(Vaswani) 등의 획기적인 논문인 "Attention is all you need"에서 소개되었습니다.[8] 이 논문의 요지는 제목에 그대로 나타나 있습니다. 순환 층이나 합성곱 층을 사용하지 않고 '뉴럴 어텐션(neural attention)'이라고 부르는 간단한 메커니즘을 사용하여 강력한 시퀀스 모델을 만들 수 있습니다.

이 발견은 자연어 처리 분야와 그 외 분야에서 혁명을 일으켰습니다. 뉴럴 어텐션은 빠르게 딥러닝에서 가장 영향력 있는 아이디어 중 하나가 되었습니다. 이 절에서 뉴럴 어텐션의 동작 방식과 시퀀스 데이터에서 효과적인 이유를 자세하게 설명하겠습니다. 그다음 트랜스포머 아키텍처의 기본 구성 요소 중 하나인 셀프 어텐션(self-attention)을 사용해서 트랜스포머 인코더(encoder)를 만들어 보겠습니다. 그리고 IMDB 영화 분류 작업에 이를 적용해 보겠습니다.

11.4.1 셀프 어텐션 이해하기

이 책을 읽으면서 목표나 관심 사항에 따라 어떤 부분은 그냥 훑어보고 다른 부분은 주의 깊게 읽을 수 있습니다. 모델이 같은 식으로 동작한다면 어떨까요? 이는 간단하지만 강력한 아이디어입니다. 모델에 전해지는 모든 입력 정보가 현재 작업에 동일하게 중요하지는 않습니다. 따라서 모델은 어떤 특성에 '조금 더 주의'를 기울이고, 다른 특성에 '조금 덜 주의'를 기울여야 합니다.

익숙하게 들리지 않나요? 비슷한 개념을 이 책에서 이미 두 번이나 보았습니다.

- 컨브넷에서 최대 풀링은 어떤 공간에 있는 특성 집합에서 단 하나의 특성을 선택합니다. 이것은 '전부이거나 아니거나'와 같은 어텐션 형태입니다. 가장 중요한 특성을 유지하고 나머지는 버립니다.
- TF-IDF 정규화는 토큰이 전달하는 정보량에 따라 토큰에 중요도를 할당합니다. 중요한 토큰은 강조되지만 관련 없는 토큰은 무시됩니다. 이것은 연속적인 어텐션 형태입니다.

8 Ashish Vaswani et al., "Attention is all you need" (2017), https://arxiv.org/abs/1706.03762

여러 가지 형태의 어텐션을 상상할 수 있습니다. 하지만 모두 일련의 특성에 대한 중요도 점수를 계산하는 것으로 시작합니다. 관련성이 높은 특성은 점수가 높고 관련성이 적은 특성은 점수가 낮습니다(그림 11-5). 이런 점수를 계산하는 방법과 이 점수로 수행하는 작업은 접근 방식에 따라 다릅니다.

▼ 그림 11-5 딥러닝에서 '어텐션'의 일반적인 개념. 입력 특성에 '어텐션 점수'가 할당되고 이를 사용하여 새로운 입력 표현을 형성한다

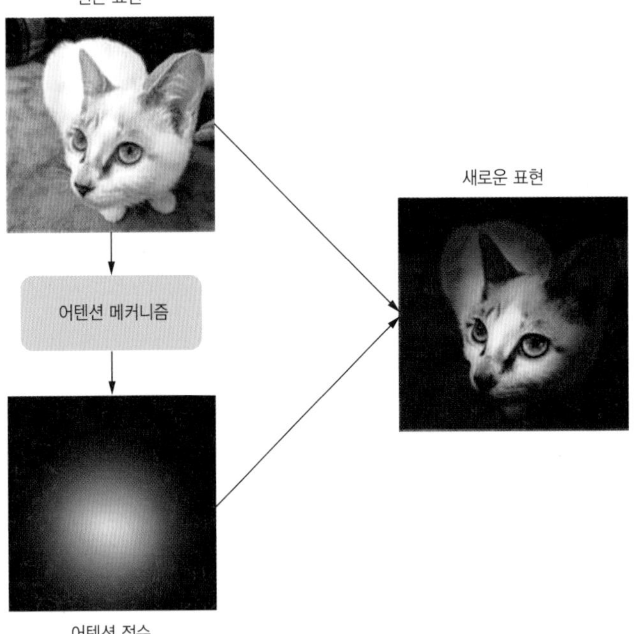

이런 종류의 어텐션 메커니즘은 어떤 특성을 강조하거나 삭제하는 것 이상을 위해 사용할 수 있습니다. 이 메커니즘을 사용하여 **문맥 인식**(context-aware) 특성을 만들 수 있습니다. 조금 전 단어 사이의 의미 관계에 대한 구조를 표현하는 벡터 공간인 단어 임베딩에 대해 배웠습니다. 임베딩 공간에서 단어 하나는 고정된 위치를 가집니다. 이 공간에 있는 모든 다른 단어와의 관계가 고정됩니다. 하지만 이는 언어가 작동하는 방식이 아닙니다. 단어의 의미는 일반적으로 문맥에 따라 다릅니다. 날짜(date)에 대해 표시할 때는 데이트(date)할 때와 동일한 날짜(date)에 대해 말하는 것이 아닙니다. 또한, 시장에서 파는 대추(date)를 의미하는 것도 아닙니다. "곧 뵙겠습니다(I'll see you soon)."라고 말할 때 단어 "see"의 의미는 "이 프로젝트를 끝까지 살펴보겠습니다(I'll see this project to its end)"나 "무슨 말인지 알겠습니다(I see what you mean)."의 "see"와 조금 다릅니다. 물론 "he", "it" 등과 같은 대명사의 의미는 문장에 따라 완전히 달라지고 한 문장 안에서도 여러 번 바뀔 수 있습니다.

확실히 스마트한 임베딩 공간이라면 주변 단어에 따라 단어의 벡터 표현이 달라져야 합니다. 여기에 **셀프 어텐션**이 사용됩니다. 셀프 어텐션의 목적은 시퀀스에 있는 관련된 토큰의 표현을 사용하여 한 토큰의 표현을 조절하는 것입니다. 이는 문맥을 고려한 토큰 표현을 만듭니다. "The train left the station on time" 같은 문장을 예로 들어 보겠습니다. 이 문장에 있는 station 단어를 생각해 보죠. 어떤 종류의 station에 대해 이야기하고 있을까요? 라디오 방송국(station)일까요? 국제 우주 정거장(station)일까요? 셀프 어텐션 알고리즘으로 찾아보겠습니다(그림 11-6).

▼ 그림 11-6 셀프 어텐션: "station"과 문장에 있는 다른 모든 단어 사이의 어텐션 점수를 계산한다. 그다음 이를 사용하여 단어 벡터에 가중치를 부여하여 새로운 "station" 벡터를 만든다

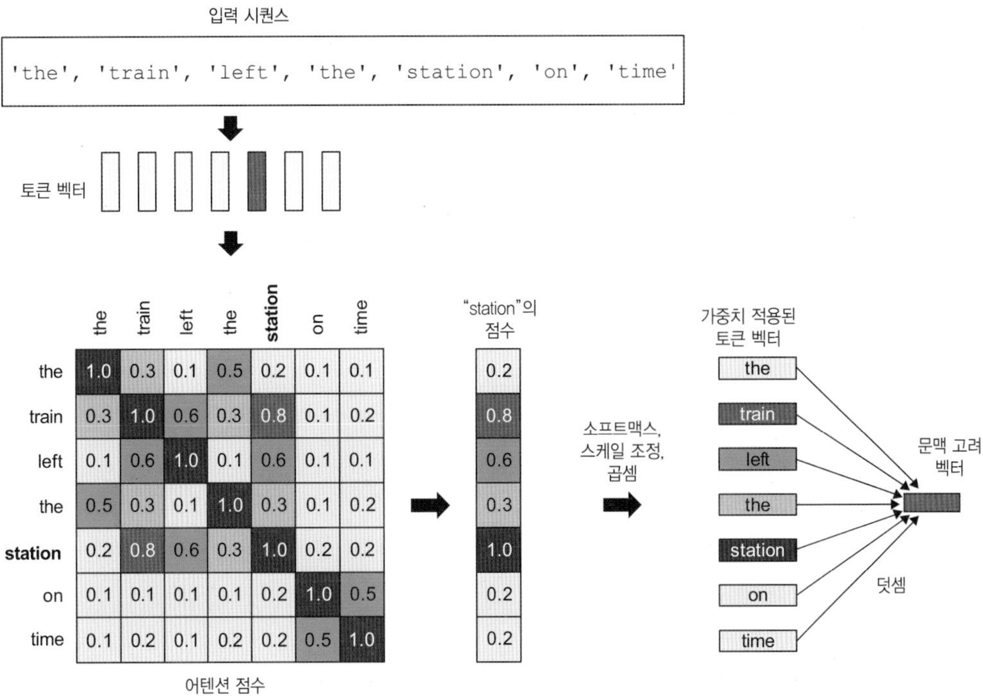

단계 1은 "station" 벡터와 문장에 있는 다른 모든 단어 사이의 관련성 점수를 계산합니다. 이것이 '어텐션 점수'입니다. 두 단어 벡터 사이의 점곱을 사용하여 관계의 강도를 측정합니다. 계산적으로 매우 효율적인 거리 함수이며 트랜스포머 훨씬 이전에 이미 두 단어의 임베딩을 서로 관련시키는 표준적인 방법이었습니다. 실제로 이 점수는 스케일링 함수와 소프트맥스를 거치지만 이는 구현 세부 사항일 뿐입니다.

단계 2는 관련성 점수로 가중치를 두어 문장에 있는 모든 단어 벡터의 합을 계산합니다. "station"에 ("station" 단어 자체를 포함하여) 밀접하게 관련된 단어는 이 덧셈에 더 많이 기여하고 관련이 없는 단어는 거의 기여하지 않을 것입니다. 만들어진 벡터는 "station"의 새로운 표현이며 주변 문맥을 통합하는 표현입니다. 특히 "train" 벡터의 일부가 포함되기 때문에 사실상 "train station"이라는 것이 명확해집니다.

문장에 있는 모든 단어에 대해 이 과정을 반복하여 문장을 인코딩하는 새로운 벡터 시퀀스를 만듭니다. 넘파이 스타일의 의사 코드로 이 과정을 살펴보겠습니다.

```
def self_attention(input_sequence):
    output = np.zeros(shape=input_sequence.shape)
    for i, pivot_vector in enumerate(input_sequence):  # 입력 문장에 있는 모든 토큰에 대해 반복합니다.
        scores = np.zeros(shape=(len(input_sequence),))
        for j, vector in enumerate(input_sequence):
            scores[j] = np.dot(pivot_vector, vector.T)  # 한 토큰과 다른 모든 토큰 사이의 점곱(어텐션 점수)을 계산합니다.
        scores /= np.sqrt(input_sequence.shape[1])  # 정규화 인수로 스케일을 조정하고
        scores = softmax(scores)                    # 소프트맥스를 적용합니다.
        new_pivot_representation = np.zeros(shape=pivot_vector.shape)
        for j, vector in enumerate(input_sequence):  # 모든 토큰에 어텐션 점수로 가중치를 부여한 후 더합니다.
            new_pivot_representation += vector * scores[j]
        output[i] = new_pivot_representation  # 이 합 벡터가 출력됩니다.
    return output
```

물론 실전에서는 벡터화된 구현을 사용합니다. 케라스는 이를 위해 `MultiHeadAttention` 층을 제공합니다. 사용 방법은 다음과 같습니다.

```
num_heads = 4
embed_dim = 256
mha_layer = MultiHeadAttention(num_heads=num_heads, key_dim=embed_dim)
outputs = mha_layer(inputs, inputs, inputs)
```

이 코드에서 다음과 같은 질문이 생길 수 있습니다.

- 이 층에 입력을 세 번이나 전달하는 이유가 무엇인가요? 불필요해 보입니다.
- '멀티 헤드(multi head)'는 무엇인가요? 무섭게 들리네요. 머리가 잘리면 다시 자라기라도 하나요?

이런 질문의 답은 간단합니다. 자세히 알아보죠.

일반화된 셀프 어텐션: 쿼리-키-값 모델

지금까지 하나의 입력 시퀀스만 고려했습니다. 하지만 트랜스포머 아키텍처는 원래 기계 번역을 위해 개발되었습니다. 기계 번역에서는 2개의 입력 시퀀스를 다루어야 합니다. 현재 번역하려는 소스 시퀀스(source sequence)(예를 들어 "How's the weather today?")와 변환하려는 타깃 시퀀스(예를 들어 "¿Qué tiempo hace hoy?")입니다. 트랜스포머는 한 시퀀스를 다른 시퀀스로 변환하기 위해 고안된 **시퀀스-투-시퀀스**(sequence-to-sequence) 모델입니다. 이 장의 뒷부분에서 시퀀스-투-시퀀스 모델에 대해 자세히 배우겠습니다.

잠시 한 걸음 뒤로 물러나 보죠. 여기에서 소개한 셀프 어텐션 메커니즘은 대략적으로 다음과 같이 수행됩니다.

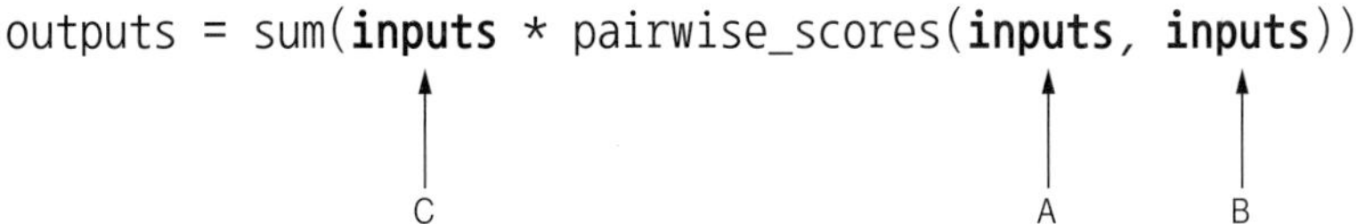

이는 "inputs(A)에 있는 모든 토큰이 inputs(B)에 있는 모든 토큰에 얼마나 관련되어 있는지 계산하고, 이 점수를 사용하여 inputs(C)에 있는 모든 토큰의 가중치 합을 계산한다."를 의미합니다. A, B, C가 동일한 입력 시퀀스여야 한다는 조건은 없습니다. 일반적으로 3개의 다른 시퀀스로 이를 수행할 수 있습니다. 이를 '쿼리(query)', '키(key)', '값(value)'이라고 부릅니다. 이 연산은 '쿼리에 있는 모든 원소가 키에 있는 모든 원소에 얼마나 관련되어 있는지 계산하고, 이 점수를 사용하여 값에 있는 모든 원소의 가중치 합을 계산'하는 것입니다.

```
outputs = sum(values * pairwise_scores(query, keys))
```

이런 용어는 검색 엔진과 추천 시스템에서 유래했습니다(그림 11-7). 사진 데이터베이스에서 어떤 사진을 검색하기 위해 "dogs on the beach"와 같은 쿼리를 입력한다고 생각해 보세요. 내부적으로 데이터베이스에 있는 사진마다 "cat", "dog", "party" 등과 같은 일련의 키워드가 연결되어 있습니다. 이를 "키(key)"라고 부릅니다. 검색 엔진은 쿼리와 데이터베이스에 있는 키를 비교합니다. "dog"과의 매칭 점수는 1이고, "cat"과의 매칭 점수는 0입니다. 그다음 매칭(관련성) 강도에 따라 키의 순서를 매긴 후 가장 잘 매칭된 상위 N개의 사진을 관련성이 높은 순서대로 반환합니다.

▼ 그림 11-7 데이터베이스에서 이미지 검색하기. '쿼리'와 '키'를 비교하고 매칭 점수를 사용하여 '값(이미지)'의 순서를 매긴다

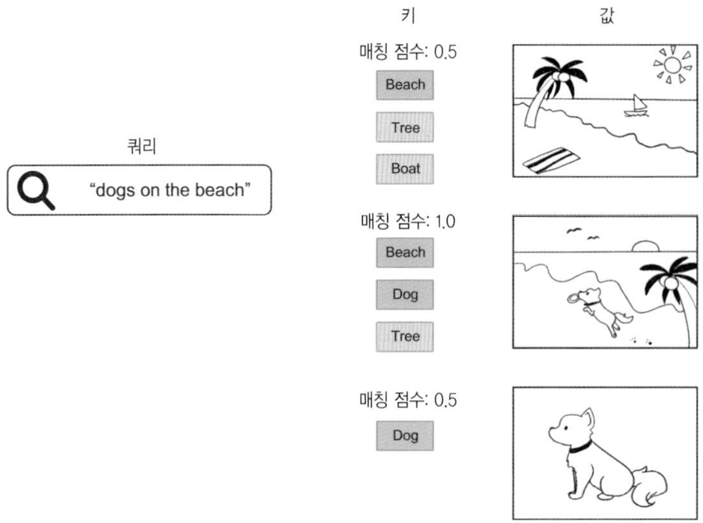

개념적으로 이것이 트랜스포머 스타일의 어텐션이 하는 일입니다. 찾고 있는 것을 설명하는 참조 시퀀스인 쿼리를 가지고 있습니다. 정보를 추출할 지식의 본체인 값(value)도 가지고 있습니다. 쿼리와 쉽게 비교할 수 있는 포맷으로 값을 설명하는 키가 각 값에 할당되어 있습니다. 따라서 쿼리와 키를 매칭하기만 하면 됩니다. 그다음 값의 가중치 합을 반환합니다.

실제로 키와 값은 같은 시퀀스인 경우가 많습니다. 예를 들어 기계 번역에서는 쿼리가 타깃 시퀀스고, 소스 시퀀스는 키와 값의 역할을 합니다. 타깃의 각 원소(예를 들어 "tiempo")에 대해 소스(예를 들어 "How's the weather today?")에서 이와 관련된 원소를 찾습니다("tiempo"와 "weather"의 매칭 점수가 높아야 합니다). 시퀀스 분류라면 자연스럽게 쿼리, 키, 값이 모두 같습니다. 시퀀스가 자기 자신과 비교하여 각 토큰에 전체 시퀀스의 풍부한 맥락을 부여합니다.

이것이 `MultiHeadAttention` 층에 `inputs`를 세 번 전달해야 하는 이유입니다. 그렇다면 왜 '멀티 헤드' 어텐션일까요?

11.4.2 멀티 헤드 어텐션

'멀티 헤드 어텐션'은 "Attention is all you need" 논문에 소개된 셀프 어텐션 메커니즘의 변형입니다. '멀티 헤드'라는 이름은 셀프 어텐션의 출력 공간이 독립적으로 학습되는 부분 공간으로 나뉘어진다는 사실을 의미합니다. 초기 쿼리, 키, 값이 독립적인 3개의 밀집 투영(dense projection)

을 통과해서 3개의 별개 벡터가 됩니다. 각 벡터는 뉴럴 어텐션으로 처리되고 이 출력이 하나의 출력 시퀀스로 연결됩니다. 이런 각 부분 공간을 '헤드'라고 부릅니다. 그림 11-8에 전체 그림이 나타나 있습니다.

▼ 그림 11-8 MultiHeadAttention 층

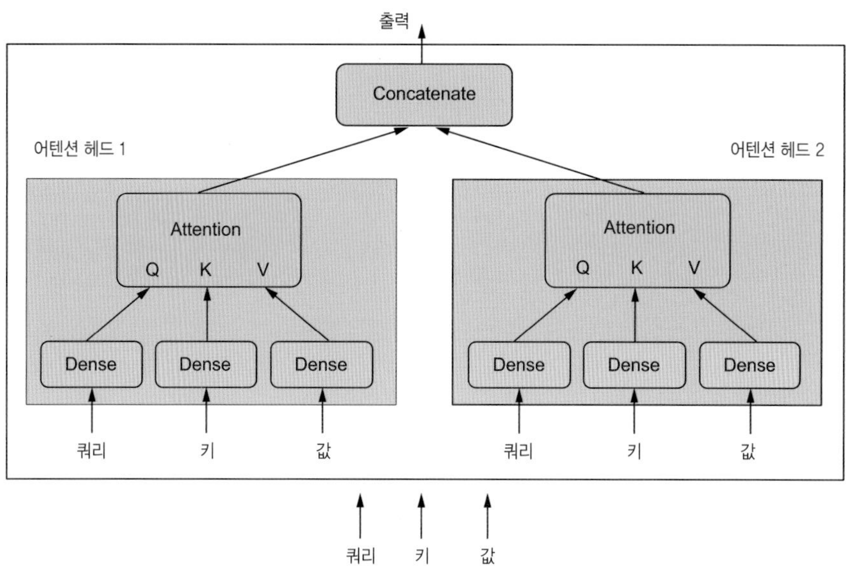

학습 가능한 밀집 투영 덕분에 이 층이 실제로 무언가를 학습할 수 있습니다. 상태가 없는 순수한 변환이라면 이 층의 앞이나 뒤에 추가적인 층이 필요할 것입니다. 또한, 독립적인 헤드가 있으면 층이 토큰마다 다양한 특성 그룹을 학습하는 데 도움이 됩니다. 한 그룹 내의 특성은 다른 특성과 연관되어 있지만 다른 그룹에 있는 특성과는 거의 독립적입니다.

이는 대체로 깊이별 분리 합성곱의 작동 방식과 비슷합니다. 깊이별 분리 합성곱에서는 합성곱의 출력 공간이 독립적으로 학습되는 (입력 채널당 하나씩) 많은 부분 공간으로 나뉘어집니다. "Attention is all you need" 논문은 특성 공간을 독립적인 부분 공간으로 나누는 것이 컴퓨터 비전 모델에 큰 도움이 된다고 밝혀졌을 때 썼습니다. 이런 컴퓨터 비전 모델에는 깊이별 분리 합성곱과 이와 깊게 관련된 **그룹 합성곱**(grouped convolution)이 있습니다. 멀티 헤드 어텐션은 동일한 아이디어를 셀프 어텐션에 적용한 것입니다.

11.4.3 트랜스포머 인코더

밀집 투영을 추가하는 것이 유용하다면 어텐션 메커니즘의 출력에 1개나 2개를 추가하면 어떨까요? 실제로 이는 좋은 아이디어이므로 밀집 층을 추가해 보겠습니다. 모델이 많은 일을 하기 시작하므로 잔차 연결을 추가하여 유용한 정보가 파괴되지 않도록 합니다. 이렇게 하는 것이 충분히 깊은 네트워크 아키텍처를 만드는 데 필수라는 것을 9장에서 배웠습니다. 그리고 9장에 또 다른 것을 배웠습니다. 정규화 층이 역전파 과정에서 그레이디언트를 잘 전파하도록 돕습니다. 9장에서 배운 정규화 층을 모델에 추가해 보겠습니다.

밀집 층, 잔차, 정규화 층을 넣는 과정은 그 당시 트랜스포머 아키텍처 발명자들의 사고 과정을 대략적으로 상상해 본 것입니다. 출력을 여러 개의 독립적인 공간으로 분해하고, 잔차 연결과 정규화 층을 추가하는 이런 모든 작업은 모든 복잡한 모델에서 활용하는 표준 아키텍처 패턴입니다. 이런 요소들이 트랜스포머 구조를 구성하는 두 가지 핵심 부분 중 하나인 **트랜스포머 인코더**(Transformer encoder)를 형성합니다(그림 11-9).

▼ 그림 11-9 TransformerEncoder는 MultiHeadAttention 층과 밀집 투영, 정규화, 잔차 연결을 연결한다

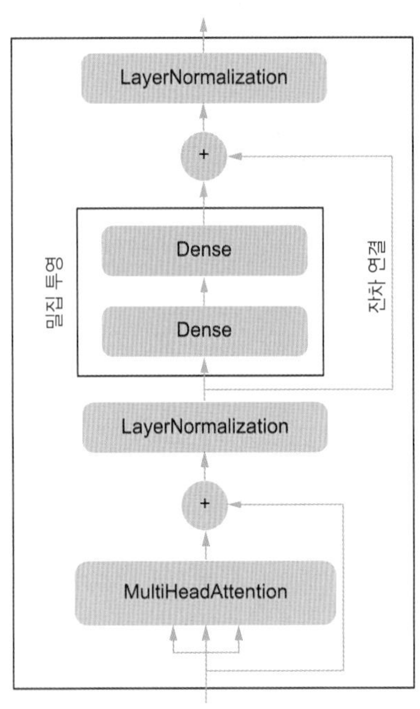

원본 트랜스포머 아키텍처는 두 부분으로 구성됩니다. 소스 시퀀스를 처리하는 **트랜스포머 인코더**와 소스 시퀀스를 사용하여 변환된 버전을 생성하는 **트랜스포머 디코더**(Transformer decoder)입니다. 디코더 부분은 잠시 후에 배우겠습니다.

결정적으로 인코더 부분은 텍스트 분류에 사용할 수 있습니다. 시퀀스를 주입하고 더 유용한 표현으로 바꾸는 것을 학습하는 일반적인 모듈입니다. 트랜스포머 인코더를 구현하여 영화 리뷰 감성 분류 작업에 적용해 보겠습니다.

코드 11-21 Layer 층을 상속하여 구현한 트랜스포머 인코더

```
import tensorflow as tf
from tensorflow import keras
from tensorflow.keras import layers

class TransformerEncoder(layers.Layer):
    def __init__(self, embed_dim, dense_dim, num_heads, **kwargs):
        super().__init__(**kwargs)
        self.embed_dim = embed_dim -------- 입력 토큰 벡터의 크기
        self.dense_dim = dense_dim -------- 내부 밀집 층의 크기
        self.num_heads = num_heads -------- 어텐션 헤드의 개수
        self.attention = layers.MultiHeadAttention(
            num_heads=num_heads, key_dim=embed_dim)
        self.dense_proj = keras.Sequential(
            [layers.Dense(dense_dim, activation="relu"),
             layers.Dense(embed_dim),]
        )
        self.layernorm_1 = layers.LayerNormalization()
        self.layernorm_2 = layers.LayerNormalization()

    def call(self, inputs, mask=None): -------- call() 메서드에서 연산을 수행합니다.
        if mask is not None:                  Embedding 층에서 생성하는 마스크는 2D이지만 어텐션
            mask = mask[:, tf.newaxis, :]     층은 3D 또는 4D를 기대하므로 랭크를 늘립니다.
        attention_output = self.attention(
            inputs, inputs, attention_mask=mask)
        proj_input = self.layernorm_1(inputs + attention_output)
        proj_output = self.dense_proj(proj_input)
        return self.layernorm_2(proj_input + proj_output)

    def get_config(self): -------- 모델을 저장할 수 있도록 직렬화를 구현합니다.
        config = super().get_config()
        config.update({
            "embed_dim": self.embed_dim,
            "num_heads": self.num_heads,
            "dense_dim": self.dense_dim,
        })
        return config
```

사용자 정의 층 저장하기

사용자 정의 층을 만들 때 get_config 메서드를 구현해야 합니다. 이를 통해 설정 딕셔너리(config)로부터 층의 객체를 다시 만들 수 있어 모델 저장과 로딩에 사용됩니다. 이 메서드는 층을 만들 때 사용한 생성자 매개변수 값을 담은 파이썬 딕셔너리를 반환합니다.

모든 케라스 층은 다음과 같이 직렬화 또는 역직렬화할 수 있습니다.

```
config = layer.get_config()
new_layer = layer.__class__.from_config(config)
```

config 딕셔너리는 가중치 값을 담고 있지 않기 때문에 층의 모든 가중치는 처음 상태로 초기화됩니다.

예를 들어 다음과 같이 사용합니다.

```
layer = PositionalEmbedding(sequence_length, input_dim, output_dim)
config = layer.get_config()
new_layer = PositionalEmbedding.from_config(config)
```

사용자 정의 층이 포함되어 있는 모델을 저장할 때 저장 파일에 이런 설정 딕셔너리가 포함됩니다. 파일에서 모델을 로드할 때 설정 딕셔너리를 이해할 수 있도록 다음과 같이 사용자 정의 클래스를 알려 주어야 합니다.

```
model = keras.models.load_model(
    filename, custom_objects={"PositionalEmbedding": PositionalEmbedding})
```

여기에서 사용한 정규화 층은 이전에 이미지 모델에서 사용했던 BatchNormalization 층이 아닙니다. BatchNormalization 층은 시퀀스 데이터에는 잘 맞지 않기 때문입니다. 그 대신 배치에 있는 각 시퀀스를 독립적으로 정규화하는 LayerNormalization 층을 사용합니다. 넘파이 스타일의 의사 코드로 쓰면 다음과 같습니다.

```
def layer_normalization(batch_of_sequences):
    mean = np.mean(batch_of_sequences, keepdims=True, axis=-1)
    variance = np.var(batch_of_sequences, keepdims=True, axis=-1)
    return (batch_of_sequences - mean) / variance
```

입력 크기: (batch_size, sequence_length, embedding_dim)

마지막 축(축 인덱스 -1)을 따라 평균과 분산을 계산합니다.

(훈련 과정에서 사용하는) BatchNormalization 층과 비교해 보죠.

```
def batch_normalization(batch_of_images):
    mean = np.mean(batch_of_images, keepdims=True, axis=(0, 1, 2))
    variance = np.var(batch_of_images, keepdims=True, axis=(0, 1, 2))
    return (batch_of_images - mean) / variance
```

입력 크기: (batch_size, height, width, channels)

배치에 있는 샘플 간의 상호 작용을 구하기 위해 채널 축을 제외한 다른 축을 따라 통계 값을 계산합니다.

BatchNormalization 층은 특성의 평균과 분산에 대한 정확한 통계 값을 구하기 위해 많은 샘플에서 정보를 수집합니다. 반면 LayerNormalization 층은 각 시퀀스 안에서 데이터를 개별적으로 구하기 때문에 시퀀스 데이터에 더 적절합니다.

이제 TransformerEncoder를 구현했으므로 이를 사용하여 앞서 본 LSTM 기반 모델과 비슷한 텍스트 분류 모델을 만들어 보겠습니다.

코드 11-22 트랜스포머 인코더를 사용하여 텍스트 분류하기

```
vocab_size = 20000
embed_dim = 256
num_heads = 2
dense_dim = 32

inputs = keras.Input(shape=(None,), dtype="int64")
x = layers.Embedding(vocab_size, embed_dim)(inputs)
x = TransformerEncoder(embed_dim, dense_dim, num_heads)(x)
x = layers.GlobalMaxPooling1D()(x) -------- TransformerEncoder는 전체 시퀀스를 반환하기 때문에 분류 작업을
                                             위해 전역 풀링 층으로 각 시퀀스를 하나의 벡터로 만듭니다.[9]
x = layers.Dropout(0.5)(x)
outputs = layers.Dense(1, activation="sigmoid")(x)
model = keras.Model(inputs, outputs)
model.compile(optimizer="rmsprop",
              loss="binary_crossentropy",
              metrics=["accuracy"])
model.summary()
```

이 모델을 훈련해 보죠. 이 모델은 LSTM 모델보다 약간 낮은 87.5% 테스트 정확도를 달성합니다.

코드 11-23 트랜스포머 인코더 기반 모델 훈련하고 평가하기

```
callbacks = [
    keras.callbacks.ModelCheckpoint("transformer_encoder.h5",
                                    save_best_only=True)
]
model.fit(int_train_ds, validation_data=int_val_ds, epochs=20,
          callbacks=callbacks)
```

9 역주 GlobalMaxPooling1D 층은 (samples, timesteps, features) 크기의 텐서를 입력받고 (samples, features) 크기의 텐서를 출력합니다. 즉, 시간 축 전체에 풀링을 적용합니다. 이와 비슷하게 GlobalMaxPooling2D 층은 (samples, height, width, channels) 크기의 텐서를 입력받고 (samples, channels) 크기의 텐서를 출력합니다. 즉, 특성 맵의 공간 차원 전체에 대한 풀링입니다.

```
model = keras.models.load_model(
    "transformer_encoder.h5",
    custom_objects={"TransformerEncoder": TransformerEncoder})
print(f"테스트 정확도: {model.evaluate(int_test_ds)[1]:.3f}")
```

모델을 로딩할 때 사용자 정의 TransformerEncoder 클래스를 지정합니다.

이 시점에서 조금 어색함을 느낄 수 있습니다. 이상한 것이 있죠. 그게 무엇일까요?

이 절은 표면상 '시퀀스 모델'에 관한 절입니다. 시작할 때 단어 순서의 중요성을 강조했습니다. 트랜스포머는 원래 기계 번역을 위해 개발된 시퀀스 처리 아키텍처라고 말했습니다. 하지만 실제로 조금 전 본 트랜스포머 인코더는 시퀀스 모델이 전혀 아닙니다. 눈치챘나요? 시퀀스 토큰을 독립적으로 처리하는 밀집 층과 토큰을 집합으로 바라보는 어텐션 층으로 구성되어 있습니다. 시퀀스에 있는 토큰 순서를 바꾸어도 정확히 동일한 어텐션 점수와 (문맥이 고려된) 표현을 얻을 것입니다. 모든 영화 리뷰에 있는 단어를 뒤섞어도 모델은 이를 알아차리지 못하고 동일한 정확도를 달성할 것입니다. 셀프 어텐션은 시퀀스 원소 쌍 사이의 관계에 초점을 맞춘 집합 처리 메커니즘입니다(그림 11-10). 원소가 시퀀스 처음에 등장하는지, 마지막에 등장하는지, 중간에 등장하는지 알지 못합니다. 그런데 왜 트랜스포머를 시퀀스 모델이라고 부를까요? 단어 순서를 고려하지 않는데 어떻게 기계 번역에서 좋은 성능을 낼 수 있을까요?

▼ 그림 11-10 다양한 NLP 모델의 특징

	단어 순서 고려	문맥 고려 (단어 간 상호 작용)
유니그램 모델	No	No
바이그램 모델	매우 제약됨	No
RNN	Yes	No
셀프 어텐션	No	Yes
트랜스포머	Yes	Yes

이 장의 시작 부분에 해답에 대한 힌트가 있습니다. 트랜스포머는 기술적으로 순서에 구애받지 않지만 모델이 처리하는 표현에 순서 정보를 수동으로 주입하는 하이브리드 방식입니다. 아직 설명하지 않은 부분이 있군요! 이를 **위치 인코딩**(positional encoding)이라고 합니다. 이에 대해 알아보겠습니다.

위치 인코딩을 사용해서 위치 정보 주입하기

위치 인코딩 이면의 아이디어는 매우 간단합니다. 모델에 단어 순서 정보를 제공하기 위해 문장의 단어 위치를 각 단어 임베딩에 추가합니다. 입력 단어의 임베딩은 두 부분으로 구성됩니다. 특정 문맥에 독립적으로 단어를 표현하는 일반적인 단어 임베딩과 현재 문장의 단어 위치를 표현하는 위치 벡터입니다. 희망컨대 모델이 추가된 정보를 최대한 활용하는 방법을 찾을 것입니다.

가장 간단하게 이렇게 하는 방법은 단어 위치를 임베딩 벡터에 연결하는 것입니다. 벡터에 '위치' 축을 추가하고 시퀀스의 첫 번째 단어는 0, 두 번째 단어는 1과 같은 식으로 채웁니다.

하지만 위치가 매우 큰 정수가 될 수 있어 임베딩 벡터 값의 범위를 넘어서기 때문에 이상적이지 않습니다. 신경망은 큰 입력 값이나 이산적인 입력 분포에는 잘 동작하지 않습니다.

"Attention is all you need" 논문은 단어 위치를 인코딩하기 위해 흥미로운 트릭을 사용했습니다. 위치에 따라 주기적으로 바뀌는 [-1, 1] 범위의 값을 가진 벡터를 단어 임베딩에 추가했습니다(이를 위해 코사인 함수를 사용했습니다). 이 트릭은 작은 값의 벡터를 통해 넓은 범위의 어떤 정수도 고유하게 표현할 수 있습니다. 영리한 방법이지만 여기에서 사용할 방법은 아닙니다. 조금 더 간단하고 효과적인 방법을 사용하겠습니다. 단어 인덱스의 임베딩을 학습하는 것처럼 위치 임베딩 벡터를 학습하겠습니다. 그다음 위치 임베딩을 이에 해당하는 단어 임베딩에 추가하여 위치를 고려한 단어 임베딩을 만듭니다. 이런 기법을 '위치 임베딩(positional embedding)'이라고 부릅니다. 이를 구현해 보겠습니다.

코드 11-24 서브클래싱으로 위치 임베딩 구현하기

```
class PositionalEmbedding(layers.Layer):
    def __init__(self, sequence_length, input_dim, output_dim, **kwargs):  # 위치 임베딩의 단점은 시퀀스 길이를 미리 알아야 한다는 것입니다.
        super().__init__(**kwargs)
        self.token_embeddings = layers.Embedding(  # 토큰 인덱스를 위한 Embedding 층을 준비합니다.
            input_dim=input_dim, output_dim=output_dim)
        self.position_embeddings = layers.Embedding(
            input_dim=sequence_length, output_dim=output_dim)  # 토큰 위치를 위한 Embedding 층을 준비합니다.
        self.sequence_length = sequence_length
        self.input_dim = input_dim
        self.output_dim = output_dim

    def call(self, inputs):
        length = tf.shape(inputs)[-1]
        positions = tf.range(start=0, limit=length, delta=1)
        embedded_tokens = self.token_embeddings(inputs)
        embedded_positions = self.position_embeddings(positions)
```

```
        return embedded_tokens + embedded_positions  # 두 임베딩 벡터를 더합니다.

    def compute_mask(self, inputs, mask=None):
        return tf.math.not_equal(inputs, 0)
```

Embedding 층처럼 이 층은 입력에 있는 0 패딩을 무시할 수 있도록 마스킹을 생성해야 합니다. compute_mask 메서드는 프레임워크에 의해 자동으로 호출되고 만들어진 마스킹은 다음 층으로 전달됩니다.

```
    def get_config(self):  # 모델 저장을 위한 직렬화를 구현합니다.
        config = super().get_config()
        config.update({
            "output_dim": self.output_dim,
            "sequence_length": self.sequence_length,
            "input_dim": self.input_dim,
        })
        return config
```

일반적인 Embedding 층처럼 PositionEmbedding 층을 사용할 수 있습니다. 직접 적용해 보죠!

텍스트 분류 트랜스포머

단어 위치를 고려하려면 Embedding 층을 위치 기반 버전으로 바꾸기만 하면 됩니다.

코드 11-25 트랜스포머 인코더와 위치 임베딩 합치기

```
vocab_size = 20000
sequence_length = 600
embed_dim = 256
num_heads = 2
dense_dim = 32

inputs = keras.Input(shape=(None,), dtype="int64")
x = PositionalEmbedding(sequence_length, vocab_size, embed_dim)(inputs)  # 여기가 위치 임베딩입니다!
x = TransformerEncoder(embed_dim, dense_dim, num_heads)(x)
x = layers.GlobalMaxPooling1D()(x)
x = layers.Dropout(0.5)(x)
outputs = layers.Dense(1, activation="sigmoid")(x)
model = keras.Model(inputs, outputs)
model.compile(optimizer="rmsprop",
              loss="binary_crossentropy",
              metrics=["accuracy"])
model.summary()
```

```
callbacks = [
    keras.callbacks.ModelCheckpoint("full_transformer_encoder.keras",
                                    save_best_only=True)
]
model.fit(int_train_ds, validation_data=int_val_ds, epochs=20, callbacks=callbacks)
model = keras.models.load_model(
    "full_transformer_encoder.keras",
    custom_objects={"TransformerEncoder": TransformerEncoder,
                    "PositionalEmbedding": PositionalEmbedding})
print(f"테스트 정확도: {model.evaluate(int_test_ds)[1]:.3f}")
```

이 모델의 테스트 정확도는 88.3%입니다. 이런 성능 향상은 텍스트 분류에 단어 순서가 중요하다는 것을 보여 줍니다. 지금까지 중에서 가장 뛰어난 시퀀스 모델입니다! 하지만 여전히 BoW 방식보다 조금 낮습니다.

11.4.4 BoW 모델 대신 언제 시퀀스 모델을 사용하나요?

현재 작업이나 데이터셋에 상관없이 이따금 BoW 방법이 구식이고 트랜스포머 기반 시퀀스 모델을 사용해야 한다는 말을 듣곤 합니다. 하지만 전혀 그렇지 않습니다. 바이그램 위에 몇 개의 Dense 층을 쌓은 모델이 많은 경우에 완전히 유효하고 타당한 접근 방법입니다. 사실 이 장에서 IMDB 데이터셋에 시도한 다양한 기법 중에서 지금까지 가장 뛰어난 성능을 낸 것은 바이그램 BoW입니다!

그럼 언제 다른 방법을 사용해야 할까요?

2017년에 우리 팀은 여러 종류의 텍스트 데이터셋에서 다양한 텍스트 분류 기법의 성능에 대한 체계적인 분석을 수행했습니다. 여기에서 BoW 모델과 시퀀스 모델을 선택하는 데 놀랍고 주목할 만한 법칙(일종의 골든룰)을 발견했습니다(http://mng.bz/AOzK).

새로운 텍스트 분류 작업을 시도할 때 훈련 데이터에 있는 샘플 개수와 샘플에 있는 평균 단어 개수 사이의 비율에 주의를 기울여야 합니다(그림 11-11). 이 비율이 1,500보다 작으면 BoW 모델의 성능이 더 나을 것입니다(보너스로 훨씬 빠르게 훈련되고 많이 반복할 수 있습니다). 이 비율이 1,500보다 크면 시퀀스 모델을 사용해야 합니다. 다른 말로 하면 시퀀스 모델은 훈련 데이터가 많고 비교적 샘플의 길이가 짧은 경우에 잘 동작합니다.

▼ 그림 11-11 텍스트 분류 모델을 선택하기 위한 간단한 경험 규칙. 훈련 샘플 개수와 샘플당 평균 단어 개수의 비율

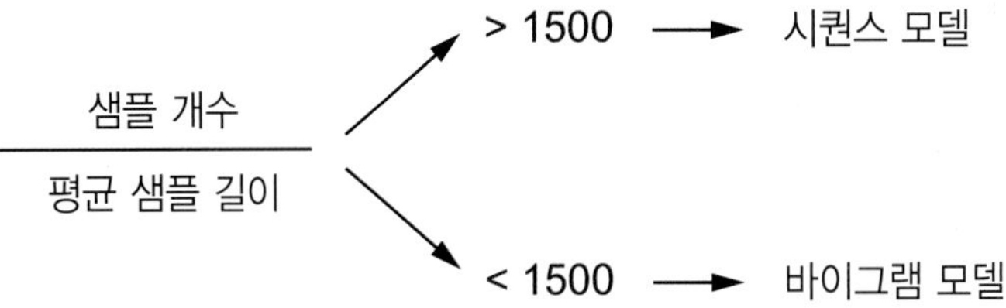

1,000개의 단어 길이를 가진 10만 개의 문서를 분류한다면 (따라서 비율은 100이므로) 바이그램 모델을 사용해야 합니다. 평균적으로 40개의 단어로 이루어진 5만 개의 트윗을 분류한다면 (따라서 비율은 1,250) 역시 바이그램 모델을 사용해야 합니다. 하지만 데이터셋의 크기를 50만 개의 트윗으로 늘리면 (따라서 비율은 1만 2,500) 트랜스포머 인코더를 사용하세요. IMDB 영화 리뷰 분류 작업은 어떨까요? 훈련 샘플은 2만 개고 평균적인 단어 개수는 233개입니다. 따라서 이 법칙에 따르면 바이그램 모델을 사용해야 합니다. 이는 여기에서 얻은 실제 결과와 일치합니다.

이 결과는 직관적으로 이해할 수 있습니다. 시퀀스 모델의 입력은 더 풍부하고 복잡한 공간을 표현하기 때문에 이 공간을 매핑하는 데 더 많은 데이터가 필요합니다. 한편 평범한 단어 집합은 단순한 공간이므로 수백 또는 수천 개의 샘플만 사용하여 로지스틱 회귀를 훈련할 수 있습니다. 또한, 샘플이 짧을수록 모델이 샘플에 담긴 정보를 무시할 수 없습니다. 특히 단어 순서가 더 중요하므로 이를 무시하면 모호해질 수 있습니다. "this movie is the bomb"[10]과 "this movie was a bomb" 문장은 매우 비슷한 유니그램 표현을 가지고 있어 BoW 모델을 혼동시킬 수 있습니다. 하지만 시퀀스 모델은 어떤 문장이 긍정적이고 부정적인지 구분할 수 있습니다. 샘플이 길수록 단어 통계를 더 신뢰할 수 있고 단어 히스토그램만으로 주제나 감성을 잘 드러낼 수 있습니다.

이 경험 규칙은 텍스트 분류를 위해 개발되었다는 것을 유념하세요. 다른 NLP 작업에 적용되는 것은 아닙니다. 특히 기계 번역의 경우 RNN에 비해 트랜스포머가 특히 매우 긴 문장에서 빛을 발합니다. 이 법칙은 과학적 법칙이 아니라 하나의 경험 법칙이므로 대부분의 경우에 맞을 것이라고 예상하지만 모든 경우에 적용되지는 않을 것입니다.

10 역주 "this movie is the bomb"은 영화가 아주 좋다는 긍정의 뜻입니다.

11.5 텍스트 분류를 넘어: 시퀀스-투-시퀀스 학습

이제 대부분의 자연어 처리 작업을 다루기 위해 필요한 모든 도구를 익혔습니다. 하지만 이런 도구를 텍스트 분류 하나에만 적용했습니다. 매우 널리 적용할 수 있는 예제이지만 NLP에는 분류외에도 많은 작업이 있습니다. 이 절에서는 **시퀀스-투-시퀀스 모델**(sequence-to-sequence model)에 대해 배우면서 기술을 더 심화시켜 보겠습니다.

시퀀스-투-시퀀스 모델은 입력으로 시퀀스(종종 문장이나 문단)를 받아 이를 다른 시퀀스로 바꿉니다. 이는 여러 가지 가장 성공적인 NLP 애플리케이션의 핵심이 됩니다.

- **기계 번역**(machine translation): 소스 언어에 있는 문단을 타깃 언어의 문단으로 바꿉니다.
- **텍스트 요약**(text summarization): 긴 문서를 대부분 중요한 정보를 유지한 짧은 버전으로 바꿉니다.
- **질문 답변**(question answering): 입력 질문에 대한 답변을 생성합니다.
- **챗봇**(chatbot): 입력된 대화나 또는 대화 이력에서 다음 응답을 생성합니다.
- **텍스트 생성**: 시작 텍스트를 사용하여 하나의 문단을 완성합니다.
- 기타

시퀀스-투-시퀀스 모델의 일반적인 구조는 그림 11-12에 나타나 있습니다. 훈련 도중에는 다음과 같은 작업을 수행합니다.

- **인코더**(encoder) 모델이 소스 시퀀스를 중간 표현으로 바꿉니다.
- **디코더**(decoder)는 (0에서 i-1까지의) 이전 토큰과 인코딩된 소스 시퀀스를 보고 타깃 시퀀스에 있는 다음 토큰 i를 예측하도록 훈련됩니다.

그림 11-12 시퀀스-투-시퀀스 학습: 인코더가 소스 시퀀스를 처리하여 디코더로 보낸다. 디코더는 지금까지 타깃 시퀀스를 보고 한 스텝 미래의 타깃 시퀀스를 예측한다. 추론 단계에서는 한 번에 하나의 타깃 시퀀스를 생성하여 다시 디코더에 주입한다

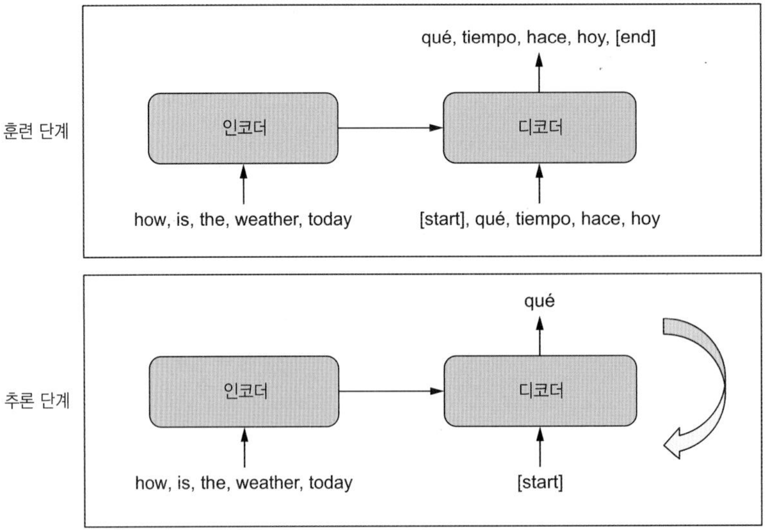

추론에서는 타깃 시퀀스를 사용하지 못하므로 처음부터 예측해야 합니다. 한 번에 하나의 토큰을 생성합니다.

1. 인코더가 소스 시퀀스를 인코딩합니다.
2. 디코더가 인코딩된 소스 시퀀스와 ("[start]" 문자열과 같은) 초기 "시드(seed)" 토큰을 사용하여 시퀀스의 첫 번째 토큰을 예측합니다.
3. 지금까지 예측된 시퀀스를 디코더에 다시 주입하고 다음 토큰을 생성하는 식으로 ("[end]" 문자열과 같은) 종료 토큰이 생성될 때까지 반복합니다.

지금까지 배운 모든 것을 사용해서 앞과 같은 종류의 모델을 만들어 보겠습니다.

11.5.1 기계 번역 예제

기계 번역 작업에 시퀀스-투-시퀀스 모델을 적용해 보겠습니다. 트랜스포머를 개발한 것은 기계 번역을 위해서였습니다! 순환 층을 사용하는 시퀀스 모델로 시작해서 완전한 트랜스포머 아키텍처까지 만들어 보겠습니다.

https://www.manythings.org/anki/에 있는 영어-스페인어 번역 데이터셋을 사용합니다. 먼저 파일을 내려받겠습니다.

```
!wget http://storage.googleapis.com/download.tensorflow.org/data/spa-eng.zip
!unzip -q spa-eng.zip
```

이 텍스트 파일은 한 라인이 하나의 샘플입니다. 영어 문장 다음에 탭이 있고 그다음 스페인어 문장이 있습니다. 이 파일을 파싱해 보죠.

```
text_file = "spa-eng/spa.txt"
with open(text_file) as f:
    lines = f.read().split("\n")[:-1]
text_pairs = []
for line in lines: -------- 한 라인씩 처리합니다.
    english, spanish = line.split("\t") -------- 각 라인은 영어 구절과 이에 해당하는 스페인 번역을 포함하며 탭으로 구분되어 있습니다.
    spanish = "[start] " + spanish + " [end]" -------- 그림 11-12 형식에 맞추기 위해 스페인 문장 처음에 "[start]"를 추가하고 끝에 "[end]"를 추가합니다.
    text_pairs.append((english, spanish))
```

text_pairs의 내용은 다음과 같습니다.

```
>>> import random
>>> print(random.choice(text_pairs))
("Soccer is more popular than tennis.",
 "[start] El fútbol es más popular que el tenis. [end]")
```

이를 섞은 다음 보통 때와 같이 훈련, 검증, 테스트 세트로 나눕니다.

```
import random

random.shuffle(text_pairs)
num_val_samples = int(0.15 * len(text_pairs))
num_train_samples = len(text_pairs) - 2 * num_val_samples
train_pairs = text_pairs[:num_train_samples]
val_pairs = text_pairs[num_train_samples:num_train_samples + num_val_samples]
test_pairs = text_pairs[num_train_samples + num_val_samples:]
```

그다음 영어와 스페인어를 위한 2개의 TextVectorization 층을 준비합니다. 문자열을 전처리하는 방식을 커스터마이징해야 합니다.

- 앞에서 추가한 "[start]"와 "[end]" 토큰을 유지해야 합니다. 기본적으로 [와] 문자가 삭제되지만 여기에서는 "start" 단어와 "[start]"를 별개로 취급하기 위해 두 문자를 유지시키겠습니다.
- 구두점은 언어마다 다릅니다! 스페인어 TextVectorization 층에서 구두점 문자를 삭제하려면 ¿ 문자도 삭제해야 합니다.

실제 번역 모델에서는 구두점이 들어간 문장을 생성할 수 있어야 하므로 구두점 문자를 삭제하지 않고 별개의 토큰으로 다룰 것입니다. 여기에서는 간단한 예를 위해 모든 구두점을 삭제하겠습니다.

코드 11-26 영어와 스페인어 텍스트 쌍을 벡터화하기

```
import tensorflow as tf
import string
import re

strip_chars = string.punctuation + "¿"
strip_chars = strip_chars.replace("[", "")
strip_chars = strip_chars.replace("]", "")

def custom_standardization(input_string):
    lowercase = tf.strings.lower(input_string)
    return tf.strings.regex_replace(
        lowercase, f"[{re.escape(strip_chars)}]", "")
vocab_size = 15000
sequence_length = 20

source_vectorization = layers.TextVectorization(
    max_tokens=vocab_size,
    output_mode="int",
    output_sequence_length=sequence_length,
)
target_vectorization = layers.TextVectorization(
    max_tokens=vocab_size,
    output_mode="int",
    output_sequence_length=sequence_length + 1,
    standardize=custom_standardization,
)
train_english_texts = [pair[0] for pair in train_pairs]
train_spanish_texts = [pair[1] for pair in train_pairs]
source_vectorization.adapt(train_english_texts)
target_vectorization.adapt(train_spanish_texts)
```

- strip_chars ~ custom_standardization: 스페인어 TextVectorization 층을 위해 사용자 정의 문자열 표준화 함수를 정의합니다. [와] 문자는 유지하고 (strings.punctuation에 있는 다른 문자를 포함하여) ¿ 문자를 삭제합니다.
- vocab_size, sequence_length: 간단한 예를 위해 각 언어에서 가장 많이 등장하는 1만 5,000개의 단어만 사용하고 문장의 길이는 20개의 단어로 제한합니다.
- source_vectorization: 영어 층
- target_vectorization: 스페인어 층
- output_sequence_length=sequence_length + 1: 훈련하는 동안 한 스텝 앞선 문장이 필요하기 때문에 토큰 하나가 추가된 스페인어 문장을 생성합니다.
- adapt: 각 언어의 어휘 사전을 만듭니다.

마지막으로 데이터를 tf.data 파이프라인으로 변환할 수 있습니다. 이 데이터셋은 (inputs, target)의 튜플을 반환합니다. inputs는 "encoder_inputs(영어 문장)"와 "decoder_inputs(스페인어 문장)" 키 2개를 가진 딕셔너리입니다. target은 한 스텝 앞의 스페인어 문장입니다.

코드 11-27 번역 작업을 위한 데이터셋 준비하기

```
batch_size = 64

def format_dataset(eng, spa):
    eng = source_vectorization(eng)
    spa = target_vectorization(spa)
    return ({
        "english": eng,
        "spanish": spa[:, :-1],   ----- 입력 스페인어 문장은 마지막 토큰을 포함하지 않기 때문에 입력과 타깃 길이가 같습니다.
    }, spa[:, 1:])   ----- 타깃 스페인어 문장은 한 스텝 앞의 문장입니다. 길이는 입력과 같습니다(20개의 단어).

def make_dataset(pairs):
    eng_texts, spa_texts = zip(*pairs)
    eng_texts = list(eng_texts)
    spa_texts = list(spa_texts)
    dataset = tf.data.Dataset.from_tensor_slices((eng_texts, spa_texts))
    dataset = dataset.batch(batch_size)
    dataset = dataset.map(format_dataset, num_parallel_calls=4)
    return dataset.shuffle(2048).prefetch(16).cache()   ----- 전처리 속도를 높이기 위해 메모리에 캐싱합니다.

train_ds = make_dataset(train_pairs)
val_ds = make_dataset(val_pairs)
```

데이터셋의 크기를 확인해 보겠습니다.

```
>>> for inputs, targets in train_ds.take(1):
>>>     print(f"inputs['english'].shape: {inputs['english'].shape}")
>>>     print(f"inputs['spanish'].shape: {inputs['spanish'].shape}")
>>>     print(f"targets.shape: {targets.shape}")
inputs["encoder_inputs"].shape: (64, 20)
inputs["decoder_inputs"].shape: (64, 20)
targets.shape: (64, 20)
```

데이터가 준비되었으므로 모델을 만들 차례입니다. 트랜스포머를 적용해 보기 전에 순환 신경망으로 시퀀스-투-시퀀스 모델을 먼저 만들어 보겠습니다.

11.5.2 RNN을 사용한 시퀀스-투-시퀀스 모델

트랜스포머가 추월하기 전인 2015~2017년 사이 시퀀스-투-시퀀스 학습은 대부분 순환 신경망을 사용했습니다. 실제 많은 기계 번역 시스템의 기초였습니다. 10장에서 언급했듯이 2017년경 구글 번역 시스템은 7개의 대형 LSTM 층을 쌓은 모델을 사용했습니다. 이 방식은 시퀀스-투-시퀀스 모델을 이해하는 데 시작점이 되므로 오늘날에도 여전히 배울 가치가 있습니다.

RNN을 사용하여 한 시퀀스를 다른 시퀀스로 바꾸는 가장 간단하고 쉬운 방법은 각 타임스텝의 RNN 출력을 그대로 유지하는 것입니다. 케라스에서는 다음과 같이 작성할 수 있습니다.

```
inputs = keras.Input(shape=(sequence_length,), dtype="int64")
x = layers.Embedding(input_dim=vocab_size, output_dim=128)(inputs)
x = layers.LSTM(32, return_sequences=True)(x)
outputs = layers.Dense(vocab_size, activation="softmax")(x)
model = keras.Model(inputs, outputs)
```

하지만 이 방식에는 두 가지 이슈가 있습니다.

- 타깃 시퀀스가 항상 소스 시퀀스와 동일한 길이여야 합니다. 실제로는 이런 경우가 드뭅니다. 기술적으로 치명적인 문제는 아닙니다. 소스 시퀀스나 타깃 시퀀스에 패딩을 추가하여 길이를 맞출 수 있기 때문입니다.
- RNN의 스텝별 처리 특징 때문에 모델이 타깃 시퀀스에 있는 토큰 N을 예측하기 위해 소스 시퀀스에 있는 토큰 0...N만 참조할 것입니다. 이런 제약 때문에 이 방식이 대부분의 작업 특히 번역에 적합하지 않습니다. "The weather is nice today"를 프랑스어인 "Il fait beau aujourd'hui"로 번역한다고 가정해 보죠. "The"에서 "Il"를 예측하고, "The weather"에서 "Il fait"를 예측해야 합니다. 이는 불가능합니다.

사람이 번역한다면 번역을 시작하기 전에 소스 문장 전체를 먼저 읽습니다. 영어와 일본어 같이 단어 순서가 크게 다른 언어를 다루는 경우 특히 중요합니다. 이것이 표준 시퀀스-투-시퀀스 모델이 하는 일입니다.

적절한 시퀀스-투-시퀀스 구조(그림 11-13)에서는 먼저 RNN(인코더)을 사용하여 전체 소스 문장을 하나의 벡터로 (또는 벡터의 집합으로) 바꿉니다. 이 벡터는 RNN의 마지막 출력이거나 또는 마지막 상태 벡터일 수 있습니다. 그다음 이 벡터(또는 벡터 집합)를 다른 RNN(디코더)의 초기 상태로 사용합니다. 이 RNN은 타깃 시퀀스에 있는 원소 0...N을 사용하여 스텝 N + 1을 예측합니다.

▼ 그림 11-13 시퀀스-투-시퀀스 RNN. 인코더 RNN을 사용하여 전체 소스 문장을 인코딩한 벡터를 만든다. 이 벡터는 디코더 RNN의 초기 상태로 사용된다

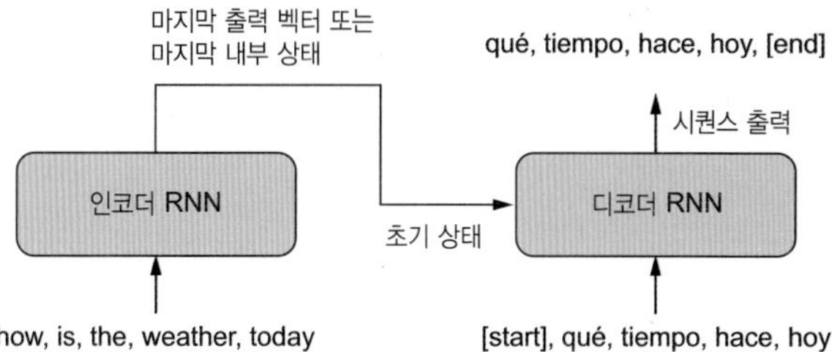

케라스로 GRU 기반의 인코더와 디코더를 구현해 보죠. 여러 개의 상태 벡터가 있는 LSTM과 달리 GRU는 상태 벡터가 하나이기 때문에 LSTM 대신에 GRU를 선택하면 조금 더 간단해집니다. 인코더부터 만들어 보겠습니다.

코드 11-28 GRU 기반 인코더

```
from tensorflow import keras
from tensorflow.keras import layers

embed_dim = 256
latent_dim = 1024

source = keras.Input(shape=(None,), dtype="int64", name="english")   # 영어 소스 문장이 여기에 입력됩니다. 입력 이름을 지정하면 입력 딕셔너리로 모델을 훈련할 수 있습니다.
x = layers.Embedding(vocab_size, embed_dim, mask_zero=True)(source)   # 마스킹을 잊지 마세요. 이 방식에서 중요합니다.
encoded_source = layers.Bidirectional(
    layers.GRU(latent_dim), merge_mode="sum")(x)   # 인코딩된 소스 문장은 양방향 GRU의 마지막 출력입니다.
```

다음으로 디코더를 추가해 보겠습니다. 인코딩된 소스 문장을 초기 상태로 사용하는 간단한 GRU 층입니다. 그 위에 Dense 층을 추가해서 출력 스텝마다 스페인어 어휘 사전에 대한 확률 분포를 생성합니다.

코드 11-29 GRU 기반 디코더와 엔드-투-엔드 모델

```
past_target = keras.Input(shape=(None,), dtype="int64", name="spanish")   # 스페인어 타깃 시퀀스가 여기에 입력됩니다.
x = layers.Embedding(vocab_size, embed_dim, mask_zero=True)(past_target)   # 마스킹을 잊지 마세요.
decoder_gru = layers.GRU(latent_dim, return_sequences=True)
x = decoder_gru(x, initial_state=encoded_source)   # 인코딩된 소스 시퀀스는 디코더 GRU의 초기 상태가 됩니다.
```

```
x = layers.Dropout(0.5)(x)                                                    다음 토큰을 예측합니다.
target_next_step = layers.Dense(vocab_size, activation="softmax")(x) ------┘
seq2seq_rnn = keras.Model([source, past_target], target_next_step) ------┐
                    엔드-투-엔드 모델은 소스 시퀀스와 타깃 시퀀스를 한 스텝 앞의 타깃 시퀀스에 매핑합니다.
```

훈련하는 동안 디코더는 전체 타깃 시퀀스를 입력받습니다. 하지만 RNN의 스텝별 처리 특징 덕분에 입력에 있는 토큰 0...N만 사용하여 타깃에 있는 토큰 N을 예측합니다(타깃을 한 스텝 앞서게 만들었기 때문에 시퀀스의 다음 토큰에 해당합니다). 과거 정보만 사용해서 미래를 예측한다는 의미입니다. 그렇지 않으면 속임수고 이 모델은 추론할 때도 제대로 동작하지 않을 것입니다.

훈련을 시작해 보겠습니다.

코드 11-30 RNN 기반 시퀀스-투-시퀀스 모델 훈련하기

```
seq2seq_rnn.compile(
    optimizer="rmsprop",
    loss="sparse_categorical_crossentropy",
    metrics=["accuracy"])
seq2seq_rnn.fit(train_ds, epochs=15, validation_data=val_ds)
```

훈련 과정에서 검증 세트 성능을 모니터링하기 위해 정확도를 선택했습니다. 이 모델은 64% 정확도를 달성합니다. 평균적으로 모델이 스페인 문장의 다음 단어를 64%의 확률로 예측합니다. 하지만 실제로 다음 토큰의 정확도는 기계 번역 모델에서 좋은 척도가 아닙니다. 특히 토큰 N + 1을 예측할 때 0에서 N까지 정확한 타깃 토큰을 알고 있다고 가정해야 하기 때문입니다. 실제 추론에서는 완전히 처음부터 타깃 시퀀스를 생성해야 하므로 이전에 생성된 토큰이 100% 정확할 것이라고 신뢰할 수 없습니다. 실전 기계 번역 시스템을 다루고 있다면 "BLEU 점수"[11]를 사용해서 모델을 평가할 가능성이 높습니다. 이 지표는 생성된 전체 시퀀스를 사용하며 사람이 번역 품질을 판단하는 것과 상관관계가 있는 것으로 보입니다.

마지막으로 이 모델을 사용해서 추론을 해 보죠. 테스트 세트에서 몇 개의 문장을 선택하여 어떻게 모델이 번역하는지 확인해 보겠습니다. 시드 토큰 "[start]"와 인코딩된 영어 소스 문장을 디코더 모델에 주입합니다. 그다음 다음 토큰을 예측하고 이를 디코더에 반복적으로 다시 주입합니다. 이런 식으로 "[end]" 토큰이나 최대 문장 길이에 도달할 때까지 반복마다 새로운 타깃 토큰을 생성합니다.

11 역주 BLEU(BiLingual Evaluation Understudy)는 모델이 생성한 번역과 사람이 만든 참조 번역의 n-그램을 비교하는 식으로 계산됩니다. 이 점수는 0~1 사이의 값을 가지며 1에 가까울수록 좋은 번역을 의미합니다.

코드 11-31 RNN 인코더와 디코더로 새로운 문장 번역하기

```
import numpy as np

spa_vocab = target_vectorization.get_vocabulary()
spa_index_lookup = dict(zip(range(len(spa_vocab)), spa_vocab))    예측된 인덱스를 문자열 토큰으로 변환하기 위한 딕셔너리를 준비합니다.
max_decoded_sentence_length = 20

def decode_sequence(input_sentence):
    tokenized_input_sentence = source_vectorization([input_sentence])
    decoded_sentence = "[start]"    시드 토큰
    for i in range(max_decoded_sentence_length):
        tokenized_target_sentence = target_vectorization([decoded_sentence])
        next_token_predictions = seq2seq_rnn.predict(
            [tokenized_input_sentence, tokenized_target_sentence])
        sampled_token_index = np.argmax(next_token_predictions[0, i, :])    다음 토큰을 샘플링합니다.
        sampled_token = spa_index_lookup[sampled_token_index]
        decoded_sentence += " " + sampled_token    다음 토큰 예측을 문자열로 바꾸고 생성된 문장에 추가합니다.
        if sampled_token == "[end]":    종료 조건: 최대 길이에 도달하거나 종료 문자가 생성된 경우
            break
    return decoded_sentence

test_eng_texts = [pair[0] for pair in test_pairs]
for _ in range(20):
    input_sentence = random.choice(test_eng_texts)
    print("-")
    print(input_sentence)
    print(decode_sequence(input_sentence))
```

이런 추론 방식은 매우 간단하지만 효율적이지 않습니다. 전체 소스 시퀀스와 지금까지 생성된 전체 타깃 시퀀스를 새로운 단어를 샘플링할 때마다 모두 다시 처리해야 하기 때문입니다. 실전 애플리케이션에서는 인코더와 디코더를 2개의 별개 모델로 나누고 토큰 샘플링 반복마다 이전 내부 상태를 재사용하여 디코더가 한 스텝만 실행될 것입니다.

번역 결과는 다음과 같습니다. 이 모델은 기본적인 실수가 많지만 간단한 예제치고는 잘 동작합니다.

코드 11-32 순환 번역 모델의 결과 샘플

```
Who is in this room?
[start] quién está en esta habitación [end]
-
That doesn't sound too dangerous.
[start] eso no es muy difícil [end]
-
No one will stop me.
[start] nadie me va a hacer [end]
-
Tom is friendly.
[start] tom es un buen [UNK] [end]
```

이 간단한 예제를 개선할 수 있는 여러 방법이 있습니다. 인코더와 디코더의 순환 층을 여러 개 쌓을 수 있습니다(디코더의 경우 이렇게 하면 상태 관리가 조금 더 복잡해집니다). GRU 대신에 LSTM을 사용할 수도 있습니다. 하지만 이런 개선 방법에도 시퀀스-투-시퀀스 학습을 위한 RNN 방식은 몇 가지 근본적인 제약이 있습니다.

- 소스 시퀀스가 인코더 상태 벡터(또는 벡터 집합)로 완전하게 표현되어야 합니다. 이는 번역할 수 있는 문장의 크기와 복잡도에 큰 제약이 됩니다. 사람이 번역할 때 소스 시퀀스를 두 번 보지 않고 완전히 기억만으로 문장을 번역하는 것과 같습니다.
- RNN은 오래된 과거를 점진적으로 잊어버리는 경향이 있기 때문에 매우 긴 문장을 처리하는 데 문제가 있습니다. 어느 시퀀스에서든지 100번째 토큰에 도달하면 시작 부분에 대한 정보가 거의 남아 있지 않습니다. 이는 RNN 기반 모델이 긴 문서를 번역하는 데 필수적인 넓은 범위의 문맥을 감지할 수 없다는 의미입니다.

이런 제약으로 인해 머신 러닝 커뮤니티는 시퀀스-투-시퀀스 문제에 트랜스포머 아키텍처를 적용하게 되었습니다. 이에 대해 알아보죠.

11.5.3 트랜스포머를 사용한 시퀀스-투-시퀀스 모델

시퀀스-투-시퀀스 학습은 트랜스포머가 진정 빛을 발하는 작업입니다. 뉴럴 어텐션으로 인해 트랜스포머 모델이 RNN이 다룰 수 있는 것보다 훨씬 길고 복잡한 시퀀스를 성공적으로 처리할 수 있습니다.

사람이 영어를 스페인어로 번역한다면 한 번에 한 단어씩 영어 문장을 읽어 기억 속에 의미를 기록한 후 한 번에 한 단어씩 스페인어 문장을 생성하지는 않을 것입니다. 문장 길이가 5단어라면 통할지 모르지만 전체 문단을 이렇게 번역할 수 없습니다. 이런 방식이 아니라 소스 문장과 진행 중인 번역 사이를 왔다 갔다 할 것입니다. 번역 문장의 부분 부분을 작성하면서 소스 문장에 있는 여러 단어에 주의를 기울이기 때문입니다.

이를 뉴럴 어텐션과 트랜스포머로 구현할 수 있습니다. 셀프 어텐션을 사용하여 입력 시퀀스에 있는 토큰에 대해 문맥을 고려한 표현을 만드는 트랜스포머 인코더를 이미 알아보았습니다. 시퀀스-투-시퀀스 트랜스포머에서 트랜스포머 인코더는 당연히 인코더의 역할을 수행합니다. 소스 문장을 읽고 인코딩된 표현을 만듭니다. 하지만 RNN 인코더와는 달리 트랜스포머 인코더는 시퀀스 형태로 인코딩된 표현을 유지합니다. 즉, 문맥을 고려한 임베딩 벡터의 시퀀스입니다.

이 모델의 나머지 절반은 **트랜스포머 디코더**(Transformer decoder)입니다. RNN 디코더와 마찬가지로 타깃 시퀀스에 있는 토큰 0...N을 읽고 토큰 N + 1을 예측합니다. 중요한 점은 이를 수행하면서 뉴럴 어텐션을 사용하여 인코딩된 소스 문장에서 어떤 토큰이 현재 예측하려는 타깃 토큰에 가장 관련이 높은지 식별한다는 것입니다. 아마도 사람이 번역하는 것과 다르지 않을 것입니다. 쿼리-키-값 모델을 다시 떠올려 보면 트랜스포머 디코더에서 타깃 시퀀스는 소스 시퀀스에 있는 다른 부분에 더 주의를 집중하기 위해 사용하는 어텐션 "쿼리" 역할을 합니다(소스 시퀀스는 키와 값 역할을 합니다).

트랜스포머 디코더

그림 11-14는 완전한 시퀀스-투-시퀀스 트랜스포머를 보여 줍니다. 디코더 내부를 살펴보면 트랜스포머 인코더와 매우 비슷한 것을 알 수 있습니다. 다만 타깃 시퀀스에 적용되는 셀프 어텐션 블록과 마지막 블록의 밀집 층 사이에 추가적인 어텐션 블록이 들어가 있습니다.

이를 구현해 보겠습니다. `TransformerEncoder`와 비슷하게 `Layer` 클래스를 서브클래싱하겠습니다. 실제 동작이 수행되는 `call()` 메서드에 초점을 맞추기 전에 먼저 클래스 생성자에서 필요한 층을 정의해 보겠습니다.

코드 11-33 TransformerDecoder 클래스

```
class TransformerDecoder(layers.Layer):
    def __init__(self, embed_dim, dense_dim, num_heads, **kwargs):
        super().__init__(**kwargs)
        self.embed_dim = embed_dim
        self.dense_dim = dense_dim
```

```
        self.num_heads = num_heads
        self.attention_1 = layers.MultiHeadAttention(
            num_heads=num_heads, key_dim=embed_dim)
        self.attention_2 = layers.MultiHeadAttention(
            num_heads=num_heads, key_dim=embed_dim)
        self.dense_proj = keras.Sequential(
            [layers.Dense(dense_dim, activation="relu"),
             layers.Dense(embed_dim),]
        )
        self.layernorm_1 = layers.LayerNormalization()
        self.layernorm_2 = layers.LayerNormalization()
        self.layernorm_3 = layers.LayerNormalization()
        self.supports_masking = True

    def get_config(self):
        config = super().get_config()
        config.update({
            "embed_dim": self.embed_dim,
            "num_heads": self.num_heads,
            "dense_dim": self.dense_dim,
        })
        return config
```

이 속성은 층이 입력 마스킹을 출력으로 전달하도록 만듭니다. 케라스에서 마스킹을 사용하려면 명시적으로 설정을 해야 합니다. compute_mask() 메서드를 구현하지 않으면서 supports_masking 속성을 제공하지 않는 층에 마스킹을 전달하면 에러가 발생합니다.[12]

call() 메서드는 그림 11-14에 있는 그림을 거의 그대로 구현합니다. 하지만 추가적으로 **코잘 패딩**(causal padding)[13]을 고려해야 합니다. 코잘 패딩은 시퀀스-투-시퀀스 트랜스포머를 성공적으로 훈련하는 데 매우 중요합니다. RNN은 한 번에 한 스텝씩 입력을 봅니다. 따라서 출력 스텝 N (N + 1에 해당하는 타깃 시퀀스 토큰)을 생성하기 위해 스텝 0...N만 사용할 수 있습니다. 하지만 TransformerDecoder는 순서에 구애받지 않고 한 번에 타깃 시퀀스 전체를 바라봅니다. 전체 입력을 사용하도록 둔다면 단순히 입력 스텝 N + 1을 출력 위치 N에 복사하는 방법을 학습할 것입니다. 따라서 이 모델은 완벽한 훈련 정확도를 달성하지만 추론을 수행할 때는 N 이상의 입력 스텝이 없기 때문에 완전히 쓸모없습니다.

12 역주 Layer 클래스의 compute_mask() 메서드는 supports_masking 속성이 False이면 에러를 발생시키고 True이면 층에 전달된 마스킹을 그대로 반환합니다.

13 역주 코잘 패딩이란 미래 타임스텝의 데이터를 활용하지 못하도록 0으로 만드는 것을 말합니다.

▼ 그림 11-14 TransformerDecoder는 TransformerEncoder와 비슷하다. 하지만 TransformerEncoder로 인코딩한 소스 시퀀스를 키와 값으로 사용하는 추가적인 어텐션 블록을 가지고 있다. 인코더와 디코더를 합쳐 엔드-투-엔드 트랜스포머를 형성한다

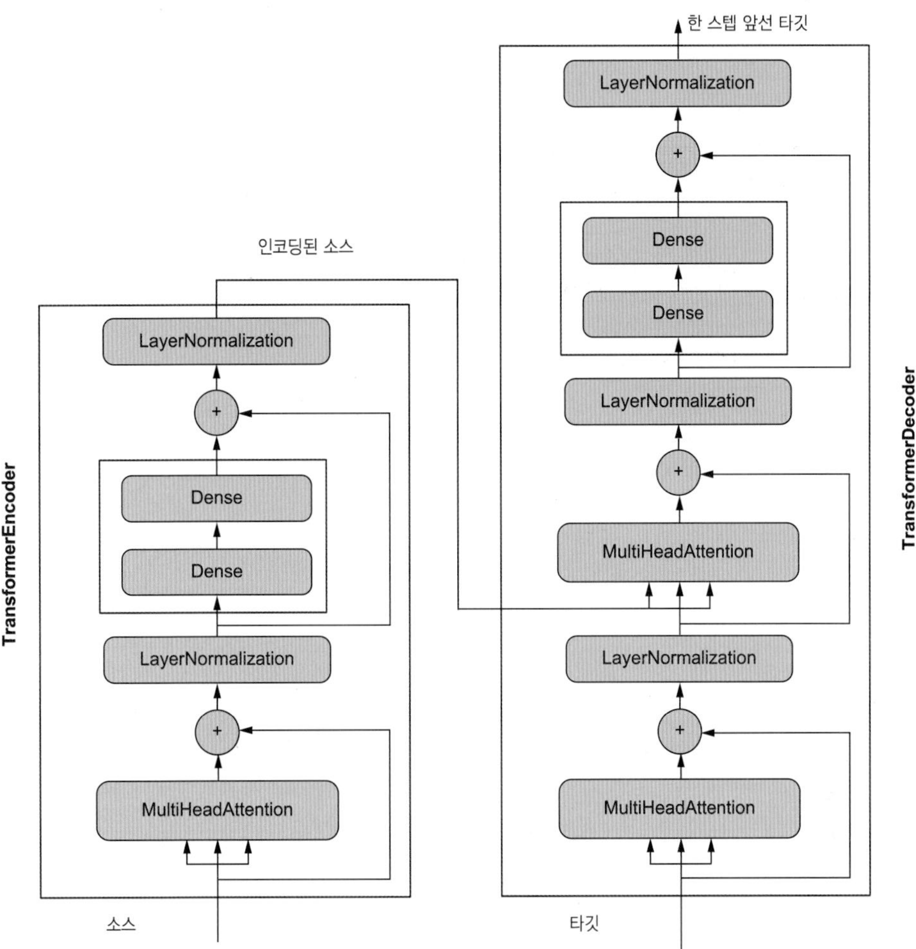

해결 방법은 간단합니다. 모델이 미래에서 온 정보에 주의를 기울이지 못하도록 어텐션 행렬의 위쪽 절반을 마스킹하면 됩니다. 즉, 타깃 토큰 N + 1을 생성할 때 타깃 시퀀스에 있는 토큰 0...N에서 온 정보만 사용해야 합니다. 이를 위해 `TransformerDecoder` 클래스를 만들 때 `MultiHeadAttention` 층의 `use_causal_mask` 매개변수를 True로 설정하여 코잘 마스킹을 적용할 수 있습니다.

이제 디코더의 정방향 패스를 구현하는 완전한 call() 메서드를 작성할 수 있습니다.

코드 11-34 TransformerDecoder의 정방향 패스

```
def call(self, inputs, encoder_outputs, mask=None):
    attention_output_1 = self.attention_1(
        query=inputs,
        value=inputs,
        key=inputs,
        use_causal_mask=True -------- 코잘 마스킹을 적용합니다.
    attention_output_1 = self.layernorm_1(inputs + attention_output_1)
    attention_output_2 = self.attention_2(
        query=attention_output_1,
        value=encoder_outputs,
        key=encoder_outputs
    )
    attention_output_2 = self.layernorm_2(
        attention_output_1 + attention_output_2)
    proj_output = self.dense_proj(attention_output_2)
    return self.layernorm_3(attention_output_2 + proj_output)
```

기계 번역을 위한 트랜스포머

엔드-투-엔드 트랜스포머가 훈련할 모델입니다. 이 모델은 소스 시퀀스와 타깃 시퀀스를 한 스텝 앞의 타깃 시퀀스에 매핑합니다. 지금까지 만든 PositionalEmbedding 층, TransformerEncoder와 TransformerDecoder 클래스를 합치면 됩니다. TransformerEncoder와 TransformerDecoder는 모두 입출력 크기에 영향을 받지 않으므로 여러 개를 쌓아 더 강력한 인코더와 디코더를 만들 수 있습니다. 이 예에서는 하나씩만 사용하겠습니다.

코드 11-35 엔드-투-엔드 트랜스포머

```
embed_dim = 256
dense_dim = 2048
num_heads = 8

encoder_inputs = keras.Input(shape=(None,), dtype="int64", name="english")
x = PositionalEmbedding(sequence_length, vocab_size, embed_dim)(encoder_inputs)
encoder_outputs = TransformerEncoder(embed_dim, dense_dim, num_heads)(x) ------┐
                                                               소스 문장을 인코딩합니다.
```

```
decoder_inputs = keras.Input(shape=(None,), dtype="int64", name="spanish")
x = PositionalEmbedding(sequence_length, vocab_size, embed_dim)(decoder_inputs)
x = TransformerDecoder(embed_dim, dense_dim, num_heads)(x, encoder_outputs)
x = layers.Dropout(0.5)(x)

decoder_outputs = layers.Dense(vocab_size, activation="softmax")(x)
transformer = keras.Model([encoder_inputs, decoder_inputs], decoder_outputs)
```

타깃 시퀀스를 인코딩하고 인코딩된 소스 문장과 합칩니다.

출력 위치마다 하나의 단어를 예측합니다.

이제 모델을 훈련할 준비를 마쳤습니다. GRU 기반 모델보다 높은 67% 정확도를 얻을 수 있을 것입니다.

코드 11-36 시퀀스-투-시퀀스 트랜스포머 훈련하기

```
transformer.compile(
    optimizer="rmsprop",
    loss="sparse_categorical_crossentropy",
    metrics=["accuracy"])
transformer.fit(train_ds, epochs=30, validation_data=val_ds)
```

마지막으로 이 모델을 사용하여 테스트 세트에 있는 이전에 본 적 없는 영어 문장을 번역해 보겠습니다. 이 과정은 시퀀스-투-시퀀스 RNN 모델에서 했던 것과 동일합니다.

코드 11-37 트랜스포머 모델을 사용하여 새로운 문장 번역하기

```
import numpy as np

spa_vocab = target_vectorization.get_vocabulary()
spa_index_lookup = dict(zip(range(len(spa_vocab)), spa_vocab))
max_decoded_sentence_length = 20

def decode_sequence(input_sentence):
    tokenized_input_sentence = source_vectorization([input_sentence])
    decoded_sentence = "[start]"
    for i in range(max_decoded_sentence_length):
        tokenized_target_sentence = target_vectorization(
            [decoded_sentence])[:, :-1]
        predictions = transformer(
```

```
            [tokenized_input_sentence, tokenized_target_sentence]) ---- 다음 토큰을 샘플링합니다.
        sampled_token_index = np.argmax(predictions[0, i, :])
        sampled_token = spa_index_lookup[sampled_token_index] ---- 다음 토큰 예측을 문자열로 바꾸고
        decoded_sentence += " " + sampled_token                     생성된 문장에 추가합니다.
        if sampled_token == "[end]": ---- 종료 조건
            break
    return decoded_sentence

test_eng_texts = [pair[0] for pair in test_pairs]
for _ in range(20):
    input_sentence = random.choice(test_eng_texts)
    print("-")
    print(input_sentence)
    print(decode_sequence(input_sentence))
```

주관적으로 보았을 때 트랜스포머는 GRU 기반 번역 모델보다 성능이 훨씬 좋은 것 같습니다. 여전히 간단한 모델이지만 이전보다 낫습니다.

코드 11-38 트랜스포머 번역 모델의 결과 샘플

```
This is a song I learned when I was a kid.
[start] esta es una canción que aprendí cuando era chico [end]
-
She can play the piano.
[start] ella puede tocar piano [end]
-
I'm not who you think I am.
[start] no soy la persona que tú creo que soy [end]
-
It may have rained a little last night.
[start] puede que llueve un poco el pasado [end]
```

소스 문장은 성별을 구분하지 않았지만 이 번역은 남성을 가정합니다. 번역 모델은 종종 입력 데이터에 대해 부당한 가정을 하며 이는 알고리즘 편향으로 이어진다는 것을 유념하세요. 최악의 경우 모델은 현재 처리하는 데이터와 아무 관련 없는 기억된 정보로 인해 착각에 빠질 수 있습니다.

이것으로 자연어 처리에 대한 장을 마칩니다. 기초부터 영어를 스페인어로 번역하는 완전한 트랜스포머까지 다루었습니다. 기계가 언어를 이해하도록 가르치는 것은 여러분이 갖출 수 있는 강력한 최신 기술입니다.

11.6 요약

- 두 종류의 NLP 모델이 있습니다. 단어 순서를 고려하지 않고 단어 집합이나 N-그램을 처리하는 **BoW 모델**과 단어를 순서대로 처리하는 **시퀀스 모델**입니다. BoW 모델은 Dense 층으로 구성되지만 시퀀스 모델은 RNN, 1D 컨브넷, 트랜스포머로 만들 수 있습니다.
- 텍스트 분류의 경우 훈련 데이터의 샘플 개수와 샘플당 평균 단어 개수의 비율을 사용하면 BoW 모델을 사용할지 시퀀스 모델을 사용할지 결정하는 데 도움이 됩니다.
- **단어 임베딩**(word embedding)은 단어 사이의 의미 관계를 단어를 표현하는 벡터 사이의 거리로 모델링한 벡터 공간입니다.
- **시퀀스-투-시퀀스 학습**은 기계 번역을 포함하여 많은 NLP 문제를 해결하는 데 적용할 수 있는 일반적이고 강력한 학습 프레임워크입니다. 시퀀스-투-시퀀스 모델은 소스 시퀀스를 처리하는 인코더, 인코더가 처리한 소스 시퀀스의 도움을 받아 과거 토큰에서 타깃 시퀀스의 미래 토큰을 예측하는 디코더로 구성됩니다.
- **뉴럴 어텐션**은 문맥을 고려한 단어 표현을 만드는 방법으로 트랜스포머 아키텍처의 기초가 됩니다.
- TransformerEncoder와 TransformerDecoder로 구성된 트랜스포머 아키텍처는 시퀀스-투-시퀀스 작업에서 훌륭한 결과를 만듭니다. 이 모델의 앞부분인 TransformerEncoder는 텍스트 분류 또는 입력이 하나인 어떤 NLP 작업에도 사용할 수 있습니다.

12장

생성 모델을 위한 딥러닝

이 장에서 다룰 핵심 내용

- 텍스트 생성
- 딥드림
- 뉴럴 스타일 트랜스퍼
- 변이형 오토인코더
- 생성적 적대 신경망

사람의 사고를 모방하려는 인공 지능의 잠재력은 이미지 인식 같은 소극적인 작업이나 자율 주행처럼 반응적인 작업을 넘어서 창작 활동으로 범위를 넓히고 있습니다. 빠른 시일 안에 우리가 소비하는 대부분의 문화 콘텐츠가 AI의 도움을 많이 받아 제작될 것이라고 필자가 처음 주장했을 때는 오랫동안 머신 러닝을 다룬 기술자들조차도 믿지 않았습니다. 그때가 2014년이었습니다. 그 후로 몇 년이 지났고, 이런 불신은 빠른 속도로 사라졌습니다. 2015년 여름 구글의 딥드림 알고리즘이 한 이미지를 강아지 눈과 환상적인 인공물이 뒤섞인 몽환적인 그림으로 바꾸어 많은 사람의 흥미를 끌었습니다. 2016년에는 스마트폰 애플리케이션이 사람의 사진을 다양한 스타일의 그림으로 바꾸어 주었습니다. 2016년 여름 실험적인 단편 영화 〈**썬스프링**(Sunspring)〉은 LSTM 알고리즘이 쓴 각본을 사용하여 만들어졌습니다.[1] 아마도 신경망이 시험 삼아 작곡한 음악도 최근에 들어 보았을 것입니다.[2]

사실 지금까지 본 AI 예술 작품의 품질은 낮습니다. AI가 실제 작가나 화가, 작곡가와 견줄 수준은 못 됩니다. 사람을 대신한다는 것은 늘 핵심을 벗어난 생각입니다. 인공 지능이 사람의 지능을 어떤 다른 것으로 대체하지 않습니다. 인공 지능은 우리 생활과 일에 지능을 더합니다. 이 지능은 다른 종류의 지능입니다. 여러 분야에서 특히 예술에서는 AI가 사람의 능력을 증가시키는 도구로 사용될 것입니다. 즉, 인공적인 지능이 아니라 **확장된 지능**(augmented intelligence)입니다.

예술 창작의 대부분은 간단한 패턴 인식과 기교로 만들어집니다. 많은 사람은 이런 과정에 관심이 없거나 심지어 불필요하다고 생각하기도 합니다. 여기에 AI가 필요합니다. 사람의 지각, 언어, 예술 작품은 모두 통계적 구조를 가집니다. 딥러닝 알고리즘은 이 구조를 학습하는 데 뛰어납니다. 머신 러닝 모델은 이미지, 음악, 글의 통계적 **잠재 공간**(latent space)[3]을 학습할 수 있습니다. 그다음 이 공간에서 샘플을 뽑아 새로운 예술 작품을 만들 수 있습니다. 이 작품은 모델이 훈련 데이터에서 본 것과 비슷한 특징을 가질 것입니다. 당연히 이런 샘플링 자체가 예술 창작이라고 보기는 어렵습니다. 사실 수학 연산에 불과합니다. 알고리즘은 사람의 삶, 감정, 세상에 대한 경험이 없습니다. 사람과 매우 다른 경험에서 배웁니다. 이는 단지 제3자의 입장에서 알고리즘이 만든 것의 의미를 해석한 것입니다. 숙련된 예술가가 사용하면 알고리즘 창작은 의미 있고 아름다운 것으로 바뀔 수 있습니다. 잠재 공간 샘플링은 예술가의 능력을 높이는 붓이 될 수 있습니다. 또 창작 가능성을 늘리며 상상의 공간을 확장시킵니다. 이외에도 기교와 훈련이 필요하지 않기 때문에 예술

1 역주 이 신경망은 뉴욕 대학교의 연구원인 로스 굿윈(Ross Goodwin)이 만들었고 수십 편의 공상 과학 영화 대본을 학습했습니다. 〈썬스프링〉의 전체 대본(https://bit.ly/2LNjTuI)과 영상(https://bit.ly/25PWMU5)을 온라인에서 볼 수 있습니다. 사실 이 영화에 나오는 대화의 맥락을 이해하기는 어렵습니다.

2 역주 최근 구글의 마젠타 프로젝트에서 만든 놀라운 미디 음악을 감상해 보세요(https://bit.ly/3GvQazH).

3 역주 머신 러닝에서 잠재 공간은 직접 관찰할 수 없는 숨겨진 공간을 말합니다. 비슷한 샘플 데이터는 잠재 공간에서 가까운 위치에 놓입니다. 11장에서 본 단어 임베딩이 잠재 공간의 한 예입니다. 가까운 거리에 있는 단어 임베딩 벡터는 비슷한 의미를 가집니다.

창작을 더욱 자유롭게 만들어 줍니다. 기교에서 예술을 분리하는 순수한 표현을 위한 새로운 도구입니다.

전자 음악과 컴퓨터 음악의 선구자인 이안니스 크세나키스(Iannis Xenakis)는 1960년대에 자동 작곡 애플리케이션에 대해 동일한 아이디어를 아름답게 표현했습니다.[4]

> 작곡가가 지루한 작업에서 벗어나면 새로운 음악 형식에 관한 일반적인 문제에 집중하고 입력 데이터를 수정하면서 이 형식의 구석구석을 탐험할 수 있습니다. 예를 들어 독주에서 실내 악단, 대형 오케스트라까지 모든 악기의 조합을 테스트할 수 있습니다. 컴퓨터를 활용하는 작곡가는 일종의 파일럿입니다. 출발 버튼을 누르고 좌표를 설정하고 소리의 우주를 항해하는 우주선을 조정합니다. 이전에는 머나먼 꿈처럼 생각했던 음악의 별자리와 은하 사이를 여행하게 됩니다.

이 장에서 예술 창작에 딥러닝이 어떻게 쓰일 수 있는지 다양한 각도에서 살펴보겠습니다. 시퀀스 데이터 생성(글을 쓰거나 작곡할 수 있습니다)과 딥드림, 변이형 오토인코더, 생성적 적대 신경망(generative adversarial network)을 사용한 이미지 생성을 알아보겠습니다. 컴퓨터가 새로운 꿈을 꾸도록 만들어 보죠. 어쩌면 우리도 꿈을 꾸게 될지 모릅니다. 기술과 예술의 접점에 놓인 놀라운 가능성에 관한 꿈입니다. 그럼 시작해 보죠.

12.1 텍스트 생성

이 절에서 순환 신경망으로 시퀀스 데이터를 생성하는 방법을 살펴보겠습니다. 텍스트 생성을 예로 들지만 동일한 기법으로 어떤 종류의 시퀀스 데이터도 생성할 수 있습니다. 음표의 시퀀스에 적용하여 새로운 음악을 만들거나 연속된 붓질 시퀀스(예를 들어 화가가 아이패드에 그림을 그리는 과정을 기록한 것)에 적용하여 한 획 한 획 그림을 그릴 수 있습니다.

---

4 Iannis Xenakis, "Musiques formelles: nouveaux principes formels de composition musicale," special issue of La Revue musicale, nos. 253–254 (1963)

시퀀스 데이터 생성이 예술 콘텐츠에 국한되지 않습니다. 음성 합성과 챗봇의 대화 기능에 성공적으로 적용되었습니다. 구글이 2016년에 공개한 스마트 답장(Smart Reply)도 비슷한 기술을 사용합니다. 짧은 문장을 자동으로 생성하여 이메일이나 문자 메시지로 답장을 보낼 수 있습니다.

12.1.1 시퀀스 생성을 위한 딥러닝 모델의 간단한 역사

2014년 후반 머신 러닝 공동체에서도 소수의 사람만이 LSTM이란 용어를 알았습니다. 순환 네트워크를 사용하여 시퀀스 데이터를 성공적으로 생성한 애플리케이션은 2016년이 되어서야 주류가 되기 시작했습니다. 하지만 이 기술은 (10장에서 보았듯이) 1997년 LSTM 알고리즘이 개발된 이래 꽤 오랜 역사를 가지고 있습니다. 이 알고리즘은 초기에 글자를 하나씩 생성하는 데 사용되었습니다.

2002년 더글라스 에크(Douglas Eck)는 스위스의 슈미드후버(Schmidhuber)의 연구실에서 LSTM을 음악 생성에 처음 적용하여 가능성 있는 결과를 얻었습니다. 에크는 현재 구글 브레인의 연구원으로, 2016년에는 마젠타(Magenta)란 새로운 연구 그룹을 만들었습니다. 이 그룹은 최신 딥러닝 기술을 사용하여 멋진 음악을 만드는 것에 집중합니다. 때로는 좋은 아이디어가 실현되는 데 15년이 걸리기도 합니다.

2000년대 후반과 2010년대 초반에 알렉스 그레이브스(Alex Graves)는 순환 네트워크를 사용하여 시퀀스 데이터를 생성하는 데 아주 중요한 선구적인 일을 했습니다. 특히 2013년에 펜 위치를 기록한 시계열 데이터를 사용하여 순환 네트워크와 완전 연결 네트워크를 혼합한 네트워크로 사람이 쓴 것 같은 손글씨를 생성했으며,[5] 이 작업이 전환점이 되었습니다. 때맞추어 등장한 특별한 이 신경망 애플리케이션은 꿈을 꾸는 컴퓨터를 상상하게 만들었고, 필자가 케라스를 개발할 때 많은 영감을 주었습니다. 그레이브스는 논문 사전 출판 서버인 아카이브(arXiv)에 업로드한 2013년 레이텍(LaTex) 파일에 비슷한 주석을 남겼습니다. "시퀀스 데이터를 생성하는 것은 컴퓨터가 꿈을 꾸게 하는 것입니다." 몇 년이 지난 지금 우리는 이런 애플리케이션을 당연하게 받아들입니다. 그 당시에는 그레이브스의 실험을 보고 가능성만으로 대단한 것이라고 생각하기는 어려웠습니다. 2015년에서 2017년 사이에 순환 신경망은 텍스트와 대화 생성, 음악 생성, 음성 합성에 성공적으로 사용되었습니다.

5 Alex Graves, "Generating Sequences With Recurrent Neural Networks," arXiv (2013), https://arxiv.org/abs/1308.0850

그다음 2017~2018년 즈음에 트랜스포머 아키텍처가 자연어 처리 지도 학습 작업뿐만 아니라 시퀀스 생성 모델, 특히 언어 모델링(단어 수준의 텍스트 생성)에서 순환 신경망을 압도하기 시작했습니다. 가장 잘 알려진 생성 트랜스포머의 예는 1,750억 개의 파라미터를 가진 텍스트 생성 모델인 GPT-3입니다. 이 모델은 OpenAI가 디지털로 공개된 대부분의 책과 위키피디아를 포함하여 전체 인터넷을 상당 부분 크롤링한 엄청나게 큰 텍스트 말뭉치에서 훈련했습니다. GPT-3는 거의 모든 주제에 대해 그럴듯한 텍스트 문장을 생성하는 능력 때문에 뉴스 헤드라인을 장식했습니다. 가장 더운 AI 여름이라고 말할 만큼 짧은 기간에 걸쳐 큰 관심을 이끌어 냈습니다.

12.1.2 시퀀스 데이터를 어떻게 생성할까?

딥러닝에서 시퀀스 데이터를 생성하는 일반적인 방법은 이전 토큰을 입력으로 사용해서 시퀀스의 다음 1개 또는 몇 개의 토큰을 (트랜스포머나 RNN으로) 예측하는 것입니다. 예를 들어 "the cat is on the"란 입력이 주어지면 다음 단어인 타깃 "mat"을 예측하도록 모델을 훈련합니다. 텍스트 데이터를 다룰 때 토큰은 보통 단어 또는 글자입니다. 이전 토큰들이 주어졌을 때 다음 토큰의 확률을 모델링할 수 있는 네트워크를 **언어 모델**(language model)이라고 부릅니다. 언어 모델은 언어의 통계적 구조인 잠재 공간을 탐색합니다.

언어 모델을 훈련하고 나면 이 모델에서 샘플링을 할 수 있습니다(새로운 시퀀스를 생성합니다). 초기 텍스트 문자열을 주입하고(**조건 데이터**(conditioning data)라고 부릅니다) 새로운 글자나 단어를 생성합니다(한 번에 여러 개의 토큰을 생성할 수도 있습니다). 생성된 출력은 다시 입력 데이터로 추가됩니다. 이 과정을 여러 번 반복합니다(그림 12-1). 이런 반복을 통해 모델이 훈련한 데이터 구조가 반영된 임의의 길이를 가진 시퀀스를 생성할 수 있습니다. 이런 시퀀스는 사람이 쓴 문장과 거의 비슷합니다.

▼ 그림 12-1 언어 모델을 사용하여 한 단어씩 텍스트를 생성하는 과정

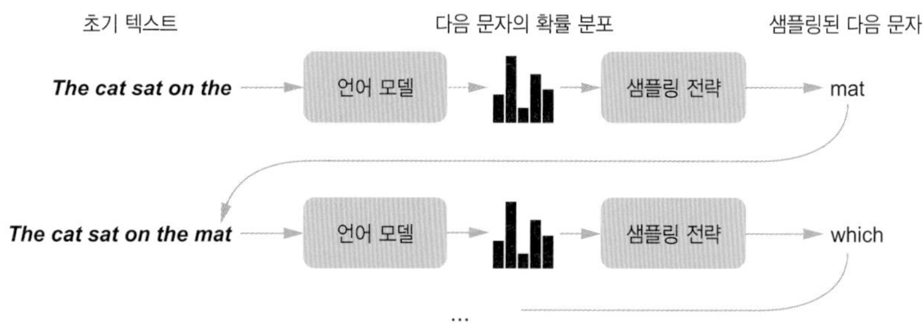

12.1.3 샘플링 전략의 중요성

텍스트를 생성할 때 다음 문자를 선택하는 방법이 아주 중요합니다. 단순한 방법은 항상 가장 높은 확률을 가진 글자를 선택하는 **탐욕적 샘플링**(greedy sampling)입니다. 이 방법은 반복적이고 예상 가능한 문자열을 만들기 때문에 논리적인 언어처럼 보이지 않습니다. 좀 더 흥미로운 방법은 조금 더 깜짝 놀랄 선택을 하는 것입니다. 다음 단어를 확률 분포에서 샘플링하는 과정에 무작위성을 주입하는 방법입니다. 이를 **확률적 샘플링**(stochastic sampling)이라고 부릅니다(머신 러닝에서 확률적(stochastic)이란 뜻은 무작위(random)하다는 뜻입니다). 이런 방식을 사용할 경우 어떤 단어가 문장의 다음 단어가 될 확률이 0.3이라면, 모델이 30% 정도는 이 단어를 선택합니다. 탐욕적 샘플링을 확률적 샘플링으로 설명할 수도 있습니다. 한 단어의 확률이 1이고 나머지 단어는 모두 0인 확률 분포를 가지는 경우입니다.

모델의 소프트맥스 출력은 확률적 샘플링에 사용하기 좋습니다. 이따금 샘플링될 것 같지 않은 단어가 선택됩니다. 훈련 데이터에는 없지만 실제 같은 새로운 문장을 만들기 때문에 더 흥미롭게 보이는 문장이 만들어지고 이따금 창의성을 보이기도 합니다. 이 전략에는 한 가지 문제가 있습니다. 샘플링 과정에서 무작위성의 양을 조절할 방법이 없습니다.

왜 무작위성이 크거나 작아야 할까요? 극단적인 경우를 생각해 보죠. 균등 확률 분포에서 다음 단어를 추출하는 완전한 무작위 샘플링이 있습니다. 모든 단어의 확률은 같습니다. 이 구조는 무작위성이 최대입니다. 다른 말로 하면 이 확률 분포는 최대의 엔트로피를 가집니다. 당연하게 흥미로운 것들을 생산하지 못합니다. 반대의 경우 탐욕적 샘플링도 무작위성이 없기 때문에 흥미로운 것을 전혀 만들지 못합니다. 탐욕적 샘플링의 확률 분포는 최소의 엔트로피를 가집니다. 모델의 소프트맥스 출력인 '실제' 확률 분포에서 샘플링하는 것은 이 두 극단의 중간에 위치해 있습니다. 중간 지점에는 시도해 볼 만한 더 높거나 낮은 엔트로피가 많습니다. 작은 엔트로피는 예상 가능한 구조를 가진 시퀀스를 생성합니다(더 실제처럼 보입니다). 반면 높은 엔트로피는 놀랍고 창의적인 시퀀스를 만듭니다. 생성 모델에서 샘플링을 할 때 생성 과정에 무작위성의 양을 바꾸어 시도해 보는 것이 좋습니다. 흥미는 매우 주관적이므로 최적의 엔트로피 값을 미리 알 수 없기 때문입니다. 얼마나 흥미로운 데이터를 생성할 것인지는 결국 사람이 판단해야 합니다.

샘플링 과정에서 확률의 양을 조절하기 위해 **소프트맥스 온도**(softmax temperature)라는 파라미터를 사용합니다. 이 파라미터는 샘플링에 사용되는 확률 분포의 엔트로피를 나타냅니다. 얼마나 놀라운 또는 예상되는 단어를 선택할지 결정합니다. `temperature` 값이 주어지면 다음과 같이 가중치를 적용하여 (모델의 소프트맥스 출력인) 원본 확률 분포에서 새로운 확률 분포를 계산합니다.

코드 12-1 다른 온도 값을 사용하여 확률 분포의 가중치 바꾸기[6]

```
import numpy as np

def reweight_distribution(original_distribution, temperature=0.5):
    distribution = np.log(original_distribution) / temperature
    distribution = np.exp(distribution)
    return distribution / np.sum(distribution)
```

original_distribution은 전체 합이 1인 1D 넘파이 배열입니다. temperature는 출력 분포의 엔트로피의 양을 결정합니다.

원본 분포의 가중치를 변경하며 반환합니다. 이 분포의 합은 1이 아닐 수 있으므로 새로운 분포의 합으로 나눕니다.

높은 온도는 엔트로피가 높은 샘플링 분포를 만들어 더 놀랍고 생소한 데이터를 생성합니다. 반면 낮은 온도는 무작위성이 낮기 때문에 예상할 수 있는 데이터를 생산합니다(그림 12-2).

▼ 그림 12-2 하나의 확률 분포에 다른 가중치를 적용한 사례. 낮은 온도=훨씬 결정적임, 높은 온도=무작위성이 많음[7]

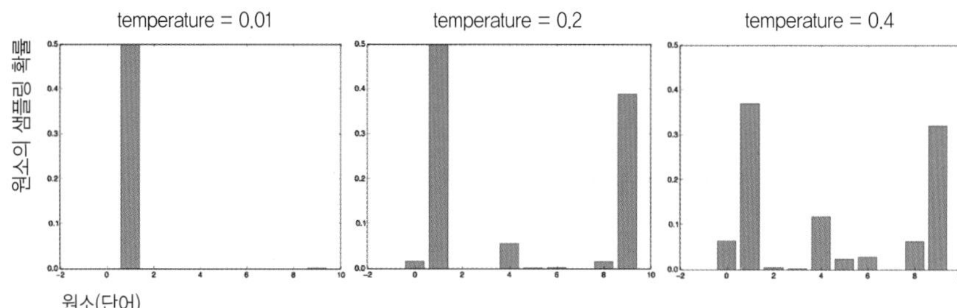

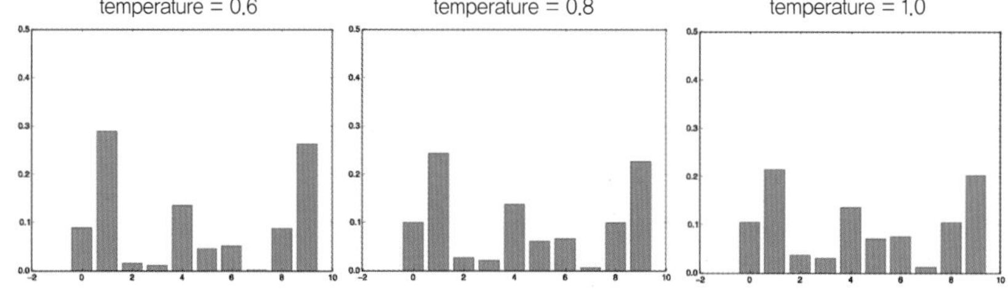

6 역주 이 함수는 1보다 작은 실수 배열(original_distribution)을 로그 스케일로 바꾸어 모두 음수로 만듭니다. temperature가 1보다 작으면 더 큰 음수가 되므로 원본 스케일로 복원했을 때 배열 원소 간의 차이가 더 커집니다. 반대로 1보다 클수록 0에 가까워지고 원본 스케일로 복원했을 때 배열 원소가 비슷한 값이 됩니다.

7 역주 temperature=1.0일 때가 원본 확률 분포입니다. temperature 값이 낮아지면 다른 확률은 거의 0에 가까워져 탐욕적 샘플링이 됩니다.

12.1.4 케라스를 사용한 텍스트 생성 모델 구현

이런 아이디어를 케라스로 구현해 보죠. 먼저 언어 모델을 학습하기 위해 많은 텍스트 데이터가 필요합니다. 위키피디아(Wikipedia)나 〈반지의 제왕(The Lord of the Rings)〉처럼 아주 큰 텍스트 파일이나 텍스트 파일의 묶음을 사용할 수 있습니다.

이 예제에서는 이전 장의 IMDB 영화 리뷰 데이터셋을 계속 사용하여 이전에 본 적 없는 영화 리뷰를 생성하는 방법을 학습시켜 보겠습니다. 따라서 이 언어 모델은 일반적인 영어를 모델링하는 것이 아니라 이런 영화 리뷰의 스타일과 주제를 모델링할 것입니다.

데이터 준비

이전 장과 동일하게 IMDB 영화 리뷰 데이터셋을 내려받아 압축을 풀겠습니다.

코드 12-2 IMDB 영화 리뷰 데이터셋 내려받아 압축 풀기

```
!wget https://ai.stanford.edu/~amaas/data/sentiment/aclImdb_v1.tar.gz
!tar -xf aclImdb_v1.tar.gz
```

이 데이터 구조가 이제 익숙할 것입니다. aclImdb 폴더 안에는 2개의 서브폴더가 있습니다. 한 폴더는 부정적인 영화 리뷰를 담고 있고 다른 폴더는 긍정적인 영화 리뷰를 담고 있습니다. 리뷰마다 하나의 텍스트 파일로 구성됩니다. label_mode=None 옵션으로 text_dataset_from_directory 함수를 호출하여 파일을 읽어 각 파일의 텍스트 내용을 반환하는 데이터셋을 만들어 보겠습니다.

코드 12-3 텍스트 파일(한 파일=한 샘플)에서 데이터셋 만들기

```
import tensorflow as tf
from tensorflow import keras

dataset = keras.utils.text_dataset_from_directory(
    directory="aclImdb", label_mode=None, batch_size=256)
dataset = dataset.map(lambda x: tf.strings.regex_replace(x, "<br />", " "))
```

이 리뷰에 많이 등장하는
 HTML 태그를 제거합니다. 텍스트 분류 작업에서는 중요하지 않지만 이 예제에서는
 태그를 생성하고 싶지 않기 때문입니다!

이제 TextVectorization 층을 사용하여 이 예제에서 사용할 어휘 사전을 만듭니다. 각 리뷰에서 처음 sequence_length개 단어만 사용하겠습니다. 즉, TextVectorization 층은 텍스트를 벡터화할 때 이보다 긴 리뷰 내용을 잘라 버립니다.

코드 12-4 TextVectorization 층 준비하기

```
from tensorflow.keras.layers import TextVectorization

sequence_length = 100
vocab_size = 15000    # 가장 자주 등장하는 1만 5,000개 단어만 사용하겠습니다. 그 외 단어는 모두 OOV 토큰인 "[UNK]"로 처리합니다.
text_vectorization = TextVectorization(
    max_tokens=vocab_size,
    output_mode="int",    # 정수 단어 인덱스의 시퀀스를 반환하도록 설정합니다.
    output_sequence_length=sequence_length,    # 길이가 100인 입력과 타깃을 사용합니다(타깃은 한 스텝 차이가 나기 때문에 실제로 모델은 99개의 단어 시퀀스를 보게 됩니다).
)
text_vectorization.adapt(dataset)
```

이 층을 사용하여 언어 모델링 데이터셋을 만들어 보죠. 입력 샘플은 벡터화된 텍스트고 타깃은 한 스텝 앞의 동일 텍스트입니다.

코드 12-5 언어 모델링 데이터셋 만들기

```
def prepare_lm_dataset(text_batch):
    vectorized_sequences = text_vectorization(text_batch)    # 텍스트(문자열)의 배치를 정수 시퀀스의 배치로 변환합니다.
    x = vectorized_sequences[:, :-1]    # 시퀀스의 마지막 단어를 제외한 입력을 만듭니다.
    y = vectorized_sequences[:, 1:]    # 시퀀스의 첫 단어를 제외한 타깃을 만듭니다.
    return x, y

lm_dataset = dataset.map(prepare_lm_dataset, num_parallel_calls=4)
```

트랜스포머 기반의 시퀀스-투-시퀀스 모델

몇 개의 초기 단어가 주어지면 문장의 다음 단어에 대한 확률 분포를 예측하는 모델을 훈련하겠습니다. 이 모델을 훈련할 때 초기 문장을 주입하고, 다음 단어를 샘플링하여 이 문장에 추가하는 식으로 짧은 문단을 생성할 때까지 반복하겠습니다.

10장의 온도 예측 문제에서 했던 것처럼 N개 단어의 시퀀스를 입력으로 받아 N + 1번째 단어를 예측하는 모델을 훈련합니다. 하지만 시퀀스 생성 관점으로 보았을 때 여기에는 몇 가지 이슈가 있습니다.

첫째, 이 모델은 N개의 단어로 예측을 만드는 방법을 학습하지만 N개보다 적은 단어로 예측을 시작할 수 있어야 합니다. 그렇지 않으면 비교적 긴 시작 문장(여기에서는 N=100개 단어)을 사용해야 하는 제약이 생깁니다. 10장에서는 이런 요구 사항이 없었습니다.

둘째, 훈련에 사용하는 많은 시퀀스는 중복되어 있습니다. N=4일 때를 예로 들어 보죠. "A complete sentence must have, at minimum, three things: a subject, verb and an object"는 다음과 같은 훈련 시퀀스를 만듭니다.

- "A complete sentence must"
- "complete sentence must have"
- "sentence must have at"
- "verb and an object"까지 계속됩니다.

이런 시퀀스를 독립적인 샘플로 처리하는 모델은 대부분 이전에 처리했던 시퀀스를 여러 번 다시 인코딩하는 많은 중복 작업을 수행해야 합니다. 10장에서는 이것이 큰 문제가 아니었습니다. 원래 훈련 샘플이 그렇게 많지 않았고, 매번 재작업을 할 수밖에 없는 밀집 모델과 합성곱 모델을 사용했기 때문입니다. 연속적인 두 샘플 사이에 몇 단어를 건너뛰는 식으로 시퀀스를 샘플링하여 이 중복 문제를 완화할 수 있습니다. 하지만 이는 완벽하지 않은 해결책이며 훈련 샘플의 개수가 줄어듭니다.

이런 두 이슈를 해결하기 위해 시퀀스-투-시퀀스 모델을 사용하겠습니다. 즉, 단어 N개의 시퀀스(0에서 N까지)를 모델에 주입하고 한 스텝 다음의 시퀀스(1에서 N + 1까지)를 예측하겠습니다. 코잘 마스킹(causal masking)을 사용하여 어떤 인덱스 i에서 모델은 0에서 i까지 단어만 사용해서 i + 1번째 단어를 예측하도록 만들겠습니다. 이는 대부분 중복되지만 N개의 다른 문제를 해결하도록 모델을 동시에 훈련한다는 의미입니다. 즉, 1 〈= i 〈= N인 단어의 시퀀스에서 다음 단어를 예측합니다(그림 12-3). 생성 단계에서는 하나의 단어만 모델에 전달하더라도 다음 단어에 대한 확률 분포를 만들 수 있을 것입니다.

▼ 그림 12-3 평범한 다음 단어 예측에 비해 시퀀스-투-시퀀스 모델은 동시에 여러 개의 예측 문제를 최적화한다

다음 단어 예측	the cat sat on the → **mat**
시퀀스-투-시퀀스 모델링	the → **cat sat on the mat** the cat → **sat on the mat** the cat sat → **on the mat** the cat sat on → **the mat** the cat sat on the → **mat**

10장의 온도 예측 문제에서 비슷한 시퀀스-투-시퀀스 설정을 사용할 수 있었습니다. 120시간의 데이터 포인트로 구성된 시퀀스가 주입되면 24시간 뒤부터 120개의 온도로 구성된 시퀀스를 생

성하도록 학습합니다. 원래 문제를 해결할 수 있을 뿐만 아니라 1 〈= i 〈 120인 시간별 데이터 포인트가 주어졌을 때 24시간 후의 온도를 예측하는 119개의 문제를 해결합니다. 10장의 RNN을 시퀀스-투-시퀀스 방식으로 재훈련하면 비슷하지만 조금 나쁜 결과를 얻을 것입니다. 동일 모델로 119개의 추가적인 문제를 해결하려는 제약으로 인해 실제 관심 대상 작업을 약간 방해하기 때문입니다.

이전 장에서 시퀀스-투-시퀀스 학습에 사용할 수 있는 일반적인 설정에 대해 배웠습니다. 소스 시퀀스를 인코더에 주입하고 인코딩된 시퀀스와 타깃 시퀀스를 디코더로 전달해서 한 스텝 후의 타깃 시퀀스를 예측합니다. 텍스트 생성에서는 소스 시퀀스가 없습니다. 과거 토큰이 주어지면 타깃 시퀀스에 있는 다음 토큰을 예측하는 것뿐입니다. 따라서 이 작업은 디코더만 사용해서 수행할 수 있습니다. 코잘 패딩 덕분에 디코더는 단어 N + 1을 예측하기 위해 단어 0...N만 바라볼 것입니다.

모델을 만들어 보죠. 11장에서 만든 구성 요소인 `PositionalEmbedding`과 `TransformerDecoder`를 재사용하겠습니다.

코드 12-6 간단한 트랜스포머 기반 언어 모델

```
from tensorflow.keras import layers
embed_dim = 256
latent_dim = 2048
num_heads = 2

inputs = keras.Input(shape=(None,), dtype="int64")
x = PositionalEmbedding(sequence_length, vocab_size, embed_dim)(inputs)
x = TransformerDecoder(embed_dim, latent_dim, num_heads)(x, x)
outputs = layers.Dense(vocab_size, activation="softmax")(x) ------- 출력 시퀀스 타임스텝마다 가능한 어휘 사전의 단어에 대해 소프트맥스 확률을 계산합니다.
model = keras.Model(inputs, outputs)
model.compile(loss="sparse_categorical_crossentropy", optimizer="rmsprop")
```

12.1.5 가변 온도 샘플링을 사용한 텍스트 생성 콜백

콜백을 사용하여 에포크가 끝날 때마다 다양한 온도로 텍스트를 생성하겠습니다. 모델이 수렴하면서 생성된 텍스트가 어떻게 발전하는지와 온도가 샘플링 전략에 미치는 영향을 확인할 수 있습니다. 시작 단어로 "this movie"를 사용하겠습니다. 즉, 이 두 단어를 시작으로 모든 텍스트를 생성하겠습니다.

코드 12-7 텍스트 생성 콜백

```
import numpy as np

tokens_index = dict(enumerate(text_vectorization.get_vocabulary()))  # 단어 인덱스를 문자열로 매핑하는 딕셔너리입니다. 텍스트 디코딩에 사용합니다.

def sample_next(predictions, temperature=1.0):  # 어떤 확률 분포에 대한 가변 온도 샘플링을 구현합니다.
    predictions = np.asarray(predictions).astype("float64")
    predictions = np.log(predictions) / temperature
    exp_preds = np.exp(predictions)
    predictions = exp_preds / np.sum(exp_preds)
    probas = np.random.multinomial(1, predictions, 1)
    return np.argmax(probas)

class TextGenerator(keras.callbacks.Callback):
    def __init__(self,
                 prompt,  # 텍스트 생성을 위한 시작 문장입니다.
                 generate_length,  # 생성할 단어 개수
                 model_input_length,
                 temperatures=(1.,),  # 샘플링에 사용할 온도 범위
                 print_freq=1):
        self.prompt = prompt
        self.generate_length = generate_length
        self.model_input_length = model_input_length
        self.temperatures = temperatures
        self.print_freq = print_freq

    def on_epoch_end(self, epoch, logs=None):
        if (epoch + 1) % self.print_freq != 0:
            return
        for temperature in self.temperatures:
            print("== Generating with temperature", temperature)
            sentence = self.prompt  # 시작 단어에서부터 텍스트를 생성합니다.
            for i in range(self.generate_length):
                tokenized_sentence = text_vectorization([sentence])  # 현재 시퀀스를 모델에
                predictions = self.model(tokenized_sentence)         # 주입합니다.
                next_token = sample_next(predictions[0, i, :], temperature)  # 마지막 타임스텝의 예측을 추출하여 다음
                sampled_token = tokens_index[next_token]                     # 단어를 샘플링합니다.
                sentence += " " + sampled_token  # 새로운 단어를 현재 시퀀스에 추가하고 반복합니다.
            print(sentence)

prompt = "This movie"
text_gen_callback = TextGenerator(
```

```
    prompt,
    generate_length=50,
    model_input_length=sequence_length,
    temperatures=(0.2, 0.5, 0.7, 1., 1.5)) ------ 텍스트 샘플링에 다양한 온도를 사용하여 텍스트 생성에 미치는 온도의 영향을 확인하겠습니다.
```

fit() 메서드를 호출해 보겠습니다.

코드 12-8 언어 모델 훈련하기

```
model.fit(lm_dataset, epochs=200, callbacks=[text_gen_callback])
```

다음은 200번 에포크 훈련 후에 생성된 텍스트 중 선별한 것입니다. 구두점이 어휘 사전에 포함되어 있지 않기 때문에 생성된 텍스트는 모두 구두점을 가지고 있지 않습니다.

- temperature=0.2
  - "this movie is a [UNK] of the original movie and the first half hour of the movie is pretty good but it is a very good movie it is a good movie for the time period"
  - "this movie is a [UNK] of the movie it is a movie that is so bad that it is a [UNK] movie it is a movie that is so bad that it makes you laugh and cry at the same time it is not a movie i dont think ive ever seen"
- temperature=0.5
  - "this movie is a [UNK] of the best genre movies of all time and it is not a good movie it is the only good thing about this movie i have seen it for the first time and i still remember it being a [UNK] movie i saw a lot of years"
  - "this movie is a waste of time and money i have to say that this movie was a complete waste of time i was surprised to see that the movie was made up of a good movie and the movie was not very good but it was a waste of time and"
- temperature=0.7
  - "this movie is fun to watch and it is really funny to watch all the characters are extremely hilarious also the cat is a bit like a [UNK] [UNK] and a hat [UNK] the rules of the movie can be told in another scene saves it from being in the back of"
  - "this movie is about [UNK] and a couple of young people up on a small boat in the middle of nowhere one might find themselves being exposed to a [UNK] dentist they are killed by [UNK] i was a huge fan of the book and i havent seen the original so it"

- `temperature=1.0`
  - "this movie was entertaining i felt the plot line was loud and touching but on a whole watch a stark contrast to the artistic of the original we watched the original version of england however whereas arc was a bit of a little too ordinary the [UNK] were the present parent [UNK]"
  - "this movie was a masterpiece away from the storyline but this movie was simply exciting and frustrating it really entertains friends like this the actors in this movie try to go straight from the sub thats image and they make it a really good tv show"
- `temperature=1.5`
  - "this movie was possibly the worst film about that 80 women its as weird insightful actors like barker movies but in great buddies yes no decorated shield even [UNK] land dinosaur ralph ian was must make a play happened falls after miscast [UNK] bach not really not wrestlemania seriously sam didnt exist"
  - "this movie could be so unbelievably lucas himself bringing our country wildly funny things has is for the garish serious and strong performances colin writing more detailed dominated but before and that images gears burning the plate patriotism we you expected dyan bosses devotion to must do your own duty and another"

여기에서 볼 수 있듯이 낮은 온도는 매우 단조롭고 반복적인 텍스트를 만듭니다. 이로 인해 이따금 생성 단계가 루프 안에 갇힐 수 있습니다. 더 높은 온도에서 생성된 텍스트는 아주 흥미롭고 놀라우며 창의적이기도 합니다. 매우 높은 온도에서는 국부적인 구조가 무너지기 시작하고 출력이 대체로 랜덤하게 보입니다. 여기에서 좋은 생성 온도는 약 0.7인 것 같습니다. 항상 다양한 샘플링 전략으로 실험해 보아야 합니다! 학습된 구조와 무작위성 사이에 균형을 잘 맞추면 흥미로운 것을 만들 수 있습니다.

더 많은 데이터에서 크고 깊은 모델을 훈련하면 이것보다 훨씬 논리적이고 실제와 같은 텍스트 샘플을 생성할 수 있습니다. GPT-3와 같은 모델의 출력은 언어 모델로 수행할 수 있는 것을 보여주는 좋은 예입니다(GPT-3는 이 예제에서 훈련한 것과 사실상 동일하지만 더 많은 트랜스포머 디코더를 쌓았으며 훨씬 큰 훈련 데이터를 사용했습니다). 우연과 마법 같은 해석 이외에 다른 것을 통해 의미 있는 텍스트가 생성된다고 기대하지 마세요. 단어를 연속해서 나열하기 위한 통계 모델에서 데이터를 샘플링한 것뿐입니다. 언어는 모두 형식적이며 실체가 없습니다.

자연어의 역할은 여러 가지입니다. 의사소통 채널, 세상에 영향을 미치는 방법, 사회의 윤활유, 자신의 생각을 체계화, 저장, 검색하는 방법 등입니다. 언어의 이런 사용이 언어의 의미가 시작되는 곳입니다. 딥러닝의 '언어 모델'은 그 이름에도 언어의 이런 근본적인 면을 감지하지 못합니다. 의사소통할 수 없고(소통할 대상도 없고 소통할 사람도 없습니다), 세상에 영향을 미칠 수 없고(행위자도 없고 의도도 없습니다), 사회적일 수도 없고, 단어의 도움으로 처리할 어떤 생각도 없습니다. 언어는 마음의 운영 체제이므로 언어가 의미 있으려면 이를 활용하는 마음이 필요합니다.

언어 모델이 하는 일은 사람이 살기 위해 언어를 사용하면서 생성하는 관찰 가능한 인공물(책, 온라인 영화 리뷰, 트윗)의 통계적 구조를 감지하는 것입니다. 이런 인공물이 통계적 구조를 가지고 있다는 사실은 전적으로 사람이 언어를 구사하는 방식의 부수 효과입니다. 사고 실험을 하나 해보죠. 컴퓨터가 대부분의 디지털 통신을 압축하는 것처럼 사람의 언어가 의사소통을 압축하는 데 더 뛰어나다면 어떨까요? 언어의 의미가 줄어들지 않으며 여전히 많은 목적을 충족시킬 수 있을 것입니다. 하지만 고유한 통계 구조가 사라지므로 방금과 같은 언어 모델을 학습시킬 수 없을 것입니다.

12.1.6 정리

- 이전의 토큰이 주어지면 다음 토큰(들)을 예측하는 모델을 훈련하여 시퀀스 데이터를 생성할 수 있습니다.
- 텍스트의 경우 이런 모델을 **언어 모델**이라고 부릅니다. 단어 또는 글자 단위 모두 가능합니다.
- 다음 토큰을 샘플링할 때 모델이 만든 출력에 집중하는 것과 무작위성을 주입하는 것 사이에 균형을 맞추어야 합니다.
- 이를 위해 소프트맥스 온도 개념을 사용합니다. 항상 다양한 온도를 실험해서 적절한 값을 찾습니다.

12.2 딥드림

딥드림(DeepDream)은 합성곱 신경망이 학습한 표현을 사용하여 예술적으로 이미지를 조작하는 기법입니다. 2015년 여름 구글이 카페(Caffe) 딥러닝 라이브러리를 사용하여 구현한 것을 처음 공개했습니다[8](텐서플로가 공개되기 몇 달 전입니다). 딥드림이 생성한 몽환적인 사진은 순식간에 인터넷에 센세이션을 일으켰습니다(그림 12-4). 알고리즘으로 변경된 환상적인 인공물, 새 깃털, 강아지 눈이 가득 차 있습니다. 이 딥드림은 다양한 종류의 강아지와 새가 있는 ImageNet 데이터셋에서 훈련된 컨브넷을 사용했습니다.

▼ 그림 12-4 딥드림이 출력한 이미지

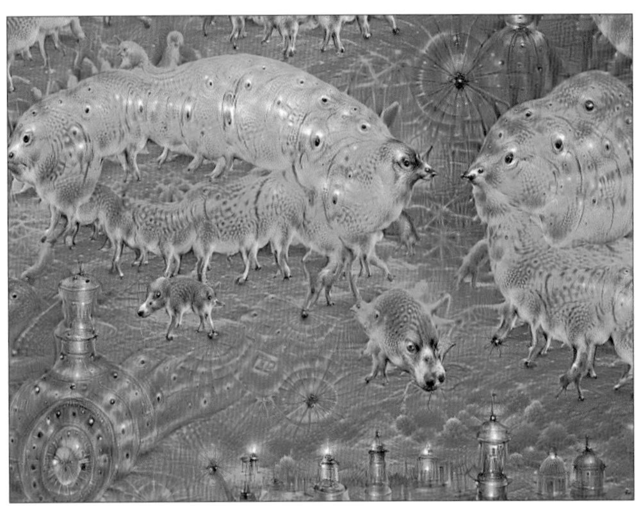

딥드림 알고리즘은 9장에서 소개한 컨브넷을 거꾸로 실행하는 컨브넷 필터 시각화 기법과 거의 동일합니다. 컨브넷 상위 층에 있는 특정 필터의 활성화를 극대화하기 위해 컨브넷의 입력에 경사 상승법을 적용했습니다. 몇 개의 사소한 차이를 빼면 딥드림도 동일한 아이디어를 사용합니다.

- 딥드림에서는 특정 필터가 아니라 전체 층의 활성화를 최대화합니다. 한꺼번에 많은 특성을 섞어 시각화합니다.

8 Alexander Mordvintsev, Christopher Olah, and Mike Tyka, "DeepDream: A Code Example for Visualizing Neural Networks," Google Research Blog, July 1, 2015, http://mng.bz/xXlM

* 빈 이미지나 노이즈가 조금 있는 입력이 아니라 이미 가지고 있는 이미지를 사용합니다. 그 결과 기존 시각 패턴을 바탕으로 이미지의 요소들을 다소 예술적인 스타일로 왜곡시킵니다.
* 입력 이미지는 시각 품질을 높이기 위해 여러 다른 스케일(**옥타브**[9](octave)라고 부릅니다)로 처리합니다.

그럼 딥드림 이미지를 만들어 봅시다.

12.2.1 케라스 딥드림 구현

먼저 딥드림에 사용할 테스트 이미지를 준비해 보죠. 바위가 많은 북부 캘리포니아 해안의 겨울 사진을 사용하겠습니다(그림 12-5).

코드 12-9 테스트 이미지 내려받기

```
from tensorflow import keras
import matplotlib.pyplot as plt

base_image_path = keras.utils.get_file(
    "coast.jpg", origin="https://img-datasets.s3.amazonaws.com/coast.jpg")

plt.axis("off")
plt.imshow(keras.utils.load_img(base_image_path))
```

▼ 그림 12-5 테스트 이미지

9 역주 옥타브는 이미지 크기를 일정한 비율로 연속적으로 줄이거나 늘리는 방식을 말합니다.

그다음 사전 훈련된 컨브넷이 필요합니다. 케라스에는 이렇게 사용할 수 있는 컨브넷이 많습니다. VGG16, VGG19, Xception, ResNet50 등입니다. 모두 ImageNet에서 훈련된 가중치를 함께 제공합니다. 이 중에 어느 것을 사용해도 딥드림을 구현할 수 있습니다. 당연히 어떤 컨브넷을 선택했느냐에 따라 시각화에 영향을 미칩니다. 각 컨브넷 구조가 학습한 특성이 다르기 때문입니다. 원래 딥드림에서 사용한 컨브넷은 인셉션 모델입니다. 실제로 인셉션이 멋진 딥드림 이미지를 잘 만듭니다. 여기에서도 케라스의 인셉션 V3 모델을 사용하겠습니다.

코드 12-10 사전 훈련된 InceptionV3 모델 로드하기

```
from tensorflow.keras.applications import inception_v3

model = inception_v3.InceptionV3(weights="imagenet", include_top=False)
```

사전 훈련된 컨브넷을 사용하여 코드 12-11과 같이 다양한 중간층의 활성화를 반환하는 특성 추출 모델을 만들겠습니다. 경사 상승법 단계 동안에 최대화할 손실에 대한 각 층의 기여도에 가중치를 주기 위해 스칼라 값을 선택합니다. 다른 층을 선택하고 싶다면 `model.summary()`에서 제공되는 전체 층 이름을 참고하세요.

코드 12-11 딥드림 손실에 대한 각 층의 기여도 설정하기

```
layer_settings = {    # 활성화를 최대화할 층과 전체 손실에 대한 가중치. 이 설정을 바꾸면 새로운 시각 효과를 얻을 수 있습니다.
    "mixed4": 1.0,
    "mixed5": 1.5,
    "mixed6": 2.0,
    "mixed7": 2.5,
}
outputs_dict = dict(    # 각 층의 심볼릭 출력
    [
        (layer.name, layer.output)
        for layer in [model.get_layer(name)
                      for name in layer_settings.keys()]
    ]
)
feature_extractor = keras.Model(inputs=model.inputs, outputs=outputs_dict)    # 각 타깃 층의 활성화 값을 (하나의 딕셔너리로) 반환하는 모델
```

그다음 손실을 계산합니다. 경사 상승법으로 각 스케일마다 최대화할 값입니다. 9장 필터 시각화에서 특정 층의 필터 값을 최대화했습니다. 여기에서는 여러 층에 있는 모든 필터 활성화를 동시에 최대화합니다. 특별히 상위 층에 있는 활성화의 L2 노름에 대한 가중치 평균을 최대화하겠습니다. 정확히 어떤 층들을 선택했는지에 따라 (당연히 최종 손실에 기여한 정도에 따라) 만들어 내

는 시각 요소에 큰 영향을 미칩니다. 어떤 층을 선택할지 파라미터로 손쉽게 바꿀 수 있어야 좋습니다. 하위 층은 기하학적인 패턴을 만들고 상위 층은 ImageNet에 있는 클래스로 보이는 시각 요소를 만듭니다(예를 들어 새나 강아지). 먼저 임의로 4개의 층을 선택해 보겠습니다. 나중에 다른 설정을 다양하게 시도해 보는 것이 좋습니다.

코드 12-12 딥드림 손실

```
def compute_loss(input_image):
    features = feature_extractor(input_image) -------- 활성화를 추출합니다.
    loss = tf.zeros(shape=()) -------- 손실을 0으로 초기화합니다.
    for name in features.keys():
        coeff = layer_settings[name]
        activation = features[name]
        loss += coeff * tf.reduce_mean(tf.square(activation[:, 2:-2, 2:-2, :])) ------ 경계 부근의 인공적인 패턴을 피하기 위해 테두리가 아닌 픽셀만 손실에 추가합니다.
    return loss
```

이제 각 옥타브에서 실행할 경사 상승법 단계를 준비해 보죠. 9장의 필터 시각화 기법과 같다는 것을 알 수 있을 것입니다! 딥드림 알고리즘은 필터 시각화의 다중 스케일 버전일 뿐입니다.

코드 12-13 딥드림 경사 상승법 단계

```
import tensorflow as tf

@tf.function -------- tf.function으로 컴파일하여 훈련 스텝의 속도를 높입니다.
def gradient_ascent_step(image, learning_rate):
    with tf.GradientTape() as tape:
        tape.watch(image)
        loss = compute_loss(image)
    grads = tape.gradient(loss, image) ---- 현재 이미지에 대한 딥드림 손실의 그레이디언트를 계산합니다.
    grads = tf.math.l2_normalize(grads) -------- 그레이디언트를 정규화합니다(9장에서 사용한 것과 동일한 트릭).
    image += learning_rate * grads
    return loss, image

def gradient_ascent_loop(image, iterations, learning_rate, max_loss=None): -------- 주어진 이미지 스케일(옥타브)에 대한 경사 상승법을 수행합니다.
    for i in range(iterations):
        loss, image = gradient_ascent_step(image, learning_rate) ---- 딥드림 손실을 증가시키는 방향으로 반복적으로 이미지를 업데이트합니다.
        if max_loss is not None and loss > max_loss:
            break ---- 손실이 일정 임계 값을 넘으면 중지합니다(과도하게 최적화하면 원치 않는 이미지를 만들 수 있습니다).
        print(f"... 스텝 {i}에서 손실 값: {loss:.2f}")
    return image
```

12 생성 모델을 위한 딥러닝

마지막으로 딥드림 알고리즘의 바깥쪽 루프입니다. 먼저 이미지를 처리하기 위해 (옥타브라고도 부르는) 스케일의 리스트를 정의합니다. 3개의 다른 '옥타브'로 이미지를 처리하겠습니다. 가장 작은 값에서 가장 큰 값까지 각 옥타브에서 gradient_ascent_loop()로 경사 상승법 단계를 30번 실행하여 앞서 정의한 손실을 최대화하겠습니다. 각 옥타브 사이에서는 이미지가 40% 증가합니다(1.4배).[10] 작은 이미지로 시작해서 점점 크기를 키우겠습니다(그림 12-6).

▼ 그림 12-6 딥드림 과정: 연속적으로 스케일을 늘리고(옥타브), 스케일이 증가된 이미지에 디테일을 재주입

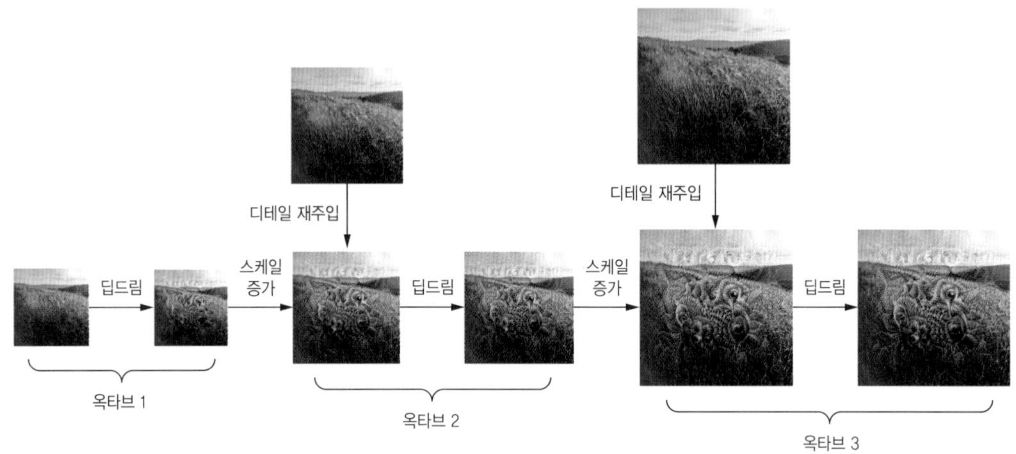

다음 코드에서 이 과정에 필요한 파라미터를 정의합니다. 이런 파라미터를 바꾸면 새로운 효과를 낼 수 있습니다!

```
step = 20.  -------- 경사 상승법 단계 크기
num_octave = 3  -------- 경사 상승법을 실행할 스케일 횟수
octave_scale = 1.4  -------- 연속적인 스케일 사이의 크기 비율
iterations = 30  -------- 스케일 단계마다 수행할 경사 상승법 단계 횟수
max_loss = 15.  -------- 이보다 손실이 커지면 현재 스케일에서 경사 상승법 과정을 중지합니다.
```

이미지를 로드하고 저장하는 유틸리티 함수도 만들겠습니다.

10 역주 이 예제는 1200×900 크기의 원본 이미지를 459×612 크기로 줄여서 시작합니다. 그다음 40%씩 두 번 늘려서 459×612, 642×857, 1200×900 크기에서 총 세 번 딥드림을 수행합니다.

코드 12-14 이미지 처리 유틸리티

```
import numpy as np

def preprocess_image(image_path):  -------- 이미지를 로드하고, 크기를 바꾸어 적절한 배열로 변환하는 유틸리티 함수
    img = keras.utils.load_img(image_path)
    img = keras.utils.img_to_array(img)
    img = np.expand_dims(img, axis=0)
    img = keras.applications.inception_v3.preprocess_input(img)
    return img

def deprocess_image(img):  -------- 넘파이 배열을 이미지로 변환하는 유틸리티 함수
    img = img.reshape((img.shape[1], img.shape[2], 3))
    img += 1.0     --- InceptionV3 전처리 복원하기[11]
    img *= 127.5
    img = np.clip(img, 0, 255).astype("uint8")  -------- uint8로 바꾸고 [0, 255] 범위로 클리핑합니다.
    return img
```

이것이 바깥쪽 루프입니다. 스케일을 연속적으로 증가시키면서 (점점 뭉개지거나 픽셀 경계가 나타나므로) 이미지 디테일을 많이 잃지 않도록 간단한 기교를 사용할 수 있습니다. 스케일을 늘린 후 이미지에 손실된 디테일을 재주입합니다. 원본 이미지가 크기를 늘렸을 때 어땠는지 알기 때문에 가능합니다. 작은 이미지 크기 S와 큰 이미지 크기 L이 주어지면 크기 L로 변경된 원본 이미지와 크기 S로 변경된 원본 이미지 사이의 차이를 계산합니다. 이 차이가 S에서 L로 변경되었을 때 잃어버린 디테일입니다.[12]

코드 12-15 연속적인 여러 개의 '옥타브'에 걸쳐 경사 상승법 실행하기

```
original_img = preprocess_image(base_image_path)  -------- 테스트 이미지를 로드합니다.
original_shape = original_img.shape[1:3]

successive_shapes = [original_shape]
for i in range(1, num_octave):
    shape = tuple([int(dim / (octave_scale ** i)) for dim in original_shape])
    successive_shapes.append(shape)
successive_shapes = successive_shapes[::-1]
# 여러 옥타브에서 이미지 크기를 계산합니다.
```

11 역주 인셉션의 전처리 과정은 픽셀 값을 127.5로 나누어 0~2 사이로 만듭니다. 그다음 1을 빼서 −1~1 사이 값으로 만듭니다. Xception, InceptionResNetV2, MobileNet, NASNet도 동일한 전처리 방식을 사용합니다.

12 역주 코드 12-15에서는 가장 작은 스케일의 원본 이미지(shrunk_original_img)와 원본 이미지(original_img)를 현재 스케일로 바꾸어 이 차이를 계산합니다.

```
shrunk_original_img = tf.image.resize(original_img, successive_shapes[0])

img = tf.identity(original_img) -------- 이미지를 복사합니다(원본 이미지는 그대로 보관합니다).
for i, shape in enumerate(successive_shapes): -------- 여러 옥타브에 대해 반복합니다.
    print(f"{shape} 크기의 {i}번째 옥타브 처리")
    img = tf.image.resize(img, shape) -------- 딥드림 이미지의 스케일을 높입니다.
    img = gradient_ascent_loop( -------- 경사 상승법을 실행하고 딥드림 이미지를 수정합니다.
        img, iterations=iterations, learning_rate=step, max_loss=max_loss
    )                        작은 버전의 원본 이미지의 스케일을 높입니다. 픽셀 경계가 보일 것입니다.
    upscaled_shrunk_original_img = tf.image.resize(shrunk_original_img, shape) ------
    same_size_original = tf.image.resize(original_img, shape) ------ 이 크기에 해당하는 고해상도 버전의
                                                                     원본 이미지를 계산합니다.
    lost_detail = same_size_original - upscaled_shrunk_original_img -------
    img += lost_detail -------- 손실된 디테일을 딥드림 이미지에 다시 주입합니다.   두 이미지의 차이가 스케일을 높였을 때
    shrunk_original_img = tf.image.resize(original_img, shape)           손실된 디테일입니다.

                                                               최종 결과를 저장합니다.
keras.utils.save_img("dream.png", deprocess_image(img.numpy())) --------
```

> **Note** 원본 인셉션 V3 네트워크는 299×299 크기의 이미지에서 훈련되었습니다. 이런 이유 때문에 이 딥드림 구현은 이미지 크기를 줄이는 정도가 적당한 300×300과 400×400 사이에 있는 이미지에서 훨씬 좋은 결과를 만듭니다. 그렇지만 어떤 크기나 비율을 가진 이미지에서도 이 코드를 실행할 수 있습니다.

GPU를 사용하면 전체를 실행하는 데 몇 초밖에 걸리지 않습니다. 그림 12-7은 테스트 이미지에서 딥드림을 수행한 결과를 보여 줍니다.

▼ 그림 12-7 예제 이미지에서 딥드림 코드 실행 결과

손실로 사용할 층을 바꾸어 보면서 어떤 일이 발생하는지 꼭 시도해 보세요. 네트워크의 하위 층은 지역적이고 비교적 덜 추상적인 표현을 가지고 있기 때문에 딥드림 이미지에 기하학적 패턴이 많이 생깁니다. 상위 층은 강아지 눈, 새의 깃털처럼 ImageNet에 많이 등장하는 물체를 기반으로 뚜렷이 구분되는 시각 패턴을 만듭니다. `layer_settings` 딕셔너리의 파라미터를 랜덤하게 생성하여 여러 가지 층 조합을 빠르게 탐색할 수 있습니다. 그림 12-8은 층 조합을 다르게 하여 얻은 홈메이드 페이스트리 이미지의 결과입니다.

▼ 그림 12-8 예제 이미지에 시도한 다양한 딥드림 설정

12.2.2 정리

- 딥드림은 네트워크가 학습한 표현을 기반으로 컨브넷을 거꾸로 실행하여 입력 이미지를 생성합니다.

- 재미있는 결과가 만들어지고, 때로는 환각제 때문에 시야가 몽롱해진 사람이 만든 이미지 같기도 합니다.
- 이 과정은 이미지 모델이나 컨브넷에 국한되지 않습니다. 음성, 음악 등에도 적용될 수 있습니다.

12.3 뉴럴 스타일 트랜스퍼

딥드림 이외에 딥러닝을 사용하여 이미지를 변경하는 또 다른 주요 분야는 **뉴럴 스타일 트랜스퍼**(neural style transfer)입니다. 2015년 여름 리온 게티스(Leon Gatys) 등이 소개했습니다.[13] 뉴럴 스타일 트랜스퍼 알고리즘은 처음 소개된 이후에 많이 개선되었고 여러 변종이 생겼습니다. 스마트폰의 사진 앱에도 쓰입니다. 이 절에서는 간단하게 원본 논문에 소개한 방식에 집중하겠습니다.

뉴럴 스타일 트랜스퍼는 타깃 이미지의 콘텐츠를 보존하면서 참조 이미지의 스타일을 타깃 이미지에 적용합니다. 그림 12-9의 예를 참고하세요.

▼ 그림 12-9 스타일 트랜스퍼 사례

여기에서 스타일은 질감, 색깔, 이미지에 있는 다양한 크기의 시각 요소를 의미합니다. 콘텐츠는 이미지에 있는 고수준의 대형 구조를 말합니다. 예를 들어 그림 12-9(빈센트 반 고흐(Vincent Van Gogh)의 〈별이 빛나는 밤(Starry Night)〉)에서 파란색과 노란색의 원을 그리는 듯한 붓질을 하나의 스타일로 생각할 수 있습니다. 튀빙겐(Tübingen)[14] 사진의 건물은 콘텐츠로 생각할 수 있습니다.

13 Leon A. Gatys, Alexander S. Ecker, and Matthias Bethge, "A Neural Algorithm of Artistic Style," arXiv (2015), https://arxiv.org/abs/1508.06576

14 역주 튀빙겐은 독일의 대학 도시입니다. 그림 12-9의 왼쪽 사진은 튀빙겐의 관광 명소로 네카(Neckar) 강변을 따라 늘어선 구시가지 모습입니다.

텍스처(texture) 생성과 밀접하게 연관된 스타일 트랜스퍼의 아이디어는 2015년 뉴럴 스타일 트랜스퍼가 개발되기 이전에 이미 이미지 처리 분야에서 오랜 역사를 가지고 있습니다. 딥러닝을 기반으로 한 스타일 트랜스퍼 구현은 고전적인 컴퓨터 비전 기법으로 만든 것과는 비견할 수 없는 결과를 제공합니다. 창조적인 컴퓨터 비전 애플리케이션 분야에 새로운 르네상스를 열었습니다.

스타일 트랜스퍼 구현 이면에 있는 핵심 개념은 모든 딥러닝 알고리즘의 핵심과 동일합니다. 목표를 표현한 손실 함수를 정의하고 이 손실을 최소화합니다. 여기에서 원하는 것은 다음과 같습니다. 참조 이미지의 스타일을 적용하면서 원본 이미지의 콘텐츠를 보존하는 것입니다. 콘텐츠와 스타일을 수학적으로 정의할 수 있다면 최소화할 손실 함수는 다음과 같을 것입니다.

```
loss = distance(style(reference_image) - style(combination_image)) +
       distance(content(original_image) - content(combination_image))
```

여기에서 distance는 L2 노름 같은 노름 함수입니다. content 함수는 이미지의 콘텐츠 표현을 계산합니다. style 함수는 이미지의 스타일 표현을 계산합니다. 이 손실을 최소화하면 style(combination_image)는 style(reference_image)와 가까워지고, content(combination_image)는 content(original_image)와 가까워집니다. 앞서 정의한 스타일 트랜스퍼의 목적을 달성할 수 있습니다.

게티스 등은 심층 합성곱 신경망을 사용하여 style과 content 함수를 수학적으로 정의할 수 있다는 것을 보였습니다. 어떻게 하는 것인지 알아보죠.

12.3.1 콘텐츠 손실

앞서 배웠듯이 네트워크에 있는 하위 층의 활성화는 이미지에 관한 국부적인 정보를 담고 있습니다. 반면 상위 층의 활성화일수록 점점 전역적이고 추상적인 정보를 담게 됩니다. 다른 방식으로 생각하면 컨브넷 층의 활성화는 이미지를 다른 크기의 콘텐츠로 분해한다고 볼 수 있습니다. 컨브넷 상위 층의 표현을 사용하면 전역적이고 추상적인 이미지 콘텐츠를 찾을 수 있을 것입니다.

타깃 이미지와 생성된 이미지를 사전 훈련된 컨브넷에 주입하여 상위 층의 활성화를 계산합니다. 이 두 값 사이의 L2 노름이 콘텐츠 손실로 사용하기에 좋습니다. 상위 층에서 보았을 때 생성된 이미지와 원본 타깃 이미지를 비슷하게 만들 것입니다. 컨브넷의 상위 층에서 보는 것이 입력 이미지의 콘텐츠라고 가정하면 이미지의 콘텐츠를 보존하는 방법으로 사용할 수 있습니다.

12.3.2 스타일 손실

콘텐츠 손실은 하나의 상위 층만 사용합니다. 게티스 등이 정의한 스타일 손실은 컨브넷의 여러 층을 사용합니다. 하나의 스타일이 아니라 참조 이미지에서 컨브넷이 추출한 모든 크기의 스타일을 잡아야 합니다. 게티스 등은 층의 활성화 출력의 **그람 행렬**(Gram matrix)을 스타일 손실로 사용했습니다.[15] 그람 행렬은 층의 특성 맵들의 내적(inner product)입니다. 내적은 층의 특성 사이에 있는 상관관계를 표현한다고 이해할 수 있습니다. 이런 특성의 상관관계는 특정 크기의 공간적인 패턴 통계를 잡아냅니다. 경험에 비추어 보았을 때 이 층에서 찾은 텍스처에 대응됩니다.

스타일 참조 이미지와 생성된 이미지로 층의 활성화를 계산합니다. 스타일 손실은 그 안에 내재된 상관관계를 비슷하게 보존하는 것이 목적입니다. 결국 스타일 참조 이미지와 생성된 이미지에서 여러 크기의 텍스처가 비슷하게 보이도록 만듭니다.

요약하면 사전 훈련된 컨브넷을 사용하여 다음 손실들을 정의할 수 있습니다.

- 콘텐츠를 보존하기 위해 원본 이미지와 생성된 이미지 사이에서 상위 층의 활성화를 비슷하게 유지합니다. 이 컨브넷은 원본 이미지와 생성된 이미지에서 동일한 것을 보아야 합니다.
- 스타일을 보존하기 위해 저수준 층과 고수준 층에서 활성화 안에 상관관계를 비슷하게 유지합니다. 특성의 상관관계는 텍스처를 나타냅니다. 따라서 생성된 이미지와 스타일 참조 이미지는 여러 크기의 텍스처를 공유할 것입니다.

이제 2015년 뉴럴 스타일 트랜스퍼 원본 알고리즘을 케라스로 구현해 보죠. 잠시 후 알게 되겠지만 이전 절에서 만든 딥드림 구현과 공통점이 많습니다.

12.3.3 케라스로 뉴럴 스타일 트랜스퍼 구현하기

뉴럴 스타일 트랜스퍼는 사전 훈련된 컨브넷 중 어떤 것을 사용해서도 구현할 수 있습니다. 여기에서는 게티스 등이 사용한 VGG19 네트워크를 사용하겠습니다. VGG19는 5장에서 소개한 VGG16 네트워크의 변종으로 합성곱 층이 3개 더 추가되었습니다.

15 역주 그람 행렬은 일련의 벡터가 주어졌을 때 이들을 내적한 행렬입니다. 특성 맵 하나를 하나의 벡터로 펼쳐 생각하면 특성 맵의 그람 행렬을 만들 수 있습니다. 어떤 합성곱 층의 특성 맵(채널)이 10개라면 그람 행렬은 (10, 10) 크기가 됩니다. 이 그람 행렬은 어떤 특성 2개가 동시에 활성화되는 정도를 기록한 것입니다. 이것이 바로 이미지의 스타일을 정의합니다.

일반적인 과정은 다음과 같습니다.

1. 스타일 참조 이미지, 베이스 이미지(base image)[16], 생성된 이미지를 위해 VGG19의 층 활성화를 동시에 계산하는 네트워크를 설정합니다.
2. 세 이미지에서 계산한 층 활성화를 사용하여 앞서 설명한 손실 함수를 정의합니다. 이 손실을 최소화하여 스타일 트랜스퍼를 구현할 것입니다.
3. 손실 함수를 최소화할 경사 하강법 과정을 설정합니다.

스타일 참조 이미지와 베이스 이미지의 경로를 정의하는 것부터 시작하죠. 처리할 이미지는 크기가 비슷합니다(크기가 많이 다르면 스타일 트랜스퍼를 구현하는 것이 더 어렵습니다). 모두 높이가 400픽셀이 되도록 크기를 변경하겠습니다.

코드 12-16 스타일 이미지와 콘텐츠 이미지 준비하기

```
from tensorflow import keras

base_image_path = keras.utils.get_file( -------- 변환할 이미지 경로
    "sf.jpg", origin="https://img-datasets.s3.amazonaws.com/sf.jpg")
style_reference_image_path = keras.utils.get_file( -------- 스타일 이미지 경로
    "starry_night.jpg",
    origin="https://img-datasets.s3.amazonaws.com/starry_night.jpg")
original_width, original_height = keras.utils.load_img(base_image_path).size
img_height = 400                                                   ---- 생성 이미지의 차원
img_width = round(original_width * img_height / original_height)
```

콘텐츠 이미지는 그림 12-10에 나타나 있고, 스타일 이미지는 그림 12-11에 나타나 있습니다.

16 역주 여기에서 베이스 이미지는 콘텐츠를 제공하는 이미지를 의미합니다.

▼ 그림 12-10 콘텐츠 이미지: 놉 힐(Nob Hill)에서 본 샌프란시스코(San Francisco)

▼ 그림 12-11 스타일 이미지: 반 고흐의 〈별이 빛나는 밤〉

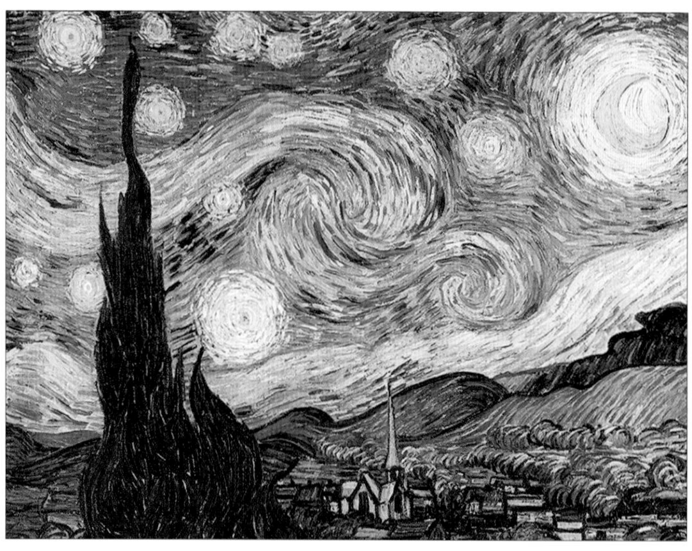

또한, VGG19 컨브넷에 입출력할 이미지의 로드, 전처리, 사후 처리를 위한 유틸리티 함수도 필요합니다.

코드 12-17 유틸리티 함수

```
import numpy as np

def preprocess_image(image_path): -------- 이미지를 로드하고, 크기를 바꾸어 적절한 배열로 변환하는 유틸리티 함수
    img = keras.utils.load_img(
        image_path, target_size=(img_height, img_width))
    img = keras.utils.img_to_array(img)
    img = np.expand_dims(img, axis=0)
    img = keras.applications.vgg19.preprocess_input(img)
    return img

def deprocess_image(img): -------- 넘파이 배열을 이미지로 변환하는 유틸리티 함수
    img = img.reshape((img_height, img_width, 3))
    img[:, :, 0] += 103.939
    img[:, :, 1] += 116.779
    img[:, :, 2] += 123.68
    img = img[:, :, ::-1]
    img = np.clip(img, 0, 255).astype("uint8")
    return img
```

(img[:, :, 0~2] += ...: ImageNet의 평균 픽셀 값을 더합니다. 이는 vgg19.preprocess_input 함수에서 수행한 변환을 복원합니다.[17])

(img = img[:, :, ::-1]: 이미지를 'BGR'에서 'RGB'로 변환합니다. 이것도 vgg19.preprocess_input 함수에서 수행한 변환을 복원하기 위해서입니다.)

VGG19 네트워크를 준비해 보죠. 딥드림 예제와 마찬가지로 사전 훈련된 컨브넷을 사용하여 중간층의 활성화를 반환하는 특성 추출 모델을 만들겠습니다. 이번에는 모델에 있는 모든 층을 사용합니다.

코드 12-18 사전 훈련된 VGG19 모델을 사용해서 특성 추출기 만들기

```
model = keras.applications.vgg19.VGG19(weights="imagenet", include_top=False) -------- ImageNet에서 사전 훈련된 가중치로 VGG19 모델을 만듭니다.

outputs_dict = dict([(layer.name, layer.output) for layer in model.layers])
feature_extractor = keras.Model(inputs=model.inputs, outputs=outputs_dict) -------- 이 모델은 모든 타깃 층의 활성화 값을 (하나의 딕셔너리로) 반환합니다.
```

콘텐츠 손실을 정의해 보죠. VGG19 컨브넷의 상위 층은 베이스 이미지와 생성된 이미지에서 동일한 것을 보아야 합니다.

17 역주 VGG16, ResNet50도 이와 동일한 전처리 방식을 사용합니다.

코드 12-19 콘텐츠 손실

```
def content_loss(base_img, combination_img):
    return tf.reduce_sum(tf.square(combination_img - base_img))
```

다음은 스타일 손실입니다. 유틸리티 함수를 사용하여 입력 행렬의 그람 행렬을 계산합니다. 이 행렬은 원본 특성 행렬의 상관관계를 기록한 행렬입니다.

코드 12-20 스타일 손실

```
def gram_matrix(x):
    x = tf.transpose(x, (2, 0, 1))
    features = tf.reshape(x, (tf.shape(x)[0], -1))
    gram = tf.matmul(features, tf.transpose(features))
    return gram

def style_loss(style_img, combination_img):
    S = gram_matrix(style_img)
    C = gram_matrix(combination_img)
    channels = 3
    size = img_height * img_width
    return tf.reduce_sum(tf.square(S - C)) / (4.0 * (channels ** 2) * (size ** 2))
```

두 손실에 하나를 더 추가합니다. 생성된 이미지의 픽셀을 사용하여 계산하는 **총 변위 손실**(total variation loss)입니다. 이는 생성된 이미지가 공간적인 연속성을 가지도록 도와주며 픽셀의 격자 무늬가 과도하게 나타나는 것을 막아 줍니다. 이를 일종의 규제 항으로 해석할 수 있습니다.

코드 12-21 총 변위 손실

```
def total_variation_loss(x):
    a = tf.square(
        x[:, : img_height - 1, : img_width - 1, :] - x[:, 1:, : img_width - 1, :]
    )
    b = tf.square(
        x[:, : img_height - 1, : img_width - 1, :] - x[:, : img_height - 1, 1:, :]
    )
    return tf.reduce_sum(tf.pow(a + b, 1.25))
```

최소화할 손실은 이 세 손실의 가중치 평균입니다. 콘텐츠 손실은 block5_conv2 층 하나만 사용해서 계산합니다. 스타일 손실을 계산하기 위해서는 하위 층과 상위 층에 걸쳐 여러 층을 사용합니다. 그리고 마지막에 총 변위 손실을 추가합니다.

사용하는 스타일 참조 이미지와 콘텐츠 이미지에 따라 content_weight 계수(전체 손실에 기여하는 콘텐츠 손실의 정도)를 조정하는 것이 좋습니다. content_weight가 높으면 생성된 이미지에 타깃 콘텐츠가 더 많이 나타나게 됩니다.

코드 12-22 최소화할 최종 손실 정의하기

```
style_layer_names = [  -------- 스타일 손실에 사용할 층
    "block1_conv1",
    "block2_conv1",
    "block3_conv1",
    "block4_conv1",
    "block5_conv1",
]
content_layer_name = "block5_conv2"  -------- 콘텐츠 손실에 사용할 층
total_variation_weight = 1e-6  -------- 총 변이 손실의 기여 가중치
style_weight = 1e-6  -------- 스타일 손실의 기여 가중치
content_weight = 2.5e-8  -------- 콘텐츠 손실의 기여 가중치

def compute_loss(combination_image, base_image, style_reference_image):
    input_tensor = tf.concat(
        [base_image, style_reference_image, combination_image], axis=0)
    features = feature_extractor(input_tensor)
    loss = tf.zeros(shape=())  -------- 손실을 0으로 초기화합니다.
    layer_features = features[content_layer_name]                    ---
    base_image_features = layer_features[0, :, :, :]                   |
    combination_features = layer_features[2, :, :, :]                  |---- 콘텐츠 손실을 더합니다.
    loss = loss + content_weight * content_loss(                       |
        base_image_features, combination_features                    ---
    )
    for layer_name in style_layer_names:                                                  ---
        layer_features = features[layer_name]                                               |
        style_reference_features = layer_features[1, :, :, :]                               |
        combination_features = layer_features[2, :, :, :]                                   |---- 스타일 손실을
        style_loss_value = style_loss(                                                      |     더합니다.
            style_reference_features, combination_features)                                 |
        loss += (style_weight / len(style_layer_names)) * style_loss_value               ---

    loss += total_variation_weight * total_variation_loss(combination_image)  -----
    return loss                                                         총 변위 손실을 더합니다.
```

마지막으로 경사 하강법 단계를 설정합니다. 게티스의 원래 논문에서는 L-BFGS 알고리즘[18]을 사용하여 최적화를 수행했습니다. 하지만 텐서플로에는 이 알고리즘이 없기 때문에 대신 SGD 옵티마이저로 미니 배치 경사 하강법을 수행하겠습니다. 여기에서 처음으로 학습률 스케줄(learning rate schedule)이라는 옵티마이저 기능을 활용해 보겠습니다. 이를 사용하여 매우 높은 값(100)에서 최종적으로 아주 낮은 값(약 20)까지 점진적으로 학습률을 줄입니다. 이렇게 하면 훈련 초기에는 빠른 속도로 진행되며 최소 손실에 가까울수록 점점 더 조심스럽게 훈련이 진행됩니다.

코드 12-23 경사 하강법 단계 설정하기

```
import tensorflow as tf

@tf.function  # tf.function으로 컴파일하여 훈련 스텝의 속도를 높입니다.
def compute_loss_and_grads(
    combination_image, base_image, style_reference_image):
    with tf.GradientTape() as tape:
        loss = compute_loss(
            combination_image, base_image, style_reference_image)
    grads = tape.gradient(loss, combination_image)
    return loss, grads

optimizer = keras.optimizers.SGD(
    keras.optimizers.schedules.ExponentialDecay(  # 학습률 100에서 시작하여 100 스텝마다 4%씩 감소시킵니다.
        initial_learning_rate=100.0, decay_steps=100, decay_rate=0.96
    )
)
base_image = preprocess_image(base_image_path)
style_reference_image = preprocess_image(style_reference_image_path)
combination_image = tf.Variable(preprocess_image(base_image_path))  # 훈련하는 동안 합성된 이미지를 업데이트하기 때문에 Variable에 저장합니다.
iterations = 4000

for i in range(1, iterations + 1):
    loss, grads = compute_loss_and_grads(
        combination_image, base_image, style_reference_image
    )
    optimizer.apply_gradients([(grads, combination_image)])  # 스타일 트랜스퍼 손실이 감소되는 방향으로 합성 이미지를 업데이트합니다.
    if i % 100 == 0:
        print(f"{i}번째 반복: loss={loss:.2f}")
```

18 역주 BFGS 알고리즘은 연구자들의 이름을 따서 Broyden-Fletcher-Goldfarb-Shanno 알고리즘이라고도 부르는 의사 뉴턴 메서드(quasi-Newton Method) 중 하나입니다. L-BFGS(Limited-memory BFGS)는 BFGS 알고리즘을 제한된 메모리 공간에서 구현한 것으로 머신 러닝 분야에서 널리 사용됩니다.

```
    img = deprocess_image(combination_image.numpy())
    fname = f"combination_image_at_iteration_{i}.png"
    keras.utils.save_img(fname, img) ······· 일정한 간격으로 합성 이미지를 저장합니다.
```

그림 12-12가 만들어진 이미지를 보여 줍니다. 이 기법은 이미지의 텍스처를 바꾸거나 텍스처를 전이한 것임을 기억하세요. 스타일 이미지의 텍스처가 두드러지고 비슷한 패턴이 많을 때 잘 작동합니다. 또 콘텐츠 타깃을 알아보기 위해 수준 높은 이해가 필요하지 않을 때 잘 작동합니다. 일반적으로 인물 사진의 스타일을 다른 인물 사진으로 옮기는 것처럼 아주 추상적인 기교는 만들지 못합니다. 이 알고리즘은 AI보다는 고전적인 시그널 처리에 가깝기 때문에 마술 같은 결과는 기대하지 마세요!

▼ 그림 12-12 스타일 전이 결과

스타일 트랜스퍼 알고리즘은 느리지만 간단한 변환을 수행하기 때문에 작고 빠른 컨브넷을 사용하여 학습할 수 있습니다. 물론 적절한 양의 훈련 데이터가 있어야 합니다. 먼저 고정된 스타일 참조 이미지에 대해 여기에서 소개한 방법으로 입력-출력 훈련 샘플을 많이 생성합니다. 그다음 이 스타일 변환을 학습하는 간단한 컨브넷을 훈련하면 스타일 트랜스퍼를 빠르게 수행할 수 있습니다. 이런 모델을 만들면 어떤 이미지가 주어졌을 때 순식간에 스타일을 바꿀 수 있습니다. 그냥 이 작은 컨브넷을 통과시키면 됩니다.

12.3.4 정리

- 스타일 트랜스퍼는 참조 이미지의 스타일을 적용하면서 타깃 이미지의 콘텐츠를 보존하여 새로운 이미지를 만드는 방법입니다.
- 콘텐츠는 컨브넷 상위 층의 활성화에서 얻을 수 있습니다.
- 스타일은 여러 컨브넷 층의 활성화 안에 내재된 상관관계에서 얻을 수 있습니다.
- 딥러닝에서는 사전 훈련된 컨브넷으로 손실을 정의하고 이 손실을 최적화하는 과정으로 스타일 트랜스퍼를 구성할 수 있습니다.
- 이런 기본 아이디어에서 출발하여 다양한 변종과 개선이 가능합니다.

12.4 변이형 오토인코더를 사용한 이미지 생성

DEEP LEARNING

오늘날 창조적인 AI에서 가장 인기 있고 성공적인 애플리케이션은 이미지 생성입니다. 잠재 시각 공간(latent visual space)을 학습하고 이 공간에서 샘플링하여 실제 사진에서 보간된 완전히 새로운 이미지를 만듭니다. 가상의 사람, 가상의 공간, 가상의 고양이와 강아지 이미지 등입니다.

이 절과 다음 절에서 이미지 생성에 관계된 고급 개념을 살펴보겠습니다. 이 분야의 주요 기법인 **변이형 오토인코더**(Variational AutoEncoders, VAE)와 **생성적 적대 신경망**(Generative Adversarial Networks, GAN)의 상세 구현을 함께 다루겠습니다. 여기에서 소개한 기법은 이미지에만 해당되는 것은 아닙니다. GAN과 VAE를 사용하여 소리, 음악 또는 텍스트의 잠재 공간을 만들 수 있습니다. 실전에서는 사진을 사용했을 때 가장 재미있는 결과를 만들어 냅니다. 여기에서는 이 부분에 집중하겠습니다.

12.4.1 이미지의 잠재 공간에서 샘플링하기

이미지 생성의 핵심 아이디어는 각 포인트가 실제와 같은 이미지로 매핑될 수 있는 저차원 잠재 공간(딥러닝의 다른 모든 것과 마찬가지로 이는 벡터 공간입니다)의 표현을 만드는 것입니다. 잠재 공간의 한 포인트를 입력으로 받아 이미지(픽셀의 그리드)를 출력하는 모듈을 (GAN에서는) **생**

성자(generator) 또는 (VAE에서는) **디코더**(decoder)라고 부릅니다. 잠재 공간을 학습하면 여기에서 포인트 하나를 샘플링할 수 있습니다. 그다음 이미지 공간으로 매핑하여 이전에 본 적 없는 이미지를 생성합니다(그림 12-13). 이런 새로운 이미지는 훈련 이미지 사이에 위치합니다.

▼ 그림 12-13 이미지의 잠재 벡터 공간을 학습하고 이를 이용하여 새로운 이미지를 샘플링

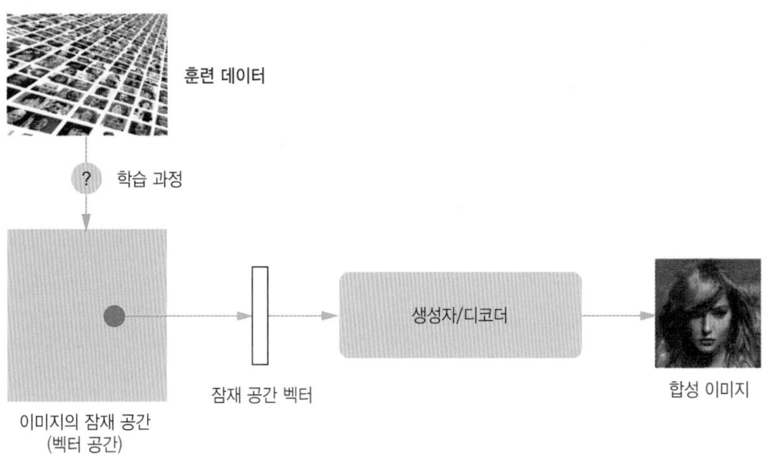

GAN과 VAE는 이미지의 잠재 공간 표현을 학습하는 2개의 전략이고 각각 나름의 특징을 가집니다. VAE는 구조적인 잠재 공간을 학습하는 데 뛰어납니다(그림 12-14). 이 공간에서 특정 방향은 데이터에서 의미 있는 변화의 방향을 인코딩합니다. GAN은 매우 실제 같은 이미지를 만듭니다. 여기에서 만든 잠재 공간은 구조적이거나 연속성이 없을 수 있습니다.

▼ 그림 12-14 VAE를 사용하여 톰 화이트가 생성한 얼굴의 연속 공간

12.4.2 이미지 변형을 위한 개념 벡터

11장에서 단어 임베딩을 다룰 때 이미 **개념 벡터**(concept vector)에 대한 아이디어를 얻었습니다. 이 아이디어와 동일합니다. 잠재 공간이나 임베딩 공간이 주어지면 이 공간의 어떤 방향은 원본 데이터의 흥미로운 변화를 인코딩한 축일 수 있습니다. 예를 들어 얼굴 이미지에 대한 잠재 공간에 웃음 벡터가 있을 수 있습니다. 잠재 공간의 z 포인트가 어떤 얼굴의 임베딩된 표현이라면 잠재 공간의 z + s 포인트는 같은 얼굴이 웃고 있는 표현을 임베딩한 것입니다. 이런 벡터를 찾아내면 이미지를 잠재 공간에 투영해서 의미 있는 방향으로 이 표현을 이동한 후 이미지 공간으로 디코딩하여 복원하면 변형된 이미지를 얻을 수 있습니다. 기본적으로 이미지 공간에서 독립적으로 변화가 일어나는 모든 차원이 개념 벡터입니다. 얼굴이라면 안경을 쓰고 벗거나 남자 얼굴을 여자 얼굴로 바꾸는 등의 벡터를 발견할 수 있습니다. 그림 12-15는 뉴질랜드 빅토리아 대학교 디자인 스쿨의 톰 화이트(Tom White)가 찾은 개념 벡터인 웃음 벡터의 예입니다. 유명 인사의 얼굴 데이터셋(CelebA 데이터셋[19])에서 훈련한 VAE를 사용했습니다.

▼ 그림 12-15 웃음 벡터

12.4.3 변이형 오토인코더

2013년 12월 킹마(Kingma)와 웰링(Welling)[20] 그리고 2014년 1월 르젠드(Rezende), 무함마드(Mohamed), 위스트라(Wierstra)[21]가 동시에 발견한 변이형 오토인코더는 생성 모델의 한 종류로 개

19 역주 이 데이터셋은 홍콩중문 대학교의 멀티미디어 연구실에서 만든 것으로 https://bit.ly/1LRcxKm에서 내려받을 수 있습니다.

20 Diederik P. Kingma and Max Welling, "Auto-Encoding Variational Bayes, arXiv (2013), https://arxiv.org/abs/1312.6114

21 Danilo Jimenez Rezende, Shakir Mohamed, and Daan Wierstra, "Stochastic Backpropagation and Approximate Inference in Deep Generative Models," arXiv (2014), https://arxiv.org/abs/1401.4082

념 벡터를 사용하여 이미지를 변형하는 데 아주 적절합니다. 오토인코더는 입력을 저차원 잠재 공간으로 인코딩한 후 디코딩하여 복원하는 네트워크입니다. 변이형 오토인코더는 딥러닝과 베이즈 추론(Bayesian inference)의 아이디어를 혼합한 오토인코더의 최신 버전입니다.

고전적인 오토인코더는 이미지를 입력받아 인코더 모듈을 사용하여 잠재 벡터 공간으로 매핑합니다. 그다음 디코더 모듈을 사용해서 원본 이미지와 동일한 차원으로 복원하여 출력합니다(그림 12-16). 오토인코더는 입력 이미지와 동일한 이미지를 타깃 데이터로 사용하여 훈련합니다. 다시 말해 오토인코더는 원본 입력을 재구성하는 방법을 학습합니다. 코딩(coding)(인코더의 출력)에 여러 제약을 가하면 오토인코더가 더 흥미로운 또는 덜 흥미로운 잠재 공간의 표현을 학습합니다. 일반적으로 코딩이 저차원이고 희소(0이 많은)하도록 제약을 가합니다. 이런 경우 인코더는 입력 데이터의 정보를 적은 수의 비트에 압축하기 위해 노력합니다.

▼ 그림 12-16 오토인코더: 입력 x를 압축된 표현으로 매핑하고 이를 디코딩하여 x'를 복원

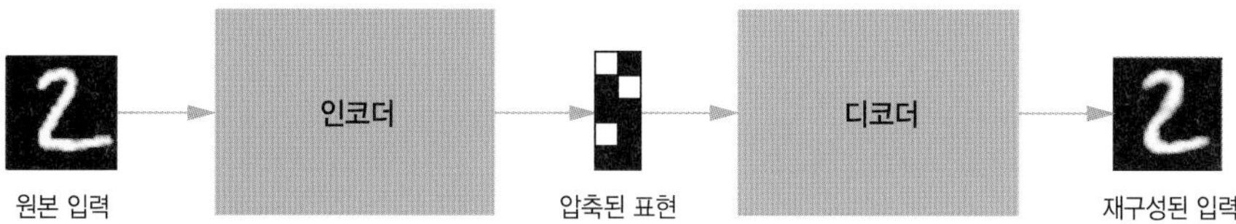

현실적으로 이런 전통적인 오토인코더는 특별히 유용하거나 구조화가 잘된 잠재 공간을 만들지 못합니다. 압축도 아주 뛰어나지 않습니다. 이런 이유 때문에 시대의 흐름에서 대부분 멀어졌습니다. VAE는 오토인코더에 약간의 통계 기법을 추가하여 연속적이고 구조적인 잠재 공간을 학습하도록 만들었습니다. 결국 이미지 생성을 위한 강력한 도구로 탈바꿈되었습니다.

입력 이미지를 잠재 공간의 고정된 코딩으로 압축하는 대신 VAE는 이미지를 어떤 통계 분포의 파라미터로 변환합니다. 이는 입력 이미지가 통계적 과정을 통해 생성되었다고 가정하여 인코딩과 디코딩하는 동안 무작위성이 필요하다는 것을 의미합니다. VAE는 평균과 분산 파라미터를 사용하여 이 분포에서 무작위로 하나의 샘플을 추출합니다. 이 샘플을 디코딩하여 원본 입력으로 복원합니다(그림 12-17). 이런 무작위한 과정은 안정성을 향상하고 잠재 공간 어디서든 의미 있는 표현을 인코딩하도록 만듭니다. 즉, 잠재 공간에서 샘플링한 모든 포인트는 유효한 출력으로 디코딩됩니다.

▼ 그림 12-17 VAE는 이미지를 2개의 벡터 z_mean과 z_log_var로 매핑한다. 이 벡터는 잠재 공간상 확률 분포를 정의하고 디코딩하기 위해 잠재 공간의 포인트를 샘플링하는 데 사용한다

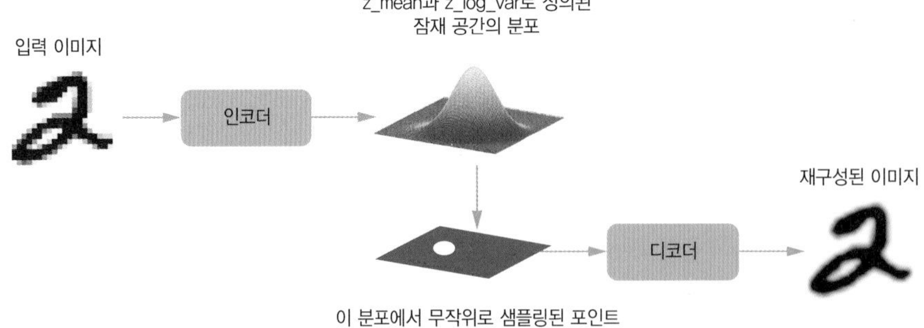

기술적으로 보면 VAE는 다음과 같이 작동합니다.

1. 인코더 모듈이 입력 샘플 input_img를 잠재 공간의 두 파라미터 z_mean과 z_log_var로 변환합니다.
2. 입력 이미지가 생성되었다고 가정한 잠재 공간의 정규 분포에서 포인트 z를 z = z_mean + exp(0.5 * z_log_var) * epsilon처럼 무작위로 샘플링합니다. epsilon은 작은 값을 가진 랜덤 텐서입니다.[22]
3. 디코더 모듈은 잠재 공간의 이 포인트를 원본 입력 이미지로 매핑하여 복원합니다.

epsilon이 무작위로 만들어지기 때문에 input_img를 인코딩한 잠재 공간의 위치(z_mean)에 가까운 포인트는 input_img와 비슷한 이미지로 디코딩될 것입니다. 이는 잠재 공간을 연속적이고 의미 있는 공간으로 만들어 줍니다. 잠재 공간에서 가까운 2개의 포인트는 아주 비슷한 이미지로 디코딩될 것입니다. 잠재 공간의 이런 저차원 연속성은 잠재 공간에서 모든 방향이 의미 있는 데이터 변화의 축을 인코딩하도록 만듭니다. 결국 잠재 공간은 매우 구조적이고 개념 벡터로 다루기에 적합해집니다.

VAE의 파라미터는 2개의 손실 함수로 훈련합니다. 디코딩된 샘플이 원본 입력과 동일하도록 만드는 **재구성 손실**(reconstruction loss)과 잠재 공간을 잘 형성하고 훈련 데이터에 과대적합을 줄이는 **규제 손실**(regularization loss)입니다. 개략적으로 보면 다음과 같습니다.

22 역주 z_log_var는 분산에 로그 함수를 적용한 것입니다. 즉, z_log_var = log(z_var)입니다. 따라서 분산은 exp(z_log_var)고 표준 편차는 exp(0.5 * z_log_var)입니다. 인코더 네트워크는 음수를 출력할 수도 있기 때문에 표준 편차가 아니라 분산의 로그 값을 출력하도록 학습합니다.

```
z_mean, z_log_var = encoder(input_img) -------- 입력을 평균과 분산 파라미터로 인코딩합니다.
z = z_mean + exp(0.5 * z_log_var) * epsilon -------------------- 무작위로 선택한 작은 epsilon 값을 사용
                                                                  하여 잠재 공간의 포인트를 뽑습니다.
reconstructed_img = decoder(z) -------- z를 이미지로 디코딩합니다.
model = Model(input_img, reconstructed_img)-------- 입력 이미지와 재구성 이미지를 매핑한
                                                    오토인코더 모델 객체를 만듭니다.
```

그다음 재구성 손실과 규제 손실을 사용해서 모델을 훈련할 수 있습니다. 규제 손실로는 일반적으로 인코더 출력의 분포를 0을 중심으로 균형 잡힌 정규 분포로 이동시키는 식(쿨백-라이블러 발산(Kullback–Leibler divergence))을 사용합니다.[23] 이는 인코더가 모델링하는 잠재 공간의 구조에 대한 합리적인 가정을 제공합니다.

이제 실제 VAE를 어떻게 구현하는지 알아보죠!

12.4.4 케라스로 VAE 구현하기

MNIST 숫자를 생성할 수 있는 VAE를 구현해 보겠습니다. 이 모델은 세 부분으로 구성됩니다.

- 인코더 네트워크는 실제 이미지를 잠재 공간의 평균과 분산으로 변환합니다.
- 샘플링 층은 이런 평균과 분산을 받아 잠재 공간에서 랜덤한 포인트를 샘플링합니다.
- 디코더 네트워크는 잠재 공간의 포인트를 이미지로 변환합니다.

코드 12-24는 이미지를 잠재 공간의 확률 분포 파라미터로 매핑하는 인코더 네트워크를 보여 줍니다. 입력 이미지 x를 두 벡터 z_mean과 z_log_var로 매핑하는 간단한 컨브넷입니다. 한 가지 중요한 사실은 최대 풀링 대신에 스트라이드를 사용해서 특성 맵을 다운샘플링합니다. 9장의 이미지 분할 예제에서 이를 마지막으로 사용해 보았습니다. 일반적으로 **정보 위치**(information location)를 고려하는 모델의 경우 스트라이드가 최대 풀링보다 선호됩니다. 즉, 이미지에서 사물이 있는 위치입니다. 또한, 유효한 이미지를 재구성하는 데 사용할 수 있는 이미지 인코딩을 만들어야 하기 때문입니다.

23 역주 재구성 손실에는 크로스엔트로피 손실을 사용합니다. 규제 손실을 잠재 변수 손실(latent loss)이라고도 부릅니다.

코드 12-24 VAE 인코더 네트워크

```
from tensorflow import keras
from tensorflow.keras import layers

latent_dim = 2 -------- 잠재 공간의 차원: 2D 평면

encoder_inputs = keras.Input(shape=(28, 28, 1))
x = layers.Conv2D(
    32, 3, activation="relu", strides=2, padding="same")(encoder_inputs)
x = layers.Conv2D(64, 3, activation="relu", strides=2, padding="same")(x)
x = layers.Flatten()(x)
x = layers.Dense(16, activation="relu")(x)
z_mean = layers.Dense(latent_dim, name="z_mean")(x)          ---- 입력 이미지는 결국 2개의
z_log_var = layers.Dense(latent_dim, name="z_log_var")(x) ---- 파라미터로 인코딩됩니다.
encoder = keras.Model(encoder_inputs, [z_mean, z_log_var], name="encoder")
```

summary() 출력 결과는 다음과 같습니다.

```
>>> encoder.summary()
Model: "encoder"
_____________________________________________________________________________________
Layer (type)                 Output Shape          Param #    Connected to
=====================================================================================
input_1 (InputLayer)         [(None, 28, 28, 1)]   0
_____________________________________________________________________________________
conv2d (Conv2D)              (None, 14, 14, 32)    320        input_1[0][0]
_____________________________________________________________________________________
conv2d_1 (Conv2D)            (None, 7, 7, 64)      18496      conv2d[0][0]
_____________________________________________________________________________________
flatten (Flatten)            (None, 3136)          0          conv2d_1[0][0]
_____________________________________________________________________________________
dense (Dense)                (None, 16)            50192      flatten[0][0]
_____________________________________________________________________________________
z_mean (Dense)               (None, 2)             34         dense[0][0]
_____________________________________________________________________________________
z_log_var (Dense)            (None, 2)             34         dense[0][0]
=====================================================================================
Total params: 69,076
Trainable params: 69,076
Non-trainable params: 0
_____________________________________________________________________________________
```

다음은 z_mean과 z_log_var를 사용하여 잠재 공간 포인트 z를 만드는 코드입니다. 이 두 파라미터가 input_img를 생성한 통계 분포의 파라미터라고 가정합니다.

코드 12-25 잠재 공간 샘플링 층

```
import tensorflow as tf

class Sampler(layers.Layer):
    def call(self, z_mean, z_log_var):
        batch_size = tf.shape(z_mean)[0]
        z_size = tf.shape(z_mean)[1]                        정규 분포를 따르는 랜덤한 벡터의 배치를 만듭니다.
        epsilon = tf.random.normal(shape=(batch_size, z_size)) -------
        return z_mean + tf.exp(0.5 * z_log_var) * epsilon -------- VAE 샘플링 공식을 적용합니다.
```

코드 12-26은 디코더를 구현한 것입니다. 벡터 z를 이미지 차원으로 바꾸고 몇 개의 합성곱 층을 사용하여 최종 이미지 출력을 얻습니다. 이 이미지의 차원은 원본 input_img와 같습니다.

코드 12-26 잠재 공간 포인트를 이미지로 매핑하는 VAE 디코더 네트워크

```
latent_inputs = keras.Input(shape=(latent_dim,)) -------- z를 입력으로 사용합니다.
x = layers.Dense(7 * 7 * 64, activation="relu")(latent_inputs) ------- 인코더에 있는 Flatten 층의 출력 크기와 동일하게 지정합니다.
x = layers.Reshape((7, 7, 64))(x) -------- 인코더의 Flatten 층 작업을 되돌립니다.
x = layers.Conv2DTranspose(64, 3, activation="relu", strides=2, padding="same")(x)
x = layers.Conv2DTranspose(32, 3, activation="relu", strides=2, padding="same")(x)
decoder_outputs = layers.Conv2D(1, 3, activation="sigmoid", padding="same")(x) -----
decoder = keras.Model(latent_inputs, decoder_outputs, name="decoder")   출력은 결국 (28, 28, 1) 크기가 됩니다.
인코더의 Conv2D 층 작업을 되돌립니다.
```

summary() 출력 결과는 다음과 같습니다.

```
>>> decoder.summary()
Model: "decoder"
_________________________________________________________________
Layer (type)                Output Shape              Param #
=================================================================
input_2 (InputLayer)        [(None, 2)]               0
_________________________________________________________________
dense_1 (Dense)             (None, 3136)              9408
_________________________________________________________________
reshape (Reshape)           (None, 7, 7, 64)          0
_________________________________________________________________
```

```
conv2d_transpose (Conv2DTran (None, 14, 14, 64)        36928
_________________________________________________________________
conv2d_transpose_1 (Conv2DTr (None, 28, 28, 32)        18464
_________________________________________________________________
conv2d_2 (Conv2D)            (None, 28, 28, 1)         289
=================================================================
Total params: 65,089
Trainable params: 65,089
Non-trainable params: 0
_________________________________________________________________
```

이제 VAE 모델을 만들어 보죠. 이 모델은 맨 처음 만드는 지도 학습을 수행하지 않는 모델입니다(오토인코더는 입력을 타깃으로 사용하는 **자기지도 학습**(self supervised learning)의 한 예입니다). 일반적인 지도 학습이 아닌 경우 7장에서 배운 워크플로처럼 Model 클래스를 상속하고 사용자 정의 train_step() 메서드를 구현하여 훈련 로직을 담는 것이 보통입니다.

코드 12-27 사용자 정의 train_step() 메서드를 사용하는 VAE 모델

```
class VAE(keras.Model):
    def __init__(self, encoder, decoder, **kwargs):
        super().__init__(**kwargs)
        self.encoder = encoder
        self.decoder = decoder
        self.sampler = Sampler()
        self.total_loss_tracker = keras.metrics.Mean(name="total_loss")
        self.reconstruction_loss_tracker = keras.metrics.Mean(
            name="reconstruction_loss")
        self.kl_loss_tracker = keras.metrics.Mean(name="kl_loss")

    @property
    def metrics(self):
        return [self.total_loss_tracker,
                self.reconstruction_loss_tracker,
                self.kl_loss_tracker]

    def train_step(self, data):
        with tf.GradientTape() as tape:
            z_mean, z_log_var = self.encoder(data)
            z = self.sampler(z_mean, z_log_var)
            reconstruction = decoder(z)
            reconstruction_loss = tf.reduce_mean(
                tf.reduce_sum(
```

에포크마다 손실 평균을 추적합니다.

각 에포크가 완료된 후 (또는 fit()과 evaluate() 호출 사이에) 모델이 손실을 재설정할 수 있도록 metrics 속성에 손실을 나열합니다.

공간 차원(축 1과 축 2)에 대해 재구성 손실을 더하고 배치 차원에 대해 평균을 계산합니다.

```
                keras.losses.binary_crossentropy(data, reconstruction),
                axis=(1, 2)
            )
        )
        kl_loss = -0.5 * (1 + z_log_var - tf.square(z_mean) -
          tf.exp(z_log_var))
        total_loss = reconstruction_loss + tf.reduce_mean(kl_loss)
    grads = tape.gradient(total_loss, self.trainable_weights)
    self.optimizer.apply_gradients(zip(grads, self.trainable_weights))
    self.total_loss_tracker.update_state(total_loss)
    self.reconstruction_loss_tracker.update_state(reconstruction_loss)
    self.kl_loss_tracker.update_state(kl_loss)
    return {
        "total_loss": self.total_loss_tracker.result(),
        "reconstruction_loss": self.reconstruction_loss_tracker.result(),
        "kl_loss": self.kl_loss_tracker.result(),
    }
```

규제 항(쿨백-라이블러 발산)을 더합니다.

이제 모델 객체를 만들고 MNIST 숫자에서 훈련할 준비가 되었습니다. 사용자 정의 층에서 손실을 관리하기 때문에 compile() 메서드에 별도의 손실을 지정하지 않습니다(loss=None). 이는 훈련할 때 타깃 데이터를 전달하지 않는다는 의미입니다(코드 12-28에서 볼 수 있듯이 fit() 메서드에 mnist_digits만 전달합니다).

코드 12-28 VAE 훈련

```
import numpy as np

(x_train, _), (x_test, _) = keras.datasets.mnist.load_data()
mnist_digits = np.concatenate([x_train, x_test], axis=0)
mnist_digits = np.expand_dims(mnist_digits, -1).astype("float32") / 255

vae = VAE(encoder, decoder)
vae.compile(optimizer=keras.optimizers.Adam(), run_eagerly=True)
vae.fit(mnist_digits, epochs=30, batch_size=128)
```

훈련에 전체 MNIST 숫자를 사용하므로 훈련 샘플과 테스트 샘플을 합칩니다.

손실은 이미 train_step()에서 처리하기 때문에 compile() 메서드에 손실 매개변수를 지정하지 않습니다.

train_step()은 타깃을 기대하지 않으므로 fit() 메서드에 타깃을 전달하지 않습니다.

모델이 훈련되고 나면 decoder 네트워크를 사용하여 임의의 잠재 공간 벡터를 이미지로 바꿀 수 있습니다.

코드 12-29 2D 잠재 공간에서 이미지 그리드를 샘플링하기

```
import matplotlib.pyplot as plt

n = 30 -------- 30×30 크기의 숫자 그리드를 출력합니다(총 900개의 숫자).
digit_size = 28
figure = np.zeros((digit_size * n, digit_size * n))

grid_x = np.linspace(-1, 1, n)          2D 그리드에서 선형적으로
grid_y = np.linspace(-1, 1, n)[::-1]    포인트를 샘플링합니다.

for i, yi in enumerate(grid_y):
    for j, xi in enumerate(grid_x):     그리드 위치에 대해 반복합니다.
        z_sample = np.array([[xi, yi]])
        x_decoded = vae.decoder.predict(z_sample)
        digit = x_decoded[0].reshape(digit_size, digit_size)    각 위치에서 숫자를 샘플링하여 그림에 추가합니다.
        figure[
            i * digit_size : (i + 1) * digit_size,
            j * digit_size : (j + 1) * digit_size,
        ] = digit

plt.figure(figsize=(15, 15))
start_range = digit_size // 2
end_range = n * digit_size + start_range
pixel_range = np.arange(start_range, end_range, digit_size)
sample_range_x = np.round(grid_x, 1)
sample_range_y = np.round(grid_y, 1)
plt.xticks(pixel_range, sample_range_x)
plt.yticks(pixel_range, sample_range_y)
plt.xlabel("z[0]")
plt.ylabel("z[1]")
plt.axis("off")
plt.imshow(figure, cmap="Greys_r")
```

샘플링된 숫자의 그리드(그림 12-18)는 다른 숫자 클래스 사이에서 완벽하게 연속된 분포를 보여줍니다. 잠재 공간의 한 경로를 따라서 한 숫자가 다른 숫자로 자연스럽게 바뀝니다. 이 공간의 특정 방향은 어떤 의미를 가집니다. 예를 들어 '5로 가는 방향', '1로 가는 방향' 등입니다.

▼ 그림 12-18 잠재 공간에서 디코딩된 숫자 그리드

다음 절에서 인공적인 이미지를 생성하는 또 다른 주요 방법인 생성적 적대 신경망(GAN)에 대해 자세히 다루겠습니다.

12.4.5 정리

- 딥러닝으로 이미지 데이터셋에 대한 통계 정보를 담은 잠재 공간을 학습하여 이미지를 생성할 수 있습니다. 잠재 공간에서 포인트를 샘플링하고 디코딩하면 이전에 본 적 없는 이미지를 생성합니다. 이를 수행하는 주요 방법은 VAE와 GAN입니다.

- VAE는 매우 구조적이고 연속적인 잠재 공간의 표현을 만듭니다. 이런 이유로 잠재 공간 안에서 일어나는 모든 종류의 이미지 변형 작업에 잘 맞습니다. 다른 얼굴로 바꾸기, 찌푸린 얼굴을 웃는 얼굴로 변형하기 등입니다. 잠재 공간을 가로질러 이미지가 변환하는 잠재 공간 기반의 애니메이션에도 잘 맞습니다. 시작 이미지가 연속적으로 다른 이미지로 부드럽게 바뀌는 것을 볼 수 있습니다.
- GAN은 실제 같은 단일 이미지를 생성할 수 있지만 구조적이고 연속적인 잠재 공간을 만들지 못합니다.

필자가 본 가장 성공적인 이미지 애플리케이션은 VAE를 사용한 것입니다. GAN은 학술 연구 분야에서 지속적인 인기를 누리고 있습니다. 다음 절에서 GAN의 동작 방식과 구현 방법을 알아보겠습니다.

12.5 생성적 적대 신경망 소개

2014년 굿펠로우 등이 소개한 **생성적 적대 신경망**(GAN)[24]은 VAE와는 다른 방법으로 이미지의 잠재 공간을 학습합니다. GAN은 생성된 이미지가 실제 이미지와 통계적으로 거의 구분되지 않도록 강제하여 아주 실제 같은 합성 이미지를 생성합니다.

GAN을 직관적으로 이해하는 방법은 가짜 피카소 그림을 만드는 위조범을 생각하는 것입니다. 처음에 위조범은 형편없이 위조합니다. 진짜 피카소 그림과 위조품을 섞어서 그림 판매상에게 보여 줍니다. 판매상은 각 그림이 진짜인지 평가하고 어떤 것이 피카소 그림 같은지 위조범에게 피드백을 줍니다. 위조범은 자신의 화실로 돌아가 새로운 위조품을 준비합니다. 시간이 지남에 따라 위조범은 피카소의 스타일을 모방하는 데 점점 더 능숙해집니다. 그림 판매상은 위조품을 구분하는 데 점점 더 전문가가 됩니다. 결국 아주 훌륭한 피카소 위조품을 만들어 낼 것입니다.

위조범 네트워크와 전문가 네트워크가 바로 GAN입니다. 두 네트워크는 상대를 이기기 위해 훈련합니다. GAN의 네트워크 2개는 다음과 같습니다.

24 Ian Goodfellow et al., "Generative Adversarial Networks," arXiv (2014), https://arxiv.org/abs/1406.2661

* **생성자 네트워크**(generator network): 랜덤 벡터(잠재 공간의 무작위한 포인트)를 입력으로 받아 이를 합성된 이미지로 디코딩합니다.
* **판별자 네트워크**(discriminator network)(**또는 적대 네트워크**(adversary network)): 이미지(실제 또는 합성 이미지)를 입력으로 받아 훈련 세트에서 온 이미지인지, 생성자 네트워크가 만든 이미지인지 판별합니다.

생성자 네트워크는 판별자 네트워크를 속이도록 훈련합니다. 훈련이 계속될수록 점점 더 실제와 같은 이미지를 생성하게 됩니다. 실제 이미지와 구분할 수 없는 인공적인 이미지를 만들어 판별자 네트워크가 두 이미지를 동일하게 보도록 만듭니다(그림 12-19). 한편 판별자 네트워크는 생성된 이미지가 실제인지 판별하는 기준을 높게 설정하면서 생성자의 능력 향상에 적응해 갑니다. 훈련이 끝나면 생성자는 입력 공간에 있는 어떤 포인트를 그럴듯한 이미지로 변환합니다. VAE와 달리 이 잠재 공간은 의미 있는 구조를 보장하지 않습니다. 특히 이 공간은 연속적이지 않습니다.

▼ 그림 12-19 생성자는 랜덤한 잠재 공간의 벡터를 이미지로 변환하고 판별자는 실제 이미지와 생성된 이미지를 구분한다. 생성자는 판별자를 속이도록 훈련한다

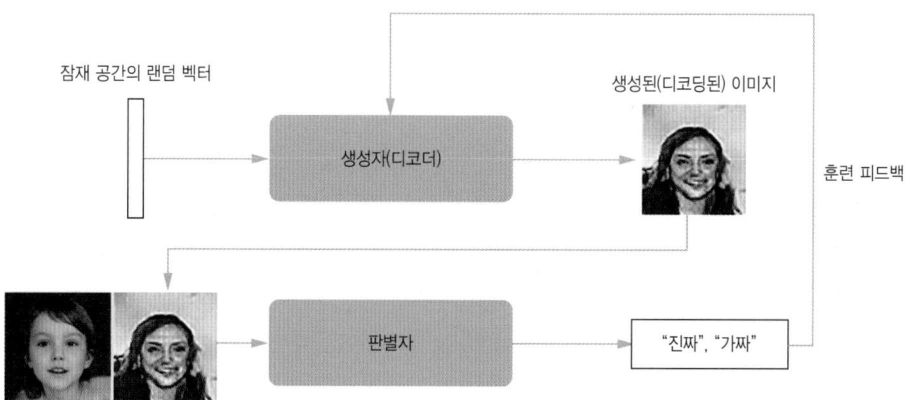

놀랍게도 GAN은 최적화의 최솟값이 고정되지 않은 시스템입니다. 이 책에서 다루는 어떤 훈련 설정과도 다릅니다. 보통 경사 하강법은 고정된 손실 공간에서 언덕을 내려오는 방법입니다. GAN에서는 언덕을 내려오는 매 단계가 조금씩 전체 공간을 바꿉니다. 최적화 과정이 최솟값을 찾는 것이 아니라 두 힘 간의 평형점을 찾는 다이나믹 시스템입니다. 이런 이유로 GAN은 훈련하기 어렵기로 유명합니다. GAN을 만들려면 모델 구조와 훈련 파라미터를 주의 깊게 많이 조정해야 합니다.

▼ 그림 12-20 잠재 공간에서 샘플링한 이미지. StyleGAN2 모델을 사용하여 https://thispersondoesnotexist.com에서 생성한 이미지(이미지 제공: 이 웹 사이트 개발자는 필립 왕(Phillip Wang)이며, 여기에서 사용한 모델은 다음 논문을 참고할 것. https://arxiv.org/abs/1912.04958)

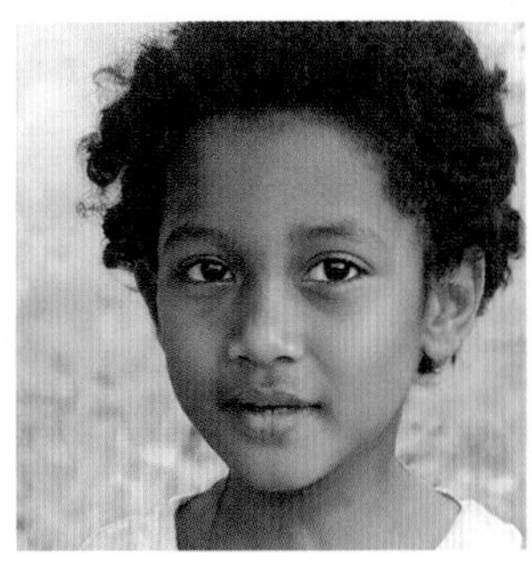

12.5.1 GAN 구현 방법

이 절에서는 케라스에서 가장 기본적인 형태의 GAN을 구현하는 방법을 설명하겠습니다. GAN은 고급 기술이기 때문에 그림 12-20에 있는 이미지를 생성하는 StyleGAN2와 같은 구조의 기술적인 내용을 깊이 설명하는 것은 이 책 범위를 벗어납니다. 이 예제에서 구현할 모델은 심층 합성곱 GAN(DCGAN)입니다. 생성자와 판별자가 심층 컨브넷인 가장 기본적인 GAN입니다.

20만 명의 유명 인사 얼굴 데이터로 구성된 CelebA(Large-scale CelebFaces Attributes)(https://mmlab.ie.cuhk.edu.hk/projects/CelebA.html) 데이터셋으로 GAN 모델을 훈련하겠습니다. 훈련 속도를 높이기 위해 이미지를 64×64 크기로 변경하겠습니다. 따라서 64×64 크기의 사람 얼굴을 생성하는 법을 학습할 것입니다.

GAN 구조는 다음과 같습니다.

1. generator 네트워크는 (`latent_dim`,) 크기의 벡터를 (64, 64, 3) 크기의 이미지로 매핑합니다.
2. discriminator 네트워크는 (64, 64, 3) 크기의 이미지가 진짜일 확률을 추정하여 이진 값으로 매핑합니다.
3. 생성자와 판별자를 연결하는 gan 네트워크를 만듭니다. gan(x) = discriminator(generator(x))입니다. 이 gan 네트워크는 잠재 공간의 벡터를 판별자의 평가로 매핑합니다. 즉, 판별자는 생성자가 잠재 공간의 벡터를 디코딩한 것이 얼마나 현실적인지 평가합니다.

4. "진짜"/"가짜" 레이블과 함께 진짜 이미지와 가짜 이미지 샘플을 사용하여 판별자를 훈련합니다. 일반적인 이미지 분류 모델을 훈련하는 것과 동일합니다.

5. 생성자를 훈련하려면 gan 모델의 손실에 대한 생성자 가중치의 그레이디언트를 사용합니다. 이 말은 매 단계마다 생성자에 의해 디코딩된 이미지를 판별자가 "진짜"로 분류하도록 만드는 방향으로 생성자의 가중치를 이동한다는 뜻입니다. 다른 말로 하면 판별자를 속이도록 생성자를 훈련합니다.

12.5.2 훈련 방법

GAN을 훈련하고 튜닝하는 과정은 어렵기로 유명합니다. 알아 두어야 할 몇 가지 유용한 기법이 있습니다. 딥러닝의 대부분이 그렇듯이 이는 과학보다는 연금술에 가깝습니다. 이런 기법들은 이론에 바탕을 둔 지침이 아니고 경험을 통해 발견된 것입니다. 실제 일어난 현상을 직관적으로 이해하는 수준에서 검증되었습니다. 모든 문제에 반드시 적용해야 하는 것은 아니지만 경험상 잘 작동한다고 알려져 있습니다.

다음은 이 절에서 GAN 생성자와 판별자를 구현하는 데 사용할 몇 가지 기법입니다. 이 목록이 GAN에 관련된 전체 팁은 아닙니다. GAN 논문들에서 더 많은 방법을 볼 수 있습니다.

- VAE 디코더에서 했던 것처럼 판별자에서 특성 맵을 다운샘플링하는 데 풀링 대신 스트라이드를 사용합니다.
- 균등 분포가 아니고 정규 분포(가우스 분포)를 사용하여 잠재 공간에서 포인트를 샘플링합니다.
- 무작위성은 모델을 견고하게 만듭니다. GAN 훈련은 동적 평형을 만들기 때문에 여러 방식으로 갇힐 가능성이 높습니다. 훈련하는 동안 무작위성을 주입하면 이를 방지하는 데 도움이 됩니다. 이를 위해 판별자 레이블에 랜덤 노이즈를 추가합니다.
- 희소한 그레이디언트는 GAN 훈련을 방해할 수 있습니다. 딥러닝에서 희소성은 종종 바람직한 현상이지만 GAN에서는 그렇지 않습니다. 그레이디언트를 희소하게 만들 수 있는 것은 최대 풀링 연산과 `relu` 활성화 두 가지입니다. 최대 풀링 대신 스트라이드 합성곱을 사용하여 다운샘플링을 하는 것이 좋습니다. 또 `relu` 활성화 대신 `LeakyReLU` 층을 사용하세요. `ReLU`와 비슷하지만 음수의 활성화 값을 조금 허용하기 때문에 희소성이 다소 완화됩니다.

* 생성자에서 픽셀 공간을 균일하게 다루지 못하여 생성된 이미지에서 체스판 모양이 종종 나타납니다(그림 12-21). 이를 해결하기 위해 생성자와 판별자에서 스트라이드 Conv2DTranspose나 Conv2D를 사용할 때 스트라이드 크기로 나누어질 수 있는 커널 크기를 사용합니다.[25]

▼ 그림 12-21 스트라이드와 커널 크기가 맞지 않아 픽셀 공간을 균일하게 다루지 못하여 발생하는 체스판 모양. GAN에서 찾은 많은 팁 중 하나다

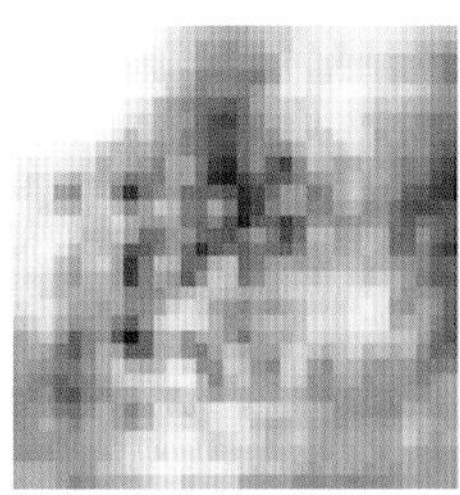
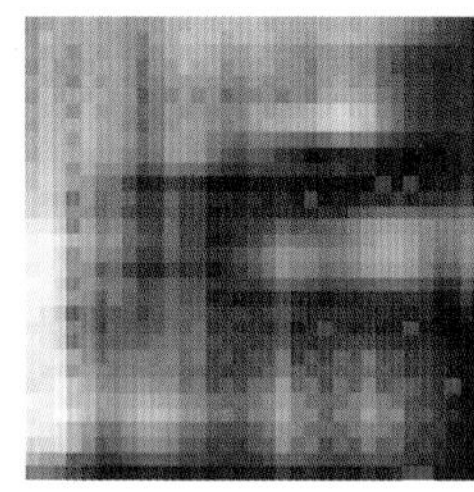
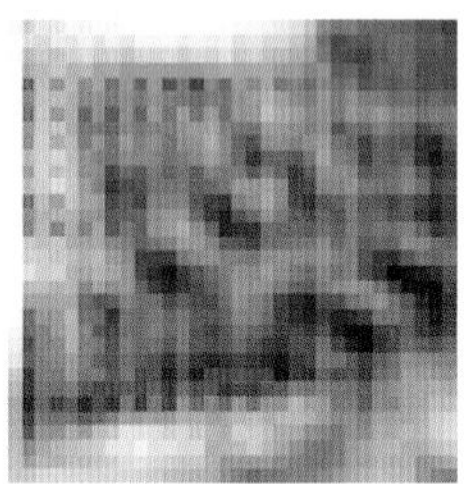

12.5.3 CelebA 데이터셋 준비하기

CelebA 웹 사이트(http://mmlab.ie.cuhk.edu.hk/projects/CelebA.html)에서 이 데이터셋을 수동으로 내려받을 수 있습니다. 코랩을 사용한다면 다음 명령을 실행하여 구글 드라이에서 데이터를 내려받아 압축을 풀 수 있습니다.

코드 12-30 CelebA 데이터 내려받기

```
!mkdir celeba_gan -------- 작업 디렉터리를 만듭니다.
!gdown 1up5bN8LCE2vHigVY-Z9yY2_aKRW5jN_9 -O celeba_gan/data.zip --- gdown(코랩이 아닌 경우 설치가 필요합니다) 명령을 사용해서 압축된 데이터를 내려받습니다.
!unzip -qq celeba_gan/data.zip -d celeba_gan -------- 압축을 풉니다.
```

디렉터리에 압축 해제된 이미지가 있다면 image_dataset_from_directory 함수를 사용해서 데이터셋을 만들 수 있습니다. 레이블이 필요하지 않고 이미지만 있으면 되므로 label_mode=None으로 지정합니다.

25 역주 커널 크기가 스트라이드의 배수가 아니면 픽셀이 공평하게 합성곱되지 않습니다. 커널 크기를 스트라이드로 나누었을 때 나머지 크기에 해당하는 픽셀이 더 많이 업샘플링에 참여하게 됩니다.

코드 12-31 이미지 디렉터리에 데이터셋을 만든다

```
from tensorflow import keras

dataset = keras.utils.image_dataset_from_directory(
    "celeba_gan",
    label_mode=None, -------- 레이블 없이 이미지만 반환합니다.
    image_size=(64, 64),
    batch_size=32,
    smart_resize=True) -------- 이미지를 64×64 크기로 변환할 때 가로세로 비율을 유지하면서
                                자르고 크기를 바꿉니다. 얼굴의 비율이 왜곡되면 안 됩니다!
```

마지막으로 이미지 값을 [0-1] 범위로 조정합니다.

코드 12-32 픽셀 값 범위 바꾸기

```
dataset = dataset.map(lambda x: x / 255.)
```

코드 12-33으로 샘플 이미지를 출력할 수 있습니다.

코드 12-33 첫 번째 이미지 출력하기

```
import matplotlib.pyplot as plt

for x in dataset:
    plt.axis("off")
    plt.imshow((x.numpy() * 255).astype("int32")[0])
    break
```

12.5.4 판별자

먼저 후보 이미지(진짜와 합성 이미지)를 입력으로 받고 두 클래스('생성된 이미지' 또는 '훈련 세트에서 온 이미지') 중 하나로 분류하는 discriminator 모델을 만듭니다. GAN에서 발생하는 많은 문제 중 하나는 생성자가 노이즈 같은 이미지를 생성하는 데에서 멈추는 것입니다. 판별자에 드롭아웃을 사용하는 것이 해결 방법이 될 수 있으므로 여기에서 이를 적용해 보겠습니다.

코드 12-34 GAN 판별자 네트워크

```
from tensorflow.keras import layers

discriminator = keras.Sequential(
    [
        keras.Input(shape=(64, 64, 3)),
        layers.Conv2D(64, kernel_size=4, strides=2, padding="same"),
        layers.LeakyReLU(alpha=0.2),
        layers.Conv2D(128, kernel_size=4, strides=2, padding="same"),
        layers.LeakyReLU(alpha=0.2),
        layers.Conv2D(128, kernel_size=4, strides=2, padding="same"),
        layers.LeakyReLU(alpha=0.2),
        layers.Flatten(),
        layers.Dropout(0.2),   -------- 드롭아웃 층: 중요합니다!
        layers.Dense(1, activation="sigmoid"),
    ],
    name="discriminator",
)
```

다음은 판별자 모델의 summary() 결과입니다.

```
>>> discriminator.summary()
Model: "discriminator"
_________________________________________________________________
Layer (type)                 Output Shape              Param #
=================================================================
conv2d (Conv2D)              (None, 32, 32, 64)        3136
_________________________________________________________________
leaky_re_lu (LeakyReLU)      (None, 32, 32, 64)        0
_________________________________________________________________
conv2d_1 (Conv2D)            (None, 16, 16, 128)       131200
_________________________________________________________________
leaky_re_lu_1 (LeakyReLU)    (None, 16, 16, 128)       0
_________________________________________________________________
conv2d_2 (Conv2D)            (None, 8, 8, 128)         262272
_________________________________________________________________
leaky_re_lu_2 (LeakyReLU)    (None, 8, 8, 128)         0
_________________________________________________________________
flatten (Flatten)            (None, 8192)              0
_________________________________________________________________
dropout (Dropout)            (None, 8192)              0
_________________________________________________________________
```

```
dense (Dense)                (None, 1)              8193
=================================================================
Total params: 404,801
Trainable params: 404,801
Non-trainable params: 0
_________________________________________________________________
```

12.5.5 생성자

그다음 (훈련하는 동안 잠재 공간에서 무작위로 샘플링된) 벡터를 후보 이미지로 변환하는 generator 모델을 만들어 보겠습니다.

코드 12-35 GAN 생성자 네트워크

```
latent_dim = 128  ········ 잠재 공간은 128차원 벡터로 구성됩니다.

generator = keras.Sequential(
    [
        keras.Input(shape=(latent_dim,)),
        layers.Dense(8 * 8 * 128),  ········ 판별자에 있는 Flatten 층의 출력 크기와 동일하게 지정합니다.
        layers.Reshape((8, 8, 128)),  ········ 판별자의 Flatten 층 작업을 되돌립니다.
        layers.Conv2DTranspose(128, kernel_size=4, strides=2, padding="same"),  ┐ 판별자의 Conv2D 층 작업을 되돌립니다.
        layers.LeakyReLU(alpha=0.2),  ┐
        layers.Conv2DTranspose(256, kernel_size=4, strides=2, padding="same"),  ┘
        layers.LeakyReLU(alpha=0.2),  ┤ LeakyReLU 활성화 함수를 사용합니다.
        layers.Conv2DTranspose(512, kernel_size=4, strides=2, padding="same"),  ┘
        layers.LeakyReLU(alpha=0.2),  ┘
        layers.Conv2D(3, kernel_size=5, padding="same", activation="sigmoid"),  ········ 출력 크기는 (28, 28, 1)이 됩니다.
    ],
    name="generator",
)
```

다음은 생성자 모델의 summary() 결과입니다.

```
>>> generator.summary()
Model: "generator"
_________________________________________________________________
Layer (type)                 Output Shape           Param #
=================================================================
dense_1 (Dense)              (None, 8192)           1056768
```

```
_________________________________________________________________
reshape (Reshape)            (None, 8, 8, 128)         0
_________________________________________________________________
conv2d_transpose (Conv2DTran (None, 16, 16, 128)       262272
_________________________________________________________________
leaky_re_lu_3 (LeakyReLU)    (None, 16, 16, 128)       0
_________________________________________________________________
conv2d_transpose_1 (Conv2DTr (None, 32, 32, 256)       524544
_________________________________________________________________
leaky_re_lu_4 (LeakyReLU)    (None, 32, 32, 256)       0
_________________________________________________________________
conv2d_transpose_2 (Conv2DTr (None, 64, 64, 512)       2097664
_________________________________________________________________
leaky_re_lu_5 (LeakyReLU)    (None, 64, 64, 512)       0
_________________________________________________________________
conv2d_3 (Conv2D)            (None, 64, 64, 3)         38403
=================================================================
Total params: 3,979,651
Trainable params: 3,979,651
Non-trainable params: 0
_________________________________________________________________
```

12.5.6 적대 네트워크

마지막으로 생성자와 판별자를 연결하여 GAN을 모델 구성합니다. 훈련할 때 이 모델은 생성자가 판별자를 속이는 능력이 커지도록 학습시킵니다. 이 모델은 잠재 공간의 포인트를 "진짜" 또는 "가짜"의 분류 결정으로 변환합니다. 훈련에 사용되는 타깃 레이블은 항상 '진짜 이미지'입니다. 따라서 gan을 훈련하는 것은 discriminator가 가짜 이미지를 보았을 때 진짜라고 예측하도록 만들기 위해 generator의 가중치를 업데이트하는 것입니다.

훈련 반복의 내용을 요약 정리해 보겠습니다. 매 반복마다 다음을 수행합니다.

1. 잠재 공간에서 무작위로 포인트를 뽑습니다(랜덤 노이즈).
2. 이 랜덤 노이즈를 사용하여 generator에서 이미지를 생성합니다.
3. 생성된 이미지와 진짜 이미지를 섞습니다.
4. 진짜와 가짜가 섞인 이미지와 이에 대응하는 타깃을 사용하여 discriminator를 훈련합니다. 타깃은 "진짜(실제 이미지일 경우)" 또는 "가짜(생성된 이미지일 경우)"입니다.

5. 잠재 공간에서 무작위로 새로운 포인트를 뽑습니다.

6. 이 랜덤 벡터를 사용하여 generator를 훈련합니다. 모든 타깃은 "진짜"로 설정합니다. 판별자가 생성된 이미지를 모두 "진짜 이미지"라고 예측하도록 생성자의 가중치를 업데이트합니다. 결국 생성자는 판별자를 속이도록 훈련됩니다.

실제로 구현해 보죠. VAE 예제와 마찬가지로 Model 클래스를 서브클래싱하고 사용자 정의 train_step() 메서드를 사용하겠습니다. 2개의 옵티마이저를 사용하므로 compile() 메서드를 오버라이드하여 2개의 옵티마이저를 받을 수 있도록 만들겠습니다.

코드 12-36 GAN 모델

```
import tensorflow as tf

class GAN(keras.Model):
    def __init__(self, discriminator, generator, latent_dim):
        super().__init__()
        self.discriminator = discriminator
        self.generator = generator
        self.latent_dim = latent_dim
        self.d_loss_metric = keras.metrics.Mean(name="d_loss")
        self.g_loss_metric = keras.metrics.Mean(name="g_loss")
    def compile(self, d_optimizer, g_optimizer, loss_fn):
        super(GAN, self).compile()
        self.d_optimizer = d_optimizer
        self.g_optimizer = g_optimizer
        self.loss_fn = loss_fn

    @property
    def metrics(self):
        return [self.d_loss_metric, self.g_loss_metric]

    def train_step(self, real_images):
        batch_size = tf.shape(real_images)[0]
        random_latent_vectors = tf.random.normal(
            shape=(batch_size, self.latent_dim))
        generated_images = self.generator(random_latent_vectors)
        combined_images = tf.concat([generated_images, real_images], axis=0)
        labels = tf.concat(
            [tf.ones((batch_size, 1)), tf.zeros((batch_size, 1))],
            axis=0
        )
```

훈련 에포크마다 2개의 손실을 추적하기 위한 속성을 설정합니다.

잠재 공간에서 랜덤한 포인트를 샘플링합니다.

랜덤한 포인트를 가짜 이미지로 디코딩합니다.

진짜 이미지와 합칩니다.

진짜 이미지와 가짜 이미지의 레이블을 합칩니다.

```
        labels += 0.05 * tf.random.uniform(tf.shape(labels))  ·······  레이블에 랜덤한 잡음을 추가합니다: 중요한 트릭입니다!

        with tf.GradientTape() as tape:
            predictions = self.discriminator(combined_images)
            d_loss = self.loss_fn(labels, predictions)
        grads = tape.gradient(d_loss, self.discriminator.trainable_weights)
        self.d_optimizer.apply_gradients(
            zip(grads, self.discriminator.trainable_weights)
        )
                                                        ······· 판별자를 훈련합니다.
        random_latent_vectors = tf.random.normal(
            shape=(batch_size, self.latent_dim))  ········ 잠재 공간에서 랜덤한 포인트를 샘플링합니다.
        misleading_labels = tf.zeros((batch_size, 1))  ······· 모두 '진짜 이미지'라고 말하는 레이블을 만듭니다(사실 거짓말입니다!).

        with tf.GradientTape() as tape:
            predictions = self.discriminator(
                self.generator(random_latent_vectors))
            g_loss = self.loss_fn(misleading_labels, predictions)
        grads = tape.gradient(g_loss, self.generator.trainable_weights)   ······ 생성자를 훈련합니다.

        self.g_optimizer.apply_gradients(
            zip(grads, self.generator.trainable_weights))
        self.d_loss_metric.update_state(d_loss)
        self.g_loss_metric.update_state(g_loss)
        return {"d_loss": self.d_loss_metric.result(),
                "g_loss": self.g_loss_metric.result()}
```

훈련을 시작하기 전에 결과를 모니터링하기 위한 콜백을 만들어 보죠. 생성자를 사용하여 에포크가 끝날 때마다 여러 개의 가짜 이미지를 만들어 저장하겠습니다.

코드 12-37 훈련 과정 동안에 이미지를 생성하기 위한 콜백

```
class GANMonitor(keras.callbacks.Callback):
    def __init__(self, num_img=3, latent_dim=128):
        self.num_img = num_img
        self.latent_dim = latent_dim

    def on_epoch_end(self, epoch, logs=None):
        random_latent_vectors = tf.random.normal(
            shape=(self.num_img, self.latent_dim))
        generated_images = self.model.generator(random_latent_vectors)
        generated_images *= 255
        generated_images.numpy()
```

```
        for i in range(self.num_img):
            img = keras.utils.array_to_img(generated_images[i])
            img.save(f"generated_img_{epoch:03d}_{i}.png")
```

이제 훈련을 시작할 수 있습니다.

코드 12-38 GAN 모델 컴파일하고 훈련하기

```
epochs = 100 -------- 20번째 에포크부터 흥미로운 결과를 얻기 시작할 것입니다.

gan = GAN(discriminator=discriminator, generator=generator,
          latent_dim=latent_dim)
gan.compile(
    d_optimizer=keras.optimizers.Adam(learning_rate=0.0001),
    g_optimizer=keras.optimizers.Adam(learning_rate=0.0001),
    loss_fn=keras.losses.BinaryCrossentropy(),
)

gan.fit(
    dataset, epochs=epochs,
    callbacks=[GANMonitor(num_img=10, latent_dim=latent_dim)]
)
```

훈련할 때 적대적 손실이 크게 증가하는 것을 볼지도 모릅니다. 반면 판별자의 손실은 0으로 향합니다. 결국 판별자가 생성자를 압도할 수 있습니다. 이런 경우에는 판별자의 학습률을 낮추고 판별자의 드롭아웃 비율을 높여서 시도해 보세요.

그림 12-22는 이 모델이 30번째 에포크 후에 생성한 이미지입니다.

▼ 그림 12-22 30번째 에포크 후에 생성된 이미지

12.5.7 정리

- GAN은 생성자 네트워크와 판별자 네트워크가 연결되어 구성됩니다. 판별자는 생성자의 출력과 훈련 데이터셋에서 가져온 진짜 이미지를 구분하도록 훈련됩니다. 생성자는 판별자를 속이도록 훈련됩니다. 놀랍게도 생성자는 훈련 세트의 이미지를 직접 보지 않습니다. 데이터에 관한 정보는 판별자에서 얻습니다.
- GAN은 훈련하기 어렵습니다. GAN 훈련이 고정된 손실 공간에서 수행하는 단순한 경사 하강법 과정이 아니라 동적 과정이기 때문입니다. GAN을 올바르게 훈련하려면 경험적으로 찾은 여러 기교를 사용하고 많은 튜닝을 해야 합니다.
- GAN은 매우 실제 같은 이미지를 만들 수 있습니다. VAE와 달리 학습된 잠재 공간이 깔끔하게 연속된 구조를 가지지 않습니다. 잠재 공간의 개념 벡터를 사용하여 이미지를 변형하는 등 실용적인 특정 애플리케이션에는 잘 맞지 않습니다.

이 분야는 빠르게 성장하고 있으며, 여기에서 다룬 기법들은 기초일 뿐입니다. 배워야 할 것이 아주 많습니다. 생성 모델을 위한 딥러닝은 그 자체로 책 한 권 분량입니다.[26]

12.6 요약

DEEP LEARNING

- 시퀀스-투-시퀀스 모델을 사용하여 한 번에 한 스텝씩 시퀀스 데이터를 생성할 수 있습니다. 텍스트 생성뿐만 아니라 음표 하나씩 음악을 생성하거나 다른 어떤 시계열 데이터를 생성하는 곳에 적용할 수 있습니다.
- 딥드림은 입력 공간에 경사 상승법을 적용하여 컨브넷 층 활성화를 최대화하는 식으로 동작합니다.
- 스타일 트랜스퍼 알고리즘에서는 경사 하강법을 통해 콘텐츠 이미지와 스타일 이미지를 연결하여 콘텐츠 이미지의 고수준 특성과 스타일 이미지의 국부적인 특징을 가진 이미지를 만듭니다.

26 역주 다양한 생성 모델과 GAN에 대한 자세한 내용은 〈만들면서 배우는 생성 AI 2판〉(한빛미디어, 2023), 〈GAN 인 액션〉(한빛미디어, 2020)을 참고하세요.

- VAE와 GAN은 이미지의 잠재 공간을 학습하고 이 잠재 공간에서 샘플링하여 완전히 새로운 이미지를 만들 수 있는 모델입니다. **개념 벡터**(concept vector)를 사용하여 이미지를 변형할 수도 있습니다.

13장

실전 문제 해결을 위한 모범 사례

이 장에서 다룰 핵심 내용

- 하이퍼파라미터 튜닝
- 모델 앙상블
- 혼합 정밀도 훈련
- 여러 개의 GPU나 TPU에서 케라스 모델 훈련하기

책의 후반 부분에 도달했습니다. 이제 이미지 분류 모델, 이미지 분할 모델, 벡터 데이터에서 분류나 회귀 모델, 시계열 예측 모델, 텍스트 분류 모델, 시퀀스-투-시퀀스 모델, 텍스트와 이미지 생성 모델까지 훈련하는 방법을 배웠습니다. 이 과정에서 기초적인 모든 내용을 알게 되었습니다.

하지만 지금까지 훈련한 모델은 작은 규모입니다. 즉, 작은 데이터셋에서 하나의 GPU를 사용합니다. 또한, 다루었던 모든 데이터셋에서 최상의 성능에 도달하지 못했습니다. 하지만 이 책은 딥러닝 입문서입니다. 실전으로 뛰어들어 완전히 새로운 문제에서 최상의 결과를 달성하려면 아직 건너야 할 벽이 있습니다.

이 장에서는 이런 간극을 메우고 머신 러닝 학습자에서 완전한 기술을 갖춘 머신 러닝 엔지니어로 가기 위해 필요한 모범 사례를 제공합니다. 모델 성능을 체계적으로 향상하기 위한 핵심적인 기술인 하이퍼파라미터 튜닝(hyperparameter tuning)과 모델 앙상블(model ensemble)을 소개하겠습니다. 그다음 모델 훈련 속도를 높이고 규모를 확장하기 위해 다중 GPU와 TPU 훈련, 혼합 정밀도, 원격 클라우드의 컴퓨팅 자원을 활용하는 방법을 알아보겠습니다.

13.1 모델의 최대 성능을 끌어내기

단지 작동만 하는 모델이 필요하다면 그냥 이런저런 구조를 시도해 보아도 충분합니다. 이 절에서는 작동하는 수준을 넘어 아주 잘 작동하고 머신 러닝 경연 대회에서 우승하는 모델을 만들기 위해 꼭 알아야 할 기법을 소개하겠습니다. 이런 기법을 사용하면 최고의 딥러닝 모델을 만들 수 있을 것입니다.

13.1.1 하이퍼파라미터 최적화

딥러닝 모델을 만들 때 무작위로 보이는 결정을 많이 하곤 합니다. 얼마나 많은 층을 쌓아야 할까요? 층마다 얼마나 많은 유닛이나 필터를 두어야 할까요? `relu` 활성화 함수를 사용해야 할까요? 아니면 다른 함수를 사용해야 할까요? 어떤 층 뒤에 `BatchNormalization`을 사용해야 할까요? 드롭아웃은 얼마나 해야 할까요? 등입니다. 이런 구조에 관련된 파라미터를 역전파로 훈련되는 모델 파라미터와 구분하여 **하이퍼파라미터**(hyperparameter)라고 부릅니다.

실제로 경험 많은 머신 러닝 엔지니어와 연구자는 하이퍼파라미터에 따라 작동하는 것과 작동하지 않는 것에 대한 직관을 가지고 있습니다. 하이퍼파라미터 튜닝에 관한 기술을 가지고 있는 셈입니다. 하지만 공식적인 규칙은 없습니다. 주어진 문제에서 최대의 성능을 얻고 싶다면 임의로 선택한 결정에 만족해서는 안 됩니다. 직감이 좋다고 하더라도 첫 번째 선택은 거의 항상 최적치가 아닙니다. 옵션을 수정하고 모델을 반복적으로 다시 훈련하여 선택 사항을 개선해야 합니다. 이것이 머신 러닝 엔지니어와 연구자들이 대부분의 시간을 쓰는 일입니다. 하지만 하루 종일 하이퍼파라미터를 수정하는 것은 사람이 할 일은 아닙니다. 기계에 위임하는 것이 더 낫습니다.

가능한 결정 공간을 자동적, 조직적, 규칙적 방법으로 탐색해야 합니다. 가능성 있는 구조를 탐색해서 실제 가장 높은 성능을 내는 구조를 찾아야 합니다. 하이퍼파라미터 자동 최적화가 이에 관련된 분야입니다. 이는 하나의 연구 분야이며 중요한 분야입니다.

전형적인 하이퍼파라미터 최적화 과정은 다음과 같습니다.

1. 일련의 하이퍼파라미터를 (자동으로) 선택합니다.
2. 선택된 하이퍼파라미터로 모델을 만듭니다.
3. 훈련 데이터에 학습하고 검증 데이터에서 성능을 측정합니다.
4. 다음으로 시도할 하이퍼파라미터를 (자동으로) 선택합니다.
5. 이 과정을 반복합니다.
6. 마지막으로 테스트 데이터에서 성능을 측정합니다.

검증 성능과 다양한 하이퍼파라미터 사이의 관계를 분석하여 다음 번에 시도할 하이퍼파라미터를 선택하는 알고리즘이 이 과정의 핵심입니다. 여러 가지 기법을 사용할 수 있습니다. 베이즈 최적화(bayesian optimization), 유전 알고리즘(genetic algorithms), 간단한 랜덤 탐색(random search) 등입니다.

모델의 가중치를 훈련하는 것은 비교적 쉽습니다. 미니 배치 데이터에 대한 손실 함수 값을 계산하고 역전파 알고리즘을 사용하여 올바른 방향으로 가중치를 이동하면 됩니다. 반면에 하이퍼파라미터를 업데이트하는 것은 어려운 점이 있습니다. 다음을 생각해 보죠.

- 하이퍼파라미터 공간은 일반적으로 분리되어 있는 결정(discrete decision)들로 채워집니다. 즉, 연속적이지 않고 미분 가능하지 않습니다. 그러므로 하이퍼파라미터 공간에 경사 하강법을 사용할 수 없습니다. 그 대신 경사 하강법보다 훨씬 비효율적인 그레이디언트-프리(gradient-free) 최적화 기법을 사용해야 합니다.

13 실전 문제 해결을 위한 모범 사례

- 이 최적화 과정의 피드백 신호(이 하이퍼파라미터가 성능이 높은 모델을 만드나요?)를 계산하는 것은 매우 비용이 많이 듭니다. 새로운 모델을 만들고 데이터셋을 사용하여 처음부터 다시 훈련해야 합니다.
- 피드백 신호는 잡음이 많을 수 있습니다. 어떤 훈련이 0.2% 성능을 높였다면 더 좋은 모델 설정 때문일까요? 아니면 초기 가중치 값이 우연히 좋았기 때문일까요?

다행히 하이퍼파라미터 튜닝을 쉽게 수행할 수 있는 도구인 KerasTuner(https://keras.io/keras_tuner/)가 있습니다. 이에 대해 알아보겠습니다.

KerasTuner 사용하기

먼저 KerasTuner를 설치합니다.

```
!pip install keras-tuner -q
```

KerasTuner를 사용하면 units=32와 같은 하드코딩된 하이퍼파라미터 값을 Int(name="units", min_value=16, max_value=64, step=16)과 같이 가능한 선택 범위로 바꿀 수 있습니다. 어떤 모델에 대한 이런 선택의 집합을 하이퍼파라미터 튜닝 과정의 **탐색 공간**(search space)이라고 부릅니다.

탐색 공간을 지정하기 위해 모델 구축 함수를 정의합니다(코드 13-1). 이 함수는 하이퍼파라미터 범위를 샘플링할 수 있는 hp 매개변수를 받고 컴파일된 케라스 모델을 반환합니다.

코드 13-1 KerasTuner 모델 구축 함수

```
from tensorflow import keras
from tensorflow.keras import layers

def build_model(hp):
    units = hp.Int(name="units", min_value=16, max_value=64, step=16)  # hp 객체에서 하이퍼파라미터 값을 샘플링합니다. 샘플링한 이 값(여기에서는 변수 units)은 일반적인 파이썬 상수입니다.
    model = keras.Sequential([
        layers.Dense(units, activation="relu"),
        layers.Dense(10, activation="softmax")
    ])
    optimizer = hp.Choice(name="optimizer", values=["rmsprop", "adam"])  # 여러 종류의 하이퍼파라미터를 제공합니다. Int, Float, Boolean, Choice가 있습니다.
    model.compile(
        optimizer=optimizer,
        loss="sparse_categorical_crossentropy",
        metrics=["accuracy"])
    return model  # 이 함수는 컴파일된 모델을 반환합니다.
```

모델 구축을 조금 더 모듈화하고 설정하기 쉽게 만들려면 다음과 같이 HyperModel 클래스를 상속하여 build 메서드를 정의할 수 있습니다.

코드 13-2 A KerasTuner의 HyperModel

```
import keras_tuner as kt

class SimpleMLP(kt.HyperModel):
    def __init__(self, num_classes):
        self.num_classes = num_classes

    def build(self, hp):  -------- build() 메서드는 앞에 있는 build_model() 함수와 동일합니다.
        units = hp.Int(name="units", min_value=16, max_value=64, step=16)
        model = keras.Sequential([
            layers.Dense(units, activation="relu"),
            layers.Dense(self.num_classes, activation="softmax")
        ])
        optimizer = hp.Choice(name="optimizer", values=["rmsprop", "adam"])
        model.compile(
            optimizer=optimizer,
            loss="sparse_categorical_crossentropy",
            metrics=["accuracy"])
        return model

hypermodel = SimpleMLP(num_classes=10)
```

객체지향 방식 덕분에 모델 상수를 (모델 구축 함수에 하드코딩하지 않고) 생성자 매개변수에 정의할 수 있습니다.

다음 단계는 '튜너(tuner)'를 정의하는 것입니다. 튜너를 다음 과정을 반복하는 for 루프로 생각할 수 있습니다.

- 일련의 하이퍼파라미터 값을 선택합니다.
- 이런 값으로 모델 구축 함수를 호출하여 모델을 만듭니다.
- 모델을 훈련하고 평가 결과를 기록합니다.

KerasTuner는 몇 가지 내장 튜너를 제공합니다. RandomSearch, BayesianOptimization, Hyperband입니다. 이전 선택의 결과를 바탕으로 최상의 하이퍼파라미터 값을 스마트하게 예측하는 BayesianOptimization 튜너를 사용해 보겠습니다.

```
tuner = kt.BayesianOptimization(
    build_model,  ------- 모델 구축 함수(또는 HyperModel 클래스의 객체)를 지정합니다.
    objective="val_accuracy",  ------- 튜너가 최적화할 지표를 지정합니다. 탐색 과정의 목표가 일반화할 수 있는 모델을 찾는 것이므로 항상 검증 지표를 지정하세요!
    max_trials=100,  ------- 탐색을 끝내기 전까지 시도할 모델 설정의 최대 횟수
    executions_per_trial=2,  ------- 측정값의 분산을 줄이기 위해 동일한 모델을 여러 번 훈련하여 결과를 평균할 수 있습니다. executions_per_trial은 각 모델 설정을 몇 번씩 훈련할지 지정합니다.
    directory="mnist_kt_test",  ------- 탐색 로그를 저장할 위치
    overwrite=True,  ------- 새로운 탐색을 시작하기 위해 디렉터리에 있는 데이터를 덮어쓸지 여부. 모델 구축 함수를 수정했다면 이를 True로 설정하고, 동일한 모델 구축 함수로 탐색을 이어서 진행하는 경우 False로 지정합니다.
)
```

search_space_summary() 메서드로 탐색 공간의 요약 정보를 출력할 수 있습니다.

```
>>> tuner.search_space_summary()
Search space summary
Default search space size: 2
units (Int)
{"default": None,
 "conditions": [],
 "min_value": 16,
 "max_value": 64,
 "step": 16,
 "sampling": None}
optimizer (Choice)
{"default": "rmsprop",
 "conditions": [],
 "values": ["rmsprop", "adam"],
 "ordered": False}
```

측정 지표의 최적화 방향

(정확도와 같이) 내장 지표의 경우 KerasTuner가 최대화와 최소화의 방향을 추정합니다(정확도는 최대화되어야 하고 손실은 최소화되어야 합니다). 하지만 사용자 정의 지표의 경우 다음과 같이 직접 지정해 주어야 합니다.

```
objective = kt.Objective(
    name="val_accuracy",  ------- 에포크 로그에서 찾을 수 있는 지표의 이름
    direction="max")  ------- 이 지표의 최적화 방향: 'min' 또는 'max'
tuner = kt.BayesianOptimization(
    build_model,
    objective=objective,
    ...
)
```

이제 탐색을 시작해 보겠습니다. 검증 데이터를 전달하는 것을 잊지 마세요. 또한, 테스트 세트를 검증에 사용해서는 안 됩니다. 그렇지 않으면 테스트 데이터에 과대적합되기 시작하며 더 이상 테스트 결과를 신뢰할 수 없게 됩니다.

```
(x_train, y_train), (x_test, y_test) = keras.datasets.mnist.load_data()
x_train = x_train.reshape((-1, 28 * 28)).astype("float32") / 255
x_test = x_test.reshape((-1, 28 * 28)).astype("float32") / 255
x_train_full = x_train[:]  ---- 나중을 위해 따로 보관합니다.
y_train_full = y_train[:]
num_val_samples = 10000
x_train, x_val = x_train[:-num_val_samples], x_train[-num_val_samples:]  ---- 검증 세트를 따로 떼어 놓습니다.
y_train, y_val = y_train[:-num_val_samples], y_train[-num_val_samples:]
callbacks = [
    keras.callbacks.EarlyStopping(monitor="val_loss", patience=5),
]
tuner.search(  ---- fit()과 동일한 매개변수를 사용합니다(새로 만든 모델의 fit() 메서드마다 이 매개변수를 전달합니다).
    x_train, y_train,
    batch_size=128,
    epochs=100,
    validation_data=(x_val, y_val),
    callbacks=callbacks,
    verbose=2,
)
```

(모델마다 얼마나 많은 에포크가 필요한지 미리 알지 못하므로) 에포크 횟수를 크게 지정하고 EarlyStopping 콜백을 사용하여 과대적합이 시작하기 전에 훈련을 멈춥니다.

앞의 예제는 선택 가능한 옵션이 몇 개뿐이고, MNIST에서 훈련하기 때문에 몇 분 만에 실행될 것입니다. 하지만 일반적인 탐색 공간과 데이터셋에서는 밤새 또는 며칠에 걸쳐 하이퍼파라미터 탐색이 수행되는 경우가 많습니다. 탐색 과정에 문제가 생기면 언제나 다시 시작할 수 있습니다. 튜너에 overwrite=False를 지정하면 디스크에 저장된 탐색 로그에서 이어서 탐색을 수행합니다.

탐색이 끝나면 최상의 하이퍼파라미터 설정을 확인하고 이를 사용해서 최상의 모델을 다시 훈련할 수 있습니다.

코드 13-3 최상의 하이퍼파라미터 설정 확인하기

```
top_n = 4
best_hps = tuner.get_best_hyperparameters(top_n)  ---- 모델 구축 함수에 전달할 수 있는 HyperParameters 객체 리스트를 반환합니다.[1]
```

1 역주 튜너의 get_best_hyperparameters() 메서드에서 반환된 HyperParameters 클래스 객체의 values 속성에 튜너가 찾은 최상의 매개변수가 딕셔너리로 저장되어 있습니다.

보통 이런 모델을 다시 훈련할 때는 더 이상 하이퍼파라미터 탐색을 수행하지 않을 것이고 검증 데이터에 대한 성능을 평가할 필요가 없습니다. 따라서 훈련 데이터에 검증 데이터를 포함하고 싶을 수 있습니다. 이 예제에서도 검증 세트를 따로 보관하지 않고 원본 MNIST 훈련 데이터를 모두 사용해서 최종 모델을 훈련하겠습니다.

하지만 전체 훈련 데이터에서 훈련하기 전에 결정해야 하는 마지막 파라미터가 하나 있습니다. 최적의 훈련 에포크 횟수입니다. 일반적으로 탐색 과정에서 했던 것보다 새로운 모델을 더 오래 훈련할 것입니다. 탐색할 때 EarlyStopping 콜백의 patience 값을 낮추면 시간을 절약할 수 있지만 최적이 아닌 모델을 만들 수 있습니다. 최상의 에포크 횟수를 찾기 위해 검증 세트를 사용해 봅시다.

```
def get_best_epoch(hp):
    model = build_model(hp)
    callbacks=[
        keras.callbacks.EarlyStopping(
            monitor="val_loss", mode="min", patience=10) -------- patience 값을 높게 지정합니다.
    ]
    history = model.fit(
        x_train, y_train,
        validation_data=(x_val, y_val),
        epochs=100,
        batch_size=128,
        callbacks=callbacks)
    val_loss_per_epoch = history.history["val_loss"]
    best_epoch = val_loss_per_epoch.index(min(val_loss_per_epoch)) + 1
    print(f"최상의 에포크: {best_epoch}")
    return best_epoch
```

마지막으로 더 많은 데이터에서 훈련하므로 (이 예제의 경우 약 20% 많습니다) 전체 데이터셋에서 이 에포크 횟수보다 조금 더 오래 훈련합니다.

```
def get_best_trained_model(hp):
    best_epoch = get_best_epoch(hp)
    model.fit(
        x_train_full, y_train_full,
        batch_size=128, epochs=int(best_epoch * 1.2))
    return model

best_models = []
for hp in best_hps:
    model = get_best_trained_model(hp)
```

```
    model.evaluate(x_test, y_test)
    best_models.append(model)
```

조금 낮은 성능을 걱정하지 않는다면 처음부터 새로운 모델을 다시 훈련하지 않고 튜너를 사용하여 하이퍼파라미터 탐색 과정에서 저장한 최상의 가중치가 적용된 모델을 바로 로드할 수 있습니다.

```
best_models = tuner.get_best_models(top_n)
```

> **Note** 하이퍼파라미터 자동 최적화를 대규모로 수행할 때 고려할 중요한 한 가지 이슈는 검증 세트 과대적합입니다. 검증 데이터에서 계산한 피드백을 바탕으로 하이퍼파라미터를 업데이트하기 때문에 결과적으로 검증 데이터에 훈련하는 셈이 됩니다. 따라서 검증 데이터에 빠르게 과대적합될 것입니다. 이를 항상 유념하세요.

올바른 검색 공간을 만드는 기술

전체적으로 보았을 때 하이퍼파라미터 최적화는 어느 작업에서 최고의 모델을 얻거나 머신 러닝 경연 대회에서 우승하기 위한 강력한 도구입니다. 다음을 생각해 보죠. 오래전에는 사람들이 얕은 학습 방법의 머신 러닝 모델에 넣을 특성을 직접 만들었습니다. 이는 매우 최적화되지 않은 방법입니다. 요즘에는 딥러닝이 계층적인 특성 엔지니어링 작업을 자동화합니다. 수작업이 아니라 피드백 신호를 사용하여 특성이 학습됩니다. 어찌 보면 당연한 일입니다. 같은 식으로 수작업으로 모델 구조를 만드는 것이 아니라 원칙에 입각한 방법으로 모델 구조를 최적화해야 합니다.

하지만 하이퍼파라미터 튜닝으로 모델 아키텍처의 모범 사례를 대체할 수 없습니다. 탐색 공간은 선택 항목의 조합 크기에 따라 늘어나므로 모든 것을 하이퍼파라미터로 설정하여 튜너가 찾도록 하려면 너무 많은 비용이 듭니다. 따라서 올바른 탐색 공간을 설계할 필요가 있습니다. 하이퍼파라미터 튜닝은 자동화이지 마법이 아닙니다. 이를 사용해서 수동으로 할 실험을 자동화할 수 있지만 여전히 좋은 결과를 낼 수 있는 잠재적인 실험 설정을 직접 골라야 합니다.

좋은 소식은 하이퍼파라미터 튜닝을 사용해서 설정에 대한 결정을 미시적 결정(이 층의 유닛 개수를 얼마로 해야 하나요?)에서 높은 수준의 아키텍처 결정(이 모델에 잔차 연결을 사용해야 하나요?)으로 바꿀 수 있다는 것입니다. 미시적 결정은 특정 모델이나 특정 데이터셋에 따라 다르지만 고수준 결정은 여러 작업과 데이터셋에 걸쳐 일반화가 더 잘됩니다. 예를 들어 거의 모든 이미지 분류 문제는 같은 종류의 탐색 공간 템플릿으로 풀 수 있습니다.

이런 논리를 따라 KerasTuner는 이미지 분류와 같이 넓은 범위를 가진 문제에 관련된 **사전에 정의된 탐색 공간**(premade search space)을 제공합니다. 데이터를 추가하고 탐색을 실행하면 꽤 좋은 모델을 얻을 수 있습니다. 튜닝 가능한 케라스 애플리케이션 모델인 `kt.applications.HyperXception`과 `kt.applications.HyperResNet` 하이퍼모델(HyperModel)을 시도해 보세요.[2]

하이퍼파라미터 튜닝의 미래: 자동화된 머신 러닝

현재 딥러닝 엔지니어로서 대부분의 일은 파이썬 스크립트로 데이터를 정리하고 심층 신경망의 아키텍처와 하이퍼파라미터를 오래 튜닝하여 작동하는 모델을 만드는 것입니다. 용감하다면 현존하는 최상의 모델을 얻기 위해 튜닝할 수도 있습니다. 말할 필요도 없이 이는 최선이 아닙니다. 하지만 자동화가 도움이 될 수 있습니다. 이는 하이퍼파라미터 튜닝에 그치지 않습니다.

학습률이나 층 크기의 가능한 조합을 탐색하는 것은 첫 단계일 뿐입니다. 강화 학습이나 유전 알고리즘을 통해 가능한 제약을 두지 않고 처음부터 모델 아키텍처 자체를 생성할 수 있습니다. 미래에는 완전한 엔드-투-엔드 머신 러닝 파이프라인이 전문 엔지니어의 손이 아니라 자동으로 생성될 것입니다. 이를 자동화된 머신 러닝(automated machine learning) 또는 AutoML이라고 부릅니다. 이미 AutoKeras(https://github.com/keras-team/autokeras) 같은 라이브러리를 활용하여 수동 작업을 거의 거치지 않고 기초적인 머신 러닝 문제를 풀 수 있습니다.

오늘날 AutoML은 아직 초창기고 대규모 문제에 적용하기 어렵습니다. 하지만 AutoML이 널리 적용될 정도로 충분히 성숙해지면 머신 러닝 엔지니어의 직업이 사라지는 것이 아니라 엔지니어의 일이 가치 창조 사슬(value-creation chain)의 위로 이동할 것입니다. 데이터 큐레이션, 비즈니스 목표를 잘 반영한 복잡한 손실 함수 생성, 모델이 배포되는 디지털 생태계(예를 들어 모델의 예측을 소비하고 모델의 훈련 데이터를 생성하는 사용자)에 미치는 영향 이해하기 등에 더 많은 노력을 기울이기 시작할 것입니다. 현재로서는 규모가 매우 큰 기업들만 생각할 수 있는 문제들입니다.

항상 큰 그림을 바라보고 기본적인 사항을 이해하는 데 초점을 맞추세요. 고도로 전문화된 지루한 작업은 결국 자동화된다는 것을 유념하세요. 워크플로의 생산성 향상은 위협이 아니라 선물입니다. 끝도 없이 옵션을 튜닝하는 것이 여러분의 일이 되어서는 안 됩니다.

2 역주 이외에도 `HyperEfficientNet`과 `HyperImageAugment` 클래스가 있습니다.

13.1.2 모델 앙상블

모델 앙상블(model ensemble)은 가장 좋은 결과를 얻을 수 있는 또 다른 강력한 기법입니다. 앙상블은 여러 개 다른 모델의 예측을 합쳐서 더 좋은 예측을 만듭니다. 캐글 같은 머신 러닝 경연 대회에서는 우승자들이 대규모 모델 앙상블을 사용합니다. 이런 앙상블은 아주 뛰어난 단일 모델보다도 성능이 좋습니다.

앙상블은 독립적으로 훈련된 다른 종류의 잘 동작하는 모델이 각기 다른 장점을 가지고 있다는 가정을 바탕으로 합니다. 각 모델은 예측을 만들기 위해 조금씩 다른 측면을 바라봅니다. 데이터의 모든 면이 아니고 부분 특징입니다. 아마 장님과 코끼리에 관한 오래된 우화를 들어 보았을 텐데요. 여러 명의 장님이 처음 코끼리를 만나면 코끼리를 더듬어 보고 이해하게 됩니다. 이들은 코끼리의 서로 다른 부분을 만질 것이고, 코나 다리처럼 딱 한 부분을 만지고 코끼리가 뱀 또는 기둥이나 나무 같다고 설명합니다. 이들이 훈련 데이터의 매니폴드를 이해하려는 머신 러닝 모델이라고 할 수 있습니다. 각자의 가정(고유한 모델 구조와 랜덤 가중치 초기화)을 이용하고 각자의 관점으로 이해합니다. 각 모델은 데이터의 일부분에 맞는 정답을 찾지만 완전한 정답은 아닙니다. 이들의 관점을 모으면 데이터를 훨씬 더 정확하게 묘사할 수 있습니다. 코끼리의 신체 부위는 다양합니다. 장님 한 사람이 정확하게 알아맞히지 못하지만 모두 모여 이야기하면 매우 정확하게 묘사할 수 있습니다.

분류 예를 들어 보죠. 분류기 예측을 (앙상블하기 위해) 합치는 가장 쉬운 방법은 추론할 때 나온 예측의 평균을 내는 것입니다.

```
preds_a = model_a.predict(x_val)
preds_b = model_b.predict(x_val)
preds_c = model_c.predict(x_val)
preds_d = model_d.predict(x_val)
final_preds = 0.25 * (preds_a + preds_b + preds_c + preds_d)
```

4개의 다른 모델을 사용하여 초기 예측을 계산합니다.

새로운 예측은 어떤 초기 예측보다 더 정확해야 합니다.

하지만 이 방식은 분류기들이 어느 정도 비슷하게 좋을 때 잘 작동합니다. 분류기 중 하나가 다른 모델보다 월등히 나쁘면 최종 예측은 앙상블에 있는 가장 좋은 분류기만큼 좋지 않을 수 있습니다.

분류기를 앙상블하는 더 나은 방법은 검증 데이터에서 학습된 가중치를 사용하여 가중 평균하는 것입니다. 전형적으로 분류기가 좋을수록 높은 가중치를 가지고 나쁜 분류기일수록 낮은 가중치를 갖습니다. 좋은 앙상블 가중치를 찾기 위해 랜덤 서치나 넬더-미드(Nelder-Mead) 알고리즘[3] 같은 간단한 최적화 알고리즘을 사용할 수 있습니다.

```
preds_a = model_a.predict(x_val)
preds_b = model_b.predict(x_val)
preds_c = model_c.predict(x_val)
preds_d = model_d.predict(x_val)
final_preds = 0.5 * preds_a + 0.25 * preds_b + 0.1 * preds_c + 0.15 * preds_d
```

가중치(0.5, 0.25, 0.1, 0.15)는 경험적으로 학습되었다고 가정합니다.

이외에도 여러 가지 변종이 있습니다. 예를 들어 예측의 지수 값을 평균할 수 있습니다. 일반적으로 검증 데이터에서 찾은 최적의 가중치로 단순하게 가중 평균하는 방법이 좋은 기본값입니다.

앙상블이 잘 작동하게 만드는 핵심은 분류기의 다양성입니다. 다양성이 앙상블의 힘입니다. 장님들이 코끼리의 코만 만졌다면 모두 코끼리가 뱀 같다고 동의했을 것입니다. 영원히 코끼리에 대한 진실을 알지 못할 것입니다. 다양성이 앙상블을 작동하게 만듭니다. 머신 러닝 방식으로 말하면, 모든 모델이 같은 방향으로 편향되어 있다면 앙상블은 동일한 편향을 유지할 것입니다. 모델이 서로 다른 방향으로 편향되어 있다면 편향은 서로 상쇄되고 앙상블이 더 견고하고 정확해질 것입니다.

이런 이유 때문에 가능한 최대한 다르면서 좋은 모델을 앙상블해야 합니다. 일반적으로 매우 다른 구조를 가지거나 다른 종류의 머신 러닝 방법을 말합니다. 랜덤 초기화를 다르게 하여 같은 네트워크를 따로따로 여러 번 훈련해서 앙상블하는 것은 거의 해 볼 가치가 없습니다. 모델 간 차이점이 랜덤 초기화와 모델에 주입되는 훈련 데이터의 순서라면 이 앙상블은 다양성이 낮고 하나의 모델보다 아주 조금만 성능이 향상될 것입니다.

모든 문제에 적용하지는 못하지만 실전에서 잘 동작하는 한 가지 방법은 트리 기반 모델(랜덤 포레스트나 그레이디언트 부스팅 트리)이나 심층 신경망을 앙상블하는 것입니다. 2014년에 안드레이 콜레프(Andrei Kolev)와 필자는 캐글의 힉스 보손 붕괴(Higgs Boson decay) 감지 대회(https://www.kaggle.com/c/higgs-boson)에서 여러 가지 트리 모델과 심층 신경망을 사용하여 4위를 했습니다. 특별하게 앙상블 모델 중 하나는 다른 방법을 사용해서 만들었습니다

3 역주 넬더-미드 알고리즘은 존 넬더(John Nelder)와 로저 미드(Roger Mead)가 1965년에 소개한 비선형 최적화 문제를 위한 방법으로 아메바 방법(amoeba method)이라고도 부릅니다. 이 책의 저자 프랑소와 숄레가 구현한 넬더-미드 알고리즘이 깃허브에 공개되어 있습니다(https://bit.ly/2Ll5jGR).

(RGF(Regularized Greedy Forest) 모델이었습니다). 이 모델은 다른 모델보다 눈에 띄게 나빴습니다. 당연히 앙상블에서 낮은 가중치를 할당했습니다. 하지만 놀랍게도 이 모델이 전체 앙상블의 성능을 크게 향상시켰습니다. 이 모델이 다른 모델과 매우 달랐기 때문입니다. 다른 모델이 가지지 못한 정보를 제공한 것입니다. 이것이 앙상블의 핵심입니다. 최상의 모델이 얼마나 좋은지보다 앙상블의 후보 모델이 얼마나 다양한지가 중요합니다.

13.2 대규모 모델 훈련하기

DEEP LEARNING

7장에서 소개한 '발전의 반복 루프' 개념을 기억하세요. 아이디어의 품질은 얼마나 많은 개선 과정을 거쳤는지에 대한 함수입니다(그림 13-1). 아이디어를 반복하는 속도는 얼마나 실험을 빠르게 준비할 수 있는지, 얼마나 빠르게 실험을 실행할 수 있는지, 마지막으로 얼마나 결과 데이터를 잘 분석할 수 있는지에 대한 함수입니다.

▼ 그림 13-1 발전의 반복 루프

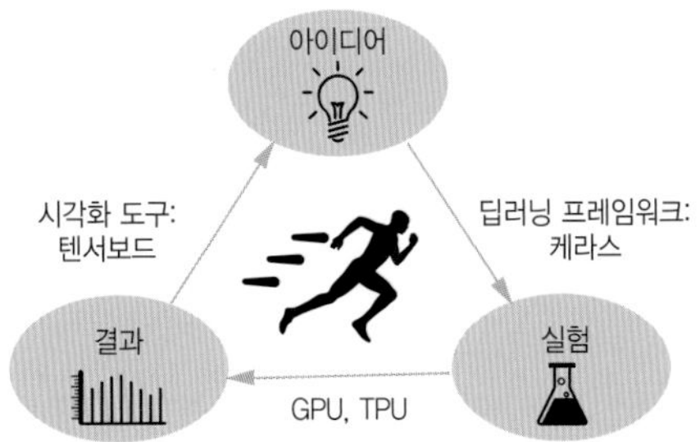

케라스 API에 대한 전문 지식을 쌓아 가면 딥러닝 실험을 위한 코딩 속도가 이 발전 사이클의 병목 현상이 되지 않도록 만들 수 있습니다. 다음 병목 현상은 모델을 훈련하는 속도가 될 것입니다. 빠른 훈련 인프라는 10~15분 안에 결과를 받을 수 있어 매일 수십 번의 반복을 수행할 수 있음을 의미합니다. 빠른 훈련은 딥러닝 솔루션의 품질을 직접적으로 향상시킬 것입니다.

이 절에서 모델을 빠르게 훈련할 수 있는 세 가지 방법에 대해 배우겠습니다.

- 하나의 GPU에서도 사용할 수 있는 혼합 정밀도(mixed-precision) 훈련
- 여러 개의 GPU를 사용한 훈련하기
- TPU를 사용한 훈련

그럼 시작해 보죠.

13.2.1 혼합 정밀도로 GPU에서 훈련 속도 높이기

공짜로 거의 모든 모델의 훈련 속도를 3배까지 높일 수 있는 간단한 방법이 있다면 어떨까요? 진짜라고 하기에 너무 좋은 것 같지만 실제 이런 트릭이 존재합니다. **혼합 정밀도 훈련**(mixed-precision training)입니다. 이 방식을 이해하기 위해 먼저 컴퓨터 과학 분야의 '정밀도' 개념을 살펴보아야 합니다.

부동 소수점 정밀도 이해하기

정밀도는 숫자의 해상도에 해당합니다. 컴퓨터는 1과 0만 처리할 수 있기 때문에 컴퓨터가 보는 모든 단어는 이진 문자열로 인코딩되어야 합니다. 예를 들어 uint8 정수의 경우 8개의 비트로 정수를 인코딩합니다. 00000000은 `uint8`에서 0을 나타내고 11111111은 255를 나타냅니다. 255 이상의 정수를 나타내려면 8개의 비트로 충분하지 않기 때문에 더 많은 비트가 필요합니다. 대부분의 정수는 32비트로 저장되며 −2147483648~2147483647 범위의 부호가 있는 정수를 나타낼 수 있습니다.

부동 소수점 숫자도 동일합니다. 수학에서 실수는 연속적인 축을 형성합니다. 두 숫자 사이에 무한한 개수의 포인트가 있습니다. 언제나 실수 축을 확대해 볼 수 있습니다. 컴퓨터 과학에서는 그렇게 할 수 없으며 3과 4 사이에 있는 중간 포인트의 개수는 유한합니다. 얼마나 많을까요? 이는 정밀도, 즉 숫자를 저장하는 데 사용하는 비트 개수에 따라 다릅니다. 따라서 일정한 해상도까지만 확대할 수 있습니다.

일반적으로 세 가지 수준의 정밀도를 사용합니다.

- 숫자를 16비트에 저장하는 반정밀도(half precision) 또는 `float16`
- 숫자를 32비트에 저장하는 단정밀도(single precision) 또는 `float32`
- 숫자를 64비트에 저장하는 배정밀도(double precision) `float64`

부동 소수점 인코딩에 대한 참고 사항

부동 소수점 숫자에 대한 직관과 다른 사실은 표현할 수 있는 숫자가 균일하게 분포되어 있지 않다는 것입니다. 숫자가 클수록 정밀도가 낮습니다. 모든 N에 대해 2 ** N과 2 ** (N + 1) 사이에서 표현할 수 있는 숫자의 개수가 1과 2 사이에 있는 개수와 동일합니다.

이는 부동 소수점 숫자가 부호, 유효 값('가수(mantissa)'라고 부릅니다), 지수 세 부분으로 인코딩되어 있기 때문입니다.

```
{sign} * (2 ** ({exponent} - 127)) * 1.{mantissa}
```

예를 들어 원주율(π)의 근삿값을 `float32`로 인코딩하면 다음과 같습니다.

▼ 그림 13-2 부호 비트, 지수, 가수를 사용해서 단정밀도 인코딩된 원주율 값

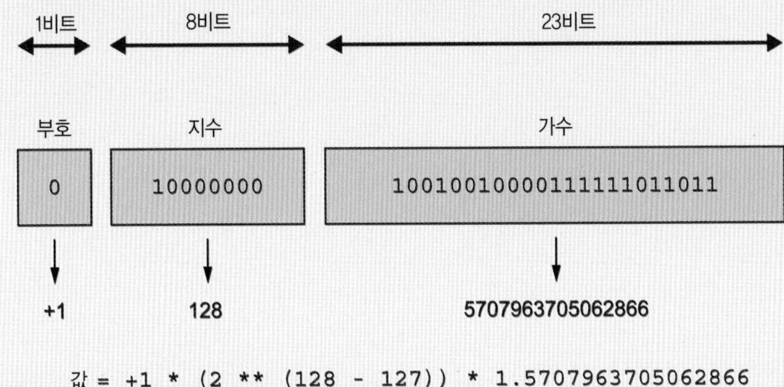


```
값 = +1 * (2 ** (128 - 127)) * 1.5707963705062866
값 = 3.1415927410125732
```

이런 이유로 숫자를 점 표현으로 바꿀 때 발생하는 수치 오차는 고려 대상 숫자의 정확한 값에 따라 크게 달라질 수 있습니다. 절댓값이 큰 숫자의 경우 오차가 더 커지는 경향이 있습니다.

부동 소수점 숫자의 해상도를 안전하게 처리할 수 있는 두 숫자 사이의 최소 거리라는 관점에서 생각할 수 있습니다. 단정밀도에서는 약 1e-7이고 배정밀도에서는 약 1e-16입니다. 반정밀도에서는 1e-3 정도밖에 되지 않습니다.

이 책에서 본 모든 모델은 단정밀도 숫자를 사용합니다. `float32` 가중치 값으로 상태를 저장하고 `float32` 입력에 대해 계산을 수행합니다. 정보를 잃지 않고 모델의 정방향 패스와 역방향 패스를 실행하는 데 충분한 정밀도입니다. 특히 그레이디언트 업데이트가 작은 경우에 그렇습니다(일반적인 학습률은 1e-3이고 가중치 업데이트는 1e-6 크기가 일반적입니다).

`float64`를 사용할 수 있지만 낭비입니다. 행렬 곱셈이나 덧셈은 배정밀도에서 훨씬 비용이 많이 들기 때문에 명확한 이점 없이 2배나 많은 일을 하게 됩니다. 하지만 `float16` 가중치와 연산으로는 같은 작업을 수행할 수 없습니다. 1e-5나 1e-6 정도의 작은 그레이디언트 업데이트를 나타낼 수 없어 경사 하강법 과정이 부드럽게 진행되지 않을 것입니다.

하지만 하이브리드 방식을 선택할 수 있습니다. 혼합 정밀도가 이에 관한 것입니다. 이 아이디어는 정밀도가 중요하지 않은 곳에 16비트 연산을 활용하고 수치적인 안정성이 필요한 곳에서는 32비트 값을 사용합니다. 최신 GPU와 TPU는 16비트 연산을 훨씬 빠르게 수행하고 동일한 32비트 연산보다 메모리를 덜 사용하는 특수한 하드웨어를 장착하고 있습니다. 가능할 때마다 낮은 정밀도 연산을 사용하면 이런 장치에서 큰 폭으로 훈련 속도를 높일 수 있습니다. 반면 정밀도에 민감한 모델 부분은 단정밀도로 유지하면 모델의 품질에 큰 영향을 미치지 않고 이런 이점을 활용할 수 있습니다.

이런 장점은 상당합니다. 최신 NVIDIA GPU에서 혼합 정밀도는 훈련 속도를 3배까지 높일 수 있습니다. (잠시 후에 소개할) TPU에서 훈련할 때도 60%까지 훈련 속도를 높일 수 있습니다.

dtype 기본값 주의

단정밀도는 케라스와 텐서플로의 기본 부동 소수점 타입입니다. 프레임워크에서 만들어지는 모든 텐서와 변수는 별도로 지정하지 않는 한 `float32`입니다. 하지만 넘파이 배열의 기본값은 `float64`입니다!

넘파이 배열을 텐서플로 텐서로 변환하면 `float64` 텐서가 만들어집니다. 이는 원치 않는 결과일 수 있습니다.

```
>>> import tensorflow as tf
>>> import numpy as np
>>> np_array = np.zeros((2, 2))
>>> tf_tensor = tf.convert_to_tensor(np_array)
>>> tf_tensor.dtype
tf.float64
```

넘파이 배열을 변환할 때는 데이터 타입을 명시적으로 지정하세요.

```
>>> np_array = np.zeros((2, 2))
>>> tf_tensor = tf.convert_to_tensor(np_array, dtype="float32")   # dtype을 명시적으로 지정합니다.
>>> tf_tensor.dtype
tf.float32
```

넘파이 배열로 케라스 `fit()` 메서드를 호출할 때 이런 변환이 자동으로 일어납니다.

혼합 정밀도로 훈련하기

GPU로 훈련할 때 다음과 같이 혼합 정밀도를 활성화할 수 있습니다.

```
from tensorflow import keras
keras.mixed_precision.set_global_policy("mixed_float16")
```

일반적으로 모델의 정방향 패스는 (소프트맥스와 같이 수치적으로 불안정한 연산을 제외하고) 대부분 float16으로 수행됩니다. 반면 모델의 가중치는 float32로 저장되고 업데이트됩니다.

케라스 층에는 variable_dtype과 compute_dtype 속성이 있습니다. 기본적으로 두 속성은 float32로 설정되어 있습니다. 혼합 정밀도를 활성화하면 대부분 층의 compute_dtype 속성이 float16으로 바뀝니다(가중치의 반정밀도 복사본을 사용합니다). 하지만 variable_dtype은 여전히 float32이므로 가중치는 옵티마이저로부터 반정밀도가 아니라 정확한 float32 업데이트를 받을 수 있습니다.

동일한 연산이 float16에서 수치적으로 불안정할 수 있습니다(특히 소프트맥스와 크로스엔트로피). 특정 층에서 혼합 정밀도를 사용하지 않으려면 층의 생성자에 dtype="float32" 매개변수를 지정하면 됩니다.

13.2.2 다중 GPU 훈련

GPU가 매년 더 강력해지고 있지만 딥러닝 모델은 점점 더 커지고 더 많은 계산 자원을 필요로 합니다. 하나의 GPU에서 훈련하는 것은 실험을 빠르게 반복하는 데 큰 제한 요소가 됩니다. 해결책은 무엇일까요? 간단하게 GPU를 더 추가하고 **다중 GPU 분산 훈련**을 시작하면 됩니다.

여러 개의 장치에 연산을 분산시키는 방법은 두 가지입니다. 데이터 병렬화(data parallelism)와 모델 병렬화(model parallelism)입니다.

데이터 병렬화에서는 하나의 모델이 여러 개의 장치 또는 여러 대의 머신에 복제됩니다. 모델의 복제본은 각기 다른 데이터 배치를 처리한 후 결과를 합칩니다.

모델 병렬화에서는 한 모델의 각기 다른 부분이 여러 장치에서 실행되면서 동시에 하나의 데이터 배치를 처리합니다. 이 방식은 여러 브랜치(branch)가 있는 모델처럼 태생적으로 병렬 구조를 지원하는 모델에 잘 맞습니다.

실제로 모델 병렬화는 하나의 장치에서 실행하기에는 너무 큰 모델에서만 사용합니다. 일반적인 모델의 훈련 속도를 높이는 방법이 아니라 대규모 모델을 훈련하는 방법으로 사용됩니다. 여기에서는 모델 병렬화를 다루지 않습니다. 그 대신 대부분의 경우 사용하게 될 데이터 병렬화에 초점을 맞추겠습니다. 어떻게 동작하는지 알아보죠.

2개 이상의 GPU 활용하기

먼저 여러 개의 GPU를 사용할 수 있어야 합니다. 현재 구글 코랩은 하나의 GPU만 제공하므로 다음 중 하나의 방법을 사용해야 합니다.

- 2~4개의 GPU를 준비하여 한 컴퓨터에 설치합니다(강력한 전원 공급 장치가 필요할 것입니다). 그다음 CUDA 드라이버, cuDNN 등을 설치합니다. 대부분의 경우 이는 최선이 아닙니다.
- 구글 클라우드, 애저(Azure), AWS에서 다중 GPU 가상 머신(Virtual Machine, VM)을 임대합니다. 드라이버와 소프트웨어가 미리 설치된 VM 이미지를 사용할 수 있으며 설정 작업에 많은 노력이 들지 않을 것입니다. 연중무휴로 모델을 훈련하지 않는 경우 가장 좋은 방법일 것입니다.

다중 GPU 클라우드 VM을 구동시키는 자세한 방법을 다루지 않겠습니다. 이런 절차는 비교적 자주 바뀌며 온라인에서 쉽게 정보를 찾을 수 있기 때문입니다.

VM 인스턴스를 직접 관리하고 싶지 않다면 우리 팀에서 최근에 릴리스한 텐서플로 클라우드(https://github.com/tensorflow/cloud) 패키지를 사용할 수 있습니다. 이를 사용해서 코랩 노트북 첫 부분에 한 줄 코드를 추가하여 다중 GPU에서 훈련을 시작할 수 있습니다. 코랩에서 모델을 디버깅하다가 원하는 만큼 많은 GPU로 가능한 빠르게 훈련을 수행하고 싶은 경우 이 패키지를 검토해 보세요.

단일 호스트, 다중 장치 동기 훈련

다중 GPU가 장착된 단일 머신에서는 `import tensorflow` 명령을 실행한 후 분산 모델을 훈련하는 데 몇 초밖에 걸리지 않습니다. 다음과 같이 수행할 수 있습니다.

```
strategy = tf.distribute.MirroredStrategy()   # '분산 전략(distribution strategy)' 객체를 만듭니다. MirroredStrategy가 기본적인 방법입니다.
print(f"장치 개수: {strategy.num_replicas_in_sync}")
with strategy.scope():   # 이 분산 전략으로 with 문을 시작합니다.
    model = get_compiled_model()   # 이 코드 블록 안에서 모든 변수를 만들어야 합니다. 일반적으로 모델 구축과 compile() 메서드가 이에 해당됩니다.
model.fit(   # 가능한 모든 장치에서 모델을 훈련합니다.
    train_dataset,
    epochs=100,
    validation_data=val_dataset,
    callbacks=callbacks)
```

여기에서 구현한 몇 줄의 코드가 가장 일반적인 훈련 설정입니다. **단일 호스트 다중 장치 동기 훈련**(single-host multi-device synchronous training)이며 텐서플로에서는 '미러링된 분산 전략(mirrored distribution strategy)'이라고도 부릅니다. '단일 호스트'는 여러 개의 GPU가 한 머신에 설치되어 있다는 뜻입니다(이와 반대는 각자 GPU를 가지고 네트워크로 통신하는 여러 대의 머신으로 구성된 클러스터입니다). '동기 훈련'은 각 GPU에 복제된 모델의 상태가 항상 모두 동일하다는 의미입니다. 이와 다른 분산 훈련 전략도 있습니다.

`MirroredStrategy`로 `with` 문을 시작하여 그 안에서 모델을 만들 때 `MirroredStrategy` 객체가 가능한 GPU마다 복제 모델(replica)을 하나씩 만듭니다. 그다음 훈련의 각 스텝이 다음과 같은 방식으로 전개됩니다(그림 13-3).

1. 데이터셋에서 배치 데이터(**글로벌 배치**(global batch)라고 부릅니다)가 추출됩니다.
2. 이를 4개의 서브 배치(**로컬 배치**(local batch)라고 부릅니다)로 분할합니다. 예를 들어 글로벌 배치가 512개의 샘플로 구성된다면 4개의 로컬 배치는 128개의 샘플을 가지게 될 것입니다. GPU가 바쁘게 실행되도록 로컬 배치가 충분히 커야 하므로 글로벌 배치 크기는 일반적으로 매우 커야 합니다.
3. 4개의 복제 모델 각각은 하나의 로컬 배치를 자신의 장치에서 독립적으로 처리합니다. 정방향 패스와 역방향 패스를 실행합니다. 각 복제 모델은 로컬 배치에서 손실에 대한 이전 가중치의 그레이디언트가 주어지면 모델의 가중치 변수가 얼마나 업데이트되어야 하는지 나타내는 '가중치 델타(delta)'를 만듭니다.
4. 로컬 그레이디언트에서 만들어진 가중치 델타는 4개의 복제 모델로부터 효율적으로 수집되어 글로벌 델타를 만듭니다. 이 글로벌 델타가 모든 복제 모델에 적용됩니다. 이 과정이 매 스텝의 끝에서 수행되기 때문에 복제 모델은 항상 동기화된 상태입니다. 즉, 모든 복제 모델의 가중치가 항상 같습니다.

▼ 그림 13-3 MirroredStrategy 훈련의 한 스텝: 각 복제 모델이 로컬 가중치 업데이트를 계산하고 이것이 합쳐져 모든 복제 모델의 상태를 업데이트한다

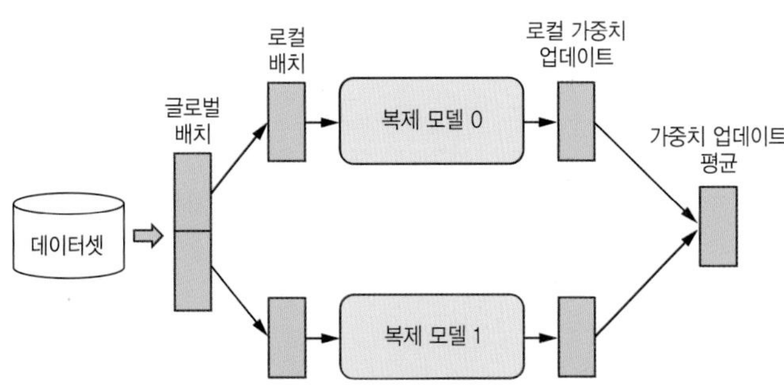

tf.data 성능 팁

분산 훈련을 수행할 때 최상의 성능을 보장하기 위해 항상 `tf.data.Dataset` 객체로 데이터를 전달하세요(넘파이 배열로 데이터를 전달해도 `fit()` 메서드 안에서 `Dataset` 객체로 변환되므로 괜찮습니다). 또한, 데이터 프리페칭(prefetching)을 활용하도록 하세요. `fit()` 메서드에 데이터셋을 전달하기 전에 `dataset.prefetch(buffer_size)`를 호출합니다. 버퍼 크기를 얼마로 할지 확신이 없다면 알맞은 크기를 자동으로 선택하도록 `dataset.prefetch(tf.data.AUTOTUNE)`을 사용할 수 있습니다.

이상적으로는 N개의 GPU에서 훈련하면 N배 속도가 빨라집니다. 하지만 실제로는 분산 처리에 약간의 오버헤드(overhead)가 있습니다. 특히 여러 장치에서 가중치 델타를 합치는 데 약간의 시간이 걸립니다. 실제 속도 향상은 사용하는 GPU 개수에 따라 결정됩니다.

- 2개의 GPU를 사용하는 경우 속도는 거의 2배에 가깝게 빨라집니다.
- 4개의 GPU를 사용하는 경우 속도는 약 3.8배 빨라집니다.
- 8개의 GPU를 사용하는 경우 속도는 약 7.3배 빨라집니다.

이는 각 GPU를 최대로 활용하도록 충분히 큰 글로벌 배치를 사용한다고 가정합니다. 글로벌 배치 크기가 너무 작으면 로컬 배치 크기가 충분하지 않아 GPU 성능을 최대로 활용하지 못할 것입니다.

13.2.3 TPU 훈련

GPU뿐만 아니라 딥러닝 워크플로를 위해 특별하게 설계된 전문 하드웨어(예를 들어 ASIC(Application-Specific Integrated Circuits)로 알려진 단일 목적의 칩(chip))로 딥러닝 분야가 점점 이동하는 경향이 있습니다. 크고 작은 많은 회사가 새로운 칩을 만들고 있지만 오늘날 가장 앞서 있는 것은 구글의 TPU(Tensor Processing Unit)입니다. TPU는 구글 클라우드와 구글 코랩에서 사용할 수 있습니다.

TPU에서 훈련하려면 몇 가지 작업을 처리해야 하지만 그럴 만한 가치가 있습니다. TPU는 정말 매우 빠릅니다. TPU V2는 NVIDIA P100 GPU에서 훈련하는 것보다 15배 빠릅니다. 대부분의 모델에서 TPU는 평균적으로 GPU보다 3배 이상 비용 효율적입니다.

구글 코랩에서 TPU 사용하기

코랩에서 8 코어 TPU를 무료로 사용할 수 있습니다. 코랩 **런타임** 메뉴 아래에 있는 **런타임 유형 변경**을 선택하면 하드웨어 가속기로 GPU 외에도 TPU를 선택할 수 있습니다.

GPU를 사용할 때는 특별한 작업을 하지 않더라도 모델이 바로 GPU를 사용할 수 있습니다. TPU의 경우는 다릅니다. 모델을 만들기 전에 추가적인 단계가 필요한데, TPU 클러스터에 연결해야 합니다.

이는 다음과 같습니다.

```
import tensorflow as tf

tpu = tf.distribute.cluster_resolver.TPUClusterResolver.connect()
print("장치:", tpu.master())
```

이 코드가 무슨 일을 하는지에 대해 너무 크게 신경 쓸 필요는 없습니다. 코랩 노트북의 런타임을 TPU에 연결하는 일종의 주문입니다. "열려라 참깨" 같은 것이죠.

다중 GPU 훈련과 매우 비슷하게 TPU를 사용하려면 분산 전략(여기에서는 `TPUStrategy`) `with` 문으로 블록을 감싸야 합니다. `TPUStrategy`는 `MirroredStrategy`와 동일한 분산 템플릿을 따릅니다. 즉, TPU 코어마다 모델이 복제되고 모든 복제 모델은 동기화를 유지합니다.

다음은 간단한 예입니다.

코드 13-4 TPUStrategy 분산 전략으로 모델 만들기

```
from tensorflow import keras
from tensorflow.keras import layers

strategy = tf.distribute.TPUStrategy(tpu)
print(f"복제 모델 개수: {strategy.num_replicas_in_sync}")

def build_model(input_size):
    inputs = keras.Input((input_size, input_size, 3))
    x = keras.applications.resnet.preprocess_input(inputs)
    x = keras.applications.resnet.ResNet50(
        weights=None, include_top=False, pooling="max")(x)
    outputs = layers.Dense(10, activation="softmax")(x)
    model = keras.Model(inputs, outputs)
    model.compile(optimizer="rmsprop",
                  loss="sparse_categorical_crossentropy",
                  metrics=["accuracy"])
```

```
    return model

with strategy.scope():
    model = build_model(input_size=32)
```

이제 훈련을 시작할 준비를 거의 마쳤습니다. 하지만 코랩의 TPU에는 조금 특이한 점이 있습니다. VM이 2개입니다. 노트북 런타임을 호스팅하는 VM은 TPU가 있는 VM과 다릅니다. 이 때문에 로컬 디스크(노트북이 호스팅된 VM에 링크된 디스크)에 저장된 파일에서 훈련할 수 없습니다. TPU 런타임이 이 디스크를 읽을 수 없기 때문입니다. 데이터를 로딩하는 두 가지 방법이 있습니다.

- (디스크가 아니라) VM의 메모리에 있는 데이터로 훈련합니다. 데이터가 넘파이 배열이라면 이미 이렇게 하고 있는 것입니다.
- 데이터를 GCS(Google Cloud Storage) 버킷(bucket)에 저장하고, 데이터를 로컬로 내려받지 않고 바로 버킷에서 읽어 들이는 데이터셋을 만듭니다. TPU 런타임은 GCS에서 데이터를 읽을 수 있습니다. 데이터를 모두 메모리에 로드하기에 너무 큰 경우 이것이 유일한 방법입니다.

여기에서는 메모리에 넘파이 배열로 적재된 CIFAR10 데이터셋으로 훈련해 보죠.

```
(x_train, y_train), (x_test, y_test) = keras.datasets.cifar10.load_data()
model.fit(x_train, y_train, batch_size=1024)
```

TPU로 훈련하는 경우 다중 GPU 훈련과 마찬가지로 장치를 잘 활용하기 위해 배치 크기가 커야 합니다.

첫 번째 에포크를 시작하는 데 약간의 시간이 걸립니다. TPU가 실행할 수 있는 형태로 모델을 컴파일하기 때문입니다. 이 단계가 끝나면 엄청난 속도로 훈련이 실행됩니다.

I/O 병목 주의

TPU는 배치 데이터를 매우 빠르게 처리할 수 있기 때문에 GCS에서 데이터를 읽는 속도가 병목이 되기 쉽습니다.

- 데이터셋이 충분히 작다면 VM 메모리에 적재하세요. `dataset.cache()`를 호출하여 이렇게 할 수 있습니다. 이렇게 하면 GCS에서 한 번만 데이터를 읽습니다.
- 데이터셋이 메모리에 적재하기에 너무 큰 경우 매우 빠르게 로드할 수 있는 효율적인 바이너리 저장 포맷인 TFRecord 파일로 저장하세요. keras.io에서 데이터를 TFRecord 파일로 변환하는 방법을 보여 주는 예제를 볼 수 있습니다(https://keras.io/examples/keras_recipes/creating_tfrecords/).

스텝 융합을 활용하여 TPU 활용도 높이기

TPU의 컴퓨팅 성능이 높기 때문에 TPU 코어를 잘 활용하려면 매우 큰 배치로 훈련해야 합니다. 작은 모델의 경우 배치 크기가 너무 커질 수 있습니다. 예를 들어 배치에 1만 개 샘플까지 들어 갈 수 있습니다. 이렇게 배치가 큰 경우에는 옵티마이저의 학습률을 높여야 합니다. 가중치를 더 적게 업데이트하겠지만 각 업데이트는 더 정확할 것입니다(더 많은 데이터를 사용하여 그레이디언트를 계산하기 때문입니다). 따라서 각 업데이트마다 가중치를 큰 폭으로 이동해야 합니다.

하지만 TPU를 최대한 활용하면서 합리적인 크기의 배치를 유지하는 간단한 트릭이 있습니다. **스텝 융합**(step fusing)입니다. 이 아이디어는 TPU 실행 스텝마다 여러 훈련 스텝을 실행하는 것입니다. 요컨대 VM 메모리에서 TPU로 두 번 왕복하는 사이에 더 많은 작업이 수행됩니다. 이렇게 하려면 `compile()` 메서드에 `steps_per_execution` 매개변수를 지정하면 됩니다. 예를 들어 `steps_per_execution=8`은 TPU 실행마다 훈련 스텝을 여덟 번 실행합니다. TPU를 최대로 활용하지 못하는 작은 모델의 경우 이렇게 하면 속도를 극적으로 향상시킬 수 있습니다.

13.3 요약

DEEP LEARNING

- 하이퍼파라미터 튜닝과 KerasTuner를 사용하여 최상의 모델 설정을 찾는 과정을 자동화할 수 있습니다. 하지만 검증 세트 과대적합을 주의하세요!
- 다양한 모델의 앙상블은 종종 예측 품질을 크게 향상시킬 수 있습니다.
- 혼합 정밀도로 바꾸면 GPU에서 모델 훈련 속도를 높일 수 있습니다. 사실상 비용을 들이지 않고 속도가 향상됩니다.
- 워크플로의 규모를 늘리려면 `tf.distribute.MirroredStrategy` API를 사용하여 여러 개의 GPU에서 모델을 훈련할 수 있습니다.
- `TPUStrategy`를 사용하여 (코랩에서 사용 가능한) 구글 TPU에서 훈련할 수도 있습니다. 작은 모델의 경우 TPU 코어를 최대한 활용하기 위해 (`compile(…, steps_per_execution=N)`으로) 스텝 융합을 사용하세요.

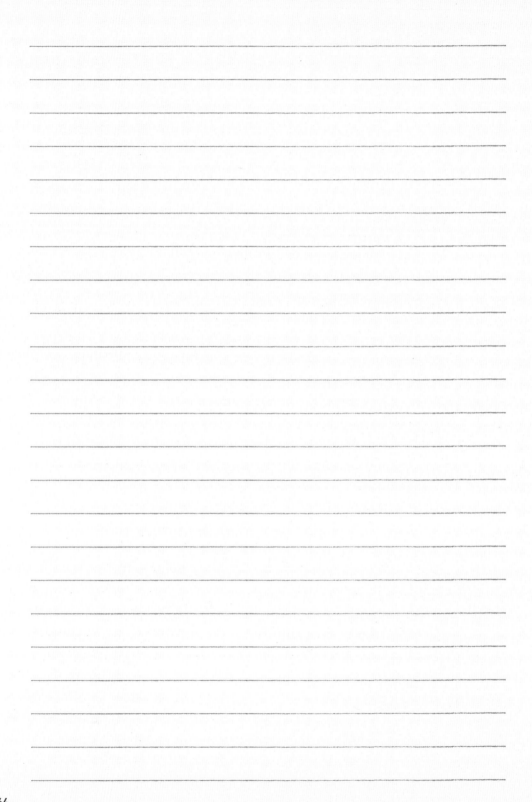

14장

결론

14.1 핵심 개념 리뷰

14.2 딥러닝의 한계

14.3 AI에서 일반화를 높이기 위한 방법

14.4 지능 구현: 누락된 구성 요소

14.5 딥러닝의 미래

14.6 빠른 변화에 뒤처지지 않기

14.7 맺음말

이 장에서 다룰 핵심 내용

- 이 책에서 배운 중요한 내용
- 딥러닝의 한계
- 딥러닝, 머신 러닝, AI의 가능한 미래 방향
- 딥러닝 학습과 실전에 기술을 적용하기 위한 유용한 자료

책의 끝에 거의 다다랐습니다. 이 장에서 지금까지 배운 중요한 개념을 요약하고 리뷰하겠습니다. 또한, 지금까지 배운 것을 넘어서 좀 더 멀리 내다봅시다. AI 기술자가 되는 것은 여행과 같습니다. 이 책으로는 첫발을 내딛었을 뿐입니다. 이 사실을 꼭 이해하고 적절한 기술을 습득하여 다음 단계로 나가기 바랍니다.

먼저 이 책에서 배운 것을 거시적인 관점에서 조망해 볼 것입니다. 앞서 배운 개념을 다시 기억하는 데 도움이 될 것입니다. 그다음 딥러닝의 주요 한계점을 소개하겠습니다. 도구를 잘 사용하려면 가능한 것뿐 아니라 가능하지 않는 것에 대해서도 잘 알아야 합니다. 마지막으로 향후 딥러닝, 머신 러닝, AI의 발전에 대한 개인적인 생각을 이야기하겠습니다. 이 분야를 본격적으로 연구하고 싶다면 이 내용이 특별히 흥미로울 것입니다. 마지막으로 머신 러닝에 대해 더 공부하고 최신 기술을 습득하기 위해 필요한 자료와 방법을 소개하는 것으로 이 장을 마치겠습니다.

14.1 핵심 개념 리뷰

이 절에서는 책에서 배운 핵심 내용을 간단히 정리합니다. 배웠던 내용의 기억을 되살리려면 다음 몇 페이지를 참고하세요.

14.1.1 AI를 위한 여러 방법

먼저 딥러닝은 AI나 머신 러닝과 동의어가 아닙니다.

- **인공 지능**은 역사가 깊고 광범위한 분야로 일반적으로 인지 과정을 자동화하기 위한 모든 방법을 말합니다. 엑셀의 스프레드시트처럼 아주 단순한 것부터 걷고 말할 수 있는 휴머노이드 로봇 같이 아주 고수준인 것까지 해당됩니다.
- **머신 러닝**은 훈련 데이터를 사용하여 자동으로 프로그램(**모델**이라고 부릅니다)을 개발하는 AI의 특정 하위 분야입니다. 데이터를 프로그램으로 바꾸는 과정을 **학습**이라고 부릅니다. 머신 러닝의 역사가 오래되었지만 1990년대 들어 비로소 각광받기 시작했고 2000년대에는 AI 분야의 대부분을 차지하게 되었습니다.

- **딥러닝**은 머신 러닝의 여러 종류 중 하나입니다. 기하학적 변환 함수들이 번갈아 가며 연속적으로 길게 연결된 모델입니다. 이 연산들은 **층**이란 모듈을 구성합니다. 전형적인 딥러닝 모델은 층을 쌓아 올린 것입니다. 더 일반적으로 말하면 층의 그래프입니다. 층은 훈련하는 동안 학습되는 **가중치** 파라미터를 가집니다. 이 가중치에 모델의 지식이 저장됩니다. 학습 과정은 **손실 함수**를 최소화하는 좋은 가중치 값을 찾는 것입니다. 기하학적 변환의 연결이 미분 가능하다면 손실 함수를 최소화하기 위해 **경사 하강법**으로 가중치를 효율적으로 업데이트할 수 있습니다.

딥러닝이 여러 머신 러닝 방법 중 하나일 뿐이지만 다른 방법들과 대등한 위치에 있지는 않습니다. 딥러닝은 큰 성공을 거두었습니다. 그 이유는 다음과 같습니다.

14.1.2 머신 러닝 분야에서 딥러닝이 특별한 이유

불과 몇 년 만에 딥러닝이 역사적으로 컴퓨터에서 매우 어렵다고 인식된 다양한 종류의 문제에서 큰 성과를 거두었습니다. 특히 이미지, 비디오, 사운드 등에서 유용한 정보를 추출하는 기계 인지(machine perception) 분야입니다. 딥러닝은 충분한 훈련 데이터(특히 사람이 적절히 레이블링한 훈련 데이터)가 주어지면 사람이 인식하는 거의 모든 것을 데이터에서 추출할 수 있습니다. 이런 이유로 딥러닝이 지각 문제를 해결한다고 이따금 이야기합니다. 사실 지각을 아주 좁게 정의할 때만 맞습니다.

예전에 없던 기술적인 성공 때문에 딥러닝 혼자서 가장 큰 세 번째 **AI 여름**을 일으켰습니다. AI 분야에 관심, 투자, 과대 선전이 집중되고 있습니다. 이 책을 쓸 때는 이 여름의 한복판입니다. 이 기간이 가까운 장래에 끝날지 그 이후에 어떤 일이 벌어질지는 아직 아무도 모릅니다. 한 가지는 확실합니다. 이전의 AI 여름과는 뚜렷하게 다른 점이 있습니다. 딥러닝이 크고 작은 많은 기술 회사에 엄청난 비즈니스 가치를 제공하고 있는 점입니다. 사람 수준의 음성 인식과 이미지 분류, 스마트 비서, 크게 향상된 기계 번역 등입니다. 과대 선전은 사라질 수 있지만 (아마도 사라질 것입니다) 경제와 기술에 대한 딥러닝의 영향은 지속되어 남을 것입니다. 이런 점에서 딥러닝은 인터넷과 비교할 수 있습니다. 몇 년 동안 과대 선전이 넘칠 수 있지만 장기적으로 우리 경제와 삶을 바꿀 중요한 혁명이 될 것입니다.

필자는 특히 딥러닝에 대해 낙관적으로 생각합니다. 향후 10년간 더 이상 기술이 발전되지 않더라도 현재 알고리즘을 가능한 모든 문제에 적용하면 대부분 산업에서 중요한 혁신을 이룰 것입니다. 딥러닝은 하나의 혁명입니다. 자원과 인력에 대한 기하급수적인 투자로 인해 엄청나게 빠른 속도로 발전하고 있습니다. 필자가 볼 때는 단기간의 기대가 조금 과도하게 낙관적이더라도 앞으로 전망은 밝습니다. 가능한 모든 분야에 딥러닝이 적용되려면 앞으로 수십 년이 걸릴 것입니다.

14.1.3 딥러닝에 대해

딥러닝에서 가장 놀라운 점은 단순함에 있습니다. 10년 전에는 경사 하강법으로 파라미터 기반의 단순한 모델을 훈련하여 기계 인지 문제에 놀라운 성과를 달성하리라고 어느 누구도 예상하지 못했습니다. 이제는 경사 하강법으로 충분히 큰 모수 모델(parametric model)[1]을 충분히 많은 샘플에서 훈련하는 것이 필요한 전부라는 것을 압니다. 파인만(Feynman)이 우주에 관해 말한 것처럼 "복잡한 것이 아니라 많은 것뿐입니다."[2]

딥러닝에서 모든 것은 벡터입니다. 즉, 모두가 기하학적 공간에 놓인 하나의 포인트입니다. 모델 입력(텍스트, 이미지 등)과 타깃이 먼저 벡터로 바뀌어야 합니다. 초기 입력 벡터 공간과 타깃 벡터 공간으로 바꾸는 것입니다. 딥러닝 모델의 각 층은 데이터에 간단한 기하학적 변환을 수행하여 통과시킵니다. 모델은 층을 연결하여 복잡한 기하학적 변환을 구성합니다. 잘게 쪼개어 보면 단순한 변환이 연결되어 있습니다. 이런 복잡한 변환이 입력 공간을 타깃 공간으로 한 번에 하나의 포인트씩 매핑합니다. 변환을 결정하는 파라미터는 층의 가중치입니다. 모델이 얼마나 잘 작동하는지를 기반으로 반복적으로 업데이트됩니다. 기하학적 변환의 핵심 특징은 미분 가능해야 한다는 점입니다. 경사 하강법으로 파라미터를 학습하기 위해서 필수적입니다. 이 말은 입력에서 출력으로 바뀌는 기하학적 변환이 부드럽고 연속적이어야 한다는 뜻입니다. 이는 아주 큰 제약 사항입니다.

복잡한 기하학적 변환을 입력 데이터에 적용하는 전체 과정은 사람이 뭉쳐진 종이 공을 펼치는 것과 비슷합니다. 뭉쳐진 종이 공은 모델이 처음 보게 되는 입력 데이터의 매니폴드입니다. 사람이 종이 공을 펼치는 움직임이 각 층에서 수행되는 간단한 기하학적 변환과 비슷합니다. 종이 공을 펼치는 전체 손놀림은 모델 전체의 복잡한 변환이 됩니다. 딥러닝 모델은 고차원 데이터의 복잡한 매니폴드를 펼치는 수학 장치입니다.

---

1 역주 모수 모델은 한정된 모델 파라미터를 가진 모델을 말합니다. 대표적으로는 로지스틱 회귀가 있습니다. 비모수 모델(nonparametric model)은 이와 반대로 모델 파라미터의 개수가 고정되어 있지 않습니다. 대표적인 비모수 모델은 K-최근접 이웃과 결정 트리입니다. 모수 모델과 비모수 모델을 뚜렷하게 구분하기 어려운 경우가 많습니다. 저자는 신경망을 모수 모델로 생각하고 있지만 네트워크 구조에 따라 모델 파라미터가 증가하기 때문에 비모수 모델로 생각하는 경우도 있습니다.

2 Richard Feynman, interview, The World from Another Point of View, Yorkshire Television, 1972.

이것이 딥러닝의 마술 같은 기법입니다. 데이터가 가진 의미를 벡터와 기하학적 공간으로 변환한 후 한 공간에서 다른 공간으로 매핑하는 복잡한 기하학적 변환을 점진적으로 학습합니다. 원본 데이터에 있는 모든 형태의 관계를 찾기 위해 충분히 큰 고차원 공간이 필요한 전부입니다.

모든 것이 하나의 핵심 아이디어에서 출발합니다. 이 의미가 어떤 두 가지 사이(언어에 있는 단어 사이, 이미지에 있는 픽셀 사이 등) 관계에서 유도되고 이 관계는 거리 함수로 측정할 수 있다는 것입니다. 우리의 뇌가 기하학적 공간을 통해 의미를 해석하는지 여부는 완전히 다른 이야기입니다. 벡터 공간은 컴퓨터 입장에서는 계산하기에 매우 효율적입니다. 지능을 표현하기 위해서는 그래프 같은 다른 데이터 구조가 더 좋습니다. 신경망은 초기에 그래프를 사용하여 의미를 인코딩하려는 아이디어에서 시작되었습니다. 이것이 **신경망**(neural network)이란 이름으로 부르게 된 이유입니다. 다른 연구 분야에서는 **연결주의**(connectionism)라고 부르기도 합니다. 요즘 신경망이란 이름은 역사적인 이유로만 남아 있습니다. 신경이나 네트워크와 관련되어 있지 않기 때문에 오해를 일으키기 쉬운 이름입니다. 특별히 신경망은 뇌와 아무런 관계없습니다. 좀 더 적절한 이름은 **층 기반 표현 학습**(layered representations learning)이나 **계층적 표현 학습**(hierarchical representations learning)입니다. 또는 연속하여 기하학적 공간을 조작한다는 핵심 사실을 강조하기 위해 **심층 미분 모델**(deep differentiable model)이나 **기하학적 변환 연결**(chained geometric transform)도 가능합니다.

14.1.4 핵심 기술

현재 진행되고 있는 기술 혁명은 뛰어난 발명 하나로 시작된 것이 아닙니다. 다른 혁신들과 마찬가지로 많은 요인이 누적되어 만들어진 결과입니다. 처음에는 느리게 진행되다가 갑자기 빨라집니다. 딥러닝의 경우에는 다음 요인들을 언급할 수 있습니다.

- 알고리즘 혁신이 계속 늘어납니다. 처음에는 (역전파를 개발한 이후) 20년에 걸쳐 느리게 진행되었지만, 2012년 이후 많은 연구자가 딥러닝에 참여하면서 갈수록 더 빨라지고 있습니다.
- 지각에 관련된 많은 양의 데이터를 사용할 수 있습니다. 충분히 많은 데이터에서 충분히 큰 모델을 훈련하는 것이 필요한 전부입니다. 이는 인터넷의 성장과 무어의 법칙이 적용된 저장 매체 덕분입니다.
- 고성능 병렬 컴퓨터 하드웨어를 값싸게 사용할 수 있습니다. 특히 NVIDIA에서 만든 GPU는 처음에는 게임을 위한 장치였지만 딥러닝을 위해 새롭게 디자인되었습니다. NVIDIA의 CEO인 젠슨 황(Jensen Huang)은 초기에 딥러닝의 붐(boom)을 주목하고 회사의 미래를 여기에 걸었고 큰 성공을 거두었습니다.

- 이런 컴퓨팅 파워를 활용할 수 있는 다양한 소프트웨어 스택(stack)이 마련되었습니다. CUDA 라이브러리, 자동 미분을 수행하는 텐서플로 같은 프레임워크, 딥러닝을 쉽게 사용하도록 도와주는 케라스 등입니다.

미래에는 연구자, 대학원생, 이 분야를 전공한 엔지니어처럼 전문가들만 딥러닝을 사용하지 않을 것입니다. 오늘날 웹 기술처럼 모든 개발자의 도구 상자에 포함된 하나의 도구가 될 것입니다. 누구나 지능적인 애플리케이션을 만들 수 있어야 합니다. 요즘은 모든 비즈니스에 웹 사이트가 필요하듯이 모든 제품이 사용자가 생성한 데이터를 잘 이해할 필요가 있습니다. 이런 미래가 도래하면 아주 쉽게 딥러닝을 사용하도록 도와주고 기초적인 코딩 기술을 가진 사람이면 누구나 다룰 수 있는 도구가 필요합니다. 이런 흐름에서 케라스는 중요한 첫 번째 단추입니다.

14.1.5 일반적인 머신 러닝 워크플로

어떤 입력 공간을 타깃 공간으로 매핑하는 모델을 만드는 매우 강력한 도구가 있다는 것은 좋은 일입니다. 머신 러닝 작업 흐름에서 정말 어려운 부분은 종종 모델을 설계하고 훈련하기 전에 (또 훈련한 후 제품 출시까지) 있는 것들입니다. 예측 대상, 활용 데이터, 성공 지표를 결정하기 위해 문제 영역을 이해하는 것이 성공적인 머신 러닝 애플리케이션을 위한 필수 조건입니다. 케라스나 텐서플로 같은 도구들이 도와줄 수 없는 부분입니다. 기억을 되살리기 위해 다음 6장에서 소개했던 전형적인 머신 러닝 작업 흐름을 간단하게 요약하겠습니다.

1. 문제를 정의합니다. 어떤 데이터를 사용할 수 있고 예측 대상은 무엇인가요? 데이터를 더 많이 모아야 하나요? 데이터셋에 레이블을 달기 위해 사람을 고용해야 하나요?
2. 목표 달성을 측정하기 위해 신뢰할 수 있는 방법을 찾습니다. 간단한 작업이라면 예측 정확도가 될 수 있지만 많은 경우에 문제 영역에 특화된 정교한 지표가 필요합니다.
3. 모델을 평가하기 위해 사용할 검증 과정을 준비합니다. 특별히 훈련 세트, 검증 세트, 테스트 세트를 정의해야 합니다. 검증 세트와 테스트 세트의 레이블은 훈련 데이터에 노출되어서는 안 됩니다. 예를 들어 시계열 예측의 경우 검증 데이터와 테스트 데이터는 시간 순서상 훈련 데이터 뒤에 와야 합니다.
4. 데이터를 벡터화하고 신경망에 잘 맞는 형태로 전처리합니다(정규화 등).
5. 상식 수준의 기본 모델보다 나은 첫 번째 모델을 만듭니다. 머신 러닝이 주어진 문제를 해결할 수 있는지 확인합니다. 언제나 문제를 해결할 수 있지는 않습니다!

6. 하이퍼파라미터를 튜닝하고 규제를 추가하여 모델 구조를 점진적으로 개선합니다. 테스트 데이터나 훈련 데이터를 사용하지 않고 검증 데이터의 성능만 사용하여 조정합니다. 모델이 과대적합(필요한 것보다 더 큰 용량의 모델을 만듭니다)된 후 규제를 추가하거나 모델의 크기를 줄입니다. 하이퍼파라미터 튜닝을 하면 검증 세트에 과대적합된다는 것을 유념하세요. 하이퍼파라미터가 검증 세트에 지나치게 특화될 수 있습니다. 이 때문에 테스트 세트를 따로 떼어 놓았습니다.
7. 최종 모델을 제품 환경에 배포합니다. 웹 API, 자바스크립트나 C++ 애플리케이션의 일부, 임베디드 장치에 배포할 수 있습니다. 실제 데이터에 대한 성능을 계속 모니터링하고 이를 바탕으로 다음번 모델을 개선하세요!

14.1.6 주요 네트워크 구조

완전 연결 네트워크, 합성곱 네트워크, 순환 네트워크, 트랜스포머 이 네 종류의 네트워크 구조에 익숙해졌을 것입니다. 각 네트워크 종류는 특정 입력 형식을 의미합니다. 네트워크 구조는 데이터의 구조에 대한 가정을 담고 있습니다. 좋은 모델을 탐색하기 위한 **가설 공간**이 됩니다. 데이터 구조와 네트워크 구조의 가정 사이가 잘 맞는지에 따라 주어진 구조가 해당 문제에 잘 작동할지가 크게 좌우됩니다.

이런 다양한 네트워크 종류는 더 큰 다중 네트워크(multi-modal network)를 만들기 위해 연결될 수 있습니다. 마치 레고 블록을 연결하는 것과 같습니다. 여기에서 딥러닝 층은 정보 처리를 위한 레고 블록이 됩니다. 다양한 입력과 적절한 네트워크 구조 사이의 관계를 간단히 정리하겠습니다.

- **벡터 데이터**: 완전 연결 네트워크(Dense 층)
- **이미지 데이터**: 2D 컨브넷
- **시퀀스 데이터**: 시계열의 경우 RNN, 이산적인 시퀀스(예를 들어 단어의 시퀀스)의 경우 트랜스포머. 1D 컨브넷도 이동 불변성을 가진 연속적인 시퀀스 데이터(예를 들어 새소리 파형(waveform))에 사용할 수 있습니다.
- **비디오 데이터**: 3D 컨브넷(연속 동작을 감지할 필요가 있다면)이나 특성 추출을 담당하는 프레임별 2D 컨브넷과 그 뒤를 이어 시퀀스를 처리하는 모델의 조합
- **볼륨을 가진 데이터**: 3D 컨브넷

그럼 각 네트워크 구조의 특징을 간략히 살펴봅시다.

밀집 연결 네트워크

완전 연결 네트워크는 벡터 데이터(각 샘플은 수치 속성이나 범주형 속성으로 구성된 벡터입니다)를 처리하는 Dense 층을 쌓은 것입니다. 이런 네트워크는 입력 특성에 특별한 가정을 두지 않습니다. 한 Dense 층의 유닛이 다른 층의 모든 유닛과 연결되어 있기 때문에 **완전 연결**이라고 부릅니다. 층은 모든 입력 특성 간의 관계를 매핑합니다. 2D 합성곱은 이와 다르게 국부적인 관계만 바라봅니다.

완전 연결 네트워크는 4장에서 사용한 보스턴 주택 가격 데이터셋처럼 범주형 데이터에 많이 사용됩니다(예를 들어 입력 특성이 여러 속성 중 하나입니다). 분류나 회귀 출력을 위해 다른 네트워크의 최종 단계에도 사용됩니다. 예를 들어 8장에 나온 컨브넷과 10장에 나온 순환 네트워크는 일반적으로 하나 또는 2개의 Dense 층으로 끝납니다.

다음을 기억하세요. **이진 분류**를 수행하려면 마지막 Dense 층이 하나의 유닛을 가져야 하고 sigmoid 활성화 함수를 사용해야 합니다. 손실은 binary_crossentropy를 사용합니다. 타깃은 0 또는 1이 됩니다.

```
from tensorflow import keras
from tensorflow.keras import layers

inputs = keras.Input(shape=(num_input_features,))
x = layers.Dense(32, activation="relu")(inputs)
x = layers.Dense(32, activation="relu")(x)
outputs = layers.Dense(1, activation="sigmoid")(x)
model = keras.Model(inputs, outputs)
model.compile(optimizer="rmsprop", loss="binary_crossentropy")
```

단일 레이블 다중 분류를 수행하려면 (각 샘플이 정확히 하나의 클래스에만 속합니다) 마지막 Dense 층이 클래스 개수만큼 유닛을 가져야 하고 softmax 활성화 함수를 사용해야 합니다. 타깃을 원-핫 인코딩한다면 categorical_crossentropy를 손실로 사용합니다. 타깃이 정수 숫자라면 sparse_categorical_crossentropy를 손실로 사용합니다.

```
inputs = keras.Input(shape=(num_input_features,))
x = layers.Dense(32, activation="relu")(inputs)
x = layers.Dense(32, activation="relu")(x)
outputs = layers.Dense(num_classes, activation="softmax")(x)
model = keras.Model(inputs, outputs)
model.compile(optimizer="rmsprop", loss="categorical_crossentropy")
```

다중 레이블 다중 분류를 수행하려면 (하나의 샘플이 여러 개의 클래스에 속할 수 있습니다) 마지막 Dense 층이 클래스 개수만큼 유닛을 가져야 하고 sigmoid 활성화 함수를 사용해야 합니다. 손실로는 binary_crossentropy를 사용합니다. 타깃은 멀티-핫 인코딩되어야 합니다.

```
inputs = keras.Input(shape=(num_input_features,))
x = layers.Dense(32, activation="relu")(inputs)
x = layers.Dense(32, activation="relu")(x)
outputs = layers.Dense(num_classes, activation="sigmoid")(x)
model = keras.Model(inputs, outputs)
model.compile(optimizer="rmsprop", loss="binary_crossentropy")
```

연속된 값을 가진 벡터에 대해 **회귀**를 수행하려면 마지막 Dense 층이 예측하려는 값의 개수만큼 유닛을 가져야 하고 (주택 가격처럼 하나일 경우가 많습니다) 활성화 함수는 사용하지 않습니다. 회귀에는 여러 가지 손실을 사용할 수 있습니다. 가장 널리 사용되는 것은 mean_squared_error(MSE)입니다.

```
inputs = keras.Input(shape=(num_input_features,))
x = layers.Dense(32, activation="relu")(inputs)
x = layers.Dense(32, activation="relu")(x)
outputs layers.Dense(num_values)(x)
model = keras.Model(inputs, outputs)
model.compile(optimizer="rmsprop", loss="mse")
```


컨브넷

합성곱 층은 입력 텐서의 여러 위치(패치)에 동일한 기하학적 변환을 적용하여 공간 방향의 지역 패턴을 찾습니다. 이는 **이동 불변성**을 가진 표현을 만들어 합성곱 층을 데이터 효율적으로 만들고 모듈화합니다. 이 아이디어는 1D(시퀀스), 2D(이미지), 3D(볼륨) 등 어느 차원의 공간에도 적용 가능합니다. Conv1D 층을 사용하여 시퀀스를 처리하고, Conv2D 층을 사용하여 이미지를 처리하고, Conv3D 층을 사용하여 볼륨 데이터를 처리합니다. 더 가볍고 효율적인 합성곱 층의 대안으로 SeparableConv2D와 같은 **깊이별 분리 합성곱 층**을 사용할 수도 있습니다.

컨브넷 또는 **합성곱 네트워크**는 합성곱과 최대 풀링 층이 쌓여 구성됩니다. 풀링 층은 공간 방향으로 데이터를 다운샘플링합니다. 특성 맵의 수가 증가함에 따라 적절한 크기로 특성 맵 크기를 유지하여 후속 합성곱 층이 입력에서 더 큰 부분을 볼 수 있게 합니다. 컨브넷은 Flatten 연산이나 전역 풀링 층으로 끝나는 경우가 많습니다. 이 층은 공간 특성 맵을 벡터로 변환합니다. 그 뒤에 분류나 회귀를 위한 Dense 층이 이어집니다.

다음은 SeparableConv2D 층을 사용한 전형적인 이미지 분류 네트워크입니다(여기에서는 다중 분류의 예입니다).

```
inputs = keras.Input(shape=(height, width, channels))
x = layers.SeparableConv2D(32, 3, activation="relu")(inputs)
x = layers.SeparableConv2D(64, 3, activation="relu")(x)
x = layers.MaxPooling2D(2)(x)
x = layers.SeparableConv2D(64, 3, activation="relu")(x)
x = layers.SeparableConv2D(128, 3, activation="relu")(x)
x = layers.MaxPooling2D(2)(x)
x = layers.SeparableConv2D(64, 3, activation="relu")(x)
x = layers.SeparableConv2D(128, 3, activation="relu")(x)
x = layers.GlobalAveragePooling2D()(x)
x = layers.Dense(32, activation="relu")(x)
outputs = layers.Dense(num_classes, activation="softmax")(x)
model = keras.Model(inputs, outputs)
model.compile(optimizer="rmsprop", loss="categorical_crossentropy")
```

매우 깊은 컨브넷을 만들 때 **배치 정규화** 층과 **잔차 연결**을 추가하는 것이 일반적입니다. 이 두 아키텍처 패턴은 그레이디언트 정보가 네트워크를 잘 통과해서 흐르도록 돕습니다.

RNN

순환 신경망(RNN)은 한 번에 하나의 타임스텝씩 입력 시퀀스를 처리하고 이 과정 동안 **상태**(state)를 유지합니다(상태는 하나의 벡터이거나 벡터의 집합입니다). 시간 축을 따라 이동 불변성이 없는 패턴을 가진 시퀀스라면 1D 컨브넷 대신 사용하는 것이 바람직합니다(예를 들어 최근 데이터가 오래된 과거보다 더 중요한 시계열 데이터).

케라스에는 3개의 RNN 층이 있습니다. SimpleRNN, GRU, LSTM입니다. 대부분의 실전 애플리케이션에는 GRU나 LSTM을 사용해야 합니다. LSTM이 더 강력하지만 비용이 많이 듭니다. GRU는 좀 더 간단하고 값싼 LSTM의 대체물로 생각할 수 있습니다.

여러 개의 RNN 층을 겹겹이 쌓으려면 마지막 층 이전의 모든 층은 전체 시퀀스를 출력해야 합니다(모든 입력 타임스탬프에 해당하는 출력입니다). 추가적인 RNN 층을 쌓지 않는다면 전체 시퀀스 정보가 담긴 마지막 출력만 반환하는 것이 일반적입니다.

```
inputs = keras.Input(shape=(num_timesteps, num_features))
x = layers.LSTM(32)(inputs)
outputs = layers.Dense(num_classes, activation="sigmoid")(x)
model = keras.Model(inputs, outputs)
model.compile(optimizer="rmsprop", loss="binary_crossentropy")
```

다음은 벡터 시퀀스의 이진 분류를 위해 RNN 층을 쌓은 모델입니다.

```
inputs = keras.Input(shape=(num_timesteps, num_features))
x = layers.LSTM(32, return_sequences=True)(inputs)
x = layers.LSTM(32, return_sequences=True)(x)
x = layers.LSTM(32)(x)
outputs = layers.Dense(num_classes, activation="sigmoid")(x)
model = keras.Model(inputs, outputs)
model.compile(optimizer="rmsprop", loss="binary_crossentropy")
```

트랜스포머

트랜스포머는 벡터(예를 들어 단어 벡터)의 집합을 바라보고 **뉴럴 어텐션**을 활용하여 각 벡터를 문맥을 고려한 표현으로 변환합니다. 이런 문맥은 집합 안의 다른 벡터로부터 만들어집니다. 문제의 집합이 순서가 있는 시퀀스라면 **위치 인코딩**을 활용하여 전역적인 문맥과 단어 순서를 모두 고려하는 트랜스포머를 만들 수 있습니다. RNN이나 1D 컨브넷보다 훨씬 효율적으로 긴 텍스트 문단을 처리할 수 있습니다.

트랜스포머는 텍스트 분류를 포함해서 어떤 종류의 집합 처리나 시퀀스 처리 작업에 사용할 수 있습니다. 하지만 소스 언어의 문장을 타깃 언어로 번역하는 것 같이 **시퀀스-투-시퀀스 학습**에 특히 뛰어납니다.

시퀀스-투-시퀀스 트랜스포머는 두 부분으로 구성됩니다.

- 입력 벡터 시퀀스를 문맥과 순서를 고려한 출력 벡터 시퀀스로 변환하는 TransformerEncoder
- TransformerEncoder의 출력과 타깃 시퀀스를 받아 타깃 시퀀스의 다음에 올 것을 예측하는 TransformerDecoder

벡터 하나의 시퀀스(또는 집합)만 처리한다면 TransformerEncoder만 사용할 것입니다.

다음은 소스 시퀀스를 타깃 시퀀스로 매핑하는 시퀀스-투-시퀀스 트랜스포머입니다(이런 구조는 기계 번역이나 질문 응답 등에 사용할 수 있습니다).

```python
encoder_inputs = keras.Input(shape=(sequence_length,), dtype="int64")  # 소스 시퀀스
x = PositionalEmbedding(
    sequence_length, vocab_size, embed_dim)(encoder_inputs)
encoder_outputs = TransformerEncoder(embed_dim, dense_dim, num_heads)(x)
decoder_inputs = keras.Input(shape=(None,), dtype="int64")  # 현재까지의 타깃 시퀀스
x = PositionalEmbedding(
    sequence_length, vocab_size, embed_dim)(decoder_inputs)
x = TransformerDecoder(embed_dim, dense_dim, num_heads)(x, encoder_outputs)
decoder_outputs = layers.Dense(vocab_size, activation="softmax")(x)  # 한 스텝 앞의 타깃 시퀀스
transformer = keras.Model([encoder_inputs, decoder_inputs], decoder_outputs)
transformer.compile(optimizer="rmsprop", loss="categorical_crossentropy")
```

다음은 정수 시퀀스의 이진 분류 작업에 적용한 TransformerEncoder입니다.

```python
inputs = keras.Input(shape=(sequence_length,), dtype="int64")
x = PositionalEmbedding(sequence_length, vocab_size, embed_dim)(inputs)
x = TransformerEncoder(embed_dim, dense_dim, num_heads)(x)
x = layers.GlobalMaxPooling1D()(x)
outputs = layers.Dense(1, activation="sigmoid")(x)
model = keras.Model(inputs, outputs)
model.compile(optimizer="rmsprop", loss="binary_crossentropy")
```

TransformerEncoder, TransformerDecoder, PositionalEmbedding 층의 완전한 구현은 11장을 참고하세요.

14.1.7 딥러닝의 가능성

딥러닝으로 어떤 것을 만들 것인가요? 딥러닝 모델을 만드는 것은 레고 블록을 조립하는 것과 같다는 것을 기억하세요. 층을 서로 연결하여 어떤 것끼리라도 매핑할 수 있습니다. 적절한 훈련 데이터가 있고 합리적인 복잡도를 가진 연속된 기하학적 변환으로 달성할 수 있는 매핑이어야 합니다. 가능한 조합은 무한합니다. 전통적으로 기초적인 분류와 회귀 작업은 머신 러닝의 기본입니다. 이 절에서는 그 이상을 상상할 수 있도록 영감을 주기 위해 몇 가지 예를 제시하겠습니다.

다음 목록에 입력과 출력의 종류에 따라 주목할 만한 애플리케이션을 정렬했습니다. 이 중 상당수가 가능한 한계를 확장하고 있습니다. 이런 모든 작업에 대해 하나의 모델을 훈련할 수 있지만 이런 모델은 아마 훈련 데이터에서 벗어나 일반화되지 못할 것입니다. 14.2절과 14.4절에서 이런 한계를 미래에 어떻게 극복할 것인지 논의하겠습니다.

- 벡터 데이터를 벡터 데이터로 매핑하기
  - **예측 의학**: 환자의 의료 기록으로 미래 건강을 예측합니다.
  - **행동 타기팅**: 웹 사이트 속성을 바탕으로 사용자가 얼마나 오래 머무를지 예측합니다.
  - **품질 제어**: 제조된 상품에서 얻은 데이터를 바탕으로 내년 제품 불량률을 예측합니다.
- 이미지 데이터를 벡터 데이터로 매핑하기
  - **의료 진단 보조**: 의료 영상 슬라이드를 사용하여 암 진단을 예측합니다.
  - **자율 주행 자동차**: 자동차 카메라에서 촬영한 비디오 프레임 데이터를 바탕으로 휠(wheel) 각도, 연료 분사, 브레이크 작동을 조정합니다.
  - **보드 게임 AI**: 바둑과 체스 게임에서 상대편 말의 움직임을 예측합니다.
  - **식단 도우미**: 음식 사진을 보고 칼로리를 계산합니다.
  - **나이 예측**: 인물 사진을 보고 나이를 예측합니다.
- 시계열 데이터를 벡터 데이터로 매핑하기
  - **날씨 예측**: 지역별 날씨의 시계열 데이터를 사용하여 특정 지역의 다음 주 온도를 예측합니다.
  - **뇌-컴퓨터 인터페이스**: 뇌자도(magnetoencephalogram, MEG) 시계열 데이터를 사용하여 컴퓨터 명령을 실행합니다.
  - **행동 타기팅**: 사용자가 웹 사이트에서 발생시킨 시계열 데이터를 사용하여 제품 구매 확률을 예측합니다.
- 텍스트를 텍스트로 매핑하기
  - **기계 번역**: 한 언어의 문장을 다른 언어로 번역합니다.
  - **스마트 답장**: 이메일을 보고 가능한 한 줄 답변을 만듭니다.
  - **질문 응답**: 일반적인 질문에 대한 답변을 만듭니다.
  - **요약**: 긴 글을 짧게 요약합니다.
- 이미지를 텍스트로 매핑하기
  - **텍스트 추출**: 텍스트 요소가 포함된 이미지에서 텍스트 문자열을 추출합니다.
  - **캡셔닝**: 이미지를 보고 이미지의 콘텐츠를 설명하는 짧은 캡션(caption)을 만듭니다.
- 텍스트를 이미지로 매핑하기

    - **조건부 이미지 생성**: 짧은 텍스트 설명에 부합하는 이미지를 생성합니다.
    - **로고 생성/선택**: 회사의 이름이나 설명에서 회사의 로고를 만듭니다.
- 이미지를 이미지로 매핑하기
    - **초고해상도 변환**: 작은 크기의 이미지를 고해상도 버전으로 변환합니다.
    - **공간 깊이 감지**: 실내 이미지를 보고 공간 지도를 만듭니다.
- 이미지와 텍스트를 텍스트로 매핑하기
    - **비주얼 QA**: 이미지와 이미지 내용에 관한 자연어 질문을 보고 자연어 답변을 만듭니다.
- 비디오와 텍스트를 텍스트로 매핑하기
    - **비디오 QA**: 짧은 비디오와 비디오 내용에 관한 자연어 질문을 보고 자연어 답변을 만듭니다.

거의 모든 것이 가능하지만 전부는 아닙니다. 다음 절에서 딥러닝으로 할 수 없는 것을 알아보겠습니다.

14.2 딥러닝의 한계

딥러닝으로 구현할 수 있는 애플리케이션 영역은 무한합니다. 하지만 아직은 사람이 레이블링한 데이터가 아주 많더라도 현재 딥러닝 기술로 달성하기 어려운 애플리케이션이 많습니다. 예를 들어 제품 관리자가 작성한 소프트웨어 기능 정의서와 개발 팀이 이 요구 사항에 맞추어 개발한 소스 코드로 이루어진 데이터를 수십만 개 또는 수백만 개 모을 수 있습니다. 이런 데이터가 있더라도 제품 설명서를 보고 소스 코드를 생성하는 딥러닝 모델은 훈련할 수 없습니다. 이는 수많은 예중에서 하나에 불과합니다. 일반적으로 프로그래밍처럼 논증이 필요하거나, 장기 계획을 세워 과학적 방법을 적용하거나, 알고리즘을 사용하여 데이터를 조작하는 일은 주입하는 데이터양에 상관없이 딥러닝 모델로 달성할 수 없는 영역입니다. 심층 신경망으로는 정렬 알고리즘을 훈련하는 것조차도 아주 어렵습니다.

딥러닝 모델은 한 벡터 공간을 다른 벡터 공간으로 매핑하기 위해 단순하고 연속된 기하학적 변환을 연결한 것이기 때문입니다. 한 매니폴드 X에서 다른 매니폴드 Y로 매핑하는 것이 할 수 있는 전부입니다. 이때 X에서 Y로 학습 가능한 변환이 있다고 가정합니다. 딥러닝 모델을 일종의 프로그램으로 생각할 수 있습니다. 하지만 반대로 대부분의 프로그램은 딥러닝 모델로 표현할 수 없습니다. 대부분의 작업에서 문제를 해결할 수 있는 합리적인 크기의 심층 신경망이 없거나 있더라도 학습할 수 없습니다. 이런 기하학적 변환은 너무 복잡하거나 학습에 필요한 적절한 데이터가 없기 때문입니다.

층을 추가하고 더 많은 훈련 데이터를 사용하여 현재 딥러닝 기술을 증대하는 것은 이 이슈를 표면적으로 조금 완화시킬 뿐입니다. 딥러닝 모델이 표현할 수 있는 한계가 있고 대부분의 학습 대상 프로그램은 데이터 매니폴드에 대한 연속된 기하학적 변환으로 나타낼 수 없는 근본적인 문제가 있습니다.

14.2.1 머신 러닝 모델의 의인화 위험

현대 AI에서 오는 실제 위험은 딥러닝 모델이 하는 일을 잘 이해하지 못하고 그 능력을 과대평가하는 데에서 옵니다. 사람의 기본 특징은 **마음 이론**(theory of mind)을 바탕으로 합니다. 우리를 둘러싼 것들에 의도, 믿음, 지식을 투영하는 성향을 말합니다. 돌에 웃는 얼굴만 그려도 마음이 행복해지곤 합니다. 이것을 딥러닝에 적용하자면, 예를 들어 사진을 설명하는 캡션 생성 모델이 성공적으로 훈련될 때 모델이 그림의 내용을 '이해'하고 캡션을 만들었다고 생각합니다. 이런 오해 때문에 훈련 데이터에 있는 이미지와 조금만 달라져도 모델이 완전히 엉뚱한 캡션을 만드는 것을 보고 놀라게 됩니다(그림 14-1).

▼ 그림 14-1 딥러닝 기반 이미지 캡션 시스템의 실패 사례

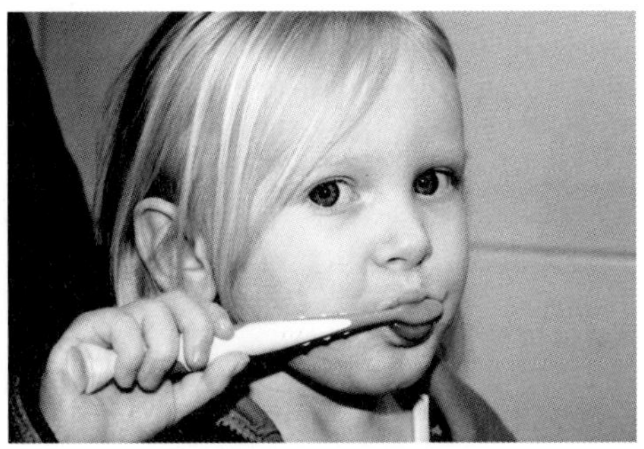

소년이 야구 배트를 들고 있다

특히 모델이 잘못 분류하도록 고안된 **적대적인 샘플**(adversarial example)을 딥러닝 네트워크에 주입할 때 이런 문제가 두드러집니다. 예를 들어 입력 공간에 경사 상승법을 적용하여 특정 컨브넷의 필터 활성화가 최대가 되도록 입력을 만들 수 있다는 것을 알고 있습니다. 이 기법은 9장에서 소개한 필터 시각화 기법과 12장에서 소개한 딥드림 알고리즘의 기초입니다. 비슷하게 경사 상승법을 사용하여 주어진 클래스의 예측이 최대가 되도록 이미지를 조금 수정할 수 있습니다. 판다 이미지에 긴팔원숭이 그레이디언트를 더하면 신경망이 판다를 긴팔원숭이로 분류합니다(그림 14-2). 이는 딥러닝 모델이 불안정하다는 증거고, 입력-출력 매핑과 사람의 지각 사이 큰 차이점을 보여 줍니다.

▼ 그림 14-2 적대적인 샘플: 이미지에 미세한 변화를 주어 모델의 분류 예측을 바꿀 수 있다[3]

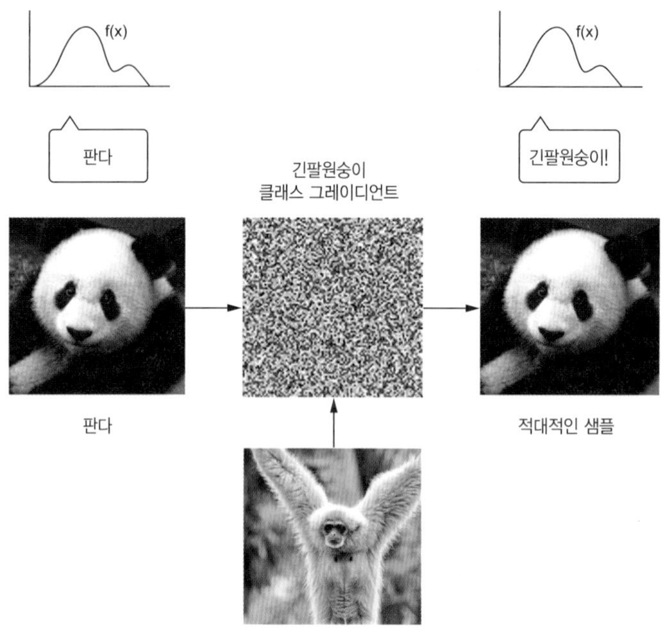

간단히 말해 딥러닝 모델은 입력을 전혀 이해하지 못합니다. 적어도 사람이 느끼는 것은 아닙니다. 우리가 이미지, 소리, 언어를 이해하는 것은 인간의 지각 경험을 통해 형성된 것입니다. 머신 러닝 모델은 이런 경험이 없으므로 사람과 같은 방식으로 입력을 이해할 수 없습니다. 레이블된 많은 양의 훈련 샘플을 모델에 주입하여 데이터를 사람의 개념에 매핑하는 기하학적 변환을 학습합니다. 이 매핑은 사람이 경험에서 학습하여 마음속에 내재된 진짜 모델을 단순하게 흉내 낸 것

3 역주 이 예는 Goodfellow et al., "Explaining and Harnessing Adversarial Examples," 2014, https://arxiv.org/abs/1412.6572에서 소개되었습니다.

입니다. 이는 거울 속에 비친 흐릿한 이미지와 같습니다(그림 14-3). 모델은 훈련 데이터에 맞추기 위해 가능한 짧은 경로를 선택할 것입니다. 예를 들어 이미지 모델은 입력 이미지를 전체적으로 이해하는 것보다 지역 특징에 더 의존하는 경향이 있습니다. 표범과 소파가 포함된 데이터셋에서 훈련한 모델은 표범 패턴의 소파를 실제 표범으로 분류할 가능성이 높습니다.

▼ 그림 14-3 현재 머신 러닝 모델: 거울 속에 비친 흐릿한 이미지와 같다

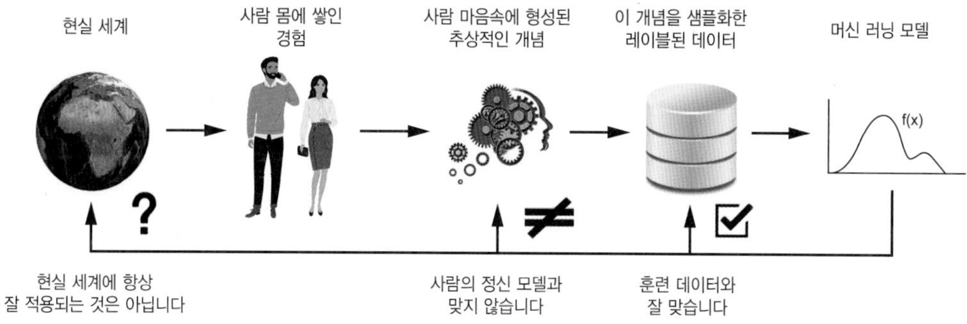

머신 러닝 기술자는 항상 이를 기억해야 합니다. 신경망이 수행하는 작업을 이해한다고 믿는 함정에 빠져서는 안 됩니다. 적어도 사람이 느끼는 방식으로 이해하지 못합니다. 우리가 기대하는 것과 다르고 훨씬 좁은 범위의 작업을 훈련합니다. 훈련 입력을 훈련 타깃에 일대일로 매핑하는 방식입니다. 훈련 데이터에 없는 데이터를 주입하면 엉뚱한 결과를 낼 것입니다.

14.2.2 자동 기계 vs 지능 에이전트

딥러닝 모델이 수행하는 입력-출력 사이의 간단한 기하학적 변환과 사람이 생각하고 배우는 방식 사이에는 근본적인 차이가 있습니다. 사람이 명시적인 훈련 샘플을 사용하는 대신 몸에 배인 경험을 통해 배운다는 것만이 아닙니다. 사람의 뇌는 미분 가능한 모수 모델과는 비교할 수 없을 만큼 매우 강력합니다.

조금 넓게 생각해 보죠. "지능의 목적은 무엇일까요?" 처음에 지능이 왜 생겼을까요? 추측할 수밖에 없지만 정보에 입각해서 추측해 볼 수 있습니다. 지능을 생산하는 기관인 뇌를 먼저 살펴보죠. 뇌는 진화적 적응의 산물로 유기체가 환경에 적응하는 능력을 극적으로 확장했습니다. 자연 선택에 따른 랜덤한 시행착오를 통해 수억 년에 걸쳐 점진적으로 개발된 메커니즘입니다. 뇌는 원래 행동 프로그램(behavioral program)을 저장하고 실행하는 방법으로 5억 년 전에 등장했습니다. **행동 프로그램**은 유기체가 환경에 반응하도록 만드는 일련의 명령입니다. "이런 일이 일어나면 저렇게 하라."와 같은 것이죠. 이는 유기체의 감각 입력과 운동 제어를 연결합니다. 처음에는 뇌가 감

각 입력에 기관이 적절히 반응하도록 행동 프로그램(신경 연결 패턴)을 하드코딩하는 역할을 했을 것입니다. 파리, 개미, 예쁜 꼬마 선충(C. elegans)(그림 14-4) 등과 같은 곤충의 뇌는 여전히 이런 방식으로 동작합니다. 이런 프로그램의 원본 소스 코드가 신경 연결 패턴으로 디코딩되는 DNA였기 때문에 진화는 갑자기 행동 공간을 거의 제한 없이 탐색할 수 있게 되었습니다. 이것이 주요한 진화적 변화였습니다.

진화는 프로그래머였고 뇌는 진화가 만든 코드를 조심스럽게 실행하는 컴퓨터였습니다. 신경 연결은 매우 일반적인 컴퓨팅 회로이기 때문에 뇌를 가진 모든 종의 감각 운동 공간은 갑자기 극적으로 확장되기 시작할 수 있습니다. 눈, 귀, 아래턱, 4개의 다리, 24개의 다리 등 뇌가 있는 한 진화는 이런 것들을 잘 사용하는 행동 프로그램을 친절하게 알아낼 것입니다. 뇌는 어떤 형태 또는 어떤 형태의 조합도 처리할 수 있습니다.

▼ 그림 14-4 예쁜 꼬마 선충의 뇌 네트워크. 자연 진화에 의해 프로그래밍된 행동 자동 기계. 엠마 톨슨(Emma Towlson)이 만든 그림(Yan et al., "Network control principles predict neuron function in the Caenorhabditis elegans connectome," Nature, Oct. 2017)

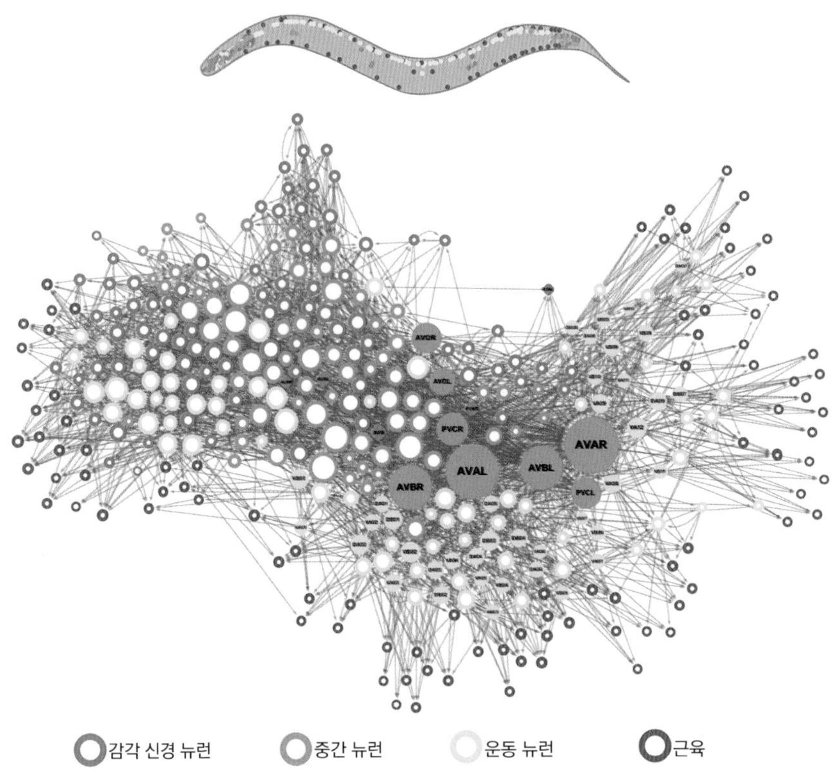

기억하세요. 이런 초기 뇌는 그 자체가 정확히 지능은 아닙니다. 자동 기계(automaton)에 상당히 가까웠습니다. 유기체의 DNA에 하드코딩된 행동 프로그램을 실행하기만 합니다. 온도 조절 장치가 '지능적'이라는 것과 같은 수준에서 이를 지능이라고 말할 수 있습니다. 하나의 리스트 정렬 프로그램도 그렇습니다. 또는 (인공적으로 만든) 훈련된 하나의 심층 신경망도 그렇습니다. 이는 중요한 차이점이므로 주의 깊게 살펴보죠. 자동 기계와 실제 지능 에이전트 사이의 차이점은 무엇일까요?

14.2.3 지역 일반화 vs 궁극 일반화

17세기 프랑스 철학자이자 과학자인 르네 데카르트(René Descartes)는 1637년에 이 차이점을 완벽하게 감지하는 명쾌한 논평을 썼습니다. 이때는 AI가 등장하기 훨씬 전이며 사실 (그의 동료인 파스칼(Pascal)이 5년 후에 만든) 첫 번째 기계식 컴퓨터가 등장하기 전입니다. 데카르트는 자동 기계에 대해 다음과 같이 말했습니다.

> "이런 기계가 사람처럼 어떤 일을 잘하거나 혹은 더 잘할 수도 있지만, 다른 일에는 반드시 실패할 것입니다. 이는 기계가 이해를 통해서가 아니라 기관의 배치에 따라 움직인다는 것을 드러낼 것입니다."

– 르네 데카르트, 방법 서설(Discourse on the Method)(1637)

이것입니다. 지능의 특징은 **이해**입니다. 어떤 새로운 상황이 발생하더라도 대처할 수 있는 능력인 **일반화**가 이해를 입증합니다. 지난 3년간의 시험 문제를 외웠지만 과목을 전혀 이해하지 못한 학생과 실제 내용을 이해한 학생 사이의 차이를 어떻게 구분할 수 있을까요? 완전히 새로운 문제를 내야 합니다. 자동 기계는 정적이고 "이것이면 저렇게 한다."와 같이 특정 맥락에서 특정 작업을 달성하도록 만들어졌습니다. 반면 지능형 에이전트는 새롭고 예상하지 못한 상황에 즉시 적응할 수 있습니다. (사람이 작성한 프로그램, 진화론적으로 생성된 프로그램 또는 훈련 데이터셋에서 모델을 학습하는 암묵적인 프로그래밍 과정이든지) 자동 기계는 프로그래밍된 것에 맞지 않는 어떤 상황에 노출되면 실패하게 됩니다. 하지만 사람과 같은 지능적인 에이전트는 이해력을 바탕으로 해결할 방법을 찾을 것입니다.

사람은 심층 네트워크나 곤충이 자극과 반응을 즉각 매핑하는 것 이상을 수행합니다. 현재 상황과 자기 자신, 다른 사람에 대한 복잡하고 추상적인 모델을 구성합니다. 이 모델을 사용하여 미래 가능성을 예측하고 장기 계획을 세웁니다. 우리는 경험하지 못한 어떤 것을 표현하기 위해 알고 있는 개념을 합칩니다. 예를 들어 복권에 당첨되면 무엇을 할지 상상하거나, 친구의 열쇠를 고무로 만든 가짜 열쇠로 바꾸면 친구가 어떻게 반응할지 생각하는 등입니다. 새로움과 가정(what-if)을 다루는 이런 능력은 **추상**(abstraction)과 **추론**(reasoning)을 활용하여 우리 마음속에 있는 모델의 공간을 직접 경험할 수 있는 것 이상으로 확장합니다. 이것이 사람이 가진 인지 능력의 특징입니다. 필자는 이를 **궁극 일반화**(extreme generalization)라고 부릅니다. 데이터가 조금만 있거나 심지어 새로운 데이터가 전혀 없어도 이전에 경험한 적 없는 새로운 상황에 적응하는 능력입니다. 이런 능력이 사람과 고등 동물이 보여 주는 지능의 핵심입니다.

이는 자동 기계와 같은 시스템이 수행하는 것과 극명하게 대조가 됩니다. 매우 엄격한 자동 기계는 어떤 일반화도 수행하지 않습니다. 사전에 정확하게 기술되지 않은 어떤 것도 처리할 수 없습니다. 파이썬 딕셔너리나 `if-then-else` 문장을 하드코딩하여 만든 기초적인 질문-응답 프로그램이 이런 종류에 속합니다. 심층 신경망은 조금 낫습니다. 익숙한 것과 조금 다른 입력을 성공적으로 처리할 수 있습니다. 이것이 바로 심층 신경망을 유용하게 만듭니다. 8장의 강아지 vs 고양이 분류 모델은 훈련에 사용한 사진과 충분히 비슷하다면 이전에 본 적 없는 강아지나 고양이 사진을 분류할 수 있습니다. 하지만 심층 신경망은 **지역 일반화**(local generalization)(그림 14-5)에 국한됩니다. 딥러닝이 수행하는 입력-출력 매핑은 입력이 훈련할 때 보았던 것과 달라지면 금방 이해하기 어렵게 됩니다. 심층 신경망은 알려진 미지의 대상(known unknowns)으로만 일반화할 수 있습니다. 카메라 앵글이나 조명 조건이 다른 강아지 사진처럼 모델 개발 중에 예상되고 훈련 데이터에 광범위하게 나타나는 변동 요인을 의미합니다. 심층 신경망은 매니폴드 보간을 통해 일반화하기 때문입니다(5장을 참고하세요). 입력 공간의 모든 변동 요인은 심층 신경망이 학습하는 매니폴드로 감지되어야 합니다. 기본적인 데이터 증식이 심층 신경망의 일반화를 향상하는 데 도움이 되는 이유입니다. 사람과 다르게 이런 모델은 과거 상황과 추상적인 공통점만 있으며 데이터가 거의 없거나 전혀 없는 상황(예를 들어 복권에 당첨되거나 고무 열쇠를 받는 경우)에 직면했을 때 즉흥적으로 대처하는 능력이 없습니다.

▼ 그림 14-5 지역 일반화 vs 궁극 일반화

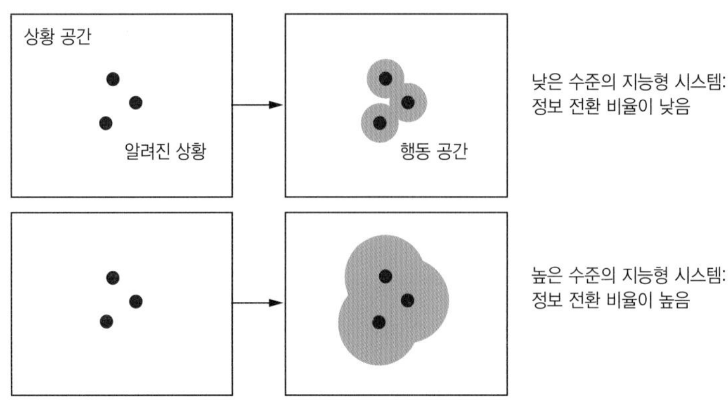

예를 들어 로켓이 달에 착륙하기 위해 적절한 발사 설정을 학습하는 문제를 생각해 보죠. 이 작업을 위해 심층 네트워크를 지도 학습이나 강화 학습으로 훈련한다면 입력 데이터를 위해 수천 또는 수백만의 발사 실험을 해야 합니다. 입력 공간에서 출력 공간으로 매핑을 안정적으로 학습하려면 입력 공간에서 조밀하게 샘플링을 해야 합니다. 반대로 사람은 로켓의 물리 모델을 찾기 위해 추상화의 힘을 사용할 수 있습니다. 정확한 해답을 유도하여 한 번 또는 몇 번의 실험으로 로켓을 달에 착륙시킬 것입니다. 이와 비슷하게 사람의 몸을 조정하는 심층 네트워크를 개발하고, 교통사고를 당하지 않고, 도시를 안전하게 돌아다니도록 훈련한다고 가정해 보겠습니다. 이 네트워크가 자동차의 위험을 추론하고 적절한 회피 동작을 개발하기까지 다양한 상황에서 수천 명의 사람이 목숨을 잃어야 합니다. 새로운 도시에 가면 이 네트워크는 알고 있는 대부분을 다시 학습해야 합니다. 반면 사람은 한 명도 다칠 필요 없이 안전한 행동을 학습할 수 있습니다. 가상의 상황에 대한 추상 모델을 만드는 능력 덕분입니다.

14.2.4 지능의 목적

적응력이 뛰어난 지능 에이전트와 엄격한 자동 기계 사이의 이런 차이를 보면서 뇌의 진화를 다시 생각하게 됩니다. 원래 행동 자동 기계를 개발하기 위해 자연 진화의 매개체에 불과했던 뇌는 왜 결국 지능적으로 바뀌었을까요? 모든 중요한 진화적 이정표와 마찬가지로 자연 선택이란 제약이 그렇게 되도록 부추겼기 때문입니다.

뇌는 행동 생성에 대한 책임이 있습니다. 유기체가 직면한 일련의 상황이 거의 정적이고 이미 알려진 것이라면 행동 생성은 쉬운 문제가 됩니다. 진화는 랜덤한 시행착오를 통해 올바른 행동을 찾고 이를 유기체의 DNA에 하드코딩하면 됩니다. 뇌 진화의 이 첫 번째 단계(자동 기계로서의 뇌)는 이미 최적이었을 것입니다. 하지만 유기체의 복잡도와 이와 함께 환경의 복잡도가 증가하면서 동물이 처리해야 하는 상황이 훨씬 동적이고 예상할 수 없게 되었습니다. 자세히 생각해 보면 우리 인생의 하루는 이전에 경험한 어떤 날과도 다르고 우리 조상들이 경험했던 어떤 날과도 다릅니다. 우리는 끊임없이 알려지지 않은 놀라운 상황을 직면할 수 있어야 합니다. 몇 시간 전에 깨어나 하루를 성공적으로 살기 위해 진화가 실행할 행동의 시퀀스를 찾고 DNA에 하드코딩할 방법이 없습니다. 매일 즉석에서 생성해야 합니다.

훌륭한 행동 생성 엔진인 뇌는 이런 필요에 맞추기 위해 적응한 것입니다. 단순히 고정된 상황에 맞추기 위해 최적화된 것이 아니라 적응성과 일반성에 최적화되어 있습니다. 이런 변화는 진화 역사에 걸쳐 여러 번 일어났을 수 있습니다. 이로 인해 유인원, 문어, 까마귀 같이 진화의 먼 가지

(branch)에서 매우 지능적인 동물이 등장했습니다. 지능은 복잡하고 역동적인 생태계가 부여하는 도전에 대한 해답입니다.

이것이 지능의 본질입니다. 불확실하고 끊임없이 변화하는 미래에 대해 성공적인 행동을 취하기 위해 정보를 효율적으로 활용하는 능력입니다. 데카르트가 '이해'라고 부르는 것이 이런 놀라운 능력의 핵심입니다. 새로운 상황을 처리하고 궁극의 일반화를 달성하기 위해 빠르게 용도를 변경할 수 있는 재사용 가능한 모듈식 추상을 개발하기 위해 과거 경험을 마이닝(mining)하는 힘입니다.

14.2.5 일반화의 스펙트럼

일반화의 스펙트럼(spectrum of generalization)을 따라 천천히 올라가면서 생물학적 지능의 진화 역사를 요약하는 간단한 그림을 그릴 수 있습니다. 지역 일반화만 수행할 수 있는 자동 기계 같은 뇌에서 시작합니다. 시간이 지남에 따라 진화는 더 복잡하고 변화무쌍한 환경에서 번성할 수 있도록 점점 더 광범위한 일반화가 가능한 유기체를 만들기 시작했습니다. 결국 지난 수백만 년(진화론적 관점에서는 한 순간) 동안 특정 호미닌(hominin) 종은 궁극 일반화가 가능한 생물학적 지능을 구현하기 시작했고 인류세(Anthropocene)의 시작을 촉발하고 지구 생명체의 역사를 영원히 바꾸었습니다.

지난 70년에 걸친 AI의 발전은 이런 진화와 놀랄 만큼 비슷합니다. 초기 AI 시스템은 순수한 자동 기계였습니다. 1960년대 ELIZA 채팅 프로그램이나 자연어 명령으로 간단한 객체를 조작할 수 있는 1970년대 AI인 SHRDLU[4]입니다. 1990년대와 2000년대에 지역 일반화가 가능하여 일정 수준의 불확실성과 새로운 상황을 처리할 수 있는 머신 러닝 시스템이 시작되었습니다. 2010년대 딥러닝은 훨씬 큰 데이터셋과 더 강력한 표현 모델을 사용하여 이런 시스템의 지역 일반화 능력을 크게 확장시켰습니다.

오늘날 다음 진화 단계의 정점에 서 있을지 모릅니다. **광범위한 일반화**(broad generalization)를 달성할 수 있는 시스템에 대한 관심이 증가하고 있습니다. 필자가 정의하는 광범위한 일반화는 (시스템이 처리하도록 훈련되지 않거나 개발자가 예상할 수 없었던 상황을 포함하여) 하나의 광범위한 작업 영역에서 **알려지지 않은 미지의 대상**(unknown unknowns)을 처리할 수 있는 능력입니다. 예를 들어 어떤 상황이 닥치더라도 안전하게 처리할 수 있는 자율 주행 자동차나 'Woz 지능 테스트(어

4 Terry Winograd, "Procedures as a Representation for Data in a Computer Program for Understanding Natural Language" (1971)

떤 부엌이라도 들어가 커피를 만드는 테스트[5]'를 통과할 수 있는 가정용 로봇입니다. 딥러닝과 힘들게 수동으로 만든 세상에 대한 추상 모델을 결합하여 이런 목표에 가시적인 진전을 보이고 있습니다.

하지만 당분간 AI는 **인지 자동 기계**(cognitive automation)에 국한된 채로 남아 있을 것입니다. '인공 지능'에 '지능'이란 꼬리표를 잘못 부여한 셈입니다. 이 분야를 '인공 인지(artificial cognition)'라고 부르는 것이 더 정확할 것입니다. '인지 자동화'와 '인공 지능'은 거의 독립적인 2개의 하위 분야입니다. 이 하위 분야에서 '인공 지능'은 거의 모든 것이 새로 발견되어야 하는 미개발 영역입니다.

딥러닝의 성과를 축소하려는 것은 아닙니다. 인지 자동화는 매우 유용합니다. 딥러닝이 데이터에서부터 작업을 자동화할 수 있는 방식은 인지 자동화의 강력한 형태이며 명시적인 프로그래밍보다 훨씬 실용적이고 다재다능합니다. 이를 잘 수행하면 모든 산업 분야의 게임 체인저가 될 것입니다. 하지만 사람 (또는 동물) 지능까지는 거리가 멉니다. 지금까지 모델은 지역 일반화만 수행할 수 있습니다. 조밀하게 샘플링된 X-Y 데이터 포인트에서 학습된 부드러운 기하학적 변환을 통해 공간 X를 공간 Y에 매핑합니다. 과거 데이터와 비슷한 새로운 상황에서만 일반화할 수 있습니다. 반면 사람의 인지는 궁극 일반화를 수행할 수 있습니다. 사람은 완전히 새로운 상황에 빠르게 적응하고 장기적인 미래 상황에 대한 계획을 세울 수 있습니다.

14.3 AI에서 일반화를 높이기 위한 방법

앞서 언급한 제약을 완화하고 사람의 두뇌와 경쟁할 수 있는 AI를 만들려면 단순한 입력-출력 매핑에서 벗어나 **추론**(reasoning)과 **추상화**(abstraction)로 이동해야 합니다. 이어지는 몇 개의 절에서 향후 방향에 대해 살펴보겠습니다.

5 Fast Company, "Wozniak: Could a Computer Make a Cup of Coffee?" (March 2010), http://mng.bz/pJMP

14.3.1 올바른 목표 설정의 중요성: 지름길 규칙

생물학적 지능은 자연이 묻는 질문에 대한 대답이었습니다. 마찬가지로 진정한 인공 지능을 개발하려면 먼저 올바른 질문을 해야 합니다.

시스템 설계에서 항상 볼 수 있는 효과는 **지름길 규칙**(shortcut rule)입니다. 하나의 성공 지표를 최적화하는 데 초점을 맞추면 이 목표를 달성하겠지만, 이 성공 지표에 포함되지 않는 시스템의 모든 부분에서 대가를 치러야 합니다. 우리는 결국 목표로 가는 가능한 모든 지름길을 선택하게 됩니다. 이렇게 만들어진 시스템의 형태는 우리가 스스로에게 부여하는 인센티브에 의해 결정됩니다.

머신 러닝 대회에서 이를 자주 볼 수 있습니다. 2009년 넷플릭스는 영화 추천 작업에서 최고 점수를 획득한 팀에 100만 달러의 상금을 약속하는 대회를 진행했습니다. 우승 팀이 만든 시스템은 너무 복잡하고 계산 집약적이었기 때문에 넷플릭스는 결국 이를 사용하지 않았습니다. 우승 팀은 추론 비용, 유지 보수성, 설명 가능성 등 시스템의 다른 바람직한 특성을 희생하면서 인센티브를 위해 예측 정확도만 최적화했습니다. 이 지름길 규칙은 대부분의 캐글 대회에서도 마찬가지입니다. 캐글 우승 팀이 만든 모델은 제품으로는 거의 사용할 수 없습니다.

지름길 규칙은 지난 수십 년 동안 AI의 도처에 있었습니다. 1970년대에 심리학자이자 컴퓨터 과학의 선구자인 앨런 뉴웰(Allen Newell)은 자신의 분야가 적절한 인지 이론을 향해 의미 있는 진전을 이루지 못하고 있다고 우려하여 인공 지능을 위한 새로운 위대한 목표인 체스 게임을 제안했습니다. 사람이 체스를 두는 것이 지각, 추론, 분석, 기억, 책에서 공부하는 것 등과 같은 능력을 필요로 하는 것처럼 보인다는 것이 그 근거였습니다. 확실히 우리가 체스 두는 기계를 만들 수 있다면 이런 속성도 가지고 있어야 합니다. 그렇겠죠?

20년 후 이 꿈은 실현되었습니다. 1997년 IBM의 딥 블루(Deep Blue)가 세계 최고의 체스 선수인 게리 카스파로프(Gary Kasparov)를 이겼습니다. 연구자들은 체스 챔피언 AI를 만들면서 인간 지능에 대해 거의 가르치지 않았다는 사실에 대해 고민하기 시작했습니다. 딥 블루의 핵심인 알파-베타 알고리즘(Alpha-Beta algorithm)은 인간의 뇌를 모델링한 것이 아니었고 비슷한 보드 게임 이외의 작업에는 일반화할 수 없었습니다. 인공적인 마음을 구현하는 것보다 체스만 할 수 있는 AI를 만드는 것이 쉽다고 밝혀진 것이죠. 이것이 연구자들이 선택한 지름길입니다.

지금까지 AI 분야를 이끈 성공 지표는 체스부터 바둑, MNIST 분류부터 ImageNet, 아타리(Atari) 아케이드 게임부터 스타크래프트와 Dota 2까지 특정 작업을 해결하는 것이었습니다. 결과적으로 이 분야의 역사는 어떤 지능과 상관없이 이런 작업을 해결하는 방법을 찾아낸 일련의 '성공'으로 정의되었습니다.

만약 이 말이 놀랍게 들린다면 인간과 같은 지능은 어떤 특정한 작업에 대한 기술이 아니라 새로움에 적응하고, 새로운 기술을 효율적으로 습득하고, 이전에 본 적 없는 작업을 마스터하는 능력임을 명심하세요. 작업을 바꾸어 사람이 제공한 지식을 하드코딩하거나 방대한 양의 데이터를 제공하여 수행해야 할 일에 대한 정확한 설명을 제공할 수 있습니다. AI의 일반화 능력을 높이지 않고도 데이터를 추가하거나 하드코딩된 지식을 추가하여 AI를 위한 기술을 더 많이 획득할 수 있습니다(그림 14-6). 만약 거의 무한한 훈련 데이터를 가지고 있다면 최근접 이웃 탐색과 같은 매우 단순한 알고리즘도 사람을 뛰어넘는 실력으로 비디오 게임을 할 수 있습니다. `if-then-else` 문을 거의 무한에 가깝게 작성한 경우도 마찬가지입니다. 하지만 (사람은 즉시 적응할 수 있는) 게임의 규칙을 약간 변경하면 비지능적 시스템은 처음부터 다시 훈련하거나 재구축해야 할 것입니다.

▼ 그림 14-6 작업에 관련된 정보가 무한히 제공되면 일반화 성능이 낮은 시스템이 특정 작업에서 어떤 기술도 달성할 수 있다

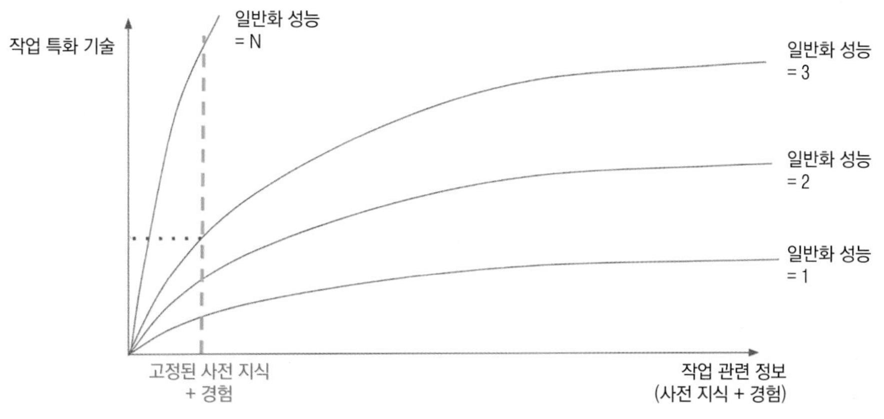

간단히 말해서 작업을 바꾸면 불확실성과 새로움을 다룰 필요가 없습니다. 지능의 본질이 불확실성과 새로움을 다루는 능력이기 때문에 지능의 필요성을 효과적으로 제거하는 셈이 됩니다. 일반적인 지능 문제를 해결하는 것보다 특정 작업에 대한 비지능적 솔루션을 찾는 것이 항상 더 쉽기 때문에 이것이 우리가 선택할 지름길입니다. 사람은 일반 지능을 사용하여 어떤 새로운 작업에서도 기술을 습득할 수 있지만, 그 반대로 작업에 특화된 기술 집합에서 일반 지능으로 가는 길은 없습니다.

14.3.2 새로운 목표

인공 지능을 실제로 지능적으로 만들고 현실 세계의 믿을 수 없는 변동성과 끊임없이 변화하는 본성에 대처하는 능력을 부여하려면, 우리는 먼저 작업에 특화된 기술을 달성하는 것에서 벗어나 일반화 능력 자체를 목표로 삼아야 합니다. 점점 지능화되는 시스템을 개발하는 데 도움이 될 새로운 발전 과정의 지표가 필요합니다. 올바른 방향을 가리키고 실행 가능한 피드백 신호를 제공하는 지표입니다. '과제 X를 해결하는 모델을 만드는 것'으로 목표를 설정하는 한 지름길 규칙이 적용될 것입니다. 결국 X를 수행하는 모델을 만드는 것으로 끝날 것입니다.

필자 생각에 지능은 **효율성 비율**(efficiency ratio)로 정밀하게 정량화할 수 있습니다. 세상에 대한 **관련 정보량**(amount of relevant information)(과거 경험 또는 선천적인 사전 지식)과 적절한 행동(여러분이 가진 다양한 능력이라고 볼 수 있습니다)을 취할 수 있는 새로운 상황의 집합인 **미래 운영 영역**(future operating area) 사이의 전환 비율입니다. 지능적인 에이전트일수록 더 적은 양의 과거 경험을 사용하여 광범위한 미래 작업과 상황을 처리할 수 있습니다. 이런 비율을 측정하려면 시스템에서 사용할 수 있는 정보(경험과 사전 지식)를 수정하고 시스템이 가지고 있는 것과 충분히 다른 참조 상황이나 작업에서 성능을 측정하면 됩니다. 이 비율을 최대화하려고 노력하면 지능에 가까워질 것입니다. 중요한 것은 속임수를 피하기 위해 프로그래밍되거나 훈련되지 않은 작업에서만 시스템을 테스트해야 한다는 것입니다. 사실 시스템을 만든 사람들이 예상하지 못한 작업이 필요합니다.

2018년과 2019년에 이런 지능 정의를 포착하려고 ARC(Abstraction and Reasoning Corpus)[6] 벤치마크 데이터셋을 개발했습니다. ARC는 기계와 인간 모두에게 사용할 수 있는 도구로 레이븐 지능 검사(Raven Progressive Matrices)와 같은 인간의 IQ 테스트와 매우 유사합니다. 테스트할 때 일련의 '과제'가 제시됩니다. 각 과제는 입력 그리드와 이에 상응하는 출력 그리드로 구성된 3개 또는 4개의 '예시'를 통해 설명됩니다(그림 14-7). 그다음 새로운 입력 그리드가 주어지고 다음 작업으로 넘어가기 전에 올바른 출력 그리드를 생성하기 위해 세 번의 시도를 할 수 있습니다.

6 François Chollet, "On the Measure of Intelligence" (2019), https://arxiv.org/abs/1911.01547

▼ 그림 14-7 ARC 과제. 과제의 특징은 여러 개의 입력-출력 쌍의 예시로 설명된다. 새로운 입력이 제시되면 이에 해당하는 출력을 만들어야 한다

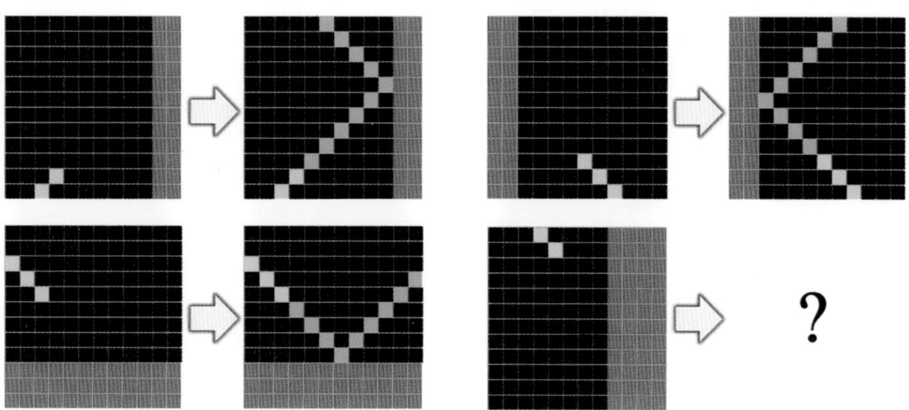

IQ 테스트와 비교했을 때 ARC는 두 가지가 다릅니다. 먼저 ARC는 일반화 성능을 측정하기 위해 이전에 본 적 없는 과제에 대해서만 테스트합니다. ARC는 적어도 이론상으로는 연습할 수 없는 게임이라는 의미입니다. 테스트할 과제는 즉시 이해해야만 하는 자체적인 고유한 논리를 가지고 있습니다. 과거 과제에서 특정 전략을 암기할 수 없습니다.

또한, ARC는 테스트할 때 가지고 있는 **사전 지식**(prior knowledge)을 통제하려고 합니다. 여러분은 새로운 문제에 완전히 처음부터 접근하지 않습니다. 기존 기술과 정보를 사용합니다. ARC는 모든 테스트 참여자가 '핵심 사전 지식(core knowledge priors)'이라고 부르는 일련의 사전 지식에서 시작해야 한다고 가정합니다. 이는 사람이 태어날 때 가지고 있는 '지식 시스템'을 나타냅니다. 예를 들어 IQ 테스트와 달리 ARC는 영어 문장과 같이 습득한 지식을 절대 사용하지 않습니다.

당연히 (GPT-3 같은 극도로 방대한 외부 데이터에서 훈련된 모델을 포함하여) 딥러닝 기반의 방법은 ARC 과제를 풀 수 없다는 것이 증명되었습니다. 이런 과제는 보간이 안 되고 따라서 커브 피팅(curve-fitting) 방식에는 맞지 않기 때문입니다. 하지만 평균적인 사람은 첫 번째 시도에서 이런 과제를 푸는 데 아무런 문제가 없습니다. 최신 AI 기술이 도달할 수 없을 것 같은 일을 다섯 살 아이가 자연스럽게 수행하는 것을 보면 무언가 흥미로운 것이 있다는 분명한 신호입니다. 이것이 우리가 놓치고 있는 것입니다.

어떻게 ARC 문제를 풀 수 있을까요? 이 도전이 생각할 거리가 되길 바랍니다. 이것이 ARC의 핵심 포인트입니다. 생산적인 새로운 방향으로 나가도록 다른 종류의 목표를 제시하는 것입니다. 이제 이 질문에 대한 답을 얻고 싶을 때 필요한 핵심 구성 요소를 간단히 살펴보겠습니다.

14.4 지능 구현: 누락된 구성 요소

지금까지 딥러닝이 수행하는 일종의 잠재 매니폴드 보간보다 지능에 더 많은 것이 있음을 배웠습니다. 하지만 실제 지능을 구현하려면 무엇이 필요할까요? 현재 우리가 놓치고 있는 핵심 요소는 무엇일까요?

14.4.1 추상적 비유에 뛰어난 지능

지능은 과거 경험(그리고 타고난 사전 지식)을 사용하여 새롭고 예상치 못한 미래 상황에 대처하는 능력입니다. 맞닥뜨린 미래가 (이전에 본 어떤 것과도 공통점이 전혀 없는) 정말 새로운 것이라면 아무리 지능적이더라도 이에 반응할 수 없을 것입니다.

모든 것은 전례가 있기 때문에 지능이 동작합니다. 새로운 무언가를 마주쳤을 때 과거 경험과 유사한 점을 찾고 이전에 수집한 추상적 개념으로 이를 표현함으로써 이해할 수 있습니다. 제트기를 처음 본 17세기 사람은 날개를 펄럭거리지 않고 크고 시끄러운 소리를 내는 금속 새로 묘사할 것입니다. 자동차는 말이 없는 마차로 볼 것입니다. 초등학교 학생에게 물리학을 가르친다면 전기가 파이프 속의 물과 같다고 설명하거나, 시공간이 무거운 물체로 인해 일그러진 고무판 같다고 설명할 수 있습니다.

이런 명확하고 분명한 비유 외에도 우리는 매초, 매 생각마다 항상 작고 암묵적인 비유를 수행합니다. 비유는 우리가 삶을 살아가는 방법입니다. 새로운 슈퍼마켓에 가나요? 전에 갔던 비슷한 상점과 유사한 점을 찾을 것입니다. 새로운 사람과 이야기하나요? 이전에 보았던 몇몇 사람을 떠올리게 될 것입니다. 구름 모양 같이 랜덤하게 보이는 패턴조차도 코끼리, 배, 물고기와 같이 생생한 이미지를 바로 떠올리게 만듭니다.

이런 비유는 우리 마음에만 있는 것이 아닙니다. 물리적 현실 자체가 동형성(isomorphism)으로 가득 차 있습니다. 전자기력은 중력과 유사합니다. 동물은 기원이 같기 때문에 구조적으로 모두 서로 비슷합니다. 이산화 규소 결정은 얼음 결정과 유사합니다.

필자는 이를 **만화경 가설**(kaleidoscope hypothesis)이라고 부릅니다. 세상의 경험은 매우 복잡하고 끝없이 새로운 것 같지만 복잡성의 이 바다에 있는 모든 것은 서로 비슷합니다. 우리가 살고 있는 우주를 설명하기 위해 필요한 고유한 의미의 원자 개수는 비교적 작습니다. 우리 주변의 모든 것은 이런 기본 의미의 재조합입니다. 몇 개의 유리 구슬이 거울 시스템에 반사되어 풍부하고 끊임없이 변화하는 패턴을 만드는 만화경 안에서 일어나는 것과 매우 흡사합니다(그림 14-8). 몇 개의 초기 씨앗에서 끝없이 변화합니다.

▼ 그림 14-8 만화경은 몇 개의 색깔 유리 구슬로 풍부하고 (하지만 반복적인) 패턴을 만든다

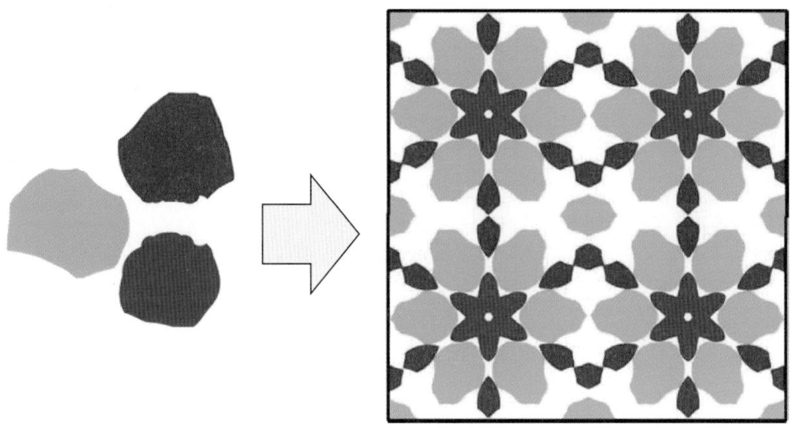

일반화 성능, 즉 지능은 경험을 분석하여 여러 다른 상황에서 재사용할 수 있는 의미의 원자를 식별하는 것입니다. 이를 추출하고 나면 **추상화**(abstraction)라고 부릅니다. 새로운 상황에 맞닥뜨릴 때마다 누적된 추상화를 통해 이를 이해합니다. 어떻게 의미의 원자를 식별할까요? 단순히 유사성, 즉 두 가지가 비슷할 때를 알아차릴 수 있기 때문입니다. 어떤 것이 두 번 반복되면 만화경에서처럼 두 객체는 하나의 기원을 가져야 합니다. 추상화는 지능의 엔진이고 비유는 추상화를 만드는 엔진입니다.

정리하면 지능은 말 그대로 추상적인 비유에 민감하고 사실 그것이 전부입니다. 비유에 많이 민감하다면 적은 경험으로부터 강력한 추상화를 도출하고 이런 추상화를 사용하여 미래에 일어날 경험 공간에서 최대한 광범위하게 동작할 수 있을 것입니다. 과거 경험을 미래의 새로움을 처리하는 능력으로 변환하는 데 최대한 효율적일 것입니다.

14.4.2 두 종류의 추상화

지능이 비유에 민감하다면 인공 지능 구축은 비유를 위한 단계별 알고리즘을 작성하는 것부터 시작해야 합니다. 비유 생성은 사물을 서로 비교하는 것으로 시작합니다. 비교에는 극단적인 두 가지 방법이 있습니다. 이를 통해 두 가지 다른 종류의 추상화, 두 가지의 사고방식이 나오고 각기 다른 종류의 문제에 잘 맞습니다. 이 두 종류의 추상화는 모든 사고방식의 근간을 이룹니다.

사물을 서로 관련짓는 첫 번째 방법은 **가치 중심 비유**(value-centric analogy)를 만드는 **유사성 비교**(similarity comparison)입니다. 두 번째 방법은 **프로그램 중심 비유**(program-centric analogy)(또는 구조 중심 비유(structure-centric analogy))를 만드는 **동일 구조 매칭**(exact structural match)입니다. 두 경우 모두 한 사물의 객체에서 시작하여 관련된 객체를 합치고 객체의 이면에 있는 공통 요소를 잡아내는 추상화를 생성합니다. 관련된 두 객체를 구분하는 방법과 객체를 추상화로 합치는 방법이 다릅니다. 각 방법을 자세히 알아보겠습니다.

가치 중심 비유

뒤뜰에 여러 종류의 딱정벌레가 있다고 가정해 보죠. 이들 사이의 유사성을 찾을 수 있을 것입니다. 더 비슷한 딱정벌레도 있고 덜 비슷한 것도 있습니다. 유사성 개념은 비유 객체가 거주하는 잠재 매니폴드를 정의하는 부드럽고 연속적인 **거리 함수**(distance function)입니다. 딱정벌레를 충분히 보고 나면 비슷한 객체를 그룹으로 묶을 수 있습니다. 각 그룹에 속한 딱정벌레는 공통적인 시각 특징을 가진 하나의 프로토타입(prototype)으로 합칠 수 있습니다(그림 14-9). 이런 프로토타입은 추상적입니다. 이전에 본 어떤 딱정벌레와도 다릅니다. 하지만 공통적인 속성이 내포되어 있습니다. 새로운 딱정벌레를 만나면 어떻게 해야 할지 알기 위해 이전에 본 모든 딱정벌레와 비교할 필요가 없습니다. 몇 개의 프로토타입(딱정벌레 카테고리)과 비교하여 가장 가까운 프로토타입을 찾아 유용한 예측을 만들 수 있습니다. 이 딱정벌레가 사람을 물 가능성이 있나요? 사과를 갉아먹을까요?

▼ 그림 14-9 가치 중심 비유는 연속적인 유사성 개념을 통해 객체를 관련지어 추상적인 프로토타입을 얻는다

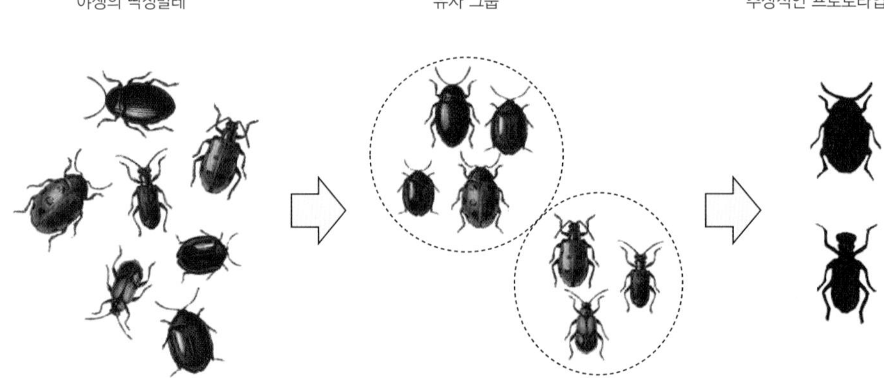

이것이 익숙하게 들리나요? (K-평균 군집 알고리즘 같은) 비지도 학습 머신 러닝이 하는 것과 매우 비슷합니다. 일반적으로 비지도 학습이든 아니든 모든 최신 머신 러닝은 프로토타입을 통해 인코딩된 샘플 공간을 설명하는 잠재 매니폴드를 학습합니다. (9장에서 시각화한 합성곱 필터의 특성을 기억하세요. 이것이 시각적 프로토타입입니다.) 가치 중심 비유는 딥러닝 모델이 지역 일반화를 수행할 수 있도록 만드는 비유 생성 방법입니다.

또한, 이 위에서 사람의 많은 인지 능력이 실행됩니다. 사람으로서 우리는 항상 가치 중심 비유를 수행합니다. **패턴 인식**(pattern recognition), **지각**(perception), **직관**(intuition)의 기초가 되는 일종의 추상화입니다. 생각하지 않고 작업할 수 있다면 가치 중심 비유에 크게 의존하고 있는 것입니다. 영화를 보면서 여러 캐릭터를 무의식적으로 어떤 유형으로 분류하기 시작한다면 바로 그것이 가치 중심 비유입니다.

프로그램 중심 비유

결정적으로 가치 중심 비유로 가능한 즉각적, 근사적, 직관적인 분류보다 인지에는 더 많은 것이 있습니다. 느리고, 정확하고, 신중한 또 다른 타입의 추상화 생성 메커니즘은 프로그램 중심(또는 구조 중심) 비유입니다.

소프트웨어 공학에서 많은 부분이 공통되어 보이는 여러 함수나 클래스를 작성하는 경우가 많습니다. 이런 중복을 알게 되면 "동일한 작업을 수행하면서 재사용할 수 있는 추상 함수가 있을까? 두 클래스가 상속할 수 있는 추상 기반 클래스가 있을까?" 하고 묻기 시작합니다. 여기에서 사용하는 추상화의 정의는 프로그램 중심 비유에 해당합니다. 두 사람의 얼굴을 비교하듯이 암묵적인 거리 함수로 클래스와 함수들이 얼마나 비슷한지 비교하지 않습니다. 오히려 정확히 동일한 구조를 가진 부분이 있는지 관심이 있습니다. **서브그래프 동형성**(subgraph isomorphism)이라고 부르는 것을 찾습니다(그림 14-10). 프로그램은 연산의 그래프로 표현할 수 있고 다른 프로그램에서 똑같이 공유되는 서브그래프(부분 프로그램)를 찾습니다.

▼ 그림 14-10 프로그램 중심 비유는 다른 객체에서 동일한 부분 구조를 식별하고 분리한다

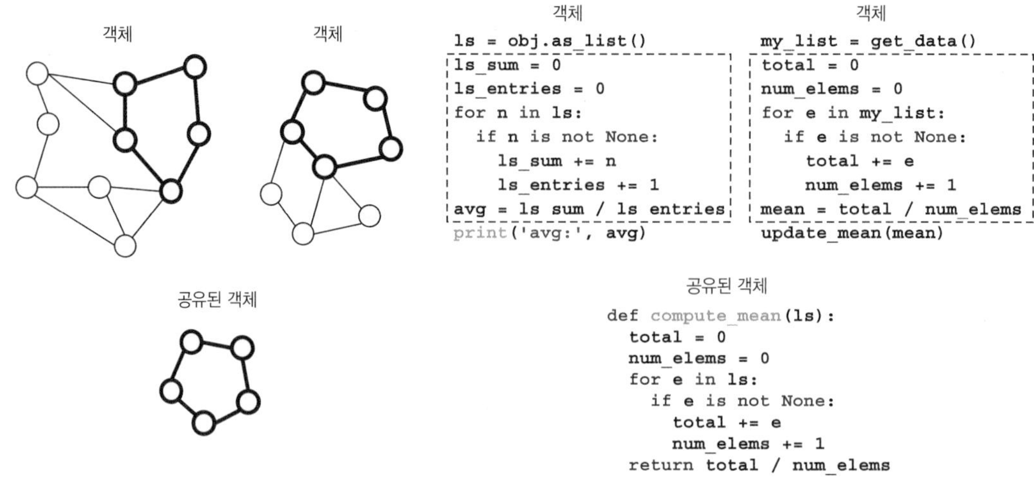

여러 다른 구조 안에서 동일한 구조를 찾는 이런 종류의 비유 생성은 컴퓨터 과학이나 수학 같은 전문 분야에만 국한된 것은 아닙니다. 눈치채지 못하면서 우리는 계속 이를 사용하고 있습니다. **추론**(reasoning), **계획**(planning), (직관의 반대인) **엄밀함**(rigor) 개념의 기초가 됩니다. (연속적인 유사성 함수가 아니라) 이산적인 관계 네트워크로 서로 연결된 객체를 생각할 때마다 우리는 프로그램 중심 비유를 사용하고 있습니다.

두 종류의 추상화를 조합한 인지

두 종류의 추상화를 나란히 비교해 봅시다(표 14-1).

▼ 표 14-1 두 종류의 추상화

가치 중심 추상화	프로그램 중심 추상화
거리로 사물을 관련짓습니다.	동일한 구조를 찾아 사물을 관련짓습니다.
연속적, 기하학적 기반	이산적, 토폴로지(topology) 기반
객체를 '프로토타입'으로 '평균'하여 추상화를 생성합니다.	객체에서 동일한 구조를 분리하여 추상화를 생성합니다.
지각과 직관의 기초가 됩니다.	추론과 계획의 기초가 됩니다.
즉각적이고, 모호하며, 근사적입니다.	느리고, 정확하며, 엄밀합니다.
신뢰할 만한 결과를 만들기 위해 많은 경험이 필요합니다.	경험 효율적이며, 2개의 객체에서도 작동할 수 있습니다.

우리가 하는 모든 것, 생각하는 모든 것은 이 두 종류의 추상화를 조합한 것입니다. 둘 중 하나에만 관련된 작업을 찾기가 어렵습니다. 한 장면에서 물체를 인식하는 것 같이 순수한 지각 작업처럼 보이더라도 보고 있는 물체 사이의 관계에 대한 상당한 양의 암묵적인 추론이 관련되어 있습니다. 수학 이론을 증명하는 것과 같이 순수한 추론 작업처럼 보이더라도 상당한 양의 직관이 사용됩니다. 수학자가 종이 위에서 펜을 들 때 이미 진행 방향에 대한 모호한 비전을 가지고 있습니다. 목적에 도달하기 위해 이산적인 추론 단계는 높은 수준의 직관에 의해 안내됩니다.

이런 두 종류의 추상화는 상호 보완적이고 두 추상화가 서로 교차하여 궁극 일반화를 가능하게 만듭니다. 이 두 가지가 모두 없다면 어떤 마음도 완전할 수 없습니다.

14.4.3 누락된 절반의 그림

이 시점에서 현대 딥러닝에서 누락된 것을 볼 수 있어야 합니다. 가치 중심 추상화를 인코딩하는 데는 뛰어나지만 기본적으로 프로그램 중심 추상화를 만드는 능력이 없습니다. 사람과 같은 지능은 두 형태가 밀접하게 결합되어 있기 때문에 말 그대로 필요한 것의 절반이 빠져 있습니다. 아마도 가장 중요한 절반일 것입니다.

여기에 주의할 점이 있습니다. 지금까지 두 추상화를 완전히 서로 다른, 심지어 반대인 것으로 소개했습니다. 하지만 실제로 어떤 스펙트럼에 가깝습니다. 어느 정도까지는 연속적인 매니폴드에 이산적인 프로그램을 임베딩하여 추론을 수행할 수 있습니다. 충분히 많은 계수가 있다면 어떤 이산적인 포인트 집합에서도 다항 함수를 훈련시킬 수 있는 것과 비슷합니다. 역으로 이산적인 프로그램을 사용해서 연속적인 거리 함수를 모사할 수 있습니다. 컴퓨터에서 선형대수학을 수행할 때 0과 1에서 작동하는 이산적인 프로그램을 사용해서 연속적인 공간을 다루는 것입니다.

하지만 둘 중 하나에 잘 맞는 문제의 유형이 분명히 있습니다. 예를 들어 5개의 숫자 리스트를 정렬하기 위해 딥러닝을 훈련해 보세요. 올바른 구조를 사용한다면 불가능하지는 않지만 좌절감을 느낄 것입니다. 이를 위해 아주 많은 훈련 데이터가 필요할 것입니다. 그럼에도 모델은 새로운 숫자가 등장할 때마다 여전히 가끔 실수를 할 것입니다. 10개의 숫자를 정렬하고 싶다면 더 많은 데이터에서 모델을 완전히 다시 훈련해야 합니다. 하지만 파이썬에서는 몇 줄로 정렬 알고리즘을 작성할 수 있습니다. 이 프로그램은 몇 개의 샘플에서 검증되고 나면 어떤 크기의 리스트에서도 적용할 수 있습니다. 상당히 강력한 일반화입니다. 몇 개의 예시와 테스트 샘플에서 글자 그대로 어떤 숫자 리스트도 성공적으로 처리할 수 있는 프로그램으로 일반화됩니다.

반대로 지각 문제는 이산적인 추론 처리와 잘 맞지 않습니다. 어떤 머신 러닝 기술도 사용하지 않는 순수한 파이썬 프로그램을 작성하여 MNIST 숫자를 분류해 보세요. 고생 길이 열립니다. 숫자에 있는 닫힌 동심원 개수를 감지하거나 숫자의 질량 중심 좌표를 계산하는 등의 함수를 열심히 공들여 코딩할 것입니다. 수천 줄을 코딩하고 난 후 90% 정도의 테스트 정확도를 달성할 수 있습니다. 이 경우에는 모수 모델을 훈련하는 것이 훨씬 쉽습니다. 많은 양의 데이터를 더 잘 활용할 수 있고 훨씬 강력한 결과를 얻을 수 있습니다. 많은 데이터와 매니폴드 가설이 적용되는 문제가 있다면 딥러닝을 사용하세요.

이런 이유로 추론 문제를 매니폴드 보간으로 축소하거나 지각 문제를 이산적인 추론으로 축소하는 방식이 생길 가능성이 없습니다. AI에서 앞으로 나갈 방향은 두 종류의 추상적인 비유를 통합하는 단일 프레임워크를 개발하는 것입니다. 어떤 모습일지 살펴보겠습니다.

14.5 딥러닝의 미래

딥러닝의 작동 방식, 한계, 현재 놓치고 있는 것을 알고 있다면 중 · 단기적으로 어디로 향하고 있는지 예측할 수 있을까요? 다음은 순전히 개인적인 생각입니다. 필자는 미래를 내다볼 수 있는 수정 구슬을 가지고 있지 않습니다. 필자가 예상하는 많은 것이 현실이 되지 않을 수 있습니다. 이 예상은 미래에 반드시 일어날 것이라고 증명되어서가 아니라 현재 많은 관심을 받고 있고 수행 가능한 것이기 때문입니다.

넓은 의미에서 보면 필자가 기대하는 주요 방향은 다음과 같습니다.

- 모델은 범용 목적의 컴퓨터 프로그램에 가까워질 것입니다. 현재의 미분 가능한 층보다 더 뛰어난 모듈로 만들어질 것입니다. 이것이 현재 모델의 근본적인 약점인 부족한 **추상**과 **추론**을 얻는 방법이 될 것입니다.
- 딥러닝과 프로그램 공간에 대한 이산적인 탐색이 융합될 것입니다. 전자는 지각과 직관에 대한 능력을 제공하고 후자는 추론과 계획에 대한 능력을 제공할 것입니다.
- 재사용 가능하고 모듈화된 프로그램 서브루틴을 사용한 메타러닝 시스템(meta-learning system)처럼 더 훌륭하고 체계적으로 이전에 학습한 특성과 구조를 재사용할 것입니다.

추가적으로 이런 생각은 딥러닝의 주요 방법인 지도 학습에 국한되지 않습니다. 비지도 학습, 자기 지도 학습, 강화 학습을 포함하여 어느 형태의 머신 러닝 형태에도 적용됩니다. 이 방법들은 레이블링 방식이나 훈련 반복의 방식이 근본적으로 중요하지 않습니다. 이 부류의 머신 러닝은 구성이 같지만 다른 특징을 가집니다. 자세히 살펴보겠습니다.

14.5.1 프로그램 같은 모델

앞 절에서 언급한 것처럼 머신 러닝 분야에서 기대하는 필수적인 변화는 순수한 **패턴 인식**을 수행하고 **지역 일반화**만 얻을 수 있는 모델을 탈피하는 것입니다. 추상과 추론을 통해 **궁극 일반화**를 달성할 수 있는 모델입니다. 기본 형태의 추론을 할 수 있는 현재 AI 프로그램은 모두 프로그래머가 하드코딩한 것입니다. 예를 들어 탐색 알고리즘, 그래프 처리, 형식 논리에 기반한 소프트웨어입니다.

이런 상황은 곧 바뀔 수 있습니다. 지금은 매우 틈새 시장이지만 향후 수십 년에 걸쳐 크게 성장하리라 생각되는 분야인 **프로그램 합성**(program synthesis) 덕분입니다. 프로그램 합성은 탐색 알고리즘을 (**유전 프로그래밍**(genetic programming)처럼 아마도 유전 탐색 방식으로) 사용해서 거대한 프로그래밍 가능 공간을 탐색하여 자동으로 간단한 프로그램을 합성합니다(그림 14-11). 프로그램이 입력-출력 쌍으로 제공되는 필요 사양을 만족시키면 탐색이 중지됩니다. 이는 머신 러닝이 하는 것과 비슷합니다. 입력-출력 쌍으로 훈련 데이터가 주어지면 입력-출력을 매핑하고 새로운 입력에 일반화할 수 있는 모델을 찾습니다. 차이는 하드코딩된 프로그램(신경망)에 있는 파라미터를 학습하는 것이 아니라 이산적인 탐색 프로세스(discrete search process)를 통해 소스 코드를 생성하는 것입니다(표 14-2).

▼ 그림 14-11 프로그램 합성의 개략도. 프로그램 사양과 구성 요소 집합이 주어지면 탐색 프로세스가 구성 요소를 후보 프로그램으로 조립한 후 이 사양에 대해 테스트한다. 탐색은 유효한 프로그램을 찾을 때까지 계속된다

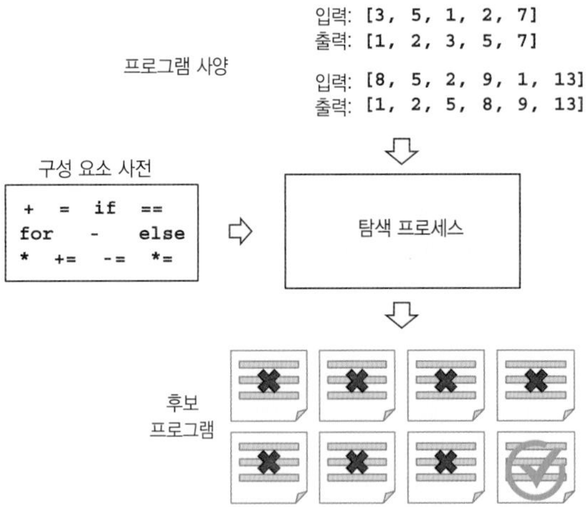

▼ 표 14-2 머신 러닝 vs 프로그램 합성

머신 러닝	프로그램 합성
모델: 미분 가능한 파라미터를 가진 함수	모델: 프로그램 언어로 만든 연산 그래프
엔진: 경사 하강법	엔진: 이산 탐색(예를 들어 유전 탐색)
신뢰할 만한 결과를 만들기 위해 많은 데이터가 필요합니다.	데이터 효율적이고 몇 개의 훈련 샘플에서도 작동할 수 있습니다.

프로그램 합성은 AI 시스템에 프로그램 중심 추상화 능력을 추가하는 길입니다. 누락된 퍼즐 조각이죠. 추론에 초점을 맞춘 지능 테스트인 ARC에서 딥러닝 기술은 완전히 쓸모없다고 앞서 언급했습니다. 하지만 아주 단순한 프로그램 합성 방식은 이미 이 벤치마크 테스트에서 매우 희망적인 결과를 내고 있습니다.

14.5.2 딥러닝과 프로그램 합성을 혼합하기

물론 딥러닝은 사라지지 않습니다. 프로그램 합성은 이를 대체하는 것이 아니라 보완하는 것입니다. 지금까지 인공 두뇌에서 빠져 있던 반쪽입니다. 둘을 조합하여 활용할 것입니다. 이를 위한 주요 방법은 두 가지입니다.

1. 딥러닝 모듈과 이산 알고리즘 모듈을 통합하는 시스템을 개발합니다.
2. 딥러닝을 사용하여 프로그램 탐색 프로세스 자체를 좀 더 효율적으로 만듭니다.

이 두 방법을 검토해 보죠.

딥러닝 모듈과 알고리즘 모듈을 하이브리드 시스템으로 통합하기

오늘날 대부분의 강력한 AI 시스템은 하이브리드(hybrid)입니다. 딥러닝 모델과 수동으로 만든 심볼 조작 프로그램을 모두 활용합니다. 예를 들어 딥마인드 알파고(AlphaGo)에서 드러난 대부분의 지능은 프로그래머가 설계하고 하드코딩한 것입니다(가령 몬테 카를로 트리 탐색(Monte Carlo Tree Search)). 특정 서브모듈(가치 네트워크(value networks)와 정책 네트워크(policy networks))만 데이터에서 학습합니다. 또는 자율 주행 차량을 생각해 보세요. 자율 주행 자동차는 주변 세상에 대한 모델(말 그대로 3D 모델)을 가지고 있기 때문에 매우 다양한 상황을 처리할 수 있습니다. 이 모델은 엔지니어가 하드코딩한 가정으로 가득 차 있습니다. 이 모델은 자동차의 주변 환경과 연결된 딥러닝 지각 모듈을 통해 지속적으로 업데이트됩니다.

알파고와 자율 주행 자동차와 같은 이런 두 시스템에서 사람이 만든 이산적인 프로그램과 학습된 연속적인 모델의 조합은 단독으로 사용했을 때는 불가능한 수준의 성능을 발휘합니다. 예를 들어 엔드-투-엔드 심층 신경망이나 머신 러닝 요소가 없는 소프트웨어를 사용했을 때는 이런 성능을 달성할 수 없습니다. 지금까지 이런 하이브리드 시스템의 이산적인 알고리즘 요소는 엔지니어가 힘들게 하드코딩했습니다. 하지만 미래에는 이런 시스템이 사람의 개입 없이 완전히 학습될 수 있습니다.

이것은 어떤 형태일까요? 익숙한 RNN 네트워크를 생각해 보겠습니다. RNN은 피드포워드 네트워크보다 제약이 조금 적습니다. 기하학적 변환 그 이상을 조금 수행하기 때문입니다. RNN의 기하학적 변환은 `for` 루프 안에서 반복적으로 적용됩니다. 시간 축 방향으로 작용하는 이 `for` 루프는 개발자가 하드코딩한 것입니다. 이는 RNN 네트워크의 기본 가정입니다. 당연히 RNN은 여전히 표현할 수 있는 것이 많이 제한되어 있습니다. 수행하는 각 단계가 미분 가능한 기하학적 변환이고 연속된 기하학적 공간의 포인트(상태 벡터)를 통해 다음 단계로 정보를 나르기 때문입니다. 이와 비슷한 방식으로 프로그래밍 요소를 갖춘 신경망을 상상해 보죠. 그 대신 하드코딩된 연속 공간 메모리에서 하드코딩된 하나의 `for` 루프를 사용하는 것이 아닙니다. 이 네트워크는 많은 프로그래밍 요소를 포함하고 있어 모델이 이를 자유롭게 조합하여 함수를 확장할 수 있습니다. 예를 들어 `if` 조건문, `while` 문, 변수 생성, 장기 메모리를 위한 디스크 스토리지, 정렬 연산, 고급 데이터 구조(리스트, 그래프, 해시 테이블 등) 같은 것입니다. 이런 네트워크가 표현할 수 있는 프로그램의 공간은 현재 딥러닝 모델이 표현할 수 있는 것보다 훨씬 광범위할 것입니다. 이런 프로그램 중 일부는 뛰어난 일반화 성능을 달성할 수 있을 것입니다. 중요한 점은 이런 프로그램은 엔드-투-엔드로 미분 가능하지 않을 것이라는 점입니다. 하지만 특정 모듈은 여전히 미분 가능하고 따라서 이산 프로그램 탐색과 경사 하강법을 조합하여 생성해야 합니다.

우리는 하드코딩된 알고리즘 지능(수동으로 만든 소프트웨어)과 학습된 기하학적 지능(딥러닝)에서 탈피할 것입니다. 그 대신 추론과 추상 능력을 가진 형식적인 알고리즘 모듈과 비형식적인 직관과 패턴 인식 능력을 제공하는 기하학적 모듈을 합칠 것입니다(그림 14-12). 전체 시스템은 사람의 개입이 거의 없이 또는 전혀 개입하지 않고 학습될 것입니다. 이는 머신 러닝으로 풀 수 있는 문제 범위, 즉 적절한 훈련 데이터가 주어졌을 때 자동으로 생성할 수 있는 프로그램 공간을 극적으로 확장해야 합니다. 알파고 또는 RNN 같은 시스템은 이런 알고리즘-기하학적 하이브리드 모델의 선사 시대 조상으로 볼 수 있습니다.

▼ 그림 14-12 기하학적 요소(패턴 인식, 직관)와 알고리즘 요소(추론, 탐색, 메모리) 양쪽을 활용하여 학습된 프로그램

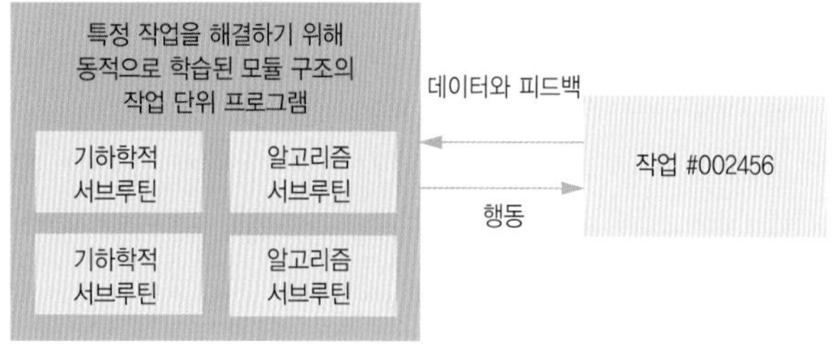

프로그램 탐색을 위해 딥러닝 사용하기

오늘날 프로그램 합성은 매우 비효율적이라는 큰 장애물에 직면해 있습니다. 프로그램 합성은 제공된 사양에 맞는 프로그램을 찾을 때까지 탐색 공간에 있는 모든 가능한 프로그램을 시도합니다. 프로그램 사양의 복잡도가 증가하거나 프로그램 작성에 사용하는 기본 요소가 확장됨에 따라 프로그램 탐색 프로세스는 **조합적 폭발**(combinatorial explosion)에 직면하게 됩니다. 이는 가능한 프로그램 집합이 매우 빠르게 증가하는 것을 말합니다. 사실 기하급수적인 것보다 더 빠르게 증가합니다. 결과적으로 오늘날 프로그램 합성은 매우 짧은 프로그램을 생성하는 데만 사용할 수 있습니다. 가까운 시일 내에 새로운 OS를 생성하지는 못할 것입니다.

더 앞으로 나가기 위해 사람이 소프트웨어를 작성하는 방식에 가깝게 만들어 프로그램 합성의 효율성을 높여야 합니다. 우리는 편집기를 열어 코드를 작성할 때 작성할 수 있는 모든 가능한 프로그램을 생각하지 않습니다. 가능한 몇 가지 방법만 생각합니다. 문제에 대한 이해와 과거 경험을 사용하여 가능한 선택 공간을 극적으로 줄일 수 있습니다.

딥러닝은 프로그램 합성이 동일한 작업을 수행하도록 도울 수 있습니다. 여기에서 생성하고자 하는 각각의 특정 작업은 근본적으로 보간 아닌 데이터 조작을 수행하는 이산 객체일 수 있습니다. 하지만 지금까지 증거에 따르면 모든 유용한 프로그램의 공간은 연속적인 매니폴드와 매우 비슷할 가능성이 높습니다. 이는 수백만 개의 성공적인 프로그램 생성 에피소드에서 훈련된 딥러닝 모델이 프로그램 공간을 통과하는 경로에 대한 확고한 직관을 개발하기 시작할 수 있다는 의미입니다. 이 공간은 탐색 프로세스가 사양에서 이에 상응하는 프로그램으로 가기 위해 거쳐야 하는 공간입니다. 소프트웨어 엔지니어가 스크립트 전체 구조, 목표를 달성하기 위해 필요한 중간 함수와 클래스에 대한 즉각적인 직관을 가지는 것과 같습니다.

사람의 추론은 가치 중심 비유, 즉 패턴 인식과 직관에 크게 의존한다는 것을 기억하세요. 프로그램 합성도 마찬가지여야 합니다. 향후 10년에서 20년 사이에 학습된 휴리스틱(heuristics)으로 프로그램 탐색을 돕는 일반적인 접근 방법에 대한 연구가 크게 증가할 것으로 기대합니다.

14.5.3 영구 학습과 모듈화된 서브루틴 재사용

모델이 더 복잡해지고 풍부한 알고리즘 요소 위에서 구축되면 늘어난 복잡도 덕택에 작업 간의 재사용성이 증가할 것입니다. 새로운 작업이나 새로운 데이터셋마다 새로운 모델을 처음부터 훈련하지 않아도 됩니다. 많은 데이터셋은 새로운 복잡한 모델을 처음부터 만들기에 충분한 정보를 담고 있지 않습니다. 이전에 보았던 데이터셋에서 얻은 정보를 재사용할 필요가 있습니다. (새 책을 읽을 때마다 언어를 새로 배우지 않는 것과 같습니다. 이는 불가능한 일입니다.) 현재 작업과 이전 작업 사이에 중복되는 점이 많기 때문에 새로운 작업마다 처음부터 모델을 훈련하는 것이 비효율적이기도 합니다.

최근 몇 년간 한 가지 눈에 띄는 점이 반복적으로 관찰되었습니다. 느슨하게 연관된 몇 개의 작업에서 같은 모델을 동시에 훈련하면 각 작업에서 더 뛰어난 모델을 만듭니다. 예를 들어 영어-독일어 번역과 프랑스어-이탈리아어 번역에 동일한 기계 번역 신경망 모델을 훈련하면 각 언어 번역에서 더 뛰어난 모델을 얻게 됩니다. 비슷하게 같은 합성곱 기반을 공유하는 이미지 분류 모델과 이미지 분할 모델을 함께 훈련하면 양쪽 작업에 더 뛰어난 모델을 만들 수 있습니다. 아주 직관적인 현상입니다. 겉으로 보기에 관련 없는 작업 사이에 일정량의 정보가 항상 중복되어 있습니다. 하나의 작업에서만 훈련된 모델보다 병합 모델이 많은 양의 정보를 활용할 수 있습니다.

현재는 작업 간에 모델을 재사용할 때 시각 특성 추출 같은 공통 기능을 수행하는 모델의 사전 훈련된 가중치를 사용합니다. 9장에서 이런 방식을 보았습니다. 미래에는 이것이 좀 더 일반화되어 어느 곳에나 등장할 것으로 기대합니다. 이전에 학습된 특성(부분 모델의 가중치)뿐만 아니라 모델 구조와 훈련 과정도 사용할 것입니다. 모델이 프로그램과 더욱 비슷해지면 프로그래밍 언어에 있는 함수나 클래스처럼 모델의 **프로그램 서브루틴**을 재사용하기 시작할 것입니다.

오늘날 소프트웨어 개발 과정을 생각해 보세요. 엔지니어가 특정 문제를 해결할 때 (예를 들어 파이썬으로 HTTP 요청하기) 이를 추상화된 재사용 가능한 라이브러리에 패키징합니다. 향후 비슷한 문제에 직면한 엔지니어는 이미 만들어진 라이브러리를 찾아 내려받고 그들의 프로젝트에 사용할 수 있습니다. 미래에는 비슷하게 메타 학습 시스템이 전체 공통 라이브러리에서 고수준의 재사용 가능한 블록을 바꾸어 가며 새로운 프로그램을 조합할 수 있을 것입니다. 시스템이 여러 작업을 위해 유사한 프로그램 서브루틴을 개발할 때는 추상화된 재사용 가능한 서브루틴을 만들고 전체 공통 라이브러리에 저장할 수 있습니다(그림 14-13). 이런 서브루틴은 기하학적(사전 훈련된 표현을 가진 딥러닝 모델)이거나 알고리즘적(현재 소프트웨어 엔지니어가 다루는 것과 비슷한 라이브러리)인 요소일 수도 있습니다.

▼ 그림 14-13 재사용 가능한 (알고리즘과 기하학적) 요소를 활용하여 특정 작업을 위한 모델을 빠르게 개발할 수 있는 메타 학습기는 완전한 일반화를 달성한다

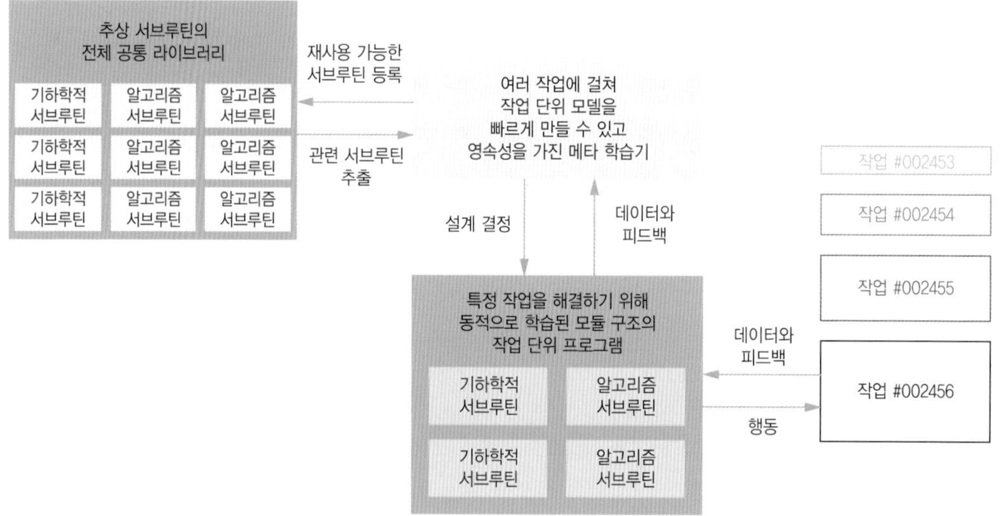

14.5.4 장기 비전

머신 러닝에 대한 장기 비전을 요약하면 다음과 같습니다.

- 모델은 더 프로그램 같아질 것입니다. 현재 우리가 수행하는 입력 데이터의 연속된 기하학적 변환 이상을 수행할 수 있는 능력을 가질 것입니다. 이런 프로그램은 사람이 주변 환경과 자신에 대해 가진 추상적인 정신 모델에 더 가까워질 것이며, 이런 모델은 풍부한 알고리즘 능력 때문에 더욱 강한 일반화 성능을 가질 것입니다.
- 특히 형식 추론, 탐색, 추상화 능력을 제공하는 **알고리즘 모듈**과 비형식적인 직관과 패턴 인식 능력을 제공하는 **기하학적 모듈**을 혼합할 것입니다. 알파고나 자율 주행 자동차(수동 소프트웨어 엔지니어링과 사람의 설계 결정이 많이 필요한 시스템입니다)가 심볼릭과 기하학적 기반의 혼합된 AI 초기 버전을 보여 주었습니다.
- 이런 모델은 엔지니어가 하드코딩하는 대신 자동으로 만들어질 것입니다. 재사용 가능한 서브루틴의 전체 공통 라이브러리에 저장된 모듈을 사용합니다. 이 라이브러리는 수천 개의 작업과 데이터셋에서 고성능 모델을 학습하여 발전시킨 것으로, 메타 학습 시스템에 의해 자주 발견되는 문제 해결 패턴은 재사용 가능한 서브루틴으로 바뀌어 전체 공통 라이브러리에 추가될 것입니다. 이 서브루틴은 소프트웨어 공학의 함수나 클래스와 매우 비슷합니다.
- 새로운 모델을 만들기 위한 서브루틴의 가능한 조합을 탐색하는 과정은 하나의 이산적인 탐색 과정이 될 것입니다(프로그램 합성). 하지만 딥러닝이 제공하는 프로그램 공간에 대한 어떤 형태의 직관에 크게 의존할 것입니다.
- 공통 서브루틴 라이브러리와 이와 연계된 모델 성장 시스템은 사람과 비슷한 궁극 일반화의 어떤 형태를 달성할 수 있을 것입니다. 새로운 작업이나 상황이 주어지면 시스템이 매우 적은 데이터를 사용하여 이 작업에 적절한 새로운 작동 모델을 조립할 수 있습니다. 이는 일반화가 잘 된 풍부한 프로그램적 요소와 비슷한 작업에서 얻은 폭넓은 경험 덕택입니다. 비슷한 방식으로 이전에 여러 게임을 플레이한 경험을 가지고 있다면 사람은 복잡한 새로운 비디오 게임을 빠르게 배울 수 있습니다. 이전 경험에서 유도된 모델은 자극과 행동 사이의 기본 매핑이 아니고 추상적이고 프로그램에 가깝기 때문입니다.
- 이런 식으로 영구 학습 모델 성장 시스템을 **인공 일반 지능**(Artificial General Intelligence, AGI)으로 생각할 수 있습니다. 기술적 특이점을 추종하는 사람들이 생각하는 어떤 로봇 재앙도 기대하지 마세요. 지능과 기술에 대한 아주 큰 오해가 깊게 쌓여 생긴 순수한 환상일 뿐입니다. 이 책은 그런 견해를 따르지 않습니다.

14.6 빠른 변화에 뒤처지지 않기

마지막으로 이 책을 마친 후 여러분 지식과 기술을 연마하고 업데이트하기 위해 몇 가지 조언을 하고 싶습니다. 이 분야는 수십 년 전으로 거슬러 올라가는 느리고 오랜 역사가 있습니다. 우리가 알고 있듯이 현대 딥러닝 분야는 불과 몇 년 되지 않았습니다. 2013년부터 투자와 연구 인력이 급격히 증가되어 이 분야 전체가 이제는 아주 빠른 속도로 움직이고 있습니다. 이 책에서 배운 것들이 영원히 유효하지 않으며, 여러분의 나머지 경력을 위해 알아야 할 전부도 아닙니다.

다행히 온라인에 있는 많은 무료 자료를 활용하여 최신 기술을 연마하고 앞길을 넓힐 수 있습니다. 다음은 그중 일부입니다.

14.6.1 캐글의 실전 문제로 연습하기

실전 경험을 획득하는 효과적인 한 가지 방법은 캐글(https://www.kaggle.com)에서 머신 러닝 경연 대회에 직접 참여하는 것입니다.[7] 실제로 유일한 학습 방법은 연습과 실전 코딩입니다. 바로 이 책의 철학입니다. 캐글 경연 대회는 이 점에서 연속선상에 있습니다. 캐글에서는 지속적으로 새로운 데이터 과학 경연 대회가 등록됩니다. 이 중 많은 수가 딥러닝에 관련된 것이고, 여러 회사가 가장 어려운 머신 러닝 문제에 대한 새로운 솔루션을 찾기 위해 등록합니다. 상위 입상자에게는 큰 상금이 주어지기도 합니다.

대부분 우승자들은 XGBoost 라이브러리(얕은 학습용)나 케라스(딥러닝용)를 사용합니다. 이 책을 배운 사람들에게 딱 제격입니다! 개인이나 팀으로 몇 개의 대회에 참여해 보면 이 책에서 언급한 실용적인 고급 실천 사항들에 익숙해질 것입니다. 특히 하이퍼파라미터 튜닝, 검증 세트 과대적합 피하기, 모델 앙상블 등입니다.

7 역주 캐글 코리아 페이스북 그룹(https://www.facebook.com/groups/KaggleKoreaOpenGroup/)에 가입해 보세요. 캐글 대회 참가 경험과 노하우를 얻고 스터디 그룹에도 참가할 수 있습니다.

14.6.2 아카이브(arXiv)를 통해 최신 논문 읽기

다른 과학 분야와 달리 딥러닝 연구 분야는 완전히 오픈되어 있습니다. 논문을 쓰면 바로 공개되어 누구나 읽을 수 있습니다. 이 분야에 관련되어 있는 많은 소프트웨어도 오픈 소스입니다. 아카이브(arXiv, "archive"라고 읽는데 X는 그리스어로 chi입니다, https://arxiv.org)는 물리학, 수학, 컴퓨터 과학 분야의 연구 논문을 사전 출판하는 공개 서버입니다. 머신 러닝과 딥러닝의 최신 연구에 대한 정보를 얻을 수 있는 표준적인 방법입니다. 대다수의 딥러닝 연구자들이 논문 작성이 끝나자마자 아카이브에 업로드합니다. 연구자들은 이렇게 함으로써 학회 승인(몇 달을 기다립니다)을 기다리지 않고 연구한 것을 주장하고 선점할 수 있습니다. 이 분야는 연구 속도가 빠르고 경쟁이 치열하기 때문에 이런 것이 필수적입니다. 또한, 이 분야의 속도를 더욱 빠르게 만듭니다. 새로운 연구는 즉시 모든 사람이 열람하고 재현할 수 있도록 공개됩니다.

단점은 많은 양의 새로운 논문이 매일 아카이브에 포스팅되기 때문에 모두 훑어보는 것이 불가능하다는 것입니다. 동료 심사(peer review)가 되지 않았기 때문에 중요하고 훌륭한 논문을 구별해 내기도 어렵습니다. 잡음 속에서 제대로 된 것을 찾기가 갈수록 더 어려워지고 있습니다. 몇 가지 도구를 사용하면 도움이 될 수 있습니다. 특히 구글 스칼라(Google Scholar)(https://scholar.google.com)를 사용하여 좋아하는 저자별로 논문을 찾아볼 수 있습니다.[8]

14.6.3 케라스 생태계 탐험하기

2021년 말 현재 케라스 사용자는 100만 명을 넘어 계속 늘어나고 있습니다. 이와 함께 케라스는 튜토리얼, 가이드 문서, 관련된 여러 오픈 소스 프로젝트들로 이루어진 커다란 생태계가 있습니다.

- 케라스를 사용하기 위한 주 참고 자료는 https://keras.io에 있는 온라인 문서입니다.
- 특히 https://keras.io/guides에 광범위한 개발자 가이드가 있고, https://keras.io/examples에 잘 만들어진 수십 개의 예제가 있습니다. 꼭 확인해 보세요! 케라스 소스 코드는 https://github.com/keras-team/keras에서 볼 수 있습니다.

8 역주 아카이브 새니티(arXiv Sanity, https://arxiv-sanity-lite.com/)에서 관심 있는 주제의 새로운 논문을 추천받거나 페이퍼스 위드 코드(Papers with Code, https://paperswithcode.com)에서 논문과 함께 공개된 코드를 참고할 수 있습니다.

- 케라스 메일링 리스트(keras-users@googlegroups.com)에서 딥러닝 관련 토론에 참여하거나 도움을 요청할 수 있습니다.[9]
- 필자 트위터 계정(@fchollet)을 팔로우해도 좋습니다.

14.7 맺음말

〈케라스 창시자에게 배우는 딥러닝 개정 2판〉 책의 마지막입니다! 머신 러닝, 딥러닝, 케라스, 어쩌면 일반적인 인지 문제에서도 한두 가지 배웠기를 바랍니다. 특히 AI 분야의 배움은 아주 긴 여행입니다. 이 분야는 확실히 아는 것보다 모르는 것이 훨씬 많습니다. 지금부터 배우고 질문하고 연구하세요. 절대로 멈추면 안 됩니다! 지금까지 많은 발전이 있었지만 AI 분야에서 근본적인 질문들은 대부분 답을 찾지 못한 상태입니다. 아직 많은 것이 질문조차 되지 않았습니다.

9 역주 케라스 코리아 페이스북 그룹(https://www.facebook.com/groups/KerasKorea/)에 가입해 보세요. 궁금한 것을 질문하고 유용한 정보를 많이 얻을 수 있습니다.

A

B

C

D

E

F

G

H

I

J

K

L

M

N

O

P

Q

R

S

T

U

V

W

X

ㅅ

ㅇ

ㅈ

ㅊ

ㅋ

ㅎ

기호

번호